HEIJO RIECKMANN

MANAGEN

PRAKTISCHES,

UND FÜHREN

THEORETISCHES,

AM RANDE DES

BEDENKLICHES

3. JAHRTAUSENDS

2., durchgesehene Auflage

PETER LANG
Frankfurt am Main · Berlin · Bern · Bruxelles · New York · Wien

Die Deutsche Bibliothek - CIP-Einheitsaufnahme

Rieckmann, Heijo:

Managen und Führen am Rande des 3. Jahrtausends : Praktisches, Theoretisches, Bedenkliches / Heijo Rieckmann. - 2., durchges. Auflage. - Frankfurt am Main ; Berlin ; Bern ; Bruxelles ; New York ; Wien : Lang, 2000
ISBN 3-631-35865-2

Gedruckt auf alterungsbeständigem, säurefreiem Papier.

ISBN 3-631-35865-2

Printed in Germany 1 3 4 5 6 7

Inhaltsverzeichnis

Abbildungsverzeichnis *XIII*

Kapitel 1
EINSTIMMUNG 1
Managen und Führen am Rande des 3. Jahrtausends

Kapitel 2
DYNAXIBILITY - ODER: KANN MANAGEMENT AM RANDE DES DRITTEN JAHRTAUSENDS NOCH ERFOLGREICH SEIN ? 3

1. Hintergrund 3
2. Dynaxity-Zonen 7
3. Anforderungen in Dynaxity - Zone III: Dynaxibility und Zone III - Fitness 11
   3.1 Dynamik, Komplexität, Dynaxity akzeptieren ! 11
   3.2 Widersprüche und Paradoxien zulassen und balancieren ! 11
   3.3 Systemisches Denken, Fühlen und Handeln üben ! 12
   3.4 Meta - Management: geräuschloses Führen als "dienende Autorität" 14
   3.5 TEAMARBEIT gezielt einsetzen und nutzen ! 15
   3.6 Organisiertes Lernen - lernende Organisation ermöglichen 18
4. Zone III - Qualifikationen. Zusammenfassung 18
5. Praktische Tips 19
   5.1 Geringere Dynaxity suchen 20
   5.2 Leitungsebene 20
   5.3 Organisations- und Kulturebene 20
   5.4 Persönlichkeitsentwicklung 22
   5.5 Externe Unterstützung suchen und nutzen 23
   5.6 Organisatorische und kulturelle Veränderungsprozesse schrittweise beginnen bzw. Veränderungskultur einführen 23
6. Ausblick - Durchblick 23

Kapitel 3

DAS OSTO-SYSTEM-MODELL 29

1. Einstieg 29
2. Das OSTO-SYSTEM-MODELL 38
3. Die "OSTO-BRILLE" 38

3.1 Der sozio-technische Systemansatz (ST-Systemansatz) 40

3.2 Vom ST-Systemansatz zur OSTO-BRILLE 42

3.2.1 Die ökonomische Systemdimension (OS) 42

3.2.2 Die Produkt-Markt-Zukunfts-Dimension (PMZ) 43

3.2.3 Das Politische Steuerungs-System (PSS) 44

3.2.4 Die Systemumwelt 45

3.2.5 Systemgeschichte 46

3.2.6 Zukunft 46

3.2.7 Existenz- und Sinngrund (EG / SG) 47

3.2.8 Die "Unterwelt" des Systems 47

3.3 Die Überleitung von der "OSTO-BRILLE" zum OSTO-SYSTEM-ANSATZ 49

4. Der OSTO-SYSTEM-ANSATZ 52

4.1 Der Existenzgrund (EG) - Charakter, Inhalt, Definition 52

4.2 Der EG als Entwicklungsprozeß 53

4.2.1 Enger-weiter-überweiter EG 55

4.2.2 EG nicht als "Produkt" fixieren ! 55

4.2.3 Charakter der EG´s 55

4.2.4 Abarten der EG´s 56

4.2.5 Identitätsverändernde EG-Wandlungen 57

4.2.6 Multiple EG´s 58

4.2.7 EG und Wertewandel 58

4.3 Systemgrenze - Systemcoding und Systemdecoding 59

4.4 Ziele 61

4.5 Die Transformation und ihre Kernprozesse 62

4.5.1 Der Aufgabenkernprozeß (AKP) 62

4.5.2 Der individuelle Kernprozeß (IKP) 63

4.5.3 Der soziale Kernprozeß (SKP) 64

4.5.4 Fokussierte Synergie: Business process excellence 65

4.6 Der Sinngrund (SG) 66

4.7 Der Urgrund (UG) 67

4.8 Rückkopplungen und Feedback-Systeme 68

4.9 Feedforward 69
4.10 Das Selbstbestätigungsfeedback (SBFB) 69
4.11 Zwischenfazit - Besinnungspause 72
5. Das OSTO-SYSTEM-MANAGEMENT-MODELL und seine Anwendung in der Praxis 73
5.1 Ziele und Strategie 74
5.2 Die System-Design-Elemente 75
5.3 Verhalten (System und Individuen) 82
5.4 Systemkultur und Identität 82
5.5 Systemergebnisse (Ziele, Output und Qualitätsfeedback) 82
5.6 Systemzukunft (Ziele, Existenzgrund und Innovationsfeedback) 85
5.7 Systemverantwortung (Sinngrund, Verantwortungsfeedback) 85
5.8 Systemerkenntnis (Urgrund, Erkenntnisfeedback) 85
6. ANWENDUNGSBEISPIELE FÜR DAS OSTO-MODELL 86
6.1 Diagnose und Redesign 86
6.1.1 Redesign I: Output-Ziel-Abweichung bei konstantem Existenzgrund 88
6.1.2 Redesign II: Tadelloser Output bei schlechten Ergebnissen und "wanderndem
6.1.3 Redesign III: Gefährdung des Existenzgrundes durch sich verändernden Sinngrund 89
6.1.4 Redesign IV: Veränderung der Systemstrategie bei gleichem Existenzgrund, aber völlig verändertem Sinngrund 90
6.2 "Auf der grünen Wiese": Neudesign von Organisationen 91
6.3 Die Aufgaben eines Systemmanagers im Sinne des OSTO-MODELLS 91
7. Wo und wie man OSTO-Systemmanagement trainieren kann 93
7.1 Das OSTO-Systemmanagement-Curriculum 93
7.1.1 Baustein 1: OSTO-Systemmanagement-Seminar (SYMA) 93
7.1.2 Baustein 2: OSTO-Systemdiagnose-Workshop 94
7.1.3 Baustein 3: Change-Management 94
7.1.4 Baustein 4: OSTO-Systemveränderungs-Supervision 94
7.2 Das OSTO-System-Drama 95
7.3 Das Organisations-Dynamik-Laboratorium 96
7.4 Das Seminar "Sensibilität sozialer Prozesse" 97
8. Abschluß 97

Kapitel 4
Warum es Sinn macht, über "Sinn" zu sprechen ... 99

Anmerkungen zum Begriff und zur Funktion von Sinn- und Urgrundfragen im Zusammenhang mit dem OSTO-SYSTEM-MODELL für systemisches Management (SYMA)

1. These 1: Motivation braucht Sinn: Wer Leistung will, muß Sinn bieten 99
2. These 2: Sinn braucht einen Bezugsrahmen 101
   2.1 Bezugsgröße 1: Das eigene "Ich" 101
   2.2 Bezugsgröße 2: Das Unternehmen 105
   2.3 Bezugsgröße 3: Menscheit - Erde - Zukunft 107
   2.4 Bezugsgröße 4: Transzendenz 108
3. Der Urgrund 110
   3.1 Urgrundangebot 1: Der Evolutionsglaube 111
   3.2 Urgrundangebot 2: Der Humanismus 114
   3.3 Urgrundangebot 3: Der Buddhismus 119
   3.4 Urgrundangebot 4: Der Islam 119
   3.5 Urgrundangebot 5: Das Christentum 120
   3.6 Urgrundangebot 6: Der praktische Alltagsatheismus 122
4. Zusammenfassung 124
5. Schlußfolgerung 125

Kapitel 5
ORGANISATIONSENTWICKLUNG (OE) 127
Woher ? - Wofür ? - Wohin ?

1. Problemstellung, Definition und Implikationen von OE im Kontext von Management, Führung und Unternehmung 127
2. Entstehungs- und Verbreitungsgeschichte der OE 135
   2.1 Hoffnungsmachende Anfänge 135
   2.2 Von der Hoffnung zur Euphorie 136
   2.3 Aufkommende Kritik, Ernüchterungen, Grenzen 138
3. Gegenwärtige Bewegungen und Tendenzen ... 144
   3.1 ... in die (Unternehmens-) Politik 144
   3.2 ... in die Ausbildung von OE-Beratern 144
   3.3 ... in die Tiefe (Tiefen-OE) 145

3.4 ... hin zur Unternehmenskultur 145
3.5 OE und "Sinnergie" 145
3.6 OE als "Fusionsgehilfe" 146
3.7 OE auf neuen "Hochzeiten" 146
3.8 OE und die neuen Medizinmänner ... 146
3.9 Die "praktische OE" 149
3.10 In einen Paradigmawechsel ... 152
4. Fazit - der Stand heute ... 153

Kapitel 6
AUF DER GRÜNEN WIESE ... 157

1. Ausgangssituation: eine neue Fabrik 157
2. Die Planung 159
3. Ergebnisse und Erfahrungen 163
3.1 Teamorganisation und teilautonome Arbeitsgruppen 163
3.2 Das Betriebswerkerkonzept 164
3.3 Führung durch Grenz- und Ergebnisvereinbarung 166
3.4 Entwicklungsföderndes Lohn- und Ausbildungssystem 166
3.5 Entwicklungskrisen 168
3.6 Konsolidierung 169
4. 15 Jahre später ... 170
5. Fazit 171

Kapitel 7
AUF DEM STEINIGEN WEG ZUR "LERNENDEN ORGANISATION".... 173

1. Warum und wozu Lernende Organisation ? 173
2. Definitionsversuch 176
3. Widerstand gegen "Lernen" 181
4. Ausflug in die organisationale Lerntheorie 184
4.1 Was läßt sich unter "Lernen" verstehen ? 184
4.2 Lerndimensionen 185
5. Drei Fallbeispiele... und einige Schlüsse daraus 188
6. Fazit 202
7. Abschlußgedanken 208

Kapitel 8
Personal- und Organisationsentwicklung (PE/OE) als Element strategischer Personalpolitik Eine Kontroverse 211

Kapitel 9
20 Thesen zur zeit- und zukunftsgemäßen Entwicklung von Führungskräften 225

Kapitel 10
STATE OF THE ART 233

1. Zum "Stand der Kunst" ... 233
2. Der Fall 233
3. Zielsetzungen 234
4. Der Start 235
5. Rückkehr in den Arbeitsalltag 239
6. Zufriedene Berater - oder: Ruhe vor dem Sturm ? 240
7. Absturz ? 240
8. Was war los? Wo lagen die Ursachen ? 240
9. Neuer Horizont 243
10. Stand 1995, 12 Monate nach Start ... 243
11. State-of-the-art 243
   11.1 Erfolgsvoraussetzungstest 244
   11.2 Kontraktqualität 244
   11.3 Ergebnisorientiertheit 244
   11.4 Berater- und Beratungsverständnis 244
   11.5 Organisationsverständnis 245
   11.6 Berater-System-Anschlußfähigkeit 246
   11.7 Soll-Bild der Organisation 248
   11.8 Organisationales Lernen 248
   11.9 Kontextmanagement 249
   11.10 Prozeßkomprimierung und "Simultanentwicklung" 251
   11.11 Der Zwei - Seiten - Approach 252
12. Fazit und Zusammenfassung 253

Kapitel 11

Der Organisationsalltag und seine Unterwelt: Der SchweineHund-Defekt 255

1. Worum geht´s ? 255
2. Wie alles anfing ... mit der Ent-deckung des SchweineHundes (SH) 259
3. Innenleben 263
   3.1 Die Angst 264
   3.2 Die Leere 264
4. Zwischenfazit 268
5. Der soziologische SchweineHund 270
6. Atempause 272
7. Kollegenbestätigung 272
8. Exkurs: Der SchweineHund in der Teamarbeit 275
9. Besinnungspause - Rückblick - und die Frage: Was nun ? 280
10. Anmarschweg zu einer "SH-Therapie" Erste Näherung - weitere Analysen 281
11. Der SH und seine vielen Tarnkleider 282
    11.1 Der eitle Pfau 282
    11.2 Der stolze Gockel 282
    11.3 Die giftige Schlange 283
    11.4 Der aggressive Drache 283
    11.5 Der charmante SH 284
    11.6 Der lustig - komische SH (Affe, Clown) 284
12. Zwischenbemerkung: die sechste SH-Untugend kommt ins Spiel, der Wunsch angebetet zu werden ... 284
    12.1 Der religiöse oder fromme SH 285
    12.2 Der esoterisch - okkulte (magische) SH 286
    12.3 Der "gute" oder "humanistische" SH 288
    12.4 Der gekrönte SH 290
13. Zurück ins high-tech Unternehmen - wo das Ganze mit dem SH anfing ... Oder: Die Therapie wird sichtbar 293
14. Back to the basic ... Oder: Konsequenzen für unsere Sicht von Organisationen 297
15. Schlußfolgerungen 302
16. Nachwort. Oder: der SchweineHund ist zäh ... 303

Kapitel 12
Fruchtbar arbeiten oder furchtbar managen ? 305

1. Macht Erfolg erfolg-reich ? 305
2. Markt- und Umweltorientierung 307
3. Auf der Suche nach Wirklichkeit 309
4. Produktivkraft "Partizipation" 309
5. Ein de-mütiger Chef ... Oder: Dienende Autorität 311
6. "Du, die Ampel ist grün ." 313
7. Partizipation, ja ! Aber bitte mit Ziel ! 315
8. Auf der Suche nach Sinn ... oder: Sinnergie - Sinn als Produktionsfaktor 316
9. Zielfunktionen, oder: Wissen, wo das Tor steht (fokussierte Synergie) 318
10. Nicht der Chef ist der Chef, sondern die Wirklichkeit ist der Chef (Energieschluß) 318
11. Produktivkraft "Wahrheit" 319
12. Spielregeln 321
13. Selbstorganisation und Leitplanken 322
14. Rückkopplungen: K1, K2, K3, (Feedbacks / Controlling) 325
15. Produktivkraft "Vertrauen" 328
16. Ein paar Nachgedanken ... 332

Kapitel 13
Gefährliche Rezepte oder Business Excellence 339

Kapitel 14
Unfrisierte Anmerkungen zum Thema "Lernende Organisation" (L.O.) 347

1. Der Begriff 347
2. Lernen IV bzw. Lernende Organisation Typ IV 348
3. Die Zwickmühle 350
4. Des Pudels Kern: Die Lernende Organisation - ein theologisches Problem ? 353
5. Fazit 357

Kapitel 15
Literatur 361

Abbildungsverzeichnis

Kapitel 2 3

Abb. 1	"Dynaxity"	4
Abb. 2	Das "Nebelviereck"	5
Abb. 3	Die "Dynaxibility - Schere"	6
Abb. 4	Kontinuum der Dynaxity	8
Abb. 5	Idealtypische Qualitätsvoraussetzungen	17
Abb. 6	Dilemmata der Zone IV	24
Abb. 7	Hierarchie - Krise, komplex-dynamische Umwelt und Dynaxity - Zone III Fitneß ?	27
Abb. 8	Dynaxity und Dynaxibility synoptisch	28

Kapitel 3 29

Abb. 1	Drei Arten, ein Problem falsch zu lösen ...	31
Abb. 2	Systemvernetzungen (OSTO-System-Matrix). "Verspäteter Markteintritt"	37
Abb. 3	Sozio-technischer Systemansatz (ST-Systemansatz)	40
Abb. 4	Sozio-techno-ökonomisches System (STO)	42
Abb. 5	Offenes sozio-techno-ökonomisches System (OSTO)	44
Abb. 6	Das Politische - Steuerungs - System (PSS)	44
Abb. 7	Die 10-dimensionale OSTO-Brille	50
Abb. 8	Der EG, der sich weiter entwickelt ...	54
Abb. 9	Pseudo - EG	57
Abb. 10	Wertewandel	59
Abb. 11	System - (De)- Coding	60
Abb. 12	Ziele	61
Abb. 13	Kernprozesse	65
Abb. 14	Fokussierte Synergie	66
Abb. 15	Sinn- und Urgrund	68
Abb. 16	Der OSTO-SYSTEM Ansatz	73
Abb. 17	Ganzheitliches OSTO-SYSTEM-MODELL	76
Abb. 18	Ziele und Strategie des Systems	77

Abb. 19 Überführung der Transformationsprozesse in System - Designelemente 78
Abb. 20 System - Designelemente 80
Abb. 21 (System) - Verhalten 83
Abb. 22 Ganzheitliches OSTO-SYSTEM-MODELL 87

Kapitel 5 127

Abb. 1 Das Arsenal alternativer Veränderungsstrategien 129
Abb. 2 OE-Problemlösungszyklus 134

Kapitel 6 157

Abb. 1 Das Produktionssystem des Werkes in soziotechnischer Darstellung (Grundschema einer Varianzanalyse) 161
Abb. 2 Das "Territorium" und Leistungsfeld einer "teilautonomen Arbeitsgruppe" der "Verpackungsabteilung" 165
Abb. 3 "Open System" Organisation 167

Kapitel 7 173

Abb. 1 "Change - 10 - Eck" 178
Abb. 2 Regelkreis organisationalen Lernens 179
Abb. 3 Lernende Organisation 182
Abb. 4 Lerndimensionen 189
Abb. 5 Objekt- und Metalernen 190
Abb. 6. Change Typen 191
Abb. 7 Lernebenen (Objektlernen, Metalernen) 192

Kapitel 9 225

Abb. 1 Basisfunktionen und Qualifikationen der Managementrolle 227
Abb. 2 Management - Viereck 228
Abb. 3 Management - Rad / Instrumentelle Aspekte der Managementkompetenz 229

Kapitel 10 233

Abb. 1 Neun Variablen effizienter Beratungsprozesse ? 254

Kapitel 11 255

Abb. 1 Der SchweineHund an der Stellwand 262
Abb. 2 Neun Prozeßebenen 276
Abb. 3 Qualitätsvoraussetzungen und existenzialpsychologische Zusammenhänge bei Problemlöseteams im Zusammenhang mit idealtypischen "High Dynaxibility" - Anforderungen (Liebe - Wahrheit - Modell) 279
Abb. 4 SchweineHund Stammbaum 292

Kapitel 13 339

Abb. 1 Lernende Organisation 343
Abb. 2 Business (Process) Excellence 345

1. Einstimmung

Managen und Führen am Rande des 3. Jahrtausends

Das Managen, Organisieren und Führen von Unternehmen und Mitarbeitern scheint zunehmend komplexer, anforderungsreicher und wechselhafter zu werden. So sind Strategien und Methoden, die früher noch erfolgreich waren, heute nur noch mit erheblichen Vorbehalten einsetzbar.
Darüber hinaus nimmt Risiko und Brisanz unternehmerischen Handelns fortwährend zu. Zwar eröffnen sich dabei auch neue Chancen mit faszinierenden Perspektiven, aber auch Abgründe ungeahnten Ausmaßes ...
Deswegen auch die Formulierung "Management am Rande ..." im Titel des Buches.

Es erhebt sich dementsprechend die Frage, wie denn Konturen eines Managements im 3. Jahrtausend aussehen könnten, welche Zentralprobleme sich stellen und welche Antworten vielleicht zu finden bzw. zu geben sein müßten.

Hierzu möchte das vorliegende Buch spezifische Anregungen und Impulse vermitteln. Dabei wendet es sich vornehmlich an den reflexionsinteressierten Praktiker und praxisorientierten Wissenschaftler.

Das Buch selbst wurde aus einer Reihe im Laufe der Zeit entstandenen Aufsätzen, Artikeln und Vorträgen zusammengestellt, die in einigen Teilen neu arrangiert und überarbeitet wurden. Dadurch entstand - verbunden durch den roten Faden des Buchtitels - eine Art bunter Blumenstrauß: die Vielfältigkeit, Heterogenität und Komplexität heutiger Management-, Führungs- und Organisationsprobleme wird damit verdeutlicht und lebendig vor Augen geführt.

Da die einzelnen Aufsätze in sich geschlossen verständlich sind, kann der Leser je nach Lust und Laune einsteigen. Er ist nicht gezwungen, sich sofort durch das ganze Buch "hindurchackern" zu müssen.

Dies hat allerdings auch einen deutlichen Nachteil: Redundanzen und Wiederholungen sind zuweilen nicht vermeidbar. Der Leser wird an diesen Stellen um Nachsicht gebeten oder einfach zum Weiterblättern ermutigt.

Heijo Rieckmann
Klagenfurt, März 1997

2. DYNAXIBILITY - ODER: KANN MANAGEMENT AM RANDE DES DRITTEN JAHRTAUSENDS NOCH ERFOLGREICH SEIN?

1. Hintergrund

Wir haben uns eine komplizierte, labile und nervöse Welt aufgebaut. Unsere Alltagserfahrungen führen uns das Tag für Tag vor Augen. Engmaschige Handels-, Finanz-, Kommunikations-, Energie- und Transportnetze haben ganze Kulturen, Religionen, Völker und Institutionen bis auf wenige Flugstunden zusammengerückt. Weltanschauungen, unterschiedlichste Lebens- und Arbeitseinstellungen sowie Verhaltensnormen buntester Art führen - durch zunehmende Nähe - zu ganz neuen Kulturmischungen, Synkretismen und Wertsymbiosen. Kurzum, die Welt ist ein Dorf geworden, in dem bald jeder jeden kennt und in dem - "sozio-chemisch" gesprochen - bald alles mit allem reagiert.

Zu dieser wachsenden Vernetzung, Vermischung und Komplexität kommt darüber hinaus noch die gleichzeitig steigende Dynamisierung aller Lebens-, Arbeits- und Wissensbereiche hinzu: das Tempo der Veränderungen wird immer schneller, die "Zeit" immer knapper, Hektik und Streß nehmen zu. Wirkungszusammenhänge werden dementsprechend zusehends undurchschaubarer ....

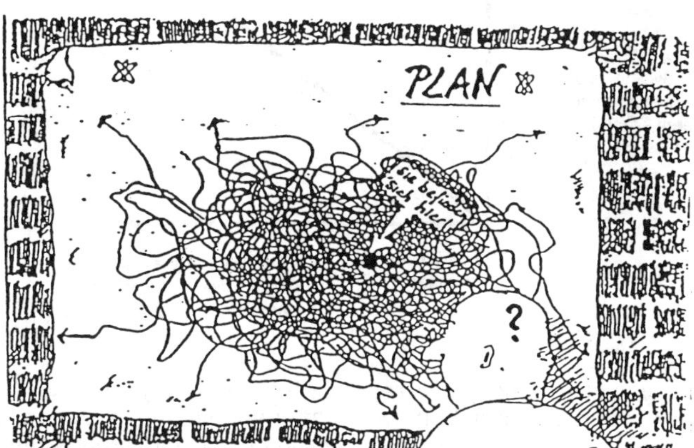

All diese Entwicklungen stehen - wie gesagt - dabei nicht isoliert nebeneinander, sondern bedingen, beeinflussen, verstärken und beschleunigen sich - Teufelskreisen ähnlich - darüber hinaus noch gegenseitig. Prognostizierbarkeit,

Planbarkeit und Beherrschbarkeit dieser Entwicklungen und Verwicklungen werden dabei immer geringer, die Gefährlichkeiten ihrer Konsequenzen indes immer größer. Bei paradoxerweise gleichzeitig steigender "Macht" durch Technologiefortschritte nimmt Ohn-macht und Risiko zu (vgl. auch Abb. 4). Oftmals leben wir nur noch von einer Überraschung zur anderen ... Und obwohl wir immer schneller rennen, haben wir immer weniger Zeit und kommen immer weniger vorwärts: Hamsterradeffekt..!

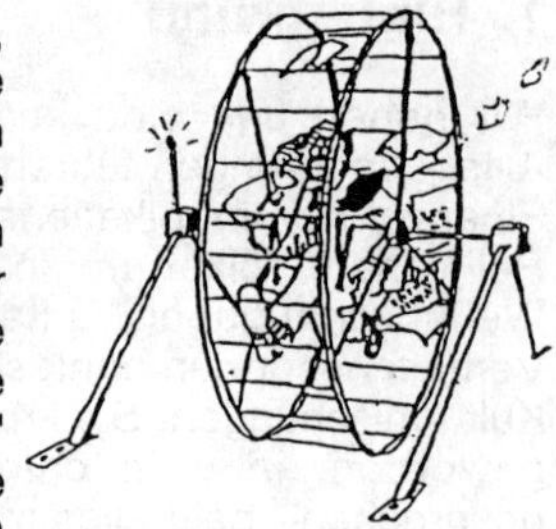

Diese für nicht wenige von uns als unangenehmen, überfordernd und bedrohlich empfundenen Symptome und Entwicklungstendenzen lassen sich - mit anderen Worten und in abstrakter Sprache formuliert - auf die gegenseitig verstärkenden Wechselwirkungen von gleichzeitig (!) zunehmender Dynamik und steigender Komplexität zurückführen, was ich - und man verzeihe mir bitte die damit verbundene, ziemlich eigensinnige Wortneuschöpfung - im folgendem mit "Dynaxity" bezeichnen möchte: DYNAXITY ist also als Resultante aus "dynamics" (Dynamik) und "complexity" (Komplexität) bei steigender Macht/Ohnmacht/Risiko-Relation zu verstehen.

Im Bild:

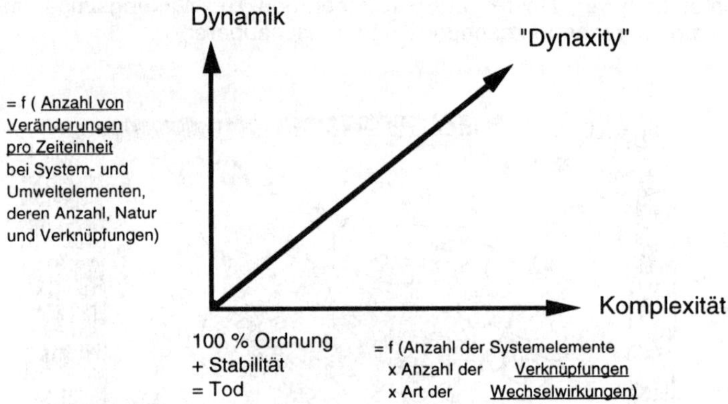

Abb.1 "Dynaxity"

Steigende Dynaxity - also gleichzeitig zunehmende Dynamik und Komplexität - führt in jene oben beschriebenen Situationen hinein, in denen der Zeitdruck zermürbend wird, wir oft nicht wissen, wo uns der Kopf steht, wo und wie wir uns Durchblick beschaffen können, was überhaupt das Problem ist, wo die eigentlichen Ursachen liegen, in welcher Richtung das Ziel zu suchen sei, wie der Weg dorthin aussieht und welche (ungewollten) Konsequenzen (Wechsel-, Neben-, Rück- und Fernwirkungen, abgekürzt: NRF`s) mit Interventionen (Maßnahmen, Unterlassungen etc.) verbunden sein könnten... Kurz: wir stehen - wie Abb. 2 zeigt - mitten in einer Art "Nebelviereck":

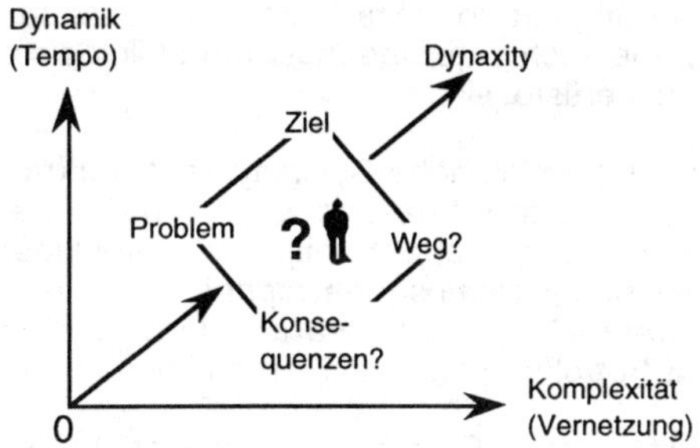

Abb. 2 Das "Nebelviereck"

Dieser steigenden Dynaxity sind aber viele unserer derzeitigen Organisationen und Institutionen samt ihren impliziten Kombinationsmustern traditioneller Denk- und Verhaltensweisen sowie herkömmlichen technokratisch - bürokratischen (= "maschinentheoretischen") Managementansätzen immer weniger gewachsen[1].

Die "Organisationspyramiden" mit ihren zentralisierten, steilen Hierarchien und ihren langen und langsamen Instanzenwegen sind in der Krise. Gleichsam großen Dinosauriern sind sie zu unbeweglich und reaktionsträge und ähnlich großen Tankern nur schwer in turbulenten Umwelten zu steuern. Als hart gebaute Burgen bräuchten sie die Flexibilität eines Zeltes und die Mobilität einer Karawane. Das aber können traditionelle Pyramiden-Hierarchien nicht aufbringen.

Vor dem Hintergrund dieser Gesamtsituation und Gesamtzusammenhänge sind wir damit auch schon vor die heutige zentrale Kernfrage für das Management komplex-dynamischer Zusammenhänge in Wirtschaft und Gesellschaft gestellt, nämlich:

> Wie kann die (Über-) Lebensfähigkeit und Lenkbarkeit heutiger Institutionen, Organisationen und Unternehmen unter wechselnden Zielen, turbulenter werdenden Umfeldbedingungen, bei wachsender Komplexität, prinzipiell unvollständigen Informationen sowie schrumpfenden Planungshorizonten noch hergestellt, erhalten und sichergestellt werden?

---

1 Die zunehmende Entwicklung von Dynaxity ist multifaktoriell verursacht. Einige dieser (natürlich vernetzten) Faktoren scheinen beispielsweise folgende zu sein:

- Wissenschaft/Forschungserkenntnisse/technologische Entwicklungen
- Halbwertszeit des Wissens/Könnens
- Entdeckergeist, Problembewußtsein, Schaffensfreude, Gestaltungskunst, Kreativität
- Konkurrenz(kapitalismus) - Wettlauf der "Systeme" (Japan - Europa - USA)
- soziale "Quantensprungeffekte" durch Zunahme/Akkumulation von Restposten schlecht/traditionell gelöster Probleme der Vergangenheit ("Sünden der Väter"), z.B. Altlasten
- Zunahme von Kooperationen und Vernetzungen (z.B. Transport/Kommunikation) bzgl. Masse, Geschwindigkeit
- Zerstörung und Abnahme selbstregulativer Systemzusammenhänge in Natur und Gesellschaft (Entlastungen)
- Not/Elend (Bevölkerungsexplosion/Kriege/Flüchtlingswellen etc.)
- Angst (Macht) - Leere (Gier) Dynamik (sog. SchweineHund-Syndrom) - (vgl. Fußnote Nr. 3) Konsumerismus, Ausbeutung um jeden Preis...
- SED (= Sicut-eritis-deus)-Komplex: wie Gott sein wollen - Todesverdrängung - Schuldverdrängung - Omnipotenzwahnsinn - "Turmbau von Babel" - aggressive "Zeitbeschleunigung (Offenbarung 12,12!!) - Anti - christ (Weltdiktator) - Weltzusammenbruch (vgl. Bibel: 1. Moses 3,5, Offenbarung 13, Matthäus 24; sowie Richter, H.E., Gotteskomplex, 1979)
- normativer Pluralismus
- usw. usf.

Was wir brauchen sind Führungskräfte, Mitarbeiter, Organisationen, Systeme, "Mentalitäten" und Kulturen, die - ich bitte abermals um philologische Nachsicht - mit hoher "DYNAXIBILITY" ausgerüstet sind.

Mit Dynaxibility meine ich das Potential, hohe Dynaxitygrade verkraften zu können, also über personale (geistig-mentale-charakterliche), psycho-soziale, organisatorische und technisch-physische Fähigkeiten (abilities) verfügen zu können, um eben gegenüber hoher Dynaxity gewappnet zu sein, ja sogar in der Lage zu sein, diese "lustvoll", kreativ verarbeiten und auch ethisch verantwortungsvoll (im Sinne Betroffener) aufnehmen zu können.

Und diese höhere Dynaxiblity wird m.E. dringend benötigt. Sonst droht - allem Anschein nach - sich ein gefährlicher Schereneffekt anzubahnen (oder auszuweiten): Unsere (selbstgemachte) Dynaxity steigt schneller als wir hinterherlernen oder uns hinterherentwickeln können.

Dynaxity und Dynaxibility fallen auseinander.

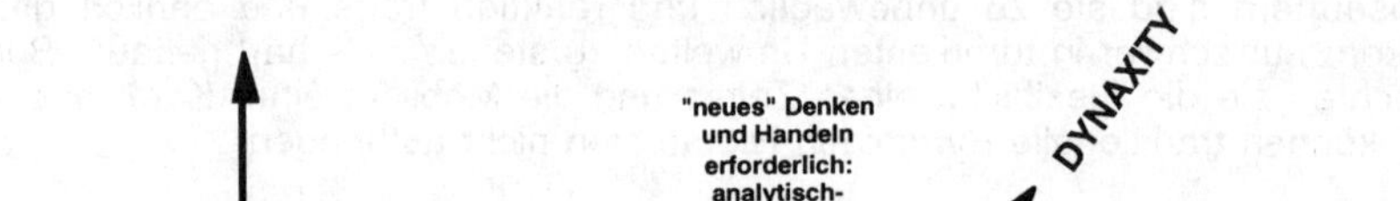

Abb. 3: Die "Dynaxibility-Schere"

2. Dynaxity - Zonen

Die Entwicklung der Dynaxity läßt sich in unterschiedliche Stadien oder Zustandsarten unterteilen, die nachfolgend mit Zone I, II und III beschrieben werden.

Die Führungsverständnisse, Zielvorstellungen sowie Organisationsstrukturen und -kulturen, kurz gesagt die "operativen Paradigmen" sind je nach Dynaxity-Zone unterschiedlicher Gestalt und Qualität.

Abb. 4 versucht diese Zusammenhänge, Implikationen und Auswirkungen überblicksartig und stufenweise vor Augen zu führen. Dazu ein paar erklärende Kommentare:

Bei geringer und mittlerer Dynaxity (Zone I + II in Abb. 4) genügen die uns wohlbekannten, traditionellen Struktur-, Führungs-, Wert- und Verhaltensmuster.

So trifft man beispielsweise in Zone I nicht selten auf kleine und mittlere (Pionier-) Unternehmen, deren Gründer oft eine findige Produkt- oder Marktidee hatten, gute Kundenkontakte besaßen, engagierte Leute um sich scharten und dann mit dieser Mannschaft und dem Charme eines patriarchalisch-charismatischen Führungsstils den Markt (bzw. die Nische) eroberten und saubere Gewinne einfuhren (UM = Unternehmermanagement).

Ermutigt durch diese Erfolge wollte man (oder durch Konkurrenz gezwungen mußte man) dann weiterwachsen, die Produktpalette verbreitern, größere Märkte betreten, mehr Umsatz machen und mehr Leute einstellen. Damit aber wuchs die Komplexität, die Binnenkomplexität und die Komplexität der Umweltbeziehungen gleichermaßen. Man entwickelte sich in Richtung Zone II.

Der ehemalige, überschaubare, flexible "Improvisationsladen" wurde zunehmend größer, undurchsichtiger, unbeweglicher und ineffizienter. Er mußte daher neu "durchgestylt" - sprich funktional geordnet und formal organisiert werden.

Und hier begann dann häufig das, was in der Literatur und Geschichtsschreibung zuweilen als Ära des "wissenschaftlichen" oder "technokratisch-bürokratischen" Managements bezeichnet wurde (TBM) und - wie gesagt - auf unserem Schaubild (Abb. 4) in Zone II angesiedelt ist.

In heute gar nicht einmal so seltenen Fällen wird allerdings solch ein von Zone I nach Zone II wanderndes Unternehmen vom Markt überrascht bzw. unversehens überholt: dieser hat sich fast unbemerkt bereits in Zone III hineinentwickelt. Will das Unternehmen überleben, muß es Zone II nahezu überspringen und unverzüglich Zone III-Fitneß erreichen.

In der Regel wachsen Unternehmen jedoch zunächst in die Zone II hinein:

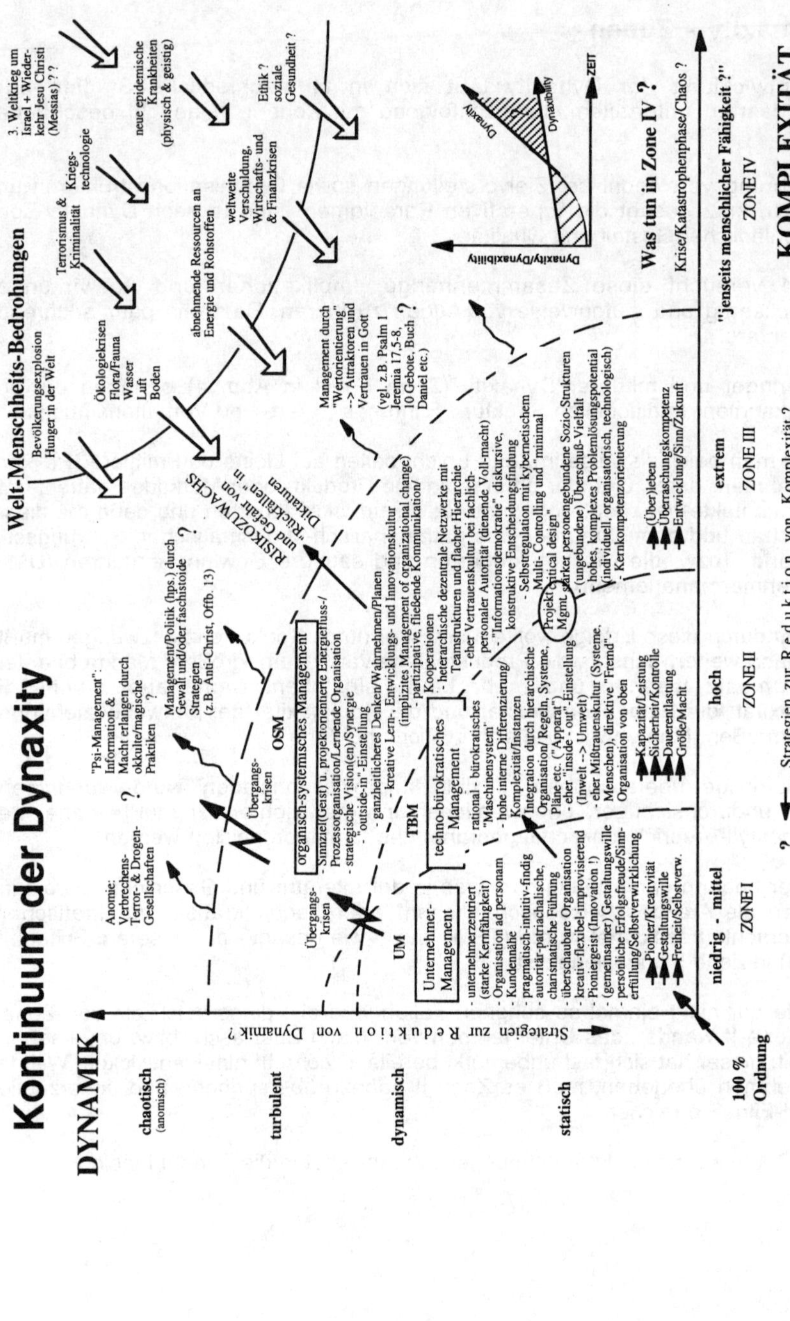

Abb. 4 Kontinuum der Dynaxity

Die Arbeitsteilung wird horizontal und vertikal ausgeweitet, "objektiviert" und präzisiert, indirekte, schriftliche Kommunikation vermehrt, die Instanzenwege genau definiert ... Schritt für Schritt entsteht langsam eine rational-mechanistische "Supermaschine", ein "Apparat" mit überpersönlichen, bürokratischen Arbeitsregeln, vielen "Kästchen" und klaren hierarchischen Steuerungssystemen. Überschaubarkeit, Planbarkeit, Kontrollierbarkeit, Machbarkeit und Sicherheit können dadurch (wieder)hergestellt werden und das eben bei gleichzeitig deutlich gestiegener (oder gesteigerter) Kapazität (vergrößerte Binnenkomplexität). Höhere Grade an Komplexität, Macht und Dynamik können nunmehr verdaut bzw. gehandhabt werden. Und das war ja auch die Intention der ganzen Entwicklung. Pionierhafte Flexibilität, findige Improvisationskunst sowie individuelle Selbststeuerung und Selbstverwirklichung Einzelner mußten dabei - aus "Sicherheitsgründen" - natürlich immer mehr zurückgestutzt werden und ins informelle System abwandern (wo diese untergetauchten Tugenden - gottlob - dann doch noch weiterleben und z.B. "Arbeit nach Vorschrift" (außer bei Streiks) verhindern helfen. Außerdem wird häufig durch flankierende Maßnahmen der "Organisationsentwicklung" (OE) und der Beteiligung Betroffener durch gelegentliche Teamarbeit (Arbeitsgruppen, Qualitätszirkel etc.) und "Projektmanagement" mehr oder weniger erfolgreich versucht, jenen organisierten Verlust an organischer Lebendigkeit der Pionierzeit doch noch "offiziell" zum Teil hinüberzuretten und kreativitäts- und flexiblitätsfördernd einzubringen (vgl. Heintel/Krainz, 1987).

Es wird jedem jedoch sehr schnell klar, daß bei einer weiteren, gleichzeitigen Zunahme von Komplexität und Dynamik, sprich Erhöhung von Dynaxity in Richtung Zone III - und in einer solchen Welt befinden wir uns m.E. mehr und mehr - die obigen Managementansätze "UM" (Unternehmermanagement) und "TBM" (technokratisch-bürokratisches Management) nicht mehr ausreichen. Das Pionierunternehmen ("UM") kann nicht genügend Komplexität verarbeiten, das technokratisch-bürokratische Management ("TBM") - relativ gesehen - zu wenig Dynamik vertragen und kontrollieren (Dinosauriereffekt)!

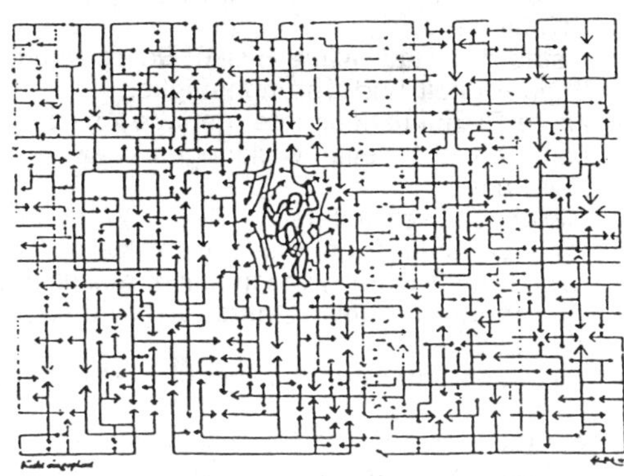

Beide Ansätze müssen entweder ersetzt oder transzendiert und weiterentwickelt werden.

Verharrt ein Unternehmen, obwohl es "äußerlich" sich bereits in Zone III befindet, trotzdem "innerlich" in Zone II, so kann das zu lebensgefährlichen Konsequenzen führen. Beispiele gibt es genügend (vgl. Greiner, 1972, S. 41; Lievegoed, 1974 sowie bspw. Berichte in Managermagazinen über Veränderungsprozesse von Großunternehmen!).

Man muß also einen neuen qualitativen Schritt wagen, eine Art Quantensprung ins "organisch-systemische" Management (OSM), in eine "neue" Art zu denken, zu sehen, zu fühlen und "organisch " zu handeln, kurz: in eine Art, die viele spürbare Umstellungen mit sich bringt - auch wenn einige alte Pionierelemente durchaus wieder eingesetzt und auch nicht alle Elemente der Ära des technokratisch-bürokratischen Managements über Bord geworfen werden müssen.

Organisch-systemisches Management (OSM) ist Management mit "high dynaxibility" - und zwar hoher Dynaxibility auf der Ebene des Individuums, der Gruppe, sowie der Organisation samt ihren zentralen Input-Output-transformations-technologischen Prozessen (vgl. offener-sozio-techno-ökonomischer Systemansatz/OSTO) und ihren verschiedenen Umwelten und Zukünften.

Steckbriefartig lassen sich die Merkmale der "Welt" der Zone III vielleicht wie folgt charakterisieren:

- zahlreiche und fluktuierende Aktoren (z.B. steigender Wettbewerb)
- hohe Vernetzungsdichte
- unüberschaubare Wechselwirkungspotentiale (NRF´s: Neben-, Rück- und Fernwirkungen)
- chronische Unterinformation bei massenhafter Überinformiertheit ("Nebelviereck")
- Instabilität, Radikalität, Risiko, Energieströmungscharakter
- Schnelligkeit und Sprunghaftigkeit
- kurze Planungshorizonte, geringe Abschätzbarkeiten
- exponentielle Teilentwicklungen
- Zeitdruck
- Gleichzeitigkeit unterschiedlicher Wirklichkeiten
- Widersprüche, Paradoxien, Konflikte
- Ungleichgewichte (wirtschaftlich, gesellschaftlich)
- Chancenreichtum, Gestaltungsvielfalt, Potentialfülle (konstruktiv sowie destruktiv)
- wirksame, intelligente Technologieangebote
- Mobilität
- paradoxer/komplexer Menschentyp
- reduzierte technokratische Machbarkeiten
- Selbstorganisationsprozesse
- Globalität
- Sinn- und Wertepluralismus (individuelle Freiheit, aber auch Sinnkrisen)
- dauernder Wandel

Auch die Oberziele haben sich in Zone III verschoben. Im Vordergrund steht nunmehr eher (Über)leben, Kreativität, Synergie, Überraschungskompetenz, Entwicklung-Zukunft-Sinn.

3. Anforderungen in Dynaxity-Zone III: Dynaxibility und Zone III-Fitneß

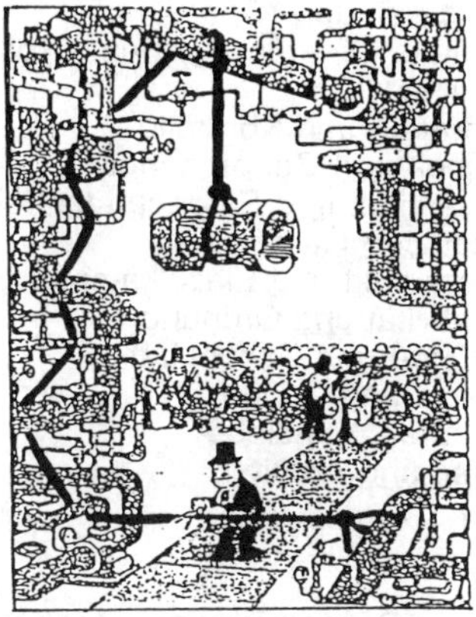

Es ist offensichtlich, daß Leben, Arbeiten, Denken, Organisieren und Managen in Zone III uns alle - wie gesagt - vor z.T. recht neue bzw. neuartige mentale, regulative und verhaltensbezogene Herausforderungen stellt. Ein simples Verhalten wie auf nebenstehendem Cartoon ist vorbei. Die wesentlichsten Umstellungsanforderungen scheinen in der Praxis folgende zu sein:

3.1. Dynamik, Komplexität, Dynaxity akzeptieren!

Es nützt zunächst nichts, sich gegen Dynaxity zu wehren (durch Simplifikation, Selbstüberschätzung, Hauruck-Maßnahmen, Gewalt, Verdrängung, Regression, Flucht etc.). Tut man es dennoch, gerät man schnell in Denk- und Verhaltensweisen hinein, die zu katastrophalen Ergebnissen führen können.
Komplexe, dynamische Systeme und Prozesse sind nun eben einmal nicht einfach, langsam, durchschaubar und monokausallinear. 1 + 1 kann manchmal 11 sein oder 5 oder 8 (aber auch 2).

3.2. Widersprüche und Paradoxien zulassen und balancieren!

Bei komplexen Problemzusammenhängen sind außerdem Widersprüche an der Tagesordnung. Es ist wichtig, diese dann nicht abzuwürgen und/oder zu verdrängen. Oft gilt es, die Gleichzeitigkeit von "Sowohl-als-Auch" Situationen (statt einseitige Entweder-Oder) zu akzeptieren. Widersprüchliche Trends und Energiefelder, gegensätzliche Interessen und Sichtweisen, offensichtliche "Unlogiken" sowie konterkarierende Wechselwirkungen sind dann abwägend und ausgleichend zu balancieren (und zu katalysieren), um riskantere, extremere Entwicklungen möglichst zu vermeiden.
Beispiele solcher Widersprüche - die gleichzeitig wahr sein können - sind:
Tun <u>und</u> Lassen
Härte <u>und</u> Sanftheit

Durchsetzen und Kunst des Möglichen
Konfrontieren und laufen lassen
Distanz und Nähe
Geduld und Leistungsforderung
offen lassen und Grenzen setzen
Logik/Analyse und Intuition/Gefühl
Sicherheit und "Chaos"
Argument-Gegenargument (Positionenkampf) und lautes gemeinsames Denken ins Unreine...
Vertrauen und Kontrolle
Freiheit und Geborgenheit
Einsamkeit und Eingebundenheit
Detail und Ganzheit
Teamarbeit und Einzelkämpfer
Kreativität und Ordnung
Sprünge und Kontinuität
Gesetz und Gnade
Wahrheit und Liebe
Beten und Arbeiten
usw.

3.3. Systemisches Denken, Fühlen und Handeln üben!

Da alles immer enger mit allem zusammenhängt, wird die Möglichkeit Probleme/Chancen isoliert, monokausal und naiv zu sehen und zu behandeln immer geringer. Man kann ein Problem nie mehr nur alleine behandeln: Wechselwirkungen sowie Neben-, Rück- und Fernwirkungen - sogenannte NRF's - sind grundsätzlich mit zu bedenken, ebenfalls neben den sachlogischen/ technologischen Komponenten geistige, psychische, soziologische, ökologische und klimatische u.a. Dimensionen und Ebenen (vgl. Probst 1989, Probst/Gomes 1989). Gewohnte Strategien wie "jetzt erst recht" oder "immer mehr von demselben" sowie Durchhalteparolen, Druckverstärkung usw. - wie z.B. Dörner (1989) das alles so überaus plastisch beschrieben hat, funktionieren nicht mehr. Man muß das "Ganze" und seine Zusammenhänge sehen, fühlen und spüren, kalte Logik durch bunte Bilder ergänzen, Prozesse regulieren (statt Zustände), diagnostizieren (ohne sich jedoch totzuanalysieren) und explorieren, experimentieren bevor man eingreift (vgl. Rieckmann/Weissengruber 1990).

Methodistisches, rezeptologisches Vorgehen - "das haben wir hier immer schon gemacht" - ist damit endgültig vorbei, rein rationalistisch-analytische "Faktenhubereien" ebenfalls. "Intuition" und "Verstehen" bekommen neuen einen Stellenwert. Das Visualisieren von Problemlandschaften, Kausalnetzen, Zeitgestalten und Tendenzen, deren Durchforschung in bunten, mental-interdisziplinären Teams mit Fähigkeit zur Selbstdistanzierung, Reflexion, Selbstkritik sowie Veränderungsfähigkeit und Selbstorganisation wird unverzichtbar.

Auch mit der "Zeit" muß man anders umgehen lernen. Neben der mechanischen, gleichgetakteten Kalenderzeit (Chronos) wird die "qualitative Zeit" - das "timing", oder griechisch: der Kairos - also der richtige, passende, herangereifte Zeitpunkt immer wichtiger für die Planung und Durchführung von Aktionen und

Interventionen in Feldern mit hoher Dynaxity. Ähnliches gilt fürs Tempo. das "pacing" ist wichtiger als die "absolute" Geschwindigkeit.

Den "Kairos" zu verpassen, strategisch "offene Fenster" zu übersehen und ein falsches "pacing" zu treffen, kann zu Katastrophen führen oder ins andere Extrem, nämlich enorm viel Kosten verursachen, um dennoch dabei dann völlig wirkungslos zu bleiben (Wer zu spät kommt, den bestraft die Geschichte). Und fällt man in solchen notvollen Situationen in hektisches Übersteuern von Prozessen zurück - man muß doch irgendetwas tun, und zwar sofort! - kann dies in linden Fällen zu Verschlimmbesserungen führen und im anderen Fällen das Desaster nur noch weiter verstärken. (vgl. Schmetterlingseffekt in turbulent-chaotischen Systemsituationen).

In Zone III indes tut anderes not: sensibles Verstehen, der richtige Riecher, eine synergievolle, flexible, multikulturelle und durch sinn-machende Wert-Ziele intrinsisch motivierte und zusammengehaltene Mannschaft bringt in komplex-turbulenten Umwelten wesentlich mehr.

Hinzu muß auch noch eine gewisse Anspruchsbescheidenheit treten, begründet in der Einsicht der eigenen Limitationen und in die Grenzen der Machbarkeit überhaupt. Herrscht dagegen eine selbstgewisse, stolze Beherrschungs-Arroganz vor, werden schnell jene Feinheiten und schwachen Signale überhört, auf die es manchmal entscheidend ankommt. Denn Hochmut und Stolz verengen die Wahrnehmung, machen erfolglos, (Volksmund: "Dummheit und Stolz wachsen auf einem Holz") und graben sich selbst damit die Dynaxity-Grube. Zone-III-Fitness braucht eben genau Umgekehrtes: De-Mut, Sanft-Mut, Weisheit. Schon Salomon war sich dessen bewußt (vgl. Weisheitssprüche Salomons: die Furcht Gottes ist der Weisheit Anfang!)

Weisheit braucht es auch, um in high-dynaxity Welten die Komplexität "richtig" reduzieren zu können: Reduktionsweisheit. Damit ist die Fähigkeit gemeint, in komplexen Zusammenhängen genau diejenigen kritischen Zentralursachen sowie "Knack"- und Hebelpunkte zu finden, die für die "richtige" Problemdiagnose entscheidend sowie für eine wirksame Interventionsplanung maßgeblich sind und sich dabei möglichst ökonomisch und multiplikatorisch auswirken können (positive Kettenreaktionen). Dieses "Reduktionsproblem" ist aber in Zone III nicht mehr rezeptologisch und technokratisch lösbar. Der Bedarf nach Weisheit wird akut (vgl. Interview "Gefährliche Rezepte").

3.4. Meta-Management: geräuschloses Führen als "dienende Autorität"

Der Führungsstil muß sich ändern: Motivieren durch Ausstrahlung, Besonnenheit, Kompetenz, durch Sinngebung, Entwicklungsperspektiven und Ergebnisvereinbarungen; katalysierend, moderierend, unterstützend und dienend. Dabei organische Voraussetzungen struktureller, regulativer, kultureller, materieller, informatorischer und energetischer Art schaffend (Kontextmanagement), unter denen die Mitarbeiter im Sinne des "größeren Ganzen" - dem Existenzgrund des Unternehmens - und gemeinsamer Sinnziele sich mehr und mehr selbst managen lernen (Delegation,Teilautonomie, Selbstorganisation, Selbstkontrolle), dadurch befähigt, die ungeplanten/ unplanbaren täglichen Überraschungen, die bei Dynaxity Zone III immer auftreten, selbständig, situationsoriginell, problemadäquat, zukunftsorientiert und wirksam beantworten zu können. (Natürlich passieren dabei Fehler. Aber wenn man aus ihnen lernen läßt, als Individuum, Gruppe oder ganze Organisation, hat man vollen Erfolg!) Das Management kann dann das tun, was "es schon immer tun wollte" - oder sollte: den Kopf frei haben, in den "Hubschrauber" steigen, das System von oben sehen und reflektieren!, also "monitoring", "scanning","sensing" betreiben, am System und nicht im System arbeiten sowie strategisch-visionäres Planen, d.h. an der zukünftigen Existenzsicherung des Systems arbeiten, besser noch: proaktiv die Zukunft gestalten - ihren eigentlichen Aufgabe also nachgehen...

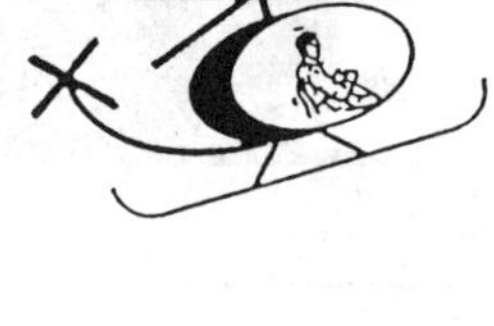

3.5 TEAMARBEIT gezielt einsetzen und nutzen!

Teams haben bei der Verarbeitung hoher Dynaxity dementsprechend eine besondere, ja m.E. zentrale Bedeutung: mehr Augen sehen mehr, mehr Ohren hören mehr, mehr Herzen spüren mehr, mehr Gehirne können mehr.

Der Leistungsvorteil von Gruppen in Richtung "high dynaxibility" wird allerdings nur dann wirklich wirksam, wenn - wie viele Beobachtungen immer wieder zeigen - zwei Faktoren gleichzeitig und möglichst weitgehend erfüllt werden: Faktor L (Liebe), Faktor W (Wahrheit) - wie nachfolgende Grafik Abb. 7 zeigt.

Erreicht eine Gruppe nur einen geringen Grad auf der Dynaxibility-Graden (45° Pfeil) - also wenig F und W - besteht die Gefahr, eine Vermeidungs- und Nichtangriffspaktgruppe (NAP) zu haben. Solche Gruppen schaffen es, sich immer nur auf den kleinsten gemeinsamen Nenner gegenseitigen Schonens zu einigen: Tust Du mir nicht weh, tu ich Dir auch nicht weh - und eine Hand wäscht die andere, und eine Krähe .... usw. ...

Eventuelle Kritiker, Kreativlinge, Querdenker, Widerspenstler und Entreduzierer stören Ruhe und (Schein-)Sicherheit und sind als Nestbeschmutzer schnell rausgeekelt. Unsichtbarer Gruppenkonformitätszwang (groupthink) "Bestätigungskartelle" und Erhaltung niedriger, rein sachbezogener Betriebstemperaturen sind die unausgesprochenen Spiel-, Denk- und Verhaltensregeln: also nichts für high dynaxibility.

Auch Ab- und Seitenwege bringen nichts in Bezug auf höhere Dynaxity-Verarbeitungsfähigkeit. In der "Brutalogang" (fällt rechts vom Pferd in Richtung Überbetonung Faktor W ab) sagt man sich zwar die Wahrheit, verletzt sich dabei aber häufig so sehr, daß man - voller innerer Verklemmungen - vorsorglich nur noch auf Nummer Vorsicht schaltet und dementsprechend Unkonventionell-Kreatives und Ehrliches flach fällt. (Merkspruch: Wahrheit ohne Liebe ist Brutalität).
Das andere Extrem (links vom Pferd gefallen ...) ist die Kuschel- oder Schmusegruppe: Um des lieben Friedens willen und wegen der gemütlichen Behaglichkeit läßt man alle krummen Zahlen gerade sein - Hauptsache alle mögen alle und es ist immer schön warm und nett. (Merkspruch: Liebe ohne Wahrheit ist Sentimentalität).

Ohne hier ins Detail zu gehen, sieht man gleich: "NAP"-Gruppen, "Kuschelgruppe" und "Brutalogangs" taugen nichts für high-dynaxity Bearbeitung. Der goldene Mittelweg indes tut not.

High-dynaxibility-Teams (Ziel-Niveau 3 in Abb. 5) dagegen bleiben "auf dem Pferd". Sie wachsen iterativ zwischen "Liebe" und "Wahrheit" in eine Kultur und ein Klima hinein, in der bei (paradoxerweise) hoher Geborgenheit und tiefen gegenseitigem Vertrauen (= reduziert außerdem Binnenkomplexität) Grade an Wahrheit und Komplexität, Diversität, Kreativität etc. möglich sind, bzw. aufgrund hoher Offenheit und Ehrlichkeit das Miteinander auf Aufrichtigkeit stabil und verläßlich aufgebaut werden kann. Dadurch wird die vorhandene Brainpower für Dynaxity-Arbeit voll vernetzt und freigesetzt. Freilich gilt es hier Vertrauen und Geborgenheit (Liebe) fortwährend (und paradoxerweise!) mit Freiheit, Kreativität und Verantwortung (Wahrheit) ringend und reifend zu verbinden und zu balancieren, um eben nicht in oben beschriebene "klebrige" Abwege zu geraten und zurückzufallen (vgl. SchweineHund-Defekt[2]). Gelohnt werden diese Entwicklungsmühen indes teilweise mit der Freude eigener Persönlichkeitsreifung sowie mit der Erfahrung, hohen Dynaxity-Anforderungen ein bißchen kompetenter und gelassener entgegentreten zu können.

Führungskräfte sind Teil des Systems, das sie selbst gestalten

---

2 Das SchweineHundsyndrom und die "SH-Barriere" habe ich im Aufsatz "Der Organisationsalltag und seine Unterwelt" genauer beschrieben.
(Rieckmann 1990, S. 154,1989,S 686 f.) Gemeint ist damit -in aller Kürze- eine m.E. quasi anthropologisch-ontologisch bedingte "Schallmauer" für die Entwicklung vom Menschen bzw. high dynaxibility teams: Angst und Gewalt (= "Hund") sowie Gier und Selbstsucht (= Schwein) - theologisch gesprochen die Erbsünden -Natur des Menschen - führen über ökonomisch bedingte Sicherheits- und Nichtangriffspakte doch immer wieder zu lauen Verhaltens- und Denk - Kompromissen, reduzieren damit das Niveau von L und W und verringern dabei dann deutlich die Problemlösekapazität (die Dynaxibility). Viele Teambeobachtungen haben das gezeigt. Gruppendynamische o.a. Teamtrainings haben daher m.E. nur mittlere Reichweiten. Lediglich das Absterben des Schweinehundes (theologisch gesprochen eine Christusbegegnung) vermögen hier überhaupt erst radikale Lösungen, Paradigma-Veränderungen und "phänomenale" Durchbrüche zu ermöglichen... In sekularen-atheistischen Kontexten sind diese tieferliegenden (und oft tabuisierten) Zusammenhänge jedoch leider nur sehr schwer ansprechbar, entkrampfbar und heilbar (vgl. Johannesevangelium Kap. 3). Vgl. auch Henning/Henning, "Die Chaosfalle", 1995.

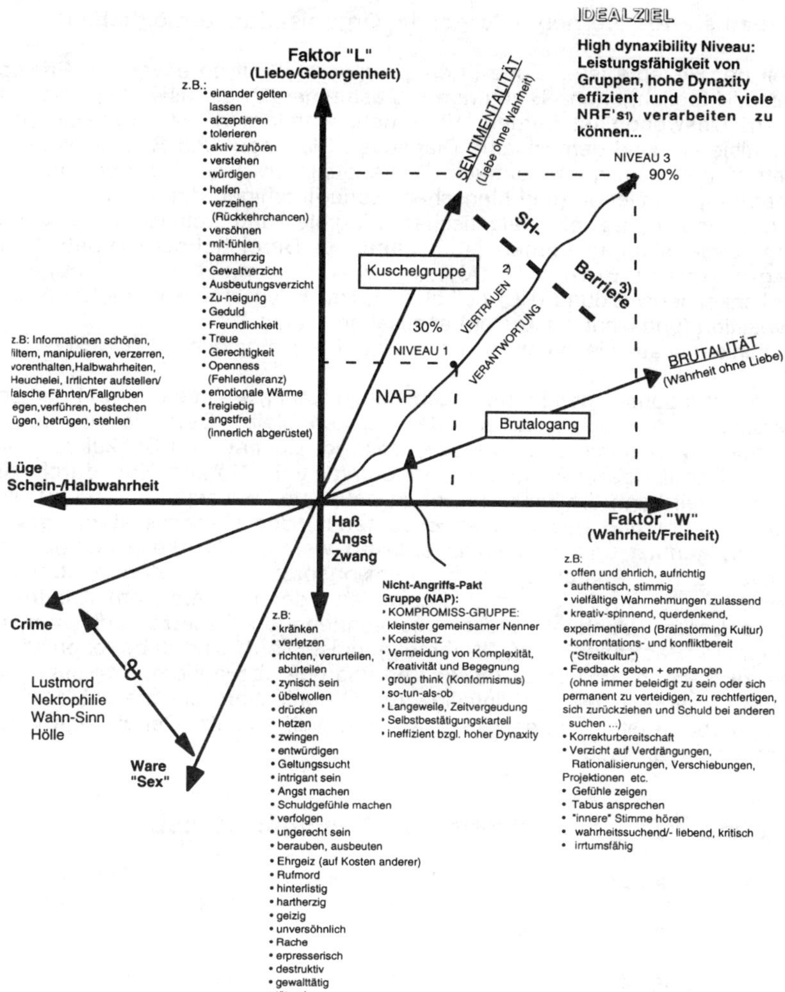

1) NRF's = Neben-, Rück- und Fernwirkungen

2) Vertrauen = W x L x Zeit

3) SH = "SchweineHund"-Barriere oder Schallmauer

Abb. 5: Idealtypische Qualitätsvoraussetzungen und existenzialpsychologische Zusammenhänge bei Problemlöseteams im Zusammenhang mit idealtypischen "High Dynaxibility" - Anforderungen (Liebe - Wahrheit - Modell

3.6 Organisiertes Lernen - lernende Organisation ermöglichen

Die Zeit der Rezepte ist in Zone III entgültig vorbei: nur so etwas wie Prinzipien, Hinweise, Möglichkeiten, Richtungen, Zusammenhänge usw. läßt sich noch angeben. Deswegen ist Lernen, Verlernen, Umlernen, ist Organisieren und Umorganisieren, sind gemeinsame Diagnose-, Planungs- und Reflexionsprozesse mit Betroffenen zum ganz normalen Bestandteil von Arbeit zu machen. Nur so scheinen Organisationen (und Menschen) Zone-III-fähiger, d.h. findiger, schneller, kreativer, mobiler, flexibler, elastischer, reagibler und treffsicherer werden zu können. Lebenslanges Lernen ist daher im Bereich Fachkompetenz (FK), Managementkompetenz (MK), Sozialkompetenz (SK) und Persönlichkeitsentwicklung (PE) selbstverständlich (vgl. Rieckmann 1988) und ist als Investition (und nicht als Kosten) anzusehen. Denn:
"If you think education is too expensive, try it with incompetence..." (VW AG)

Allerdings ist lebenslanges Lernen noch viel zu wenig, wenn es nur auf der Ebene der einzelnen Individuen stehen oder stecken bleibt. Der Wissensaustausch miteinander, quer durch alle Gruppen, Sparten, Ebenen und Subkulturen ist für Zone III Fitneß darüber hinaus unbedingt von Nöten! Nur durch diese Gemeinsamkeit kann die kollektive, organisationale Wissensbasis und Intelligenz merksam erhöht und das Problemlösepotential des Gesamtsystems geweckt, mobilisiert, genutzt und strukturell verankert werden. Die diese gemeinsamen, kollektiven Lern-, Austausch- und Reflexionsprozesse wiederum steuernden (fördernden oder verbietenden, belohnenden oder bestrafenden) Kulturregeln, Gepflogenheiten, Machtinteressen, ungeschriebenen Gesetze und Grundsätze (Paradigmen, Basisannahmen, "Wahrnehmungsbrillen") sind dabei ebenfalls zum Thema zu machen, kritisch zu reflektieren und ggf. abzuändern. Erst dann ist der Weg frei zu einer lernenden, intelligenten Organisation, die die entsprechende Dynaxity-Zone III-Fitneß zu entwickeln vermag (vgl. Aufsatz "Der steinige Weg zur "Lernenden Organisation").

4. Zone - III - Qualifikationen. Zusammenfassung

Es ist deutlich geworden, daß für das Managen und Arbeiten in Zone III zum Teil erhebliche Qualifizierungsbedürfnisse entstehen und deutliche Einstellungsänderungen gefordert werden.

Aus der Sicht der Zone II - der "Pyramide" - sieht das fast wie ein revolutionärer Umschwung oder wie ein tödlicher Angriff aus. Deswegen wurde weiter oben auch von einem mentalen, bewußtseinsmäßigen kulturellen und verhaltensbezogenen Quantensprung gesprochen. Es handelt sich bei der Zone III in der Tat um eine "neue Welt", wenn auch eine Reihe von Elementen der Zone I und II weiterhin auftauchen, gebraucht werden und nützlich sind. Die Gesamtkomposition der Zone III ergibt jedoch mit ihren neuen Qualitäten eindeutig neue Kompetenz- und Qualifikationsanforderungen an alle Mitglieder von Organisationen.

Abschließend seien diese Qualifikationsanforderungen noch einmal aufgelistet und zusammengefaßt:

1. Denken in Kausalnetzen, Fluktuationen und Energieströmen
2. Prozeß- und Netzdenken (ganzheitlichere Analyse-, Planungs- und Handlungsfähigkeiten)
3. Multikulturelle Sensibilität & Toleranz (diversity is good!)
4. Kreativität/originäre Problemlösungen
5. Flexibilität (hohe Anpassungs- und Veränderungsfähigkeit in mentaler, psychischer, physischer, geografischer, technischer, organisatorischer und kultureller Hinsicht)
6. Schnelligkeit
7. Vernetzungsfähigkeit (Kommunikation, Kooperation, Partizipation, Rekonstruktion)
8. Streß- und Ambiguitätstoleranz (vgl. "Nebelviereck")
9. Mehrfachqualifikation (generalistische Tendenz)
10. Interventionskompetenz (Kairos-Chronos, Dosis, Pacing etc.)
11. Hohe Fähigkeit zur Reflexion sowie Selbst- und Problemdistanzierung. Motto: Wer ein Problem lösen will, muß sich vom Problem lösen ... um den Wald trotz lauter Bäume zu sehen ...
12. Überraschungskompetenz: auf Überraschungen überraschend wirkungsvoll reagieren zu können (kein Methodismus)
13. Reduktionsweisheit
14. Soziale und kommunikative Kompetenz: wahrnehmen, zuhören, verstehen, sich ausdrücken können; kooperativ und konfliktfähig; wirksam mit Menschen, Gruppen (Teams), Großgruppen und längerfristigen sozialen/organisatorischen Veränderungs- und Entwicklungsprozessen umgehen können.
15. Organisationales Bewußtsein: Verstehen von "Eigenheiten", Verschiedenheiten und Wechselwirkungsverhältnissen von Gruppen, Organisationen, Netzwerken und Umfeldern
16. Fähigkeiten im Projekt-, Matrix- und Netzwerkmanagement mit kooperativen, förderativen und virtuellen Organisationsdimensionen
17. Lern-, Lehr- und Entwicklungsfähigkeit: Konzeptentwickler, Trainer, Coach, Mentor mit konstruktiver Risiko- und Fehlertoleranz und "pädagogischer" Kompetenz (vgl. "dienende Autorität"). Ermöglicher von kollektiven, organisationalen Lernprozessen (Lernende Organisation) zur Verbesserung der Wissensbasis und der Gesamtsystemintelligenz und -problemlösefähigkeit.
18. Kontexte und Rahmenbedingungen für Selbstorganisation herstellen können.

5. Praktische Tips

Es fragt sich nun, welche Konsequenzen man für Organisationen, Management und Führungskulturen ziehen muß und was man tun kann, um höhere "Dynaxibility" entwickeln zu können. Nachfolgend habe ich eine Liste von Hinweisen zusammengestellt - die natürlich keine Rezepte darstellen - aber in nicht wenigen Unternehmen (und in unterschiedlichen Kombinationen) erfolgreiches Handeln in Zone III förderten und dabei Konsequenzen der Dynaxity zu mildern bzw. die Dynaxibility zu erhöhen vermochten:

5.1. Geringere Dynaxity suchen. So banal wie es klingt - zunächst eine paradoxe Empfehlung: Wenn möglich Geschäfts- und Operationsfelder finden, in denen geringere Dynaxity herrscht.[3] Arbeiten, Führen und Organisieren ist dann für die meisten von uns viel einfacher.
Auch darf man nicht übersehen, - so jedenfalls meine Beobachtungen - daß in uns allen eine geheime Sehnsucht nach Zone I und II schlummert: dort gibt es zwar weniger Freiheit, Gestaltungsmöglichkeiten und Mobilität, dafür aber (scheinbar?!) mehr Orientierung, Sicherheit, Versorgung, Ruhe. Mengenmäßig überwiegen vermutlich die Menschen, die Ruhe, Ordnung und Sicherheit suchen und mit dem Verzicht auf weitergehende, aber riskantere Lebensmöglichkeiten "bezahlen".

5.2. Leitungsebene

- proaktive, strategisch-visionäre und szenariogestützte Unternehmensentwicklung (UE) und Umfeldgestaltung, und zwar
- mit Hilfe "bunter" Leitungsteams (interdisziplinär, interkulturell, intermental), die besser vielschichtige, schwache Signale und leise Töne von Freund und Feind wahr-nehmen können (antizipatorische Anpassung, Zeit gewinnen!), sowie
- rollende 1-3 Jahres Planungen im Lichte gemeinsamer Visionen und möglich erachteter Zukünfte/Szenarios
- "key factors" und Controlling entwickeln (d.h. primär systemische Dauer-Diagnose - und Prozess-Steuerungsinstrumente, weniger Personenkontrolle!)
- Manager mit personaler Autorität und Vorbildcharakter, Führungskräfte mit Voll-Macht statt nur Positionsmacht ("dienende Autoritäten"), also Führungskräfte, die sich selber führen und anderen Vertrauen in der komplexen und turbulenten Welt der Zone III vermitteln können ... (vgl. dazu Schriften und Vorträge von Buchholz)[4]

5.3. Organisations- und Kulturebene

- Hausgemachte, traditionsbedingte Kunstkomplexität und Luxusstrukturen abbauen: Bürokratie, Stäbe, Kontrolle, Programmübervielfalt, Fertigungstiefen (Konzentration auf "Kernkompetenz") usw.
- Konsequente Hinterfragung von Funktionen, Regeln, Gepflogenheiten etc. Abschaffung "heiliger Kühe", wenn sie keinen Wertschöpfungsbeitrag leisten. Keep it simple, quick and practical.
- Übergang in mehr direkte, persönlichere Kommunikationsformen.
- Strukturelle Dezentralisierungen (Geschäftsfelder, Geschäftseinheiten, Profitcenter etc.) mit Integration durch gemeinsame Strategie- und Ergebnisvereinbarungen (MBO/R) sowie Controlling-Systeme

---

[3] ... oder gezielte Strategien zur Reduktion von Umfeld-Dynaxity entwickeln, wie z.B.
- engere, langfristig stabilere Kundenbindung durch Qualitätssicherheit und Service
- Konzentration: Kartelle, Marktabsprachen, Marktzugangskontrollen usw. (unter Machtkontrollgesichtspunkten natürlich höchst bedenklich!).

[4] Vgl. Buchholz, S. Vortrag an der Universität Klagenfurt, 1993, über Zentriertheit in einer turbulenten Welt sowie "Was morgen zählt", 1996, S.77 f; auch Henning/Henning, "Die Chaosfalle", 1995, S. 18 f.

- flachere Hierarchien + heterarchisch vernetzte dezentrale "Inseln"
- Selbstmanagement und "Responsiveness" erhöhen durch Zone-III-gemäße Maßnahmen wie beispielsweise:
- Mehrfachausbildung: Generalisten und Springer (unterstützt von Spezialisten) (vgl. z.B. Betriebswerkerkonzept, Rieckmann 1982, Fallstudie)
- problem-/zukunftsgerechte, bewußte Wahl von organisatorischen Strukturtypen (Sparte? Matrix? Gruppensystem? strategische Geschäftsfelder, Geschäftseinheiten, Finanz/Management-Holdings etc ...)
- Teamarbeit und teilautonome Gruppen
- Projektarbeit (interdisziplinäre, partizipative, interkulturelle Zusammenarbeit)
- Prozess- und Netzwerkmanagement
- Marktprinzipien (Kunden-Lieferanten-Vereinbarungen) innerhalb der Organisation
- Intrapreneurship (innerbetriebliche "Erfindergaragen")
- kreative und motivierte Problemlösungsbeziehungen mit Lieferanten und Kunden
- Vorräte an Know-how, Qualifikationen und anderen Redundanzen aufbauen, um Überraschungskompetenz und "Lernende Organisation" zu ermöglichen.

Exkurs:
Falsch ausgelegte und lediglich rezeptologisch angewandte Konzepte des "Lean management" und das "Business Reengineering" können an dieser Stelle gefährlich werden. Diese Konzepte sind z.T. noch völlig am Rationalisierungs- und Schlankheitsparadigma der Zone II orientiert. Dadurch können sie (unbewußt?) den notwendigen Quantensprung in die Welt der Zone III verhindern. Denn für Zone III Fitneß brauche ich unbedingt gewisse Vorräte an "Luft" und "Speck": Kreativität, Monitoring, Reflexion und Lernen braucht eben Zeit und Kraft. Die auf permanente Abmagerungskuren fixierte Rationalisierungsmanie schafft keine vorwärtsorientierten, innovativen Zukunftsmöglichkeiten. Sondern ganz im Gegenteil: Sie zäumt das Pferd von hinten auf, ist rückwärtsorientiert und führt zu Magersucht und Muskelschwund. Für Zone-III-Fitneß braucht es aber gerade jene Muskeln und jene von der Zone II als "Fett" und "Fett" unkritisch und vorschnell diffamierten Redundanzen.

Diese Redundanzen müssen allerdings neu gesehen werden - nämlich als Potentialreserven. Und es gilt diese Reserven in Kreativität und Lernen zu transformieren. Aber genau hier liegt der eigentliche und von vielen immer noch nicht verstandene, wahre springende Punkt: nämlich nicht Abschaffung von Reserven, sondern deren mühevolle Transformierung. Nicht die weitere Perfektionierung der Zone II (z.B. Hierarchieverflachung, Stellenabbau etc.) sondern einzig allein durch deren Transzendierung in organisch-systemische Führungs-, Organisations- und Arbeitskulturen hinein, scheint Zukunft noch gestaltbar zu sein. Im Bild gesprochen: Es gilt nicht die Wachskerze immer weiter zu verbessern ("KVP") - sondern die Glühlampe zu erfinden. Und das ist ein völlig anderes Thema: Zone III erfordert "Glühlampen" und nicht mehr zu Tode rationalisierte Kerzen! (vgl. Interview "Gefährliche Rezepte"). Exkursende.

- höhere "Offenheit" von Strukturen, Regeln, Prozessen, Kooperationen
- mehr Meeting-Kultur statt umständliche, indirekte, schriftliche (Absicherungs-) Kommunikation
- Stärken-, Potential- und Lebensphasen-gerechter Einsatz von Menschen und deren Möglichkeiten ("LKW-Formel": Leistung = Können x Wollen x Voraussetzung)
- Entwicklungsoffene lern- und leistungsfördernde Belohnungs-, Status- und Bezahlungssysteme
- Mobilität erhöhen, z.B. job rotation, Mehrfachausbildung etc. (siehe oben)
- bewußt gestaltete Rekrutierungs-, Selektions- und Beförderungsprozesse mit strategischer Orientierung
- "richtiger" Mix zwischen Automatisation/elektronischer Info-Verarbeitung (Computereinsatz) und "human-resource" Einsatz
- Synergie ermöglichen durch klare und akzeptierte Ziele (inkl. Werte, Normen, Standards, Spielregeln plus "Sinnergie": Energie durch gemeinsame Sinnfindung und -orientierung)
- unterstützt durch oben erwähntes Management by results/exception (Ergebnisvereinbarungen und - Selbstmanagement)
- situationsgerechter Mix von "Hierarchiemacht" und "partizipativen Prozessen"/Organisationsentwicklung
- fortwährende Prozesse der Management-, Personal- und Organisationsentwicklung (unter Beachtung strategischer FITs zwischen Markt-Strategie-Prozeß-Struktur-Kultur-Umfeld-Zukunft) zur Entwicklung einer Kultur, in der die Konstanz des Wandels als normal und selbstverständlich angesehen wird.
- arbeitsintegriertes Dauerlernen : Lernen + Verlernen fest verankern im Arbeitsplatz/Arbeitsalltag durch entsprechende lernfördernde job designs
- Institutionalisierung von Dauerreflexion und Diagnose der eigenen Organisation und Kultur: Monitoring/Scanning/Sensing als Teil der Führungsaufgabe

5.4. Persönlichkeitsentwicklung

- mit sich selbst ins Reine kommen, um dann mehr Kapazität für Außen-Dynaxity haben zu können!
- sich selbst besser verstehen und "intelligenter" einsetzen lernen (gemäß Stärken, Position und Lebensphase)
- "nie mit stumpfen Sägen arbeiten": sich um die "Instandhaltung" und "Wartung" der eigenen Person kümmern (vgl. Prediger Salomo, Kap. 10,10)
- eigene Inseln der Entspannung und Stabilität finden /entwickeln - den "inneren Menschen" fördern (peacefully centered core)
- Bewußtsein/Verstehen vertiefen für geistige Zusammenhänge als "eigentliche" Ursachen psycho-sozialer und materieller Auswirkungen und Gegebenheiten.
- "systemisches Management" und ganzheitliches Denken am eigenen Leibe lernen und erleben, z.B. in Simulationslaboratorien, Workshops und anderen Seminaren
- sich immer wieder vom Problem lösen, in den "Hubschrauber" steigen, gemäß dem Motto: Ein Problem lösen heißt sich vom Problem lösen!

5.5. Externe Unterstützungen suchen und nutzen

- Erfahrungsaustauschgruppen
- Supervision, Coaching, Beratung

5.6. Organisatorische und kulturelle Veränderungsprozesse schrittweise beginnen bzw. Veränderungskultur einführen, durch bspw.

- Organisationsentwicklung (OE) / Management of Change / partizipative Redesigns
- Personalentwicklung (PE)
- Managemententwicklung (ME)
- Leitbildentwicklung (CI)
- organisationales Lernen (L.O.)
- Verhaltenskulturentwicklung

6. Ausblick-Durchblick...

Dynaxibility wächst nicht über Nacht, sondern ist das Produkt zahlreicher und tiefgehender Lern- und Erfahrunsprozesse individueller und kollektiver Art - im Sinne organisationalen Lernens. Es ist schwer, diesen Prozeß erst dann zu beginnen, wenn man durch Markt - und Umfeld gezwungen - schon in Zone III hineinmanövriert (worden) ist. Proaktiv in Zone II damit anzufangen ist ratsam. Und: selbst die längste Treppe beginnt mit dem ersten Schritt. Und jeder Schritt als solcher ist schaffbar, zumal auch das Leben in Zone III neue bereichernde Erlebnisse ermöglichen kann. Diese Bereicherungen liegen nicht nur in gesteigerter Dynaxibility (deren Wert - siehe ABS-Effekt[5] - außerdem noch sehr fragwürdig sein kann...). Sondern - und das ist fast mein derzeitiges persönliches Fazit aus dem Studium der Dynaxity - die eigentlichen Wachstumschancen liegen ganz woanders, nämlich im Bereich und in der Rehabilitation uralter Lebenstugenden: Es braucht Weis-heit, DeMut, SanftMut, Qualität und Autorität (= dienende VollMacht), um mit Dynaxity fruchtvoll umgehen zu können. Arrogante Kraftmeiereien sind endgültig sinnlos und höchst lebensgefährlich. Unter solch einem Blickwinkel wird m.E. Komplexität und Dynamik parodoxerweise zu etwas Positiven: Vielleicht produzieren wir "auf Teufel komm raus" deshalb soviel Verstrickungen und Hetzereien (siehe Abb. 6), weil wir uns im tiefsten Herzen nach Zusammenbruch (dem Jüngsten Tag) sehnen, damit endlich die wahren Lebensqualitäten wieder hervorkommen können...?

---

5 Es besteht die Gefahr des "ABS-Abnutzungseffektes": gewonnene Dynaxibility sollte man in Reserve halten, und nicht wieder voll einsetzen zum Aufbau weiterer Dynaxity: das Hamsterrad würde nur noch schneller werden! Die Konkurrenz wäre gezwungen, ihrerseits die Dynaxity-Schraube weiter anzuziehen, um wieder die berühmte Nasenlänge vorauszusein ... und so weiter - und so fort ... Warum hetzen wir eigentlich so? Vielleicht Offenbarung, Kap. 12, Vers. 12? Bzgl. der Zeitverdichtungsproblematik ist vor kurzem ein "Verein zur Zeitverzögerung" (Prof. Heintel, Universität Klagenfurt) gegründet worden, der hier zum z.T. schon kreative und unkonventionelle Denk- und Handlungsanstöße zu vermittlen weiß ...

Abb. 6: DILEMMATA DER ZONE IV

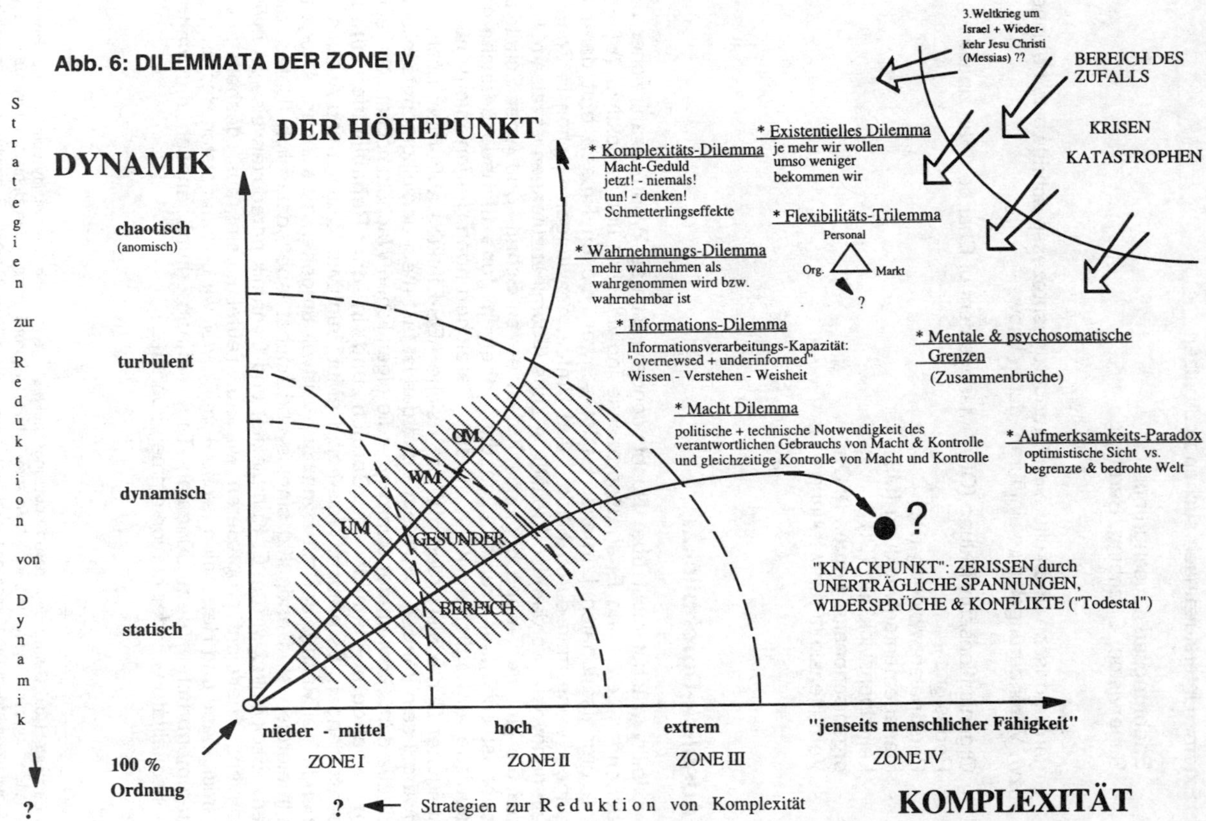

Und noch etwas fiel mir beim Studium der Zone II und III auf: es erinnerte mich stark an das Volk Israel und die Führungsleiden von Mose. Israel - vom Pyramidensystem versklavt - schreit nach Hilfe. Gott greift durch Moses ein und will das Volk in die Freiheit und in ein Land voller Lebensfülle bringen. Dazwischen allerdings liegt die Wüste Sinai.
Kaum der Pyramidenherrschaft entronnen, murrt jedoch das Volk und sehnt sich massiv nach Ruhe, Ordnung und der sicheren Versorgung der Zone II zurück. Der unsichere, ungewohnte Übergang von Zone II nach III - die Wüste - geht ihnen an die Substanz. Angst und Wut kommen auf. Mose droht umgebracht zu werden. Die Sicherheit der Zone II Sklaverei war dahin - und die versprochene Lebensfülle des gelobten Landes weit weg, dazu unsichtbar und kaum motivierend. Man saß zwischen zwei Stühlen und wußte nicht mehr, wer man eigentlich war: Identitätskrise, Ohnmacht, Frustation, Angst, Aggression, Rebellion. Man goß sich ein goldenes Kalb - eine junge Wohlstandskuh - und redete sich gemeinsam ein, diese sei der wahre Gott.

Der Gott Abrahams, Isaaks und Jakobs - unsichtbar und "alles" In-Frage-stellend - wurde als zu anstrengend abgelehnt. Außerdem mußte man Vertrauen lernen, denn - wie gesagt - sichtbar war das versprochene Land ja noch nicht. Jesus- im Prinzip dasselbe vertretend - wird noch extremer: er nennt die Päpste und Verwalter der Zone II - die Ordnung, Sicherheit und Kontrolle liebenden Kulturaufpasser und Sicherheitspolizisten - die Pharisaer - schlechthin Kinder des Teufels. (Joh. 8, 31-59!)
Weil sie Freiheit, Barmherzigkeit, Wahrhaftigkeit, Gnade etc. sprich: Leben in Freude verhindern, die "Betonkultur" der Zone II sicheren wollen. Jesus bezeichnet sich demgegenüber gleichnishaft als "Wind", d.h. aus dem "pneuma" (gr.), aus dem Geiste stammend ...
Und alle, die aus dem Geist des lebendigen Gottes geboren wurden, sind wie Kinder des Geistes und - analog zum Bild des Windes - man hört sie zwar, aber woher sie kommen und wohin sie gehen beinhaltet eine Spontanität und Unverfügbarkeit, daß es Zone-II-Mentalitäten Angst und Bange wird. (vgl. Joh. 3,8/Pfingsten Apg. 2,2). Wind zerstört die wohlfeilen Paradigmen und Ordnungen - sie gaben zwar Scheinsicherheit - aber um den Preis reduzierten Lebens.
Schnell werden jene zu menschengemachten Gefängnissen, zu anonymen Maschinen und Apparaten der Versklavung - und lassen die Einzelnen zu Nummern, Rädchen und Systeminsassen (Heintel) verkümmern und erstarren. Aber sie bieten dafür den Komfort einer Sicherheitsanstalt. Da weiß man, was man hat (vgl. dazu Schütz: Das Wagnis des Menschen im Offenen der Freiheit, 1965, S. 283 f.).

Jesus mutet den Menschen dagegen gewissermaßen die volle Zone III zu. Welche Zumutung, schreien die Sicherheits- und Ordnungswärter dementsprechend: Er rührt das Volk auf und hetzt uns die Römer auf den Hals ... In der Zone III herrscht Leben, Freiheit, Kreativität, situative Flexibilität. Das bringt - traditionell gesprochen - viel Unsicherheit, ja Ängste mit sich. Das Medium, in dem das Leben in Zone III aufblühen kann, muß dementsprechend auch "etwas anderes" sein, nämlich Vertrauen, Vertrauen in Gott und Liebe zum Mitmenschen.

Nicht also primär Faktenwissen, Analyse, Planung, Kontrolle und traditionelles Management, und dies in einer Atmosphäre des Mißtrauens, der Angst oder der Arroganz und Hybris, nein, stattdessen vertrauensvolles Loslassen, zuversichtliches Gehen, getrostes Tun. Und das nennt Jesus "Glauben". Freilich immer in Willens- und Wesensgemeinschaft mit dem Vater. Der aber ist allwissend, allmächtig und der einzig vertrauenswürdig´"Gute".

Wohl gelten - theologisch gesprochen - auch in Zone III Regeln: die "Ordner" der Zehn Gebote und deren Anwendung im Geist der Liebe, der Wahrheit, der Besonnenheit, kurz Gottesliebe und Nächstenliebe ("goldene Regel").
Die Überschreitung dieser Leitplanken - mit dem Fachwort SÜNDE = ZIELVERFEHLUNG umschrieben - zeitigt durchaus Konsequenzen, ist lebensschädigend, ist tötend, in Zeit und Ewigkeit.
Aber bei Einsicht und Verhaltensänderung (metanoia) gibt es Vergebung und Hilfe für die nächsten Schritte. Dadurch entsteht Paradoxes, aber genau das, das wir brauchen: Ordnung in Freiheit, Leben in Wahrheit, Geborgenheit im Grenzenlosen, Weisheit und Besonnenheit im operativen und strategischen Tun.

Und das genau ist - theologisch gesprochen - für mich "Zone-III-Fitneß" bzw. deren Fundament.
Das heißt: wir müssen unsere Boote verlassen - auf stürmischer See - und auf dem Wasser gehen lernen - im Vertrauen und Horchen auf den lebendigen uns liebenden Gott. Und weil es ihn gibt - und seine Verheißungen und Versprechungen - können und dürfen wir es tun ...
Und die Alternative? In den (schein)sicheren Booten der Zone II verharren, sie rationalisieren, reengineeren und "leaner" machen? Die Pyramiden mit Beton verstärken und den landschweren Dinosaurieren schnelleres Laufen beibringen ...? Und schließlich, wenn es nicht klappt und zu chaotisch wird, der Ruf nach dem starken Mann ...?? (Vgl. Dilemmata der Zone IV, Abb. 6).

Also immer wieder dasselbe Lied und Leid?

Zugegeben: Zone III ist zunächst sehr anstrengend, und Zone II flüstert obendrein noch verführerisch ein "komm zurück" ins bequem-ängstliche Herz ...
Aber es sieht so aus, als ob die Boote aus der Zone II den Stürmen der Zone III nicht mehr lange werden standhalten können ...
Was aber dann, wenn noch mehr Zone II Unternehmen zerbrechen, abwandern und hauptsächlich nur noch Arbeitslose produzieren? Wenn die Gesellschaften sich vierteilen, Anomie und Kriminalität steigt, der lauernde Faschismus wieder aufbricht und ein Zentralherrscher ersteht?

Es ist ermutigend was Mose - als einer der ersten Wüstenexperten und Zone III Pioniere - schon vor ca. 3 500 Jahren genau an dieser Stelle allen zurief, denen die Veränderungs- und Übergangsängste zu groß wurden und die fast nicht mehr weiter konnten: "Zuflucht ist bei dem Gott der Urzeit und unter dir sind ewige Arme!" (5. Mose 33, 27)

Allerdings wenden sich manche an dieser Stelle stattdessen zu den "Geistern" und "Meistern" im jenseitigen Raume (vgl. Aufsatz "Organisationsentwicklung, Stichwort "Esoterik").
Aber die damit verbundenen Konsequenzen sind jedoch nicht minder grausam als die Auswirkungen des Hitler-Reiches.

Zuflucht ist allein beim Gott der Urzeit.

Nachfolgend versuchen noch zwei Grafiken bisher Gesagtes bildhaft zusammenzufassen.

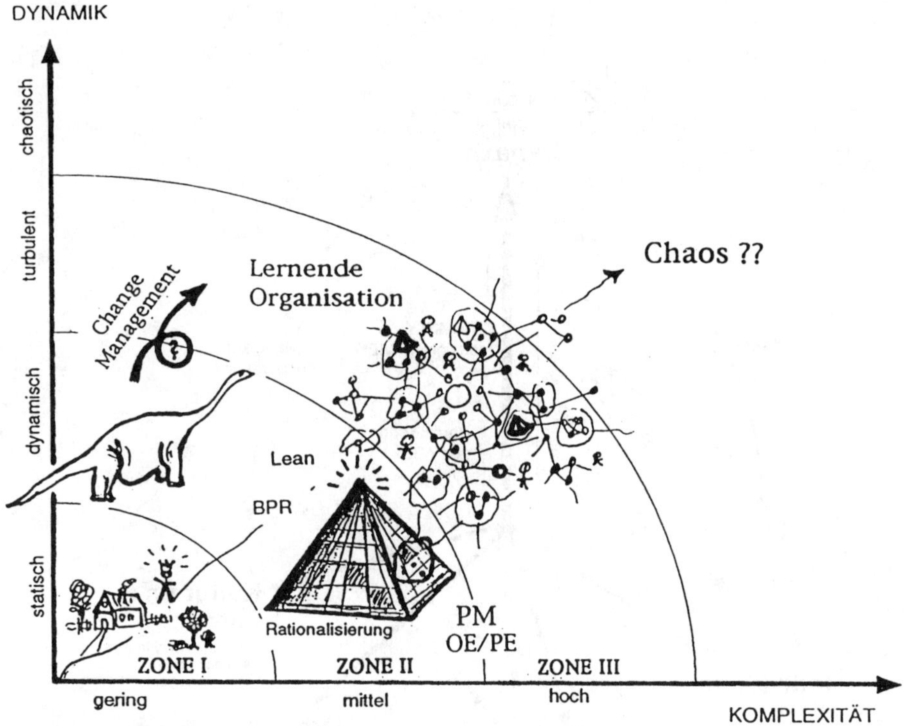

MERKMALE:	MERKMALE:	MERKMALE:
„MITTELALTER“	„APPARAT“	„NETZ“

Abb. 7: HIERARCHIE-KRISE, KOMPLEX-DYNAMISCHE UMWELT und DYNAXITY-ZONE-III-FITNESS ?

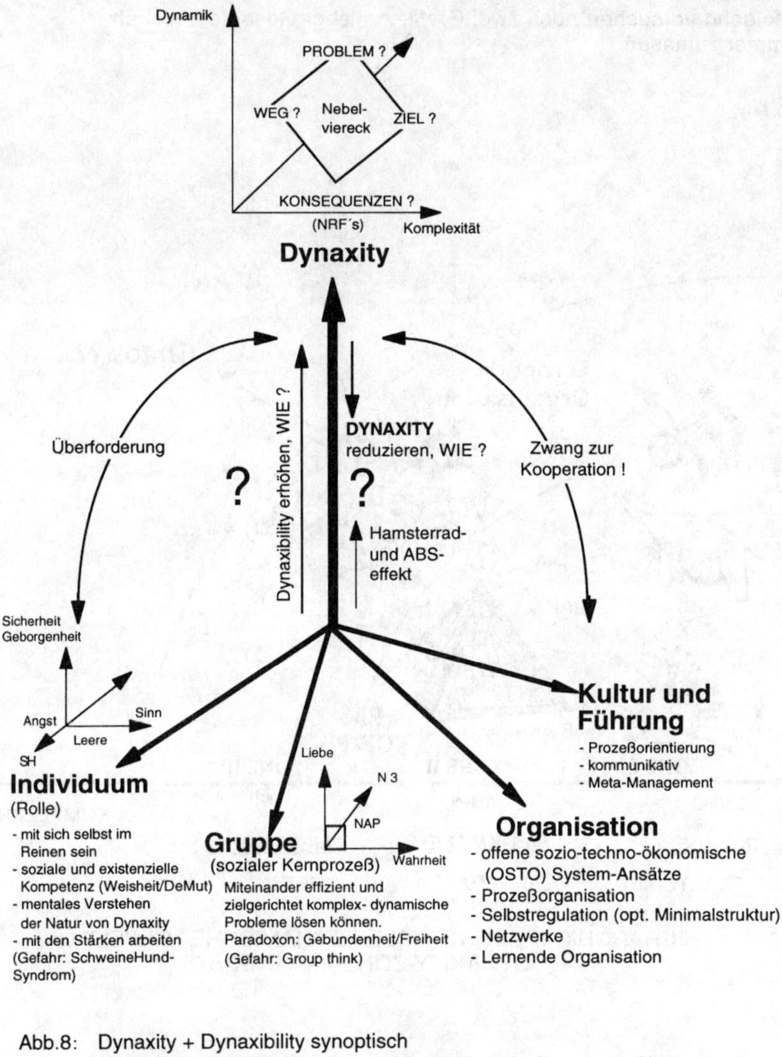

Abb.8: Dynaxity + Dynaxibility synoptisch
Erhöhung der Fähigkeit, Dynamik und Komplexität vernünftig + wirkungsvoll verarbeiten zu können (ohne destruktive NRF´s!) durch Entwicklung von Individuen, Teams, Organisationen ...

3. DAS OSTO-SYSTEM-MODELL

Ein ganzheitliches Managementmodell zur Gestaltung, Diagnose und Veränderung von Unternehmen, ihren Organisationen, Prozessen und Kulturen

1. Einstieg

Organisationen können heute nicht mehr so in der Art und Weise "gedacht, geplant, gestaltet, geführt und verändert" werden wie früher - so jedenfalls die Erfahrung vieler.

Von starren, zentralistisch gelenkten "Maschinen"[1] und "Apparaten" (mit ihren Dinosaurier- und Tankereffekten) müssen sich heutige Organisationen zunehmend mehr in organische, offene, entwicklungsfähige Systeme mit "amöbenähnlicher" Flexibilität und hoher Vernetzungsfähigkeit "um-entwickeln" ("Bienenvolk").

Warum?

Die Umwelt - im umfassenden Sinne - "spielt" nicht mehr wie früher mit. Sie stellt z.T. völlig neue Anforderungen. Organisationen haben - wenn sie überleben wollen - darauf zu reagieren bzw. sich darauf vorzubereiten.

Komplexität und Dynamik - die "Dynaxity"[2] - nehmen gleichzeitig und fortwährend zu, Prognostizierbarkeit und Beherrschbarkeit gleichzeitig ab, das Risikopotential steigt an.
Traditionelle Kombinationsmuster des Denkens und Handelns, des Planens und Umsetzens, kurz gesagt: die herkömmlichen Methoden des Führens und Managens werden zusehends wirkungsloser. Sie geraten offensichlich in die Klemme. Mono-kausales Denken, einseitig rationales Analysieren, die dauernde Suche nach mehr und mehr Information, das Verdrängen von Änderungssignalen, die Flucht ins Esoterische, der Rückgriff auf Gewaltanwendungen sowie die Abwälzung von Mißmanagementergebnissen ins "soziale Netz" führen eindeutig in wirtschaftliche, gesellschaftliche und motivationale Sackgassen.

Die Köpfe dürfen nicht länger in den Sand gesteckt werden. Es gilt neue zeitangemessene Antworten zu finden und zwar im Grunde auf nur eine Zentralfrage, nämlich:

Wie kann die (Über-) Lebensfähigkeit und Lenkbarkeit heutiger Unternehmen unter wechselnden Zielen, sich ständig ändernden Umständen und bei notwendigerweise unvollkommenen Informationen hergestellt, erhalten und sichergestellt d.h. eine hohe "Dynaxity-Fitneß" erreicht werden?

---

1 Das (tayloristisch-bürokratische) Maschinen-Modell von Organisationen basiert vornehmlich auf eindimensionalen, statisch-monokausalen, technokratischen und stark hierarchischen Auffassungen von Organisation, Mensch, Arbeit und Umwelt und unterstellt, daß Organisationen quasi ingenieurtechnisch geplant, gestaltet und geführt werden können.

2 Kunstwort aus dynamics + complexity. Vgl. Aufsatz über "Dynaxibility", Rieckmann 1992/1997

Zwei Dinge scheinen dabei vonnöten:

* Bewußtseinsveränderungen durch neue Denk- und Wahrnehmungsweisen, und ein
* neues Management-Verständnis inklusive alternativer Managementstrategien, Managementinstrumenten und Führungsverhaltensweisen.

Es gilt unsere Welt mit anderen Augen zu sehen und mit anderen Gedanken "denken" zu lernen. Folgende Veränderungen und Anforderungen sind dabei u.a. von besonderer Bedeutung:

- **Denken in Kausalnetzen und Prozessen**

Die meisten von uns haben gelernt, daß 1 + 1 + 1 = 3 ist, und daß jeden Tag ein "bißchen mehr von demselben" (z.B. Einkommen) unproblematisch sei und allen gut tut. Bis dann die berühmten Neben-, Rück- und Fernwirkungen auftraten (Ökokrise, 3. Welt-Ausbeutung, Wohlstandsdepressionen, Herzinfarkte etc.). Es wurde deutlich, daß - wie wir eigentlich im Hinterkopf immer schon wußten - es nicht mehr lange so weiter gehen kann ... und, daß dabei alles mit allem zusammenhängt. Mit anderen Worten: rein lineare Wenn-Dann-Folgerungen und naiv extrapolierte Heute-Morgen-Übermorgen-Vorstellungen ohne vernetzte Rückbeziehungen und Wechselwirkungen sind falsches Denken: das Leben - so stellt sich heraus - ist offensichtlich "**systemisch**". Es gilt, die vernetzten Gesamtzusammenhänge in Gegenwart und Zukunft und zwischen "Inwelt" und "Umwelt" in ihrer Ganzheit und Gleichzeitigkeit wahrzunehmen und zu verstehen (vgl. Malik 1984, S. 48 ff). Weg also von "kausalen Ketten" und hin zu "kausalen Netzen". Denn die isolierte Analyse von Einzelbereichen ist - um es zu wiederholen - unzureichend, irreführend und z.T. geradezu falsch. In komplexen Systemen kann 1 + 1 + 1 mitunter sehr wohl einmal 111 oder +10 oder -20 ergeben.[3] Und solche Überraschungen kann man nur vermeiden, wenn man sich eben das Netz der Wechselwirkungen vorher genauestens vor Augen geführt hat. Und das ist im Nachfolgenden mit den Begriffen "System", "Vernetzung" und "systemischem Denken" gemeint.[4]

- **Mit prinzipiell chronischer Unterinformation leben lernen**

Die "Vollständigkeit von Informationen" wird bei wachsender Systemkomplexität und Umfelddynamik zunehmend kleiner. Wir ertrinken in Informationen, aber hungern nach Wissen. Man stochert sozusagen bei komplexen Systemen prinzipiell im Nebel herum - zumindest wenn man alle Details kennen und bis ins Kleinste kontrollieren und steuern möchte. Neue Ansätze der Systemdiagnose, des denkerischen, aber auch intuitiven Verstehens und Steuerns solcher komplexen Systeme werden also erforderlich.

---

3 Vgl. Ökolopoly-Spiel von Vester 1984 sowie die Experimente von Dörner: Tanaland, Lohhausen.

4 Zur Definition des Begriffes "System" - wie wir ihn hier in diesem Artikel verwenden - siehe Punkt 3.

- **Komplexität und Dynamik - also "Dynaxity" - nicht verdrängen ... sondern in ihrem "Wesen" verstehen lernen**

Steigende Dynaxity muß als solche akzeptiert werden. Man muß gleichsam mit ihr partnerschaftlich zusammenarbeiten wollen. Dies setzt gesinnungsmäßig voraus, daß der Manager zugibt, nicht alles wissen zu können bzw. nicht mehr genau wissen zu können, was richtig ist.

Die Zeit der "großen Macher" (wenn es die überhaupt je gegeben haben sollte) ist in komplexen Systemen endgültig vorbei. Dies muß zur Bescheidenheit und zu einer neuen Art von Demut führen. Und diese Bescheidenheit - das Bewußtsein der eigenen Unbedeutendheit - hat deutliche und praktische Vorteile: sie entspannt und distanziert vom Problem. Denn ein Problem zu lösen heißt, sich zuerst vom Problem zu lösen. Dadurch wird man fähiger, das "Ganze" zu sehen. Und nur wenn man das "Ganze" in den Blick bekommt, kann man die Schwerpunkte und "blinden Flecken" des Systems entdecken, bei denen es sich lohnt, "den Hebel anzusetzen". Anderenfalls läuft der Manager Gefahr, mit viel Kraft und Arbeit im Detail am Schluß entweder das falsche Problem richtig, oder das richtige Problem falsch - oder wenn´s ganz schlimm kommt - sogar das falsche Problem falsch gelöst zu haben (Fehler der II., III. und IV. Art).

RPR das richtige (R) Problem (P) richtig (R) lösen	FPR das falsche (F) Problem (P) richtig (R) lösen
RPF das richtige (R) Problem (P) falsch (F) lösen	FPF das falsche (F) Problem (P) falsch (F) lösen

Abb. 1: Drei Arten, ein Problem falsch zu lösen ...

- **Monitoring- und Reflexionssysteme aufbauen - "awareness" erhöhen ...**

Komplexe Systeme müssen (ähnlich wie das Wetter in der Seefahrt) ständig beobachtet werden, d.h. sie machen konstantes "**monitoring**" und "**scanning**" (grobe Mustererkennung) notwendig. Feedbacksysteme, die numerisch faßbare Daten zurückmelden, sind hierbei eine wichtige, notwendige und traditionell bekannte Hilfe (z.B. Controlling).

Gleichermaßen wichtig für das "monitoring" sind jedoch neben jenen "hard numbers" auch die eher qualitativen, klimatischen und schwachen System- bzw. Umweltsignale. Sie müssen jedoch auf andere Weise erfaßt werden. Sie rieseln sonst unbemerkt durch die mechanistischen Netze traditioneller Kontroll- und Steuerungsverfahren hindurch. Daher gilt es, Gespür, Gefühl und Intuition zu entwickeln und Erlebnisberichte, Empfindungen und Ahnungen der Mitarbeiter, Führungskräfte, Kunden, etc. für Beobachtungs-, Diagnose- und Steuerungsprozesse gleichermaßen mitzunutzen. Es muß sozusagen ein Stethoskop für Organisation und Umwelt entwickelt und offiziell institutionalisiert werden. Die Einführung und Organisation solcher "feiner Nasen" und "guter Riecher" wird im amerikanischen Sprachraum häufig mit "sensing" umschrieben. "**Sensing**" bedeutet das klassische, analytisch rationale Denken und Wahrnehmen zu relativieren[5] und schlechter belegbare "weiche", qualitative Daten für Problemlösungs- und Entscheidungsprozesse zuzulassen ("allowing") bzw. zu "rehabilitieren" (vgl. Ulrich schon 1968/1970/1971 Gerken 1986, S. 277;) Trendanalysen, Tendenzbeobachtungen und oben erwähnte Mustererkennungsverfahren sollten hinzugezogen werden. Hilfreich für Sensing-Prozesse ist auch der Einsatz von Szenariotechniken, vernetzten Kennzahlentableaus, Soziodramen und Systemdramen, Rollenspielen, Pilotstudien (Testmärkte, Organisationsexperimente, etc.) - und alles dies in Verbindung mit ausführlichem "permissiven" Ausdiskutieren unterschiedlichster Problemfacetten (als "Probehandeln") unter interdisziplinären und "vernetzten" Aspekten (vgl. "Lernende Organisation").

Prozesse konstanten "monitorings", i.S. von "scanning" und "sensing", führen dann zu dem für das Managen komplexer Systeme notwendigen Aufbau komplexitätsreduzierender "awareness". Mit **"awareness"** ist eine geistig-psychische Fähigkeit gemeint, die sich der Komplexität der Systembewegungen und Wechselwirkungen im Systeminwelt- und -umweltbereich bewußt ist und die diese Dynamiken und Zusammenhänge ganzheitlich und "wachen Auges" wahrnimmt bzw. sich dessen fortlaufend gewahr ist.

"Awareness" geht dabei allerdings so gut wie nie ins Detail (was ja beim Management komplexer Systeme prinzipiell sowie arbeitsmäßig nicht zu schaffen ist), sondern versucht lediglich die <u>zentralen Variablen, Muster, Entwicklungstrends, "Energieströme" und Bewegungen</u> wahrzunehmen. "Awareness" beinhaltet darüber hinaus besonders die Fähigkeit, mit großer Sicherheit genau diejenigen Bewegungen herauszuspüren, die als <u>zentral</u> für das Verstehen und Managen des jeweiligen Systems angesehen werden müssen. Dadurch wird die Komplexität des Systems sehr stark reduziert und auf einige wenige variablen Parameter, Rahmenbedingungen, Spielregeln und "Hebelpunkte" beschränkt, die dann eher überschaubar und managebar werden (vgl. Probst / Siegwart 1985, S. 189).

Die Entwicklung von "awareness" kann zu dem hinführen, was unter dem Begriff "Dynaxibility" (vgl. Rieckmann 1992) mit "Reduktionsweisheit" umschrieben wurde: die geistig-seelische Fähigkeit, die wesentlichen "Knackpunkte", Gefahren und Chancen herauszuspüren und dementsprechend "weise" Interventionsentscheidungen treffen zu können.

---

5 Relativieren meint relativieren und <u>nicht</u> abschaffen!

- **Abbau von Angst: drive out fear ...**

Eine weitere wichtige Strategie für das Management offener, komplexer Systeme besteht darin, die für die Bewältigung der Umweltanforderung benötigte Systembinnenkomplexität so gering wie möglich zu halten (Man hat dann mehr Hände für "draußen" frei). Eine der hierfür wichtigsten "Spielregeln" lautet: Vertrauensaufbau und Angstabbau!

Durch "Vertrauen" bzw. niedrigem zwischenmenschlichem Angstpegel werden aufwendige Organisationsstrukturen, Verfahrensvorschriften und Bürokratieregeln stark reduziert. Durch "Vertrauen" werden Rationalisierungen (im Freud´schen Sinne), also Ausreden, Verdrehungen, Haarspaltereien, Schein-Argumentationen, Schönfärbereien, Aktennotizen, Absicherungs- und Selbstbehauptungskämpfe usw. erheblich verringert. Die Zeit, die sonst für die Entwicklung und Abwehr von Intrigen (mit nachfolgenden Erholungsphasen) abgezweigt wird, kann nutzbringend für die Arbeit eingesetzt werden (vgl. Menzies 1974, S. 183 - 216).

Angstfreiheit und Vertrauen stellen jedoch nicht nur im Bereich Organisation und Kommunikation / Kooperation "Produktions-Faktoren" dar, sondern wirken sich auch förderlich aus auf Kreativität (man darf spinnen, ohne gleich ein "Spinner" zu sein), auf kollektive, organisationale Lernfähigkeit sowie Innovationsgeist und Commitment. Ebenso können Kontrollkosten erheblich gesenkt und Flexibilität (durch mehr "Selbstorganisation und Selbstmanagement") erhöht werden (vgl. Luhmann 1968).

Alles dies sind Organisations- und Kulturqualitäten, die die häufig überfrachteten bis völlig überforderten Steuerungshierarchien deutlich entlasten können sowie das Management von Komplexität auf viele Köpfe und Schultern umverteilbar werden ließe. Konsequenz: Komplexität und Systemoffenheit (=Überraschungen) würden leichter managebar werden (vgl. Rieckmann 1989/1992).

- **Reaktionsmuster aus früheren Zeiten (mit geringer oder mittlerer Dynaxity) vermeiden und ent-lernen!**

Die Natur komplexer Systeme ist oft durch "Nebelvierecke" gekennzeichnet (vgl. Aufsatz "Dynaxibility"): oftmals ist weder das Problem hinreichend identifiziert und definiert, noch das Ziel, noch der Weg zum Ziel geklärt, noch sind die möglichen NRF´s, die Neben-, Rück- und Fernwirkungen potentieller Maßnahmen ersichtlich. Man stochert gleichsam nur in Nebelschwaden herum.

Auf solche ungemütlichen Situationen reagieren wir Menschen dann häufig durch Rückfall auf spezifische archaische Handlungsmuster (vgl. Dörner 1981, 1989; Rieckmann 1992):

1. Behandlung der komplexen Situation mit **Routinemaßnahmen** sowie bekannten Rezepten und sogenannten bewährten Methoden.
2. Wenn dies nicht den gewünschten Erfolg bringt, reagieren viele dann mit **Wut**.
3. **Feindbilder** werden entwickelt.

4. **Schuldige** (statt Ursachen) werden gesucht sowie
5. **Sündenböcke** aufgebaut,
6. **Durchhalte-Parolen** ausgegeben und
7. "**knallharte Vorgaben**" gemacht.
8. Bringt auch dieses Vorgehen nur weitere Mißerfolge (und "Verschlimmbesserungen"), folgen zumeist **Schock** und **Lähmung**.
9. Oder aber, wenn noch möglich, wird versucht, das Problem **unter den Teppich zu kehren** bzw. zu
10. **verniedlichen**, oder **"höherer Gewalt"** in die Schuhe zu schieben; meistens jedoch - da das auch nichts hilft - wird "es" dann
11. auf das Niveau von **Symptomlösungen** reduziert. Die Ursachen des Problems interessieren nicht mehr - man will sich lediglich so schnell wie möglich die leidigen Übel vom Halse schaffen (egal wie!).
12. Führt auch diese Strategie nicht zum Erfolg - weil die Symptome bleiben oder wiederkommen - wird der **Druck weiter erhöht**, begleitet von
13. **hektisch-nervösem Übersteuern des Systems**.
14. Die Problemsituation wird dabei abermals **simplifiziert**, **reduziert** und durch (fast) blinde Hau-Ruck-Maßnahmen ("short cuts") in Griff zu bekommen versucht. Alles gemäß der Parole: "Verdammt noch mal, das muß doch gehen!!!". Anstelle geplanter und abgestimmter Aktivitäten auf der Basis sorgfältig diagnostizierten Gesamtsystemverhaltens werden "Gewaltmaßnahmen" vermehrt vorgenommen; getreu dem Motto: Immer mehr von dem Selben muß doch endlich zum (totalen) Sieg führen. (Immer mehr Penicillin - und der Patient muß doch endlich gesund werden. Und wenn er stirbt ist er selber schuld, denn das Medikament ist nachgewiesenermaßen gut!).
15. Mit der (dennoch bzw. gerade deswegen eintretenden) Verschlechterung der Situation durch komplexe **Neben-, Fern- und Rückwirkungen (NRF´s)** wachsen Streß, Angst und damit verbundene Wahrnehmungsverengungen abermals an. Kreative und originelle Problemlösungen haben nun überhaupt keine Chance mehr.
16. Läßt sich schließlich auch mit aller Gewalt immer weniger erreichen, so kippt das ganze "soziale System" dann häufig ins **Jammern** um: man beschwert sich über die Ungerechtigkeit der Situation und warum es gerade uns (mir) so schlecht gehen muß, womit man das eigentlich verdient habe, usw. ... .
17. **Resignation**, **Passivität** und **Fatalismus** setzen dann ein, und
18. nicht selten korreliert dies mit **Fluchtversuchen** verschiedenster Art (innere und äußere Kündigungen)
19. mitunter begleitet von **Alkohol-**, **Drogen-** und **kriminellen Komplikationen.**
20. Schließlich kann eine solche "unkomplexe" Problemlösedynamik in einen "Teufelskreis" münden, der die betroffenen Personen in immer weitere Denk-, Wahrnehmungs- und Handlungsblockaden hineinzuziehen beginnt.

Eine Fallbeschreibung - "Verspäteter Markteintritt" - möge das bisher Gesagte illustrieren:

> Ein Unternehmen stellte aufgrund von Marktforschungsdaten fest, daß eines seiner zentralen Produkte in den nächsten Jahren aus Gründen neuer Mitbewerber und gewisser Marktsättigungen im

Absatz zurückgehen wird. Weiters liefen die Patente für dieses Produkt aus. Ein neues, zukunftsversprechendes Produkt mußte deshalb verstärkt forciert werden. Eine neue Produktionsanlage war anzuschaffen und einige Veränderungen in der Organisation waren vorzunehmen. Ingenieure, Marketing- und Finanzexperten wurden veranlaßt, erste Pläne zu entwickeln, Wirtschaftlichkeitsberechnungen einzuleiten, Spezifikationskriterien aufzustellen und die benötigten Maschinen zu kaufen. Acht Monate später sollte die neue Produktion beginnen. Die Produktionsumstellung und die Errichtung neuartiger Maschinen brachte es jedoch mit sich, daß zahlreiche Mitarbeiter umzuschulen, neu zu trainieren und einige sogar tariflich umzugruppieren waren. Dies wurde jedoch erst im Laufe der Vorbereitungen ernst genommen, als im Wirtschaftsausschuß der Betriebsrat Aufschluß über die geplante Produktionsveränderung haben wollte. Der Betriebsrat wies diesbezüglich auf die Unruhe unter den Kollegen hin und verlangte weitere Beratungssitzungen. Die Geschäftsleitung - dadurch unsicher gemacht - drängte jedoch daraufhin, daß so bald wie möglich mit der Umschulung und dem Training begonnen werden müßte. Denn bis zur Anlieferung der Anlage und zum geplanten Produktionsbeginn waren es nur noch vier Monate. Mehrere Beratungssitzungen des Betriebsrates ließen jedoch weitere Zeit verstreichen. Der Beginn des Trainings verzögerte sich. Der geplante Produktionsstart und einige Liefertermine standen jedoch "langsam vor der Tür". Als das Trainings- und Umschulungsprogramm endlich beginnen konnte, zeigte sich, daß die neuen Maschinen intensiveres technisches Training der Mitarbeiter erforderten, als es die Ingenieure wahrhaben wollten. Die Mitarbeiter zeigten außerdem zum Teil Angst vor der neuen Anlage, wodurch ihre "Lerngeschwindigkeit" deutlich reduziert wurde.

Es wurde deutlich, daß ein Monat vor Produktionsbeginn die neuen Mitarbeiter noch nicht qualifiziert genug waren, die neuen Maschinen ausreichend sicher zu fahren, zu warten und umzurüsten. Es drohte zu Produktionsverspätungen, überhöhten Ausschußraten, ja sogar zu Produktionsausfällen und Lieferschwierigkeiten zu kommen. Markt- und Wettbewerbsvorteil erschienen dadurch bedroht. Die Abwesenheitsrate hatte außerdem um 1 % zugenommen. Es zeigte sich, daß der "Faktor Mensch" von den Planungsingenieuren zu wenig berücksichtigt und von den Finanzleuten überhaupt nicht gesehen worden war. Ebensowenig wurde die Rolle, die Unternehmens- und Arbeitnehmerinteressen bei Umorganisationen, Trainingsplänen, Umschulungsprozessen usw. spielen können, in die Planungen miteinkalkuliert.

Die Geschäftsleitung begann dadurch deutlich nervöser zu werden. Sie beschuldigte den Betriebsrat subversive Politik zu betreiben und gegen die gemeinsamen Unternehmensinteressen zu arbeiten. Verwirrten Lieferanten wurde mit Klagen und Regreßansprüchen gedroht.

Mitarbeiter empfanden diese Vorgehensweisen jedoch als ungerecht, gaben dem Betriebsrat zusätzliche moralische Unterstützung und reagierten auf Druck von Vorgesetzten mit formaljuristischen Hinweisen auf Arbeitssicherheitsvorschriften usw.
Die Geschäftsleitung interpretierte das als Arbeitsverweigerung und drohte mit fristlosen Entlassungen. Man müßte nur richtig wollen und an einem gemeinsamen Strick ziehen, dann würde schon alles klappen ...

Ein zu Rate gezogener externer Berater - der den verfahrenen Karren wieder flott kriegen sollte (hoffnungslose Überforderung!) - formulierte nach einer Analyse des Prozesses seine Meinung darüber folgendermaßen:

"Ein "ganzheitlicher Planungsansatz", der techno-ökonomische und psycho-soziale und interessenspolitische Aspekte integrativ hätte miteinbeziehen können, wurde ebensowenig verfolgt wie eine Einbeziehung zentraler Mitarbeiter in diesen Umstellungs- und Veränderungsprozeß. Daß durch letzteres außerdem das Selbstvertrauen der Mitarbeiter im Umgang mit der neuen Technik sowie Motivation und Know-How quasi nebenbei mit aufgebaut hätte werden können, wurde aus "technischen" und "wirtschaftlichen" Gründen - so die offizielle Verlautbarung von oben - übersehen bzw. aus dem Blickfeld verdrängt. Außerdem hätte man es früher auch immer so gemacht ...".

So kam es insgesamt zu einem um 6 Wochen verzögerten Produktionsbeginn und zu einer "Mannschaft", die unter Streß, Hektik und Frustration möglichst schnell die entstandenen Verluste wieder ausbügeln sollte. Dies gelang allerdings nur schleppend und erwies sich z.T. nur mit erheblichen Überstunden als möglich.

Die Abwesenheitsrate war immer noch überdurchschnittlich hoch, die Qualitätsprobleme beträchtlich. Der Produktionsleiter selbst mußte sich aufgrund verschiedener Symptome ärztlicher Kontrolle unterziehen. Einige in der Geschäftsleitung schoben nach wie vor diesen geschäftsgefährdenden Spätstart des neuen Produktes dem Betriebsrat und den nur an sich selbst interessierten Mitarbeitern in die Schuhe.
Dem externen Berater gelang es erst nach zahlreichen mühevollen Anläufen die 7-köpfige Führungskreisgruppe zu einer gemeinsamen Reflexion dieses Prozesses zu gewinnen, um daraus für die Zukunft Lehren ziehen zu können ... .

Soweit das Praxisbeispiel.

Nachfolgend der Versuch, die Verwicklungen dieses Prozesses grafisch abzubilden.

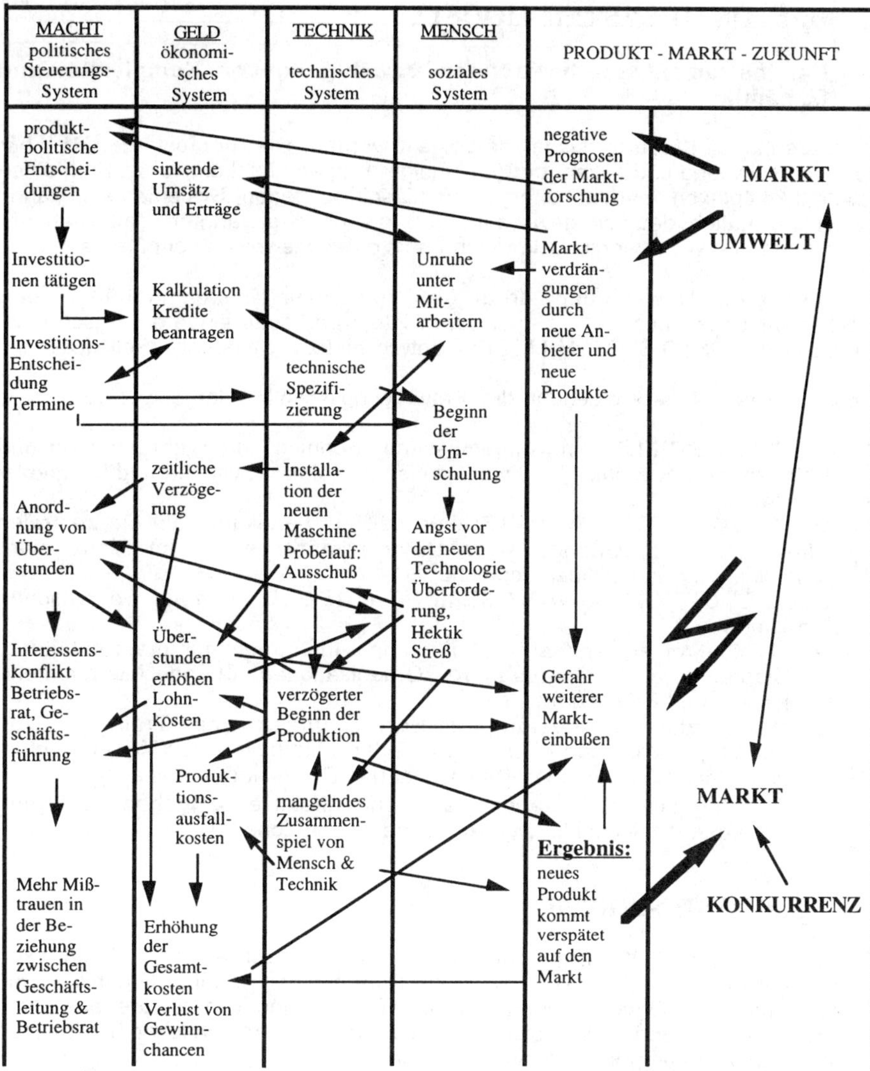

Abb. 2: Systemvernetzungen (OSTO-System-Matrix): "Verspäteter Markteintritt"

2. Das OSTO-SYSTEM-MODELL

Ein Instrument zur bewußteren Bewältigung von Komplexität und Dynamik

In skizzenhafter Kürze ist bisher dargestellt worden, wie "herausfordernd", aber auch wie schwierig und riskant der (unkundige) Umgang mit komplexen Problemen bzw. mit komplexen, marktabhängigen (und insofern offenen) Systemen sein kann. Es ist vermutlich deutlich geworden, daß die oben erwähnten, "alternativen" Denkhaltungen, Wahrnehmungskriterien und Vorgehensweisen vonnöten sind.

Zur besseren Bewältigung derartiger komplexer Zusammenhänge und Wechselwirkungsdynamiken ist - vor dem Hintergrund einer längeren Forschungstradition - das OSTO-SYSTEM-MODELL entwickelt bzw. weiterentwickelt worden.

Dieses Modell soll nachfolgend in drei Entwicklungsschritten dargestellt werden:

1. Die **OSTO-BRILLE**: eine angemessene "Sehhilfe" zur Wahrnehmung und Betrachtung der wichtigsten Dimensionen komplexer Systeme und komplexer Probleme.
2. Der **OSTO-SYSTEM-ANSATZ**: eine geistige Landkarte, die die zentralen Wirkungszusammenhänge eines Unternehmenssystems im Sinne einer "cognitive map" abzubilden versucht.
3. Das **OSTO-SYSTEMMANAGEMENT-MODELL** mit zwei wesentlichen Funktionen:
   a) als konkret anwendbares Management-Instrument für die Gestaltung, Diagnose und Veränderung von Organisationen (Change Management, Design und Redesign)
   b) sowie als Basisdesign für Entwicklungen und Trainings von Führungskräften und höher qualifizierten Mitarbeitern (SYMA), um ihnen zu helfen, mit steigender Komplexität und Dynamik (vgl. Dynaxity-Zone-III-Fitneß[6]) klüger, "geräuschloser" und effektiver umgehen zu lernen (Übergangstrainings für Dynaxity-Zone II nach Zone III).

3. Die "OSTO-BRILLE"

Für die "adäquate" Wahrnehmung dieser oben beschriebenen, komplexen Wirklichkeit - und hier speziell bezogen auf Unternehmen und ihre Organisationen - ist es auch (im Zusammenhang mit der Entwicklung von "awareness") von außerordentlicher Bedeutung, sich bewußt zu machen, mit welcher "Brille" man diese komplexe Wirklichkeit eigentlich betrachtet.
Es ist wichtig, sich "Rechenschaft" abzulegen, mit welchem Modell oder mit welcher Alltagstheorie man Organisationen sieht, erfaßt, analysiert, plant und "behandelt".
Warum? Je nachdem welche "Brille" ich aufhabe, so nehme ich dementsprechend auch die Wirklichkeit "wahr". Habe ich eine "falsche Brille", so nehme ich die Wirklichkeit u.U. sehr verzerrt wahr, oder ich blende viele Aspekte aus, die vielleicht von großer Bedeutung wären. Ich übersehe einfach wichtige Dimensionen und begehe daher u.U. schwere Managementfehler. (Stichworte: Konstruktivismus oder

---

6 Ausführlicher dazu im Aufsatz "Dynaxibility", Rieckmann 1992/1997.

Watzlawiks Frage: "Wie wirklich ist die Wirklichkeit?" (Vgl. Watzlawik 1982 und 1985 sowie "Paradigmawechsel").

Auch der umgekehrte Fall ist denkbar: meine Brille ist zu weit und läßt mich viel zu viele Details wahrnehmen, so daß ich in einer Flut von Informationen und Eindrücken untergehe - und daher ebenfalls Handlungsprobleme bekomme und Managementfehler begehe.

Die Frage nach der "richtigen Brille" und ihrer entsprechend benötigten "Natur", Selektivität und "Konstruktion" ist daher von großer Wichtigkeit. Im nachfolgenden soll deshalb der Versuch unternommen werden, eine solche "Wahrnehmungsbrille" für Organisationen darzustellen, die sich im Bereich "Systemmanagement" praktisch bereits recht gut bewährt hat und vielleicht für den einen oder anderen eine nützliche "Sehhilfe" zu sein vermag[7].

Der Name der Sehhilfe: die "**OSTO-Brille**":

Der theoretische Hintergrund dieser OSTO-Brille geht dabei auf den **Systemansatz** von Organisationen zurück: wir definieren Organisationen als "Systeme", die intern aus zueinander in Beziehung stehenden Elementen und Subsystemen bestehen, sich gegenüber der Umwelt abgrenzen und Input (Materie, Energie, Informationen) in Output (Produkte, Dienstleistungen, Know-how, Wachstum, Abfall etc.) transformieren. Durch diese Input-Output-Transformations- und Austauschprozesse mit der Umwelt versuchen Systeme ihre Existenz- und Sinngrundlage (EG/SG) zu sichern, sowie ihre Identität zu erhalten. Feedback- (und antizipatorische Feedforward-)Systeme dienen dabei zur Steuerung interner Transformations- und externer Anpassungsprozesse.

In spezifischer Hinsicht verstehen wir dabei Unternehmen und ihre Organisationen als selektiv-offene soziale, technische und ökonomische Systeme, wo Menschen, Techniken, Geld, Macht und Märkte dominante Rollen spielen. OSTO ist dabei die Abkürzung für **O**ffenes **S**ozio-**T**echno-**O**ekonomisches System.

Das oben beschriebene Illustrationsbeispiel (Abb. 2 "verspäteter Markteintritt") belegte ja nur zu gut, daß eine solche komplexe und vernetzte Sicht von Systemen und Prozessen unabdingbar ist.

Denn an diesem leider nicht ganz unüblichen Beispiel hatte sich ja gezeigt, daß - um es noch einmal zu wiederholen - es sehr von Vorteil gewesen wäre, von Anfang an den organisatorischen Planungs-, Veränderungs- und Gestaltungsprozeß integrativer, ganzheitlicher und partizipativer anzulegen. Die dadurch zu Beginn entstehenden Planungs- und Diskussionsmehrkosten wären dabei von reduzierten Anfahrtskosten bzw. von der Vermeidung der Kosten, die mit dem verspäteten Produktionsbeginn bzw. Markteintritt verbunden waren, bei weitem aufgewogen worden.[8]

---

7 Vgl. dazu zahlreiche Anwendungsfälle, wie bspw. beschrieben bei: Harendt (1991), Isenhardt (1994), Henning u.a. (1994), Marks (1991), Schäfer (1992).

8 Nebenbei gesagt: Auf einer solchen integrativen und partizipativen Grundstruktur basieren häufig "japanische" Planungsprozesse: Zeitaufwendige "ganzheitliche" Diskussionsprozesse zuerst, exakte, verlustfreie Ausführungsprozesse danach. Ein solches Vorgehen erweist sich mittel- bis langfristig offensichtlich als sehr profitabel und weit dem überlegen, was man in unseren Breitengraden immer noch

Aufgrund häufiger Praxiserfahrungen dieser Art erschien es uns daher ratsam, ein praktikables organisationstheoretisches Modell zu entwickeln, das solche Ein- und Kurzsichtigkeiten möglichst von vornherein unterbindet und desweiteren hilft, "systemisches Managen", d.h. Denken, Planen und Umsetzen in vernetzten, ganzheitlichen Gesamtzusammenhängen zu fördern und zu unterstützen.

Nachfolgend soll das Konzept der "OSTO-Brille" auf der Basis des Systemansatzes schrittweise erläutert werden.

3.1. Der sozio-technische Systemansatz (ST-Systemansatz)

Aus der Sicht des klassischen soziotechnischen Systemansatzes gehen die in (und an) Unternehmenssystemen arbeitenden Menschen, Gruppen, Abteilungen, etc. vielfältige (Arbeits-) Verbindungen und Quasi-Symbiosen mit physischen, technischen Werkzeugen, Geräten, Maschinen, Anlagen, usw. ein, um mit ihnen den Input-Output-Transformations-Prozeß zu bewerkstelligen.
Bildlich abstrakt läßt sich dieser Zusammenhang folgendermaßen darstellen:

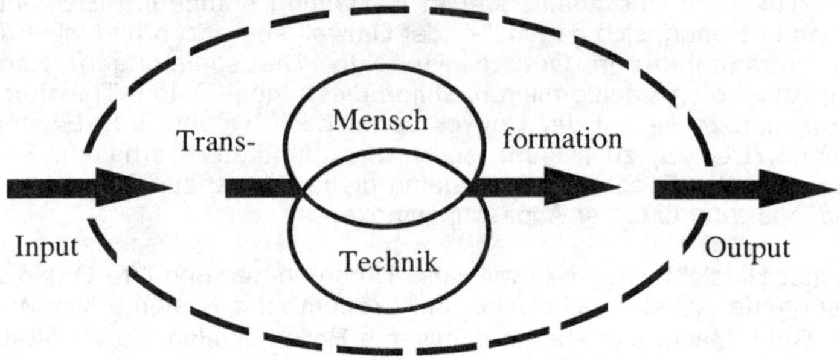

Abb. 3: Sozio-technischer Systemansatz (ST-Systemansatz)

Wie das obige Beispiel illustrierte, wird eine solche "systemische Zusammenarbeit" nur gelingen, wenn die Technik nicht als hemmend, demotivierend oder gar als bedrohend empfunden (und gar im Geheimen bekämpft) wird, d.h. der Mensch der Technologie - ob er will oder nicht - nicht "lediglich" nur angepaßt wird.

Nur wenn jene Zwangsanpassung vermieden wird - so sagt der ST-System-Ansatz völlig zutreffend - können Motivations- und Leistungsoptima erreicht werden, die bei schlechter gegenseitiger Abstimmung der technischen und sozialen Dimension der Organisation unmöglich erscheinen, bzw. weit unter der potentiellen Leistungsfähigkeit des Gesamtsystems bleiben würden (Prinzip der "joint

häufig beobachten kann: technokratische Ruck-Zuck-Entscheidungen am Anfang (Zeit ist Geld!) und anschließend langjähriges Aufsammeln zahlreicher Scherbenhaufen. Auch hier ist Zeit Geld, allerdings kann dieses häufig (mittlerweile) "anderen" Kostenstellen zur Last gelegt werden ... (vgl. diesbezüglich auch Ploner, 1987, S. 46 - 48)

optimization". Vgl. Trist/Bamforth 1951, Trist 1975, Trist 1978 und Rieckmann 1982 c, S. 56 ff, 1982 b).
Nicht selten wird in der Praxis (immer noch) die wechselseitige Gegenabhängigkeit dieser beiden Systeme oder Systemdimensionen übersehen. So nimmt es leider nicht Wunder, daß bei Organisations- und Reorganisationsplanungen, bei der Gestaltung von Arbeitsprozessen und Arbeitsplätzen in der Regel technisch-physische Sichtweisen von Ingenieuren, Ergonomen, Architekten und Produktionstechnikern im Vordergrund stehen. Mit Überraschung wird dann - wie im obigen Beispiel - zuweilen erlebt, daß trotz bester Technologie die daran geknüpften ökonomischen Erwartungen nicht in Erfüllung gehen.

Es zeigt sich immer wieder, daß Maschinen eben nicht nur Maschinen sind, sondern nur in Kombination mit "Software" i.S.v. "Humanware" (Menschen und Personalsystemen) optimal funktionieren können.
Die gleiche Problematik - nur mit umgekehrten Vorzeichen - kann sich allerdings auch ergeben, wenn Psychologen und Soziologen der Auffassung zuneigen, daß Zufriedenheit, gute Kommunikation, hohe Selbstverwirklichung, u.ä. die Hauptfaktoren effizienter Organisation oder hoher Produktivität seien und strukturelle, technische und ökonomische Probleme insofern nur zweitrangige und abgeleitete Größen darstellen. Auch dieser Standpunkt ist einseitig und nur teilwahr.

Der sozio-technische Systemansatz geht dahingegen davon aus, daß dieses "lose Nebeneinander" der verschiedenen Positionen, Meinungen und Managementorientierungen aufgehoben bzw. integriert werden muß.

Fazit: Ein Produktionsprozeß und seine Organisation können nur dann wirtschaftliche und psycho-soziale Optimalerfolge bringen, wenn die "Soziale Systemdimension" (SS) und die "Technische Systemdimension" (TS) - **trotz** ihrer unterschiedlichen Natur - gleichzeitig, gleichwertig und in wechselseitiger Bedingtheit gesehen, berücksichtigt und gehandhabt werden.

Die soziale Systemdimension (SS) umschreibt dabei folgende Aspekte:

- Aufbau- und Ablauforganisation (raum-zeitlich-prozessuale und materielle Funktions-, Macht-, Kommunikations-, Entscheidungs- und Verantwortungsteilung)
- die Systemmitglieder selbst (mit ihren beobachtbaren (Arbeits-) Beziehungen, Interessen, Gefühlen, Verhaltensweisen, etc.)
- Kultur (Werte, Einstellungen, Spielregeln, Normen, Tabus, Selbstverständlichkeiten, etc.)
- personalwirtschaftliche Systeme
- Klima und Motivation

Die technische Systemdimension (TS) beinhaltet "Physisches" wie:

- Maschinen, Geräte, Anlagen, Gebäude
- Architektur (Innen- und Außenarchitektur)
- Konfigurationen, Layouts
- Hilfsmittel, Verfahren usw.
- Qualifikationen

3.2. Vom ST-Systemansatz zur OSTO-BRILLE

Wie das obige Praxisbeispiel zeigte, sind diese beiden Systeme bzw. Dimensionen jedoch noch nicht ausreichend, um die Unternehmenswirklichkeit u.E. umfassend zu beschreiben. Deshalb ist die Einführung neuer, über den traditionellen soziotechnischen System-Ansatz hinausgehender Dimensionen angezeigt:

3.2.1. Die ökonomische Systemdimension (OS)

Diese "oekonomische Systemdimension" (OS) umfaßt alles, was im weitesten Sinne mit "Geld" und Wirtschaftlichkeit zu tun hat, wie bspw.:

- Rentabilitätsziele
- Umsatz- und Gewinnziele
- Liquidität
- Finanzierungs- und Investitionsfragen
- Budgetierung (Geldverteilung allgemein)
- Lohn- und Gehaltssysteme
- Kosten und Kostenkontrollsysteme sowie Controlling (Steuerungshilfen)
- usw.

Diese ökonomische Dimension beeinflußt - zuweilen erheblich - die beiden anderen Subsysteme und wird ihrerseits selbst wiederum von den psychosozialen, organisatorischen und technologiebedingten Strukturen mitgesteuert und mitgestaltet. Und das ist auch der Grund, warum die Aufnahme dieser Dimension u.E. in expliziter Form unumgänglich zu sein scheint: sie stellt eine eigene Wirkgröße dar. Nimmt man die ökonomischen Aspekte des Systems explizit hinzu und versucht man, das Ganze in seinem ganzheitlichen Zusammenhang grafisch darzustellen, so scheint folgende Figur diesen Sachverhalt am besten zu versinnbildlichen:

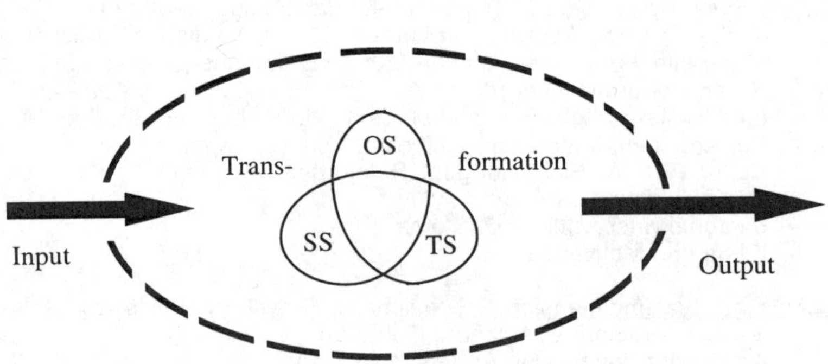

Abb. 4: Sozio-techno-ökonomisches System (STO)

Die drei Dimensionen (OS = ökonomische, SS = soziale , TS = technische Systemdimension) sind dabei grafisch in einer Linienführung - also ohne den Zeichenstift abzusetzen - gezeichnet. Dies soll die gegenseitige Verwobenheit und Untrennbarkeit der - wenn auch nach eigenen Gesetzmäßigkeiten funktionierenden (!) - Subsysteme hervorheben und verdeutlichen.

In dem obigen Praxisbeispiel wurde darüber hinaus auch deutlich, daß noch zwei weitere "Kraftfelder" bzw. Dimensionen in das Systemkonzept aufgenommen werden müssen, um die in der Praxis ablaufenden Prozesse hinreichend genau abzubilden, und zwar die Produkt-Markt-Zukunfts-Dimension (PMZ) und die "Dimension der (unternehmens)politischen Systemsteuerung", d.h. des politischen Steuerungs-Systems (PSS).

3.2.2. Die Produkt-Markt-Zukunfts-Dimension (PMZ)

Geht man davon aus, daß bei heutigen turbulenten Umfeldbedingungen Organisationen gegenüber Veränderungen "offen" sein müssen, um sich den immer rascher wechselnden Umwelt- und Rahmenbedingungen - reaktiv oder proaktiv - anpassen zu können, weil eben Preise steigen, Nachfragen sich verschieben, neue Technologien entstehen, Gesetzesauflagen sich verändern usw., so müssen (heutige) Systeme dafür ein eigenes spezialisiertes Aktivitätszentrum entwickeln und installieren, nämlich eines, das sich speziell um Produkt-, Markt- und Zukunftsfragen "kümmert" und Innovationen initiiert. Schlagworte dazu finden sich viele: Strategische Unternehmensplanung, Strategisches Marketing, Forschung und Entwicklung, Frühwarnsysteme, Innovationsmanagement und ... und ... und ...

Aus diesem Grund ist in der nachfolgenden Abbildung 5 diese PMZ-Dimension explizit hinzugefügt worden. Dies erweist sich auch aus einem anderen Grunde als notwendig: Viele Unternehmen können durchaus mit viel Energie an der ganzheitlichen Optimierung ihrer 3 Dimensionen arbeiten (OS, TS, SS), jedoch darüber in die Gefahr geraten zu übersehen, daß ihre ganzen Optimierungsanstrengungen hinfällig werden können, wenn die von ihnen produzierten Produkte in Zukunft keine Käufer mehr finden würden. Insofern ist es wichtig, dieses Subsystem ebenfalls explizit mit in den ganzheitlichen Systemansatz aufzunehmen: Man kann es dann weniger leicht vergessen - was, so unglaublich es auch klingt - sowohl bei Beratern als auch bei ganzen Firmen passieren kann ...[9]

---

9 Berühmte Beispiele sind hier die Schweizer Uhrenindustrie, die Elektronik in Uhren ursprünglich kategorisch ablehnte und auf "Schweizer Uhren" anstelle von Präzisionszeitmessern (unter Zuhilfenahme von Elektronik) setzte, und die sich - bedroht durch ihren nahen Untergang - dann doch zu dem Schritt entschließen mußte, die Produktpalette um elektronische Uhren zu erweitern, um dann mit einem marketingmäßigen Paukenschlag die "SWATCH" auf den Markt zu bringen ... . Weitere Beispiele sind: Rechenschieber statt Taschenrechnern, mechanische Schreibmaschinen statt Textverarbeitungsgeräten. Immer wieder wurde in diesen angeführten Beispielen vergessen, daß die Kunden nicht auf die Produkte fixiert waren, sondern Probleme gelöst haben wollten. Produkte (z.B. Uhr Marke XY) verschwinden vom Markt, aber die Funktionen (z.B. Zeitmessen), d.h. die Probleme, bleiben bestehen ... um mit neuen Produkten gelöst zu werden ... .

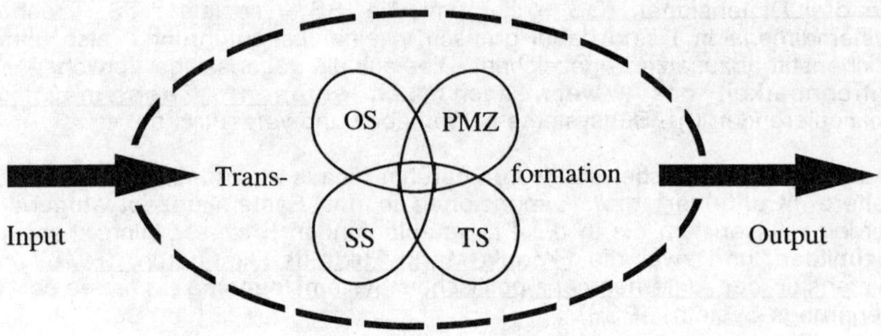

Abb. 5: Offenes Sozio-Techno-Oekonomisches System (OSTO)

3.2.3. Das Politische Steuerungs-System (PSS)

Eine weitere unverzichtbare Modelldimension stellt die "Politische System-Steuerung (PSS)" als fünfte Wirkgröße dar.
Dieses "PS-System" beschreibt jene formellen und informellen Prozesse, die z.B. zwischen Vorgesetzten und Untergebenen, zwischen Aktionären, Banken und Vorständen, zwischen Unternehmensleitung und Belegschaftsvertretern, usw. ablaufen. Das "PS-System" beinhaltet dabei diejenigen Interessen, Machtansprüche, Zielvorstellungen, Werte und Gruppierungen, die die Basis und die Prämissen für die Steuerung und Strukturierung des Gesamtsystems abgeben und maßgeblich sind für Zielsetzungen, strategische Planungen, Organisationsentscheidungen, Gewinnverwendungen usw. Deswegen steht dieses System - wie Abbildung 6 zeigt - im Mittelpunkt der Grafik.[10]

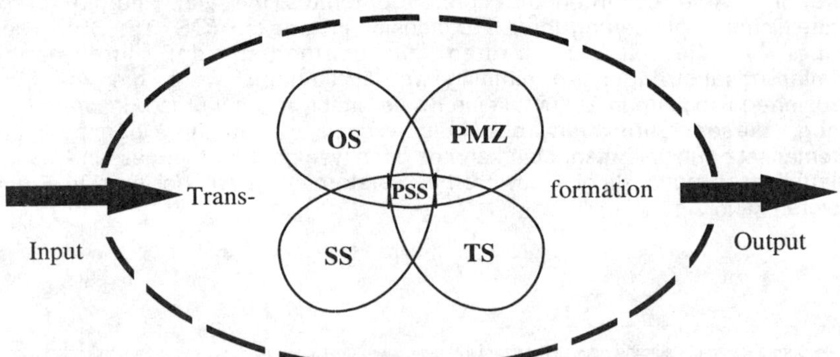

Abb. 6: Das Politische-Steuerungs-System (PSS)

10 Welche Personen und Gruppen zum PSS gehören, kann pauschal nicht von vornherein gesagt werden. Das PSS muß bei jeder Organisation jeweils individuell neu erforscht werden (Diagnose).

Weitere Dimensionen sind noch zu erwähnen und hinzuzufügen.

3.2.4. Die Systemumwelt

Die sechste Dimension ist die bereits häufig erwähnte Umwelt des Systems. Der OSTO-Ansatz geht ja als offener System-Ansatz davon aus, daß Systeme nicht existieren können, ohne vielfältige Austauschbeziehungen zur Umwelt zu unterhalten und sich um diese sorgfältig zu "kümmern".

Diese "Umwelt" selbst läßt sich unter Systematisierungsgesichtspunkten je nach Erkenntnis- oder Arbeitsinteresse in unterschiedliche Arten aufteilen:

- in direkte und indirekte Umwelten
- in relevante und irrelevante Umwelten
- in soziale, politische, technologische, ökonomische, ökologische, kulturelle, juridische usw. Umwelten
- in statische, dynamische, turbulente, chaotische Umwelten
- in nahe und ferne Umwelten
- in nützliche und schädliche Umwelten
- in kontrollierbare und nicht-kontrollierbare Umwelten
- usw.

Das Verhältnis des Systems zu seiner Umwelt bzw. zu seinen Umwelten ist dabei von zweierlei Art:

a) die Umwelt erzeugt die allgemeinen Rahmenbedingungen (constraints), unter denen das System proaktiv oder reaktiv zu existieren hat, und andererseits
b) entnimmt das System dieser Umwelt jenen Input (Materie, Energie, Zeit, Information, Menschen etc.), den es für seine Transformation bzw. seine Outputproduktion braucht, um leben und sich weiterentwickeln bzw. anpassen zu können.

Diese fundamentale Umweltangewiesenheit des Systems führt auch zu der Notwendigkeit, daß das System ständig a) seine aktuelle Existenzgrundlage überprüfen muß und b) dabei auch deren langfristige Sinnhaftigkeit angesichts der weiteren Entwicklung von Menschheit und Erde nicht aus dem Auge verlieren oder gar wegblenden (verdrängen) darf.

Weiter unten wird auf diese Problematik - unter den Stichworten "Existenzgrund (EG)" und "Sinngrund (SG)" - noch ausführlicher eingegangen werden.[11]

Betont werden soll an dieser Stelle zunächst einmal nur, daß eine entsprechende Umwelt-Awareness für "offene Systeme" von absoluter (Über-) Lebensnotwendigkeit ist. Und dies gilt auch und trotz der Tendenz von Systemen, sich von der Umwelt abzuschotten, sich vornehmlich mit den Problemen ihrer eigenen Binnenkomplexität zu beschäftigen, ihre Identität zu erhalten und zu stabilisieren und dabei ihre eigene Betriebsblindheit als Ausdruck von bewährter Systemtradition zu interpretieren (vgl. Theorie selbstreferentieller Systeme mit "operationaler Geschlossenheit").

---

11 Siehe Sternsymbol in Abbildung 7 sowie Punkt 4.1. ff.

Die dadurch entstehende bzw. sich gerade darin ausdrückende "Systemabwehr" (Heintel/Krainz) mit ihren (unbewußten) Reproduktionsmechanismen, Eigensinnigkeiten und Widerständen gegen Neuerungen und Veränderungen fast jedweder Art (vgl. Change Management, Reengineering, Kulturwandel, etc.) kann dabei zu überlebensgefährdenden Anti-Strategien führen, die oftmals erst durch existenzbedrohende Krisen mit "blutig"-schmerzhaften Sanierungszwängen ins Bewußtsein hineingebracht werden können. Manchmal ist es dann aber auch schon zu spät.
Gerade deshalb muß - quasi kontrafaktisch - "Systemoffenheit" konzeptionell, strukturell und kulturell gefordert und gefördert werden.
Die veränderungsfeindliche Selbstbezogenheit von (sozialen) Systemen muß durch einen bewußteren Umgang mit den Grenzen des Systems, deren Offenheits- bzw. Geschlossenheitsgrad sowie deren Selektionskriterien, dahinterstehenden Programmen (und Paradigmen) sowie Interessen entgegengewirkt werden (was freilich leichter gesagt als getan ist ...).

3.2.5. Systemgeschichte

Die siebente Dimension, die unserer Erfahrung nach für das Verstehen und das "richtige Sehen" von Unternehmen und ihren Organisationen unbedingt notwendig ist, ist die Zeit - und zwar im Sinne von "Vergangenheit" oder der "Geschichte des Systems". Komplexe Systeme wie Unternehmen und ihre Organisationen sind ja in der Regel längerfristig existierende Gebilde, deren IST-Zustand man daher kaum genügend verstehen kann, wenn man den Werdegang des Systems nicht mit berücksichtigt.

Eine Reihe von Phänomenen sind häufig nur aus der Vergangenheit des Systems heraus zu erklären wie bspw.: Image, Produktpolitik, Führungsrichtlinien, Unternehmungsstrategie, Organisationsstruktur, Kultur, Normen und (Un-) Werte, etc.

3.2.6. Zukunft

Die achte Dimension - die Existenz- und Sinngrund mitbeinhaltet - bezieht sich auf die Zukunft - oder bildhaft gesprochen - auf den "Nebel", der die vorausliegenden Umweltentwicklungen zunehmend stärker verschleiert, damit Unsicherheit hervorruft und das System (mit Hilfe des "PMZ"-Subsystems) unter Druck setzt, d.h. zu (proaktiven, feedforward) Aktivitäten zwingt, um sein zukünftiges Leben und Weiterleben möglichst weitgehend sicherstellen zu können.

Diese "Nebeldimension" muß ebenfalls als eigenständige Größe angesehen werden, weil sie einen Großteil der Dynamik des Systemverhaltens mitbeeinflußt (z.B. Existenzangst, visionäre Vorstellungen, etc.) und dementsprechend zu Erklärungs- und Steuerungszwecken heranzuziehen ist.

3.2.7. Existenz- und Sinngrund (EG / SG)

Diese neunte Dimension - die aktuelle und langfristige Existenzgrundlage des Systems - die Zweck und Sinn definiert, wurde bereits oben schon kurz erwähnt, und wird weiter unten noch detaillierter beschrieben werden. Vollständigkeitshalber - und im Vorgriff - sei diese Dimension jedoch hier bereits kurz erwähnt.

3.2.8. Die "Unterwelt" des Systems

Als letzte - aber deswegen bei weitem nicht unwichtigste Dimension - ist die "Unterwelt" des Systems zu erwähnen.

Die bis hierher entwickelte "OSTO-Brille" wäre unvollständig, wenn sie diese zehnte Dimension nicht in ihr Blickfeld bekommen würde. Denn diese "Unterwelt" spielt in der Praxis eine wichtige Rolle und hat nicht selten sogar zuweilen die Hauptrolle inne.

Die "Unterwelt", als zehnte OSTO-Modelldimension, ist - wie wir es gerne nennen - der Bereich der "Tiefenorganisationsentwicklung". Ähnlich der Psychoanalyse oder der Jung´schen Modellvorstellung vom "Schatten" (des Selbst) beinhaltet die "Unterwelt" organisatorischer Systeme das "Unausgesprochene", das Unterdrückte, Verdrängte, Unaussprechbare und Unbewußte. Durch die Existenz der "Unterwelt" entsteht ein polares Spannungsfeld zur offiziellen und rationalen Oberwelt des Systems (vgl. dazu formelle und informelle Organisation).
Erst diese <u>beiden</u> Sichtweisen und Energiefelder <u>zusammen</u> ergeben u.E. eine realistische Erfassung von organisationalem Leben.

Die Unterwelt beinhaltet dabei - stichwortartig skizziert - folgende Inhalte, Themen, Energien:

1. ... die von der offiziellen Formal und Rationalorganisation nicht gewollten, ungeplanten, informellen Ziele, Strategien, Werte und Verhaltensweisen, die dazu führen, daß man bei Systemdiagnosen grundsätzlich immer zweigleisig verfahren muß und zwischen den "<u>anständigen</u>" (Hochglanz-) Zielen und Strategien einerseits und den "wahren" Zielen und Strategien andererseits deutlich unterscheiden muß. Beide "Arten" können häufig in logischen Konflikten liegen, zu widersprüchlichen Handlungen führen, Pseudo-EG´s produzieren und Veränderungsprozesse von Anfang an zum Scheitern verurteilen: die "wahren" Ziele, Werte und Strategien (die ungeschriebenen Gesetze der IST-Kultur) gehen auf Widerstand. Oder anders ausgedrückt: es gibt genügend <u>geheimen Lustgewinn</u> bei vielen Organisationsmitgliedern an der Aufrechterhaltung der status quo Situation. Und diese ist gerade so wie sie ist, im Grunde okay: Every organization is exactly designed to get the results it get´s !!
   In diesem Sinne gibt es also keine Zufälligkeiten.

Dazu ein konkretes Beispiel: Ein Unternehmen mit ca. 300 Mitarbeitern wollte eine Reorganisation durchführen. Die Leitungsspanne von ca. 20 Personen des Geschäftsführers sollte verringert werden, Sparten sollten an Stelle einer Ansammlung verschiedenster Abteilungen treten, Profit-Centers sollten eingeführt werden etc. Das Projekt erschien anfangs vielversprechend und doch ging bald nichts mehr weiter. Bei der Analyse der "Unterwelt" kamen dann die Ursachen für den "gebremsten Projektfortschritt" zutage. Eigentümer und Geschäftsführer waren verschwägert. Einer der 20 Abteilungsleiter war der Sohn der Haupteigentümer. Er witterte seine große Chance; sein Interesse am Reorganisationsprojekt lag in einer Palastrevolution - in der Entmachtung des Geschäftsführers und in "seiner eigenen Inthronisation". Der Geschäftsführer wiederum sah im Reorganisationsprojekt eine Möglichkeit, seine "Herrschaft" (denn darum ging´s letztendlich) aufrechtzuerhalten und sich in der neuen Organisation zu "verewigen" (im zweideutigsten Sinne des Wortes: einerseits seinen "Sessel zu behalten" und andererseits (s)ein Gefüge zu schaffen, das es auch noch geben sollte, wenn er in Pension gehen sollte - mit knapp 60 Jahren mußte man daran ja auch denken ...). Und so weiter ...

Erfahrungen zeigen immer wieder, daß Organisationen häufig eher wie Arenen für die Selbstdarstellung von Menschen zu fungieren scheinen. Die Mitarbeiter sind dabei zuweilen Statisten und Zuschauer, die über die Aktivitäten der Führenden in Ovationen auszubrechen haben. Ja, und wenn alles gut geht, dann trifft der Output - den es erstaunlicherweise trotzdem noch gibt - sogar noch den Markt ... (Man spricht dann von einem erfolgreichen Unternehmen ...).

2. ...die von der offiziellen sicherheitsorientierten Rationalorganisation mißtrauisch betrachteten und daher unabgerufenen und eher unterdrückten "sonstigen" Kreativenergien von Menschen und Gruppen, die sich in Ideenreichtum, innovativen Veränderungsinteressen, Hoffnungen, Begabungen, Schaffensfreuden, etc. äußern, aber nicht in das Formalkorsett des Systems passen bzw. diesem u. U. gefährlich werden könnten ... .
   Diese freischwebenden Kreativenergien werden allenfalls erst dann dosiert und kanalisiert zugelassen, gefördert und als "Geistkapital" und Mitunternehmertum ("empowerment") genutzt, wenn es gar nicht mehr anders geht (Wettbewerbsfähigkeit !) und entsprechend ausgebildete Prozeßberater, Moderatoren (!) und Coach-Führungskräfte "das Ganze" unter Kontrolle zu halten in der Lage sind.
   Organisationen haben insofern Angst vor Kreativität - obwohl sie diese gleichzeitig zu Problemlösungen brauchen.

3. ... Unaussprechbares, Verbanntes, Tabuisiertes, ... (z.B. Neid, Eifersucht, Erpressungen, Verletzungsgeschichten, Intrigen, Ängste, Haß, Schulden, etc.) sowie "böse", destruktive Kräfte, Gewalten, diabolische Motive, oder um es plakativ auszudrücken: "Wölfe, Schlangen, Vampire, und andere Finsternisse in den "Katakomben" der Organisation ..." (vgl. Schwager 1986, Eco 1982, Pretterebner 1988, Jung 1976 sowie das "SchweineHund-Thema", beschrieben in Rieckmann 1994 b,c.)

4. Last but not least wird die Unterwelt und ihr Spannungsverhältnis zur Oberwelt auch durchwebt von archetypisch bedingten, anthropologisch - ontologischen Widerspruchskonstanten (vgl. Heintel), die die menschliche Existenz im Grundsätzlichen prägen und zu paradoxen und konflikthaften Motivations- und Identifikationsstrukturen führen. Diese sind beispielsweise gekennzeichnet durch das gleichzeitige Streben nach:

Freiheit	und	Sicherheit
Ordnung	und	Kreativität
Macht	und	Liebe
Hingabe	und	Distanz
Materie	und	Geist
Haben	und	Sein
Leben	und	Todessucht
Ewigkeit	und	zeitlichem Erfolg

Neben dem zweckrational notwendigen Input-Output-Transformationsprozeß ist die "Unterwelt" - wie gesagt - der zweite **wesentliche Energielieferant des Systems**. Ohne ihre Kenntnisnahme und zeitweilig genauere Analyse ist die Dynamik von Organisationen überhaupt nicht hinreichend zu verstehen, geschweige denn halbwegs effizient zu managen.[12]

Nachfolgende Abbildung 7 versucht die bis hierhin entwickelte "10-dimensionale OSTO-Brille" einschließlich EG/SG (Existenz- und Sinngrund) in grafischer Form "dreidimensional" vor Augen zu führen.

3.3 Die Überleitung von der "OSTO-BRILLE" zum OSTO-SYSTEM-ANSATZ

In Abbildung 7 wurde versucht, die OSTO-Brille zusammenfassend "vor Augen zu führen". Wir möchten nun einen Konkretionsschritt weitergehen und nach und nach den OSTO-System-Ansatz darstellen.

"Brille" und "Systemansatz" stehen dabei zwar in einem engen Denk- und Wahrnehmungszusammenhang - dennoch sind sie zwei unterscheidbare und eigenständige Instrumente. Die Funktion von Brillen läßt sich vielleicht am besten in Analogie zur Forschungssituation bspw. in der Atomphysik illustrieren.

Forschungsergebnisse stellen besonders in diesem Bereich Interaktionsergebnisse zwischen Forscher, Fragestellung, Versuchsanordnung und "Forschungsgegenstand" dar. Die Antworten, die die Natur liefert, sind Reaktionen auf die Fragen des Forschers. Fragt er anders, d.h. trägt er eine andere "Brille", so wird er auch andere Reaktionen bekommen und zu anderen Wirklichkeitsauffassungen gelangen (vgl. Heisenberg 1981, Capra 1987 u.v.a.m.).

Ähnlich verhält es sich auch im Bereich der Organisation: Mit der OSTO-Brille sieht man Organisationen erstens als "offene Systeme" und zweitens als "vieldimensionale, sozio-techno-ökonomische Gebilde" (Produkt/Markt-Geld-Mensch-Technik-Macht usw.).

12 Die seit mehreren Jahren vom Tavistock Institute of Human Relations (London), dem Arbeitskreis Mensch und Organisation (Wuppertal, BRD) und der OSTO - Unternehmensentwicklung (Klagenfurt) angebotenen Großgruppenlaboratorien versuchen hier ein ergiebiges Lern- und Experimentierfeld für "Tiefen-OE" und organisationale "Unterweltforscher" anzubieten.

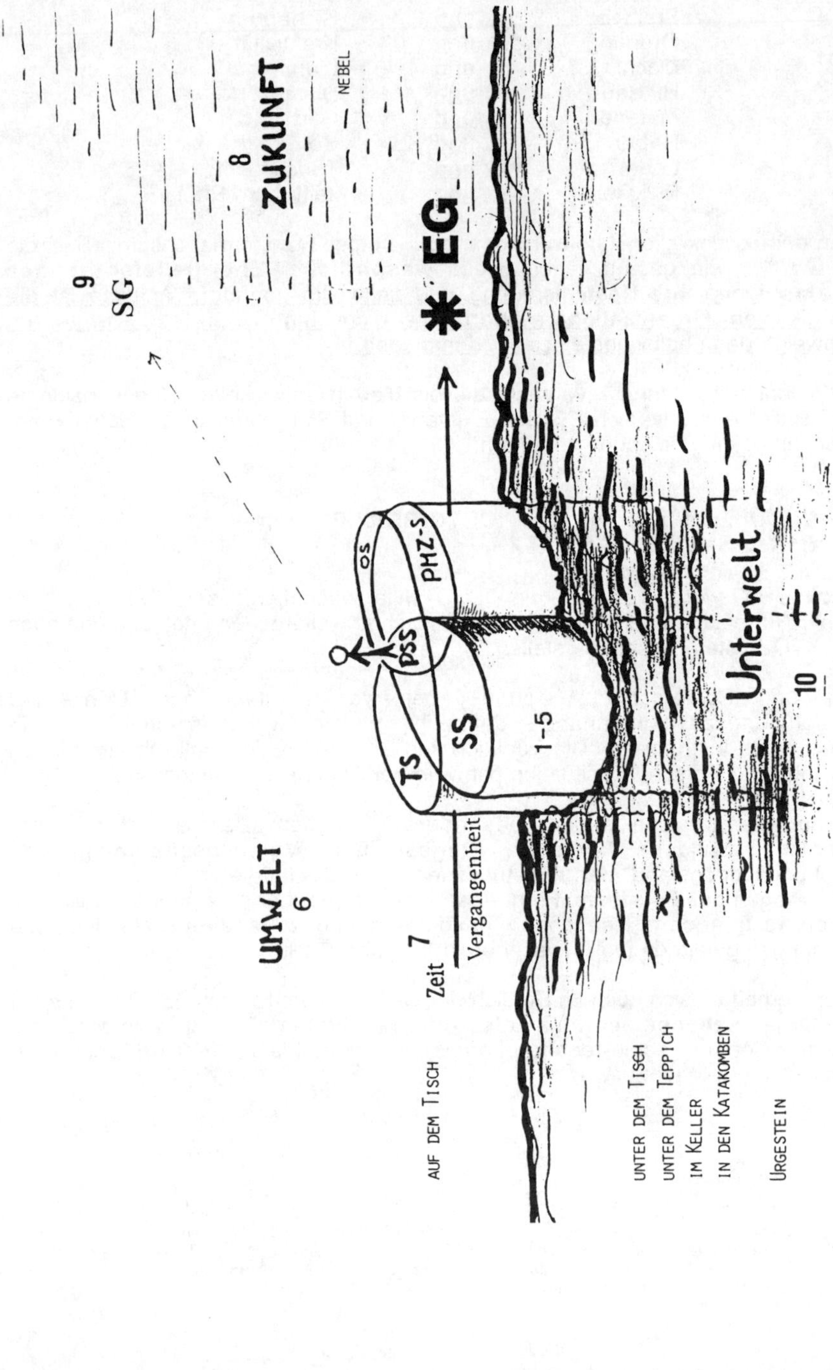

Abb. 7: Die 10-dimensionale OSTO-BRILLE

Natürlich kann man Organisationen auch ganz anders sehen: ... Ein Arbeiter am Fließband wird eine andere Ansicht von Organisationen haben als ein Vorstandsvorsitzender einer Bank, ein Werkstattmeister wiederum wird "Organisation" anders erleben als ein Organisationssoziologe, und der wiederum anders als jemand, der gerade "gefeuert" wurde ... .

Welche Brille ich (bewußt oder unbewußt) wähle, hängt dabei immer von zahlreichen Faktoren ab, wie Lebensgeschichte, Weltanschauung, Erkenntnisinteresse, Rollensituation, Beruf(ung) usw. usw.. Die "Sehweisen" von Organisationen schlagen sich also immer - gemäß der jeweiligen "Brille" - in dementsprechend unterschiedlichen Organisationsmodellen nieder.
Die OSTO-BRILLE versucht diese vielfältigen Sichtweisen möglichst weitgehend zu berücksichtigen, jedoch gleichzeitig wiederum auch auf nur einige uns als wesentlich erscheinende Wirkgrößen zu reduzieren. Bessere Handhabbarkeit und Funktionalität sollen dadurch ermöglicht werden. Der OSTO-SYSTEM-ANSATZ (und weiter unten das OSTO-SYSTEM-MANAGEMENT-MODELL) versuchen - modelltheoretisch gesprochen - natürlich genau dasselbe, allerdings mit dem Ziel weiterer Konkretion und höherer praktischer Anwendbarkeit in Gestaltungsfragen.

Die OSTO-BRILLE stellt also so etwas wie einen ersten - und daher noch ziemlich abstrakt ausfallenden, modelltheoretischen Annäherungsversuch an die komplexe Organisationswelt dar. Sie versucht "Blickrichtungen" zu empfehlen, hinsichtlich dessen, was alles in Unternehmen und Organisationen zu beachten und zu beobachten sei und welche Gefahren bei Organisationsdiagnosen und Managementprozessen auftreten können, wenn zu eindimensional (und auch zu naiv) an das "Ganze" herangegangen wird. Es war Zweck der Brille, vor solchen gefährlichen Kurzsichtig- und Einseitigkeiten zu warnen[13].

Der mehrdimensionale optische Darstellungsversuch der OSTO-BRILLE (Abb. 7) soll jedoch nicht weitergetrieben werden. Die Bilder wären sonst zu kompliziert und dementsprechend unpraktikabel. Wir kehren deshalb wieder in die reduzierte "zweidimensionale" Darstellungs- bzw. Visualisierungsform zurück.

Wir möchten nun nachfolgend den OSTO-SYSTEM-ANSATZ Schritt für Schritt darstellen und entfalten und dabei besonders auf die zentralen Gestaltungsmechanismen und Strukturvariablen in ihren vernetzten Wirkungszusammenhängen eingehen. Diese wurden in den bisherigen Ausführungen z.T. schon mitskizziert - vergleiche Abbildung 7 - jedoch bisher nur oberflächlich bzw. sehr abstrakt abgehandelt. Außerdem sind noch weitere Begriffe einzuführen bzw. detaillierter darzustellen. Stichwortartig handelt es sich dabei um folgende Variablen:

* Existenzgrund
* Systemgrenze, System-(De-)-Coding
* Ziele
* Transformation und Kernprozesse
* fokussierte Synergie
* Sinngrund
* Kopplungsmechanismen: Feedback und Feedforward

13 vgl. hierzu Forschungsergebnisse der Wahrnehmungspsychologie (wie Secord/Backmann, 1964 S. 13 f.) sowie der Wissenschaftstheorie (Paradigmenentstehung, Wissenssoziologie, Theoriebildung etc.)

Der OSTO-System Ansatz (vgl. Rieckmann 1982, Rieckmann/Weissengruber 1990) ist dabei von mehreren Autoren geprägt und mitentwickelt worden. Besonders seien hier - und das nicht ohne ein gewisses Gefühl von Dankbarkeit - folgende Personen erwähnt: Clark/Krone 1972, Krone 1974, Krug 1992, Hanna 1988 sowie Mc Currie, Spiecker, Stokes (mündliche Mitteilungen 1972-1978).

4. DER OSTO-SYSTEM-ANSATZ

4.1. Der Existenzgrund (EG) - Charakter, Inhalt, Definition

Wie bereits kurz erwähnt, versuchen Systeme durch Zusammenarbeit und Auseinandersetzung mit ihrer Umwelt (Transformation von Input zu Output, z.B. Produktion von Rohstoffen in fertige Produkte) ihre Existenz zu sichern, d.h. ihren Existenzgrund (EG) aufrechtzuerhalten.
In Abbildung 7 wurde dieser Sachverhalt mit einem Stern symbolisiert. Unter Existenzgrund ist dabei ein vertragsähnliches Austauschverhältnis zwischen System und Umwelt gemeint: der Grund für die Existenz des Systems, also sein Existenzgrund, liegt darin begründet, daß es Umwelten gibt, die den Output des Systems schätzen (z.B. Kunden) und daher ihrerseits am weiteren Existieren des Systems interessiert sind: sie "zahlen die Preise", sie unterstützen das System durch positive Mundpropaganda, usw.. Der EG hat aufgrund eben dieses Austauschverhältnisses quasi-vertraglichen Charakter. Die Orientierung am Existenzgrund entspricht in weiten Teilen dem Grundgedanken des Marketings - der Orientierung an den Bedürfnissen der (potentiellen oder bereits bestehenden) Kunden ("customer/consumer focus").

Mit anderen Worten: Der EG bezeichnet das Hauptaustauschverhältnis oder den ZENTRALEN AUSTAUSCHPROZESS zwischen dem System und seiner direktrelevanten Umwelt, z.B. dem Kunden. Von der Aufrechterhaltung dieses zentralen Austauschprozesses hängt das Leben bzw. Überleben des Systems, manchmal auch das der Abnehmersysteme ab.
Der EG ist dabei niemals einseitig definierbar. Es ist immer mindestens bilateral auf Gegenseitigkeit, auf mindestens zwei interessierte Partner bezogen zu sehen. Andernfalls handelt es sich nur um ein "privates" Ziel, einen innerlich verspürten Auftrag ("mission"), ein einseitig vorhandenes Systeminteresse.
Erst die Resonanz der Umwelt im Sinne von Gegeninteresse, Bedarf, Nachfrage, etc. kann dann dieses einseitig artikulierte (oder derzeitig auch nur latent vorhandene) Angebot in ein aktives Austauschverhältnis überführen. Der EG ist also nur dann ein EG, wenn er dem Charakter eines "Zwischensystems" und beiderseitigen "Transaktionsprozesses" annimmt.

Dies wird hier deshalb so "breitgetreten", weil in der Praxis zahllose Geschäfts- und Firmenzusammenbrüche auf Fehler dieser Art zurückzuführen sind. Euphorische Eigeninteressen und selbstgesetzte Zielvorstellungen wurden fälschlicherweise und vor allen Dingen vorschnell für "wahre" bilaterale EGs gehalten oder als solche ausgegeben, entpuppten sich jedoch dann recht bald als lediglich narzißtische Fiktionen, selbstsüchtige Firmenhobbies, romantische Träumereien oder elitärarrogante Diktaturversuche, die zu guter Letzt dann außer Kosten und Schmerzen nichts einbrachten.

Das "richtige" Erkennen, Erfassen und Definieren des EGs ist dabei alles andere als eine leichte Sache. Es bedarf dazu vielmehr intensiver Arbeit und vielseitigen, individuellen und kollektiven Forschens und Nachdenkens.
Da die "richtige" Definition des EGs und dessen ständige Beobachtung, Reflexion und Interpretation von so fundamentaler und existentieller Bedeutung für Systeme ist, wurde der "EG" auch explizit als eines der wichtigsten Ausgangs-Elemente in das OSTO-SYSTEM-MODELL aufgenommen und - wie gesagt - in Form eines Sterns symbolisiert.

Bei der Erarbeitung der EGs können verschiedene Managementinstrumente und Methoden der "strategischen Unternehmensplanung" angewendet werden wie bspw.:
- Marktforschung, Kundenbefragungen, Kundenbeiräte
- Trendforschungen, Pilotstudien
- Kulturanalysen
- Konkurrenzanalysen, Benchmarking
- Analyse der eigenen Stärken, Schwächen, Potentiale und Interessen (Kernkompetenzen)
- Portfolioanalysen
- Kommunikations- und Werbestrategien
- Kooperationen
- externe Expertenuntersuchungen
- usw.

Ebenso können auch Aktivitäten unternommen werden, Innovationen aus eigenen Reihen zu fördern, um dadurch selbst proaktiv auf der Angebotsseite des EG´s tätig zu werden und Resonanzpotentiale der Umwelt zu erforschen.

4.2. Der EG als Entwicklungsprozeß

Der EG als bilateral definierter, zentraler Austauschprozeß zwischen einem System und seiner Umwelt ist kein statisches Gebilde.
Vielmehr unterliegt dieser Austauschprozeß, wie alles im Leben, zahlreichen Einflüssen. Wanderungen, Verschiebungen, Verwandlungen des EG´s sind dadurch zu erwarten. Der EG kann sich in seiner Kontext-Konstellation, in seinem Charakter, in seinen Komponenten, Bedingungen und in seiner Natur z.T. gehörig ändern.

Ursachen und Anlässe können mannigfaltiger Art sein:

* degenerierender Produkt-Lebenszyklus
* aggressivere Konkurrenz / Verdrängungswettbewerb / engere und gesättigte Märkte / neue Anbieter(typen)
* steigende Kosten
* technologische Veränderungen / Innovationen
* politische Instabilitäten / Kriege / Revolutionen
* veränderte Preise / Wechselkurse
* neuauftretende Substitutionsmöglichkeiten

* sich verändernde Beschaffungsmärkte / verknappende Ressourcen
* Anspruchsniveau-Veränderungen / "Moden" / Wertewandel

Die Wahrnehmung und die "richtige" Interpretation dieser Veränderungsbewegungen sind dabei häufig - wie gesagt - von überlebenswichtiger Bedeutung!

Dazu ein klassisches, drastisches und warnendes Beispiel:

Ein Unternehmen produzierte Rechenschieber. Als der Umsatz sank, begann man sofort an der Rationalisierung der Prozesse zu arbeiten, die Produktqualität zu verbessern - Bruchsicherheit der Rechenschieber, Abriebfestigkeit, Waschmaschineneignung - sowie den Verkauf mit Sonderrabatten anzukurbeln. In der Tat lohnten sich diese Mühen: der Umsatz zog wieder an - bis jedoch nach nicht allzu langer Zeit dieser plötzlich steil abfiel und dann völlig zusammenbrach.
Was war geschehen - wo lag der Fehler?

Das Unternehmen hatte nur seinen Output optimiert, nicht aber seinen Existenzgrund beobachtet und hinterfragt. Dadurch wurde schlichtweg verdrängt, daß neue Rechentechnologien aufkamen, die das alte Problem viel eleganter zu lösen wußten: die Umstellung auf die Produktion von Taschenrechnern wurde dadurch versäumt. Trotz exzellentem Rechenschieber-Output - die Firma war bis zum Tage ihres Konkurses Marktführer - ging das Unternehmen hoffnungslos bankrott.

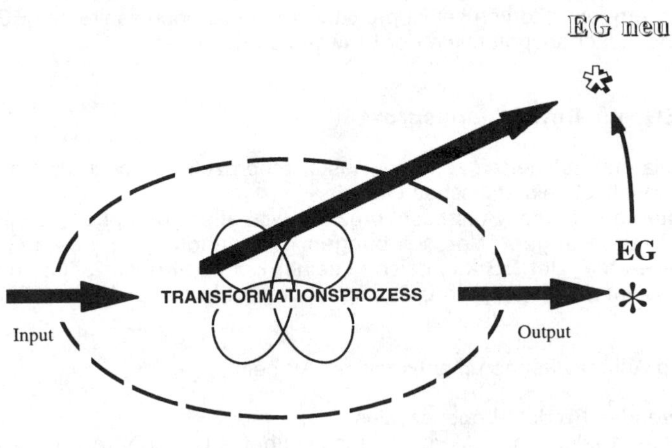

Abb. 8: Der EG, der sich weiterentwickelt ...

Bei der Analyse von EG-Entwicklungsprozessen und dabei auftretenden Charakteristika lassen sich einige Anhaltspunkte und Hinweise ableiten, die bei der Beobachtung, Interpretation, Konstruktion und Definition von EG´s nützlich sind und sich als wichtig herausstellten.

4.2.1. Enger - weiter - überweiter EG

Die ART UND WEISE der Definition des Existenzgrundes ist dabei von großer Bedeutung: wird der EG zu eng(stirnig) definiert (z.B. Produktion von Rechenschiebern) so wird das System geistig einseitig fixiert und entwickelt dementsprechend wenig alternativen Wahrnehmungshorizont und Verhaltensspielraum ("Scheuklappen - oder Fachidioteneffekt").

Wird der EG hingegen "weiter" gefaßt (z.B. EG = Rechenhilfen), so hat das System von vornherein eine größere Wahrnehmungsbandbreite und dementsprechend mehr Kreativspielraum für unterschiedliche Outputs (z.B. Abakus, Rechenschieber, Taschenrechner, Computer ...) und kann dann die dafür erforderlichen Denk- und Verhaltensweisen pflegen (Know-how, Fähigkeiten, Technologie, Abläufe, etc.) bzw. proaktiv entwickeln.

Überweit definierte EG´s (z.B. Produktion von Hilfen) sind dagegen natürlich völlig sinnlos, da sie die Fokussierung des Systems verunmöglichen. Dies sei nur der Vollständigkeit halber erwähnt.

4.2.2. EG nicht als "Produkt" fixieren!

Die Notwendigkeit der Ermöglichung kreativer, offener Wahrnehmungshorizonte und weitgesteckter Verhaltensspielräume läßt es dementsprechend angeraten sein, EG´s nicht in Form von (fixen) Produkten zu formulieren und zu definieren (z.B. Schweizer Uhr) sondern in Form von Funktionen bzw. Problemlösungsangeboten (z.B. Zeitmessung, Schönheit, Individualität, etc.):
Produkte und deren temporäre Problemantworten vergehen, Funktionen und Grundbedürfnisse hingegen bleiben bestehen. Eine langfristigere Existenzgrundsicherung ist bei "Funktionsorientierung" wahrscheinlicher.

4.2.3. Charakter der EG´s

Es scheint auch für die langfristige Systemsicherung wichtig zu sein, sich für die verschiedenen Charaktere von EGs offenzuhalten, um auch hier alternative Wege nicht von vornherein abzublocken. Es gilt zu fragen, ob der EG im Kern physisch-materiell, geistig-immateriell oder dienstleistungsbezogen sein soll. Denn es kann sehr wohl passieren, daß der ehemals materiell definierte Existenzgrund bzw. der dazu gehörige materielle Output (z.B. Auto, Uhr, etc.) sich "unter der Hand" in die bloße "Verpackung" eines immateriellen Bedürfnisses (z.B. Status, Narzißmus) umfunktioniert und die weitere Optimierung der nunmehrigen Verpackung erstaunlicherweise zu einer unerwarteten Abnahme von Umsatz und Gewinn führt: der "eigentliche" EG wurde nicht entdeckt, und somit munter an ihm vorbeiproduziert ... .

4.2.4. Abarten der EG´s

a) Der Neben-EG

Diese Art des EG´s zweigt Energien vom System ab, ohne jedoch die Leistungsfähigkeit allzu merklich zu tangieren (z.B. private Entwicklung eines 2. Standbeines ohne große Kosten für die Firma).
Mitunter können die Ergebnisse solcher privater Neben-EG´s auch wieder in die Firma zurückfließen und dort in der Tat zu einer diversifikationsstrategischen Bereicherung und Stärkung des Unternehmens beitragen. "Intra-preneurship" hat hier u.a. seine sinnvollen Wurzeln.

b) Der Pseudo-EG

Die Entwicklung von Pseudo-EG´s ist häufig anzutreffen. Während sich die Organisation an einem offiziellen EG orientiert, können sich im inoffiziellen Bereich "unter dem Teppich" Subsysteme (manchmal sogar auch das ganze System selber) an gänzlich anderen Interessen, Zielen und Existenzgründen ausrichten und dabei deutlich in Widerspruch zum offiziellen EG geraten. Ein konkretes Beispiel: Der Existenzgrund einer EDV-Abteilung liegt sicherlich darin, die operativen Abteilungen bei ihrer täglichen Informationsverarbeitung zu unterstützen und zu entlasten. Manches Mal kann man jedoch auf Outputs von EDV-Abteilungen stoßen, die eher Datenfriedhöfen ähneln, die dann kein Mensch ansieht, geschweige denn interpretieren kann. Man sieht zuweilen haareraufende Anwender, die frustriert vor Papierbergen oder Bildschirmen sitzen und nicht mehr weiter wissen etc. . Was im Hinblick auf den (offiziellen) Existenzgrund unverständlich erscheint, bekommt vor dem Hintergrund des tatsächlichen "wahren" Existenzgrundes auf einmal Sinn: Der "wahre" EG unserer EDV-Abteilung in diesem Beispiel ist nicht die Unterstützung der operativen Abteilungen, sondern "Macht". Je unverständlicher die Outputs, desto öfter muß die EDV-Abteilung gefragt werden; je öfter sie gefragt werden muß, desto häufiger ist sie bei wesentlichen Entscheidungen beteiligt; je mehr Entscheidungen die EDV-Abteilung mitbestimmen kann, desto mächtiger ist sie. Oder ein anderes Beispiel: Der offizielle Existenzgrund eines Systems war die Befriedigung der Bedürfnisse spezifischer Kunden. Am Systemverhalten war jedoch zu beobachten: Kunden wurden warten gelassen, auf Kunden wurde herrschaftlich herabgesehen ("lieber Kunde, eigentlich mußt Du dankbar sein, daß Du unsere hervorragende Ware bekommst ..."), etc.. Bei der Analyse der Innenwelt stellte sich heraus, daß dieses Verhalten eine Widerspiegelung der internen Verhältnisse war: es ging nämlich intern darum, wer in der Firma das Sagen hatte. Der Geschäftsführer sonnte sich in seiner Herrschaft und die Abteilungsleiter setzten einen Großteil ihrer Energie dafür ein, dem Geschäftsführer zu beweisen, daß er nicht so gut war, wie er sich einbildete. Die Energien ("das Spiel") lief in eine Richtung, die der Kundenorientierung entgegengesetzt war. Ebenfalls also ein Pseudo-EG.

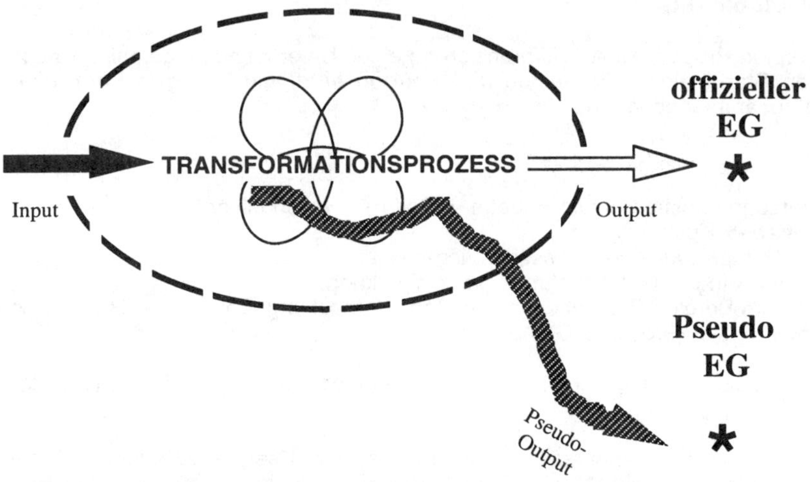

Abb. 9: Pseudo - EG

4.2.5. Identitätsverändernde EG-Wandlungen

Wandlungen dieser Art liegen vor, wenn sich der Inhalt des EG´s radikal ändert bzw. durch andere Inhalte ersetzt wird.

Beispiel:
- Waffenherstellung -> Fabrikation von Fahrrädern (Steyr-Puch)
- Flugzeugmotoren -> Motorräder -> Autos (BMW)
- Frachtschiffahrt -> Reisebüro/Tourismus (Hapag Lloyd)
- Schiffe -> Wasserflugzeuge -> Düsenjets (Blohm und Voss)
- Schreibmaschinen -> Personal Computer (IBM)

Neben diesen radikalen Veränderungen gibt es noch sanfte Vorformen, die jedoch auch schon eine Fülle von Reorganisations- und Reorientierungsleistungen erfordern.

Beispiele:

Volkswagen: Käfer -> Golf
Schweizer Uhren -> Swatch

4.2.6. Multiple EG´s

Hiermit ist ein Prozeß der Ausdifferenzierung eines Unternehmens gemeint, was zu mehreren Standbeinen, Produkten und Sparten führt und häufig in Form einer Holding zusammengehalten wird.

Beispiele:

Wachskerzenproduktion -> Öle -> Fette -> Seife -> Waschpulver
Pulverkaffee -> Kuchenpulver
Papier -> Pamperswindeln -> Taschentücher -> etc.
Pulververpackung -> Munitionsfabrik (im 2. Weltkrieg)
Know how im Bereich Pastenherstellung und -Verpackung: Zahnpasta, Haarcreme, Medikamente, etc. (Procter & Gamble).

Autos -> Flugzeugbau -> Elektronik -> Weltraumtechnologie -> Waffen (Daimler-Benz).

Multiple EG´s können dabei auch zu "Meta-EG´s" bzw. Pseudo-EG´s führen: Profit, Sicherheit, Status, Erfolg, Macht, Ehre & Ruhm, Zeitlosigkeit, etc. (vgl. Manager Magazin, Daimler-Benz, 5/1995).

4.2.7. EG und Wertewandel

Existenzgründe können auch durch Wertewandel und Sinnerosionen gleichsam "von hinten" unterminiert werden. Dazu folgendes Illustrationsbeispiel aus der Welt eines Chemiekonzerns:

Die Produktion und Anwendung von Kunstdünger schien zunehmend weiteren Gesellschaftskreisen langfristig immer weniger Sinn zu machen.
Bedrohliche Nebenwirkungen waren damit verbunden: Überdüngung und Erosion, Abtötung wichtiger Mikroorganismen, etc.. Eine Umstellung auf stärker biologisch orientierte Düngemittel und Verfahren wäre proaktiv ratsam, um den zukünftigen EG-Wechsel vorwegzunehmen. Obwohl der derzeitige EG noch voll gesichert erschien - die Nachfrage nach Kunstdünger war ungebremst - wurde aufgrund geänderter Werthaltungen und Sinnauffassungen ein (proaktiver) Veränderungsprozeß notwendig.

Die Überhörung solcher schwacher Sinn-Signale kann langfristig zur tendenziellen Liquidierung des "alten" Existenzgrundes führen (vgl. Fall "Shell" und die "Entsorgung" einer Bohrinsel in der Nordsee im Jahre 1995 oder Beispiel "Atomenergie" oder Babynahrung für die 3. Welt (Nestlé) u.v.a.m.).

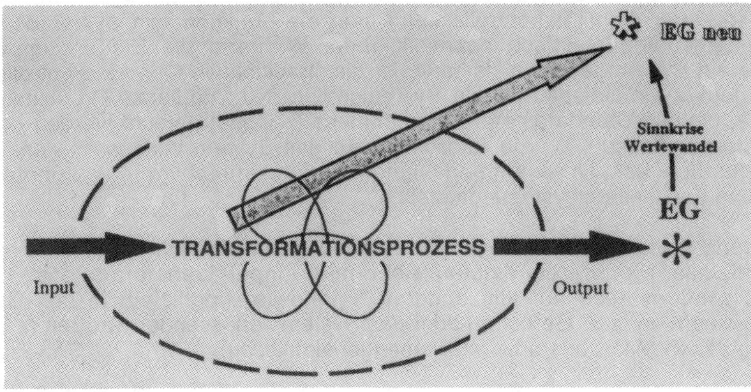

Abb. 10: Wertewandel

4.3. Systemgrenze - Systemcoding und Systemdecoding

Jedes System konstituiert sich als System dadurch, daß es eine von der Umwelt unterscheidbare Identität und Binnenstruktur aufbaut - und eben deshalb sich von der Umwelt absondern und abgrenzen muß ("Negentropie"). Oder anders formuliert:

Um den Zustand von Identität (- individuelles Leben, Entropiesenkung etc.) aufrechtzuerhalten, muß jedes System Grenzen aufbauen und diese kontrollieren, um nicht unterwandert, überrannt oder gar liquidiert zu werden.[14]

Systemdecoding bezeichnet nun jenen Vorgang, mit dem das System prüft und selektiert, ob ein Input dem System nützt (d.h. seine Identität, Ziele, seinen Existenzgrund und seinen Sinngrund unterstützt) oder nicht. Anders gesprochen: das Systemdecoding ist das Dechiffrieren aller Inputs (Informationen, Materie, etc.), um seine Unterstützung oder Bedrohung für die langfristige Überlebensfähigkeit des Systems zu überprüfen.

Systemcoding hingegen bezieht sich auf die Prüfung des Outputs bevor dieser das System verläßt - ebenfalls um zu prüfen, ob dieser Output das System in seiner Lebensfähigkeit unterstützt oder bedroht.

---

14 In diesem Zusammenhang stellt sich folgende Frage zur Diskussion: Je mehr Nutzen ein System für seine Umwelt stiftet (Negentropieexport), desto weniger muß es an den und auf die Grenzen aufpassen ...?

Am Beispiel der Qualitätskontrolle kann man die Funktion von Systemdecoding und Systemcoding plastisch nachvollziehen. Während die Eingangsqualitätskontrolle ein Systemdecoding darstellt, ist die "traditionelle Qualitätskontrolle" der Fertigprodukte ein Beispiel für ein Systemcoding. Nur "codierte" Produkte - d.h. Produkte, die den Standards des Unternehmens (= Code) gerecht werden - dürfen das System verlassen. Würde Ausschußware das System verlassen, wäre damit die Reputation des Unternehmens langfristig beeinträchtigt und könnte eine Bedrohung des Gesamtsystems darstellen.

Die Prüfung dieser System-Umwelt-Transaktionen bezieht sich dabei nicht nur auf den (offiziellen) primären existenzsichernden Input-Transformations-Output-Prozeß, sondern auch auf alle anderen "irgendwie" (inoffiziell) in das System hineinkommenden (z.B. Gerüchte) oder das System verlassenden Größen (z.B. von (un)zufriedenen Mitarbeitern bis zu Firmengeheimnissen).

"System-(De)-Coding" besteht mit anderen Worten also aus einem System von Werten, Kriterien, Normen, Verboten, Geboten, Mechanismen, Spielregeln und Verfahren, mit Hilfe derer entschieden wird, was die "Systemhaut" durchdringen darf und was nicht, und dies sowohl von innen als auch von außen.

Soweit das System(de-)coding auf die zentralen und primär auf den Transformationsprozeß bezogenen Inputs und Outputs gerichtet ist, wird im OSTO-Ansatz von <u>Input- und **O**utputfilter</u> gesprochen (IF/OF).

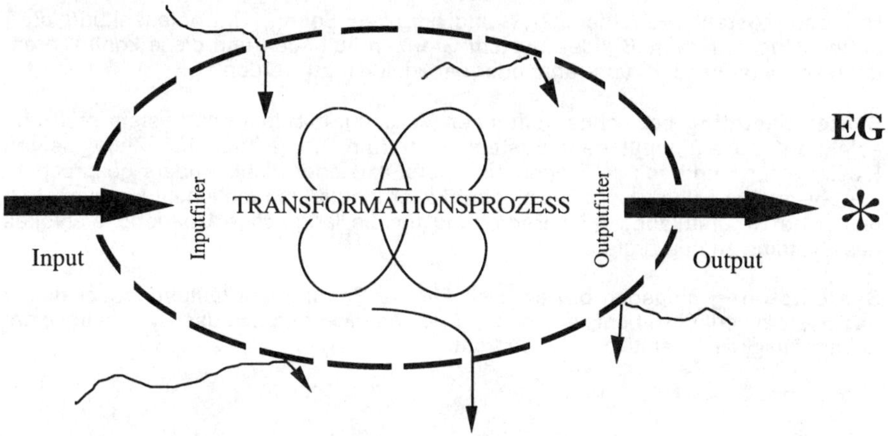

Abb. 11: System-(De)-Coding

4.4. Ziele

Die Prämissen und Führungsgrößen, an denen sich die Systemprozesse orientieren (System-(de)-Coding, Transformation, Feedback etc.) leiten sich aus den Zielen des Systems ab.

Systemziele stellen (äquifinale und normative) Operationalisierungen und Abbildungen des Existenzgrundes "in kleiner Münze" dar.

Wie erinnerlich war es die "Aufgabe" des Politischen Steuerungs-Systems (PSS) u.a. die Ziele, die es zur Erreichung der Existenzsicherung zu treffen gilt, zu formulieren und zu konkretisieren. Ohne diese Konkretisierung der Ziele (Meßbarkeit, Operationalität) ist die Steuerung und Regelung des Systems in Bezug auf den Existenzgrund sehr erschwert (es sei denn, dies geschieht aufgrund versteckter Pseudo-EG´s mit geheimer Absicht ... siehe "Unterwelt" !).

Ein Beispiel möge dies verdeutlichen:
Die Nachfrage nach und die Bereitstellung von Lufttransportmöglichkeiten für Menschen zum Zwecke von Urlaub, Geschäftsreisen, etc. als Existenzgrund einer Luftfahrtgesellschaft schlägt sich in operativer Weise in Zielen nieder wie: Auslastung der Kapazität von x %, Kostenziele von y Millionen Geldeinheiten, Gewinnziele von z Geldeinheiten, Investitionen von zwei Millionen Geldeinheiten, Organisationsstrukturen, die Flexibilität erlauben, qualifiziertes Personal, guter Service (Freundlichkeit, Pünktlichkeit, Genauigkeit, etc.), gutes Image bei den Fluggästen, usw..

Werden diese Ziele erreicht, d.h. entspricht der tatsächliche Systemoutput dem Ziel (d.h. dem SOLL-Output), dann ist dadurch zunächst einmal der Existenzgrund des Systems gesichert (Allerdings muß zuvor sichergestellt sein, daß die ZIELE auch eine realitätsgerechte Widerspiegelung des EG darstellen!).

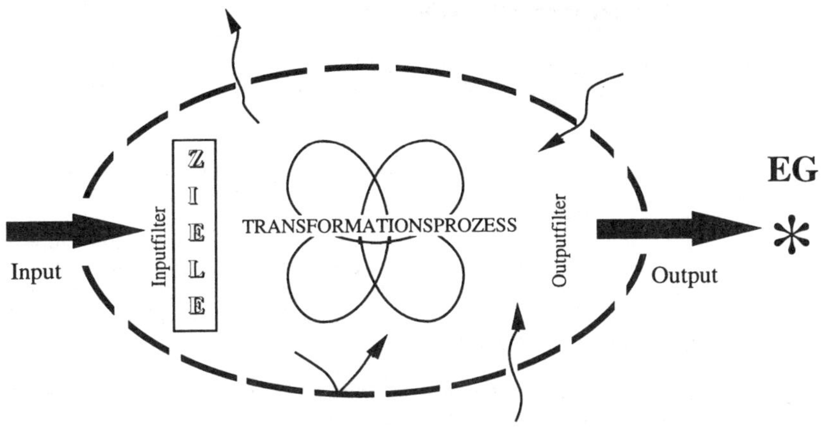

Abb. 12: Ziele

4.5. Die Transformation und ihre Kernprozesse

Der für die Zielerreichung benötigte **Input - Output - Transformationsprozeß** (- von Kunde zu Kunde oder von Natur zu Natur -) besteht dabei aus **drei zentralen "Kernprozessen"** (vgl. Clark/Krone 1974, Krone 1974, Rieckmann 1982c).

Mit dem Begriff "Kernprozeß" soll verdeutlicht werden, daß ein solcher Prozeß für die existenzgrundgerechte Produktion des Outputs von lebenswichtiger Bedeutung ist: die drei Kernprozesse haben die Aufgabe, dafür Sorge zu tragen, daß die systeminternen Prozesse nicht "irgendwie" ablaufen, sondern auf den "Kern der Sache" hinzielen, nämlich Ergebnisse zu erreichen, die den Existenzgrund "treffen" und sicherstellen.

Oder anders ausgedrückt: der Begriff "Kernprozeß" weist gleichsam in seiner Umkehrung auf die Tatsache hin, daß zwar in einem komplexen System natürlicherweise eine Unmenge von Prozessen ablaufen, daß aber diese eigentlich nicht gemeint sind. Sie sind insoweit nur dann von Systeminteresse, wenn diese zur Erreichung der Ziele bzw. zur Sicherstellung des Existenzgrundes beitragen bzw. verdienen dann größte Aufmerksamkeit, wenn sie dies erschweren oder behindern (wenn z.B. die "Pflege" der internen Intrigen fast die gesamte Kraft der Mitarbeiter bindet, sodaß für den Markt und den Kunden nur mehr eine kleine Restmenge von Energie übrigbleibt).
Alle auf die Ziele und den Existenzgrund gerichteten Prozesse - und nur diese - sollen im Nachfolgenden als "Kernprozesse" bezeichnet werden.

In der Praxis hat sich die Unterscheidung in drei Kernprozeßarten als günstig erwiesen:

4.5.1. Der Aufgabenkernprozeß (AKP)

Er bezeichnet all diejenigen Funktionen, Aufgaben und Aktivitäten, die auf die Produktion des Outputs zur Erfüllung des Existenzgrundes (Produkte, Dienstleistungen, Wissen, Know-how, skills, etc.) gerichtet sind.

Die Ablaufoptimierung des Aufgabenkernprozesses (AKP) (vgl. business process optimization/redesign) und dessen flexible Organisation unter inhaltlichen, örtlichen, zeitlichen, ressourcen- und qualitätsbezogenen u.a. Gesichtspunkten stellt besonders bei hohen Komplexitäts- und Turbulenzbedingungen des Marktes (Dynaxity-Zone III) einen zentralen Wettbewerbs- und Überlebensfaktor wirtschaftlicher Systeme dar. In der Gesamtdarstellung der OSTO-BRILLE in Abb. 7 wird deshalb die Bedeutung dieses Prozesses durch die "starken" Pfeilsymbole (von Input bis Output) besonders betont.

Allerdings muß der AKP von zwei weiteren, nachfolgend beschriebenen Prozessen unterstützt werden, um die benötigte Optimalität zu erreichen.

4.5.2. Der individuelle Kernprozeß (IKP)

Eine wesentliche Grundlage für alle Systemaktivitäten bildet die Energie, die das einzelne Systemmitglied bereit ist, einzusetzen: eine Organisation ist hinsichtlich ihrer Einzelindividuen darauf angewiesen, eine (auf den Existenzgrund ausgerichtete) Zufuhr von Energien von diesen zu erhalten. Diese Energie des Individuums kann nun hoch oder niedrig sein, sie kann auf die gemeinsamen Ziele gerichtet, kann aber auch auf ganz andere Ziele hinorientiert sein, etc.. Aus der Sicht der Organisation wird häufig versucht, Mitarbeiter dahingehend zu "motivieren", weitgehend ihre gesamte Energie für den Existenzgrund des Systems einzusetzen.

Wie allerdings jedermann weiß, laufen bei uns im Arbeitsalltag jedoch eine Fülle individueller Prozesse ab (z.B. im informellen System), die wenig oder gar nichts mit dem Unternehmenszielen zu tun haben. Solche "privaten Prozesse" dienen eher unseren eigenen Lebensinteressen, unseren Reifungsfragen, der Familie, der Freizeit, etc..

Von einen "individuellen KERN-PROZESS" sprechen wir indessen erst und nur dann, wenn - existentialpsychologisch gesprochen - die in uns ablaufenden Prozesse der Verfolgung des eigenen Existenz- und Sinngrundes gleichzeitig auch der Organisation helfen, ihrerseits ihren Existenzgrund zu erreichen und sichern zu können.

Wir sprechen also nur dann von einem individuellen **"Kernprozeß"**, wenn dieser individuelle Prozeß koinzidentiell mit dem Existenzgrund des Gesamtsystems (Unternehmung) zusammenfällt und gleichzeitig (!) dessen Erreichung unterstützt. Andernfalls, wenn es nur um die individuelle Lebensgestaltung "als solche geht", sprechen wir von **privaten individuellen Prozessen**.

An dieser Stelle sei ein kleiner Exkurs erlaubt.
Wir Menschen sind offensichtlich immer auf der Suche, auf der Suche nach etwas, was uns erfüllt, uns Freude bereitet und uns Sinn gibt, auf der Suche nach "Glück", nach der eigenen Identität, nach Gott ... .
Man könnte sagen, wir selbst sind ein Prozeß, ein Prozeß des "being becoming".

Eine mögliche Sichtweise ist nun zu sagen, daß alle Anforderungen, die das Leben an uns stellt - sei es beruflicher, körperlicher, familiärer oder gesellschaftlicher etc. Natur - nur Aufgaben sind, die uns herausfordern, diesen Weg des "being becoming" zu bewältigen. Letztendlich ginge es dann nicht mehr darum, z.B. eine Unternehmensstrategie zu erstellen, sondern genau umgekehrt: mittels der Arbeit an einer Unternehmensstrategie kann der einzelne, der daran arbeitet, einen kleinen Schritt weiter in Richtung "seiner Menschwerdung" gehen. Dieser Prozeß findet aber mit der Bewältigung einer Aufgabe kein Ende, sondern dauert vermutlich ein ganzes Leben lang. Auch Organisationen - so könnte man dann behaupten - stellten unter diesem "being becoming"-Aspekt lediglich Vehikel zur Menschwerdung dar. Was aber würde das für die Gestaltung von Arbeit, Führung und Organisation bedeuten, wenn die Organisation dem Menschen diente und nicht umgekehrt?? Doch wieder zurück zum Begriff des "Individuellen Kernprozesses".

Ist also ein Mitarbeiter - aus der Sicht der Organisation - "optimal motiviert", - was nur von innen geht! - so wird er seine Energie dort einsetzen, wo **gleichzeitig** sowohl persönliche Bedürfnisse, als auch Kernaufgaben und Existenzgrund erfüllt werden (Nur dann sprechen wir - wie gesagt - vom **Individuellen Kernprozeß**.).

Hoch motivierte, engagierte und Initiativen ergreifende Mitarbeiter, positives Betriebsklima, geringe Abwesenheitsrate, viele Innovationen etc. all dies können Anzeichen sein, daß zwischen "individuellen Kernprozessen" und "Aufgabenkernprozessen" (sprich Betriebszielen) eine große Harmonie und Identität vorliegt, beide Motivationsströme also einander ergänzen und synergetisch verstärken, wodurch das System sozusagen "streamlining" geworden ist.

4.5.3. Der soziale Kernprozeß (SKP)

Der soziale Kernprozeß (SKP) ist der komplexeste der drei zentralen Transformationsprozesse. Er hat die Aufgabe sozusagen "drei Dinge unter einen Hut zu bringen", zu integrieren, zu synthetisieren und zu fusionieren, nämlich den Aufgabenkernprozeß (AKP), den Individuellen Kernprozeß (IKP) und das arbeitsteilige, vertikal und horizontal gegliederte Miteinander aller Systemmitglieder. Und diese Fusionierung hat so zu geschehen, daß die Systemziele und der Existenzgrund (EG) erreicht werden, also "fokussierte Synergie" in Richtung EG entsteht.
Der SKP beinhaltet deswegen wesentlich mehr als nur die gruppen- oder organisationsdynamische Klärung von Gefühlen, Beziehungen, Vorstellungen etc. Denn es gilt harte Aufgaben- und Leistungserwartungen zu erfüllen und im organisierten Kontext die Individuen zum qualifizierten Mitmachen zu gewinnen (vgl. TZI-Ansatz).

Oder anders ausgedrückt:

Da Organisationen immer auf das Zusammenspiel der eingesetzten Energien der einzelnen Mitarbeiter angewiesen sind, muß der **Soziale Kernprozeß** dafür Sorge tragen, daß ein Optimum an individueller Energie für den Aufgabenkernprozeß und die anderen Prozesse des Systems, die für das Erreichen des Existenzgrundes wichtig sind, bereitgestellt wird. D.h., der Soziale (oder auch Gruppen-) Kernprozeß sorgt dafür (oder manchmal auch nicht), daß möglichst alle Individuen mehr oder weniger "auf der Linie" des Aufgabenkernprozesses liegen und davon auch persönlich etwas haben. Je besser diese Ausrichtung ist und je besser die Gruppenmitglieder aufeinander "eingespielt" sind, umso höher ist die Effizienz und Qualität des sozialen Kernprozesses und somit auch die des Systems im Erreichen seiner Ziele.

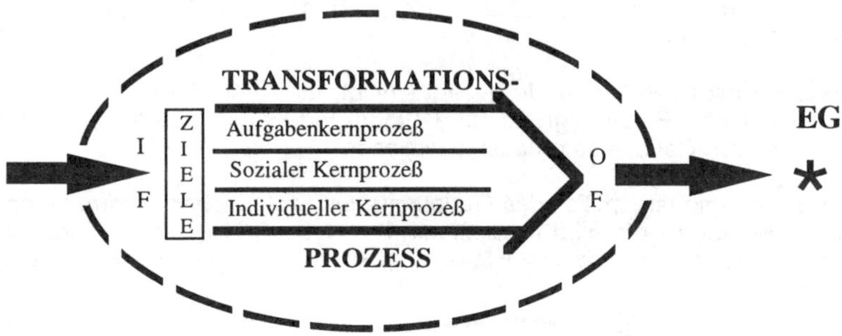

Abb. 13: Kernprozesse

Praktisch gesprochen konkretisiert sich der soziale Kernprozeß dabei in Form von Arbeitsgruppen, Abteilungen, Organisationen, Zielsetzungsprozessen, Kulturen, etc. Er spiegelt sich in Dingen wider wie: Kommunikations- und Informationsverhalten, Übereinstimmung zwischen Rolle und Person, Bereitschaft und Akzeptanz von Feedback, Beteiligung des einzelnen an Entscheidungen, Vertrauen und Offenheit der Mitarbeiter untereinander und mit den Vorgesetzten, hohe Leistungen teilautonomer Arbeitsgruppen im Sinne der Systemziele, hervorragende Qualität der Outputs, engagiertes Problemlöseverhalten, große Kundenzufriedenheit, usw. usf. .

4.5.4. Fokussierte Synergie: Business process excellence

Wenn man genau hinsieht, besteht im Grunde genommen die Hauptaufgabe eines "System-Managers" - in Bezug auf die Kernprozesse der Systeminnenwelt ("Innenminister") - eigentlich "nur" in dem Problem, jene oben beschriebenen "Energieströme" so zu bündeln und auf den "Brennpunkt", d.h. den Existenzgrund zu "fokussieren", daß jene "fokussierte Synergie" entsteht.

Dies könnte man als die Kunst des Managens nach innen bezeichnen (die sich im Lean Management Konzept[15] - wohl verstanden - auch auf System-Umfeld-Beziehungen nach "außen" erstreckt).

Der Soziale Kernprozeß umschreibt diesen "Schmelztiegel", in dem auf sanfte, kluge Art die Energien, die in den Menschen liegen und die durch den "Sachzwang" der Aufgaben - Existenzgrunderfüllung - resultierenden Energien ("creative producing thrust") so "zusammengeschweißt", integriert, katalysiert und fusioniert werden, daß "Synergie" entsteht, also die Energien zusammenfließen, sich gegenseitig befruchten und als SYN-E(ne)RGIE mehr ergeben als das, das die Einzelenergien in bloßer Addition erzielen würden: Synergie ist "sich selbst multiplizierende, kreative Energie", das heißt plakativ dargestellt 1+1+1 ist nicht

15 Vgl. auch Glasl (1993) und der dort verwendete Begriff der "assoziativen Phase" der Unternehmensentwicklung sowie Aufsatz (Rieckmann) "Gefährliche Rezepte" .

mehr 3, sondern vielleicht 5 oder aber auch 111 ... (Das Gegenteil von "Organisations-Entropie").

Diese Synergie gilt es jedoch - wie gesagt - nicht nur zu gewinnen, sondern auch punktgenau auf den Existenzgrund (und Sinngrund!) auszurichten, zu bündeln, also zu fokussieren ("business process excellence").

Fokussierte Synergie ist ein Teil des Geheimnisses erfolgreicher Unternehmen und erfolgreicher Manager. Sie wird im Sozialen Kernprozeß hergestellt. Abb. 13 und 14 verdeutlichen dies durch die Pfeilspitze, in welche die drei Kernprozesse einmünden.

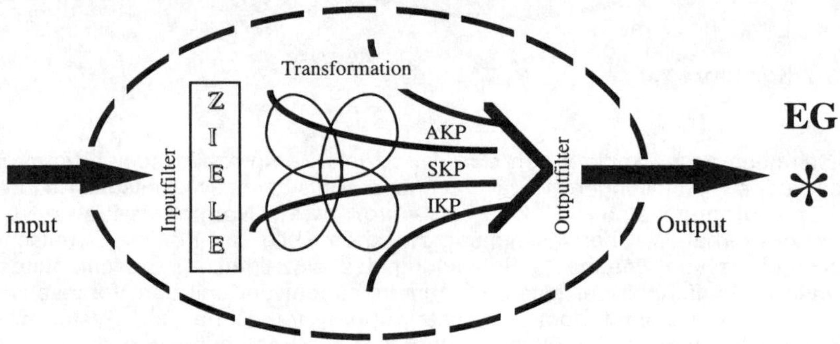

Abb. 14: Fokussierte Synergie

4.6. Der Sinngrund (SG)

Doch die Erzielung "fokussierter Synergie" alleine ist - wie bereits oben angedeutet - zur langfristigen Existenzgrund-Sicherung des Systems noch nicht ausreichend. Darüber hinaus muß das System bzw. müssen die Personen und Gruppierungen des Politischen Steuerungssystems (PSS) sich auch darüber Gedanken machen, inwieweit "das Ganze eigentlich sinnvoll ist", d.h., ob das, das sie da "unternehmen", den "Mitmachenden" und dem gesellschaftlichen, kulturellen Umfeld eigentlich "Sinn macht" oder nicht.

Diese "Sinnfrage" bezieht sich vornehmlich auf folgende Gesichtspunkte:

> Zuerst einmal stellt sich die Sinnfrage auf der **individuellen Ebene**: Was macht für mich eigentlich letztendlich Sinn, was ist mir wirklich wichtig? Hier geht es um Wertvorstellungen, ethische Prinzipien und Motivationsfragen des einzelnen Systemmitgliedes, also darum, was ihm sein Gewissen und seine Vernunft sagt - und was ihm daher persönlich Sinn macht bzw. umgekehrt eventuell als sinnlos, widersinnig und demotivierend erscheint. Werden diese Fragen verdrängt, so kann dies kurzfristig zu erheblichen Demotivationen und langfristig zu psychosomatischen Symptomen, noogenen Neurosen, erhöhten Krankenständen, erschwerten Personalbeschaffungsproblemen, etc. führen. Sinn wird dadurch auch auf **Organisationsebene** virulent!

Eine weitere Betrachtungsebene ist der Bezugsrahmen **Menschheit - Erde - Zukunft**: Macht es noch Sinn, wenn Chemiekonzerne ihren Existenzgrund in der Befriedigung des Bedürfnisses nach Kunstdünger finden und damit sehr gut verdienen, wenn gleichzeitig die Böden aufgrund von Überdüngung kollabieren? Macht es Sinn, wenn Holzfäller in Brasilien gigantische Gewinne machen, während der Sauerstoff- und Wärmehaushalt der Erde immer labiler wird? Hier ist die Betrachtung auf die Zukunft des Gesamtsystems "Erde - Menschheit" fokussiert und beinhaltet die langfristige Existenzgrundlage des Systems "Raumschiff Erde"[16]. Es geht hier um die gesellschaftliche, ökologische und - da die Welt sehr klein geworden ist - auch um die globale Verantwortung der Unternehmen, die sie - ob sie wollen oder nicht - mitzuübernehmen und mitzutragen haben und um die Frage, ob sie dabei auch "Nutzen stiften", und nicht "nur Profite machen" wollen ... . Daß Gewinne lebensnotwendig sind, bedarf keiner weiteren Erwähnung und daß die Nachfrager mitverantwortlich sind, ebenfalls. Der Punkt ist nur, daß unser "Raumschiff Erde" dadurch nicht leck geschlagen werden darf.

Ein weiterer wichtiger Bezugspunkt des Sinngrundes liegt auf der **Ebene der Transzendenz**: Können wir die Verantwortung für das übernehmen, das wir unseren Enkeln hinterlassen - Verantwortung im Sinne von Antwort geben, wenn wir am Ende unseres Lebens gefragt werden?! Wofür habe ich mein (Arbeits-) Leben eingesetzt? Welche Spuren werde ich hinterlassen haben, wenn ich gestorben bin? Wofür war mein Leben eigentlich gut? Wie werde ich mein Leben beurteilen, nachdem ich gestorben bin? Mit anderen Worten: Wem habe ich eigentlich gedient?

4.7. Der Urgrund (UG)

Vollständigkeitshalber sei noch die Dimension des "Urgrundes" erwähnt (Henning). Damit soll angedeutet werden, daß der Sinngrund (SG) selbst wiederum von etwas hinter ihm Liegenden bestimmt wird. Es sind dies die Basis- oder Metawerte, die Lebens- und Weltanschauungen, die Menschen- und Gottesbilder, die ihrerseits den Überzeugungs- und Glaubensrahmen abgeben, innerhalb dessen dann die Sinnfragen ihre konkretere Gestalt gewinnen.
Da Urgrundfragen - auch im Rahmen von Globalisierungsprozessen sowie gesellschaftlichen und individuellen Sinnkrisen - zunehmend an Bedeutung gewinnen (vgl. z.B. interkulturelles Management, neue Kultur-, Religions- und Sektenbewegungen, etc.) sind sie hier im OSTO-Systemansatz mitaufgenommen worden.

16 Siehe dazu die Berichte des "Club of Rome", Global 2000 etc. oder tägliche Fernsehsendungen

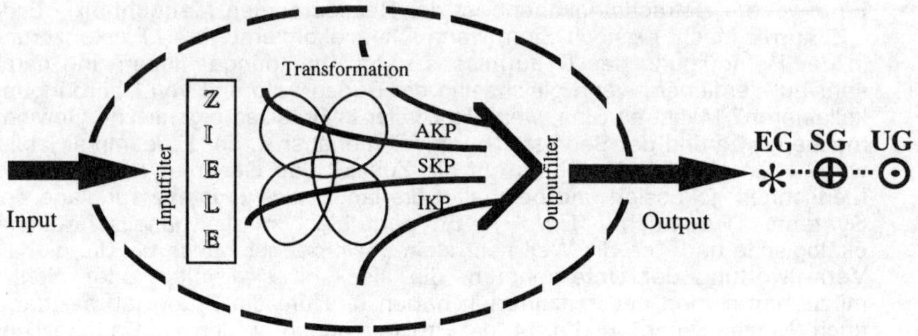

Abb. 15: Sinn- und Urgrund

In Abb. 15 werden diese für Orientierung und Motivation der Systemmitglieder nicht zu unterschätzende Sachverhalte - der "**Sinngrund**" und "**Urgrund**" - als weitere systemexterne oder systemtranszendente Orientierungsgrößen bewußt mitaufgenommen und grafisch eigenständig symbolisiert[17].

4.8. Rückkoppelungen und Feedback-Systeme

Aus den vorangegangenen Ausführungen wurde bereits deutlich, daß jedes lebendige, offene System für seine eigene Steuerung und Regelung die geeigneten Rückkoppelungskreise und die dazugehörenden Feedbacksysteme entwickeln muß. Andernfalls ist sein Überleben in den Turbulenzen der Umwelt (und auch Innenwelt) äußerst gefährdet bis unmöglich.

Anknüpfend an den Output, den Existenz- und Sinngrund sind primär 3 Arten von systemexternen Feedbacksystemen erforderlich:

- **Qualitätsfeedback (QFB)**: Hier wird ganz generell die Frage gestellt, ob die Beschaffenheit des Systemoutputs (Kosten, Zeiten, Mengen, Qualitäten, Service, Know-how, Zufriedenheit, etc.) dem entspricht, was gemäß den Zielanforderungen des Systems erreicht werden muß (SOLL-IST Vergleich zwischen Zielen und Outputs). Das Qualitätsfeedback bezieht sich dabei nur auf das, was das System bereits verlassen hat und nicht auf interne Qualitätskontrollen im internen (und traditionellen) Sinne. Interne Outputkontrollen sind Aufgaben des Systemcodings (vgl. TQM-Ansatz).

17 Vgl. weitere Abhandlungen zur Sinngrundproblematik wie bspw. Frankl 1973-1981, Wirth 1985, Weissengruber 1986, S. 124 ff., Wittenzellner 1988, S. 52 f., Johannesevangelium 16, 25 + 26 sowie Rieckmann (1996) im Artikel "Warum es Sinn macht über Sinn zu sprechen ..."

- **Innovationsfeedback (IFB)**: Das Innovationsfeedback hat für die Beobachtung (monitoring) des Existenzgrundes (EG) zu sorgen und muß Veränderungen (rechtzeitig) initiieren, wenn sich der Existenzgrund zu "verschieben beginnt" (Siehe Beispiel Rechenschieber!). Das IFB bezieht sich also auf den SOLL-IST Vergleich zwischen "EG" und "Systemzielen", also auf die Frage, ob der EG noch realitätsgerecht in den Zielen (operativ) abgebildet ist (oder nicht).

- **Verantwortungsfeedback (VFB)**: Diese Rückkoppelungen beziehen sich auf den Sinngrund, d.h. die langfristige und ethisch verantwortbare und vom Umfeld unterstützte Existenz der Unternehmung z.B. im Rahmen "Erde-Menschheit-Zukunft".

Weiter unten werden wir auf diese Fragen noch näher eingehen.

Betont sei jedoch schon an dieser Stelle, daß die Gestaltung von Feedbacksystemen und die Klärung der Frage, was eigentlich inhaltlich zurückzukoppeln sei (Validität/Schlüsselfaktoren etc.) eine äußerst diffizile Angelegenheit und eine Managementkunst für sich zu sein scheint. Gerade die Diagnose-, Veränderungs- und Lenkungsfähigkeit von Systemen in "high dynaxity"-Umfeldern hängt extrem stark auch von der Intelligenz und Qualität solcher Feedbacksysteme ab. Die Problematik ist dementsprechend nicht zu überschätzen.

4.9. Feedforward

Eng mit dem langfristig zu verstehenden Verantwortungsfeedback hängt auch das Feedforward zusammen.

Jedes Unternehmen bzw. jedes System muß für seine Existenzsicherung auch Mechanismen und Fähigkeiten besitzen, schwache Signale der Umwelt bzw. Zukunft wahrzunehmen. Es gilt die Zukunft vorwegzunehmen, und Chancen- statt Krisenmanagement[18] zu betreiben, also proaktiv und antizipierend die System- bzw. Geschäftsprozesse zu gestalten und zu steuern.

Feedforward-Systeme sind wichtige Hilfssysteme für die "Präventiv-Kontrolle" des Existenzgrundes und für das Monitoring des Sinngrundes (vgl. PMZ).

Feedforwardsysteme müssen deshalb bedeutsame Bestandteile eines dynamischen Organisationsmodelles sein.

4.10. Das Selbstbestätigungsfeedback (SBFB)

Die Alltagspraxis der Unternehmensführung zeigt allerdings, daß es mit den Feedback- und Feedforward Systemen - trotz ihrer hohen Wichtigkeit - häufig nicht gerade zum besten bestellt ist.

---

18 Vgl. Kropfberger 1986.

Eine "andere", quer dazu verlaufende - und oben bereits unter "Systemabwehr" angedeutete - Dynamik spielt dabei eine zentrale Rolle, nämlich das Bedürfnis nach nur solchen Informationen, die mich und mein/unser System, unser Verhalten, unsere Strukturen, unsere Ziele und Strategien, unsere Outputs und Ergebnisse im Grunde immer am liebsten bestätigt zeigten ... .
Mit Hilfe "selektiver Wahrnehmung" und "gewohnter" Vorgehensweisen und Traditionen (Selbstreproduktionsmechanismen) sowie einem Arsenal von Rationalisierungen und Killer-Phrasen wird schlüssig "bewiesen", daß unerwartet dissonant lautende Feedbacks, die gar nicht so recht ins gewohnte Bild passen, ja eigentlich Irrtümer, Fehlmeldungen, Fehleinschätzungen, Schwarzsehereien, Defaitismus oder ganz einfach nur Mißverständnisse seien ... .
Es wird dabei "alles", was dem Selbstbild widerspricht heruntergespielt, schöngefärbt, abgewiegelt, totanalysiert, in Ausschüsse umgelenkt ("Wenn ich nicht mehr weiter weiß, gründ´ ich einen Arbeitskreis") oder in den Instanzenwegen versickern gelassen. Zweck der ganzen Manöver - individuell oder organisiert und kulturgestützt - ist die Aufrechterhaltung des Status quo und die Verhinderung unbequemer Verunsicherungen oder gar einschneidender Veränderungen. Reichen diese Abwehrmaßnahmen nicht mehr aus, entsteht als nächstes - ausgesprochen oder unausgesprochen - harter und aktiver Widerstand, der bis zu Sabotagen und Streiks anwachsen kann.

Das "Selbstbestätigungsfeedback", also die selektive Wahrnehmung, Aufsuchung und Auswahl von ausschließlich denjenigen Daten, die "mir in den Kram passen", kann schließlich zu lebensgefährlichen Blindheiten, Realitätsverlusten, strategischen Fehlern, Übersehen von Veränderungen im EG und schließlich zum Bankrott des Systems führen.

Dazu zwei Praxisbeispiele:
Eine Fruchtsaftfirma ließ ihren neuen Apfelsaft von Probekunden testen. Diese lehnten den neuen Apfelsaft zu fast 90 % ab. Er sei zu sauer und zu flach im Aroma. Antwort des Marketingleiters: "Die Leute haben einen schlechten Geschmack".

Ein großer Autokonzern produzierte eine Nobellimousine, die sich kaum absetzen ließ, sodaß auf Halde produziert werden mußte. Riesige Tagesverluste entstanden. Die Marktforschungs- und Designergruppe hatte zuvor ein Automodell vorgeschlagen, daß aufgrund aller zur Verfügung stehenden Marktdaten ein "Erfolgsauto" hätte werden können. Der Vorstandschef wischte diesen Vorschlag jedoch mit einer Handbewegung vom Tisch. Er wollte "so etwas nicht hören". Und sagte: "Meine Herren, wir werden der Welt beweisen, daß wir das weltbeste Serien-Luxusauto bauen können."
Sein Pseudo-EG (Macht, Sieg, Stolz, Ruhm etc.) und sein Bedürfnis nach Selbstbestätigungsfeedback kostete mehrere 100 Millionen DM, dem entsprechendem Vorstandsmitglied den "Kopf" (als Sündenbock!) - und später in ähnlichen Zusammenhängen auch ihm - den Posten ... .

Merkspruch: Wer heute nicht hören will,
was er hören sollte,
und heute nicht sieht,
was er sehen sollte,
dem wird morgen Hören und Sehen vergehen.

oder: Wer nicht hören
will, der will
wohl fühlen !

Das "SBFB" ist also eine gefährliche Falle für Individuen wie für ganze Unternehmenssysteme, vor allen Dingen gerade auch deshalb, weil viele dieser Prozesse unbewußt ablaufen, sich auf Traditionen, Privilegien, altbewährten Strukturen und Kulturspielregeln beziehen, auf Lern- und Veränderungsfaulheiten oder - resistenzen aufbauen und dadurch unabgesprochene und unangefochtene Legitimationen von vielen Systemmitgliedern erfahren (vgl. Theorie selbstreferentieller Systeme).

Offensichtlich bedarf es schmerzlichen Leidensdrucks, um hier Irritation, Bewegung, Wahrnehmungsöffnung, Paradigmawechsel etc. herbeizuführen. Oftmals allerdings ist die Krise dann schon zu stark und der Druck so hoch, daß für´s Lernen weder Zeit noch Kraft vorhanden ist und nur noch Sanierung, Verkauf, Schließung und Arbeitslosigkeit die Folgen sind. Analysen von Mißmanagement- und Insolvenzfällen zeigen, daß offensichlich mehr als 2/3 aller Crash-Fälle auf die "graue Macht" der Selbstbestätigungsfalle, dem SBFB zurückzuführen ist.

Neuere systemtheoretische Überlegungen sprechen deswegen auch nur noch bedingt von "offenen Systemen". Sie betonen vielmehr die starke Selektivität der (relativen) Offenheit - was oben mit den Begriffen "Coding und Decoding" beschrieben wurde - und stellen die durch die Mechanismen des Selbstbestätigungsfeedbacks gestützter Stabilitäts- und Identitätsabsicherungspolitiken von sozialen Systemen besonders heraus: Soziale Systeme seien daher im Grunde - was ihre auf Selbstbewahrung ausgerichteten Prozesse betrifft - operationell geschlossene Systeme. Ihre Offenheiten betreffen vornehmlich nur die materiell-energetischen Austauschprozesse. Informationell und hinsichtlich ihrer Entscheidungen seien sie jedoch primär selbstbezüglich und kaum extern beeinflußbar.

Insofern stecken OSTO-Systeme in einer Art Systemzwickmühle. Sie müssen offen sein, um Veränderungen ihres EG´s nicht zu verpassen, zu verschlafen oder zu verdrängen und haben gleichzeitig sich um ihren Selbsterhalt, ihre Identität und Kontinuität zu kümmern. Sind sie allzu offen, kann Chaos und (kollektive) Handlungsunfähigkeit eintreten, sind sie allzu sehr geschlossen und abgeschottet, können sie an ihrer eigenen Blind- und Sturheit zugrundegehen.

Das an anderer Stelle beschriebene OPEN SYSTEM DESIGN (Rieckmann 1982 sowie Aufsatz: "Auf der grünen Wiese ..." 1997) versucht genau an diesem Dilemma anzusetzen.
Es versucht Informations- und Kooperationszusammenhänge und -zwänge in die "Hardware" von Organisationsstrukturen und -kulturen einzubauen, und zwar so einzubauen, daß diese legitimerweise Selbstreferentialität, Betriebsblindheit, Traditions- und Bürokratieverkalkung und damit Selbstbestätigungsfeedbacks unterwandern bzw. bewußt dagegen arbeiten dürfen und können.
Auf diese Weise wird ein strukturell verankertes und der Beliebigkeit individuellen Führungsverhaltens sowie systemischer Eigensinnigkeit entzogenes Gleichgewicht zwischen diesen beiden Tendenzen von Offenheit und Geschlossenheit erreicht. Die Wirksamkeit des "open system design" ist empirisch belegt.
Dennoch: das SBFB ist ernstzunehmen und die Tendenz sozialer Systeme zur eigen-sinnigen "Selbstbegaffung" mit steigendem Realitätsverlust sowie anwachsender "Behäbigkeit" ist eine ernstzunehmende Gefahr.

4.11. Zwischenfazit - Besinnungspause

Wir wollen zwischendurch einmal kurz innehalten und die einzelnen Schritte, die wir bis jetzt gegangen sind, rekapitulieren:

1. Am Anfang stand die Behauptung, daß - wenn wir komplexe Probleme bzw. Organisationen wie Systeme verstehen, gestalten und steuern wollen - es vonnöten ist, sich neue Denk- und Wahrnehmungswerkzeuge anzueignen, weil traditionelle Routine-Vorgangsweisen mit althergebrachten Denkmustern häufig nur zu Fehlinterpretationen und "Verschlimmbesserungen" führen.

2. Daraufhin wurden verschiedene Voraussetzungen und Grundbegriffe erarbeitet, die hinsichtlich des Umgangs mit komplexen Systemen von propädeutischer Bedeutung sind, wie bspw. Dynaxity, systemisches Denken, Entwicklung von Awareness, etc..

3. Bezüglich dieser Punkte haben wir die "OSTO-Brille" als vorerst ziemlich abstrakte, wenn auch bereits systemische Sehhilfe angeboten. Sie sollte dazu beitragen, die wesentlichsten Dimensionen komplexer organisatorischer Problemstellungen sichtbar zu machen und gleichzeitig auf ein überschaubares Maß zu reduzieren.

4. Im nächsten Schritt wurde das OSTO-System-Modell entwickelt, um die wesentlichsten Wirkungszusammenhänge zwischen diesen und neu hinzugefügten Dimensionen als geistige Landkarte dem Betrachter von Unternehmenssystemen darzustellen.

5. Dabei wurden in diesem Modell die einzelnen Bestimmungsgrößen weiter konkretisiert, wie bspw. Transformation, Input, Output, Existenzgrund, Sinngrund, Urgrund, Rück- und Vorkoppelung; sozialer, aufgabenbezogener und individueller Kernprozeß, Systemziele, fokussierte Synergie, usw., usw. ...

... und das ist jetzt der Ort, den wir auf unserer Gedankenreise bisher erreicht haben ...

Abb. 16 faßt die zuletzt gemachten Ausführungen bzgl. OSTO-System-Modell nochmals zusammen.

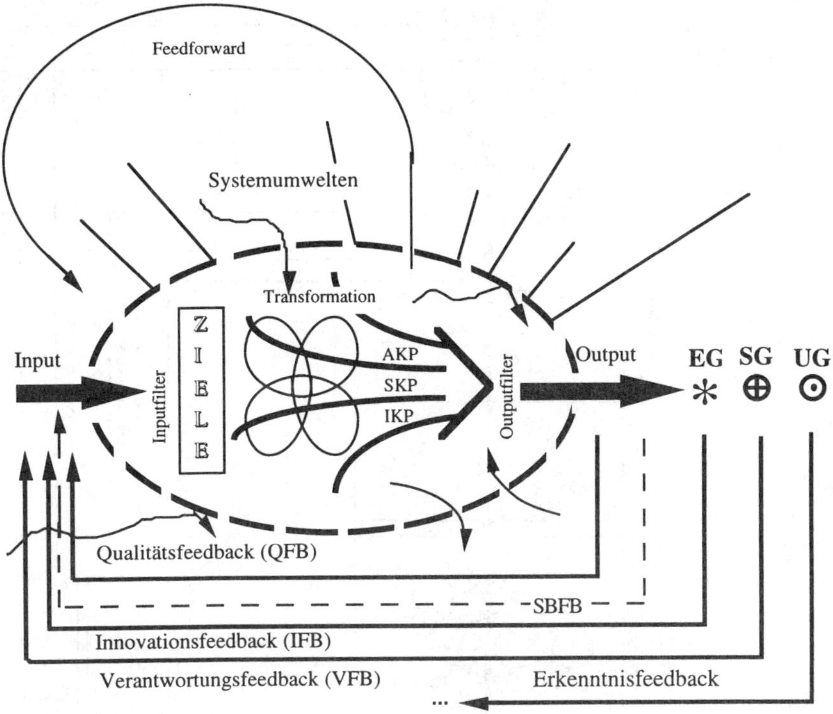

Abb. 16: Der OSTO-SYSTEM-ANSATZ

5. Das OSTO-SYSTEM-MANAGEMENT-MODELL und seine Anwendung in der Praxis

Nachdem wir die "OSTO-BRILLE" und den "OSTO-SYSTEM-ANSATZ" als generelle Denklandkarte dargestellt und entfaltet haben, soll nun der angekündigte dritte Schritt getan werden.
Wir wollen vom "Sehen" und "Denken" nun zum praktischen "Tun" und "Gestalten" übergehen.

Der allgemeine OSTO-Denkansatz soll dazu in ein praktisches Managementinstrument umgewandelt und vor allen Dingen konkretisiert werden. Wir nennen es das OSTO-SYSTEM-MANAGEMENT-MODELL oder kurz das "OSTO-MODELL". Es hat sich in zahlreichen Anwendungsfällen bewährt wie bspw. bei der Diagnose, dem Design und Redesign von Organisationen, in der Ausbildung von "systemorientierten Führungskräften" (das "SYMA-Seminar" bzw. "SYMA-Curriculum"), im Projektmanagement sowie in der Organisations- und Personalentwicklung.

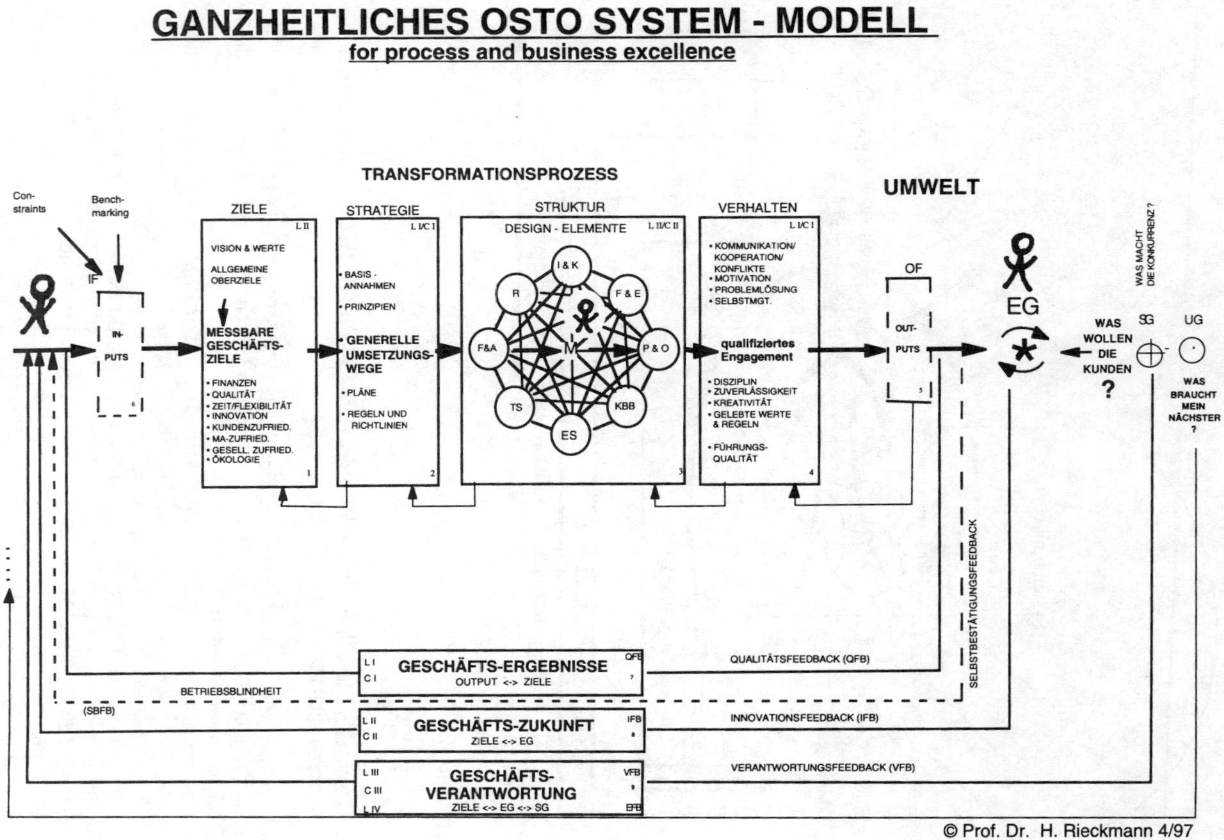

Abb. 17: Ganzheitliches OSTO SYSTEM - MODELL

Da allerdings das OSTO-MODELL ebenfalls die Komplexität heutiger Organisationssysteme hinlänglich widerspiegeln muß und dadurch selbst eine gewisse unvermeidliche Komplexität annimmt - trotz aller Reduktionsbemühungen! - soll es im nachfolgenden ebenfalls Schritt für Schritt entfaltet und dargestellt werden.
Die Struktur des OSTO-MODELLS zeigt Abb. 17 im Vor- und Überblick (Legende der Abkürzungen siehe unter Pkt. 5.8).

5.1. Ziele und Strategie

Wir haben weiter oben gesagt, daß die Reflexion des Existenz- und Sinngrundes (EG/SG) sich in den Systemzielen niederschlägt, in genereller wie operationalisierter Form. Meßbarkeit von Leistungen, Steuerung des Systems etc. wird dadurch sichergestellt. Strategien beschreiben dann anschließend die "großen Schachzüge" und generellen Wege, die man beschreiten will, um die Ziele und den dahinterliegenden Existenzgrund zu erreichen. Im einzelnen beinhaltet das auf offizieller Ebene folgendes:

ZIELE (Kasten 1 in Abb. 17/18):

* die Vision und die daraus abgeleiteten allgemeinen Oberziele
* die operationalisierten, in Zahlen, Zeiten, Skalen meßbaren Geschäfts-/ Systemziele wie
  • Finanzen (Umsatz, Kosten, Gewinne, Liquidität, Cash flow, ROI/ROCE, etc.)
  • Qualität
  • Zeit- und Flexibilitätsziele
  • Innovation (Verbesserungsraten, Patente etc.)
  • Kundenzufriedenheit
  • Mitarbeiterzufriedenheit
  • Kapazität (Produktion, Problemlösepotential etc.)
  • Marktanteile, Marktpräsenz
  • Einwirkung/Reaktion des gesellschaftlichen Umfeldes ("gesellschaftliche Zufriedenheit" - Image)
  • Ökologie (Umweltschutz, Recycling, sanfte Technologien, sustainable development etc.)
  • u.a.m. je nach Bedarf

Im Kasten zwei - STRATEGIE - geht es um die Klärung, Definition und Beschlußfassung hinsichtlich:

* Basisannahmen (Hypothesen und generelle Überzeugungen, wie das Geschäft gesichert und abgewickelt werden soll, das System zu designen sei, usw.)
* Prinzipien (Grundsätze, Orientierungen und Richtlinien, die die allgemeine Verhaltens- und Entscheidungskultur bestimmen sollen)
* Basisentscheidungen (bzgl. Geschäftsfokus, Produktprogramme, organisatorische Grobstrukturen, Standorte etc.)
* generelle Umsetzungswege

* konkretisiert in Plänen (Zeitfolgen, Orten, Aktionen, etc.) sowie in
* Regeln, Richtlinien, Policies (Operationalisierungen der ersten drei Punkte)

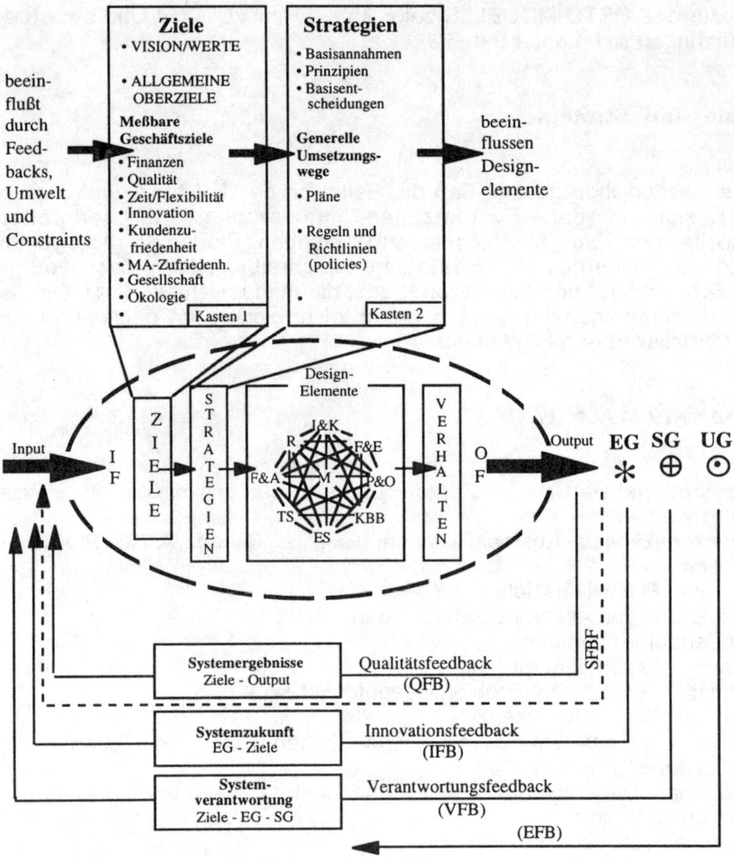

Abb. 18: ZIELE und STRATEGIE des Systems

5.2. Die System-Design-Elemente

Diese Ziele und Strategien des Systems (bzw. "für das System" aus der Sicht des Individuums und des PSS) müssen im nächsten Schritt in die Tat umgesetzt werden, müssen in konkrete Prozesse, Strukturen und Spielregeln, also in "Organisation" instrumentell transformiert werden. Nur so lassen sich die Ziele auch wirklich realisieren und ein effizienter Prozeßstrom von Input bis Output, von Kunde zu Kunde erreichen (Geschäftsprozeßoptimierung).

Dafür werden die im Denkmodell des OSTO-SYSTEM-ANSATZES bereits erwähnten und bekannten drei KERNPROZESSE in System-Design-Elemente (oder Strukturkomponenten) "umgegossen" und um den zentralen Transformations-(Geschäfts-)prozeß "herumgerankt" und zwar in folgenden Zuordnungsformen (siehe Abb. 20):

Aufgabenkernprozeß (AKP):

- Funktionen & Aufgaben (F & A)
- Prozeß- und Strukturorganisation (P & O)
- Ressourcen (R) (nicht human)
- Forschungs-, Entwicklungs- und Erneuerungssystem (F & E)
- Techniksystem (TS)

Sozialer Kernprozeß (SKP):

- Informations- und Kommunikationssystem (I&K)
- Entscheidungssysteme (ES)
- Kontroll-, Belohnungs- und Bestrafungssystem (KBB)

Individueller Kernprozeß (IKP):

- der Mensch mit seiner Qualifikation, Motivation und Existenz sowie hinsichtlich Allokation (Rolle) und Menge (M)

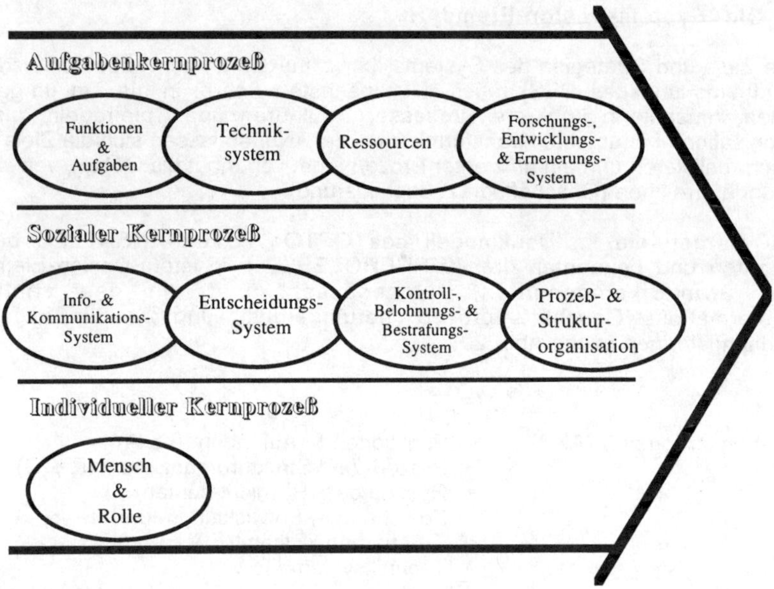

Abb. 19: Überführung der Transformationsprozesse in System-Designelemente

Die Operationalisierung der Kernprozesse und deren Überführung in handgreifliche Systemstruktur-Komponenten (Design-Elemente) dient der Schaffung von Rahmenbedingungen, innerhalb derer diese drei Kernprozesse ablaufen und die das individuelle und das System-Verhalten maßgeblich bestimmen und zur Ziel/EG-Erreichung dienen sollen.

Nachfolgende Abb. 20 zeigt diese struktur- und verhaltensprägenden Designelemente in grafischer Form und streicht dabei besonders auch deren systemische Vernetztheit heraus.

Die Inhalte der **System-Design-Elemente** können skizzenhaft wie folgt beschrieben werden:

1. **Funktionen & Aufgaben:** Untergliederung des Aufgabenkernprozesses (primärer Geschäfts- oder Systemtransformationsprozeß) in einzelne Funktionen, Aufgaben, Teilbereiche (Arbeitsteilung), belegt mit konkreten Arbeitsaufträgen, Erwartungen und Rollen, zusammengefaßt in Stellen / Jobs / Arbeitsplätzen, in Abteilungen, Sparten, Geschäftsfeldern, etc.

2. **Techniksystem:** Anlagen, Gebäude, Maschinen, Geräte, Hilfsmittel, mit denen die Aufgaben zu erledigen sind usw., also alles, was oben unter technischem System (TS) beschrieben wurde und Ergebnis technologischer Strategieentscheidungen (Kasten 2) war.

3. **Ressourcen:** nicht-humane "Hilfs- und Betriebsstoffe" materieller und immaterieller Art, die zur Aufgabenerfüllung gebraucht werden (wie Zeit, Finanzen, Energie, Materialien, etc.).

4. **Prozeß- und Strukturorganisation:** Strukturierung der Ablaufprozesse zwischen Input - Output - Zielen, EG/SG bzw. von Kunde zu Kunde, von Natur zu Natur unter zeitlichen, örtlichen, inhaltlichen, finanziellen, psychologischen, ökologischen u.a. Gesichtspunkten (vgl. "business process").
Darin eingeschlossen ist die Aufbauorganisation mit hierarchischen Unterstellungsverhältnissen, mit Macht-, Entscheidungs-, Status- und anderen organisierten Differenzierungen.

5. **Forschungs-, Entwicklungs- und Erneuerungssystem**: Es hat die Aufgabe, die Innovations- sowie die Lern- und Anpassungsfähigkeit des Systems zu erhalten und laufend weiterzuentwickeln. Das kann dadurch z.B. bewerkstelligt werden, daß dieses Element F+E Systemverfahren entwickelt, wie im Unternehmen die besten Rahmenbedingungen für Lernen, Innovation und Veränderungen installiert und gewartet werden können (vgl. Rieckmann 1987/1997: Lernende Organisation).

6. **Informations- und Kommunikationssystem:** Verteilung, Zugang, Qualität und Struktur von Informations- und Kommunikationsflüssen, Systemen und Formen formeller Art.

7. **Entscheidungssystem:** Hier geht es um die Regelung der Frage, wo, wie, durch wen und auf welcher Ebene welche Entscheidungen getroffen werden, und warum - und warum nicht woanders. Welche Verfahren, Mechanismen, Spielregeln, etc. steuern die Entscheidungsprozesse (z.B. autoritär-zentralistischer Führungsstil, oder partizipativ-vernetzt-dezentral, etc.)... ?

8. **Kontroll-, Belohnungs- und Bestrafungssystem**: Hierunter werden Verstärkungssysteme sowohl materieller / immaterieller als auch formeller / halbinformeller Art verstanden sowie Mechanismen und Verfahren, um menschliches Verhalten, Systemergebnisse und systeminterne Prozesse zu beobachten und zu steuern, d.h. ziel- bzw. strategieorientiert "unter Kontrolle zu halten". Geld, Lob, Versprechungen, Privilegien, Beförderungen, Statuspositionen, Schulungen, Verweigerungen, "Strafen", etc. sind bekannte Alltagsmittel hierfür. Sie können strukturell und "systematisch" und/oder situativ als "Belohner" (bzw. "Bestrafer") zur Verhaltenssteuerung eingesetzt werden. Wichtig ist in diesem Zusammenhang, daß es nicht nur gewollte, geplante Belohnungs- und Kontrollsysteme gibt, sondern auch "faktische": Niemand hat diese Belohnungs- und Bestrafungsmechanismen bewußt ins Leben gerufen, und doch funktionieren sie. Manchmal stellen sie bereits Verhaltensweisen im "grauen" oder Unterweltbereich dar[19].

---

19 Als Beispiel hierfür möge folgender Fall dienen: Bei einem Reorganisationsprozeß wurde ein junger Mitarbeiter von seinen älteren Kollegen wegen seiner "Kollaboration mit denen da oben" getadelt: "Wir machen unsere Arbeit so, daß wir nicht gefeuert werden. Die da oben sollen sich den Kopf zerbrechen. Uns geht das nichts an. Verstanden!" Durch die sozialen Sanktionen seiner Kollegen war die Initiative dieses Mitarbeiters für längere Zeit "auf Eis gelegt". Natürlich kann man nun die (berechtigte) Frage stellen, welche Belohnungs- und Kontrollmechanismen zu genau diesem Verhalten der älteren Mitarbeiter führte. Im konkreten Fall waren die Ursachen in einem jahrelangen autoritären Führungsverhalten des direkten

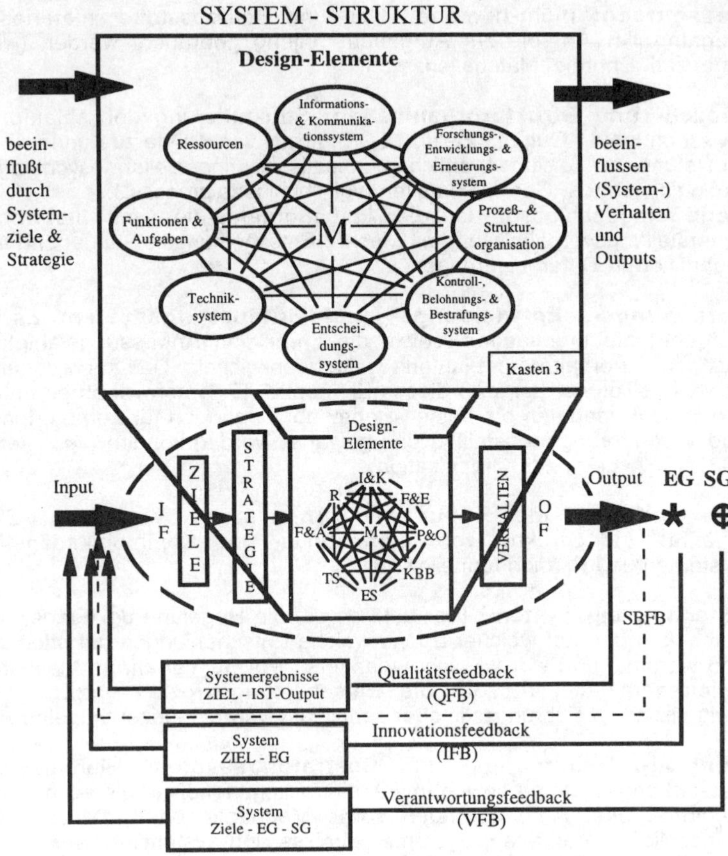

Abb. 20: System- Designelemente

Vorgesetzten und in "Absicherungsmechanismen" gegen Vorwürfe dieses Vorgesetzten bei Fehlern zu suchen, die jene spezifische Belohnungs- und Bestrafungskultur hervorbrachten ... .

9. **Der <u>Mensch</u>**: Die wesentlichste Struktur-Komponente ist natürlich der Mensch: in Form von gewerblichen Arbeitnehmern, Angestellten und Managern etc. Denn:
Wenn der Mensch nicht mitmacht d.h. nicht die "richtige Einstellung" hat, nicht ausreichend mit Informationen und Mitwirkungsmöglichkeiten versehen ist, geringe Motivation besitzt und nicht über genügende Qualifikationen verfügt, in unzureichender Anzahl vorhanden ist (manpower) oder falsch eingesetzt wird (Allokation), oder sich in seiner Existenz stark eingeengt fühlt, so wird das Gesamtsystem darunter leiden und der Output unbefriedigend sein (werden)...

   Mit anderen Worten: Kreativität, Innovation, Organisations- und Kulturentwicklung sowie Produktivität, Qualität etc. geschieht immer nur durch Menschen.

   Aus diesem Grunde wurde im OSTO-System-MODELL auch der Mensch in den Mittelpunkt gesetzt. Und dies nicht aus sozialromantischer Träumerei oder naiver Verkennung sozialer Realität in Organisationen (vgl. "Scheinkontroverse", Rieckmann-Neuberger 1989 b, 1990 c), sondern aufgrund der nüchternen Erfahrung, daß wenn der Mensch nicht mitmacht, die besten Strategien, Systeme, Strukturen und Designs "nur die Hälfte wert" sind: Organisation ist alles - aber nichts ohne den Menschen.
"Arbeit nach Vorschrift" - als eine der effizientesten Streikformen - beschreibt, in umgekehrter Form genau das, was hier gemeint ist: die Notwendigkeit freiwilliger Mitmachmotivation von Mitarbeitern und Führungskräften, wenn im "industriellen 6-Kampf" die entsprechenden Zeit-, Kosten-, Qualitäts-, Innovations-, Service- und Lernziele erreicht werden sollen und internationale Wettbewerbsfähigkeit erreicht werden muß.

10. **<u>Vernetzungen</u>**: Es wird deutlich, daß diese verschiedenen Designelemente - getreu dem Systemansatz - natürlich alle miteinander vernetzt sind und niemals isoliert von den anderen Elementen gestaltet, gesteuert und optimiert werden können, wenn Konflikte und Widersprüche vermieden werden sollen.

    Dazu ein Beispiel: Ein Sanktions- und Kontrollsystem der Firma belohnt Gehorsam, Pünktlichkeit und Sauberkeit. "Aus der Reihe tanzen" wird unterdrückt. Kein Wunder, wenn Kreativität und innovatives Verhalten dann auf der Strecke bleiben ... .

    Oder: Die Arbeitsplatzstruktur und -inhalte sind so gestaltet, daß Mitarbeiter verdummen und unter Monotonie leiden. Gleichzeitig wird verlangt, daß sie sich in einem Qualitätszirkel intelligent und eigeninitiativ verhalten und Entscheidungen mittragen. Der Abteilungsleiter wundert sich jedoch, daß "das Ganze nicht so richtig klappt" und die Mitarbeiter keine Lust dazu haben. Pointiert kann man das wie folgt zusammenfassen: "Theorie X-Kultur" vereinbart sich eben nicht mit "Theorie Y-Verhaltenserwartungen" ... (vgl. McGregor).

5.3. Verhalten (System und Individuen)

Der Kasten 4 beschreibt das Verhalten des Systems unter Einbeziehung des individuellen Verhaltens der Menschen (Arbeits- und Führungsverhalten), der Gruppen und des Gesamtsystems. Dabei werden auch Einstellungen, Meinungen, Gefühle, Motivationen, Überzeugungen, Werte, Gewohnheiten, "Unterwelt-Signale", usw. miteingeschlossen, soweit sie empirisch eruierbar und wahrnehmbar sind.

Desweiteren bezieht sich Kasten 4 auf Fähigkeiten und Fertigkeiten des Systems und seiner Mitglieder (skills, Ressourcennutzung etc.), die für Aufgabenbewältigung und Problemlösungen eingesetzt und angewendet werden inkl. Kooperation, Konflikthandhabung, Kommunikation und Selbstmanagement.

Drittens beinhaltet dieser Systemaspekt auch alle jene Verhaltensweisen, die als Spielregeln, Normen, Prozeduren und Standards des Systems emergieren und de facto Ausdruck der jeweiligen Macht-, Belohnungs- und Kontrollsysteme sind und die in hohem Maße das "Klima" beeinflussen, d.h. die faktische Systemkultur beschreiben.

Dieses Systemverhalten wird einerseits sozusagen "vorprogrammiert" durch die Design-Elemente und bedingt andererseits die Qualität des Outputs. Ohne Beachtung dieser Systemzusammenhänge haben verhaltensbeeinflussende Interventionen (Change I: z.B. Kommunikations-, Teams- und Führungstrainings) alleine kaum eine angemessene Wirkungschance.

5.4 Systemkultur und Identität

Unter Systemkultur und die sich in ihr ausdrückende System-Identität wird innerhalb des OSTO-MODELLS das Insgesamt der Wechselwirkungsverhältnisse aller Systemdimensionen verstanden: Ziele, Strategien, Designelemente, Verhalten, Oberwelt und Unterwelt, Systemgeschichte, Systemzukunft, etc., all diese gemeinsam ergeben die jeweils spezifischen Charaktere und Unverwechselbarkeiten von Unternehmen und Organisationen. Der holistische Charakter von Kultur und Identität kann daher auch keiner einzelnen Systemdimension zugeschrieben werden, ähnlich dem Klangerlebnis eines Symphoniekonzerts, das sich auch nicht auf die einzelnen Musikinstrumente, Noten, Spieler, etc. zurückführen läßt. Konkret wird Kultur im Bereich des Verhaltens. Dies kann man beobachten und beurteilen (Kasten 4).

5.5. Systemergebnisse (Ziele, Output und Qualitätsfeedback)

Die Variable "Systemergebnisse" (Kasten 7) beschreibt, das was nun tatsächlich "bei der ganzen Arbeit herausgekommen ist", den "outcome".

Diese "Systemergebnisse" beruhen dabei auf mehrerlei:

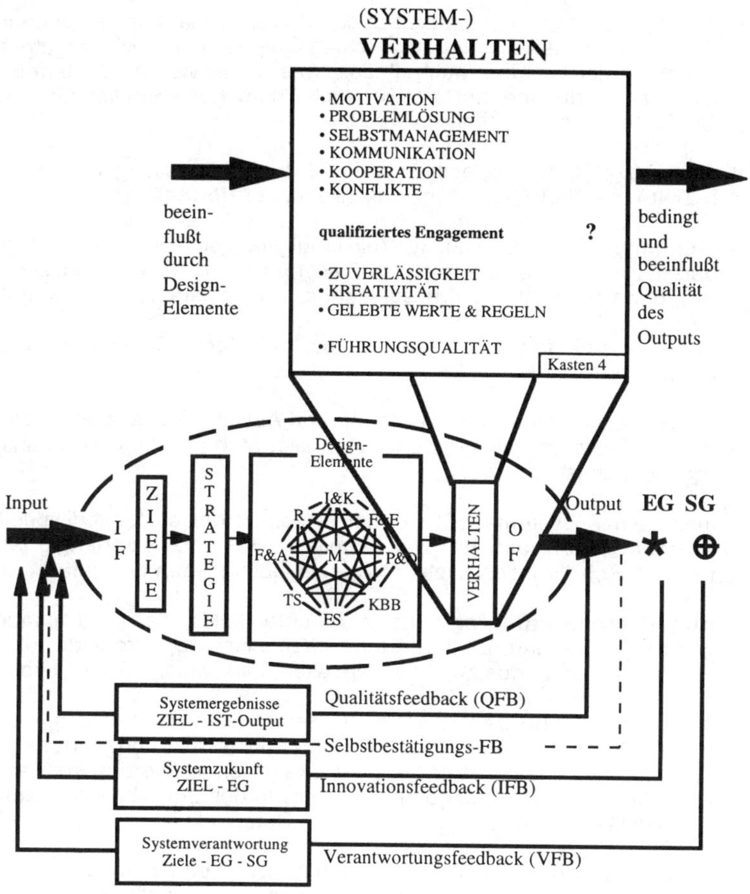

Abb. 21: (System-)Verhalten

a) dem Output: das, was tatsächlich das System verläßt, also nicht nur das, was durch den offiziellen und gewünschten Outputkanal über die Outputfilter (OF) gegangen ist, sondern auch all das, was "sonstwie das System durch seine Grenzen verlassen hat". (z.B. auch Ausschuß, Emissionen, Abwässer, Gerüchte, Werksgeheimnisse, etc.)

b) dem Ziel-Output-Vergleich: also der Gegenüberstellung von "SOLL-Output" (=Ziele) und "IST-Output" mit anschließender Bewertung.

c) dem Input: Menge, Qualität, Vollständigkeit, etc. der Systemeingaben und deren spätere Wirkung auf den Transformationsprozeß (inklusive Inputfilter (IF): den vor-, nach- oder ausgelagerten Qualitäts(eingangs)kontrollen)

d) den systemeigenen Zielsetzungen, d.h. deren Quantität, Qualität und Anspruchsniveaus.

Erst in dieser Zusammenschau bekommt man Aufschluß über das "Ergebnis", dem outcome des Systems - also dem, was bei aller Mühe schlußendlich unterm Strich herausgekommen ist ... .

Der Output eines Systems läßt sich im einzelnen nur systemindividuell erfassen und bewerten, da er vom "Fit" zum jeweiligen Systemziel abhängig ist. Generell lassen sich jedoch für jedes System folgende Output-Arten definieren:

a) **numerisch erfaßbarer Output**: darunter fallen die "hard number results" wie bspw. Mengen, Zeiten, Kapazität(sauslastung), Produktivität / Leistung, Gewinn, Umsatz, Kosten, Abwesenheiten, Fluktuation, Ökologiekosten, etc. .

b) **qualitativ erfaßbarer Output**: wir wollen sie hier als "soft results" bezeichnen, da sie bspw. "nur" über Einschätzungsverfahren (Skalen, Ratings etc.) quasi-numerisch über Skalen erfaßt werden können, wie etwa Qualität, Motivation, Image des Systems in der Umwelt, Arbeitszufriedenheit, Betriebsklima, Führungsstil, "Unterwelt"-Daten, etc. .

c) **Selbsterneuerungsfähigkeit, Lernbereitschaft und Flexibilität** der Mitarbeiter und des Systems: Diese Outputvariable ist besonders in offenen System-Organisationen bei hoher Dynaxity von vitaler Bedeutung: Die individuelle und kollektive Lernbereitschaft und Lernfähigkeit der Mitarbeiter des Managements und der Organisation als Ganzes stellen heute zentrale Voraussetzungen für die Fähigkeit der Organisation dar, sich rasch an neue Markt- und Umweltveränderungen anpassen zu können. Eine effektive Existenzgrundsicherung bzw. -anpassung ist ohne diese Mitarbeiter- und Manager-Flexibilität in fachlich-technischer, sozialer und psychisch-mentaler Hinsicht häufig nicht mehr zu gewährleisten. Die zunehmende Bedeutung von systematischer Personal- Management- und Organisationsentwicklung erklärt sich aus diesem Sachverhalt, ebenso die Forderung nach "lernenden Organisationen" und dem, was heutzutage unter "Business (Process) Excellence" verstanden wird ...

5.6. Systemzukunft (Ziele, Existenzgrund und Innovationsfeedback)

Mit dieser Variable (Kasten 8) wird das Verhältnis von Systemergebnis (Output - Ziel - Vergleich) und Existenzgrund überprüft und zwar anhand von Fragen wie:

a) entspricht die "Qualität" unseres Outputs den Bedürfnissen und Erwartungen der Umwelt bzw. der Kunden? ("Qualität" ist hier generell gemeint und umfaßt Menge, Qualität, Preis, Erscheinungsform, Lieferbedingungen, Service, usw. - d.h. "Qualität" wird verstanden im Sinne von "löst unser Output das Problem des Kunden, dessentwegen er zu uns kam ..." .)

b) bekommen wir von den Kunden und anderen Umwelten das zurück, was wir für´s weitere (Über-) Leben des Systems brauchen? (z.B. i.S. eines angemessenen Preis-Leistungs- bzw. Aufwand-Ergebnis-Verhältnisses, gute Mundpropaganda, etc.)

c) passen Existenzgrund einerseits und Entwicklungen, Trends und Tendenzen im Markt, in der allgemeinen gesellschaftlichen, ökonomischen, politischen und ökologischen Umwelt andererseits noch zusammen? "Wandert" der EG? (Vgl. Rechenschieberbeispiel) Müssen die Ziele redefiniert werden? Strategische Management-Planungsprozesse haben in ihrem Kern Fragestellungen solcher Art.

5.7. Systemverantwortung (Sinngrund, Verantwortungsfeedback)

Diese Variable bezieht sich - wie erinnerlich - auf die langfristige Überlebenschance (Existenzgrund) und Verantwortlichkeit des Systems gegenüber transzendierenden Werten wie bspw. dem Gewissen oder der Erde-Menschheit-Zukunftsproblematik. Die Überprüfung des Systems, seines Outputs, seiner Visionen, seiner Ziele, Strategien und Methoden ist vor diesem Sinn-Hintergrund zu thematisieren und zu problematisieren.

5.8. Systemerkenntnis (Urgrund, Erkenntnisfeedback)

Nur vollständigkeitshalber sei dieser Punkt noch erwähnt. Dauernde Mißerfolge können zuweilen Systeme veranlassen, über die Grundannahmen ihres Denkens und Handelns nachzudenken (Metaprozesse hinsichtlich Paradigma- und Wirklichkeitsverständnisfragen). Kommt es hier zu neuen Ein- und Ansichten hat ein Erkenntnisprozeß stattgefunden, der als Feedback zu neuen EG- und Zieldefinitionen des Systemes führen könnte (Lernen IV).
Gerade die geschichtliche Situation der Menschheit gibt Anlaß zu Fragestellungen in dieser Richtung. Es fragt sich, ob wir nicht grundsätzlich falsch programmiert sind

(z.B. Sünde/Sündenfall) und nur noch ein "paradigmatischer Quantensprung" (Erlösung, Wiederkunft Christi) uns vor selbstgemachter Hölle retten könnte[20]... .

Nachfolgende Grafik - Abb. 22 - versucht alles bisher im OSTO-SYSTEM-ANSATZ und OSTO-MODELL Angeführte in einem Bild darzustellen und zusammenzufassen.

Die dabei im Schaubild verwendeten Abkürzungen bezeichnen folgende Sachverhalte:

IF/OF: Input-/Outputfilter EG/SG: Existenzgrund/Sinngrund SMP: strategischer Managementprozeß F & A: Funktionen & Aufgaben R: Ressourcen I & K: Information & Kommunikation F & E: Forschung, Entwicklung & Erneuerung P & O: Prozeß & Organisation E: Entscheidung KBB: Kontroll-, Belohnungs- und Bestrafungssystem TS: Technik QFB/IFB/VFB: Qualitäts-, Innovations- und Verantwortungsfeedback G/K/U: Gewinn/Kosten/Umsatz... Mgt: Management M: Humanressource / "Mensch" (Qualifikation, Motivation, Existenz, Allokation, Menge) "manpower" EFP: Erkenntnisfeedback UG: Urgrund L I, II, III, IV: Lerntypen, C I, II, III: Changeprozeßtypen (vgl. dazu Aufsatz: Der steinige Weg zur Lernenden Organisation, und "Unfrisierte Anmerkungen ...", Kap.7 und 14. Rieckmann 1997).

6. ANWENDUNGSBEISPIELE FÜR DAS OSTO-MODELL

6.1. Diagnose und Redesign

Bei Diagnosen und Redesigns von Organisationen ist die Logik des OSTO-MODELLS gleichsam rückwärts anzuwenden: der Redesign-Gestaltungsprozeß ist zunächst ein **"Analyseprozeß"**, der "Misfits" aufzuspüren und zu erklären hat.

Organisationsveränderungen und Redesigns beginnen meist damit, daß der Output nicht den Zielen entspricht (Kasten 7). Zuerst wird festgestellt, wie das **Systemverhalten** (Kasten 4) aussieht, das für die Hervorbringung eben dieses Outputs, der das System verläßt, ausschlaggebend ist. Als nächster Schritt analysiert man die **Design-Elemente** (Kasten 3), die das Verhalten des Systems steuern. Konnte bisher noch kein Misfit gefunden werden, ist die Frage zu stellen, ob die **Ziele** (Kasten 1) auch den richtigen Existenzgrund abbilden

20 Interessant ist in diesem Zusammenhang eine Aussage von C.F. v. Weizsäcker (leider ohne Quellenangabe): "Ich kann Ihnen nichts Gewisses über die Zukunft sagen. Gewiß ist nur die Wiederkunft Jesu Christi. Die Grundlagen der Zukunftsforschung sind kaum sicherer als die der Wettervorhersage. Verändern sich nur wenige Faktoren, so kann eine genau gegenläufige Entwicklung als die angenommene eintreten. Wirtschaft und Politik liefern dafür genügend Anschauungsunterricht. Eine tiefe Verunsicherung unserer Generation ist die Folge.
Der seiner selbst nicht mehr sichere Mensch hat eine neue Chance, sich dem Evangelium zuzuwenden. Wenn politische, gesellschaftliche und wirtschaftliche Werte und Eckdaten in wildem Strudel fortgerissen werden, bleibt ein Faktum unverrückt, auch wenn uns Tag und Stunde vorenthalten sind: die endgültige Rückkehr Gottes.

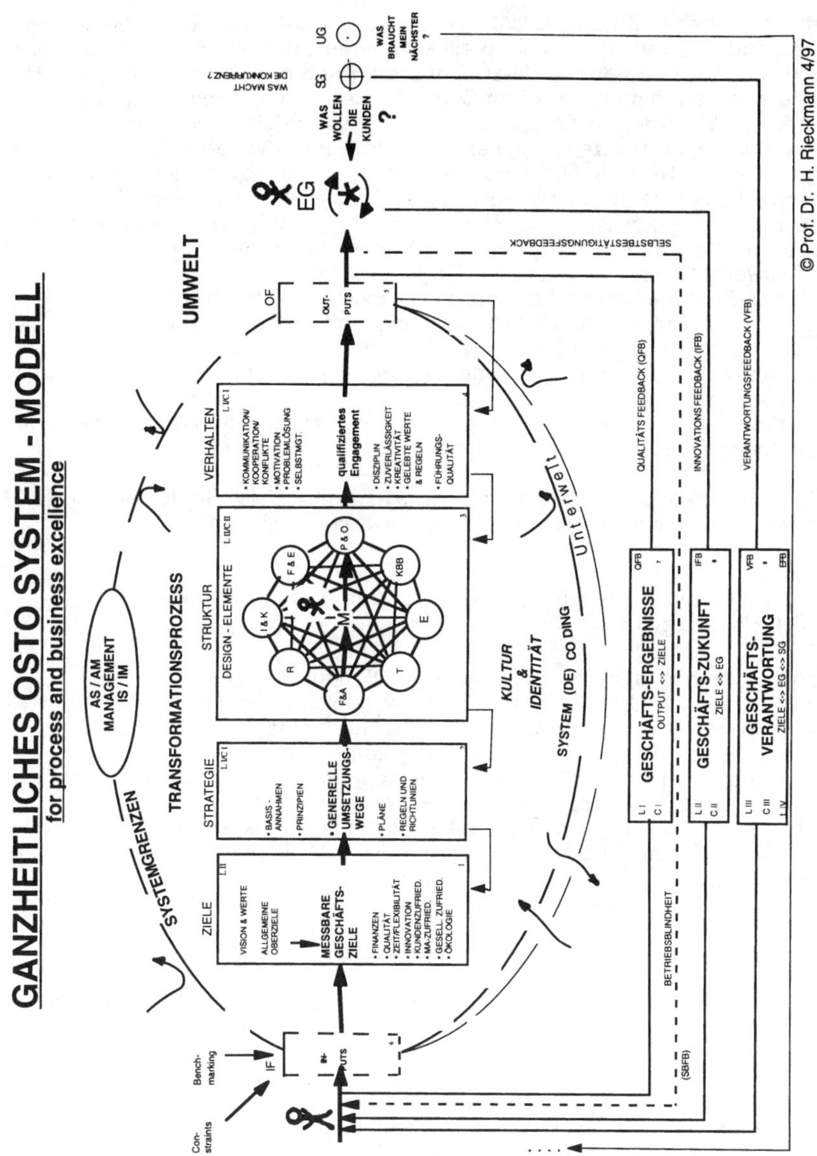

Abb. 22: Ganzheitliches OSTO SYSTEM - MODELL

und/oder ob geheime Ziele (vgl. Unterweltthematik 3.2.4) und Strategien vorliegen bzw. Pseudo-EG´s verfolgt werden. Stellt sich heraus, daß der Existenzgrund nicht getroffen wird, so sind **neue Ziele** zu formulieren und das Redesign beginnt. Nun gilt es zu eruieren, mittels **welchen Outputs** der ("neue") Existenzgrund erfüllt werden kann. Dann ist zu prognostizieren, mittels **welchen Verhaltens** dieser Output wahrscheinlich erreichbar sein wird. In einem weiteren Schritt sind die **Design-Elemente** des Systems dann so zu rekonstruieren, daß dieses gewünschte Systemverhalten mit einer hohen Wahrscheinlichkeit eintreffen wird.
Aus der Menge logisch und empirisch möglicher "Misfits" wollen wir hier die vier wichtigsten herausgreifen. Zum Teil erfordern sie unterschiedliche Vorgehensweisen beim Redesignprozeß:

1. Output-Ziel-Abweichung bei konstantem Existenzgrund (Redesign I)
2. Tadelloser Output bei schlechten (wirtschaftlichen) Ergebnissen und sich veränderndem Existenzgrund (Redesign II)
3. Gefährdung des Existenzgrundes durch sich verändernden Sinngrund (Redesign III)
4. Veränderung der Systemstrategie bei gleichem Existenzgrund aber völlig verändertem Sinngrund (Redesign IV)

(Die Existenz unausgesprochener und/oder geheimer Ziele, Strategien und EG´s soll dabei aus Einfachheitsgründen nicht berücksichtigt werden).

6.1.1. Redesign I: Output-Ziel-Abweichung bei konstantem Existenzgrund

Die Vorgehensweise ist in diesem Falle wie folgt möglich:

1. Exploration der Ursachen im Bereich "Systemverhalten" (Kasten 4), die direkt für den unbefriedigenden Output verantwortlich sind.
2. Analyse der "Designelemente des Systems" (Kasten 3) unter der Fragestellung, inwieweit diese jenes Systemverhalten erzwingen, das sich ungünstig auf den Output und die Zielerreichung auswirkt.
3. Überprüfen der Frage, ob die Systemziele und Strategien falsch gewählt und definiert wurden (Kasten 1/2), oder ob diese "unintelligent" in die Strukturen der Designelemente transformiert wurden.
4. Falls zwischen strategischem und strukturellem Bereich des Systems keine "Misfits" vorliegen, könnten modifizierende Eingriffe ins "Systemverhalten" indiziert werden (**Change I**: Problemlösekonferenzen, Kommunikations- und Führungstrainings, Quality Circles, etc.).
5. Ist hingegen das Systemverhalten Resultat widersprüchlicher Verhältnisse zwischen und/oder innerhalb von Systemzielen, Strategien und Systemstrukturen (Design-Elementen), so gilt es zunächst diese "Hardware" zu ändern und Strukturen so zu schaffen, daß sie das erwünschte Verhalten ermöglichen (**Change II**). Verhaltenstrainings als Eingriffe in die "Software" des Systems sind unter solchen Bedingungen in der Regel - wie schon erwähnt - nutzlos und nur von kürzester Wirksamkeit.

"Misfits" können sich dabei außerdem wechselseitig bedingen, verstärken oder abschwächen[21]. Jedenfalls ist - unter Zuhilfenahme des Systemmodells - erst bei einer **gründlichen, diskursiven** Diagnose das kausale Vernetzungsgeflecht erkennbar und erst dann wird das System über iterative und komplementäre Prozesse redesignbar und veränderbar.

6.1.2. Redesign II: Tadelloser Output bei schlechten Ergebnissen und "wanderndem Existenzgrund"

Hierzu wurden bereits einige Beispiele zitiert; wir möchten an dieser Stelle nochmals auf das Rechenschieberbeispiel verweisen [22], wo trotz exzellentem Output die Existenz des Unternehmens gefährdet war. Der Existenzgrund hatte sich gewandelt. Dieser Vorgang wurde jedoch als Qualitätsfeedback - anstatt als Innovationsfeedback - fehlinterpretiert und in Rationalisierungs-, Kosten - und Preissenkungsstrategien umgesetzt, was den Zusammenbruch der Firma nur noch mehr beschleunigte : Das "Wandern" des Existenzgrundes wurde übersehen!

Die Vorgehensweise bei einem Redesign beginnt in diesem Fall sinnvollerweise bei einer Neudefinition des Existenzgrundes und der entsprechenden SOLL-Outputs (Ziele), darauf aufbauend der Formulierung des gewünschten SOLL-Systemverhaltens und der Neustrukturierung der Designelemente des Systemes. Besonderes Augenmerk muß dabei darauf gelegt werden, daß eine Veränderung eines System-Designelementes eine Reihe von veränderten Verhaltensweisen hervorrufen kann. Aus diesem Grund muß die Neustrukturierung sehr sensibel vorgenommen werden, um durchaus adäquate und gewünschte Verhaltensweisen nicht im Zuge der Veränderung - sozusagen zufällig - mitzuzerstören.

6.1.3. Redesign III: Gefährdung des Existenzgrundes durch sich verändernden Sinngrund

Erinnern wir uns nochmals an das Beispiel des Kunstdüngerproduzenten: Die Produktion von Kunstdünger schien zunehmend weniger Sinn zu machen, weil damit bedrohliche Nebenwirkungen verbunden waren, (wenn auch Fruchtbarkeit und Bekämpfung von Krankheiten und Schädlingen weiterhin lebenswichtige landwirtschaftliche Ziele bleiben werden).

Der Existenzgrund dieses Systems muß daher beizeiten umdefiniert, die Ziele müssen neu formuliert und die System-Designelemente entsprechend umgeändert werden. Ein größerer Veränderungsprozeß steht damit ins Haus.

---

21 Hier darf nicht vergessen werden, daß das informelle System, und die Unterwelt mit ihren Licht- und Schattenseiten kompensatorischen und lenkenden, aber auch verstärkenden Einfluß ausüben kann.

22 Siehe dazu Abschnitt 4.2 (EG).

6.1.4. Redesign IV: Veränderung der Systemstrategie bei gleichem Existenzgrund, aber völlig verändertem Sinngrund

Wollen wir diese Form des Redesigns anhand des Beispieles eines Luftfahrtunternehmens betrachten: Der Grund für dessen Existenz ist das Bedürfnis von Menschen, schnell und bequem an andere Orte transportiert zu werden. Die Kunden fallen in zwei Kategorien: eine Teilgruppe von Passagieren will "ferne Länder" kennenlernen, Urlaub machen, etc.. Eine andere Teilmenge will aus geschäftlichen Gründen andere Geschäftspartner besuchen und fliegt daher zu Konferenzen, Verhandlungen und anderen Meetings.

Angesichts geringer werdender Ressourcen (Treibstoffe, Metalle - aber auch Sauerstoff) und deutlicher Gefährdungen der Luft- und Ozonschicht (durch Abgase der Flugzeuge) sowie Gefährdung der Passagiere durch Terrorismus und steigender Widerstand gegen (neue) Flughäfen bei einem immer dichter werdenden Flugverkehr erscheint dieser Massenlufttransport, zumindest von Geschäftsleuten, zukünftig nicht mehr sehr vernünftig und sinnvoll zu sein.

Eine alternative Strategie wurde überlegt: statt Geschäftsleute, Aluminium und Kerosin zu transportieren, kann man selbige auch über elektronische Kommunikationswege zu Gesprächen und Konferenzen zusammenführen.
Die Produktion und Einführung hochkomfortabler, multi-medialer Telekonferenzzentren würde dann an die Stelle des Kaufens, Fliegens und Wartens von Flugzeugen treten.

Natürlich könnte man sagen, daß diese Unternehmenssituation eigentlich der Situation "Redesign III" entspräche, nämlich Veränderung des Existenzgrundes durch sich wandelnden Sinngrund.
Man kann zweifelsfrei zu dieser Auffassung kommen. Jedoch wird am "Redesign IV" ein anderer Gedanke deutlich: Was ich als Verschiebung des Existenzgrundes betrachte, hängt sehr stark jeweils davon ab, **wie weit oder wie eng und spezifisch ich den Existenzgrund definiere** und dies ist wiederum bedingt, wie weit ich "Sinngrundfragen" akzeptieren und zulassen will.

Definiere ich den EG als "Lufttransport von Menschen", dann verändert er sich total, wenn Lufttransport ökologisch eingeschränkt wird und der Existenzgrund damit schwindet.

Definiere ich dahingegen den EG in diesem Beispiel als "Ermöglichung von zwischenmenschlichen Kontakten und Kommunikation über beliebige räumliche Distanzen und zu jeder Zeit", dann habe ich den Vorteil - ohne Scheuklappen - unterschiedlichste Strategien kreieren zu können, ohne jedesmal meine Philosophie, die Einstellungen meiner Mitarbeiter und den Horizont meines Denkens umstellen zu müssen.

Im Kapitel über den "Existenzgrund" wurde bereits mit anderen Worten auf diesen Sachverhalt hingewiesen: zu eng und zu spezifisch formulierte Existenzgründe können die "awareness" verkürzen, den Geist fixieren und innovative Ideen und "Spinnereien" zum Schaden des Überlebens des Unternehmens zu frühzeitig "wegselektionieren" und damit Reaktionsvarietät reduzieren.

Es zeigt sich, daß man sich für die differenzierte und explizite Formulierung von Existenzgrund und Sinngrund genügend Zeit nehmen sollte: sie haben "mind expanding" oder "mind shrinking"-Steuerfunktionen und sind damit von direkter und erheblicher Managementrelevanz!

6.2. "Auf der grünen Wiese": Neudesign von Organisationen

Das zweite wichtige Anwendungsgebiet des OSTO-SYSTEM-ANSATZES und des "OSTO-MODELLS" liegt in der Gestaltung von neuen Organisationen. Ist man sich des systemischen Zusammenhanges in und von Organisationen voll bewußt, so kann man das OSTO-MODELL für die Neukonzeption von Organisationen sehr wirkungsvoll anwenden.

Die erste Frage, die dabei zu stellen ist, ist die nach den **Erwartungen der Umwelt** an das neu zu erstellende System. Welche Erwartungen hat die Umwelt an den Output des Systems, wie ist der **Existenz- und Sinngrund** zu definieren?

Daraufhin ist festzulegen, wie der **SOLL-Output** bzw. die ZIELE dieses Systems zu definieren sind, damit sie die Erwartungen der Umwelt auch tatsächlich erfüllen können. Daraufhin ist festzustellen, wie das **Systemverhalten** aussehen soll, das (mit hoher Wahrscheinlichkeit) die Erstellung eben dieses **Outputs** zu ermöglichen hätte. In logischer Konsequenz ist daraufhin die Gestaltung der **Designelemente** der nächstfolgende Schritt: Wie müssen die Designelemente gestaltet sein, daß sie mit einer hohen Wahrscheinlichkeit das gewünschte Systemverhalten ermöglichen und hervorrufen?

Nach dem Design ist in einem Check die Logik des Modelles in umgekehrter Reihenfolge nochmals nachzuvollziehen und abzuklären (zu prognostizieren), welchen Output dieses neu gestaltete System erbringen wird, wenn es wirklich so aussehen wird, wie es jetzt geplant ist. Die Fragen, die man sich hier stellen muß, lauten etwa folgendermaßen: Hier sind die Ziele - stellen sie ein Abbild des Existenzgrundes dar? Welches Systemverhalten wird durch die Designelemente induziert? Zu welchem Output wird dieses Verhalten wahrscheinlich führen? Ist dieser wahrscheinliche Output geeignet, den Existenzgrund des Systems zu erfüllen?, etc. (Vgl. ausführlich dazu Rieckmann 1982 und Hanna 1988).

6.3. Die Aufgaben eines Systemmanagers im Sinne des OSTO-MODELLS

Aus der Sicht des systemischen Managens von Organisationen erfüllt der "System-Manager" natürlich auch all jene Aufgaben, die ein "traditioneller Manager" auszuführen hat wie bspw. Ziele setzen, planen, koordinieren, organisieren, Ergebnisse kontrollieren, etc.

Im Konzept des "systemischen Managens" liegen jedoch die **Akzente** anders: die **Entwicklung und Gestaltung überindividueller, struktureller Lebens- und Leistungsbedingungen offener Systeme** - das Arbeiten **am** System (Kontext) - stehen im Vordergrund. Das nach wie vor wichtige Arbeiten **im** System rückt dadurch an die 2. Prioritätenstelle. (Zur Verdeutlichung folgendes Bild: Ein

Fußballtrainer arbeitet "am System", indem er die Mannschaft trainiert und die notwendigen Ressourcen zur Verfügung stellt. Die Fußballmannschaft arbeitet "im System" - indem sie Tore zu schießen versucht.)

Arbeiten **am** System bedeutet, die **Organisation laufend an die Anforderungen** der Um- und Inwelt zur Erreichung des Existenzgrundes **anzupassen**. Konkret läßt sich das mit folgenden typischen Tätigkeiten umschreiben:

* die Zielsetzungen und Strategien für das System sind als spezielle Art der Verbindung zur Umwelt festzulegen,
* vorhandene und mögliche Kapazitäten und Ressourcen sind mit den vorhandenen und möglichen Anforderungen der Umwelt in Einklang zu bringen,
* die Kernprozesse sind vor Störungen durch die Umwelt zu schützen,
* Systemstrukturen (Design Elemente) sind zu diagnostizieren und zu planen,
* voneinander abhängige Teile des Systems müssen koordiniert werden (Interface Management),
* die Leistung der Mitarbeiter ist zu bewerten und gegebenenfalls auf Verbesserungen der Leistung hinzuwirken (Personaleinstellung und -entwicklung),
* und die notwendige Unterstützung durch die Umwelt zu sichern, sowie
* die Innovations-Feedback-Schleife zu schließen, um die **Erwartungen der Umwelt** beurteilen zu können (Existenzgrundsicherung),
* inklusive des Schließens der Qualitäts-Feedback-Schleife, um **Abweichungen bzw. Übereinstimmung der Qualität des Outputs mit den Zielen** festzustellen;
* Analysen der internen Prozesse des Systems sind durchzuführen, um die **Gründe für eventuell abweichende Qualitäten des Outputs** herauszufinden, wobei gegebenenfalls
* **Redesign-Prozesse** zu **initiieren** sind, die es dem System ermöglichen, auch in Zukunft den EG zu treffen.
* Lediglich in **Krisenfällen** - um es ein wenig überspitzt zu formulieren - hat der Systemmanager **"im System"** zu arbeiten ("Feuerwehr-Einsatz").

Summarisch gesprochen hat also der Systemmanager eine "**Innenminister**"-Rolle zu übernehmen, nämlich für die strukturellen Voraussetzungen eines reibungslosen Ablaufs im System zu sorgen, und zweitens als "**Außenminister**" die Beziehung seines Systems zur Umwelt zu pflegen. Ähnlich einem Kapitän auf der Brücke hat er dabei fortwährend abzuwiegen, wieviel Gewicht er der Arbeit **im** System (Tagesgeschäft) zukommen lassen muß und wieviel er **am** System zu arbeiten hat, wobei - wie gesagt - der "ordentliche" Systemmanager primär auf Metaebene arbeitet, nämlich "am System" und seinem Kontext und weniger "im System".

Dieses Springen zwischen der Arbeit **im** System, der Arbeit **am** System und der Arbeit an der Systemumwelt sowie der ständige Rollenwechsel zwischen Innen- und Außenminister verlangt vom Systemmanager ein hohes Maß an mentaler Mobilität und psychischer Belastbarkeit. Dabei spielt sich die Arbeit eines jeden Managers offener Systeme auf drei Ebenen ab: Einerseits auf der **Ebene I** des Tuns. Andererseits - mehr oder weniger unterschwellig - auf der **Ebene II**, nämlich die emotionale Verarbeitung dessen, was auf Ebene I geschah - Gefühle, Frust, Schuldzuweisungen, etc.. Darüber hinaus ist es auch Aufgabe jedes Systemmanagers, auf **Ebene III** das ganze Geschehen zu reflektieren und zu verstehen (... um "Weisheit" zu erlangen und frei zu werden für neues Handeln: "Hubschrauberebene"). Wird dieser dritte Schritt nicht geschafft, so wird die Chance auf effektives Arbeiten "am System" vergeben und leider häufig durch "operative Hektik" im System ersetzt. Die "awareness" geht dabei meistens verloren ... .

7. Wo und wie man OSTO-Systemmanagement trainieren kann

7.1. Das OSTO-Systemmanagement-Curriculum

Das OSTO-Systemmanagement-Curriculum besteht im wesentlichen aus drei Teilen, die aufeinander aufbauend vom Verstehen komplexer Systeme über die Diagnose des eigenen Systems bis hin zur Veränderung des eigenen Systems reichen. Das Curriculum - angeboten z.B. durch die OSTO GmbH oder die Universität Klagenfurt - kann nach jedem Baustein beendet werden, je nach Interesse und "Leidensdruck" der Curriculum-Teilnehmer.

7.1.1. Baustein 1: OSTO-Systemmanagement-Seminar (SYMA)

Das Denken, Wahrnehmen und Managen von bzw. in komplexen Systemzusammenhängen ist etwas, das für die meisten Menschen ungewohnt ist und nicht wenige schnell überfordert. [23]

Eine bloße intellektuelle Auseinandersetzung mit diesen neuen Management-Herausforderungen reicht nämlich - u. E. - für die Bewältigung solcher komplexen Problemstellungen keinesfalls aus.

Deswegen wurde versucht, den OSTO-SYSTEM-ANSATZ in die "Erlebnissphäre" zu bringen. Für die Einübung in die praktische Handhabung des komplexen OSTO-Systemmanagement-MODELL´s (SYMA-Modell) wurde ein eigenes fünfeinhalbtägiges Management-Seminar entwickelt. Die Teilnehmer erleben dort in simulierter Form ein komplexes System am eigenen Leib: Learning by doing. Basis des Seminars ist kognitiverseits das OSTO-Konzept und auf der Seite des Erlebens werden Prozesse aus Organisationslaboratorien und der Gruppendynamik übernommen: die Teilnehmer selbst bilden eine Lernorganisation, die Input in Output zu transformieren hat.

Die Erfahrung der letzten Jahre hat gezeigt, daß dieser Seminartyp einerseits als sehr streß- und anspruchsvoll erlebt wird (Auseinandersetzung mit dieser komplexen Materie, Bewußtwerden und Handhaben ungewohnter Situationen) und andererseits starke persönliche Betroffenheit bei den Teilnehmern auslösen

23 Vgl. die Ergebnisse der Untersuchungen Dörners: Logik des Mißlingens 1989

kann. Für die Veränderung alter Denk- und Handlungsmuster scheint dieser Grad an Betroffenheit jedoch unumgänglich zu sein (vgl. Dynaxity Zone II/III Übergang).

7.1.2. Baustein 2: OSTO-Systemdiagnose-Workshop

Während der erste Baustein dieses Curriculums auf die Erzielung von Awareness ausgerichtet war, dient der Systemdiagnose-Workshop der Diagnose des jeweils eigenen Systems der Teilnehmer.

Aufbauend auf die im ersten Baustein erworbenen Kenntnisse und Fähigkeiten werden die Systeme, für welche die Teilnehmer "zu Hause" jeweils verantwortlich sind, in einem mehr-tägigen Workshop durch das OSTO-MODELL analysiert. Als theoretische Basis dient dazu das OSTO-10-Phasen-Diagnosemodell.

Während dieser Diagnose wird parallel zur schrittweisen Analyse des eigenen Systems eine "Projektliste" entwickelt, auf der die gefundenen Schwachstellen, Defizite, Chancen und Veränderungsbedürfnisse festgehalten werden.

7.1.3. Baustein 3: Change-Management

In diesem Baustein wird Know-how vermittelt bzgl. der Planung des Managements und der Reflexion von eigenen Veränderungs- und Entwicklungsprozessen. Alternative Veränderungsstrategien, Umgang mit Widerstand und konkretes Designing von Veränderungsprozessen sind zentrale Inhalte.
Die im Baustein 2 erarbeitete "Projektliste" soll dadurch in entsprechende, konkrete Veränderungsmaßnahmen umgesetzt werden.

7.1.4. Baustein 4: OSTO-Systemveränderungs-Supervision

In der OSTO-Systemveränderungs-Supervision werden konkrete Veränderungsprojekte - die aus dem Diagnoseworkshop und den oben genannten "Projektlisten" sowie dem Change-Managment Workshop entsprungen sein können - begleitend betreut.
Unter Supervision verstehen wir dabei die Arbeit einer Gruppe, deren Mitglieder ausschließlich zum Zweck der kritischen Überprüfung ihrer Tätigkeit (in konkreten Projekten) zusammenkommen. Weiters soll Lernen durch Einblick in die Arbeit anderer und das Lernen, andere zu beraten und das Erhalten von Ideen und Denkanstößen von anderen - zur Gestaltung der eigenen Arbeit - möglich sein. Als Grundregel für diese Arbeitssupervision gilt, daß jeder Teilnehmer zugleich "Gebender" und "Nehmender" ist, d.h., daß jedes Mitglied sowohl in der Rolle des Ratsuchenden als auch in der Rolle des Beratenden lernt. Dies bedeutet, daß jedes Mitglied dieser Supervisionsgruppe ein wichtiger und notwendiger Lernpartner der anderen ist. Dadurch läßt sich die Lerneffizienz erheblich steigern.
Die Größe der Supervisionsgruppe sollte für eine wirksame Arbeit inklusive Supervisor nicht mehr als sechs Personen betragen. Über einen Zeitraum von ein- bis eineinhalb Jahren soll sich diese Gruppe in Intervallen von fünf bis acht Wochen zu jeweils zweitägigen Arbeitssitzungen treffen. In diese Arbeitstreffen

bringt jeder Teilnehmer sein "Lernprojekt" - d.h. das Projekt der Veränderung seines Systems - ein, wobei jedem Teilnehmer ein gleiches Zeitkontingent zur Bearbeitung seines Projektes in der Arbeitsgruppe zur Verfügung steht.

Als erster Schritt wird der aktuelle Stand des Projektes durch den Supervisanden präsentiert. Dann folgen Verständnisfragen und eine gemeinsame Diagnose des Status Quo des Projektes. Nach der Statusbilanz schließt die konkrete Fallbearbeitung im Supervisionsteam an. Der Supervisand "brieft" seine Kollegen in bezug auf die Ziele, die er in dieser Arbeitssitzung erarbeitet haben möchte und leitet diese Arbeitssitzung. Die Lernpartner sind aufgerufen, das strategische Konzept, das methodische Vorgehen z.T. fachliche Inhalte und das Verhalten des Supervisanden kritisch zu überprüfen und Lösungsvorschläge einzubringen. Somit erhält der Supervisand ein brauchbares Feedback in bezug auf das von ihm geleitete Projekt und die Lernpartner üben sich darin, andere zu beraten.

Nach einem Feedback über diese Arbeitssitzung wird zum Projekt des nächsten Supervisanden gewechselt.

Das methodische Konzept, das hinter diesen Supervisionssitzungen steht, ist vom Prozeß her das TZI-Konzept (Themenzentrierte Interaktion) und inhaltlich der OSTO-SYSTEM-ANSATZ mit all seinen Facetten.

Diese Arbeitssitzungen ermöglichen den Supervisanden nicht nur eine kritische Überprüfung ihrer inhaltlichen Arbeit, sondern sie bieten auch den Raum für eine Reflexion der eigenen Persönlichkeit in der Arbeitssituation.

7.2. Das OSTO-System-Drama

Die OSTO-Brille kann auch angewendet werden bzw. umgeformt werden in ein "Systemdrama" - in ein "OSTO-Rollenspiel".

Dazu treffen sich Menschen aus einem Unternehmen, die die verschiedensten "Lebensdimensionen" des Unternehmens vertreten (können) in einem Raum und bekommen eine komplexere Entscheidungs- und Gestaltungsaufgabe, die sie interdisziplinär diskutieren und in gemeinsamer Zusammenarbeit zu lösen haben (z.B. Redesign).

Gemäß der OSTO-Brille werden für dieses Systemdrama folgende Rollen (analog einem Soziodrama oder einer gestalttherapeutischen Analyse) verteilt: SS, OS, TS, PSS, PMZ, Geschichte, Zukunft ("Nebel"), Unterwelt, EG (d.h. konkret: Kunden, Behörden, Verbände, etc.), Input (Lieferanten), Feedbacks (wie beim EG) und SG (z.B. vertreten durch die Meinungen politischer Gruppierungen - die "Grünen", etc.) Mit Hilfe einer solchen systemdramaturgischen Personifizierung des OSTO-System-Ansatzes können komplexe Unternehmensprozesse nicht nur schnell verdeutlicht werden (und unter die Haut gehen), sondern auch "Misfits", Konflikte und Redesignbedürfnisse binnen kürzester Zeit diagnostiziert und Veränderungen geplant werden. Durch die erlebten!, systemischen Vernetzungszusammenhänge wird die Gefahr eindimensionaler und / oder monokausaler bzw. linearer Diagnose- und Lösungsversuche erheblich vermindert. Die Kostenersparnisse können dadurch enorm sein!

7.3. Das Organisations-Dynamik-Laboratorium

Dieses Organisations-Dynamik-Seminar versteht sich als Labor, in welchem die Prozesse und Dynamiken, die sich in den unterschiedlichen Ebenen der "**Ober- und Unterwelt von Organisationen**" abspielen, erfahren und exploriert werden können.

Die besonderen Lernmöglichkeiten dieses Organisationslaboratoriums lassen sich im Vergleich zu anderen Veranstaltungsformen wie folgt verdeutlichen:

- Das Organisationslaboratorium ist kein Seminar im üblichen Sinne. Wenngleich es viel weniger thematisch vorstrukturiert ist, so soll dennoch über das Verständnis von **Organisationen und deren Dynamik** nachgedacht und gelernt werden.
- Es ist kein gruppendynamisches Training - obwohl das eigene Lernen nicht ohne **individuelle Betroffenheit und persönliche Erfahrung** möglich sein wird.
- Es handelt sich nicht um ein reines Management- oder Führungskräfte-training; dennoch ist **Führung und** (Ohn)**Macht** in Organisationen sowie der Umgang mit Autorität, deren Ausübung und Anerkennung ein zentrales Thema dieser Veranstaltung.
- Der formelle Rahmen dieser Veranstaltung ist zwar vorgegeben, dennoch handelt es sich nicht um ein Planspiel - obgleich in einzelnen Lernsituationen Elemente des Plan- und Rollenspiels durchaus einbezogen werden.

Organisationen sollen als offene, sozio-techno-ökonomische Systeme verstanden werden; sie sind eigenständige Einheiten, die sich durch eine oder mehrere Grenzen gegenüber ihrer Umwelt behaupten. **Grenzen** sind notwendig, damit Individuen Identität finden und (Sinn-)Beziehungen vielfältiger Art knüpfen können. Ohne Grenzen wäre eine Organisation und damit eine "Heimat" für die Mitglieder nicht möglich. Aber Grenzen dürfen nicht als unüberwindbare Barrieren wirken; damit würden sie Systeme abschließen und Rollenflexibilität und Wandel verhindern.

Träume des Niederreißens aller Grenzen erweisen sich somit ebenso illusionär wie der Wunsch, innerhalb sehr starrer Grenzen leben zu wollen.

In gleicher Weise wie Organisationen kann man Individuen als offene Systeme betrachten. Individuen haben einen Innenbereich an Gefühlen, Wünschen und Weltanschauungen, der z.B. aus der eigenen Lebenserfahrung herrührt. Individuen nehmen Eindrücke, Informationen und Gefühle in verschiedenen Situationen von anderen Menschen auf, verarbeiten sie und geben sie in der Form von verbalen und non-verbalen Mitteilungen und Handlungen wieder an die Umwelt zurück. Individuen leben somit in einer doppelten, in einer inneren und äußeren Welt und ihre Fähigkeit, sich selbst in Rollen zu "managen", ist von ihren Fähigkeiten und ihrem Geschick abhängig, ihre persönlichen Grenzen zu erkennen und zu überschreiten.

Das Organisations-Dynamik-Seminar wird daher selbst als offenes System gestaltet, als temporäre Lern-Organisation, in welche Menschen als Teilnehmer und Veranstalter eintreten; sie haben ein gemeinsames Interesse, etwas über das Verhalten in Organisationen und die Dynamik sozialer Prozesse in Systemen zu erfahren und verstehen zu lernen. Dieser Lernprozeß verschafft den Teilnehmern die **Möglichkeit, ihr Verständnis der bewußten und unbewußten, der offiziellen und inoffiziellen Vorgänge in sozialen Systemen zu erweitern und mit diesem Bewußtsein wieder in ihre Alltagssituationen hinauszugehen.**

7.4. Das Seminar "Sensibilität sozialer Prozesse"

Überall wo Menschen zusammenleben und zusammenarbeiten - sei es in kleinen Gruppen oder größeren Organisationen - spielt das <u>zwischenmenschliche Verhalten</u> eine überragende, zentrale und häufig auch recht problematische Rolle.
Im Gegensatz zum Organisations-Dynamik Labor, wo es um die Dynamiken und Prozesse in Organisationen und (mehr oder weniger großen und anonymen) "Gruppen" geht, liegt hier das Hauptaugenmerk auf der Entwicklung der Persönlichkeit des Individuums. Das Motiv dazu lag in dem Anliegen, Menschen Gelegenheit zu geben,

* ihr zwischenmenschliches Verhalten (und dessen Auswirkungen in sozialen Prozessen) besser kennenzulernen und überprüfen zu können. ("explorieren")
* "blinde Flecken" abzubauen (Vertiefung der Selbsterkenntnis)
* unbewußt psychische und geistige Hintergründe zu entdecken ("diagnostische Kompetenz - existentielle Kompetenz")
* und um ggfls. neue Formen (und Inhalte?) zwischenmenschlichen Miteinanders zu erforschen, einzuüben und weiterzuentwickeln ("personale und soziale Kompetenz")

Hauptthema des "Seminars" ist "soziale Kompetenz": das Wahrnehmen, Kommunizieren, "Explorieren", Verstehen und ggfls. Ändern von Prozessen "in mir" sowie den daraus entstehenden Wechselwirkungen und Ergebnissen im Prozeß der Gruppe und der Einzelnen.

8. Abschluß

In diesem Aufsatz wurde versucht, einen komplexen Systemansatz für das praktische Durchdenken, Diagnostizieren und Gestalten von heutigen "offenen" komplexen Organisationen darzustellen und schrittweise zu entfalten.
Ausgehend von einer noch relativ abstrakten "OSTO-BRILLE" wurde in einzelnen Stufen der OSTO-SYSTEM-ANSATZ mehr und mehr in praktische Management- (und Beratungs-) Instrumente "transformiert" - dem OSTO-SYSTEM-MODELL - bis hin zur Beschreibung von Management-Seminaren, mittels welchen der Systemansatz auch "gefühlsmäßig" erlebt, gelernt und in die Praxis des Tagesgeschäfts hinübertransportiert werden kann.

Mit diesen Darstellungen ist die Hoffnung verbunden, den einen oder anderen Zeitgenossen und Kollegen "in Sachen komplexer Systeme" das Leben vielleicht ein wenig durchschaubarer und erträglicher gemacht zu haben.
Dann hat sich die Arbeit an diesem Artikel gelohnt.

4. Warum es Sinn macht, über "Sinn" zu sprechen ...

Anmerkungen zum Begriff und zur Funktion von Sinn- und Urgrundfragen im Zusammenhang mit dem OSTO-SYSTEM-MODELL für systemisches Management (SYMA)

Die Hauptthese der nachfolgenden Zeilen ist die Überzeugung, daß es in einer zunehmend pluralistischen und immer weiter auseinanderfallenden Gesellschaft lebensnotwendig wird, wieder mehr über die Sinnfrage zu sprechen, Sinn zu suchen und Sinn zu vermitteln.
Und dies ganz besonders auch im Bereich Management, Organisation und Führung.

Denn Managen, Organisieren und Führen unter heutigen hochkomplexen, turbulenten und z.T. verwirrenden Bedingungen wird ohne Sinn-Antworten immer mühsamer und teurer (vgl. Rieckmann; Dynaxity, 1992/1997).

Oder anders formuliert:
Führen von Menschen sowie Gestalten und Lenken von Unternehmen und Organisationen braucht zunehmend mehr "Sinn", durch den die notwendigen Orientierungs-, Motivations-, Legitimations- und Integrationsleistungen (vgl. "Identität") für das Managen komplexer Systeme aufgebracht werden können.

Die nachfolgenden Thesen sollen in diesem "Sinne" grundlegende Überlegungen und Wirkungszusammenhänge schlaglichtartig beleuchten, zu Besinnungen anregen und hier und da Impulse für praktische Umsetzungen vermitteln.

1. These 1: Motivation braucht Sinn: Wer Leistung will, muß Sinn bieten.

Jeder kann das am eigenem Leibe erleben. Wenn ich in einer Tätigkeit, einer Aufgabe oder in einer Sache keinen richtigen Sinn mehr sehe, nicht mehr richtig dahinter stehen kann, verliere ich langsam an Spannkraft, und Schwung und Elan lassen nach.

Bin ich gezwungen dennoch diese von mir als sinnlos erlebte Tätigkeit weiterhin ausführen zu müssen, weil ich bspw. keine andere Alternative habe, gerate ich recht bald in eine ausgesprochene Motivationskrise: "Null Bock auf nichts", so formuliert das dann der Volksmund. Schließlich hält mich nur noch die Notwendigkeit fest, Geld verdienen zu müssen. Werde ich dann obendrein auch noch schlecht behandelt, z. B. von einem frustrierten Vorgesetzten (weil er möglicherweise selbst auch gerade in einem "Sinntief" steckt und von daher keine Lust hat meine Motivationskrise zu bearbeiten), fühle ich mich ungerecht beurteilt, vielleicht sogar verletzt und mißachtet. Innere Kündigung ist dann der letzte Schritt, in schlimmen Fällen Boykott und Sabotage als Rache an der Sinnlosigkeit. Oder ich muß so tun "als ob", d. h. mir eine freundliche, energiegeladene Maske zulegen, damit ich mit meiner Sinnkrise nicht negativ auffalle. D. h. desengagiert, frustriert

und illoyal wirke, und mir obendrein nicht noch weitere zusätzliche Negativkonsequenzen (sprich: Sinnlosigkeiten) einhandle und dann vollends abzurutschen drohe...
In Unternehmen verursachen Sinn- und damit verbundene Motivationskrisen oft echte Kostenprobleme: Leute müssen mit Prämien und "Incentives" bei Laune oder durch spitzfindige Controlling-Systeme unter Beobachtung und bei der Stange gehalten werden.
Das kostet Geld und Zeit sowie manche Nervenstrapazen durch erhöhte Widerstände und Reibungsverluste, die mit solchen "extrinsischen" Motivationsmaßnahmen verbunden sind.

In schlimmen Fällen können Sinnkrisen pathologische Formen annehmen. "Noogene Neurosen" hat der Psychotherapeut V. Frankl diesen Symptomkomplex genannt (vgl. Frankl 1977):
Ängste, Zwänge, Depressionen, Lebensmüdigkeit und psychosomatische Störung vielfälltiger Art können dadurch auftreten.
Interessanterweise verschwinden diese Symptome häufig fast über Nacht, wenn der Leidende plötzlich neuen Sinn und neue Hoffnung entdeckt. Selbst wenn das die Sinnkrise auslösende existentielle Leid (Tod, Krankheit, Gefangenschaft, Einsamkeit, Arbeitslosigkeit, Lohnknechtschaft, Verschuldung etc.) nicht direkt behoben wurde - jedoch Sinn in dieser Lebenslage entdeckt wurde, ging es wieder bergauf. Sehr oft nämlich können Leidenszeiten Reifungschancen beinhalten, Verdrängtes bearbeitbar machen, neue Wege und neue Lebensqualität eröffnen, die ohne dieses Leid und dessen anfängliche Sinnlosigkeit nicht hätten wahrgenommen werden können (vgl. Bibel, Hiobsleiden etc. sowie Billheimer 1985/Kausemann, 1990).

Neben dieser produktiven Bewältigung von Sinnkrisen gibt es leider - wie gesagt - auch andere Entwicklungen.
Statt die "Botschaft" zu hören und herauszubuchstabieren und mit eventuellen Lebensumstellungen zu reagieren (was natürlich oft leichter gesagt als getan ist) gleitet man ab in die "Betäubung", in den Alkohol, in die Arbeitssucht, ins Rauschgift, in die Medikamentenabhängigkeit oder gar in einen "Teufelspakt" mit okkulten Mächten. Die Sinnkrise wird dadurch tödlich verschärft, Motivation und Lebenswille weiter ausgehöhlt. Bis der Zusammenbruch kommt. Manchmal führt erst dieser zu einer "Umkehr", zu einer ehrlichen Begegnung mit sich selber - und soweit man an Gott glaubt - zur Begegnung mit seinem Schöpfer und Erlöser. Die Mitte der Nacht ist der Anfang des Tages - sagt man - so daß auch der Sinn, der einem abhanden kommen kann, auf einer tieferen Ebene wieder Sinn machen und Trost spenden kann.
In geheimnisvoller Weise ist dabei der Mensch an entscheidender Stelle selbst gefragt und zur Mitarbeit aufgerufen. Die Möglichkeit des Scheiterns - aber eben auch des Gelingens (!) ist darin miteingebettet.

In der deutschen Sprache werden diese existentiell bedeutsamen Sinnzusammenhänge oft sehr treffend und griffig ausgedrückt, wie beispielsweise in Wortkombination, wie diese: Wenn einer sich besinnt und wieder Sinn sieht, kann er mit Besonnenheit an die Dinge heran gehen... Sieht er dagegen keinen Sinn mehr, wird alles sinn-los, weitere Aktionen erscheinen als blödsinnig, gar irrsinnig und manch einer wurde darüber nicht nur tiefsinnig, sondern vielleicht auch trübsinnig oder gar wahnsinnig...

Ganz das Gegenteil geschieht, wenn man sich mit einer Sache voll identifizieren kann, weil man den Sinn sieht.
Das "tun müssen" verwandelt sich in ein "tun dürfen", begleitet von Schwung, Freude, Kraft und Kreativität.
Die Dinge scheinen sich fast wie von selbst dann zu organisieren, Geist und Wahrnehmung sind weit geöffnet und entspannt, andere werden positiv angesteckt und unter Umständen ebenso be-geistert mitgerissen. Und trotz z.T. enormer Arbeitsmengen bleibt man ausgeglichen und wird des Nachts obendrein auch noch mit gutem Schlaf belohnt.

Das Fazit ist klar:
1. Sinnlosigkeit = Energiefresser
2. Sinnlosigkeit = Motivationstief, Frust, Kosten, Krankheit, Leid
3. Sinnerfüllung = Kraft, Freude, Leistung

2. These 2: Sinn braucht einen Bezugsrahmen

Über den "Sinn" zu sprechen, macht allerdings nur Sinn, wenn dabei gesagt wird, in Bezug auf was etwas als sinnvoll gedacht und erachtet wird. Sinn bezieht sich immer auf ein "wofür" und "wozu". Sinn ansich ist sinnlos.
Mit anderen Worten:
Wenn wir etwas als sinnvoll (oder sinnlos) empfinden, denken wir immer an die Konsequenzen (kurz- und langfristigen Neben-, Rück- und Fernwirkung (NRF´s) und an deren Bewertung anhand selbstgesetzter und/oder vorgegebener Prüf- und Wertkriterien (Nutzen/Schaden, gut/böse, richtig/falsch...). Erst diese lassen uns zu dem Urteil kommen, ob etwas Sinn macht oder eben nicht (vgl. "Urgrund" weiter unten).

Bei der Diskussion von Sinnfragen tauchen dabei häufig vier unterschiedliche Bezugsgrößen auf:

1. das eigene ICH
2. das UNTERNEHMEN oder die Organisation, in der wir arbeiten und unser Brot verdienen,
3. die ZUKUNFT der Menschheit samt ihres Raumschiff´s Erde, also wir alle, und - last but not least -
4. das Jenseits, die TRANSZENDENZ, das Sein nach dem Tode...

2.1. Bezugsgröße 1: Das eigene "ICH"

Hier bin ich mir selbst der Bezugspunkt für die Sinnfragen. Hier frage ich mich, was mir selbst und für mich als sinnvoll erscheint, was mir nützt oder schadet, was mir gut tut oder mich krank macht. Das ICH-Bezugs-Spektrum reicht hier von einem gesunden Lebenserhaltungsinteresse bis hin zu kalten, selbstsüchtigen und rücksichtslosen Egozentrismus.
Wir alle bewegen uns irgendwo innerhalb dieser Bandbreite: mal denken wir auch an andere (altruistischer Egoismus) und manchmal wiederum ist uns das Hemd

näher als der Rock: Wir müssen schließlich an uns denken, weil jeder andere ja nur an sich selber denkt...

Die Frage, ob sich bei der individuellen Sinnsuche gewisse Antriebe, Strategien, Phasen, Muster und Kategorien finden lassen, wird schon seit alters her vielfältig diskutiert. Philosophie, Religion, Anthropologie, Psychologie, Soziologie, Pädagogik etc. haben dazu manche Hinweise gegeben. Am volkstümlichsten wurde in diesem Zusammenhang Maslow´s Bedürfnispyramide - man könnte auch sagen "Sinn-Pyramide". Wissenschaftlich schwer kritisiert, macht sie doch im Lebensquerschnitt und besonders bei vielen Führungskräften im praktischen Wirtschafts- und Organisationsleben offensichtlich Sinn.

Denn die menschlichen Zentralbedürfnisse wie Essen, Trinken, Schlafen, Wohnen, Sicherheit, Liebe, Anerkennung, Macht und kreative Selbstfindung und Selbstwerdung erlebt jeder an sich selbst. Und die Suche nach entsprechender Befriedigung dieser Bedürfnisse - einem geglückten Leben also - leuchtet den meisten Zeitgenossen spontan und plausibel als "sinnvoll" ein.

Und danach wird dann auch (in einer gewissen Phasenabfolge) gestrebt.
Da mein Leben mir Sinn machen soll - und ich in der Erfüllung dieser Bedürfnisse (und deren Ent-spannung) eben meinen Lebenssinn sehe, mache ich mich also auf den Weg.

Die Strategien und Wege zum sinnerfüllten Leben sind dabei allerdings recht unterschiedlich. Dennoch lassen sich einige Mustertypen erkennen.

Zum Beispiel den KSMG-Typ: Karriere - Status - Macht - Geld scheinen ihm den Hauptsinn zu liefern. Diese motivieren ihn, setzen ihn in kräftige Bewegung.

Manch einer durchschaut jedoch diese Jagd und deren un-sinnigen Gefahren relativ früh (Stress, Herzinfarkt, zerstörte Familie, Einsamkeit etc) und setzt auf ein anderes Sinn-pferd: "FOS" wird´s genannt, der Freizeit-orientierte Schonhaltungstyp. "Schongang" steht hier im Vordergrund. Arbeit dient lediglich dem Lebensunterhaltserwerb und der Erholung. Bewahrung der Nerven und Kräfte ist angesagt, denn diese gilt es für das Leben nach Dienstschluß aufzuheben. Überhaupt liegt dort erst der wahre Sinn des Lebens.

Ein weiterer wichtiger Sinnsuchtyp ist der RA-Typ. Er ist jemand, der anfangs seinen Sinn vollumfänglich in der Arbeit suchte. Denn Arbeit macht frei, Arbeit bringt vorwärts, Arbeit schafft Werte, Arbeit macht Sinn. Mittelfristig erkannte er allerdings auch die Nachteile: die Arbeit konnte das Sinnerfüllungsversprechen nicht halten, stattdessen burn-out-Symptome, wenig Anerkennung, oftmals ausgebeutet und vor den Karren anderer gespannt und zum Schluß vielleicht von Betriebsschließungen und Arbeitslosigkeit bedroht, und als Lohn möglicherweise eine Kündigung... . Das ehemalige Arbeitstier wurde dadurch zum RA, zum resignierten Arbeitstier. Arbeit war sein Leben... stand später auf dem Grabstein.

Manch einer steigt deshalb rechtzeitig aus und wird zum AE-Typ, zum Alternativ-Engagierten. Zurück zur Natur, zur Selbstversorgung, zum schlichten Dasein, zum friedlich-grünen Miteinander. Allerdings merkt er, daß ihn auch hier die "Zivilisationsmaschine" bald einholt, schlimmer sogar vielleicht noch, denn er muß erkennen, daß sein Ausstieg nur ein Umstieg war, da er weiterhin von der Gesellschaft abhängig blieb: das Finanzamt, das Krankenhaus, das Telefonnetz, die Post, die Stadt mit ihren verschiedenen Versorgungsstrukturen etc... , alles dieses ist nachwievor für das weitere (Über-)Leben notwendig und dementsprechend gewissermaßen auch unentrinnbar. Die anfängliche Sinnhoffnung gerät ins Wanken.

Wird dieses Erleben nicht konstruktiv verarbeitet, entsteht häufig daraus dann der ZH-Typ: der zynische Hedonist.
Er hat alle Spiele durchschaut, sieht daß "alles zum Teufel geht", sowieso letztendlich nichts Sinn macht und nur noch eines übrig bleibt: die Befriedigung der eigenen Lüste. Sein Spott ist sein Genuß und sein Bauch sein Gott. Die dahinter verborgene Resignation ist dabei natürlich nicht zu übersehen. Die Suche nach dem Sinn blieb ohne wirklich befriedigende Lösung. (vgl. dazu den Aufsatz über den SchweineHund).

Ein berühmt gewordener Pionier auf der Suche nach Sinn und ein erfahrener Wanderer auf diesen Wegen quer durch alle diese Typen war der israelitische König Salomon (Sohn David´s, ca. 965 - 926 v. Chr.) Sein Erfahrungsbericht ist in der Bibel im Buch "Kohelet" (oder "Weisheit Salomon´s") festgehalten. Es ist höchst lesenswert und nachwievor brandaktuell.
Salomon probierte nahezu alle potentiellen Sinngeber durch:
- Essen & Trinken nur vom Feinsten
- Bauen berückender Häuser und Palaste einschließlich des Jerusalemer Tempels
- Bücher schreiben
- Söhne zeugen
- Reichtum in Hülle und Fülle
- Macht über Feinde, Untertanen, Sklaven
- Ruhm und Ehre im ganzen vorderen Orient
- begabt mit außerordentlicher Weisheit
- in Besitz eines Harems mit ca. 1.000 Frauen
- und so weiter...

Nach all diesem kommt er dennoch zu einem deutlich pessimistisch-depressiven Lebensfazit:
"Alles, aber auch alles ist ganz eitel und Haschen nach Wind". Deswegen endet er in den letzten zwei Zeilen seiner Aufzeichnungen mit folgender Quintessenz (Vers 13 und 14):

> "Laßt uns die Hauptsumme aller Lehre hören: Fürchte Gott und halte seine Gebote, denn das gilt für alle Menschen. Denn Gott wird alle Taten vor Gericht bringen, alles was verborgen ist, sei es gut oder böse."

Neben dem Versuch "Sinn-Such-Typen" zu entdecken, gibt es noch ein weiteres wissenschaftliches Bemühen, Muster in dieser Angelegenheit zu finden, und zwar anhand der Fragestellung, ob sich nicht in der Entwicklung menschlicher Biographien (von der Wiege bis zur Bahre) gewisse Regelmäßigkeiten bzgl. Sinnfragen würden erkennen lassen. Tiefenpsychologisch orientierte Ent-

wicklungspsychologen, Theologen, Lebensberater etc. haben sich damit häufig beschäftigt.
In einer Ausgabe des Manager-Magazins - (die genaue Quellenangabe ist mir leider abhanden gekommen) - fand ich diesbzgl. ein griffiges Phasenmodell, das recht anschaulich verschiedene "Sinnstufen" des Lebens wiedergab. Es soll hier kurz dargestellt werden.

In der Phase 1, so circa zwischen 25 und 35 Jahren (und ähnlich dem KSMG-Typ) versucht der junge Mensch seinen Sinn darin zu finden, daß er sich seinen Platz in der Gesellschaft und am Arbeitsort zu erobern sucht. Erscheinungsweise: "Junger Keiler, kühler Denker".

Mit ca. 35 muß man dann auf dem Gipfel sein. Bevor man verbraucht ist oder zu alt zum Wechseln. Gipfel heißt: Entdeckung, Entwicklung und volle Nutzung aller seiner Potentiale. Status, Macht, Freiheit und Geld müssen stimmen, Haus und Familie gebaut, und in der Firma weiß man, was er oder sie ist... .

So um die 40-45 herum bricht bei vielen und bei nachlassendem Schwung dann die Sinnfrage explizit auf: Wofür habe ich mich eigentlich so abgestrampelt und was ist denn jetzt noch an lohnenswerten Lebenszielen erreichbar? Es läßt sich die Kenntnisnahme der eigenen Begrenztheit und des eigenen Endes, des Todes, nicht mehr verdrängen. Für große, neue und langfristigere Projekte fehlt vielleicht auch schon die Lebenszeit. Und manche Trümmer, Schuld und Schulden, haben sich auch schon angesammelt und belasten die Seele.

Vielleicht aber hat man auch schon mehr oder weniger alles voll ausprobiert. Und das Leben fühlt sich eher wie ein ausgelutschter Kaugummi an... . Welchen Reiz können dann eigentlich noch die nächsten Jahre bieten?
Midlife-Crises wird diese Symptomatik oft genannt.

Wie in jeder Krise bietet sich auch hier eine neue Chance an: statt äußeres Wachstum nunmehr auf inneres Wachstum langsam umschalten, von der Selbstbezogenheit zum Dialog mit dem Du, vom Haben zum Sein[1]... .

Gelingt die konstruktive Bewältigung der Sinnkrise in der Lebensmitte nicht und wird stattdessen mit Verdrängung, Aggression und/oder Flucht reagiert, setzt häufig (so zwischen 45 und 60) der (sinnlose) Kampf gegen den eigenen Untergang ein. Man wird hart, herrisch, arrogant, engsichtig, unterdrückt Jüngere (aus Angst) und läuft langsam in eine selbstgemachte Scheinwelt hinein. Bei nicht wenigen politischen Führern und gleichermaßen mächtigen Konzernherren kann man diese Symptomatik beobachten. Viele Abhängige hatten dadurch nicht unerhebliche Leiden auf sich zunehmen und die Entscheidungskonsequenzen solcher "Herren" (sprich "Reifungsflüchtlingen") auszuhalten und "auszubaden".

Im Grunde jedoch spüren solche Menschen offensichtlich ihre Fehlentwicklung, doch anstatt in sich zu gehen und sich zu besinnen, wollen sie es "jetzt erst recht wissen und beweisen". Sie setzen sich ein Denkmal, eine neue Sparte wird eröffnet, auch wenn Markt- und Zukunftsstudien rotes Licht signalisieren, das

1 Diese brisante Grenzstelle, ihre Gefahren und Möglichkeiten, beschreibt Anselm Grün in einem Büchlein über die Bewältigung der Lebensmitte in hervorragender Weise. Sehr empfehlenswert!

Unternehmen wird noch rasch umgeschneidert und ein wichtiger (aber inkompetenter) Nachfolger ins Haus geholt usw. . Da "der alte Herr" (noch) die Macht hat, kann er "sich" das leisten und auch durchsetzen ... .

Nicht selten lassen sich dann im Laufe der Pensionierung die Fehlentwicklungen jedoch nicht mehr länger vertuschen, die Verdrängung nicht mehr länger verdrängen, die Flucht nicht mehr weiter aufrechterhalten.
Leider kann das dann zu sehr plötzlich hereinbrechenden persönlichen Innenkatastrophen führen: totale Sinnlosigkeit, negative Lebensbilanz, psychosomatischer Abbau, früher Pensionstod.

Gelingt jedoch die Aufarbeitung der jeweiligen Sinnfrage sowie eine konstruktive, realitätsgemäße Lebensgestaltung in den einzelnen Lebensphasen und besonders in der Krise der Lebensmitte, dann kann so etwas herausreifen wie die Gestalt eines "weisen" alten Mannes (oder Frau), einer glaubwürdigen, gestandenen Persönlichkeit, ein Vorbild für orientierungsbedürftige Nachwuchskräfte - etwas was Gesellschaft und Wirtschaft dringend brauchen, etwas, was dort gesucht und viel zu selten gefunden wird ("serving authority").

Auch aus diesem "gesellschaftshygienischen" Hintergrund heraus ist die Diskussion und Bewältigung von Sinnfragen und Sinnkrisen notwendig, sinnvoll und erstrebenswert.

2.2 Bezugsgröße 2: Das Unternehmen

Als Individuen sind wir eingebunden in soziale Zusammenhänge, in Kooperations-, Kommunikations-, Macht- und Strukturgeflechte (Mensch = Zoon politikon).
Das Unternehmen oder die Organisation, für die wir arbeiten und dort vielleicht 30% - 50% unseres Lebens verbringen, hat naturgemäß großen Einfluß auf uns und unsere Suche nach dem Sinn. In diesem Kontext tauchen dabei Fragen folgender Art auf:

- Warum und wozu gibt es unser Unternehmen? Wer ist warum und wozu daran interessiert? (Existenz- und Sinngrund)
- Was ist der Sinn unserer Produkte?
- Was ist der Sinn unserer Produktionsweise, unserer Struktur, unserer Strategien, Spielregeln, Vorschriften, Verfahrensweisen, unserer Entscheidungen?
- Was ist der Sinn der Arbeit, die ich dort verrichte? Was der Sinn meiner Rolle, meiner Ergebnisse? Meines Engagements?

All diese Fragen, wenn sie nicht zufriedenstellend beantwortet werden, können ebenfalls zu Demotivationen, zu Frustrationen, zu inneren Kündigungen führen.

Die "Aufmunterung" durch Geld, Status, Privilegien etc. wirkt erfahrungsgemäß nur zwischenzeitlich und wird zum Gewohnheitseffekt. Sie verhindern vielleicht Fluktuationen, schaffen aber keine dauerhaften Energien fürs Unternehmen (vgl. Individueller Kernprozeß, OSTO-Modell).

Die Sinnfrage ist für Unternehmen aber nicht nur aus Motivationsgründen von Bedeutung. Ein weiterer Zusammenhang besteht in Richtung "Personalmarketing". Immer wieder kommt es vor, daß Unternehmen keine qualifizierten Mitarbeiter und

Führungskräfte finden können, weil das Produkt der Firma, ihre Arbeitsweisen und ihre Kultur Stellungssuchende eher abschreckt als anzieht. Auch Geld kann hier dann offenbar wenig bewirken: die Menschen scheinen Identifikations- und Gewissensprobleme zu bekommen und sehen selbst bei höheren Positionsangeboten eher nur den Streß, die Entleerung, den Zeit- und Leistungsdruck - und verzichten gerne. Konsequenz: Nachwuchsmangel, Rekrutierungsprobleme, Imageverluste, Qualifikationsdefizite, Redundanzabbau, Risikoverstärkung. Also Sinngrundprobleme, die sich in Heller und Pfennig auswirken.

Desweiteren spielt die Sinnfrage auch eine wichtige Rolle hinsichtlich der langfristigen Existenzgrundsicherung des Unternehmens im Produkt-Markt-Bereich (vgl. PMZ/OSTO-Brille).

Dazu ein Beispiel:

Ein Chemiekonzern mit Düngemittelprodukten herkömmlicher Art nimmt beim Blick in die Zukunft ("schwache Signale") wahr, daß die durch künstliche Chemiedünger u.ä. biologisch gefährdeten Anbauböden langfristig zu einer Absatzkrise führen können. Zunehmend mehr Landwirte, Konsumenten und Politiker nehmen kritische Haltungen gegenüber der "Chemiekeule" ein. Obwohl Absatz und Umsatz mittelfristig noch den geplanten Konzernerwartungen entsprechen - es wird immer noch Kunstdünger gekauft und der Existenzgrund ist gesichert - erkennt die Leitung, daß aufgrund zukünftiger "Sinngrundfrage" jetzt schon proaktiv zu handeln sei. Sie gibt die Entwicklung alternativer, "biologisch sinnvoller" Düngemittelverfahren in Auftrag. Das klassische, chemisch härtere Düngemittel soll dabei langsam durch das neue Produkt substituiert werden. Einer Verkaufskrise kann dadurch präventiv entgegengewirkt werden. Die sensitive, nicht verdrängerische Beobachtung und Beachtung der diesbzgl. Sinnfrage trug dadurch zur weiteren Existenzgrundsicherung des Unternehmens (rechtzeitig!) bei. (vgl. dazu OSTO-System-Modell).

Abschließend sei noch auf den Zusammenhang Sinnfrage/Sinngrund und Führungseffizienz eingegangen (fokussierte Synergie).

Unternehmen, die in komplexen, dynamischen Umwelten operieren (vgl. Dynaxity-Zone III, Zone-III-Fitneß) stehen vor dem Problem, daß bisherige Führungsstrategien, -instrumente und -verhaltensweisen nicht mehr "richtig funktionieren" und die für hohe Komplexitäts- und Dynamikgrade benötigte kommunikative Flexibilität, strukturelle Elastizität und zielgerichtete Synergie der Mitarbeiter und Unternehmensbereiche (Existenzgrund) nicht erreicht bzw. nicht vorhanden ist.
Die für die Erzielung dieser Qualitäten und zielorientierten Synergien "zuständige" Hierarchie samt ihren Organisations-, Regel- und Kontrollsystemen ist völlig überfordert. Die benötigte, qualifizierte und existenzgrundorientierte Synergie und Reagibilität ("Überraschungskompetenz und Reduktionsweisheit") tritt nicht auf. Stattdessen Doppelarbeiten, Desorientierung, Konflikte, Terminversagen, Marktverluste, Fluktuation.
Ein Zurück zu guten alten mechanistisch-autoritären Hierarchiezeiten ist jedoch vorbei und unmöglich. "Vorwärts zur Vergangenheit" geht nicht.

Es gibt m.E. hier nur einen Weg, und der geht nach vorne. Und der läßt sich wie folgt umschreiben, nämlich Beschreiten eines partizipativen Prozesses (des Diskutierens, Lernens und Gestaltens), mit Hilfe dessen der "Sinn des größeren Ganzen", des Unternehmens mit seinen Kernkompetenzen, Produkten, Märkten und Potentialen wieder für alle in den Blick kommt. Also Besinnungsphase, Entwicklung einer gemeinsamen sinnmachenden Orientierung im Rahmen dessen jeder Mitarbeiter und jede Führungskraft dann seine Entscheidungen im Lichte der gemeinsamen Sinnziele treffen und seine Handlungen folgerichtig planen kann. Hierarchie fällt dadurch nicht weg, wird aber auf Service- und Notfunktionen gesundgeschrumpft (vertikale "kybernetische" Arbeitsteilung) und durch kommunikative, heterarchische, teilautonome Systeme und Subsysteme flexibilisiert und relativiert (Selbstorganisation).
Damit die für die Dynaxity-Zone III notwendigen Differenzierungen (vgl. Aufsatz "Dynaxibility") und Dislozierungen nicht zu Desintegrationen führen, bedarf es - wie gesagt - integrativer, synergieschaffender Maßnahmen, und zwar solche, die auf geistig-kreativen Wege (!) Kooperation, Ergänzung, Effizienz etc. sicherzustellen helfen.
Und genau hier spielt der "Sinn" eine tragende Rolle und die Bemühung um einen partizipativ verstandenen und akzeptierten Sinngrund eine gar nicht zu überschätzende "unsichtbare" Führungsfunktion (vgl. auch "Kultur" als 3. Führungskraft).

Soll und muß mehr Selbstmanagement und Selbstorganisation qualifiziert und effizient (gemäß Existenz-Grund, EG) gelingen, ist "Sinn" eine zentrale und vitale Orientierungs-, Motivations- und Identifikationsgröße. Andernfalls würden Selbstorganisation sonst in Abteilungsegoismus oder systemischen Chaotismus ausarten. Und beides können wir uns nicht (mehr) leisten.

2.3 Bezugsgröße 3: Menschheit - Erde - Zukunft

Wie es um unseren Globus bestellt ist, was auf uns und die nächsten Generationen zukommt, ist allen mittlerweile klar. Stichworte genügen hier; wie beispielsweise:
Ozonloch
Ressourcen-/Rohstoffverknappung
Völkerwanderungen
Bevölkerungsexplosion
Tschernobyl und Co.
Weltfaschismus/"big brother"
Okkultismus/Magie/Anti-Christus (vgl. Math. 24, Apokalypse Kap. 13)
Abtreibungen/Euthanasie
Genmanipulationen
Wasser- und Bodenvergiftung
Treibhauseffekt/Meeresspiegelanstieg
Aufrüstungen/Waffentechnologie
Gesellschaftliche und private Überschuldungen
Zunahme von Depressionen und Suchtabhängigkeiten
Inweltverschmutzungen (Neurosen, Psychosen, Kriminalität, Selbstmord)
Dritter Weltkrieg
usw., usw. ...

Manche fragen sich, ob nicht schon bedeutende "points of no return" überschritten sind und die Menschheit einem großen Öltanker gleicht, der auf einen Eisberg zusteuert, wobei der 2 km lange Bremsweg zu kurz, wie auch ein Ausweichmanöver nichts nützt und nur in andere Eisberggefahren hineinlotsen würde. "Vielleicht - so ein Mitarbeiter neulichst hinter vorgehaltener Hand bei einem Businesstrip nach Zürich - sind wir die letzte Generation..."

Wenn diese (geheime) Auffassung in den Herzen und Köpfen vieler Menschen und vor allen Dingen Jugendlicher schlummert - dann stecken wir in einer weltweiten Sinnkrise. Der Ruf nach einem starken Mann, einem Erlöser der Menschheit, einem Globalhitler wird dann der letzte Schrei vor dem Gesamtzusammenbruch sein (vgl. Figur/System des Anti-Christen).

Wofür also sich noch anstrengen, wofür noch pflichtbewußtes Handeln, wofür noch an andere denken, wenn doch die Titanic sowieso schon beginnt unterzugehen? Dann laßt uns wie zynische Hedonisten noch einmal richtig alles auf den Kopf hauen ... und dann nach uns die Sintflut ...

2.4 Bezugsgröße 4: Transzendenz

Ob es nach dem (irdischen) Leben weitergeht, ist wissenschaftlich bzw. philosophisch nicht auszumachen. Die Auslöschung des individuellen Lebens und Bewußtseins ist nicht höher wahrscheinlich als sein Gegenteil, nämlich das Weiterleben nach dem Tod, und dies ist genausowenig nachweisbar wie die Existenz Gottes oder dessen Nicht-Existenz.
Die ungemeine Intelligenz im ganzen Kosmos und die ausgemacht beschränkte Erkenntnisfähigkeit von uns Menschen sprechen eher dafür, daß es weitergeht... Und selbst atheistische Evolutionsanhänger operieren "gläubig" mit metaphysischen Gesetzesbegriffen (z.B. Notwendigkeit, Naturgesetze) und unterlassen (unterschlagen?) dabei, die Herkunft derselben zu erklären... . Auch Hypothesen über die Ewigkeit der Materie und deren immanenten Gesetze helfen hier nicht weiter: auch dies sind bloße Glaubensannahmen, so gut oder so schlecht wie alle anderen transzendentalen und metaphysischen Aussagen anderer Seinserfahrungen von Menschen, wie sie sich bspw. in den Religionen widerspiegeln.

Transzendenz läßt sich dabei vielleicht am anschaulichsten mit "Jenseits des Horizontes" übertragen. Man sieht es nicht, aber es existiert und wirkt dennoch und sendet seine "Schatten" voraus. Aus diesem Hintergrund erwachsen dann auch unsere tiefsten Fragen:
Woher kommen wir?
Wohin gehen wir?
Warum gibt es uns?
Wozu, zu welchem Zweck gibt es uns?
Was können wir sicher wissen?
Worauf können wir uns verlassen?
Woher bekommen wir Hilfe, wenn nichts mehr hilft?
Gibt es Gott? Wenn ja: wie ist er?
Was will er, was plant er? Gibt es eine Beziehung zu ihm?

Wer bin ich selber - und was kommt auf mich ganz persönlich zu? Wofür bin ich verantwortlich?
Bin ich überhapt ver-antwort-lich? Wird mich jemand fragen?
Was werden meine Kinder und Enkel über mich denken?
Welche Spuren wird mein Leben hinterlassen?
Was werde ich nach meinem Tod über mich denken?
Wofür habe ich mein Leben eingesetzt?
Wem habe ich eigentlich wirklich gedient?
Wo bleibe ich mit meiner Schuld?
Gibt es ewiges Leben? Oder "Erlöschen"?
Gibt es "Karma" oder "Gericht und Gnade" Gottes?
Gibt es Erlösung, Himmel und Hölle?
Oder ist alles Leben nur ein dämonischer Witz, eine Panne der Evolution?
Oder liegt die Menschheit und auch ich in "Geburtswehen" - wird der wahre Mensch erst noch geboren? Sind wir die Vorstufe zu uns selber?

Fragen über Fragen. Dennoch sind sie Quellen großer Sinnsuchen - und auch Quellen von Sinnangeboten, Sinndeutungen, von Trost und Hoffnung.

Auffällig bei all diesen Fragen ist die Bedeutung des Todes, d. h. der Versuch das Leben aus der Sicht seines irdischen Endes heraus zu betrachten und zu bewerten.

So betete schon Moses (ermüdet von seiner gewaltigen Lenkungsaufgabe ca. 3 Millionen Israeliten durch die Sinai-Wüste nach Kanaan zu bringen) vor dem Hintergrund jener Transzendenz in Psalm 90:

> "Herr, lehre mich bedenken, daß ich sterblich bin, auf daß ich klug werde."

Jesus Christus weist ebenfalls auf diesen transzendenten Bezugspunkt hin, die Relativität des irdischen Lebens bei allerdings zeitlos-ewigen Seins der Seele, wenn er warnend sagt:

> "Was hilft es dem Menschen, wenn er die ganze Welt gewinnt und nimmt doch Schaden an seiner Seele! Womit will er sie wieder freikaufen?"

Bei der Analyse dieses Bezugspunktes "Transzendenz" wird ferner deutlich, daß er selbst wiederum noch von etwas Hinter-ihm-Stehenden beeinflußt wird. Denn die Antworten auf die oben erwähnten Fragen (bzw. schon die Fragestellungen als solche selbst) können sehr unterschiedlich ausfallen. Und zwar je nach dem welchen Überzeugungs- und Glaubensstandpunkt der jeweilige Mensch einnimmt. Daher gilt es zu veranschaulichen, welche Prämissen oder welcher "Meta-Sinn" hinter den jeweiligen individuellen Sinnfindungen steckt.

Damit kommen wir zur Meta-Bezugsgröße für den Sinngrund, den Urgrund.

3. Der URGRUND

Mit der Kategorie des "Urgrundes" soll - wie gesagt - angedeutet werden, daß unsere "normalen" Alltagswerte, Sinnfindungen, (Wert-) Entwicklungen etc., also auch der Existenz- und Sinngrund von Systemen, auf Basis - oder Metawerten beruhen d.h. auf diese zurückzuführen sind bzw. von dort her gespeist und gesteuert werden.
Die Quelle jener Basis - oder Metawerte - den Werten also hinter den Werten - nennen wir im OSTO-System-Modell schlicht den "Urgrund" (vgl. Henning, 1993, S. 171).

Denn Sinn, so wurde behauptet, läßt sich sinnvoll nur dann diskutieren, wenn es in Kombination mit Wert- und Bewertungsfragen erörtert wird. Und dabei entsteht dann eben auch die Frage, woher die Werte stammen, die den "Sinn" bewerten? Was also ist es, was den Wert oder Unwert meiner Werthaltungen und Wertinhalte bestimmt oder bestimmen soll?
Wer oder was sagt mir, was wertvoll und was wertlos ist, was gut oder böse ist, was nützlich oder unnützlich, schädlich oder gar tödlich ist? Was Leben fördert und was Leben zerstört? Und: was heißt denn überhaupt "Leben"?

Ein zweites Problem kommt hinzu. Denn bei der Frage, ob etwas Sinn macht und insofern als wertvoll beurteilt werden kann, taucht nämlich die Schwierigkeit auf, längerfristige NRF´s einer möglicherweise erfolgenden Handlung (Maßnahme, Intervention etc.) richtig einschätzen bzw. vorhersagen zu können, weil einem eben jene abzuwartenden NRF´s erst sagen können, ob obige Handlung denn nun - ex post - auch tatsächlich sinnvoll, gut und lebensfördernd war oder nicht, oder nur teilweise (vgl. Realitäts-/Planungssimulationen mit NRF-Testfolgen als Präventionsversuch).
Oder anders ausgedrückt: in den seltensten Fällen folgen die Auswirkungen von Handlungen immer gleich auf dem Fuße danach. Das Gegenteil ist oft der Fall: die Sünden der Väter, die berühmten Altlasten, liegen oft Jahrzehnte lang zurück, und erst heute büßen wir als Kinder oder Enkel dafür.
Darüber hinaus ist das sogenannte Gute bei genaueren oder längerem Hinschauen gar nicht immer so sehr das Gute, oftmals sogar etwas sehr Böses. Und das selbe trifft auch manchmal für das sogenannte Böse zu.

Woher also die Abschätzungs-/Bewertungsmöglichkeiten und Entscheidungsmaßstäbe für Vorhaben in komplexen Situationen nehmen, wobei - wie die Chaosforschung zeigte - selbst kleine und unscheinbare Aktionen zuweilen überdimensionale Auswirkungen haben können und die Unterscheidung "kleine - große Maßnahmen" dadurch sehr relativiert werden kann. (vgl. "Schmetterlingeffekt").

Woher aber dann - so muß man doch konsequenterweise weiterfragen - Vertrauen und Handlungsmut gewinnen, wenn trotz prinzipieller Unterinformation und prinzipiell eingeschränkter d. h. unzureichender Wahrnehmungs-, Prognose- und Kontrollmöglichkeiten in komplexen Situationen (und "Nebelvierecken, vgl. Aufsatz Dynaxibility) etwas getan werden muß und dies sich erstrebterweise später auch als sinnvoll herauszustellen hat... (vgl. Henning, 1992, S. 42).

Man kann "das" letztendlich nur hoffen und glauben. Nicht aber mehr genau wissen.

So münden Sinn-Überlegungen schließlich in Fragestellungen nach letztgültigen, d. h. absoluten, haltgebenden Wertfixpunkten und Vertrauensankern, die vor und jenseits aller menschlichen Möglichkeiten des Denkens, Planens und Machens liegen, und liegen müssen, und deshalb im transzendenten Urgrund des Lebens selbst zu suchen sein werden.

Diese Leben und Tod, Vergangenheit und Zukunft umfassende, umfassen müssende Urgrunddimension drückt sich häufig aus in Welt- und Gottesvorstellungen, in Menschen- und Organisationsbildern, in ethischen Grundnormen über Gut und Böse, in Zukunftsauffassungen und Geschichtsdeutungen.
Sie alle stellen letztendlich Bilder dar mit religiösem Kern- und Schwergewicht.

In diesem Sinne können Religionen als "metaphysische" Rückbindungsversuche des Menschen an seinem Ursprung aus dem Sein, auf der Suche nach Erkenntnis, Sinn, Halt, Vertrauen und Zukunft, letztendlich nach Erlösung und Leben verstanden und dabei/dadurch als Lieferanten von Metawerten und Metasinn gesehen werden.

Je nach Kultur, Religionszugehörigkeit, Glaubensüberzeugung und theologischer Prägung werden allerdings auch diese letzten Fragen und deren Beantwortungen wieder recht unterschiedlich ausfallen.

Im nachfolgenden soll deshalb nur stichwortartig auf einige solcher bekannten Sinn- und Wertlieferanten auf Metaebene eingegangen werden. Die Ausführungen sind dabei aus Laiensicht und versuchen nur zentrale Kernaussagen zu skizzieren, die lediglich die allgemeinen Denk- und Glaubensrichtungen durchscheinen lassen sollen und können. Auf die vielfältigen Variationen, Ähnlichkeiten und Querverbindungen innerhalb bzw. zwischen den Religionen bzw. Weltanschauungen wird daher hier nicht eingegangen werden können.

3.1 Urgrundangebot Nr. 1: Der Evolutionsglaube

Der heute im Durchschnitt in Literatur, Medien und Schulen vertretene Glaube an die Evolution von Materie, Leben, Bewußtsein und Spiritualität läßt sich m. E. in etwa durch folgende Inhalte charakterisieren:

- Die Evolution des Seienden ist ein nach "vorne" hin offener Prozeß der Selbstgestaltung (z. B. von Komplexität, Spielregeln etc.)
- selbstgesteuert durch einige wenige Rahmenbedingungen wie Zufall und Notwendigkeit (z. B. physikalische Gesetze),
- bei nahezu unbegrenzten Zeiträumen
- und "sinn-losen" Entwicklungen (weil ohne (von einem Gott gesetzte) absolute Zielvorgaben)
- wobei das Evolutionsprodukt "Mensch" (als das zu sich selbst gekommene Bewußtsein der Evolution) nun für Sinnfragen und Zielsetzungen selbst zuständig ist (und insofern "Gott" geworden ist)

- dies alles aber auch wieder verschwinden kann im Laufe weiterer evolutionärer Bewegungen und offener Prozesse ...
- wobei dennoch oft die Hoffnung durchschimmert, daß es weiter "bergauf" gehe und wir selbst ein "goldenes Zeitalter" werden bauen können ...

Ich habe im Titel oben bewußt von Evolutionsglauben und nicht von Evolutionstheorie gesprochen. Dies scheint berechtigt, da die Evolutionstheorie im wissenschaftstheoretischen und naturwissenschaftlichen Sinne nicht als Theorie bezeichnet und anerkannt werden kann. Desweiteren wird übersehen, daß die sogenannte Evolutionstheorie keineswegs ein einheitliches Theoriegebäude darstellt und allenfalls - so Popper (1982, S. 55) - als Forschungsprogramm und als Erkenntnisinteresse bezeichnet, nicht aber als gesicherte Wahrheit deklariert (und "verkauft") werden kann.

Mittlerweile sind eine Fülle von Einwänden gegen die sogenannte Evolutionstheorie (als wissenschaftliche Theorie) entstanden, die hier fachwissenschaftlich zu diskutieren allerdings unmöglich sind. Der interessierte Leser muß deswegen an die angegebene Literatur verwiesen werden[2].
Im Rahmen dieser Urgrund-Thematik kann deshalb nur stichwortartig - und dazu auch nur aus der Sicht eines Laien - auf einige zentrale Einwände eingegangen werden. Diese sind folgende:

1. Historismusproblem: Die "Evolutionstheorie" (ET) beinhaltet Vergangenheitsaussagen, die sich weder beweisen noch bezeugen, noch experimentell reproduzieren lassen (Probleme: Anfangsbedingungen, Indizieninterpretation, Konstuktionscharakter).

2. Modellplatonismus: Evolutionstheoretische Modelle werden auf der Basis von (spekulativen) Annahmen, und unter ceteris-paribus Regeln (laborhaft) konstruiert, generalisiert (und oft fälschlicherweise als "gültig" publiziert).

3. Die "Evolutionstheorie" beinhaltet unhaltbare Zeitdatierungsmethoden und -aussagen, wodurch sich über das Alter von Funden, Gesteinschichten etc. nichts Verläßliches aussagen läßt. (Dadurch entfallen die für die Evolutionsannahmen notwendigen langen Zufalls-/Entwicklungszeiträume, die die gesamte Theorie als gescheitert erscheinen lassen müßte! (Ausführlich dazu Schneider 1982, Junker/Scherer 1986).

4. Falsifizierungsimmunität: Aussagen wie: "Art X hat sich entwickelt aus Anpassungszwang (Selektion), Art Y ist deswegen untergegangen" sind keine wirklichen Erklärungen. Denn sie sind a) nicht überprüfbar (vgl. Pkt. 1) und b) stimmen immer, da sie logisch-tautologische Zirkelschlüsse darstellen, d. h. die Schlußfolgerung ist bereits logisch in die Voraussetzung hineingebaut und damit empirisch gehaltlos.

---

2 Aus der Fülle evolutionskritscher Literatur sei stellvertretend auf einige wenige Werke kurz hingewiesen: Wilder-Smith (1987), Gitt (1982, 1985, 1990), Junker/Scherer (1986), Schneider (1982), Scheven (1982), Whitcomb/Morris (1977), Kuhn (1984) u. v. a.
Im deutschsprachigen Raum veröffentlicht vor allen Dingen die schweizerische Zeitschrift "Factum" evolutionskritische, fachwissenschaftliche Arbeiten.

5. Zirkelschlüsse: z. B. Eichung von Zeitdatierungsmethoden an Gesteinsalterannahmen - Bestimmung von Zeitaltern von Gesteinschichten, Fossilien etc. aufgrund (jener vorher) geeichten Zeitdatierungsmethoden.

6. Mißbräuchliche Analogieschlüsse: Weil der Mensch dem Affen ähnlich aussieht, stammt der Mensch wohl auch irgendwie (zumindest über einen gemeinsamen Vorfahren) von ihm ab bzw. ist mit ihm verwandt. Auch das Schwein oder die Ratte haben physiologische, organische und psychische Ähnlichkeiten mit uns!
   Analogieschlüsse können Forschungsprozesse durchaus kreativ fördern, mit "Wahrheit" hat das allerdings nichts zu tun.

7. Synchronizitäts- und Holismusproblem (Ko-evolution/Synorganisation):
   Wie kommt es, daß Funktionen, die aufeinander gleichzeitig und ganzheitlich angewiesen sind, auch gleichzeitig sich entwickelt haben? (z. B. Auge/ Sehnerv/Gehirnrepräsentanz, weibliche/männliche Geschlechtsorgane etc.)
   Auch systemtheoretische Erklärungsmodelle sind reine Gedankenkonstrukte und helfen hier nicht weiter, weil sie "... nicht angeben, wie im einzelnen die Genverschaltung erfolgt. Hierzu sind keine experimentellen Ergebnisse bekannt." (Junker/Scherer, 1986, S. 68).

8. Fehlende "missing links": Tier-Mensch bzw. Tier-Tier Übergangsformen sind bis heute nicht gefunden, jedoch Fossilien ausgestorbener, bereits hochdifferenzierter Organismen und Tiere. Quastenflosser bspw. haben sich nicht entwickelt, es gibt sie heute (wieder), in Bernstein eingeschlossene Insekten haben dieselbe Struktur wie rezente u. s. w.

9. Aggressive Befundunterdrückungen:
   Befunde, Hypothesen etc. die nicht in die gerade (!) herrschende Evolutionstheorie hineinpassen, werden unterdrückt oder über komplizierte Konstruktionen als "Sonderfälle" umdefiniert. (Falsifizierbarkeitsunterdrückung, Immunisierungsverdacht).

10. "Rettung" von Theorien und Modellen durch Einführung neuer Zusatzannahmen (synthetische -> systemtheoretische ET), die ihrerseits jedoch nicht erklärt werden, spekulativen Charakter haben, exprimentell nicht darstellbar sind und in wichtigen operationellen Einzelfragen keine Antwort geben.

11. Entropieproblematik: Erklärungsproblem bzgl. der Entstehung von komplexer Ordnung, Höherentwicklung, Entstehung von kybernetischen Regelungsmechanismen etc.

12. Häufige Verwechselung von Mikro- und Makroevolution (innerartliche Varianten vs. Entstehung gänzlich neuer Funktionen, Organe, Arten).

13. Weltanschauliches Interesse: Gefahr, daß weltanschauliche Interessen die Methoden, Experimente, Befundinterpretationen, Hypothesen und Modellbildungen über Gebühr stark beeinflussen und daher zu den obigen Einwänden (Pkt. 1 - 12) zwangsläufig führen müssen (Ideologieverdacht, Immunisierung, Modellplatonismus etc.)

Rationale, kritische Diskussionen sind mit Evolutionsbefürwortern z. T. schwer zu führen (Evolutionisten-Kreationisten).

3.2 Urgrundangebot Nr. 2: Der Humanismus

Auch der "Humanismus" kann Urgrundfunktionen an- und einnehmen, und insofern als eine Art Quasi-Religion bezeichnet werden. Allerdings ist eine präzise Definition dessen, was Humanismus sei, m. E. unmöglich, weil wir wissenschaftlich-philosphisch gesehen nicht wissen, vermutlich sogar nicht wissen können, wer oder was das "Humanum" ist und demzufolge der Humanismus zu sein haben könnte. Anthropologie ist weitgehend Konstruktion, und Humanwissenschaft ist die Suche nach sich selber. Vieles läßt sich gar nicht sagen, vielleicht daher auch nicht denken: ...der Mensch ist immer mehr, als er von sich wissen kann (Störig, 1970, S. 437).
Rein oberflächlich betrachtet, läßt sich "Humanismus" vielleicht so verstehen, wie das "Glossary of Humanism" ihn unter dem Buchstaben "H" umschreibt:

> "In groben Zügen befürwortet der Humanismus unserer Zeit eine Lebensanschauung, in deren Mittelpunkt der Mensch und seine Fähigkeiten steht, hier und heute ein lebenswertes Leben für sich selbst und für seine Mitmenschen zu schaffen. Die Betonung liegt auf den eigenen intellektuellen und moralischen Quellen im Menschen; die Vorstellung einer übernatürlichen Religion wird zurückgewiesen. Einer der wichtigsten Trends im modernen Humanismus besteht darin, daß er sich auf die Anwendung wissenschaftlicher Untersuchung und ihre Beurteilung von Wahrheit, Realität und Moral in rein menschlichen Begriffen verläßt."

Im "Humanismus" - so könnte man sagen - drückt sich die Hoffnung aus, Angst, Leere, Sinnlosigkeit aus eigenen Anstrengungen heraus zu überwinden, die positiven kreativen Lebenspotentiale des Menschen zu nutzen und eine sinnstiftende Zukunft(svision) zu gestalten.

In systematischer Sicht lassen sich folgende Prinzipien oder Grundsetzungen des Humanismus "erkennen":

1. Autonome Selbstbestimmung und Selbsthilfe des Menschen:
   Der Mensch ist - ohne Gott - auf sich selbst gestellt. Er hat die Verantwortung für sich selbst und die Menschheit zu übernehmen. In die Freiheit entlassen/geworfen, hat er diese zu gestalten.

2. Homo - mensura Prinzip:
   Der Mensch (welcher "Mensch"?!) steht im Mittelpunkt des Lebens - er ist Maßstab aller (seiner) Dinge, er ist Ziel, Zweck, Sinn.

3. Optimistischer Glaube an Fortschritt und Verbesserung der menschlichen Umstände:

Der Mensch ist lern - und entwicklungsfähig. Der Sinn des Lebens ist das Leben - und es ist Aufgabe des Menschen dieses ständig zu verbessern (Chapman, 1984, S. 224):

> "Ich setze meine Kraft lieber für das ein, was in meiner Reichweite ist: Aus dieser Welt mit ihrem gewaltigen unglaublichen Potential an Schönheit und Glück einen Ort zu machen, an dem jeder Mann, jede Frau und jedes Kind wahrhaftig sagen kann: "Wir sind dankbar dafür zu leben, denn das Leben ist Nahrung!"
> Heute klingt das wie Hohn und Spott. In einigen hundert Jahren wird es einen Sinn ergeben, und dann wird der Mensch den Mut erlangt haben, der nötig ist, um sich so zu sehen, wie er ist - ein Wesen, mit der Macht des Verstandes ausgerüstet, der es ihm schließlich ermöglicht, in jedes Geheimnis der Natur vorzudringen, bis er wahrhaftig Herr über all das ist, was er sieht, und mit einer solch vollkommenen Willensfreiheit ausgestattet, daß er selbst - und niemand sonst - wirklicher Herr seines Schicksals ist und darum bei der Gestaltung seines höchsten Glücks von niemand anderem abhängig ist als von sich selbst (van Loon, 1965, S. 116)."

4. Glaube an die Vernunft:

Der Mensch will das Gute, ist kritischer und intelligenter Analyse zugänglich, kann und will die Konsequenzen seines Handelns vorausbedenken, sucht das Vernünftige (vgl. Theorie Y von McGregor).[3]

5. Vertrauen in die Wissenschaft:

Huxley, J., (1964, S. 77/S. 107) umschrieb vor 30 Jahren diesen Glauben wie folgt:

> "Dieses neue Gedankensystem, dessen Geburtsstunde wir Menschen in der Mitte des 20. Jahrhunderts miterleben, möchte ich ganz einfach Humanismus nennen, denn er kann sich nur gründen auf unser Verständnis vom Menschen und seinen Beziehungen zu seiner Umwelt..."
> Die Wissenschaft hat eine neue und sehr reale Einheit und feste Organisation erreicht und liefert uns ein wissenschaftlich fundiertes Bild vom menschlichen Schicksal und den menschlichen Möglichkeiten. Zum ersten Mal in der Geschichte kann die Wissenschaft zum Verbündeten der Religion werden statt zum Rivalen oder Feind, denn sie kann eine "wissenschaftliche" Theologie liefern, einen wissenschaftlichen Glaubensrahmen für jede Religion, die sich aus der gegenwärtigen ideologischen Unordnung ergibt."

---

3 Mc Gregor entwickelte diese in der Managementwelt gut bekannte Hypothese in einem Buch, dem er den Titel "The Human Side of Enterprise" gab (1960).

Blackham (zit. n. Chapmann 1984, S. 218) präzisiert diesbzgl. Voraussetzungen bzw. Konsequenzen:

> "Jeder muß für sich selbst denken und entscheiden, wenn es um wichtige Fragen seines Lebens und Verhaltens geht; und nichts darf, allgemein gesprochen, von menschlichen Fragen ausgenommen sein. Das bedeutet, daß es keine uralte Tradition gibt, keine Offenbarung, keine Autorität, kein privilegiertes Wissen (erste Prinzipien, Intuitionen, Axiome), das außer Frage steht, weil es jenseits der Erfahrung steht und nicht, als Maßstab gelten kann, an dem man die Erfahrung deutet. Es gibt nur die Erfahrung, die anhand weiterer Erfahrungen interpretiert wird; die einzige Quelle aller Vernunft und Wertmaßstäbe - stets offen für Fragen. Auch diese radikale Annahme selbst darf natürlich in Frage gestellt werden; sie steht und fällt nur insofern, wie sie durch Erfahrung bestätigt oder widerlegt wird."

6. Selbst-Entwicklung von gesellschaftlichen Leitwerten (mit Hilfe von Wissenschaft und gesellschaftlichen Diskursen):

   "Unabhängigkeit und Originalität, Meinungsvielfalt, Freiheit und Toleranz: das sind die ersten Notwendigkeiten in der Wissenschaft; dies sind auch die Werte, welche sie an sich fordert und formt...
   In Gesellschaften, in denen es diese Werte nicht gibt, müßte die Wissenschaft sie schaffen.

   Aus diesen Voraussetzungen, welche die Grundwerte formen, entwickeln sich Schritt für Schritt eine Reihe von Werten: Meinungsvielfalt, Rede- und Gedankenfreiheit, Gerechtigkeit, Ehre, Menschenwürde und Selbstachtung.
   Seit der Renaissance haben sich unsere Werte in solchen Schritten entwickelt (Bronowski, 1964, S. 66 f)."

7. Sozialvertrag:

   Die Konstruktion und Legitimation gesellschaftlich verbindlicher Grund- und Leitwerte ist in kollektiven Diskussions- und Meinungsbildungsprozessen im Sinne der Demokratie herzustellen.

8. Glaube an den Evolutionsglauben:

   Die Hypothesen der Evolutionsvorstellungen werden als generelle Erklärungs- und Sinnmuster herangezogen (vgl. Evolutionsglauben w. o.) Folgende Zitate beleuchten diese Zusammenhänge und Denkhaltungen in plastischer Form. So schreibt Huxley, I. (1964, S. 117, 130) zum Beispiel mit fast schwärmerischen Enthusiasmus:

   > "Die Evolution... ist die gewaltigste und umfassendste Idee, die jemals auf Erden entstanden ist. Sie hilft uns, unsere Herkunft zu begreifen, unser eigenes Wesen und unsere Beziehung zur übrigen Natur. Sie zeigt uns die Hauptströme der Evolution in der

Vergangenheit und die Richtung für unseren Evolutionskurs der Zukunft.

Vom speziell religiösen Standpunkt aus betrachtet, könnte die wünschenswerte Richtung der Existenz bezeichnet werden - doch damit dies auch wirksame Bedeutung haben kann, müssen wir eine neue Definition des "Göttlichen" formulieren, die frei ist von allen Nebenbedeutungen übernatürlicher Wesen außerhalb der Welt.
Dieser neue Standpunkt, auf den wir uns hinbewegen, die Vision des evolutionären Humanismus, ist im Grunde ein religiöser Standpunkt und... wir können und sollten uns ihm mit wirklichen religiösem Eifer widmen, um der Menschheit in ihrem zukünftigen Schicksal größere Erfüllung zu sichern."

Allerdings gibt es auch zahlreiche pessimistische Stimmen, die spüren, daß "irgend etwas" nicht stimmt. Koestler (1967, S. 267, S. 365 f) drückt das wie folgt aus:

"Wenn man die Spur des Wahnsinns betrachtet, die sich durch die Geschichte der Menschen zieht, so erscheint es höchst wahrscheinlich, daß der homo sapiens eine biologische Mißgeburt ist, das Resultat eines gewaltigen Fehlers innerhalb des Evolutionsprozesses... An irgendeinem Punkt seiner Entwicklung ist etwas schiefgelaufen.
Die Ursache, die diesen pathologischen Symptomen zugrunde liegt, ist der Bruch zwischen Verstand und Glaube oder, allgemeiner ausgedrückt, eine unzureichende Koordination zwischen gefühlsmäßigen und unterscheidenden Fähigkeiten des Verstandes... zwischen Instinkt und Intellekt, Emotion und Vernunft."

Auch Russel (1966, S. 107 f und 1961, S. 126 f) verheimlicht nicht die Labilität humanistischer Glaubensfragen:

"Der Mensch ist das Produkt der Ursachen, die das Ende nicht vorhersehen, zu dem sie führen: daß sein Ursprung, seine Entwicklung, seine Hoffnung und Befürchtungen, seine Liebe und sein Glaube das Ergebnis zufälliger Anordnungen von Atomen sind; daß kein Feuer, kein Heldentum, keine Tiefe des Denkens und Fühlens ein individuelles Leben jenseits des Grabes aufrechterhalten kann; daß alle Arbeit der Generationen, alle Hingabe, alle Begeisterung, aller Mittagsglanz des menschlichen Geistes bestimmt sind zum Verlöschen im ungeheuren Tod des Sonnensystems und daß der ganze Tempel der menschlichen Errungenschaften unvermeidlich verbrennen muß in den Trümmern eines zerstörten Universums - diese Dinge sind beinahe so sicher, wenn auch nicht völlig, daß keine Philosophie, die sie unberücksichtigt läßt, Bestand haben wird. Nur innerhalb dieses Gerüsts der Wahrheit, nur auf dem festen Fundament dieser harten Verzweiflung kann die Wohnung der Seele künftig sicher gebaut werden.

Kurz und ohnmächtig ist das menschliche Leben; auf ihn und sein ganzes Geschlecht fällt der langsame und sichere Untergang mitleidslos und dunkel herab. Blind für das Gute und Böse, unbekümmert um Zerstörung, rollt die allmächtige Materie unbarmherzig ihren Weg voran. Für den Menschen, der dazu verurteilt ist, heute das Liebste zu verlieren, morgen selbst das Tor der Finsternis zu durchschreiten, bleibt nur, an den erhabenen Gedanken, die seinen kurzen Tag adeln, festzuhalten, bis dann der Schlag fällt; die feige Angst des Sklaven des Untergangs verachtend, der an dem Altar dient, den seine eigenen Hände gebaut haben; unerschrocken vor der Herrschaft des Schicksals, um den Geist freizuhalten von der mutwilligen Tyrannei, die das äußere Leben bestimmt; stolz die unaufhaltsamen Mächte herausfordernd, die für einen Moment sein Wissen und seine Verurteilung tolerieren, um allein einen beschwerlichen, aber unnachgiebigen Atlas, die Welt, zu ertragen, daß er seine eigenen Ideale gestaltet hat, ungeachtet des trampelnden Marsches unbewußter Macht.

Ich meine, wir können hoffen, daß die Befreiung von der belastenden Furcht, persönlicher wirtschaftlicher Furcht und politischer Furcht vor dem Krieg, den menschlichen Geist bewegen wird, sich aufzuschwingen in bisher unerträumte Höhen. Menschen sind bisher stets eingezwängt gewesen in ihren Hoffnungen, Sehnsüchten und Vorstellungen durch das, was möglich war... Es besteht keine Notwendigkeit, auf den Himmel zu warten. Es gibt keinen Grund, warum Leben auf der Erde nicht vom Glück erfüllt sein soll. Es gibt keinen Grund, warum unsere Vorstellung Zuflucht nehmen soll zu einem Mythos. In solch einer Welt, wie sie die Menschen jetzt schaffen können, kann die Schöpfung (wieso "Schöpfung"?? d. V.) frei sein innerhalb des Gerüsts unserer weltlichen Existenz... Wenn unsere gegenwärtigen Probleme überwunden werden können, können die Menschen in eine Zukunft blicken, die unermeßlich weiter als unsere Vergangenheit ist, inspiriert durch eine neue große Fülle der Phantasie. Eine beständige Hoffnung, die fortwährend genährt wird durch beständige Errungenschaften.
Der Mensch hat einen Anfang gemacht, würdig eines Kleinkindes - denn im biologischen Sinn ist der Mensch, die späteste der Arten, noch ein Kleinkind. Es kann keine Grenze geben für das, was wir in der Zukunft noch zu leisten vermögen. Ich sehe mit meinem geistigen Auge eine Welt der Herrlichkeit und der Freude, eine Welt, in der der Geist sich ausdehnt, in der Hoffnungen ungetrübt zu bleiben und was edel ist, nicht länger verurteilt wird als Verrat gegenüber diesem oder jenem kleinlichen Ziel. All dies kann geschehen, wenn wir es geschehen lassen. Es liegt bei unserer Generation, zwischen dieser Vision und dem Ende zu wählen, das von der Torheit bestimmt wird."

3.3 Urgrundangebot Nr. 3: Der Buddhismus

Der Buddhismus kann als eine primär agnostisch-philosophische Weltanschauung angesehen werden. Sie geht auf Siddharta Gautama, Sohn eines indischen Regionalkönigs zurück (560 v. Chr.). Siddharta wurde wohlbehütet und abgeschirmt aufgezogen, bis er eines Tages in traumatischer Weise mit Leiden, Alter und Tod konfrontiert wurde. Als Mönch versuchte er daraufhin in jahrelangen asketischen und dann meditativen Bemühungen Antworten und Sinndeutungen für diese Zentralerfahrung zu finden. In einer Art Erleuchtungserlebnis kam er schließlich zu nachfolgend skizzierten Auffassungen und Erkenntnissen:

- alles Leben ist Leiden
- alles Entstandene vergänglich
- das ICH-Leben eine illusionäre Täuschung
- Wiederkehr des Lebens in permanenter Reinkarnation, abhängig von Karma (Wiedervergeltung/Schuldabtragung aus früheren Inkarnationen)
- wobei das Leiden durchs Begehren kommt (gespeist vom Nicht-wissen über den unwirklichen Scheincharakter des Seienden)
- Das Ende des Begehrens ist das Ende des Leidens
- der Weg zum Ende des Begehrens beinhaltet rechtes Glauben (obige 3 Sätze)
- rechte Gesinnung (kein Leid zuzufügen)
- rechtes Reden (nicht lügen, verleumden etc.)
- rechte Tat (nicht stehlen, töten, unkeusch sein)
- rechtes Leben (keinen Leid produzierenden Beruf ausüben)
- rechtes Streben (Beherrschung der Gedanken, Triebe, Wünsche ...)
- rechtes Gedenken (Meditation, Atemübungen etc.)
- rechtes Sichversenken (Schau hinter die Erscheinungen)
- Erlösung (Nirwana) durch Leistungsbemühungen auf dem achtteiligen heiligen Pfad rechten Denkens und Handelns (s.o.), allerdings mit der extremen seltenen "Chance", aus dem Rad des Karma herauszukommen und wie eine Flamme zu erlöschen und im All-Einen zu verrauchen (Erlösungsvorstellung).

Spekulationen über das Nirwana hat Buddha verboten, ebenso seine Abbildung. Buddha behauptete nicht Gott zu sein, hat nie zum Glauben an (einen) Gott aufgerufen und nie von einem Schöpfer gesprochen. Er sah sich selbst lediglich als Lehrer tieferer Lebensweisheiten. Sein aufgewiesener Weg sei darüberhinaus auch nur für wenige beschreitbar, die vor allen Dinge Stärke, Kraft, Genügsamkeit, Zurückgezogenheit und Weisheit mitzubringen hätten.

3.4 Urgrundangebot Nr. 4: Der Islam

Der Islam geht auf Mohammed zurück, einem um 570 n. Chr. in Mekka geborenen Araber. Er zog sich - nach einer erfoglreichen Karriere als Kaufmann - mit ca. 40 Jahren in die Wüste zurück, um ein asketisches Leben zu führen. Hier erhielt er - nach seinen eigenen Aussagen - vom Erzengel Gabriel göttliche Offenbarungen, die später u. a. im "Koran", der "Heiligen Schrift" der Mohammedaner, festgehalten wurden. Seine Lehre läßt sich in groben Zügen wie folgt umschreiben:

- Es gibt nur einen allmächtigen, absoluten, an nichts gebundenen, weder gezeugten noch zeugenden Gott Allah, der alles vorherbestimmt gemäß seines eigenen freien Willens (kismet),
- der Mensch ist moralisch neutral "gebaut". Er ist verantwortlich - im Gericht Allah´s - für seine Werke und somit für sein zukünftiges Leben im (hedonistischen) Lustparadies oder in qualvoller Hölle.
- Durch "gute" Leistungen kann man die Wahrscheinlichkeit erhöhen, (aber nie Sicherheit haben !) im Gericht zu bestehen und ins Lustparadies kommen zu können. Diese Leistungen sind:
  - Bekennen des Glaubens
  - tägliche, genau vorgeschriebene Gebete
  - Unterstützung armer Menschen (z. B. 2,5% des Einkommens/Jahr)
  - Fasten (28 Tage/Ramadan)
  - "Hadj": wenigstens eine Wallfahrt im Leben nach Mekka
- Gefordert werden die Einhaltung einer Fülle moralischer Vorschriften, die z. T. Ähnlichkeiten mit jüdischen und christlichen Auffassungen zeigen, die Mohammed, der "Prophet Allahs", als "letzterschienender Sprecher Gottes" nach Abraham, Moses und Jesus, auf seinen Karawanenreisen kennenlernte bzw. die ihm - wie schon erwähnt - in Offenbarungen durch den Erzengel Gabriel eingegeben wurden und in ihrer Gesamtheit im erwähnten Koran ("Lesung") festgehalten wurden.
- Juden und Christen werden als Vorläufer und Schriftbesitzer (Offenbarungen Gottes) anerkannt, jedoch aufgrund zentraler Glaubensabweichungen (z. B. daß Gott einen Sohn haben sollte) wiederum auch abgelehnt, kritisiert und zum Teil aktiv bekämpft.
- In diesem Kampf gegen Ungläubige innerhalb eines ausgerufenen Heiligen Krieges als Märtyrer zu sterben, bringt sofortige Versetzung ins Lustparadies.
- Erlösung, Gnade im christlichen Sinne sind genauso wie Sohn Gottes und Heiliger Geist im Islam unbekannt bzw. strikt abgelehnt.

3.5 Urgrundangebot Nr. 5: Das Christentum

Das Christentum geht zurück auf Jesus von Nazareth, bezeichnet mit dem Titel "Christus", was übertragen soviel heißt wie "der mit dem Geist Gottes gesalbte Messias". Jesus, von Joschua kommend, heißt "Gott rettet". Die im Neuen Testament enthaltene und im Alten (jüdischen) Testament bereits vorgeschaltete Lehre beinhaltet - wiederum schlaglichtartig - folgende Aussagen:

1. Jesus ist der Sohn Gottes, Gott in Menschengestalt, Abgesandter und Vermittler zwischen Schöpfergott und Geschöpf. Die Existenz Gottes ist dabei vorausgesetzt.

2. In Jesus Christus wird Gottes Wesen und Wille deutlich: "Wer mich sieht, sieht den Vater". Sein Ziel ist nicht Gericht, sondern Rettung und Versöhnung des Menschen mit Gott, dem Vater (und insofern des Menschen auch mit sich selber), Rettung vor Gericht und ewigen Konsequenzen (Hölle), Begnadigung/Vergebung des schuldigen Menschen (ohne Leistung!), Wiederherstellung der ursprünglich geplanten (vgl. Petrusbrief ...), göttlichen Qualität des Menschen (Liebe, Wahrheit, Kraft, Ewigkeit etc.) und seines zeitunbegrenzten Heils in ewiger Gemeinschaft mit Gott selber.

3. Der Mensch ist durch Eigenwilligkeit, Rebellion und Ungehorsam der Macht des Widersachers Satans verfallen. Humanistische, wissenschaftlich-technische und religiöse Selbsterlösungsversuche sind aussichtslos. Die Weltmacht "Sünde" (Kraft Satans im gefallenen Charakter des Menschen) ist stärker als der gute Wille des Menschen. Der Beweis ist die politische und religiöse Blutgeschichte der Menschheit. "Hölle" ist lediglich die ins Zeitlose extrapolierte Konsequenz menschlicher Selbt-Entscheidungen gegen Gott bzw. Jesus Christus - ist also ähnlich Satres "L´enfer c´est sont les autres" - menschenselbstgemacht. Da der Schaden in den Tiefen der Existenz liegt, ist der Mensch mehr als therapiebedürftig: Er ist erlösungsbedürftig, er ist gottesbedürftig.

4. Jesus bezeichnet sich selbst als sündlos. Auch seine Gegner widersprachen hier nicht. Er siegte über alle Versuchungen des Bösen, nämlich Kompromisse einzugehen oder zu kooperieren. Er opferte sich selbstlos als "Lösegeld" für die an die Weltmacht "Sünde" versklavte und unter dem Verdammnis-Zorn Gottes stehende und bereits verlorene, in den Abgrund rasende Menschheit (vgl. Aufsatz "SchweineHund").

5. Folter und Kreuzigung Jesu haben verschiedene "Funktionen", eine davon die des Liebeserweises eines vergebenen, nicht zurückschlagenden und die menschliche Todesexistenz freiwillig teilenden Gottes ("der gute Hirte!"/Lamm Gottes). Jesus bezeichnete sich als von Gott gegebenen, einzig alleinigen Rück-Weg zum Ursprung des Lebens, d. h. der Person (!) des Vaters. Er bezeichnete sich als "Wahrheit", stimmig und kongruent in Wort und Tat, und als "Leben" selbst und dies in ewiger, unzerstörbarer und überfließender Qualität ("Herrlichkeit").

6. Die zweite Funktion des Hinrichtungstodes: Jesus war bereit, sich gleichsam als "Falle" Gottes gegenüber Satan "zur Verfügung" zu stellen: Obwohl Jesus nichts Todeswürdiges vollbrachte, wurde er von Satan (vermittels Hohepriester und römischen Gouverneuer) widerrechtlich exekutiert. Aufgrund der Unschuld Jesu wurde Satan dadurch jedoch zum Mörder und konnte nach göttlichem Gerechtigkeitsgesetz seinerseits nun legal zum Tode verurteilt werden (vgl. Hebraerbrief, Kap. 2).
Jesus bezeichnete diesen Tatzusammenhang als Gericht über Satan und daß er damit keine weitere Zukunft mehr habe (Johannesevangelium, Kap. 16, 11).

7. Gott - gebunden an seine Gerechtigkeit - konnte damit Jesus wieder "offiziell" ins Leben zurückrufen. Auferstehung und Überwindung des Todes wurde dadurch Ereignis und für jeden authentisch Christusglaubenden gleichermaßen "am Ende der Tage" möglich und wirklich.

8. Die Qualen von nahezu ewig langen (hinduistisch-buddhistischen) Karma-Schuldketten und Reinkarnationszwängen ist dadurch absolut ausgeschlossen bzw. sind biblisch nicht existent. Schuld kann bei Er- und Bekenntnis vergeben und ausgelöscht werden (Gnade!).

9. Ablehnung Christi perpetuiert und eskaliert allerdings die Todesverfallenheit des Menschen (individuell und gesellschaftlich), wodurch der Mensch sich

selbst zunehmend mehr in apokalyptische Höllenzustände hineinmanöveriert. Die Entscheidungsfreiheit des Menschen wird von Gott dabei oder dadurch nicht beschnitten, eher noch verschärft. Gericht Gottes fällt mit Selbstgericht des Menschen zusammen. Oder anders ausgedrückt:
Die Ablehnung der Gnade Christi ist die Selbstablehnung des (eigenen) Lebens, bzw. des ewigen Lebens im "Reiche Gottes", eines Lebensbereiches in dem Liebe, Wahrheit, Freude, Frieden, Sinn, Schönheit jenseits der Zeit existieren und wahre Heimat des Menschen und seines wahren Gottes ist.

10. Aufgrund der Einzigartigkeit Christi und seines Anspruchs der einzige Sohn des einzig wahren Gottes, des Schöpfers, Erlösers und HERREN "Himmels und der Erde" zu sein, sowie sein Leben, Handeln, Sterben und Auferstehen, seine übernatürliche Macht und seine Liebe machen ihn zu einem Skandal: "Niemand - so sagte er - kommt zum Vater, denn nur durch mich! Wer den Sohn hat, hat das Leben. Wer den Sohn nicht hat, hat das Leben nicht". Erklärungen greifen hier zu kurz: Religiös-Schizophrene haben keine Konsistenz im Verhalten, keine Macht über Situationen, Komplikationen, über Krankheit, Natur und Tod (vgl. McDowell, 1988, S. 161 f.).
Auch logisch gibt es keinen Ausweg: Wenn es die Wahrheit gibt und Jesus "aus der Wahrheit" ist, ist er gezwungen, diese Aussage über sich selbst machen zu müssen. Andernfalls wäre er ein Lügner. (Bleibt also auch hier nur eines übrig: man muß sich selbst überzeugen und zu einem vertrauensvollem Glauben gelangen. Anders ist eine Brücke nicht möglich, zwischen Mensch und Gott darüber hinaus schon gar nicht. Aber ohne Vertrauen wäre das Leben eh nicht lebbar - denn nur das Wenigste im Leben unterliegt unserem Bewußtsein und unserer direkten Kontrolle.)

So ist Jesus Christus bis heute das geblieben, was zu seiner Mutter Maria vor knapp 2000 Jahren prophetisch gesagt wurde: "Siehe, dieser ist gesetzt zum Fall und Aufstehen vieler ... und zu einem Zeichen, dem widersprochen wird ... damit die Überlegungen aus vielen Herzen offenbar werden." (Luk. 2, 34+35).

11. End-, Ziel- und Sinnpunkt der Geschichte ist das "Reich Gottes" auf einer neugeschaffenen Erde mit neuem Himmel.

3.6 Urgrundangebot Nr. 6: Der praktische Alltagsatheismus

Diese Urgrund- und Sinnauffassung scheint in weiten Teilen der Menschheit vertreten zu sein. Sie läßt sich vielleicht wie folgt skizzieren:

- Gott gibt es nicht (bzw. scheint unerkennbar und insofern irrelevant für das Leben zu sein)
- Ich muß zusehen, wie ich alleine mit dem Leben fertig werde!
- Mit dem Tode ist alles aus. Danach kommt nichts mehr, weder "Gericht", noch "Hölle", weder "Paradies", noch "Nirwana"
- Ansonsten sollten wir möglichst vernünftig miteinander umgehen: Das Leben ist als solches schon schwer genug.
- Ich interessiere mich nur für Tatsachen und Zahlen! Ich glaube im wesentlichen nur an das, was ich sehe

- Letztendlich zählt doch nur Geld, Macht, Ruhm, Sex, gutes Essen ... und Gesundheit ...
- Alles andere ist mir - wenn ich ehrlich bin - eigentlich ziemlich egal.

Vermutlich ist der praktische Alltagsatheismus der kleinste gemeinsame Nenner vieler am gesellschaftlichen Prozeß beteiligter Menschen.

Natürlich macht es sich diese Einstellung zu einfach: Sie stellt eine gewaltige Reduktion von Komplexität dar und bietet für die großen Menschheitsfragen weder Sinn, noch Zukunft, weder Hoffnung noch Hilfe.

Dazu - und m. M. nach sehr erhellend - noch eine kleine Anekdote, die den Reduktionscharakter des "praktischen Alltagsatheismus" in zwar humorvoller, jedoch ziemlich eindeutiger Form beleuchtet. Es handelt sich dabei um ein Ereignis aus der Welt des Militärs:

Ein junger Mann - er ist bekennender Christ - wird als Soldat einberufen und zieht in sein Kompaniegebäude ein. Tags darauf bittet er den Kompaniehauptmann, einen Zettel an das "Schwarze Brett" hängen zu dürfen.
"Worum geht´s?" fragt der Hauptmann. Rekrut: "Ach, ich suche andere, die auch an Jesus glauben."
"Gut, gut," brummt ersterer, is´okay." Der frischgebackene Jungsoldat hängt also besagten Zettel ans Schwarze Brett. Am nächsten Tag geht er nachschauen, ob sich jemand gemeldet hat und findet - zu seiner Verblüffung - den Hauptmann vor Zettel und Anschlagbrett stehend. Dieser jedoch fährt in sogleich an:
"Hören Sie, Soldat, das mit Ihrem Jesus geht zu weit!!"
"Entschuldigen Sie, Herr Hauptmann, erwidert nach kurzem Zögern der Jungsoldat, "aber das ist auch Ihr Jesus!"
"Wieso mein Jesus?! Das verstehe ich nicht!"
"Richtig, Herr Hauptmann, denn dazu brauchen Sie den Heiligen Geist!"
"Heiligen Geist? Wieso Heiligen Geist? Den gibt´s nicht. Ich hab ihn jedenfalls noch nie gesehen! Also, wegtreten!"

Dem Hauptmann läßt diese Angelegenheit jedoch noch nicht ganz in Ruhe. Irgendwie hat er damit innerlich noch nicht ganz abgeschlossen und denkt deshalb darüber nach, was er noch unternehmen könnte...

So läßt er am nächsten Morgen die ganze Kompanie antreten und stellt dann gut vernehmlich und laut folgende Fragen:

"Soldaten - seht ihr das Kompaniegebäude?"
"Jawohl, Herr Hauptmann!" - rufen alle;
"Seht ihr den Himmel?"
"Jawohl, Herr Hauptmann!"
"Seht ihr die Wolken?"
"Jawohl, Herr Hauptmann!"
"Seht ihr den Heiligen Geist?"
"Nein, Herr Hauptmann!"

Daraufhin - nicht ohne Triumphgefühle - den Soldaten von gestern anblickend: "Sehen Sie, Soldat !?!"

Dieser - vom Heiligen Geist motiviert - hebt langsam den rechten Arm und fragt: "Herr Hauptmann, darf ich kurz auch noch etwas sagen?"
Der Hauptmann gestattet es. Daraufhin wendet sich der junge Soldat an seine Kompaniekollegen und ruft:
"Kameraden - seht ihr unseren Hauptmann?"
"Jawohl, Kamerad!" schallt es zurück.
"Seht ihr seine Uniform?"
"Jawohl, Kamerad!"
"Seht ihr seinen Kopf?"
"Jawohl, Kamerad!"
"Seht ihr seinen Verstand?"

Peinliche Stille - - - Blasses Gesicht beim Hauptmann.

Und dann der junge Soldat:
"Nein, wir seh´n ihn nicht, aber wir wissen ganz genau, daß unser Hauptmann Verstand hat ! Und so ist das auch mit dem Heiligen Geist: Man sieht ihn nicht - aber es gibt ihn!"

4. Zusammenfassung

Sinngrund (SG) und Urgrund (UG) wurden als zwei ganz wesentliche Bezugspunkte und Realitätsfunktionen für langfristige Entwicklungen und Sicherungen von Systemen vorgestellt und andiskutiert (vgl. OSTO-System-Modell).

Die wesentlichsten Funktionen des SG`s waren dabei folgende:

- Motivation (Leistung)
- Ziele für Persönlichkeitsentwicklungen
- Personalmarketing/Rekrutierung/Corporate Identity
- Gewissensfragen, Ethik, Moral
- fokussierte Synergie durch Orientierung am Sinn des Systems, Basis für Selbstorganisations- und Managementprozesse (besonders Zone-III-Fitneß bei hoher Dynaxity)
- langfristige Hintergrundabsicherung des Existenzgrundes (EG) bzw. der Systemexistenz ("schwache Signale" i. Z. m. wanderndem SG/EG)

Die Funktionen des UG´s waren folgende:

- Quelle von Meta-Werten, vor deren Hintergrund Bewertungen von Sinngründen bzw. deren Entstehungen gesehen wurden bzw. erst möglich werden
- Urvertrauensvermittler für Handeln in unüberschaubaren ("bodenlosen") Komplexitäts- und Risikosituationen.

5. Schlußfolgerungen

Die Sinn- und Urgrunddiskussion scheint zu folgenden Ergebnissen und Überlegungen zu führen:

1. Je nach eigenem Standort bzgl. Urgrund kommt man zu unterschiedlichen Lebensauffassungen, damit zu teilweise recht unterschiedlichen Sinnvorstellungen, Werten und Zielen.
   Ob ich an die Reinkarnation glaube, oder davon ausgehe zwischen Gericht und Gnade zu stehen, ob ich mir ein Lustparadies verdienen kann oder alles nur ein vager offener, zufälliger Evolutionsprozeß ist - alles dies führt zu großen Unterschieden in Lebenseinstellungen, Sinnfragen, in Ethik und Verantwortung. Wer hier "alle in einem Boot" sieht (Synkretismus) muß Zentrales beiseite schieben und Unvereinbares gewaltsam zusammenzwingen, was natürlich nicht geht. Eine globale Welteinheitsreligion ist nicht herstellbar.

2. Urgrundfragen sind Glaubensfragen, um die - wie die Geschichte zeigt - leider auch schon viele Glaubenskriege geführt wurden. Deswegen muß - so Paulus im 1. Korintherbrief - über allem die Liebe (agape) als höchster und letztgültiger Sinnwert stehen, weshalb Johannes (1. Brief) dann auch Gott mit Liebe identisch setzt. Freilich Liebe auf der Basis von Wahrheit.
   Was aber ist "Wahrheit"?
   Jesus Christus sagt: Ich bin die Wahrheit. Schau mein Leben an - schau Deines an. "Wir aber - so schrien viele vor ca. 2.000 Jahren in Jerusalem vor Pilatus - wollen nicht, daß dieser über uns herrsche!" Stattdessen wählten sie den Kaiser sowie den Mörder Barabbas. Vermutlich war das kein Zufall und offenbart nur Wahrheit über uns...

3. Urgrund- und Sinngrundfragen sind existentielle Entscheidungsfragen von größter Bedeutung und Tragweite - sowohl für das eigene persönliche Leben als auch für die Qualität gesellschaftlicher Strukturen, Kulturen und "Zukünfte".

4. Die christliche Position - auf der Basis bibelorientierten Glaubens - sticht dabei heraus. Denn nirgends sonst - so jedenfalls meine Auffassung - gibt es eine derart stichhaltige Antwortkombination auf unsere zentralen Fragen als dort:

   - Tiefendiagnose des menschlichen Seins in Schonungslosigkeit, Nüchternheit, Tiefe, Realistik und Präzision
   - das unbequeme "Beim-Namen-Nennen" menschlicher Todesverfallenheit durch Sünde, Schuld, Gericht, Hölle
   - die Erlösungsbedürftigkeit des Menschen
   - Gleichzeitig aber das Angebot von Schuldvergebung und Begnadigung - und das gratis durch Jesus Christus, <u>ohne</u> jegliche religiöse Leistungsanstrengungen (wie Karma, Gebete, Opfer etc.) (vgl. Römerbrief, 3, 21-25/5, 1-10), sowie

- ewiges, unzerstörbares Leben ("Himmel", Reich Gottes), d.h. ein Leben, dessen Qualität durch Liebe, Frieden, Freude, Kraft, Schönheit, Zeitlosigkeit bestimmt ist und hier schon keimhaft beginnt...
- eine sinnmachende Kosmologie: Das irdische Leben - so man will - ist Vorbereitung und Charakterformung für dieses ewige Leben (vgl. Billheimer, 1985). Freud und Leid haben darin Funktion, Zweck und Stellenwert. Die Qual von permanenten ungewissen Reinkarnationen und Karmaabtragungen, die Qual eines Sysiphos oder das Ausgeliefert-sein an einen uneinschätzbaren Gott Allah oder gar an das Nichts selber - diese Qualen gibt es bei Christus nicht. Stattdessen "Gnade" und "Sohnschaft".
- Im Vergleich zu anderen Sinn- und Urgrundangeboten (Allah, Karma, Evolution, Atheismus) gibt der existentielle und persönliche Glaube an Jesus Christus Vertrauen, Geborgenheit und Ziel, damit Werte, Orientierung und Halt, damit Sinn, Verantwortungsbereitschaft und Handlungsfreiheit. Genau also das, was die Welt braucht.
  Allerdings nur auf der Basis individueller Freiheit sowie persönlicher Überzeugung und Entscheidung. Die Verordnung von Christentum ist genauso absurd wie einem Elefanten das Fliegen zu befehlen.

5. ORGANISATIONSENTWICKLUNG (OE)
Woher? - Wofür? - Wohin?

Im nachfolgenden Artikel möchte ich folgende Themen bearbeiten:

- Problemstellungen der OE im Kontext von Führung und Management inkl. Definition von OE
- Kurzer Abriß der Entstehungs- und Verbreitungsgeschichte: von der Euphorie zu den Grenzen
- Konkrete Einsatz- und Leistungsmöglichkeiten des OE-Ansatzes in der Managementpraxis
- Zukunft und Entwicklungstendenzen

Manches wird dabei unvermeidlich aus meiner subjektiven Sicht dargestellt werden, wenngleich viele Publikationen von Kollegen ähnliche Sichtweisen zeigen. Obwohl ich mittlerweise seit über 20 Jahren auf dem Gebiet "Organisation, Mensch und Entwicklung" tätig bin, werden einige Ausführungen noch nicht zu Ende gedacht sein. Ich glaube, daß das bei solch´ komplexen Themenfeldern auch kaum anders möglich sein wird.
Wir verstehen m.E. die Phänomene wie "uns selbst" (vgl. Heintel 1988, S. 146 f.), sowie Organisation, Ordnung, Komplexität, Prozeß, Entwicklung, Offenheit usw. noch viel zu wenig. Vielleicht brauchen wir sie auch gar nicht zu verstehen - vielleicht nur in ihnen leben zu lernen ...
Aufgrund gebotener Kürze werde ich Schwerpunkte setzen müssen, so daß ich auf konkrete OE-Sachinhalte, Interventionsmethoden und Instrumente im operativen Sinne nur sehr sporadisch und skizzenhaft werden eingehen können. Ich darf hier deswegen auf die zahlreiche Literatur für weitergehend interessierte Leser verweisen wie bspw.: Bennis/Benne/Chin 1969, Bennis 1972, Lippit 1974, French/Bell 1979, Sievers 1977, Bartölke 1980, Huse 1980/1985, Lauterburg 1980, Trebesch 1980b/1982, Rieckmann 1982/1983b/1985/1988a, Becker/Langosch 1984, Comelli 1985, Staehle 1995, S. 849 f., sowie "Zeitschrift für Organisationsentwicklung".

1. Problemstellung, Definition und Implikationen von OE im Kontext von Management, Führung und Unternehmung

Generell gesehen hat das Management für die Existenzgrundsicherung des Unternehmens zu sorgen, die dafür benötigten Ziele und Strategien zu formulieren, Organisationen, Systeme und Ressourcen entsprechend zu beschaffen, zu gestalten und weiterzuentwicklen und dies alles mit Hilfe von Mitarbeitern und Führungskräften zu bewerkstelligen (Führung, "leadership"). Das oben beschriebene OSTO-SYSTEM-MODELL versuchte diese existentiellen, strategischen, strukturellen und verhaltenspsychologischen Zusammenhänge zu verdeutlichen.

Bei steigender Komplexität und Dynamik des Umfeldes sowie der Märkte und Kundengruppen (vgl. Dynaxibility und Zone-III-Fitneß) stellt dies jedoch additive Forderungen an die Veränderungs-, Anpassungs-, Lern- und Entwicklungsfähigkeit von Menschen und Organisationen. Unternehmen müssen zunehmend mehr den Charakter von Prozessen und "Energieflußorganisationen" annehmen, um "noch mitzukommen".

Um Organisationen (samt ihren Kulturen und Menschen) jeweils an ihre veränderliche Umwelt angepaßt zu halten, sind eine Reihe von generellen Veränderungsinterventionsstrategien entwickelt worden. Sie werden heute unter dem Oberbegriff "Change Management" zusammengefaßt. Das Arsenal interventionsstrategischer Ansätze erstreckt sich dabei mittlerweile über ein weitgefächertes Spektrum:
vom Kopf in den Sand stecken" und "Nichts tun" mit manchmal anschließenden harten autoritären und "blutigen" Sanierungs- und Umstrukturierungseingriffen (z.B. "Bombenwurf"), über vorsichtigere, konsultativ-partizipative Strategien (z.B. "Verhandeln", "Social Marketing") einschließlich Ansätzen des "Test-Cell / Test-Markt Konzeptes" (Pilotstudien) und des Projektmanagements, um schließlich stärker integrativ und partizipativ orientierte Strategien des Wandels ("Bürgerinitiativen", OE, Redesign im Sinne partizipativen Reengineerings) zu umfassen, bis einschließlich hin zu ideal-kommunikativen, partnerschaftlichen und "gleichberechtigen" Veränderungsstrategien des gemeinsamen sanktionsfreien, organisationalen Reflektierens und Lernens ("Lernende Organisation") sowie basisdemokratischen Ansätzen organisatorischer und kultureller Veränderungsprozesse. Nachfolgende Abb. 1 führt dieses "Arsenal" vor Augen.

In akuten, existenzbedrohenden Krisensituationen wird man dabei um "harte" Veränderungsansätze nicht umhinkommen können (Ansätze 4./5./6./8./teilweise auch 13.), um wenigstens kurzfristig "über Wasser" zu bleiben und eine neue Chance zu bekommen.
Jedoch spätestens "danach", wenn die Wellen sich wieder geglättet haben, muß man auf partizipativere Strategien zurückgreifen. Denn nur so kann man wieder die Mitmach-Motivation der Organisationsmitglieder, ihre Intelligenz, Kreativität, Lern- und Verantwortungsbereitschaft gewinnen, die für heutige höhere Dynaxity-Umfelder unverzichtbar sind. (Denn bei "harten" Veränderungsstrategien wird unternehmens- und marktbezogen wenig gelernt. Gelernt wird Anpassen, Mund halten, Durchtauchen und später wieder "Restaurieren".)
"Organisationsentwicklung " (OE) entwickelte sich nun genau innerhalb (oder zum Zwecke) dieses "veränderungsstrategischen", partizipativen und prozessualen Mittelfeldes (Strategieansatz Nr 12).

OE versucht - als wissenschaftlich-praxeologische und kunsthandwerkliche Disziplin - mit interdisziplinärem Mix aus Betriebswirtschaftslehre, Soziologie, Psychologie, Systemforschung und Alltagspraxis-, Know-how und Know-why zu sammeln und zu ordnen, um Praktikern vor Ort, also Managern, Mitarbeitern, Trainern und Organisationsberatern, zu helfen, diese komplexen Verknüpfungsprobleme von Menschen und Organisation, Motivation und Leistung, von Flexibilität, Lernen und Ruhe, von Ordnung, Chaos und Prozeß, von Sache und Gefühl, Zukunft und Gegenwart usw. möglichst planvoll und zielorientiert zu lösen, zu moderieren und managen zu können und dieses eben durch "Entwicklung" ihrer Organisationen und Personen zu erreichen.

Es ist dabei schwer, "Organisationsentwicklung" - abgekürzt "OE" - genauer zu definieren. Trebesch (1982) hat mehr als 50 Definitionen herausgefunden. Als gemeinsamer Nenner läßt sich jedoch folgendes festhalten:

Alternative Interventionsstrategien

1. KOPF IN DEN SAND STECKEN (K)
   - und schwache Signale verdrängen
2. NICHTS TUN (NT)
   - und abwarten, analysieren, verstehen lernen...
3. DURCHWURSTELN (DW)
   - im Tagesgeschäft abarbeiten ...
4. CHEFANWEISUNG (CA)
   - Befehl und Gehorsam
5. BOMBENWURF (BW)
   - Überraschungseingriff mit heimlich vorgeplanten Sanierungs- und Stukturanpassungen
6. VERHANDELN (V)
   - den Gegner gewinnen und Kriege vermeiden
7. SCHEINPARTIZIPATION
   - so tun als ob ... und verkaufen
8. SOCIAL MARKETING (SM)
   - der Mitarbeiter wird Kunde
9. TEST-MARKT-KONZEPT (TMK)
   - mit kontrolliertem Experiment (Pilotprojekt / Prototyping)
10. PROJEKTMANAGEMENT (PM)
    - mit selektiver Partizipation
11. BÜRGERINITIATIVEN (BI)
    - Bewegung durch informelle Querdenker - Sauerteichstrategie
12. ORGANISATIONSENTWICKLUNG
    - Betroffene beteiligen und engagieren (OE)
13. ZERO-BASED-REDESIGN (ZBR)
    - die Firma neu erfinden - mit tabula rasa, Revolution von oben und Totalumbau in allen Dimensionen... (partizipatives Reengineering)
14. LERNENDE ORGANISATION (L.O.)
    - gemeinsam auf zu neuen Ufern, ständige Organisationstransformation (OT)
15. BASISDEMOKRATIE (BD)
    - die Revolution von unten?

Abb. 1: Das Arsenal alternativer Veränderungsstrategien

OE wird in der Regel verstanden
- als fortlaufender, mehrdimensionaler und systemumfassender Prozeß, in dem versucht wird,
- Organisation, Umwelt, Arbeit, Mensch und Zukunft immer wieder neu, problemgerecht und "systemisch" aufeinander abzustimmen
- mit dem Ziel der ständigen Optimierung
- von Produktivität, Leistung und Flexibilität
- sowie individueller Arbeitslebensqualität der Organisationsmitglieder (Zufriedenheit)
- unter Beteiligung der Betroffenen (Partizipation, Motivation, Vor-Ort-Know-how)
- auf der Ausgangsbasis konkreter Arbeits- und Systemprobleme, beginnend
- im "Hier und Jetzt" und "vor Ort",
- jedoch mit strategischer Orientierung an den Geschäfts- oder Systemzielen
- mit häufiger, zeitweiser Zuhilfenahme externer Prozeßberatung und Trainingsunterstützung,
- jedoch mit dem Ziel, daß der Klient (oder das "Klientensystem") langfristig fähig wird, seine Organisation kritisch, kreativ und bewußt in Zukunft selbständig fortwährend zu reflektieren, weiterzuentwickeln und dabei weitgehend unabhängig von externer Hilfe zu werden (organizational selfrenewal).

In der Regel läuft der "klassische" OE-Prozeß zyklisch-revolvierend ab. Abb. 2 zeigt die Abfolge der einzlenen Prozeßschritte. Der OE-Prozeß ist dabei in seinen "Stationen" und Phasen vernetzt, iterativ und reflexiv: auf der "Reise" können sich neue Gesichtspunkte ergeben, die nachträgliche Korrekturen vorhergehender Schritte erfordern. OE ist also kein monokausal-lineares "Programm", sondern zuweilen (oder häufig) ein experimentielles Expeditionsunternehmen mit Überraschungen, Krisen, Manöverkritiken und rollender Schritt-zu-Schritt Planung. OE ist dadurch offen für Lern- und Entwicklungsprozesse und somit höheren Graden an Komplexität und Dynamik angemessen.

Die in den 80er Jahren gegründete "Gesellschaft für Organisationsentwicklung" definiert OE und deren Gütekriterien, Voraussetzungen und Folgen dementsprechend dann auch wie folgt:

* **Zielsetzung**
  Organisationsentwicklung verfolgt eine doppelte Zielsetzung: Eine Verbesserung der Leistungsfähigkeit der Organisation und eine Verbesserung der Qualität des Arbeitslebens für die in ihr tätigen Menschen. Diese beiden Zielsetzungen sind gleichrangig und interdependent.

* **Trägerschaft**
  Ein Organisationsentwicklungsprojekt wird von der Gesamtheit der Mitglieder einer organisatorischen Einheit, z.B. eines Betriebes, einer Abteilung oder einer Gruppe getragen.

* **Inhalt**
  Inhalt der Organisationsentwicklung ist die Bearbeitung konkreter Fragen und Probleme der täglichen Arbeit und der gemeinsamen Zukunft.

* **Beteiligung der Betroffenen**
Die einzelnen Schritte der Organisationsentwicklung - Analyse, Planung, Durchführung und Auswertung - vollziehen sich auf der Grundlage offener Information und aktiver Mitwirkung der Betroffenen.

* **Diagnose**
Jeder Maßnahmenplanung geht eine eingehende, gemeinsame Problemerhebung, -definition und -analyse voraus.

* **Prozeßorientiertes Vorgehen**
Organisationsentwicklung ist ein Lern- und Entwicklungsprozeß der Organisation und der in ihr tätigen Menschen. Die Einflußnahme auf die Gestaltung und Entwicklung der Organisation erfolgt im weitesten Sinne durch eine Verbesserung der Kommunikation, insbesondere durch das Einleiten von Teamarbeit, durch das Schaffen von Lernsituationen und durch die Erweiterung von Handlungsspielräumen.

* **Rollende Planung**
Organisationsentwicklung ist ein geplanter Prozeß, beruht jeoch auf einem experimentellen Vorgehen. Die Planung erfolgt von Schritt zu Schritt aufgrund von Auswertung und Reflektion der jeweils erzielten Ergebnisse. Mit anderen Worten: Der Prozeß verläuft in rollenden Zyklen von Diagnose, Planung, Durchführung und Auswertung.

* **Informationsrückkoppelung**
Ein wesentliches Element im Organisationsentwicklungsprozeß ist der offene Informations- und Meinungsaustausch zwischen Personen und Gruppen sowohl in Sachfragen als auch in Verhaltens- und Wertfragen.

* **Konfliktbearbeitung**
Im Organisationsentwicklungsprozeß wird das Schaffen von Situationen angestrebt, in denen individuelle und Gruppeninteressen offengelegt, bestehende Machtverhältnisse transparent gemacht und vorhandene Konflikte bearbeitet, d.h. auf dem Verhandlungswege neuen Lösungen zugeführt werden können.

* **Kontinuität der Entwicklung**
  Organisationsentwicklung ist ein Lern- und Entwicklungsprozeß. Von Organisationsentwicklung kann deshalb nur gesprochen werden, wenn und solange der Entwicklungsprozeß aktiv im Gange ist. Dies aber setzt eine weitgehende Kontinuität der an diesem Prozeß beteiligten Personen voraus.

* **Ganzheitliche Perspektive**
  In der Organisationsentwicklung werden Individuum, Organisation, Umwelt und Zeit ganzheitlich, d.h. in ihren Wechselwirkungen und Systemzusammenhängen betrachtet
  a) *Individuum*
  Um sich in eine soziale Gemeinschaft integrieren zu können, muß das menschliche Individuum sich in seinen körperlichen, geistigen und seelischen Bedürfnissen ernst genommen und mit seinem kulturellen Hintergrund sowie mit seinen persönlichen Werten akzeptiert fühlen.
  b) *Organisation*
  Gegenstand von Diagnose, Reflektion und möglichen Entwicklungen sind sowohl technische und organisatorische Strukturen und Abläufe als auch zwischenmenschliche Kommunikations- und Verhaltensmuster sowie die in der Organisation herrschenden Normen, Werte und Machtkonstellationen.
  c) *Umwelt*
  Probleme im Zusammenhang mit einzelnen Personen, Gruppen oder Betrieben werden nicht isoliert, sondern immer in ihren Wechselwirkungen mit den Einflüssen der organisatorischen, ökonomischen und gesellschaftlichen Umwelt untersucht und behandelt.
  d) *Zeit*
  Die Planung von Veränderungen in der Gegenwart erfolgt unter Berücksichtigung sowohl der besonderen historischen Entwicklung der Organisation in der Vergangenheit als auch einer weitblickenden Vorausschau in deren mögliche Zukunft.

Das Menschenbild der Organisationsentwicklung

Das Verständnis dieser Art Organisationsentwicklung basiert dabei auf folgendem Menschenbild:

* Die Einstellungen und Verhaltensweisen des menschlichen Individuums sind nicht nur durch seine Erbanlagen, sondern in wesentlichem Maße auch durch physische, psychosoziale und geistige Einflüsse seiner Umwelt, d.h. durch seine frühere und aktuelle Lebens- und Arbeitssituation bedingt.

* Jeder Mensch besitzt ein nicht vorhersehbares individuelles Entwicklungspotential, dessen eigenverantwortliche Entfaltung unter den gegebenen Arbeits- und Lebensbedingungen oft erschwert oder unmöglich gemacht wird. Unter geeigneten sozialen und organisatorischen Voraussetzungen kann der Mensch nicht nur Wissen und Fertigkeiten, sondern auch emotionale Bedürfnisse und Einstellungen, soziale

Verhaltensweisen und persönliche Werte "lernen" und "verlernen", d.h. verändern und entwickeln.

* Persönliche Entwicklung in diesem Sinne setzt Lernen durch Erfahrung "am eigenen Leib" voraus. Der Mensch lernt und entwickelt sich im direkten Kontakt mit anderen Menschen und in der direkten Auseinandersetzung mit konkreten Problemen, von denen er selbst in irgendeiner Weise betroffen ist.

Bestehende Systemstrukturen werden in die Wandlungsprozesse einbezogen

Deutlich wird bei solchermaßen individuellen und kollektiv-organisatorischen Problemlöse-, Lern- und Entwicklungsprozessen, daß bestehende Systemstrukturen von diesen Wandlungsprozessen nicht ausgenommen bleiben können. Eine umwelt- und zeitangemessene Unternehmens- und Organisationsanpassung wird realiter sonst kaum effektiv werden können.

"Heiße Eisen", wie organisatorische, technologische und binnenverteilungspolitische Verhältnisse und Ordnungen (Arbeitsplätze, Rollen, Macht, Wissen, Beteiligung etc.), müssen dementsprechend mitthematisiert werden. Denn, so die GOE:

"Wenn in einer Organisation der Versuch unternommen wird, im Sinne der Organisationsentwicklung die betrieblichen Probleme nicht durch Eingriffe von oben, sondern durch partnerschaftliche Zusammenarbeit mit den betroffenen Mitarbeitern zu lösen, dann ist dies ein partizipatives und damit im Ansatz demokratisches Vorgehen, das - wenn es zur "Gewohnheit" wird - langfristig nicht ohne Einfluß bleibt auf das Verhalten der Menschen und auf die organisatorischen Strukturen und Abläufe.

Mit anderen Worten: "Systemveränderung" in Richtung gemeinsamer Meinungs- und Willensbildung ist zwar in den seltensten Fällen ein unmittelbares - und praktisch nie das alleinige - Ziel der Organisationsentwicklung. Aber es hieße, Bedeutung und Tragweite sozialer Entwicklungsprozesse verkennen, wenn man nicht aktzeptieren würde, daß direkte Mitwirkung, wenn sie nicht nur ein Lippenbekenntnis bleibt, sondern im Alltag praktiziert wird, eine evolutionäre Veränderung der Entscheidungs- und damit auch der Machtstrukturen in der Organisation nach sich zieht - unbabhängig davon, ob das Ziel "Humanisierung" und "Demokratisierung" heißt, oder ob ganz einfach der Versuch unternommen wird, betrieblichen Problemen wie hoher Krankenstand, Qualitätseinbußen oder sinkende Produktivität wirklich auf den Grund zu gehen.

Organisationsentwicklung ist deshalb nicht "wertfrei". Wie jede Aktivität, bei der Normen und Werte in Frage gestellt und verändert werden können, ist Organisationsentwicklung von - im weitesten und besten Sinne - politischer Relevanz. Sie ist indessen kein systemrevolutionäres Konzept, sondern eine Strategie der Evolution."

Abb. 2 versucht den zyklischen Ablauf eines idealtypischen OE-Prozesses abzubilden.

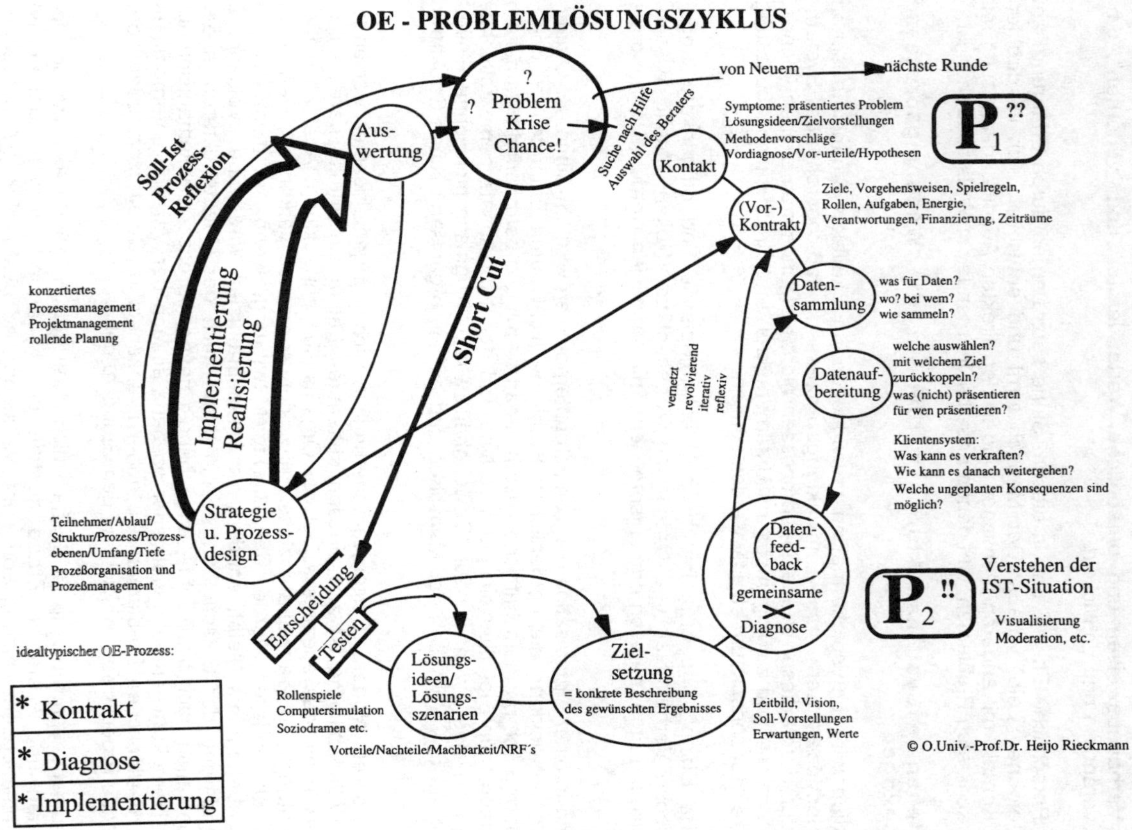

Abb. 2: OE-Problemlösungszyklus

2. Entstehungs- und Verbreitungsgeschichte der OE

2.1. Hoffnungsmachende Anfänge

Wenn man die Entstehungs- und Entwicklungsgeschichte dessen verfolgt, was heute unter dem Sammel- und Oberbegriff "Organisationsentwicklung" (organization development) subsummiert wird und seine Ursprünge in den USA (und Großbritannien) kurz vor und nach dem 2. Weltkrieg hatte, dann lassen sich drei (auch noch heute gültige) Anfangsentdeckungen oder Initialzündungen erkennen:

- menschliches Verhalten kann durch Selbsterfahrung und Feedback im Kontext von "Gruppe" (Öffentlichkeit) verändert werden, (Stichworte: Gruppendynamik/Sensitivity-Trainings/re-edukativer Veränderungsansatz/Personalentwicklung u.a.)

- durch Beteiligung von Betroffenen in gemeinsamen Willensbildungs- und Lern- bzw. Erkenntnisprozessen können sich Organisationen (samt Strategie, Struktur und Kultur) mit weniger Widerstand schneller und adäquater an wandelnde Umwelt- und Inwelterfordernisse (reaktiv oder proaktiv) anpassen. (Stichworte: Partizipation, Survey-feedback/Aktionsforschung, lernende Organisation-organisiertes Lernen, Redesign, self-renewing organizations, responsiveness, Flexibilität, Selbstorganisation, Transformation)

und drittens:

- Organisationen sind in ihrer komplexen und dynamischen Realität wesentlich adäquater erfaßbar, wenn sie durch die "Brille" eines "offenen (soziotechnischen) Systemansatzes" ganzheitlich gesehen werden. (Stichworte: Tavistock Institut of Human Relations (London), joint optimization, organisational choice, teilautonome Arbeitsgruppe, System-Umwelt, OSTO-System-Modell usw.).

Die ersten beiden Entdeckungen waren zunächst besonders energetisierend: Sozialwissenschaftlich begleitete, gestaltete und reflektierte "Begegnungsprozesse" in Institutionen oder Unternehmen, in denen man "sich selbst, als Individuum oder Organisation in Gegenwart und Zukunft zum Thema oder zum "Lern- bzw. Erkenntnisgegenstand" machte, zeigten erstaunliche Wirksamkeit: über die Veränderung menschlicher Verhaltensweisen und Einstellungen hinaus konnten auch die Problemlösefähigkeit, die Flexibilität und Produktivität von Organisationen merklich verbessert sowie Reibungsverluste bei Veränderungen durch Partizipation verringert (Coch/French 1948) werden. Führungsstile, die in "demokratischer" Kombinationsform "Mensch" und "Leistung" gleichwertig und interdependent beachteten, zeigten sich nicht selten autoritärem Führungsverhalten überlegen (z.B. Lewin et al. 1939, Blake/Mouton 1967 u.a.). Die Entdeckung, daß Probleme gemeinsam zu diskutieren und anzugehen sowohl effizient sein als auch humanisierend wirken kann und daß konstruktive (Dissonanz-)Energie zur (freiwilligen) Veränderung von Menschen und Organisationen aus Selbstdistanzierung und Selbstreflexion gewonnen zu werden

Aktionsforschung), gab freudigen Anlaß zur Hoffnung, nämlich "kranke" individuelle, gesellschaftliche, kulturelle und wirtschaftliche Verhältnisse mit Hilfe eben solcher friedlichen, demokratischen, wissenschaftlichen Ansätze und Verfahren verbessern, humanisieren, demokratisieren, effektivieren zu können.

Und diese Hoffnung war angesichts des damaligen breiten Vormarsches von Nationalsozialismus und Kommunismus von immenser Bedeutung: Nicht wenige sozialwissenschaftliche Forscher - vor allem Lewin - standen in den 30er Jahren unter dem schockierenden und existenzbedrohenden Erlebnis von Hitlerdeutschland und Stalin's Sowjetunion samt deren "Mords-Effizienz" und dem offensichtlichen Versagen demokratischer Kräfte in Europa: Menschenverachtende Kälte, antidemokratische Gesinnung, Zwangsgewalt, massenpsychologische Manipulation archaisch-archetypischer "Unterweltenergien" schienen wirksamer zu sein als aufklärende Wissenschaft und die demokratische Gemeinschaft freier (und rationaler) Menschen (z.B. in den USA oder dem europäischen Bürgertum).

Die Entdeckung der Wirksamkeit jenes oben beschriebenen partizipativen (=demokratischen), (sozial-)wissenschaftlichen, lernorientierten und verhaltenspraktischen Veränderungsansatzes ließ jedoch wieder aufatmen und neue Chancen sehen. Lewin widmete dieser Aufgabe demzufolge seinen ganzen weiteren (Lebens-)Einsatz (Marrow 1969). Ein dritter Weg schien sich also aufzutun: Faschismus, Kapitalismus, Kommunismus, Rassismus vielleicht überwindbar, durch gemeinsames Lernen, durch Partizipation, durch geplante Entwicklung, durch Gruppenarbeit? Humanität und Effizienz, Organisation und Mensch, Kapital und Arbeit, Ratio und Emotio, Selbstverwirklichung und Systementwicklung usw. schienen - im Medium des später sogenannten "organizational development" - vereinbar zu sein.

2.2. Von der Hoffnung zur Euphorie

Diese "OE-Aufbruchstimmung" fiel in den 50/60er Jahren auch in Europa z.T. auf vorbereiteten und nicht unfruchtbaren Boden.
"Fortschrittlich" orientierte und engagierte Unternehmer, Berater, Therapeuten, Studenten usw. erkannten ebenfalls rasch die vielversprechenden Möglichkeiten, mit dem OE-Ansatz gesellschaftliche Entfremdungen abzubauen, Arbeit zu humanisieren und Entscheidungsprozesse zu demokratisieren. (Nicht wenige OE-Berater der 2. Generation (1960-1970) haben wichtige biografische und berufliche Wurzeln in der "Studentenrevolution" um 1968).

In Skandinavien - in Verbindung mit job enrichment Strategien (Davis, 1972), dem soziotechnischen Systemansatz und der Installation von teilautonomen Arbeitergruppen (Tavistock Institut of Human Relations, London) - wurden "joint ventures" gestartet: Arbeitgeber- und Arbeitnehmerorganisationen setzten OE-Projekte unter dem vielversprechenden Label einer "Industriedemokratisierung" in Gang (vgl. Thorsrud 1968, Emery/Thorsrud 1969, Elden 1985).
In der Bundesrepublik Deutschland sahen vereinzelte, z.T. sozialdemokratisch orientierte Kräfte schon, wie Humanisierungsprojekte, Basisdemokratie, Mitbestimmung und Organisationsentwicklung endlich zu einer über strukturelle Machtregulation hinausgehenden qualitative "Erlösung" des abhängig arbeitenden Menschen und entfremdeter Arbeit führen könnten. In den USA liefen zum Teil

ähnliche Programme ab unter Begriffen wie: open systems approach, quality of working life, personal growth, organization selfrenewal, healthy organizations, personal & cultural transformation etc.

OE war im euphorischen Aufschwung.

Ein Zurück (oder ein Vorwärts) zum verlorenen Paradies schien endlich möglich, denn - um es zu wiederholen - Humanität (und damit der Mensch mit seinem Sein und Werden) war endlich wieder wichtig geworden, genauso wichtig wie Wirtschaftlichkeit und "Profit". Und mehr noch sogar: Eines ging nicht mehr ohne das andere - und umgekehrt. Beide Ziele waren nun gleichrangig, unauflöslich interdependent und gleichwertig miteinander verkoppelt (vgl. GEO "Credo", 1980).

Plötzlich standen wir vor dem Ende der "bösen" Hierarchie (vgl. Lauterburg 1978) und vor dem Beginn einer Welt brüderlicher Arbeitsgemeinschaften mit gesunden Organisationen, aufgebaut auf Offenheit, Ehrlichkeit, Vertrauen und gegenseitiger Hilfe, mit hoher Fehlertoleranz und lernfähigen, entwicklungsengagierten, leistungsbefreiten Menschen, mit transparenter und funktionaler Machtverteilung, partizipativer Entscheidungsfindung, Teamwork, Selbstverwirklichung, Kreativität und Lebenssinn.

Ein Rückblick auf meine eigene euphorische Vergangenheit sei hier zu Illustrationszwecken kurz erlaubt. Wir - ein Team von ca. 20 Managern innerhalb eines amerikanischen Multis - hatten anfangs der 70er Jahre den Auftrag (und den Ehrgeiz!), in der BRD eine der "besten und fortschrittlichsten Fabriken der Welt" aufzubauen (ausführlich beschrieben bei Rieckmann 1982) und zwar nach den "neuesten" Kriterien der OE, "transpersonaler" Gruppendynamik, der Personal- und Managemententwicklung, auf der Basis eines (soziotechnischen) holistischen "open system" Ansatzes (inkl. teilautonomer Gruppen und "alternativer" lern- und entwicklungsorientierter Bezahlungssysteme, inkl. job rotation und multifunktionaler Ausbildung aller Organisationsmitglieder) und dies "unter Leitung" eines partizipativen, partnerschaftlichen Führungsstils und flacher Hierarchie. Geld, Ressourcen, Lernchancen und Kontakte waren weltweit vorhanden (vgl. diesbzgl. Aufsatz: "Auf der grünen Wiese ...").

Unsere Euphorie erlebte ich damals wie folgt:

> "Angelockt und herausgefordert von den Versprechungen des Annoncentextes und der Einstellungsgespräche bildete sich schnell eine "Management Truppe" von irgendwie sozial engagierten Leuten, mit jugendlichem Schaffensoptimismus, voller Erwartung mitarbeiten zu dürfen an einem Aufbruch in eine ganz andere Alternative, in eine Zukunft unentfremdeter Arbeit, entbürokratisierter Hierarchien, in eine Welt problemorientierter und nicht statusorientierter Kooperation, in der sich die Mitarbeiter als sinnvolle, akzeptierte Menschen erfahren und sich zu einer erfolgreichen, lebendigen, zukunftsmachenden Organisation und produktiven Arbeitsgemeinschaft zusammenfinden würden. Das war - in sehr knappen Worten - unser Leitstern.
> Und "living and working community" das Sprachsymbol. Unsere Arbeitszeit - ein Jahr vor Produktionsbeginn - war dementsprechend randvoll ausgefüllt mit Träumen und Hoffnungen über die "Organisation der Zukunft" ("einem Mekka der OE") und mit tiefsinnigen, nächtelangen Diskussionen über das "Wesen des Menschen", sowie jeder Art von Fach- und "Sozial"-Training. (Rieckmann 1980, S. 354 f.).

Gleichzeitig drang "OE" zunehmend mehr aus der Pionierphase auch ans Licht der Öffentlichkeit. Im deutschsprachigen Bereich läßt sich ungefähr folgende Entwicklung ab 1950/60 zeigen:

- Experimente immaterieller und materieller Mitbeteiligung von Mitarbeitern an unternehmerischen Prozessen und Ergebnissen. Stichworte: Arbeitsgemeinschaft zur Förderung der Partnerschaft in der Wirtschaft (AGP), Porst-Modell, C. Backhaus Stiftung, Herz AG (Wien), NPI (NL), Schmidt & Clemens (BRD) u.a.; erste Artikel, Bücher, Fernsehsendungen mit "OE" im Titel tauchen auf...
- 1. Europäischer OE-Kongreß in Aachen 1978
- Personalentwickler und Gruppendynamiker stoßen zur OE
- Gründung einer "Gesellschaft für Organisationsentwicklung" (GOE)
- Gründung einer eigenen Fachzeitschrift für OE (ZOE)
- Entwicklung und Einführung berufsbegleitender, postgraduierter Ausbildungsmöglichkeiten in Sachen OE (Arbeitskreis OE/GDI Zürich/Vansina (Belgien)
- zunehmende Verwendung des Begriffs "OE" im wirtschaftlichen Bildungsbereich
- weiterhin wachsende Anzahl von Publikationen und OE-Projekten
- international bekannte Firmen übernehmen OE bzw. OE-Ansätze in ihre Personal- und Managemententwicklungsprogramme bzw. in ihr internes Beratungsangebot auf
- 1. OE-Lehrstuhl in der BRD (Universität Wuppertal 1978)
- zunehmender Einzug von OE in universitäre Lehrbereiche wie Organisations- und Arbeitspsychologie, Betriebswirtschaftslehre, Personalwirtschaft, Sozial- und Wirtschaftspädagogik, Sozialpsychologie etc.
- 2. OE-Lehrstuhl (Universität Klagenfurt, Österreich 1985)
- Möglichkeiten, "OE" zu studieren und darin zu promovieren
- fortschreitende Internationalisierung von OE mit Kongressen in unterschiedlichen Ländern und Kontinenten
- wachsende Anzahl von Beratern, Trainern und Klienten, die OE-Ansätze und Methoden verwenden.

2.3. Aufkommende Kritik, Ernüchterungen, Grenzen

Mit der relativ raschen Expansion der "Organisationsentwicklung" wuchsen auch die Erfahrungen, die man mit diesem Ansatz in unterschiedlichsten Organisationen und Kulturen machte. Dies führte aber nicht nur zu einer Weiterentwicklung des OE-Know-hows, sondern machte - durch so manche Enttäuschungen und Mißerfolge - auch die deutlichen Grenzen und Bedingtheiten dieses Ansatzes immer sichtbarer.
Desillusionierungen mußten verarbeitet und die"realistische" Leistungsfähigkeit von OE evaluiert werden. Kritik wurde schon Mitte der 70er Jahre von zahlreichen Seiten deutlich (vgl. ausführliche Zusammenfassungen bei Pongé 1981 und Neumann 1989):

- OE sei nur ein Bauchladen eklektisch zusammengewürfelter psycho-sozialer Methoden und Techniken, ohne eigene Identität, Erkenntnisinteresse, Forschungsprogramm, Leistungsnachweise etc. Scharlatane, die OE nur dem Namen nach kennen, könnten dadurch unerkannt überall mit OE Etikettenschwindel betreiben, (dabei unseriöse Gewinne einstreichen) und die humanistisch-ethische Wertebasis der OE unterminieren (vgl. Trebesch 1984a, S. 316, Schein 1989 S. 3).

- Es fehle eine Theorie der Veränderung sozialer Systeme, die zu allgemein gültigen Wenn-Dann-Aussagen befähige, Erklärungen und Prognosen organisatorischer Veränderungsprozesse ermögliche und die Wirksamkeit von Interventionen (als unabhängige Variablen) erkennen ließe (z.B. Weisbord 1974, Burke 1978, Kubicek/Leuck/Wächter 1979, Wimmer 1990).
- Die euphorischen, harmonistischen und sozialromantischen Übererwartungen bzgl. "paradiesischer" Organisationen ("OE als normative Heilslehre") mit partizipativem Machtausgleich, selbstverwirklichten Mitarbeitern, kommunikativer Lernkultur, kooperativer Führung usw. seien nicht eingetroffen (vgl. Burke 1978, S. 1 f.; Trebesch 1984a S. 320 f.). Weder die Harmonie der Ziele Menschlichkeit/Wirtschaftlichkeit (Schulz-Wimmer) noch die Vereinbarkeit von personalen und organisatorischen Systemen (Individuum/Organisation) sei erzielt worden, vielmehr sei hier realistischerweise von einem Dauerkonflikt auszugehen (Sievers 1982).
- Wenn überhaupt - so Kappler (1980, S. 214 f.) - nütze OE nur selektiv und bedingt, z.B. dem Management bei der Bewältigung schwieriger werdender Kapitalverwertung und bei der Schließung hierarchischer Steuerungs-, Kontroll- und Legitimationslücken; OE nütze vor allen Dingen dem Berater, unter Umständen auch dem Arbeitnehmer, allerdings genau immer nur in dem Sinne, in dem eine Verbesserung der Arbeitnehmersituation schon immer durchgeführt wurde, wenn damit die Kapitalverwertungsinteressen gefördert würden (oder diese zumindest nicht behindere). Nur wenn OE "Entwicklung" betont (und nicht "Organisation") wird, könne sie im instrumentellen wie im kreativ-emanzipatorischen Sinne hilfreich sein.
- Auch die Gewerkschaften äußerten sich im Schnitt distanziert bis sehr kritisch: OE könne zwar zur Entwicklung von Basisdemokratie beitragen, solange sie jedoch nicht institutionell-gesetzlich über "Mitbestimmung" abgesichert (und kontrolliert) sei, könne sie die Solidaritätskraft der Arbeitnehmer untergraben, die gewerkschaftliche Position schwächen und überdies Mitarbeiter in psychomanipulative Prozesse kreativer Selbstausbeutung durch überstarke Identifikation und Einbindung in den Betrieb unbewußt verstricken. Darüber hinaus müßten durch OE erzielte Rationalisierungsgewinne mitbestimmt und verwendet werden können (z.B. Nord 1976, Briefs 1980, Küller 1981, Comelli 1985, S.429 f.).
- Auf Seite der Unternehmen wurde zwar deutlich die Leistungsfähigkeit des OE-Ansatzes gesehen, wenn es um Weckung verborgenen Geistkapitals (z.B. Qualitätszirkel), um hierarchische Steuerungsentlastung durch mehr Selbstorganisation (Flexibilität), Eigenmotivation und Problemlösekompetenz ging, wenn es sich um die Reintegration von Arbeit und Lernen handelte sowie um die Verbesserung der Qualität von Entscheidungen, Problemlösungen und Produkte durch Partizipation und Prozeßdenken (z.B. Projektmanagement, Qualitätsbewußtsein) und wenn es um den Abbau von Anpassungswiderständen durch Beteiligung der Betroffenen (Prinzip: Selbstverpflichtung) ginge... (vgl. dazu den vom "Bundesverband Junger Unternehmer" 1978 (BRD) herausgegebenen "Leitfaden der Organisations-Entwicklung" mit dem Titel: "Heute für morgen Initiative mobilisieren").

Andererseits war aber auch zu hören, daß der "softe" Ansatz der OE deren Wirksamkeit bzgl. Gewinn (und Humanisierung) objektiv nicht evaluierbar werden ließe (vgl. Neumann 1989): es ginge über vage Zufriedenheitsgefühle von Klienten und Berater kaum hinaus. Außerdem seien solche Prozesse zu zeitaufwendig.

- Darüber hinaus könnten OE-Prozesse und OE-Kultur deutliche organisatorische und existentielle Labilisierungen mit sich bringen ("unfreezing"). Ängste entstanden bei Führungskräften, daß sie die durch OE produzierten Führungsprobleme, Zusatzkomplexitäten und Mehrarbeiten nicht mehr überschauen könnten, sich von Beratern total abhängig machten und unter Umständen zu entdecken hätten, selbst maßgeblicher Teil des Problems (und seiner Lösung?) zu sein (vgl. Laske/Schneider/Wolff 1984).
- Wurden darüber hinaus "Interessen" tangiert, Macht-, Sicherheits-, Kontroll- und Kapitalverwertungsinteressen sowie persönliche Privilegien, dann zeigte sich wieder in aller Deutlichkeit die "Hardware" von Organisationen und ihren politischen Steuerungssystemen der Willensbildung und Willensdurchsetzung: vom Ende der Hierarchie war nichts zu sehen, höchstens von deren funktionaler Ergänzungsbedürftigkeit durch Projektteams, Quality Circles und einigen anderen partizipativen Meetings (Trebesch 1984a, S. 321 f.) zur Nutzung des Faktors "Mensch".
- So sagte dann Beer (1989, S.17 f.) ganz deutlich, daß er das Feld der OE sterben sehe, wenn es ihr nicht gelänge sich businessmäßig auszuwirken: für die Unternehmen, die Banken, die Aktionäre, für den individuellen Mitarbeiter, die Gewerkschaft, usw. und zwar im Sinne jener Moral, wo zuerst immer noch das Fressen komme... OE sei eine Investition und müsse sich dementsprechend auch auszahlen.
- Ergo: - so schlossen andere - OE ist schließlich doch nur Neo-taylorismus auf psychosozialer Ebene: Sozialtechnologie (für Manager) zur besseren Gestaltung, Lenkung und Anpassung von Organisation und Mitarbeiter an wechselnde Umwelt- (und Inwelt-)bedingungen. OE als Sozialtechnologie mache darüber hinaus auch noch die Kräfte der informellen Organisation verwertbar, was zusätzlich zu deren besseren Kontrollierbarkeit führe (worauf Tannenbaum schon 1968 hinwies). OE sei somit als anti-emanzipatorisch einzustufen.
- Auch das OE-Menschenbild sei zu revidieren (vgl. Pieper 1988, S. 60 und S. 84-91). Die Vorstellung des Menschen als lernwilligen und persönlichkeitsentwicklungsengagierten Mitarbeiter oder Manager (vgl. Y-Typ) ist zwar im kontrafaktischen Sinne als motivierende Orientierungsvision für OE-Ansätze durchaus sinnvoll, wird es jedoch als Forderung und "Muß" vorausgesetzt, wirkt es moralisierend und dogmatisierend oder im schlimmsten Fall (vgl. Rieckmann 1982) faschistisch: Und willst Du nicht mein Bruder sein... dann schicke ich dich auf eine OE-Maßnahme oder in die Gruppendynamik... Damit schafft sich OE selbst ab: normativer Selbstmord. "Wirkliche" Menschen sind dagegen manchmal (oder häufig?) überhaupt nicht OE- und entwicklungsinteressiert, z.T. voller Widersprüche, mit massiven, inneren Sicherheits- und Stabilitätsinteressen und begrenzt durch deutliche existentielle (anthropologische?) Limitationen.

  Eine dieser Limitationen, die ich für eine zentrale halte, da ich immer wieder auf sie gestoßen werde, und zwar sowohl bei/in mir als auch bei meinen

Mitmenschen, habe ich mir genauer angeschaut. Ich habe dann dieser Zentrallimitation - man möge mir verzeihen - einen unsympathischen Namen geben müssen, nämlich: SchweineHund. Mit diesem - nun ja nicht gänzlich unbekannten Hybridtier - meine ich analytisch indes folgendes:
Uns Menschen bestimmen ja nicht nur Wünsche nach Harmonie, Verständigung und produktiver Arbeitsgemeinschaft, sondern auch Kräfte "ganz anderer Art". Sie sind existentialpsychologisch gesprochen von "archaischer" Beschaffenheit und stehen den "Betriebsbedingungen" für OE wie Offenheit, Vertrauen, Ehrlichkeit, Leidens-, Lern- und Veränderungsbereitschaft usw. ziemlich konträr entgegen.
Jene "archaischen" Kräfte fließen - meiner Erfahrung nach - aus zwei sehr tiefen Quellen unseres seelischen Lebens. Die eine Quelle ist die tief in uns verwurzelte ontologische ANGST, die Angst vor dem Tode, die Angst vor der Krankheit, Armut, Einsamkeit, die Angst vor dem Leben (vgl. Kierkegard, Heidegger, Sartre). Die andere Quelle fließt aus einer großen inneren LEERE, die uns fortwährend antreibt, nach Sinn und Erfüllung zu suchen (vgl. Bochenski 1951, S. 164-188)
Durch einen "irgendwie" in uns falsch ablaufenden Orientierungs-, Entscheidungs- und Steuerungsprozeß - der theologisch mit dem Fachwort SÜNDE (hamartia) bezeichnet und nur durch eine CHRISTUS-Intervention gelöst werden kann (vgl. Römerbrief, Kap. 1 u. 8) - kommt es in der Praxis nun jedoch leider immer wieder dazu, daß das Problem ANGST und LEERE

1. in einer Art und Weise "gemanagt" wird, die zu sozial- und naturfeindlichen sowie selbstzerstörerischen Auswirkungen führen,
2. weil mit untauglichen Inhalten und Mitteln operiert wird,
3. wodurch nur Scheinlösungen entstehen (vgl. Rieckmann 1978), die dazu häufig
4. auch noch suchtartige Rückkoppelungsverläufe entwickeln, die der Volksmund unverhohlen und scharfsinnig dann ganz einfach als Teufelskreise bezeichnet (und z.B. Sartre als "passion inutile" beschreibt).

Dazu ein kurzes Erläuterungsbeispiel:

Die innere Leere wird mit Arbeit, Geld, Sex, Macht, Alkohol und Magie "gefüllt", dadurch im Grunde jedoch nur überspielt, betäubt, verdrängt.
Konsequenz I: Nach dem Kater kommt der Hunger wieder - die Leere ist nicht weg.
Konsequenz II: Der Hunger wird zur Gier - nämlich getrieben von der Hoffnung, daß vielleicht doch irgendwann einmal die Leere ausgefüllt sein wird.

Diese dadurch entstehende "Freßgier" (Sucht) symbolisiert für mich das Schwein im SchweineHund (wobei Schweine Allesfresser sind, gerne Speck ansetzen und keine Angst vor Dreck haben).

Da man jedoch nicht alleine lebt (zoon politikon) steht man in diesem Suchen nach "Füllung" und "Sicherheit" mit dem Nächsten in Konkurrenz. Neid, Eifersucht, die Angst zu kurz zu kommen, überrumpelt oder ausgeschaltet zu werden kommen dazu: Mißtrauen wächst, Lüge wird strategisch eingesetzt, Angstabwehren aufgebaut, Macht akkumuliert, Aufrüstung beschleunigt, mit der Folge, daß die Rivalitäten zunehmen und mit ihnen die Flurschäden: Verletzungen, Haß, Rache, Mord, Schuldangst, Krieg - oder Rückzug, Isolation, Autismus andererseits (vgl. Glasl 1990). Diese aggressive, jagende und tödliche Seite symbolisiert den Hund im SchweineHund (siehe ausführlichen entsprechenden Artikel in diesem Buch).

Da sich bei dieser Dynamik alle nur um sich selber kümmern, bleibt - wie man so schön sagt - mir sicherheitshalber leider nichts anderes übrig, als daß wenigstens ich mich um mich selber kümmere. Die Selbst-Sucht ist damit perfekt.
Selbst hehrster Humanismus, "missionarisch-reine" Organisationsentwicklung oder "light age management" ist in praxi nicht frei davon. Seit Adam & Eva oder Kain & Abel hat sich - wie die Menschheitsgeschichte zeigt - daran nichts geändert. Nur die Technologien sind raffinierter geworden.
Ideale Kommunikations- und Lernsituationen, die für OE sehr förderlich wären und von Pieper (1988) bspw. unter dem Begriff authentisch-partizipativer und diskursiver OE mit herrschaftsfreien Dialogen (vgl. Habermas) empfohlen werden, lassen sich unter solchen Bedingungen nur sehr schwerlich und immer nur begrenzt und selektiv erreichen. Auch die besten Teamkulturen basieren immer noch auf ziemlich stark ausgeprägten - wenn auch häufig unausgesprochenen - Nichtangriffspakten. Auch unsere allerorts anzutreffende babylonische Sprachverwirrung (jeder lebt in seiner eigenen Sprachwelt) bekommt von daher immer wieder neue Nahrung.
So werden wir auch mit Organisationsentwicklung inklusive Personal- und Managemententwicklung nur kleinere Brötchen backen, auch hier werden wir nur mit Wasser kochen können.
Noch schärfer (und trostloser?) sieht Crockett (1974, S. 255 f.) die Lage:
"I'm not sure that we are presently doing any more then sugar coating what's there, but that is emminently better than not doing anything at all."

- Auch unter einem weiteren tiefenpsychologischen Blickwinkel sei OE problematisch - so einige andere kritische Kollegen bzgl. OE-Euphorie: Sowohl die sozialtechnologische als auch die harmonistisch - euphorische Variante der OE könnten als ein Hochzeitsversuch zwischen Liebe und Mammon interpretiert werden, und zwar mit dem Wunsch, den Tanz um das goldene Kalb zu humanisieren:
  In dem Tanz um das goldenen Kalb drücke sich die unendliche (und möglichst reuelose) Gier nach Glück, Genuß und Sicherheit, nach Rückkehr in den Mutterleib aus, als Ausdruck von Menschen, die materiell überfüllt, seelisch verarmt und geistig orientierungslos seien...
  Verbunden durch Kommunikation, Gleichberechtigung, Partizipation, Vertrauen, Teamarbeit usw. - dem brüderlichen Element - wird in der OE ferner die Sehnsucht nach intakter Familie bzw. Kleingruppe ausgedrückt.
  Dies erkläre u.a. auch den blinden Zorn und die pauschale Abneigung vieler "Alternativer" in der OE-Szene gegen Hierarchie, indirekte Kommunikation (Großorganisation, Bürokratie etc.) und Machtfragen ... - obwohl ja offensichtlich sei, daß nicht alle Probleme von und in Klein- und Kuschelgruppen gelöst werden könnten, Macht- und Entscheidungshierarchien also unumgehbar seien, und dieses "patriarchalische" Element von Realität schon seit Beginn der Menscheit in Mesopotanien, Ägypten und anderswo (vgl. auch Heintel/Krainz 1987, S. 69 ff.) von Bedeutung sei...

Und noch etwas sei zu beobachten:
In letzter Zeit würde in OE-Kreisen immer mehr der Ruf laut nach einem hochflexiblen, multidimensional denkenden ("OSTO-Brille"), systemisch handelnden und super-allround versierten "Hypermanager" (vgl. Rieckmann 1988 b, Lauterburg 1990 a), denn ein solcher "Typ" sei unbedingt vonnöten, um unsere aus den Fugen geratene turbokomplexe (Industrie)Welt doch noch in den Griff zu kriegen. Mit dieser darin verpackten Omnipotenzphantasterei fiele man jedoch nur in ein weiteres Extrem und in eine weitere Illusion, nämlich der regressiven Sehnsucht nach einem allmächtigen Übervater und Retterheld.
Dahinter stecke ebenfalls eine unendliche und unerfüllbare Gier, nämlich die Gier nach Macht und Weltbeherrschung und last, but not least, - à la Richter (1986) - ein unverarbeiteter (westlicher) Gotteskomplex: sicut eritis deus (Genesis 3,5).
Eine illusionslose Lösung sei - transaktionsanalytisch gesprochen - nur auf der Erwachsenenebene vorstell- und erzielbar. Dimensionen dieser Lösungsqualität seien stichwortartig z.B. folgende:

- Konflikte, Widerstände und Probleme seien natürlich (wie Essen, sagt Weisbord 1989, S. 23) und Motor von Bewegung. Leiden und Verzicht gehörten auch dazu;
- raus aus den Ideologien, die nur unverarbeitete Vater-, Mutter- und Gotteskomplexe verdeckten;
- ja sagen zu meinen Potentialen, Stärken und Schwächen, meinen Grenzen, meinen bösen und lichtvollen Seiten, ja zum Genuß, aber auch ja zum Tod;
- die Realität unserer Endlichkeit anerkennen: wir sind Teil der Welt und nicht deren Herren, zumal unser (uneingestandenes) Gott-gleich-sein-wollen uns permanent überanstrengt: individuell, ökonomisch, ökologisch, militärisch...
  also los-lassen: neue Bescheidenheit (De-mut), frei vom Druck großer Ziele, die mich versklaven, Musik hören, feiern können...

Doch damit noch nicht genug:

- OE sei manchmal so etwas wie Magie oder self-fulfilling prophecy: wenn man daran glaube, sei "sie" auch wirksam (vgl. Laske u.a. 1984, S. 241 f.). Evaluationskriterien- und -verfahren seien sowieso Geschmacksache - konstruktivistische, relativistische, kontingente, kulturelle, situative, interessensabhängige usf.
  Oder, so Gavin/Phail (1978, S. 175 f.): "Evaluative research in organisation development may not provide a complete or even accurate picture, but at least it offers food for thought."
  Also Geschmacksache - und mehr noch: OE würde reifiziert oder anthropomorphisiert: Man nehme "OE", schütte sie in eine Organisation, führe sie nur richtig durch, und "alles" wende sich zum Besseren...
  So als ob "OE" als Mittel "quasi-automatisch" (wie ein Rohrreinigungsmittel) wirke... ohne Menschen - von fast jedem gutwilligen Berater durchführbar - nur das Verfahren an sich tue es schon. In Wirklichkeit aber ist - wie jeder weiß - die Wirklichkeit viel komplexer, undurchschaubarer, fluktuierender und

mehrschichtiger. Rezeptologische Instant-Lösungen sind ausgeschlossen und wildes Herumfuhrwerken mit allen möglichen Interventionen aus den unterschiedlichsten Sozio-Psycho-(Techno-Öko- und Marketing-) Trickkisten, und dies ohne Diagnose, Zielorientierung, Indikation bringen kaum etwas - so die Erfahrung beratertrainierter Klienten und frustrationsgewohnter OE-Fachleute.

3. Gegenwärtige Bewegungen und Tendenzen ...

Nicht wenige Kollegen der ersten Generationen sind mittlerweile ausgewandert oder in andere Themengebiete umgezogen oder haben diversifiziert.
Ich sehe folgende Bewegungen:

3.1. ... in die (Unternehmens-)Politik

Die anfänglich stark auf dem "Liebes-Paradigma" aufsetzende harmonistische OE-Euphorik verschiebt sich - wie Huse schon 1980 vorhersah (1980, S. 461 f.) in Richtung "Zugang und Umgang" mit Macht und politischen Steuerungssystemen. Zu oft scheiterten wohlmeinende (naive?) OE-Anstrengungen an den "hard facts" der "Headquarter" und an kurzfristigen Erfolgsorientierungen von "Hardlinern". Es liegt daher nahe, sich präventiv und frühzeitig den Zugang zu den Mächten zu verschaffen. Dies beinhaltet natürlich die Gefahr, daß der ehemals "neutrale" und partizipativ orientierte (externe) Berater und Trainer nun zu einer Art Geheimrat, Hofrat oder Chefberater mutiert (vgl. Weisbord, 1989, S. 1-24). (Vom OE-Neotaylorismus zum OE-Neomacchiavellismus?).
Vorstände wurden deutlich wichtiger als partizipative Basisprozesse der klassischen OE. Die Gefahr, von den Top-Leuten neue heldenhafte übermenschliche Lösungshoffnungen zu beziehen bzw. auf sie zu projizieren, liegt dabei nahe. Das wäre dann wahrscheinlich eine neue Euphorie - nur auf einem höheren Niveau.

3.2 ... in die Ausbildung von OE-Beratern

OE-Prozesse sind - wie gesagt - in der Regel äußerst komplex, vielschichtig und auch nicht "unpolitisch". Betriebsblindheit, interne Konfrontationsängste, Know-how-Mangel und Kapazitätsengpässe lassen viele Firmen deswegen nach wie vor häufig zu externen OE-Beratern greifen.
Die Qualität (und damit auch das Gelingen) von OE-Prozessen und -Projekten hängt dabei jedoch sehr stark von der Persönlichkeit ("Charisma") und der Professionlität des OE-Beraters ab.
Aufgrund der Situativität vieler zwischenmenschlicher Prozesse, der Komplexität, Eigensinnigkeit und Eigen-natur von Organisationssystemen ("Systemabwehr"), der teilweisen Nicht-Planbarkeit von Entwicklungsprozessen (experimentelles Vorgehen, rollende Planung etc.) sowie eventuell auftretenden Prozeßkrisen, kommt der Kompetenz, Kreativität und Flexibilität des OE-Beraters eine besondere Bedeutung zu. Konzeptwissen, Methodenvielfalt und praktische Bewährung spielen daher bei der Entwicklung von OE-Beratern eine große Rolle. Die Ausbildung solcher Beratungsressourcen stellt damit ein wichtiges Leistungsgebiet

heutiger "OE" dar (vgl. hierzu Qualifikationsanforderungen an den OE-Berater bei Doppler u.a., 1982; Rieckmann, 1983; Trigon 1995).

3.3. ... in die Tiefe (Tiefen-OE)

Einige sind mit hoher Priorität und mit bewußter Absicht bei der Erforschung sozialer Systeme geblieben bzw. zu ihr zurückgekehrt und versuchen - aufbauend auf psycho-, und soziotherapeutischen Vorerfahrungen und in der Linie des reedukativen Zweigs der OE - das Verständnis für bewußte und unbewußte, ausgesprochene, unausgesprochene und unaussprechbare Strukturen, Prozesse, Dynamiken und Phänomene im Wechselspiel Mensch und Organisation weiter zu vertiefen (vgl. z.B. Mundo/OSTO Verein). Es wird versucht, von hier aus weitere Wege zur Reduzierung von Frustration, Leid , Ineffizienz usw. zu finden, dabei irreführende Illusionen zu desillusionieren, um dadurch gerade eben neue Chancen alternativer Lebens-, Lern- und Arbeitsmöglichkeiten zu eröffnen (vgl. Sievers 1973, 1978, 1982; Lawrence 1979a, b).

3.4 ... hin zur Unternehmenskultur

Die Wiederentdeckung der vitalen Motivations- und Steuerungsfunktion der "informellen Organisation", ihrer Werte, Spielregeln, ungeschriebenen Gesetze und "Unterwelten" führte unter anderem zur Neubetonungen der "Kultur" als nahezu "dem" zentralen Herzstück eines jeglichen Unternehmens: Ohne "Kultur" läuft nichts oder höchstens wie bei "Arbeit nach Vorschrift". Das Management des Nicht-Managebaren oder die Organisation des unorganisierbaren Geistes eines Systems und seiner unsichtbaren "Ordner", "Erlauber", "Ermutiger", "Bremser" usw. bekommt daher zunehmend mehr Aufmerksamkeit und Gewicht. Unter anderem Etikett - nämlich "Unternehmenskulturentwicklung" - hat "OE", die sich immer schon um "Kulturfragen" (sprich: Wertefragen) kümmerte, an Einfluß daher zugenommen.

3.5. OE und "Sinnergie"

Zusammenhängend mit dem Kulturthema (und der Zukunfts- und Ethikkrise der Menschheit) hat auch das Thema "Sinn" an Virulenz gewonnen. Immer mehr Arbeitnehmer und Manager beginnen Sinn, Ethik und Verantwortung zu hinterfragen, und zwar hinsichtlich dessen, was sie tun (Produkt, Märkte) und wie sie es tun (Prozesse, Methoden, Spielregeln, Klima usw.) und "wozu" sie das tun ... Der Faktor "Sinn" wird zum Motivationsproblem oder umgekehrt: Wer arbeitet, Produkt und Methodik als sinnvoll und ethisch verantwortbar oder gar als zukunftsführend erlebt, dem wird Sinn zum energieaufschließenden Produktivfaktor und zum zielgebenden Motivator. Hohes Maß an "Sinnergie" (und dementsprechend auch Synergie) reduziert dabei mit einem Schlag gewaltige Kosten, nämlich die Kosten, die für Kontrolle, übermäßige Koordination, künstliche Incentives, aufwendige Gewissensberuhiger, extrinsische Bildungsmaßnahmen etc. in nicht unbeträchtlicher Höhe anfallen und ausgegeben werden müssen.
"OE" kann zwar nicht sagen, was sinnvoll ist (das müssen wir schon selber tun), kann aber doch sein Verfahrens-Know-how zur Gestaltung von dialogischen,

sinnsuchenden und kritisch-kreativen Auseinandersetzungsprozessen zur Verfügung stellen.
Darüber hinaus sind nicht wenige OE-Berater kraft Sozialisation auch inhaltlich mit Wert- und Sinnfragen vertraut und verspüren daher auf diesem Gebiet auch eine starke Engagementbereitschaft.

3.6. OE als "Fusionsgehilfe"

Die wachsende Internationalisierung von Geschäftsprozessen führt zu einem deutlichen Anstieg interkultureller Interfacekonflikte und Geschäftsprobleme. Und dies sowohl auf Makroebene, wenn kritische Kulturanpassungen mißlingen, wie beispielsweise im Falle eines schwäbischen Bauleiters, der in Jeans mit einem fürstlich gekleideten Maharadscha in Südindien über die Trainingsbedingungen bei CAD-Geräten verhandelt, den Auftrag aber trotz seines exzellenten süddeutschen Fachwissens nicht erhält und damit außer Mißverständnissen, Frustrationen und "flops" nichts dabei herauskam ...
Daß die kulturelle beziehungsweise sub-kulturelle "software" im Geschäft mitunter von zentraler Erfolgsbedeutung sein kann, ist mittlerweile deutlich erkannt. OE-Know-how bezüglich Umgang mit Menschen, Regeln, Normen und "Mythen" kann und wird hier in steigendem Ausmaß Einsatzgebiete finden (vgl. u.a. auch OE-Kongreßberichte von Prins, 1985; Senkel, 1987 sowie Heyse/Metzler, 1995).

3.7 OE auf neuen "Hochzeiten" ...

OE-Know-how verbindet sich zunehmend stärker mit anderen betriebswirtschaftlichen Bereichen, wie beispielsweise "OE" und Marketing, "OE und Controlling, "OE" und Strategische Planung usw.
Darüber hinaus wird "OE" auch Vorgehensweisen und Veränderungsprozesse im Dienstleistungs-, Gesundheits- und Sozialbereich beeinflussen (in Krankenhäusern, in der Gemeinwesenarbeit, in der Stadt-, Dorf- und Regionalplanung etc.). Hier wird ebenfalls das Partizipationspotential der Betroffenen als Vor-Ort-Experten und Träger von Veränderungen in (über)organisatorische Gestaltungsprozesse einbezogen, um auf diese Weise Problemlösungen und Realisierungen zu optimieren.

3.8 OE und die neuen Medizinmänner ...

Die lebensbedrohlichen bis katastrophalen Zustände in vielen Bereichen unseres (Wirtschafts-)Lebens und die zahlreichen Desillusionierungen, Hilfe seitens der Wissenschaft und der Politik zu bekommen, treibt immer mehr Menschen zunächst spielerisch-naiv, dann aber existentiell-gezielt in den Bereich des Übernatürlichen, des Okkulten hinein. Es ist die Renaissance des alten Faust-Mephisto-Themas, nämlich mit Hilfe von parapsychologischen, spiritistischen und magisch-schamanistischen Know-how Zusatzenergie und Zusatzinformationen zur Lösung komplexer und zum Teil schier hoffnungsloser Probleme zu erlangen.
"Medizinmänner" werden daher immer gefragter, eine neue Ok-Kultur entsteht. Die "Transformation" des alten Menschen in einen neuen, planetarisch denkenden, kosmisch bewußten und magisch agierenden New-Age-Menschen scheint Gebot der Stunde und einzige Rettung der Menschheit vor selbstgemachter Höllenfahrt.

Der westlich-wissenschaftliche Rationalismus ist seiner Mystik und seines Mythos entkleidet: Hitler, die Atombomben, der Overkill, die Naturzerstörung usw. entpuppten sich - man muß es paradox formulieren - als das, was sie sind: irrationale Produkte rationaler Verrücktheiten ...
Was also ist denn dann noch zu tun? Faust hoffte, bei Nostradamus die Lösung zu finden, um dann endlich sehen zu können, was die Welt im Innersten zusammenhält ...
In einer solchen Situation scheinen wir - wenn ich das richtig beurteile - heute abermals zu stehen:
Die alten babylonischen und ägyptischen Gebräuche wurden wiederbelebt.
Und in Form esoterischen Transformations-Know-hows zieht dieses "Wissen" auch in die OE-Landschaft ein (inklusive Hellsehen, Astrologie, Pendeln, Hypnose usw.). Die "Verpackungen" sind zu Anfang nette, wissenschaftlich anmutende, menschenfreundliche Verkleidungen und Sprachformen. Keiner - der etwas auf sich hält - kann eigentlich dagegen sein. Schluck für Schluck tut es am Anfang wohl, bis dann genügend "Arsen" im Körper ist und der point-of-no-return überschritten wird: Man wird abhängig und traut sich selber nichts mehr zu. Die Verantwortung übernimmt dann der "Medizinmann" ... (Und welcher Geist steckt hinter dem Medizinmann?). Meine Diagnose ist - wenn es so weitergeht -, daß OE-Interventionen zunehmend mehr Beelzebub-Charakter annehmen werden. Man will den Teufel aus dem System vertreiben - und holt ihn damit erst recht hinein ...
Noch etwas anderes fällt mir dabei auf:
Es wird in diesem Zusammenhang auch häufig von Holismus, ganzheitlichem Ansatz und großer Synthese gesprochen, denn das täte unserer zerrissenen, fraktionierten und zerkriegten Welt gut. Und das stimmt, denn unser exkludierendes, eindimensionales, analytisch-sachliches und monokausal-lineares Denken und Handeln hat uns - neben sowieso vorhandener Angst, Habgier und Hochmut - in eben diese Verstrickungen und Zersplitterungen hineingeführt, die nun die Ganzheit des Lebens zu zerstören drohen ... und deshalb eben das Ganze auch wiederum nur ganzheitlich regeneriert werden kann ... (vgl. Vester, 1980; Goebel, 1987 sowie Verlautbarungen des "Club of Rome" z.B. Laszlo 1995).
Was aber gehört zur Ganzheit? Was ist denn nun das "Ganze", das "Holon"? Und wer definiert das eigentlich? Und genau an dieser Stelle wird es schwierig.
Ein kleiner theologischer Exkurs sei mir deshalb hier kurz erlaubt: Es fällt auf, daß heute alles zum Ganzen gehört: das Sinnliche und Übersinnliche, die linke und rechte Gehirnhälfte, die Natur und die Maschine, Ying und Yang, Osten und Westen, die Kristallkugel wie der Computer, Erde und Himmel, Papst und Buddha, Horoskop und Controlling ...
Nur eines - so mein Eindruck - wird aus der Ganzheit ausgeklammert: Das Christentum beziehungsweise Jesus Christus, der Sohn Gottes, der Erlöser, Retter, Herr und Richter. Warum?! Paßt er nicht ins "Ganze"?
Einige hochinteressante Bibelstellen wie beispielsweise 5. Mose 19 legen diese Vermutung nahe. Und auch einige andere Randbemerkungen Jahwes über "Ganzheit" und "esoterisches Know-how" (wie Jes. 47, 12 f.) sind zugegebenermaßen weder sehr einladend noch sehr integrativ. Die "große Synthese" ist unmöglich[1].

---

1 In diesem Zusammenhang ließ sich eine Fülle aufschlußreicher Bibelstellen finden. Einige seien kurz ziteirt: 5. Mose 18: "Wenn du (Israel) in das Land kommst, daß der Herr, dein Gott, dir gibt, dann sollst du nicht lernen, es den Greueln dieser Nationen gleichzutun. Es soll niemand unter dir gefunden werden, der seinen Sohn oder seine Tochter durchs Feuer gehen läßt, keiner, der Wahrsagerei betreibt, kein Zauberer oder

Doch wieder zurück zum OE-Thema: Die Frage, was zum "Ganzen" gehört und methodisch in "OE" verwendet werden "darf" und was nicht, wird jedenfalls für den Laien immer schwieriger zu beantworten sein. Auch rationalwissenschaftliche Brillen (einschließlich [!] der modernen "Systembrille") reichen nicht mehr aus, um Spreu vom Weizen zu trennen. Der vielzitierte gesunde Menschenverstand wird hier ebenfalls überfordert sein. Nur explizite "Urgrund"-Diskussionen helfen hier weiter (vgl. OSTO-Ansatz).
Die Notwendigkeit der Transformation des Menschen scheint mir indes kein Dispositionsgegenstand zu sein. Sie ist unumgänglich. Nur die Frage nach dem "Transformator" müßte auch einer Klärung zugeführt werden.
Mit Sicherheit wird es bezüglich dieser Frage zu Trennungen unter Beratern und Klienten kommen. Für diejenigen, die den "neuen Irrationalismus" der OE-Kultur nicht "verwenden" möchten und ohne mystisch-magische Praktiken die komplexen Probleme einer vernetzten und verstrickten Welt lösen wollen und müssen - für diese bleiben jedoch auch noch Wege offen: nämlich das Wesen solcher komplexen Systeme zu studieren, Teamarbeit mit Sinnergie und Synergie voll zur Problemlösung einzusetzen, ihrer Intuition neu vertrauen zu lernen und sich Meta-Managementqualitäten und -strategien anzueignen (die es mittlerweile schon als Erfahrungsschatz und als Weiterbildungsangebot auf dem Bildungsmarkt gibt). (Vgl. "Dynaxibility" und OSTO-Ansatz).
Erstaunlicherweise treffe ich in letzter Zeit nicht selten auch auf Unternehmer, die das Gebet wieder entdeckt haben: Management "by holy spirit". Gewiß - ebenfalls übernatürlich - aber eine andere Quelle und ein anderes Ziel (vgl. Fuchs, 1987; Plansecur 1995-1997).
Die Spiritualisierung von "OE" sowie die damit immer mehr oder weniger verbundenen Personalentwicklungsmaßnahmen (PE) führten dementsprechend dann auch in den späten 80er Jahren zu begrifflichen Akzentverschiebungen: statt "OE" nunmehr "OT", sprich: Organsiationstransformation (vgl. Gottschall, 1985; Gerken, 1985 sowie Studientagung in Hernstein bei Wien 1987).
Die Einbeziehung der "geistigen Dimension" (Wertefragen, Menschenbild usw.) gehörte dabei schon immer zur Kultur der "OE". Insofern also nichts Neues. Neu ist meines Erachtens eben nur die Dringlichkeit, Spreu und Weizen zu trennen (vgl. dazu Aufsatz "SchweineHund" und Figur des Antichristen).

Jenseits dieser Spezialisierungen und Sonderformen entwickelte sich der "main stream" der OE jedoch in begonnener Richtung weiter. "Geklärt" und gereift mauserte sich die anfänglich enthusiastische OE in ein Set alltagsfähiger Strategien und Instrumente. Davon jetzt im Folgenden.

Beschwörer oder Magier oder Bannsprechner oder Totenbeschwörer ... Denn ein Greuel für den Herrn ist jeder, der diese Dinge tut."
In Jesaja 47, 12 f. werden die Okkultisten darüber hinaus zum Kampf aufgefordert: "Tritt doch auf (gemeint ist der Herrscher von Babylon) mit deinen Bannsprüchen und mit der Menge deiner Zaubereien, mit denen du dich von deiner Jugend an abgemüht hast. Vielleicht verschafft es dir Hilfe ... Du bist müde geworden durch die Menge deiner Beratungen. Sie sollen doch auftreten und dich retten, deine Himmelszerleger, die Sternbeschauer, die an jedem Neumond wissen lassen, was über dich kommen soll! Siehe, sie sind wie Strohstoppeln geworden, Feuer hat sie verbrannt."
Als weitere Stellen seien noch erwähnt: Mathäus 24, 1-31; 2. Thessalonicherbrief 2, 3-12; Offenbarung 13 (Anti-Christ, 666), 1. Timotheusbrief 4, 1-3 sowie Jesaja 44, 6-8 und 44, Vers 24 und 25.

3.9 Die "praktische OE"

Wer die Alltagspraxis in Unternehmen aus eigener Erfahrung kennt und sie auch außerhalb jeglicher OE-Brillen betrachtet, weiß, daß unter heutigen Bedingungen ohne bewußte, gezielte und professionelle Beachtung der Interdependenzen zwischen den "harten Fakten" (Hardware) der Business-Strategie, den Strukturen, Systemen und Verfahren einer Unternehmung einerseits und den "weichen Fakten" (Software) des Unternehmens (Führungsstil, Kultur, Qualität, Kommunikation, Motivation etc.) andererseits kaum wirklich "etwas richtig läuft" (vgl. Kropfberger 1986, S. 167 f.). Peters/Waterman (1984, S. 31 f.) gaben deswegen Managern schon in den 80er Jahren folgendes zu bedenken:

> "All das, was Sie so lange als nicht beeinflußbare, irrationale, intuitive oder informelle Elemente der Organisation abgetan haben, kann durch Führungsmaßnahmen gesteuert werden. Und diese Faktoren haben mit Sicherheit genausoviel oder noch mehr mit Erfolg (oder Mißerfolg) ihres Unternehmens zu tun, als die formalen Strukturen und Strategien."

Denn:
"Management ist immer "**duales Manangement**" - so einer meiner Kollegen, der hier an unserem Institut für Wirtschaftswissenschaften klassische BWL-Bereiche vertritt (Controlling, Planung, Strategie). Und das hieße, daß in diesem Sinne "OE" - wenn es nicht l'art pour l'art spiele - für das Management von Unternehmen unverzichtbar sei: Sach- und Personenebene müßten gleichermaßen gemanagt werden, wenn man heute noch erfolgreich sein will (Kropfberger 1990).
Ich fand das damals hochinteressant: kam da etwa seitens eines nüchternen, zahlenorientierten BWL-Ordinarius der alte Harmoniegedanke der OE in anderen Kleidern wieder auf mich zurück? (vgl. auch Kirsch/Trux 1979; Kirsch/Esser/Gabele 1979; Schertler 1985, S. 134-171; Kropfberger 1986, S. 154-175; Staehle 1989, S. 829-884). Natürlich nicht: Die harmonistisch-normativen Partizipations- und Emanzipationsideale der klassischen, euphorischen OE wurden hier nicht widergespiegelt. Dafür aber die Praxis: An erster Stelle stand das Unternehmen und der Unternehmenszweck. Aber gleich danach kam OE auf Platz 2. Nicht gleichrangig und gleichwertig, sondern nachgeordnet. Aber auf Platz 2 und nicht auf Platz 20. Fazit unserer Unterredung: "Sozialtechnologie" hin oder her - OE-know-how wird bei der Umsetzung von Strategien in Strukturen, Kulturen und Prozesse, in Führung, Motivation und Qualifikation, in Entscheidung, Planung und Durchführung gebraucht, genauso gebraucht wie Geld, Technik, Kunden und Lieferanten...

Und so entstand unter uns der Begriff der "praktischen Organisationsentwicklung".

Will man die konkreten Leistungsmöglichkeiten einer "**Praktischen OE**" zusammenfassend darstellen (vgl. auch Comelli 1985, S. 417 f.), dann läßt sich trotz aller oben erwähnten und berechtigten Kritik - meiner Erfahrung nach - doch durchaus folgendes positiv und "handfest" anführen:

- Eine Verbesserung der Kommunikation: müheloser funktionierende Kommunkationskanäle auf Sach- und Beziehungsebene, generell freierer und schnellerer Fluß von Informationen, "gemeinsamere" Sprache, weniger Papierkriege, mehr mündliche Kommunikation.

- Die Zusammenarbeit in und zwischen Gruppen und Hierarchieebenen wird leichtgängiger, adjuvativer und leistungsfähiger.

- Reibungsverluste durch persönliche Absicherungsstrategien, Intrigen und Konflikte nehmen ab. Der Umgang mit Konflikten geschieht graduell mit weniger Verdrängungen und Umleitungen. Das Kreativ- und Innovationspotential von Konflikten wird eher wahrgenommen und genutzt.

- Das Betriebsklima entspannt sich. Mehr Offenheit, Direktheit und Unkompliziertheit im Umgang miteinander (Individuen, Gruppen, ganze Organisation).

- Führungsstile entwickeln sich mehr in Richtung Partizipation und Mitarbeiterorientierung. Leistungsmotivierende Stimulanzeffizienz von Führung nimmt dabei gleichzeitig zu.

- Bewußterer Umgang mit Zielen, Werten, Spielregeln sowie Standards, Normen, und Verhaltenserwartungen (Unternehmenskultur). OE Prozesserfahrungen machen darüber hinaus normalerweise eher diffuse und un- bzw. vorbewußte Zusammenhänge in Organisationen und zwischen Menschen erkennbarer, sprachlich benennbarer, ansprechbarer und gezielter angehbar. Handlungskompetenz steigt.

- Die Aufgeschlossenheit für den Nutzen von Feedback (Lernen, Verhaltenssteuerung, Erfolg) steigt. Es wird häufiger praktiziert.

- Das Breitenverständis für die Vorteile "prozessualen und partnerschaftlichen Vorgehens" (trotz scheinbaren Mehrzeitaufwandes für die vielen Diskussionen, Meetings und Gruppenarbeiten) steigt; die Qualität der Problemwahrnehmung und -definition, der Planung, Entscheidungsfindung, Zielsetzung und Durchführung steigt; das Wechselspiel zwischen Hierarchie und (Projekt)gruppenansatz entspannt sich bzw. wird zur Selbstverständlichkeit.

- Die permanente Anpassung von Verhalten, Qualifikationen und Einstellungen an geänderte Umfeldgegebenheiten werden spürbar erleichtert (weniger Angst und Widerstand, mehr Akzeptanz bis hin zu proaktiven Veränderungsbereitschaften und einer Veralltäglichung von Lernen und Umlernen).

- Die Problemlösekompetenz der Menschen und der Organisation steigt, Ressourcen werden in ihren Stärken und Schwächen bewußter und gezielter eingesetzt, entwickelt (Personalentwicklung, Managemententwicklung) und genutzt ("Geistkapital Mensch")

- Die Wahrscheinlichkeit von problem- und zielgerichteter Synergie und Selbstorganisation wächst (bei später gleichzeitig sinkendem Managementaufwand) - allerdings nur in enger Kopplung und im Verein mit "anderen" Unternehmensaktivitäten in Bereichen wie Technologie, Marketing, Controlling, Personalwesen usw.

- Nicht selten sind Mitarbeiter, die in Veränderungs- und Entwicklungsprozesse ihrer Arbeitsfelder und Organisationen mit einbezogen wurden (Gegenstrommodell) auch zufriedener und engagierter und identifizieren sich mehr mit "ihrer" Organisation als in Unternehmen mit rein autoritärer top-down Führungs- und Problemlösekultur.

- Gut laufende Prozesse dieser Art - so wird immer wieder berichtet - haben auch positive Ausstrahlungseffekte auf andere Lebensbereiche wie Familie, Vereine usw.

Allerdings können solche Verbesserungseffekte nachhaltig nur dann erzielt werden, wenn erfahrungsgemäß folgende Mindestvoraussetzungen bei den potentiellen Trägern solcher organisatorischer Veränderungs- und Entwicklungsprozesse vorliegen:

- Leidensdruck/Problembewußtsein/Ernsthaftigkeit (Anfangsenergie)
- Bereitschaft, die materiellen und immateriellen Kosten solcher längerfristigen und vielschichtigen Prozesse auf sich zu nehmen (Zeit, Geld, Arbeit, Nerven, Selbstbegegnung etc.)
- klarer Verzicht auf kurzfristige und sozialmanipulative Erfolgs- und Durchsetzungsabsichten (OE ist i.d.R. nichts für autoritäre Führungskräfte)
- keine drückende Krisensituation
- externe Beratung und Begleitung (Distanz + Know how)
- OE-Ansatz muß als geeignet erscheinen (Indikation/Kontrakt!)
- explizite Diagnose/Zielsetzung (IST/SOLL) + Vision
- Unterstützung durch die dominante Koalition des Systems ("Schlüsselpersonen"/Machtpromotor)
- Systemkultur und praktiziertes Menschenbild muß kommunikativen, kooperativen, prozessualen und experimentell-lernorientierten Vorgehensweisen zumindest "gewogen" sein
- Klarheit der ersten Vorgehensschritte
- rollende Planung: von Schritt zu Schritt, mit eingebauter Manöverkritik/Konfliktbearbeitung (und möglicherweise wandernden Zielen und Visionen)
- strategische Einbettung der Lern- und Veränderungsprozesse in die Gesamtsystementwicklungsziele unter generalistisch, interdisziplinärer Einbeziehung ökonomischer, marktbezogener, technologischer, politischer u.a. Dimensionen (vgl. OSTO-Ansatz), um Einseitigkeiten, Holzwege, Umfeldattacken etc. zu minimieren bzw. Erfolgswahrscheinlichkeiten zu erhöhen.
- Sozialromantik, Omnipotenzphantasien, Naivität, Heldenerwartungen, l'art pour l'art, und Euphorie vermeiden. Das Heil kommt woanders her.

Stattdessen: Hören, sehen, reden, lernen - am Ball bleiben, durchhalten, nüchtern bleiben, und arbeiten...

3.10 In einen Paradigmawechsel...:

Das heißt: statt OE nun das Management komplexer Probleme und Systeme. Denn: Die Entwicklung hatte ja deutlich gezeigt, daß die eindimensionale und primäre Fokussierung der OE auf psychosoziale Probleme des sozialen Systems einer Unternehmung - so wichtig sie war und ist - alleine nicht ausreichte (vgl. Zauner 1981, S. 39 f.; Beer 1989, S. 3 f.; Weisbord 1989, S. 9 f.; Rieckmann/Weissengruber 1990c u.a.). Im Vergleich zu den Gesamtproblemen eines Unternehmens kann z.B. "Teamentwicklung" - wie es Beer radikal ausdrückte (1987a, S. 17) - mit dem Wasserspülen des Mundes beim Zahnarzt verglichen werden: Es ist nützlich - aber nicht die Hauptaufgabe einer Zahnbehandlung.
Mit anderen Worten: OE hat nur dann eine Zukunft, wenn sie strategisch (vgl. Benölken/Greipel 1989, S. 15 f.) systemisch, investiv und ertragsmäßig etwas zur Lösung unternehmerischer Problemstellungen aus der Sicht der Kunden beizutragen hat (vgl. auch Kropfberger 1986/1989/1990). Verbindungen mit Controlling, Marketing, Technik, Personalwirtschaft, Projektmanagement, Innovation, Rationalisierung, Strategie, Corporate Identity usw., wurden - wie erwähnt - daher eingegangen. Qualifikationsmuster und Anforderungen an OE-Berater dementsprechend multifunktional erweitert (vgl. Studium der OE im Rahmen einer generalistischen Betriebswirteausbildung, Universität Klagenfurt). Das ist dann aber keine OE mehr im "klassischen", sprich: humanistisch-emanzipatorischen und normativen Sinne, sondern strategische Problem- und Prozeßberatung von Managern bzgl. der ganzheitlichen Gestaltung und Umgestaltung von sozio-techno-ökonomischen, (offenen) Systemen in und mit ihren Wechselwirkungen ihrer jeweiligen Umwelten, ihren Selbstreferentialitäten (vgl. Luhmann 1990, S.11 f.), ihren Energieströmen, ihren komplexen Dynamiken zwischen Ordnung und Chaos, zwischen Logik und Unverstehbarkeit usw.

Organisationsentwicklung wird zur (mehrdisziplinären) Systementwicklung (und Unternehmensentwicklung). Klassisches OE-Know-how kann dabei unterstützend von großem Nutzen sein: Durch Prozeßberatung, ganzheitliches Denken, Moderation, Sensibilisierung und Reflexion von Problemlöseprozessen, Initiierung und Institutionalisierung von bereichsübergreifendem und kollektiven Dauerlernen ("Lernende Organisation") und Schaffung von Bedingungen, unter denen motiviertes, intelligentes und "fruchtbares" Arbeiten (eher) möglich ist (vgl. Rieckmann 1990a; Rieckmann/Neumann 1995) usw. usf.

Auf dieser Abstraktions- oder Generalisierungsebene bahnt sich allerdings noch ein weiterer Mutationsschritt an: Systemberatung und -entwicklung wird auf diesem Unbestimmtheitsniveau allmählich zum Meta-Know-how, zur "Meta-OE": Prozeßwissen zur Gestaltung von Prozeßgestaltungen, Methoden, das Lernen-lernen zu lehren (Lernen III), generelle Problemlösestrategien etc. In diesem Stadium hat OE dann praktisch keine Identität mehr im alten Sinne (oder jedenfalls eine kaum noch erkennbare) und ähnelt eher einem Stück Zucker, nachdem es sich im Tee aufgelöst hat...

In diesem Sinne sind vermutlich auch Schein und Beckhard zu verstehen (Schein 1989, S. 5), wenn sie schon damals meinten, daß "Organisationsentwicklung als Etikett obsolet werden könnte. Denn: Was der Manager von morgen braucht, sind Konzepte und Werkzeuge für die Unternehmensführung in einer turbulenten, multikulturellen Umgebung, in der die Bezugsgröße für das Management nicht länger die einzelne Organisation sein könnte".
Komplexität, Dynamik, konstanter Wandel, Unterschiedlichkeiten (diversity), Interdependenz von Zentralisation und Dezentralisation, Globalisierung, Umwelt, Informationstechnologie, Schnittstellen, Netzwerke, virtuelle Organisationen, Heterachien sowie viele andere unvermutbar auftauchende Probleme und Themen seien heute die zentralen Herausforderungen.

Die Aufgaben für den Berater haben sich dementsprechend zu wandeln (Schein 1989, S.3): "Es sei ...unsere Aufgabe, unser Wissen und Expertentum für intelligentes Fragen zu verwenden...", damit wir unserem Klienten helfen können, zu verstehen, was vor sich geht.., daß die Effektivität dieser Prozesse verbessert und dem Klientensystem geholfen wird, seine eigenen Fähigkeiten zur Verbesserung seiner Effektivität zu entwickeln". Also "Meta-OE".

4. Fazit - der Stand heute...

Die "klassische", sprich humanistisch-emanzipatorische und "normative OE" ist ihres uneinlösbaren Anspruches bzgl. Machbarkeit, Integration und Harmonie "überführt". OE in diesem Sinn scheint gestorben zu sein - wenn freilich in jeden von uns die geheime Sehnsucht nach erlösten Zuständen weiterlebt und auf der "sekularen" Ebene ökologischen Bewußtseins, oder in Glasnost und Perestroika neu gestellt, sogar unausweichlich weitergestellt wird.
Die Hoffnungs- und Euphoriephase der OE war indes notwendig und immens produktiv: sie hat unser Organisationsverständis vertieft (vgl. Neuberger 1989, S. 13 f.), (betriebs)pädagogische Lehr- und Lernmethodik erweitert, Partizipationsoptionen verdeutlicht, psycho-soziales Know-how im Umgang mit Arbeits-, Organisations- und Problemlöseprozessen, mit Führung, Motivation, Veränderung und Prozeßmanagement deutlich vermehrt sowie soziale Interventionen, Techniken und Instrumente gebracht, die, richtig indiziert und professional angewendet, im Sinne "praktischer OE" von deutlichem wirtschaftlichen - und in zweiter Linie auch sichtbarem menschlichen - Nutzen sein können.

Insgesamt gesehen scheint mir die Entwicklung der OE in eine Dreiergestalt einzumünden: Sie hat sich aufgelöst

- in entmythologisierte "vernünftige" und diversifizierte Sozialtechnologie im Sinne "Praktischer Organisationsentwicklung" einerseits,
- in allgemeines Problemlöse-Know-how im Sinne von "Meta-OE", "Business Excellence" oder "systemischer OE" andererseits (vgl. Wimmer 1991, 1992a/b, Luhmann 1992 sowie der Artikel Beratungseffizienz und Klientennutzen in diesem Buch), und drittens
- in die sozioanalytische Dimension der Tiefen-OE

Gleichzeitig führte die Entwicklung der OE auch in ein Paradox:

ihrer sozialromantischen Harmonieillusionen und missionarisch-normativen Dogmatismen entkleidet, wird "praktische OE" gerade dadurch mehr denn je nachgefragt. Heute beschäftigt sich fast jede namenhafte Firma mit OE:
"Vor 10 Jahren - so Lauterburg (1990b, S.81) war die Szene noch durchsetzt mit "Psycho-Freaks"... und "Sozio-Technokraten"... Heute sind wir auf dem Wege zu einer ganzheitlichen, realistischen und effektvollen Fachdisziplin."

Die verlorengegangene kritisch-explorative, emanzipatorische und normative Dimension der "euphorischen" OE taucht übrigens auch wieder auf, wenn auch derzeitig unter anderen Etiketten und in anderen Bereichen (Human resource management, Personalentwicklung, Coaching, Personalpolitik etc.). Denn: Die komplizierter werdenden wirtschaftlichen Verwertungszwänge brauchen auch weiterhin mehr und mehr die kreativen Reservepotentiale des ganzen Menschen, seinen Geist, seine Erkenntnis, seine Verantwortung: Wo aber vom Menschen in seiner Arbeit ein "Mehr" als das bloße Instrument verlangt wird, - so Heintel (1988, S. 159) - wird der Mensch, auch mehr sein wollen. Der (reine) Instrumentencharakter des Menschen und der "Praktischen OE" wird genau von hier aus in eine weitere, abermals paradoxe Widerspruchsituation geraten, was zu einer tendenziellen Aufhebung ihrer Instrumentalitäten und u.U. auch zu einer Renaissance der "alten" OE in neuem Gewande führen könnte (vgl. auch hierzu die Kontroverse (und Synthese) zwischen Neuberger 1989, 1990 a, 1990 b und Rieckmann 1989, 1990 b).

Was jedoch die praktischen Arbeitsfelder von heute anbetrifft, so scheint das Gros der Kollegen meiner Generation - die euphorische und "normative OE" hinter sich gelassen habend - zunehmend mehr im Bereich der "Meta-OE" zu arbeiten: Im Vordergrund steht dabei - wie ich oben schon erwähnte - das allgemeine Bemühen, Menschen bei der "Lösung" diffuser und komplexer Probleme zu helfen: "Das Beste, was ein Berater tun kann, so Weisbord im Zusammenhang mit "künftigen Grundlagen für Management und Beratung" (1989, S.11), ist, "Gelegenheit für die Leute zu schaffen, damit sie entdecken und tun können, was sie ohnehin wollen...(und) ...Menschen zu helfen, eine ganzheitliche Sicht dessen zu entdecken, was sie machen..."

Der Anspruch ist - wie man sieht - deutlich bescheidener geworden. Organisationen und Menschen werden nun mehr hauptsächlich als schwer durchschaubare Systeme gesehen, mit starker Tendenz zur Eigenidentitätssicherung, in ihren Entscheidungen primär auf sich selbstbezogen (Selbstreferenz) und gegenüber Umfeld und Zukunft nur selektiv offen: Sie sind im Grunde kaum faßbar und eigentlich ziemlich veränderungsfeindlich. Und das ist im Gegensatz zu früher heute deutlicher ins Bewußtsein gerückt. Deswegen wird das alte Thema "Leidensdruck" auch wieder stärker akzentuiert: Beratung scheint mehr denn je nur dann Fuß fassen zu können, wenn aufgrund systeminterner Irritationen, Krisendruck und latenter Lern- und Veränderungsbereitschaft überhaupt erst "Gehör" entsteht und andere Sichtweisen (z.B. des Beraters) zugelassen und wahrgenommen werden wollen. Erst dann scheint es möglich, eingefahrene Spielregeln, Selbstreproduktionsmuster, Abwehrmechanismen und Betriebsblindheiten in Frage und zur Frage zu stellen sowie ihre damit verbundenen bewußten und unbewußten Funktionalitäten und "geheime Zwecke" rationaler und kritischer Diskussion zuzuführen. Die Entscheidung, was zu tun sei, hat dabei primär der Klient. Der Berater läßt nur noch eventuelle Konsequenzen reflektieren.

Und so sehe ich momentan - in Kombination mit den bewährten Instrumenten der praktischen OE - meine Arbeit mit Klientensystemen (vgl. Aufsatz: State of the art und OE). Was ich tue, ist - überspitzt gesagt - nur mehr Arbeit. Ich versuche, mit dem, was ich kann, meinen Klienten - aus welchen Organisationen, Kulturen und (inter)disziplinären Kontexten sie auch immer stammen mögen - zu helfen, sich selbst und ihre Probleme, Entscheidungen, Mechanismen, Chancen, Risiken besser zu verstehen, effektvolle Handlungsmöglichkeiten zu entdecken und Zwischenlösungen zu erreichen. Nicht mehr - nicht weniger.
Ich mußte (und wollte) mich dabei zum Generalisten entwickeln. Das OSTO-SYSTEM-MODELL zeigte dies deutlich. Das Know-how der "praktischen OE" ist dabei wertvoll und unerlässlich, freilich in Ergänzung mit weiteren Qualifikationen (z.B. betriebswirtschaftlicher und managerieller Art) und einer erweiterten positiven Wahrnehmung für interdisziplinäre Zusammenhänge und "systemischer" Zusammenarbeit.

6. AUF DER GRÜNEN WIESE ...

Organisationsentwicklung, Open System Design, OSTO-Ansatz und "Lernende Organisation" am Fallbeispiel einer Werksneugründung

1. Ausgangssituation: eine neue Fabrik

Ein internationaler amerikanischer Chemiekonzern sah sich Ende 1971 aufgrund stark wachsender Marktanteile im Bereich seiner deutschen Tochtergesellschaft (der "Kreuz GmbH") gezwungen ein drittes Produktionswerk zu planen und zu errichten. In ihm sollte eines seiner umsatzstärksten Flüssigkeitsprodukte hergestellt, verpackt, gelagert und versandt werden. In der ersten Ausbaustufe sollten dort ca. 140 Menschen beschäftigt sein (115 gewerbliche Arbeitnehmer).
Planung, Aufbau und Entwicklung des Werkes, seiner Organisation und Kultur sollten dabei auf neuesten Erkenntnissen sozialwissenschaftlicher Organisationsforschung, den Methoden und Techniken der Organisationsentwicklung (OE) und des OSTO-System-Ansatzes aufbauen sowie vor allen Dingen den Anforderungen turbulenter Umwelt- und Marktbedingungen gewachsen sein (Flexibilität/Dynaxity Zone III Fitneß).

Etwa 10-jährige Vorerfahrungen mit sozialwissenschaftlichem Know-how dieser Art waren bei der Muttergesellschaft bereits bei dem Aufbau anderer neuer Werke gesammelt worden und hatten ihre Überlegenheit gegenüber traditionellen Formen von Werksplanungen und -gestaltungen bewiesen.

Die sich nun im deutschen Bereich bietende Chance einer Werksneugründung sollte diesbzgl. für die Weiterentwicklung neuer Arbeitsorganisationen, systemorientierter und partizipativer Managementansätze sowie zur Entwicklung einer "Lernenden Organisation" sorgfältig mitgenutzt werden.

Die den Planungen der Werksneugründung zugrundeliegenden organisationstheoretischen Modellvorstellungen fußten im wesentlichen auf zwei miteinander verbundenen Ansätzen, die im - oben beschrieben - OSTO-System-Ansatz integriert waren.

• *Systemansatz-"joint optimization"*
Man ging dabei davon aus, daß Fabriken als soziotechnische Produktionssysteme in ihren technischen Bereichen (Maschinen, Anlagen, Gebäude etc.) und ihren, dem "sozialen System" zugehörigen Aspekten (Menschen, Bedürfnisse etc.) ganzheitlich zu erfassen und zu planen seien.
Das technische wie das soziale Subsystem sind dabei so in einer Form miteinander in Beziehung zu setzen, daß sie sich - wenn auch jeweils eigenständigen Gesetzlichkeiten folgend - dennoch gegenseitig ergänzen und die Input-Output Transformationsprozesse gleichzeitig optimieren.
Dieses Prinzip der "joint optimization" hatte in mehreren Fällen gezeigt, daß die (übliche) isolierte Gestaltung nur des technischen und ökonomischen Subsystems ohne jede Berücksichtigung oder gar auf Kosten des sozialen Systems insgesamt

gesehen, technisch, ökonomisch wie auch sozial auf Gesamtsystemebene jeweils nur ein Suboptimum zu erreichen vermochte (bei heutiger Gesellschaftsstuktur).

Für die strukturelle Gestaltung der Arbeitsorganisation folgte daraus, daß die insgesamt zu verteilenden Funktionen und Operationen und die darauf fußenden Rollen- und Erwartungssysteme, die Technologie und die Aufgabenstellungen so miteinander zu verknüpfen wären, daß informationell, motivational, normativ und raumzeitlich ein hohes Maß an zielorientierter Synergie zwischen den einzelnen Systemelementen und deren Aktivitäten sich zu ergeben vermochte. Nur durch die Lösung dieses soziotechnischen Synergie- und Aufgabenfokussierungsproblems, könnten - so die Überzeugung - ökonomisch (Gewinn, Flexibilität, Einkommen etc.) und psycho-sozial hervorragende Ergebnisse (Zufriedenheit, Entwicklung etc.) erhoffter optimaler Art synchron erreicht werden.

Desweiteren war ein hoher Grad an Offenheit des Fabrikssystems zur Umwelt sicherzustellen. Denn als "offenes System" - so die Überlegungen - steht jede betriebliche Organisation in vielfältigen Austauschbeziehungen mit einer zunehmend turbulenter werdenden Umwelt: dem Markt, der Zentralverwaltung, den Zulieferfirmen, dem lokalen Gemeindewesen und vielem anderen mehr. Durch Dezentralisierung in teilautonome Profit Centers, Abteilungen und Gruppen sollen erstarrte und träge, hierarchische und bürokratische Steuerungsapparate "aufgeweicht" werden, um einen höheren Grad an Selbstmanagement, Flexibilität und Produktivität zu erreichen.

• *Humanisierungseffekt*
Der soziotechnische Systemansatz und der umweltbedingte Zwang, die Selbstregulationsfähigkeit der Organisation und ihrer Mitglieder zu erhöhen, führen notwendigerweise zu neuen Formen der Arbeitsorganisation, insbesondere zu einer Erweiterung individueller Handlungsspielräume sowie zur Einführung partizipativer, teamorientierter Problemlösungs- und Entscheidungsprozesse. Dies bedeutet für den einzelnen Mitarbeiter mehr Abwechslung, mehr Selbstbestimmung, mehr Einfluß, mehr Fortbildung - und damit die Chance, zu höherer fachlicher und persönlicher Entwicklung.

• *Interdisziplinärer Planungsprozeß*
Bereits im Planungsstadium sollten Linien-Manager, Ingenieure, Finanz- und Personalfachleute mit Unterstützung interner und/oder externer OE-Berater interdisziplinär zusammenarbeiten und das organisatorische Design des neuen Werks gemeinsam entwerfen.

• *Kontinuierlicher organisationsumgreifender Entwicklungsprozeß*
Allen soziotechnisch gestalteten Betrieben war ferner gemeinsam, daß die Aufbau- und Veränderungsprozesse mit der Verwirklichung des geplanten Werksdesigns in der Startphase nicht aufhörten: Die Anpassung der Technik und der Menschen an die veränderliche Umwelt und die Notwendigkeit der Selbstregulation teilautonomer betrieblicher Einheiten zwingen zum fortwährenden Überprüfen und Modifizieren des bisher Erreichten. Mit anderen Worten: Das gemeinsame Lernen war zu institutionalisieren. Die Rolle des OE-Beraters war es - ganz besonders in der Anfangsphase - die interne Problemlösungs-, Lern- und Kooperationsfähigkeit zu fördern und Veränderungsprozesse in und zwischen Gruppen und Abteilungen sowie zwischen Werk und Umwelt zu initiieren, zu strukturieren und beratend zu begleiten.

2. Die Planung

Ende 1971 wurde mit der Planung des Werkes begonnen.
Zur Lösung und Abwicklung der Planungsaufgaben wurden zwei sich teilweise überlappende Ausschüsse gebildet: Das Planungssteuerungsteam und das Werk-Design-Team. Die Aufgabe des vornehmlich aus Konstruktionsingenieuren bestehenden Werk-Design-Teams bestand darin, in enger Kommunikation mit dem Planungssteuerungsteam den Basisplan, das heißt die technisch-architektonische und die organisatorisch-soziale Grundstruktur zu entwerfen. Darüber hinaus war es Aufgabe dieser Gruppe, den Kontakt mit der Vertragsfirma aufrechtzuerhalten, welche später den Bau des Werkes abzuwickeln hatte. Um ein optimales Zusammenspiel des Werk-Design-Teams und des Planungssteuerungsteams zu gewährleisten, waren zwei Manager - der neu ernannte Werkleiter sowie der leitende Ingenieur - gleichzeitig Mitglieder beider Arbeitsgruppen. Ebenso arbeiteten externe OE-Berater eng mit beiden Teams zusammen. Sie hatten teils die Rolle von kommunikations- und kreativitätsfördernden "Prozeßberatern", teils traten sie aber auch als "Designexperten" und "soziotechnische Fachberater" in Funktion.
Das Produktionssystem "Fabrik" (siehe Abb. 2) wurde dabei zunächst in drei Subsysteme aufgegliedert:

- Operationssystem (ausführende Produktionstätigkeiten)
- Technisches System (Maschinenanlagen, Wartung, Verbesserung)
- Informationssystem (Kommunikation, Administration, Koordination)

Der Transformationsprozeß der Umwandlung der angelieferten Roh- und Halbprodukte in versandfähige Fertigprodukte wurde anschließend in drei überschaubare, arbeitsorganisatorisch in sich relativ ganzheitlich abgeschlossene Subprozesse unterteilt.

Die dadurch entstehenden Abteilungen "Herstellung", "Verpackung" und "Lagerhaus/Versand" wurden durch Puffer (Materiallager etc.) so gegeneinander abgeschirmt, daß Störungen und Schwankungen (Varianzen) eines Bereiches auf Teilprozesse anderer Bereiche nicht sofort durchschlagen konnten.

Grundlage für diese Grenzziehungen und Pufferungen (Interface-Bildung) waren Befunde, die sich aus einer Varianzanalyse ergaben. Man bemühte sich dabei, das quantitative und qualitative Ausmaß der im gesamten Transformationsprozeß potentiell auftretbaren, importierten wie auch eigenerzeugten Varianzen zu identifizieren, zu lokalisieren und in ihren vielfältigen Verknüpfungen zu erfassen. Man orientierte sich dabei an der Fragestellung, welche Funktionen technischer wie sozialer, d.h. rollenbezogener Art eingebaut werden müßten, um diese (erfahrungsgemäß häufig zufällig und überraschend auftretenden) Varianzen rechtzeitig und effektiv managen und einen stillstandsarmen, kostengünstigen Produktionsprozeß gewährleisten zu können (vgl. "Überraschungskompetenz", Dynaxibility, process optimisation und Kritik am Lean Management Konzept: Aufsatz "Gefährliche Rezepte").

Dabei wurde prinzipiell versucht, die diesbzgl. notwendigen soziotechnischen Kontroll- und Reglersysteme mit ihren Rückkopplungskreisen, Informationszusammenhängen und sozialen Rollenverteilungen möglichst vollständig und ohne Unterbrechung oder Ausgliederung jeweils im "Territorium" eines Subprozesses zu installieren.

Langwierige Kommunikations-, Integrations- und Kooperationsprozesse über Rollen-, Abteilungsgrenzen und/oder Hierarchieebenen hinweg, sollten dadurch weitgehend vermieden und der Grad der Arbeitsteilung gesenkt werden (Prozeßoptimierung/flache Hierarchie).

Gleichzeitig würde dadurch eine weitere wichtige strukturelle Voraussetzung geschaffen werden, die helfen sollte, Mitarbeiter im Bereiche ihres späteren Territoriums und in ihren Koordinations-, Kontroll- und allgemeinen Arbeitsprozessen zu <u>ganzheitlichen Vollständigkeits- und Sinnerlebnissen</u> kommen lassen zu können.

Dies war insofern von Bedeutung, als die mit diesem Vollständigkeitsprinzip verbundenen, durch "job enrichment" vergrößerten Einfluß- und Gestaltungsmöglichkeiten vermehrt un-entfremdete Abschlußerfolgserlebnisse erfahrbar werden lassen mußten, wenn man die für das gewünschte aufgabenzentrierte Mitarbeiterverhalten benötigte intrinistische Leistungsmotivation erlangen und als Belohnung und Verstärker mitnutzen wollte. Erst dann könne der vom Management erhoffte Anstieg der Identifikation der Mitarbeiter mit ihren jeweiligen Verantwortungsbereichen und ein Anwachsen eigeninitiierter, produktionsbezogener Optimierungsanstrengungen erwartet werden. Gleichzeitig befriedigte dieses Designprinzip auch grundlegende Kriterien menschgerechter Arbeitsplatzgestaltung.

Auch architektonisch sollten eng zusammenliegende Gebäude die physische und funktionale Ganzheit des Werkes deutlich werden lassen und den einzelnen Beschäftigten helfen, sich die operativen, technischen und koordinativen Zusammenhänge der Organisation besser vergegenwärtigen zu können (Entwicklung eines "sense for totality"). Teilautonome Teams würden dazu die geeignetste organisatorische, d.h. soziotechnische Grundeinheit bilden. Sie würden mittelfristig die Produktion und das "Managen der Varianzen" größtenteils eigenverantwortlich übernehmen lernen.

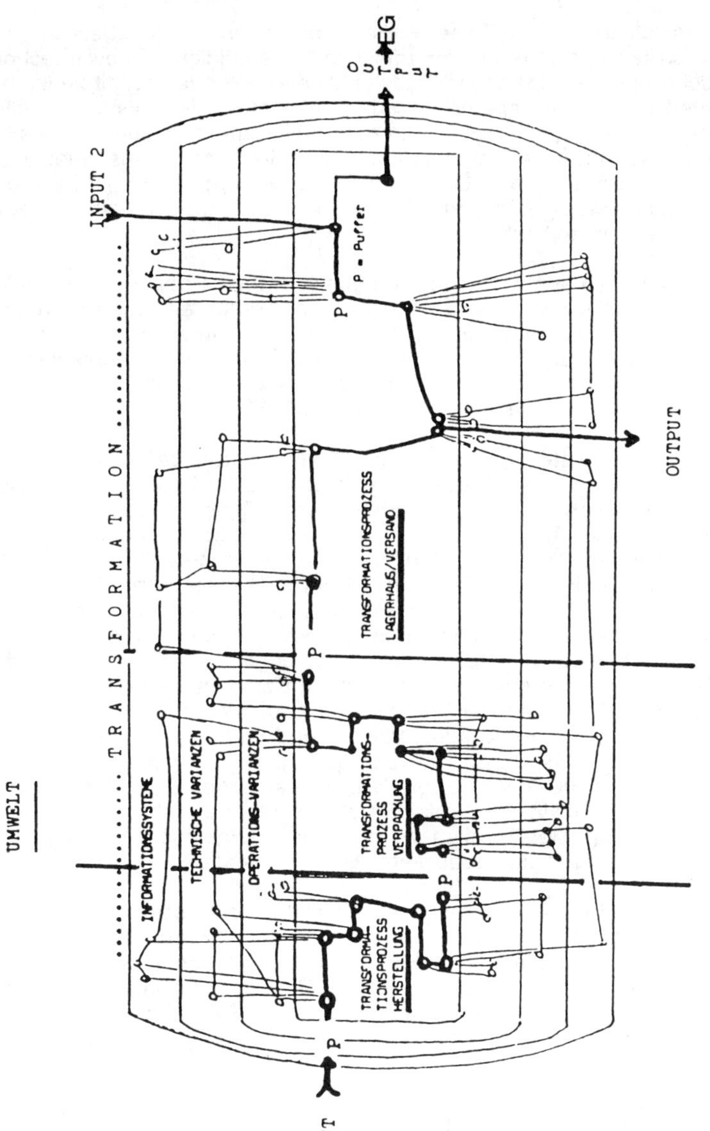

Abb. 1: Das Produktionssystem des Werkes in soziotechnischer Darstellung (Grundschema einer Varianzanalyse)

Die Rollen der einzelnen Mitarbeiter sollten dabei ebenfalls ganzheitlich gestaltet werden. Sie sollten operative und koordinative "Linienfuktionen" sowie technische, kaufmännische und administrative "Stabsfunktionen" integrieren. Mit zunehmender fachlicher und sozialer Kompetenz würden sie - anfänglich noch mit Hilfe des Management - dann jedoch zunehmend selbständiger auch Kontakte zu relevanten Umweltbereichen aufnehmen und "teilautonom" ausbauen können. Dieses im folgenden mit Betriebswerkerkonzept (BWK) bezeichnete Arbeitsorganisationsprinzip wurde seinerseits durch ein spezielles Bezahlungssystem unterstützt.

Dieses System war so angelegt, daß es den schrittweisen Erwerb verschiedenster Qualifikation ("skills") jeweils einzeln mit einem vorher allgemein vereinbarten Geldsatz entlohnte. Der einzelne Betriebswerker konnte somit im Rahmen der werksweit benötigten Funktionen und in Absprache mit seinen Teamkollegen sich in einem baukastenähnlichen Verfahren seinen eigenen Qualifikationsweg durch Anreihung von Skill-Blöcken selbst zusammenstellen.

Dieses Skill-Block-System erlaubte die weitgehende Berücksichtigung der Interessen, Talente und Stärken des Einzelnen. Es sollte darüber hinaus ebenfalls zu motivationsgerechten und entwicklungsförderlichen Formen der Arbeitsverteilung und Arbeitsgestaltung beitragen bzw. anregen helfen. Eine Steigerung der innerbetrieblichen Flexibilität durch multi-funktional einsetzbare "Betriebswerker" ließ sich dadurch ebenfalls erreichen. Der Manager (Teammanager: TM) hatte dabei in erster Linie als Trainer die Fach- und Sozialkompetenz der Teammitglieder zu entwicklen, sowie die Ziele und die Rahmenbedingungen für die "teilautonomen Gruppen" (TAG) zu verdeutlichen. Dabei wurde erwartet, daß der TM mit steigender Kompentenz der TAG, sich mehr und mehr auf das Managen der allgemeinen Grenzbedingungen der TAG und deren entwicklungsgerechte Weitergestaltung und Öffnung konzentrierte. In das Territorium der Teams hätte er demgemäß nur noch in Krisenfällen einzelkoordinativ und direktiv einzugreifen. Im Laufe der Zeit würde sich somit seine Rolle zunehmend in die eines "Beraters" oder "Coach" wandeln können. Vorarbeiter- und/oder Meisterrollen würden demzufolge nicht benötigt werden. Langfristig sei eine drei-stufige, reduzierte Hierarchie realisierbar ...

Auf der Grundlage dieses Basisdesigns ("minimal critical design") hatte dann das anschließend zusammengesetzte und zum überwiegenden Teil neurekrutierte Werks-Managementteam die Feinstruktur des neuen Werkes auszuarbeiten sowie später für einen effektiven "Start up" zu sorgen. Gleichzeitig wurden die zukünftigen Teamleiter von zwei internen und einem externen OE-Berater sorgfältig auf ihre neuartigen Aufgaben und Funktionen in einem "offenen System" vorbereitet, und zwar sowohl was Organisationtheorie als auch was das praktische Führungsverhalten anbetrifft. Diese Vorbereitung beruhte im wesentlichen auf der Methode der reflektierten Selbsterfahrung, speziell designten "Open-System"-Seminaren und auf Lernen "on the job". Anfang 1974 wurde dann mit 115 neu geheuerten "Betriebswerken" die Produktion aufgenommen.

3. Ergebnisse und Erfahrungen

Fünf Jahre später - Stand ca. 1980 - ließen sich die praktischen Ergebnisse und Erfahrungen wie folgt beschreiben.

3.1. Teamorganisation und teilautonome Arbeitsgruppen

Die Belegschaft umfaßte etwa 115 Mitarbeiter sowie 20 Manager und war in 10 Produktionsteams, 3 Abteilungs-Management-Teams und dem Werksführungskreis unterteilt. Den Führungskreis bildeten der Werkleiter, die 3 Hauptabteilungsleiter, der Personalleiter und der interne OE-Berater (Abb. 3). Die Produktionsstruktur: 1 Herstellungsteam, 5 Verpackungsteams, 4 Lager- und Versandteams. Alle 10 Teams managten ihr "Territorium" weitgehend selbstständig und eigenverantwortlich. Orientierungspunkte bildeten die mit dem jeweiligen Team-Manager verabredeten Ergebnis- und Grenzvereinbarungen (Management by results and boundary development). Die Autonomie der Gruppen enthielt Aufgaben, wie Steuerung des Produktionsprozesses, Beheben von Störungen und Korrigieren von Schwankungen, Qualitätskontrolle, Mannschafts- und Materialdisposition, technische Optimierung der Maschinen und Anlagen, einfaches Kosten-/Ergebnis-Controlling, Arbeitsvorbereitung und -organisation, Planung und Durchführung von Ausbildungsmaßnahmen, administrative Arbeiten, Wahl und Entsendung von Gruppenmitgliedern in betriebliche Ausschüsse und Projektgruppen, Bearbeitung von Reklamation sowie direkte Kontakte zu Lieferanten und anderen externen und konzerneigenen Stellen (siehe Abb. 2).

Alle Arbeitsgruppen einschließlich des Managements waren eng miteinander "vernetzt". Sie überlappten sich durch Doppel- und Mehrfachmitgliedschaften jeweils eines oder mehrerer Gruppenangehöriger. Neben den formalen Arbeitsgruppen gab es, als wesentliche Elemente der Teamstruktur, verschiedene betriebliche Ausschüsse (z.B. die Lohn- und Entwicklungsgruppe) sowie ad hoc temporäre Arbeits- bzw. Projektgruppen (task forces).

In dieser Art komplexer und flexibler Teamstruktur liefen die Informationen wesentlich schneller und informeller - das heißt mit geringsten bürokratischen Einrichtungen und minimalem Papierkrieg - als in jedem traditionellen Organisationssystem. Dazu kam, daß Entscheidungen fast ausnahmslos auf der Ebene getroffen wurden, auf der die Mitarbeiter am besten mit dem Problem vertraut waren (empowerment) und sich am ehesten für konkrete Maßnahmen interessierten, verantwortlich fühlten und persönlich engagierten (lowest possible center of energy).

Deutlich wurde allerdings auch, daß gruppendynamisch gesehen, 5 % - 7 % der Arbeitszeit für "Teamwartung" unbedingt aufgewendet werden mußte, wenn eine hohe teaminterne Kooperation und Synergie sichergestellt werden sollte. Dies erwies sich - neben kontinuierlich weiterlaufender Fachausbildung (5 % - 10 % der Arbeitszeit) - als unabdingbare Voraussetzung, wenn das Prinzip der teilautonomen, sich selbst managenden Gruppen aufrechterhalten bleiben sollte. Abfallende Teamsynergie, die sich im Nachlassen spontaner interpersoneller Kommunikation und gegenseitiger Hilfeleistungen zeigte und den einzelnen Mitarbeiter zum isolierten, nur noch seine Pflicht erfüllenden, singulären

Funktionsträger werden ließ, führte in zwei voneinander unabhängigen Fällen zu einem Produktivitätsrückgang von 20 %. Nur ein hohes Maß an Zusammenhalt und eine Teamkultur, in der ein variabler und primär problemorientierter, freier Fluß selbstinitiierter und situationsgerechter Verantwortungsübernahme aller erlaubt, ermöglicht und belohnt wurde, vermochte diesen Synergiefaktor produktionswirksam werden zu lassen.

Es wurde deutlich, daß eine lediglich nur soziotechnisch optimal vorgeplante Organisationsstruktur alleine noch nicht ausreichte[1].

Organisations- und Teamentwicklung als gemeinsamer Prozeß "betroffenen" Lernens, Gestaltens und permanenten Reflektierens im zwischenmenschlichen Aufeinander eingehen, mußte als notwendige Voraussetzung hinzutreten und durch entwicklungsdynamisch gestaltete Bezahlungs- und Ausbildungssysteme zusätzlich unterstützt werden. "Struktur" oder "Prozeß", "personaler Ansatz" oder "soziotechnisches Design" stellten sich - wenn als Gegensatzpaare gebraucht - als falsche Alternativen heraus.

Vielmehr war eine iterative Entwicklung und eine dialektische Ergänzung beider Ansätze zu sehen, die sich in einer lernorientierten, umfassenden Organisationsentwicklung zu integrieren begannen und eine gemeinsame Optimierung des ganzheitlich zusammengehörenden soziotechnischen Systems erreichbar werden ließ.

"Verhalten", "Prozeß" und "Struktur" wurden dabei zunehmend häufiger als drei lediglich von der Problemstellung abhängige Variablen einer "self-designing organization" gesehen.

3.2. Das Betriebswerkerkonzept

Alle für den jeweiligen Abschnitt des Herstellungsprozeßes notwendigen Spezial-, Stabs- und Servicefunktionen (die sogenannten "Supportfunktionen") waren, wie oben beschrieben, weitestgehend in den Aufgabenbereich des jeweiligen Teams und damit auch in das Aufgabengebiet des Einzelnen integriert. Durch diese Form der Arbeitsorganisation - das Betriebswerkerkonzept - konnte der Arbeitsinhalt des einzelnen Mitarbeiters erheblich erweitert und abwechslungsreicher gestaltet werden. Gleichzeitig wurde aber auch die Flexibilität des ganzen Produktionssystems dadurch erheblich erhöht: Die Mitarbeiter konnten - je nach marktbedingtem Ausstoß und Kapazitätsauslastung - unterschiedlich stark in Operations- bzw. Supportfunktionen und Projektarbeit eingesetzt werden. Last but not least führten Betriebsstörungen nicht mehr zu Leerlauf, das heißt zu ohnmächtigem und unproduktivem Warten der Mitarbeiter. Diese konnten sich vielmehr selbst aktiv, in qualifizierter und ganzheitlicher Art und Weise um die "soziotechnische Entstörung und Entspannung" und um die kontinuierliche Verbesserung (KVP) sowie Weiterentwicklung des Systems kümmern - und genau das taten sie auch.

---

1 Vgl. "Sand im Betriebe" ... Die bedenklichen Entwicklungen von teilautonomen Arbeitsgruppen im Ford-Werk Eisenach. Manager Magazin 12/1994, S 234 f...

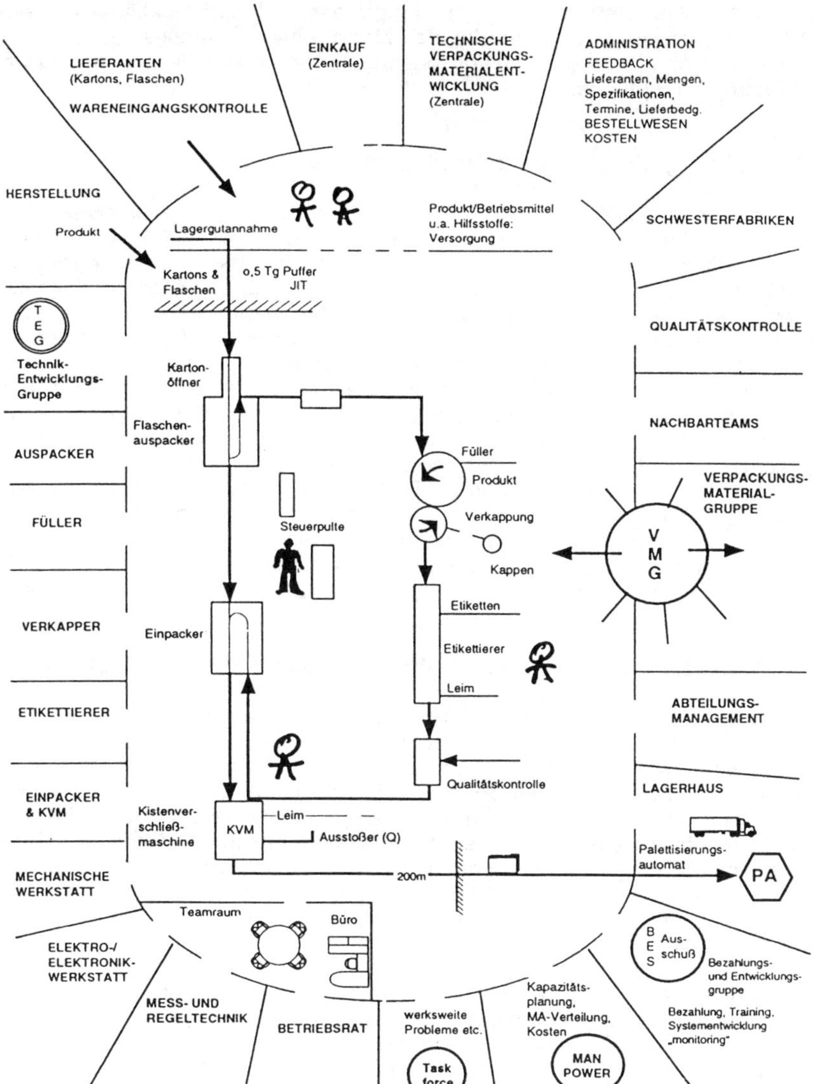

Abb. 2: "Das Territorium" und Leistungsfeld einer "teilautonomen Arbeitsgruppe" der "Verpackungsabteilung"

Institutionen wie "Betriebliches Vorschlagswesen", "Total Quality Management", "KVP" und andere z.T. modische Managementzusatzinstrumente waren "unbekannt" bzw. wurden - analog gesprochen - als künstlich, unorganisch und "aufgepfropft" empfunden.

3.3. Führung durch Grenz- und Ergebnisvereinbarung

Zu Beginn der Entwicklung war die Rolle des Team-Managers etwa der eines Meisters vergleichbar, das heißt, es wurde allgemein noch verhältnismäßig direktiv geführt. Mit zunehmender Kompetenz der teilautonomen Teams wandelte sich jedoch der Führungsstil. Die Aufgabe des Team-Managers bestand später nur mehr in der Ausbildungsförderung und im Absprechen von Grenz- und Ergebnisvereinbarungen im Übergangs- und Beziehungsfeld zwischen Team, Unternehmung und Umwelt. Bei teaminternen oder Teamumfeldkonflikten versuchte er beratend - im Sinne der Hilfe zur Selbsthilfe - zur Lösung beizutragen. Seine vorrangige Aufgabe bestand darin, das Team weiter zu fördern, so daß es zunehmend selbständiger immer komplexere Kontakte zur Umwelt aufnehmen und aufrechterhalten konnte und gleichzeitig intern einen möglichst hohen Grad an Selbstregulation erreichte. Mehrere Team-Manager hatten inzwischen die dem Team zugewendete Arbeits- und Trainingszeit von anfänglich 120% - 140% (40 Stunden pro Woche = 100%) auf rund 30% reduzieren können. Ihre Rolle wandelte sich dabei in der Tat zusehends mehr in die eines Beraters und Coach. Das Team- und Betriebswerkerkonzept fand bei fast allen Mitarbeitern hohe Zustimmung.

3.4. Entwicklungsförderndes Lohn- und Ausbildungssystem

Das Lohn-, Ausbildungs- und (PE-)Entwicklungssystem mußte - wie erinnerlich - der Tatsache Rechnung tragen, daß die Tätigkeitsbereiche sowohl des einzelnen Betriebswerkers als auch der Arbeitsgruppen multifunktional ausgelegt und äußerst lernintensiv waren. Es wurde deshalb so gestaltet, daß es den Erwerb verschiedenartigster Qualifikationen erlaubte und jeweils neue Teilfertigkeiten (skills) einzeln mit einem festgelegten, allgemein bekannten Geldsatz honorierte. Der einzelne Betriebswerker konnte somit nach einem baukastenähnlichen System durch Aneinanderreihen von Skill-Blöcken seinen Qualifikationsweg selbst gestalten - allerdings immer im Rahmen der betriebsweit benötigten Funktionen und in Absprache mit seinen Teamkollegen.

Dieses Lohn- und Entwicklungssystem hatte sich - nach einigen "realistischen" Anpassungen - bewährt und die gewünschten Effekte erreicht, nämlich

- Anreize zu bieten (Lernen, Leistung, Mobilität)
- transparente und faire Lohnfindung und Entlohnung zu ermöglichen
- abwechslungsreiche Arbeitsinhalte anzubieten
- und auch persönliches Wachstum in und während der Arbeit zu ermöglichen (Humanisierungseffekt)
- sowie insgesamt Produktivität zu fördern, und dies innerhalb einer Gesamtlohnsumme, "die sich rechnete ..."

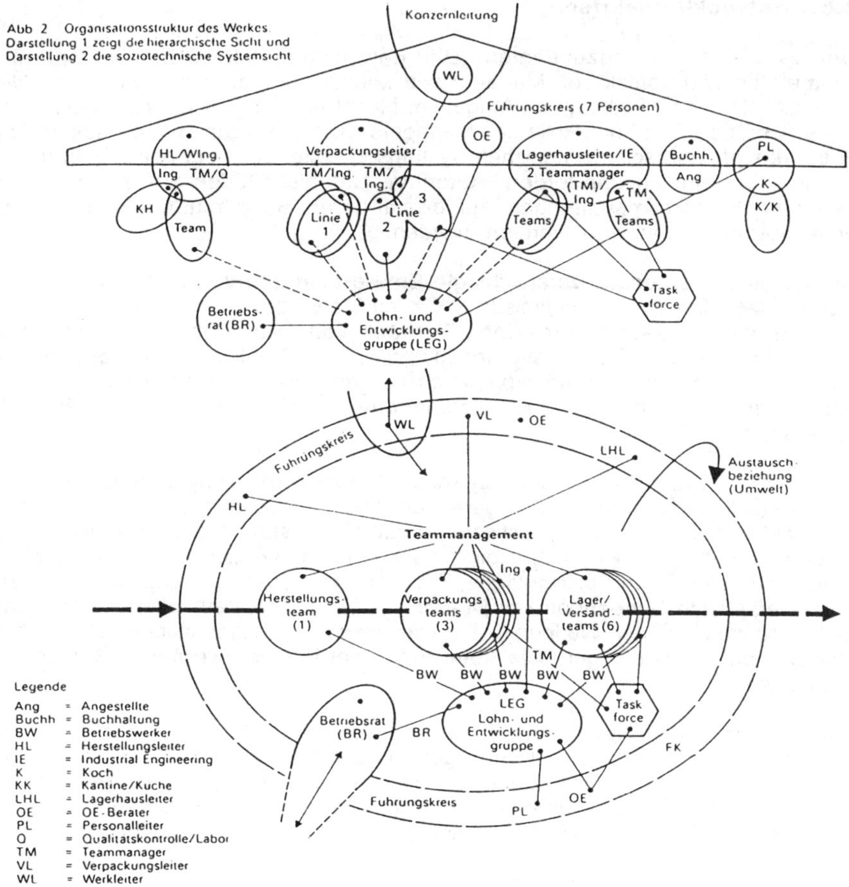

Abb. 3: "Open System" Organisation

3.5. Entwicklungskrisen

Um es gleich vorwegzunehmen: Die Entwicklung verlief bei weitem nicht schmerzlos und konfliktfrei. Manager wie Mitarbeiter waren zu Anfang mit dem Versuch, die Neuaufteilung von Aufgaben, Macht und Verantwortung zwischen der Rolle des Teams und der Rolle des Managers "richtig" vorzunehmen - das heißt im Sinne des offenen soziotechnischen Systems in erster Linie entwicklungsfördernd - häufig ganz einfach überfordert. Autoritäre Befehlsattitüden auf der einen und bequeme Gehorsamshaltungen auf der anderen Seite mußten erst mühsam abgebaut und schrittweise "verlernt" werden.

Die für diese Lernphase veranschlagte Entwicklungszeit von zwei Jahren erwies sich im nachhinein als zu optimistisch: Sie mußte verdoppelt werden. Die während der Entwicklungszeit für den Aufbau von Autonomie unerläßlichen Diskussionsrunden, Trainingsveranstaltungen und Problemlösungsvorgänge mit vielen, unvermeidbaren und (vielleicht) sogar notwendigen Versuch-Irrtum-Prozessen benötigten auf der Teamebene streckenweise bis zu 20% der Arbeitszeit.

Vor allem im Bereich der technisch komplizierten Verpackungsstraßen stagnierte die Produktivitätsentwicklung längere Zeit zwischen 35 und 55%: Unterschätzte technische Probleme, zu optimistische Absatzprognosen, aber auch unrealistische Leistungserwartungen aus der teilweise euphorischen Zeit der Planungsphase führten zu zahlreichen Rückschlägen, Frustationen, Betriebsstörungen - und manch einer Jagd nach Sündenböcken. Die Motivation in den Verpackungsteams sank zeitweise fast auf den Nullpunkt. Es kam sowohl zu Aggressions- als auch zu Resignationserscheinungen. Die Abteilung geriet in eine zweijährige Kosten- und Klimakrise.

Die dadurch nervös gewordene Konzernspitze fing an der Richtigkeit des neuen Systems zu zweifeln an. Ihre eigenen überhöhten Zielvorstellungen und Leistungserwartungen - mit denen sie die Krise zum Teil selbst vorprogrammiert hatte - begann sie allerdings erst unter dem Druck der Ereignisse zu hinterfragen und den realistischen Möglichkeiten anzupassen.

Auch der Betriebsrat reagierte im Laufe der Zeit zunehmend kritischer gegenüber dem neuen System: Abgesehen von gewissen Einkommensvorteilen und trotz einigen Humanisierungseffekten führe das "offene System" letztlich zu einer höheren physischen und nervlichen Belastung und damit zu gesteigertem beruflichen Streß der Arbeiter. Außerdem erzeugten das Betriebswerkerkonzept und das damit zusammenhängende Lohn- und Ausbildungssystem eine erhöhte Bindung des Mitarbeiters an den Betrieb und verringere die externe Mobilität und damit die Chancen der Kollegen auf dem Arbeitsmarkt.

Der kooperative Führungsstil und der partizipative Entscheidungsprozeß hätten zu sehr den "Geruch" von Scheinpartnerschaft. Von echter, das heißt paritätischer und seitens des Managements nicht jederzeit widerrufbarer Mitbestimmung in Bereichen wie "Leistungsziele", "Organisation" oder "Produktionsplanung" könne jedenfalls kaum die Rede sein. Im Grunde gehe es lediglich darum, die tatsächlichen Interessensgegensätze zu verschleiern, um einen reibungslosen Betriebsablauf sicherzustellen.

Auch das Lohnsystem bereitete Schwierigkeiten: Die "Jagd nach Skillblöcken" begann das Engagement der Mitarbeiter in produktionsnahen Aufgabenbereichen zu untergraben, da es hier - im Gegensatz zu den Supportfunktionen - weniger vielfältige Entwicklungs- und Einkommenschancen gab. Diese Problematik konnte allerdings im Zuge einer 1978 durchgeführten Revision des Lohn- und Ausbildungssystem gelöst werden.

3.6. Konsolidierung

Ca. fünf Jahre nach Produktionsbeginn waren jedoch die zahlreichen Entwicklungskrisen im Kern überwunden. Das vorherrschende Gefühl war, daß die neue Organisation "erwachsen" sei und daß man die Probleme des neuen Systems nun besser durchschaue und auch wesentlich besser beherrschen könne. Trotz mancher Ernüchterung sind grundlegende, mit der Werkneugründung im allgemeinen und mit dem offenen soziotechnischen Systemansatz (vgl. OSTO-Modell) im speziellen verbundene Ziele erreicht worden. Neben den bereits dargestellten Strukturinnovationen mit erheblichen Humanisierungseffekten und der extrem hohen Flexibilität des gesamten Produktivsystems sind folgende Ergebnisse von Bedeutung:

- Die Produktionskosten konnten - verglichen mit traditionellen Werken und bezogen auf das Hauptprodukt - um 20% gesenkt werden.
- Im Vergleich mit anderen Produktionsstätten weist das Werk eine sehr geringe Personalfluktuation (etwa 1-3%) und Abwesenheitsrate (5-6%) auf.
- Trotz mancher Enttäuschung und - gemessen am allgemeinen Enthusiasmus bei Projektbeginn - einiger Ernüchterung (vor allem hinsichtlich Partizipation) sind viele Mitarbeiter und Manager überdurchschnittlich motiviert, engagiert und fühlen sich unternehmerisch verantwortlich, ziel- und zukunftsorientiert zu denken und zu handeln.
- Viele Betriebswerker verhandeln direkt - telefonisch und persönlich - mit Vertretern von Lieferfirmen sowie Ein- und Verkäufern und Stabsleuten der Zentrale. Sie lösen auftretende Probleme selbständig und sind auch wesentlich angstfreier geworden, wenn sie bei internen Auseinandersetzungen mit Vorgesetzten im Wettstreit der Argumente zu guten, gemeinsamen Lösungen zu kommen versuchen.
- Auftretende Konflikte werden "unverklemmt" angesprochen und im allgemeinen wenig schmerzhaft ausgetragen. Das Kreativitätspotential von Konflikten wird zunehmend erkannt und auch genutzt.
- Man findet allenthalben im Betrieb viel gegenseitige Hilfsbereitschaft sowie eine offene, unkomplizierte und persönliche Form des Umgangs miteinander. Statussymbole und Privilegien sind so gut wie nicht vorhanden.
- Stärken und Schwächen des Einzelnen werden in offenen, sogenannten "Entwicklungsgesprächen" mit Partnern - Kollegen und Manager -, die jeder selbst wählen kann, besprochen und bewertet. Aus solchen (freiwilligen!) Gesprächen ergeben sich gegebenfalls Umgestaltungen von Arbeitsplätzen, Modifizierungen individueller Karrierepläne und andere Maßnahmen, die dazu beitragen können, die Tätigkeit des Einzelnen auf sein Leistungsvermögen und auf sein Entwicklungspotential abzustimmen. Dieses Entwicklungsgespräch ist zwar freiwillig, wird aber häufig und gerne nachgefragt.

- Die Mehrzahl der Teams arbeitet heute im besten Sinne des Wortes teilautonom. Die Gruppen sind fähig, über Zeiträume bis zu einem halben Jahr hinweg sowohl die normalen Operations- als auch die Supportfunktionen selbständig und umfassend wahrzunehmen. Der Team-Manager bzw. Abteilungsleiter muß nur noch in außergewöhnlichen Situationen einschreiten. Der beratende Führungsstil und das "Management by boundary development" ist von den meisten leitenden Mitarbeitern verstanden, akzeptiert und zur Selbstverständlichkeit im Alltag gemacht worden.
- Der offene soziotechnische OSTO-Systemansatz hat sich, was die konkreten Ergebnisse "unter dem Strich" anbetrifft, in der Planung, Verwirklichung und Reorganisation des Werkes bewährt. Das damit verbundene Design-, Redesign und Planungs-Know-how kann als ausgereift und zuverlässig beurteilt werden. Die Kompetenz im Umgang mit Methoden der Organisationsentwicklung ist in der Belegschaft so gestiegen, daß seit 1978 keine formelle externe oder interne OE-Beratung mehr notwendig ist.
- Die Mehrheit der Manager hatte sich bewährt. Sie hatten im Zusammenhang zwischen Team/Werk/Konzern eine besonders schwierige Rolle an gleichzeitig drei verschiedenen Fronten. Das Bewegen und Führen in diesen außerordentlich komplexen, sensiblen und labilen Grenzgebieten erfordert spezifische persönliche, psychologische und pädagogische Fähigkeiten, die nicht organisiert oder soziotechnisch erzeugt werden können. Versagte ein Manager in dieser Funktion, konnte es anfangs leicht zum Zusammenbruch eines ganzen teilautonomen Funktionsbereiches kommen. Im ungünstigsten Falle konnte dadurch eine Situation entstehen, in der sich eine Rückkehr zu hierarchisch-bürokratischen Organisations- und Führungsprinzipien anbahnte, weil die Notwendigkeit traditioneller Strukturen und Verhaltensweisen erneut behauptet und legitimiert werden konnte. Dieser Gefahr konnte jedoch durch eine kontinuierliche Verbesserung der Personalauslese, durch eine konsequente Personal- und Managemententwicklung sowie durch entsprechende Betriebsvereinbarungen hinsichtlich teilautonomer Gruppenarbeit und Betriebswerkerkonzept begegnet werden. Soweit der Stand 1980.

4. 15 Jahre später ...

Aufgrund einer neu konzipierten, europaorientierten Kapazitäts-, Vertriebs- und Standortstrategie des Konzerns ergaben sich jedoch für das "OSTO-Werk" neue, präzise gesagt, extrem ungünstige Rahmenbedingungen. Der Standort erwies sich im Rahmen der neuen Strategie nicht mehr als wettbewerbsfähig, obwohl die hervorragende "cost performance" und Flexibilität der Fabrik anfänglich noch einige Standortnachteile zu kompensieren vermochte. Schließlich kam es zum Verkauf der Fabrik an einen regionalen Produzenten der gleichen Branche.
Die absolute "Nagelprobe" kam damit auf das "System" und seine Kultur zu.
Würde es diesen Schock überleben?
Interessanterweise bewies das Fabriksystem mit seinen teilautonomen Gruppen, dem Betriebswerkerkonzept usw. erstaunliche Effizienz und Vitalität: es überlebte eindeutig.
Ein ehemaliger Betriebswerker aus dem Herstellungsbereich (gelernter Automonteur) ist mittlerweile Werksleiter geworden, ein anderer Mitarbeiter aus

dem Lagerhaus (gelernter Schlosser) avancierte zum Werksingenieur. Insgesamt (Stand 1994) sind 200 Menschen dort beschäftigt.

5. Fazit

Der OSTO-Systemansatz und seine operative Umsetzung in Form des "open system design", und getragen von qualifizierten und in diesem Systemansatz trainierten Mitarbeitern und Führungskräften hat seine Bewährungsproben bestanden. Eine Vorgehensweise dieser Art kann - wie auch andere Fallstudien zeigten - weiterempfohlen werden[2].

Weiterhin zeigt dieses Fallbeispiel, daß "moderne" Konzepte wie Lean Management, Gruppenarbeit, kontinuierliche Verbesserungsprozesse (KVP), prozess- und kulturintegriertes TQM (total quality management), business process optimization, time based management, organisationales Lernen etc. erstens historisch gesehen nichts Neues darstellen bzw. zweitens - umgekehrt gesehen - "richtig" verstanden, praktikable und bewährte Managementinstrumente darstellen können. Allerdings ist eins dabei nicht zu übersehen: diese Instrumente funktionieren ausschließlich nur dann, wenn sie von erheblichen betriebspädagogischen Prozessen begleitet bzw. unterbaut sind und in eine "open system" Führungs- und Kommunikationskultur eingebettet werden. Redundanzen und "organizational slack", zu deutsch: Reserven und Puffer ("Speck") an Know-how, Problemlösekapazität und Reflexionszeit müssen unabdingbar im System eingebaut sein und vorhanden bleiben. Eine falsche "Abspeckung" in diesem Sinne führt nicht zu "Lean Management", sondern zu "Muskelschwund" und "Magersucht". Dies aber ist für Systeme, die unter hohen Komplexitäts- und Dynamikverhältnissen zu operieren und zu überleben haben, tödlich. Für die benötigte Zone-III-Fitneß (vgl. "Dynaxibility" Aufsatz) mit ihren vielen "Überraschungen" braucht es redundante Problemlösekapazitäten für Kreativität, Experiment, Innovation und Reflexion. Eine Organisation, die in diesem Sinn durch zahlreiche Cost Cutting Rationalisierungswellen gegangen ist und sich gleichzeitig nicht diese Reserven einer lernenden Organisation erhalten bzw. aufgebaut hat, wird beim nächsten Konjunkturtief ausgepreßt und handlungsunfähig sein. Diagnose: "organisatorischer Muskelschwund" (vgl. Aufsatz "Gefährliche Rezepte").

Durch teilweisen Wegfall verschiedener Funktionen und traditioneller betrieblicher Institutionen (Hierarchieebenen, Stäbe, Büros, Handwerker, Inspektoren, Vorschlagswesen, Incentives etc.) und den daraus resultierenden Einsparungen läßt sich "organisatorische Redundanz" jedoch durchaus "rechnen" und macht sich in den Vorteilen "flexibler und lernender Organisation" allemal bezahlt.

2 Vgl. Foster, M./Lawrence, W.G./Sievers, B./Rieckmann, H.; 1981, Hanna; 1988.

7. AUF DEM STEINIGEN WEG ZUR "LERNENDEN ORGANISATION" ...

1. Warum und wozu Lernende Organisation?

Hohe Grade an Dynamik und Komplexity - im Aufsatz "Dynaxibility" als Dynaxity-Zone III beschrieben - zwingen Unternehmen und ihre Organisationen zu permanenten Anpassungs-, Entwicklungs- und Veränderungsprozessen. "Change Management" wird dabei zum normalen Bestandteil des Führungsalltags. Dies verlangt jedoch neues Know-how und zusätzliche Qualifikationen von Führungskräften und Mitarbeitern (z.B. Redesign- und Prozeß-Know-how).

Und aufgrund der Permanenz des Wandels ist es mit zeitweiligen "Ab-und Zu-Veränderungsanstrengungen auch nicht mehr getan. Diese hinken zunehmend der steigenden Veränderungsgeschwindigkeit hinterher ("Dynaxibility-Schere").

Stattdessen ist die Unternehmung selbst und als solche von einem mehr oder weniger statischen Gebilde in einen fortlaufenden Anpassungs- besser: proaktiven Lern- und Entwicklungsprozeß zu transformieren. Das aber bedeutet konstante geistige, kreative Reflexion und flexible Denkarbeit aller Organisationsmitglieder: Monitoring, Datenanalyse, System-, Umfeld- und Trenddiagnosen, Reflektion der eigenen Arbeit, der eigenen Organisation usw., und dies sowohl individuell als auch kollektiv. Die ständige Erneuerung des Fach- und Managementwissens ist dabei miteingeschlossen.

Mit anderen Worten: in Dynaxity-Zone III müssen Unternehmen zu bewußt "Lernenden Organisationen" werden, die gelernt haben, ihr Lernen bewußt zu organisieren (vgl. Rieckmann/Sievers 1978).

Der Weg dorthin ist nicht leicht[1]. Denn es geht ums Nachdenken und Hinterfragen. Und das konfrontiert uns häufig mit uns selbst. Außerdem ist es mit Arbeit verbunden: All dies zusammen macht offensichtlich den wenigsten Spaß (vgl. auch Aufsatz "Organisationsalltag ..."). Dennoch - so scheint es - muß dieser steinige Weg gegangen werden. Der Begründungen sind viele. Nachfolgend nur einige davon:

1. Die Dynaxity-Zone-III ist - wie gesagt - charakterisiert durch <u>hohe Veränderungsgeschwindigkeiten</u> ("cost of delays exceed costs of precision"), mit zunehmender Anzahl von "Überraschungen" bei entsprechend schrumpfenden Planungshorizonten und steigendem Entscheidungsrisiko ("je stärker man plant, desto härter trifft einen der Zufall !"). Starre, bürokratiegelähmte Pyramidenorganisationen, schwerfällig wie große Landdinosaurier und reaktionsträge wie große Tanker, sind der Zone III nicht mehr gewachsen: "Lernende Organisationen", mit findigen Subunternehmen und mobilen sowie flexibeln und jederzeit rearrangierbaren Netzwerkstrukturen sind das "Gebot" der Stunde.

---

1 Vgl. Fallstudie "auf der grünen Wiese": eine "Lernfabrik".

2. Die Mobilisation des gemeinsamen Lernens erhöht die "Wahrnehmungsoberfläche" (system awareness) von Organisationen und deren "responsiveness": Viele Augen und Ohren sehen bzw. hören mehr.

3. Bessere Proaktivität: schwache Signale können früher gehört, wertvolle Zeit eher genutzt werden (statt sie zu vertrödeln oder die "Zeichen der Zeit" zu verpassen).

4. Erhöhung der Problemlösekompetenz: bessere "Wissenslogistik", größere gemeinsame Wissensbasis, dadurch Erhöhung kollektiver Intelligenz und Kreativität sowie Diagnosekompetenz und Reduktionsweisheit" ("niemand ist alleine so klug, wie wir alle zusammen" - allerdings nur wenn das "zusammen" auch wirklich klappt !!!).

5. Damit verbunden die zukunftsnotwendige Nutzung des "Rohstoffs" Lernen, des Geist- und Erfindungspotentials der Menschen im generellen.

6. Reduktion von Risiken bei Entscheidungsprozessen und Organisationsgestaltungen (risk management, vgl. Neumann 1995).

7. Bessere und schnellere Anpassung ("Entrümpelung"), Erweiterung und Umstrukturierung von gemeinsamen Wert- und Wissensbasen (Verhinderung von sinnlos gewordenem Traditionsballast und Vorschriftenmüll).

8. Verbesserter Imitationsschutz: "Lernende Organisationen" mit ihren mühsam erarbeiteten Denk- und Reflexionskulturen, die jene überhaupt erst ermöglichen (!), sind kaum zu kopieren. Sie bieten - zumindest unter zeitlichen Gesichtspunkten - einen deutlichen Schutz vor bzw. Vorteil gegenüber Mitbewerbern, die glauben schnell nachziehen zu können ...

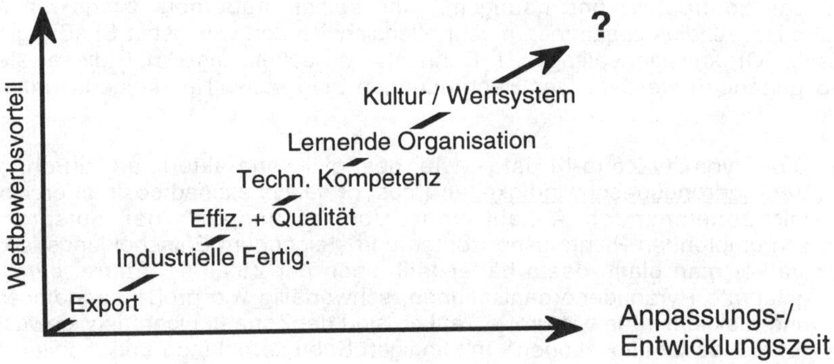

9. Entwicklung gemeinsamer Sinn- und Zielvorstellungen: dadurch Koordinations- und Steuerungsentlastung ("Selbstläufer") der Führungsorganisation (vgl. Aufsatz über "Sinn").

10. "Fokussierte Sinnergie": Zielorientierte gemeinsame Energiebündelung schafft Effizienz.

11. Ermöglichung und Nutzung von Selbstorganisations- und Selbstmanagementpotentialen (im Zusammenhang mit 9./10./12.)

12. Erhöhung der Handlungskompetenz (Lenkungsfähigkeit, Umstrukturierungsflexibilität, "Überraschungs-Kompetenz", Schnelligkeit etc.)

13. Vorbeugende Vermeidung von traumatischen Change-shocks und schmerzvollen radikalen turn-arounds, von Konkurskatastrophen, leidvollen "chirurgischen" Eingriffen inkl. deren Neben-, Rück- und Fernwirkungen (NRF´s), usw.

14. Entwicklung von Organisationsbewußtheit: "Lernende Organisationen" können zur Überwindung des unaufgeklärten "mythologischen Zeitalters" von Organisationen beitragen (Heintel/Krainz) und deren bislang häufig unbewußten, schicksalshaften und oftmals kostspieligen Umgang mit Tiefenstrukturen, Funktionen, Kulturen, mit Macht, Denk- und Verhaltensmustern, mit (schmerzhaften) Selbstrepoduktionsmechanismen, Selbstreferentialitäten, Systemspielen, Systemabwehren, Reflexionsaversionen, Widerspruchs- und Konfliktverarbeitungen, Doppelsinnigkeiten und Mehrfachzwecken. Denn Organisationen sind oftmals alles andere als zweckrationale Gebilde zur Erreichung gemeinsamer Ziele. Vielmehr entwicklen sie merkbare Eigenleben, die "unter der Hand" ganz andere Ziele verfogen (z.B. Politik, Angstabwehr, Unterhaltung, Beschäftigungstherapie, Unsterblichkeit etc.). Auf diese Weise entgleiten Organisationen unmerklich denjenigen, die sie selbst ins Leben riefen.

    Da aber unsere heutigen Probleme hohe Komplexität und Risikopotentiale beinhalten und nur über Organisationen bearbeitet werden können - Individuen oder Kleingruppen wären überfordert! - werden unsere Probleme zu organisierten Problemen von problematischen Organisationen. Der naive, unbewußte und nicht ent-mythologisierte Umgang mit dem Problemlöseinstrument "Organisation" kann daher mittlerweile zu bedenklichen und kostspieligen bis katastrophalen Auswirkungen führen. Die Entwicklung von Organisationsbewußtheit - also dem wissenden, verstehenden und professionellem Umgang mit "Organisation" - bekommt dadurch hohe Priorität. Die "Lernende Organisation" kann hierfür ein hilfreicher Weg sein.

15. Entwicklung "gesunder" Unternehmen, d.h. Unternehmen die im weitesten Sinne einer Kreislaufwirtschaft "giftfreie" Outputs produzieren, und zwar in physischer, psychischer, biologischer, medizinischer, ökologischer, sozialer und geistiger Hinsicht, und dies sowohl kurz- als auch langfristig (Menschheit-Erde-Zukunft-Transzendenz).

16. Zukunfts- und Fortschrittsfähigkeit generell

17. Persönlichkeitsentwicklung, Entfaltung von Menschen, Lebensentwicklung auch während/vermittels der Arbeit ..

Diese kurze, skizzenhafte Auflistung von Begründungen für die Entwicklung "Lernender Organisationen" zeigt m.E., daß das Thema von grundlegender Bedeutung ist.

Die anschließenden Fragen indes sind:
a) wie "Lernende Organisation" inhaltlich präziser definiert werden könnten und
b) wie Wege - auch wenn die steil und steinig sind - in Richtung "Lernender Organisation" gestaltet werden könnten.

Versuchen wir daher zunächst einmal den Begriff der "Lernenden Organisation" (L.O.) näher zu fassen.

2. Definitionsversuch

Meines Erachtens kann man immer dann von einer "Lernenden Organisation" (L.O.) sprechen, wenn sich die in ihr (und mit ihr) tätigen Menschen häufig und bewußt zusammensetzen - gleichsam gemeinsam in einen Hubschrauber steigen - um über sich und ihr "Organisationssystem" nachzudenken, zu diskutieren und dabei ihr Wissen und ihre Erfahrungen austauschen und gegenseitig zur Verfügung stellen.

Und zwar mit dem Ziel, Ideen für Veränderungen bzw. Verbesserungen ihres Handelns sowie ihres "Organisationssystems" zu entwicklen, diese in Strukturen/Prozesse/Maßnahmen und "Erfolge" umzusetzen[2], um zukunftsfähig zu werden/zu bleiben ... .

- Gegenstand

Gegenstand ihrer Reflexions-, Explorations- und Planungsprozesse ist dabei, wie gesagt, die "Organisation" selber[3]. Reflexionsthemen könnten dabei sein:
- Ergebnisse, Leistungen sowie andere Markt- und Umfeldfeedbacks (quantitativ/qualitativ)
- Kundenzufriedenheit

---

2 In wissenschaftlicher Sprache - und damit etwas präziser und tiefschürfender - wird L.O. in etwa folgendermaßen umschrieben: Die "Lernende Organisation" kann als ein organisationaler, kollektiver Prozeß sozialer Wirklichkeitskonstruktion (= "Organisation") verstanden werden, unter der Voraussetzung, daß durch Öffentlichkeit (Sichtbarmachung), Kommunikation und Integration (in org. Zusammenhängen) Individuen bereit sind, "unverlogen" ihre individuellen Erfahrungen, Bedürfnisse, Konstruktionen und Annahmen (Vorstellungen) fortlaufend in gemeinsame Darstellungs-, Reflexions- und Aushandlungsprozesse einzubringen ... sich selbst, ihre Systeme, Ergebnisse, Spielregeln, Ziele, Werte, Mechanismen, "Tabus" etc. zur Diskussion und kritischen (funktionsdiagnostischen) Reflexion zu stellen (organisationale Objektivierung, Sinnentstehung, Kulturentwicklung etc.) ... um daraus gemeinsam Beschlüsse für weitere Leistungs- und Organisationsprozesse sowie Change-Ziele (Change I bis III?) zu ziehen ... und diese auch umzusetzen (zu versuchen). Alle Lerndimensionen werden dabei miteinbezogen. Ergebnis ist eine fortwährende, kollektive und transpersonale, systemische "Verbesserung" der Wert- und Wissensbasis, sowie der Wahrnehmung, Verstehens-, Problemlöse- und Handlungskompetenz des Gesamtsystems bei steigender Organisationsbewußtheit. L.O. ist eine emergente Systemqualität! Sie kann nur über entsprechendes Kontextmanagement, also nur indirekt und zwangsfrei initiiert und entwickelt werden (Umwegrentabilität).

3 Verstanden als "System", z.B. i.S.d. OSTO-System-Modells

- Ablaufprozesse/Aufbauorganisation
- Arbeitsplatzgestaltung, job design, Rollen
- Kontroll-, Belohnungs- und Bestrafungssysteme
- Informations-, Kommunikations- und Entscheidungssysteme
- Macht, Management & Führung
- Kultur: Sinn, Werte, Ziele, Normen, Standards, Gepflogenheiten, Sitten, ungeschriebene Gesetze, Tabus
- Human Resource Management/Personalpolitik
- Zufriedenheit, Klima, Motivation, Kreativität, Innovation
- Kooperation, Konflikt, Fehlerhandhabung
- Problemlösepotential: Wissen/Know-how, (offene) Intelligenz, Wahrnehmung, Connections, Erfahrungen, Bewußtsein, Lernfähigkeit, Wissenslogistik
- Handlungsfähigkeit, Flexibilität/Veränderungsfähigkeit
- Vergangenheit, Gegenwart, Zukunft
- usw.

• Bezugsrahmen, theory-in-use, Paradigma und Spielregeln

Organisationen können m.E. nur dann im Vollsinn als "Lernende Organisationen" bezeichnet werden, wenn "darüber" auch auf Metaebene und - mit Unterstützung nicht - betriebsblinder, externer Berater - reflektiert und entschieden werden darf. Konkret:

- Es muß möglich sein darüber zu reden, wie man miteinander redet.
- Es muß darüber nachgedacht werden können, wie man nachdenkt, und warum und wozu es genau so geschieht, wie es geschieht und "man" es so tut (oder eben auch nicht tut!).
- Es muß erlaubt sein, die eigenen "Brillen", durch die "man" die Wirklichkeit betrachtet (bzw. konstruiert) zur Diskussion zu stellen (= Wahrnehmungsprogramme und Reduktionsmuster) und zu hinterfragen!

Mit anderen Worten: die hinter den Wertauffassungen, Sichtweisen, Selbstverständlichkeiten, Spielregeln, Mustern, Vorstellungen etc. liegenden Meta-Werte, Meta-Sichtweisen, Vorverständnisse, Denkbezugsrahmen, Theorien, kurz: die Paradigmen selbst (bildhaft als "Brillen" bezeichnet) müssen als solche ebenfalls zur kritischen Reflexion und Verhandlung zur Verfügung gestellt werden dürfen. (Vgl. weiter unten Metalernen 1, 2, 3, Objektlernen II, III, IV!) Andernfalls würde lediglich nur wieder "Dynaxity-Zone II" eingeführt, oder restauriert, wenn freilich auch auf höherem Lernniveau ... !

Das nachfolgende "Hubschrauber-Cartoon" versucht diese Zusammenhänge bildhaft zu verdeutlichen.

Und wenn man oben exemplarisch aufgelistete Diskussionsthemen einer Lernenden Organisation versucht in starker, abstrakter Form zusammenzufassen, dann wird deutlich, daß es sich dabei nicht nur um Einzelpunkte sondern darüber hinaus auch um ein komplexes Themengeflecht handelt. Abb. 1 versucht dies - als "Change-10-Eck" - vor Augen zu führen.

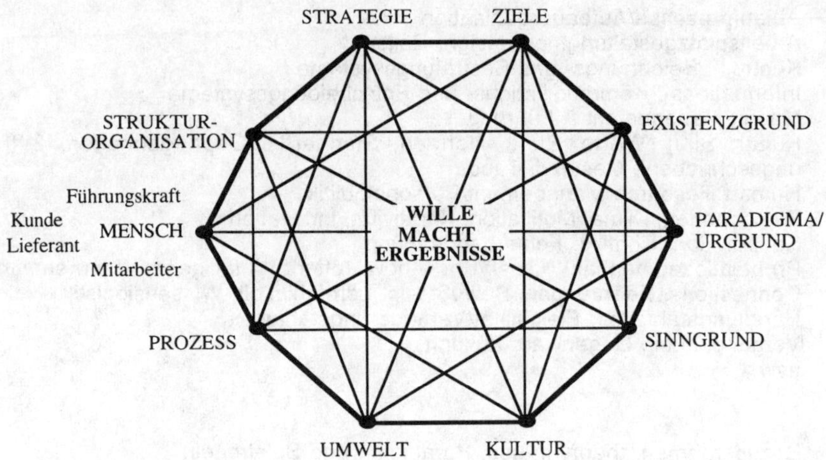

Abb. 1: "Change - 10 - Eck"

- Wissensbasis und organisationale Gedächtnisfunktion

Lernergebnisse, Erkenntnisse, Know-how/why, Werte etc. die aus solchen individuellen, gemeinsamen und öffentlichen (Objekt- und Meta-) Lernprozessen entstehen, müssen anschließend institutionell gespeichert werden, z.B. in Strukturen, Regeln, Vorschriften, in Plänen, Büchern, Disketten etc. ...
Diese "gespeicherten" Erkenntnisse sind für weitere zukünftige Prozesse (Diskussionen, Reflexionen, Handlungen) öffentlich zugänglich, nutzbar und ggf. kritisierbar zu machen bzw. zu halten. (system memory)
Erst bei Erfüllung dieser Bedingungen kann von organisationalem Lernen gesprochen werden.

- Institutionalisierung

Die individuellen und kollektiven Kommunikations-, Reflexions-, Entscheidungs- und Planungsprozesse sind zu institutionalisieren und zum Bestandteil der normalen Arbeitskultur zu machen.

Die nachwievor existierende informelle Dimension von Organisationen darf jedoch dadurch nicht kontrolliert und die Spontanität und Kreativität "grauer Märkte" unterminiert, umfunktioniert und damit abgeschafft werden. Denn Lernen braucht

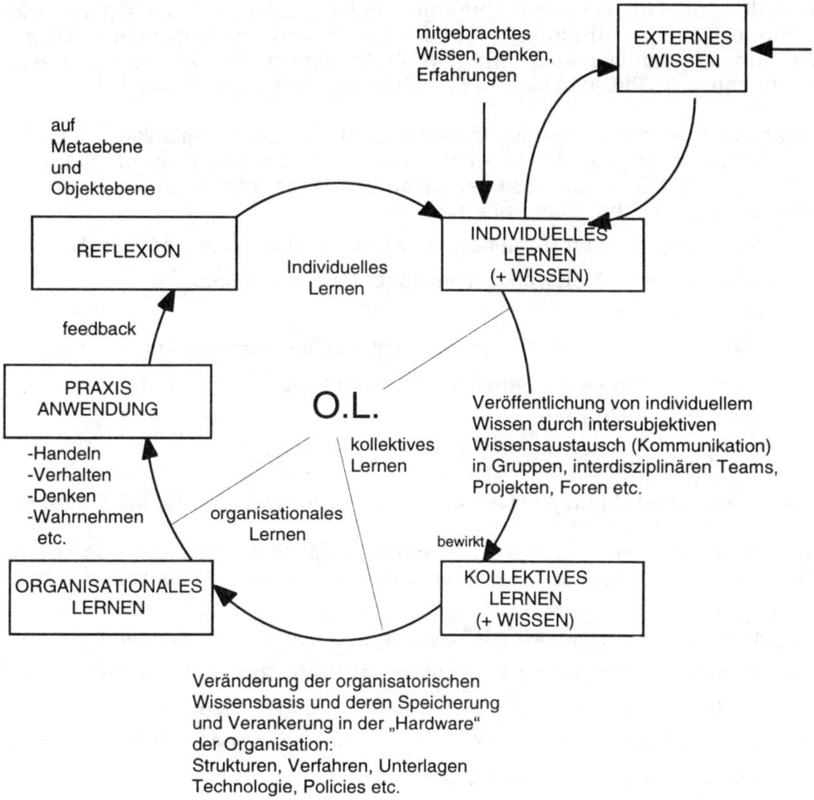

Abb. 2: REGELKREIS ORGANISATIONALEN LERNENS
(in Anlehnung an: Güldenberg 1995, S. 228)

Freiräume. Ansonsten wanderte der Geist aus und das Lernen würde zur geistlosen Mechanik verkümmern. Damit aber auch die Lernende Organisation ...

Die Institutionalisierung ist auch aus einem anderen Aspekt heraus notwendig. Denn meiner Erfahrung nach sind "Lernende Organisationen" anfangs (aufgrund zahlreicher Widerstände und verführerischen Umsteigeangeboten mit Rückfahrkarten in die Dynaxity-Zone II) noch ziemlich sensible und labile Gebilde.

Deshalb sind sie nicht nur führungs- und kulturpolitisch zu stärken, sondern besonders auch strukturell "abzusichern" und zu verankern. (Vgl. dazu "Organisationsentwicklung und OSTO-Ansatz in der Praxis" und das dort beschriebene Fallbeispiel einer "Lernfabrik" auf der grünen Wiese ...)

Mit anderen Worten: Organisationsstrukturen sind so zu gestalten, daß sie Lern- und Veränderungsprozesse nicht nur in Permanenz ermöglichen (nicht verhindern), sondern geradezu herausfordern, ja fast erzwingen.
Strukturbeispiele sind unter anderem:

- Duale Organisation (Routine- und Kritikorganisation in Parallelität)
- Heterarchische Netzwerke (teilautonomer Subsysteme)
- Kooperationen
- Open System bzw. OSTO Design (vgl. ausührlicher Rieckmann, 1982)
- Projektmanagement ("ganzheitlich", nicht nur mechanisch)
- Betriebsvereinbarung
- Führungsrichtlinien

Diese Institutionalisierungsnotwendigkeit gilt gleichermaßen für alle Lernebenen.

Denn "gelernt" wird - um es noch einmal explizit zu betonen - in "Lernenden Organisationen" immer auf drei Ebenen (oder bei drei verschiedenen "Lernsubjekten"):

A) Individuum (individuelles Wissen und Lernen z.B. Personalentwicklung)

B) Kollektiv (gemeinsame Wissensveröffentlichungen und Erfahrungsaustausch in Gruppen, Gremien, Projekten, Foren, OE-Prozessen etc.)

C) Organisation (durch Verankerung kollektiv-öffentlichen Wissens in der "hard- und software" der Organisationsstruktur)

Darüber hinaus wird auch das Lernen in bzw. in Bezug auf "Netzwerke", also auf Geflechte mehrerer Organisationen und virtuellen Partnern immer bedeutsamer (vgl. Dynaxity-Zone III Qualitäten). Insofern wäre noch ein viertes Lernsubjekt oder eine vierte Lernebene anzufügen mit z.T. eigenständigen Herausforderungen (Distanz, Machtverteilung, Kontrolle, Virtualität etc.). Deswegen sei hier noch diese Lernebene explizit angefügt (vgl. Rieckmann, 1996, Was morgen zählt... S.59):

D) Netzwerk (durch Verankerung von Wissen in ausgehandelten Spiel- und Metaspielregeln)

- Umsetzung

Ergebnisse/Schlußfolgerungen dieser gemeinsamen Kommunikations- und Reflexionsprozesse werden umgesetzt und führen zu fortwährenden, strategischen, strukturellen, kulturellen und inhaltlichen Veränderungen (vgl. Change Management, Organisationsentwicklung etc.).

- Feedback bzw. Regelkreisprozeß

Wiederholung des Prozesses.
Fortlaufender Neubeginn bei Punkt 2 oben.

Soweit die Theorie.

In der Praxis sieht es erwartungsgemäß und in der Regel meistens ganz anders aus. Organisationen, Gruppen, Individuen haben häufig massive Probleme, wenn sie Kontakt aufnehmen, kommunizieren, Wissen austauschen oder gar abgeben sollen (Wissen = Macht!) und wenn´s dann auch noch ans gemeinsame Lernen gehen soll ... und das Betriebsklima dabei aber nicht stimmt!

Auf der anderen Seite ist dieser - wie gesagt - steinige Aufbruch in Richtung L.O. jedoch häufig nicht mehr umgehbar: Man muß lernen wollen müssen, weil´s der Markt und die Konkurrenz erzwingen.
Und von diesen Niederungen der Praxis soll nun im nachfolgenden die Rede sein. Allerdings- das sei zum Trost gesagt - Lernen, auch gemeinsames Lernen, kann durchaus auch Spaß machen ...

3. Widerstand gegen "Lernen"

Mein Eindruck ist - wie gesagt -, daß wir Menschen uns sowohl als Individuen als auch in der kollektiven Form der Gruppe oder Organisation (oder der Gesellschaft, der Menschheit) "etwas schwer tun" mit dem Thema "Lernen" (vgl. Peccei 1979). Wenn auch zuweilen das Lernen durch Neugierde angetrieben oder durch Leidensdruck beschleunigt wird, so scheint dennoch - jedenfalls meinem Erleben nach - Lernen in der Regel eher schleppend und widerwillig vonstatten zu gehen. Denn irgendwie ist Lernen ja auch mit Arbeit und Anstrengung (z.B. Nachdenken) oder mit Konfrontation und Verunsicherung verbunden (z.B. durch Reflexion und Feedback) und nicht selten sogar von Angst, Kränkung und Depression begleitet (z.B. Lernen durch/in Krisen). Quantitatives, funktionales Lernen (z.B. Vokabeln) läuft eher leichter ab als qualitatives, restrukturierendes, existentielles Lernen wie beispielsweise bei Einstellungs-, Wert- und Bewußtseinsänderungen. Die zu überwindenden Lernwiderstände sind hier auch meistens wesentlich höher. (Dazu kommt auch noch besonders der im Artikel "Organisationsalltag" beschriebene "SchweineHund-Defekt".)

Überhaupt: diese Lernwiderstände haben´s in sich. Man begegnet ihnen als Berater (oder als Lehrer) schon in relativ einfachen Situationen. Wenn ich z.B. als Berater mit einer Klientengruppe Arbeitsprobleme diskutiert und Pläne mitgeschmiedet habe, stelle ich am Schluß solcher Sitzungen - des Lernens wegen - gerne Fragen wie folgende (z.B. vgl. BPE Prozeß Hoechst AG):

- was war gut?
- was sollten wir das nächste Mal anders machen?
- was können wir daraus für die Zukunft lernen?

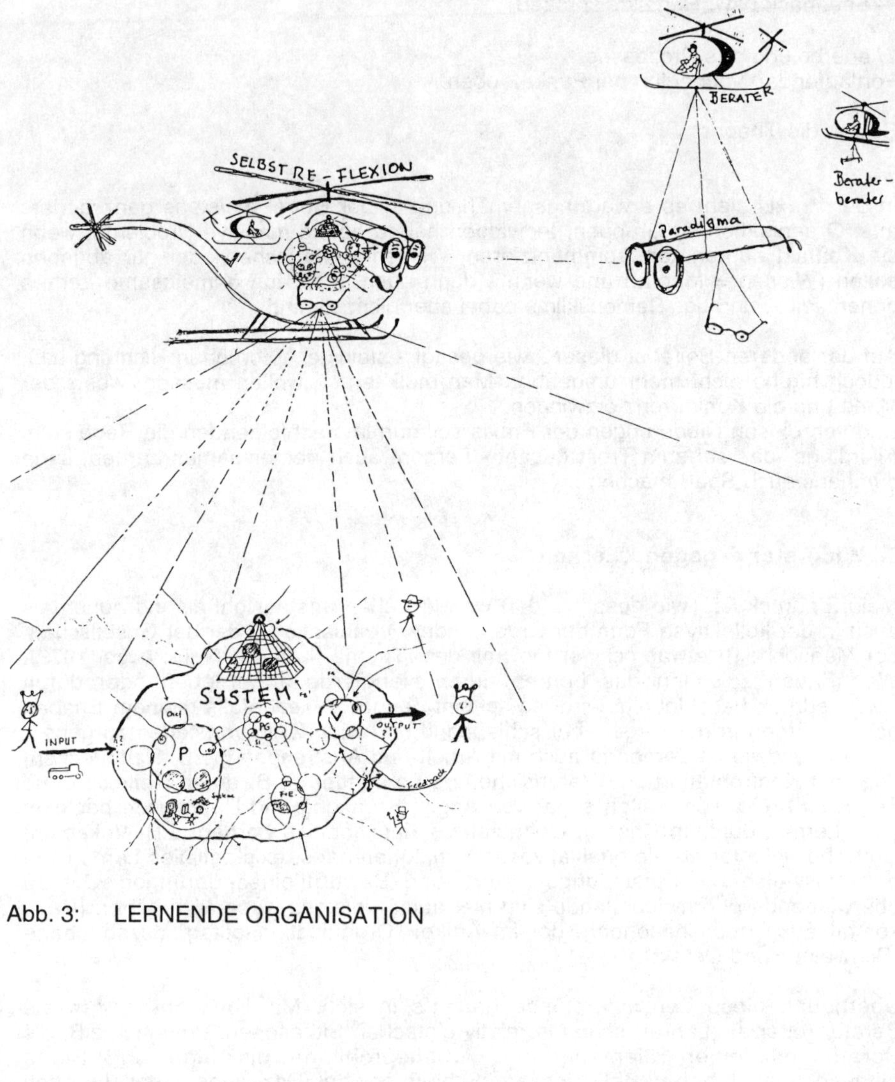

Abb. 3: LERNENDE ORGANISATION

Und nicht selten erlebe ich dann trotz dieser doch eigentlich recht vernünftigen Fragestellungen immer wieder eine gewisse Lustlosigkeit, sich dieser Lernfragen nun auch noch nach getaner Arbeit und bei erschöpften Kräften zu stellen. Man ist kaputt und möchte jetzt nicht schon wieder "was tun müssen", nämlich nachdenken, rekapitulieren, analysieren, reden, kritisieren, verändern, experimentieren, riskieren - sich selbst womöglich auch noch in Frage stellen ... - usw. Etwas leichter läuft Lernen ab, wenn man die "Manöverkritik" nicht am Schluß, sondern "zwischendurch" macht. Dann ist noch mehr Energie da als am Ende des Prozesses. Doch auch hier gibt´s Widerstände, nämlich von denen, die weiter wollen, was tun möchten und sich durch solche "unnötigen" Zwischenreflexionen nur gebremst und gehindert fühlen ... .

In solchen Situationen erlebe ich dann mitunter das "Hase-Jäger-Syndrom". Denn hinsichtlich Lernen spielt sich - bildlich gesprochen - dabei häufig folgender Prozeß ab: Ein Jäger (z.B. ein Manager) rast hinter einem Hasen her (z.B. einem unbedingt zu erreichenden kurzfristigen Ergebnis). Und weil alles so eilig ist, ist es auch unmöglich, zwischendurch anzuhalten, sich zu besinnen, sich an Stelle des Hinterherrennens eine andere, effizientere (Jagd-)Strategie zu überlegen, z.B. ein Gewehr zu laden und die Distanz Jäger - Hase durch ein ballistisch wohlgezieltes Geschoß zu überwinden, anstatt mit hängender Zunge (und bloßen Händen) das selbst bewerkstelligen zu wollen ... Diese Denk- und Lernpause kann sich unser Beispielmanager jedoch nicht leisten - denn Zeit ist Geld und der Hase läuft ja weiter - (und wenn er den Hasen dann trotz allem nicht kriegt - dann ist das Tier dran schuld ...).

Der Berater, der nun ein solch eingeschliffenes Syndrom durch Lernfragen unterbricht und unter Umständen sogar noch ein brainstorming empfiehlt über alternative Jagdstrategien, darf sich nicht wundern, wenn er zunächst mit seiner (störenden) Intervention "auf Granit beißt" und den Killer-Satz zu hören bekommt, daß man jetzt keine Zeit zum "Reflektieren" hätte und man hier ja schließlich zum Arbeiten zusammengekommen sei ... ! Mit anderen Worten: Die Organisation von Lernen beginnt zunächst gar nicht mit Lernen, sondern mit der Bearbeitung und Überwindung von Widerständen dagegen (Eine detaillierte Darstellung der verschiedenen Widerstandsformen und -ebenen würde den Rahmen dieses Aufsatzes sprengen, sodaß ich hier diese komplexe Thematik leider nur allgeimen erwähnen kann.).

Sind diese Widerstände dann einigermaßen abgebaut (z.B. durch Erleben von Anfangs-"Lernerfolgen"), gilt es das labile dialektische Wechselverhältnis zwischen "Jagen" und "Anhalten", zwischen Arbeiten und Lernen, Handlen und Reflektieren/Planen zu stabilisieren sowie das "Anhalten und Nachdenken" zu festigen, zu "normalisieren" und zu institutionalisieren.

Aber genauso wie Arbeiten, Handeln, Laufen und Produzieren übertrieben werden kann (vgl. workoholics, Leistungsgesellschaft und Aktivismus-Neurose etc.), genauso kann das Reflektieren, Lernen und Planen ohne ständige Rück- und Ankoppelung ans Leben, Tun und Experimentieren - also zur Praxis - ausarten, sinnlose "L´art pour L´art" werden und sich in theoretischen Elfenbeintürmen verschanzen. Deswegen ist es also nötig, Handeln und Reflektieren, Ändern und Lernen ständig in ausgewogener Balance zu halten. Dies alles bei Menschen und in Organisationen zu erreichen kostet Zeit, Geld, Bequemlichkeit und Sicherheit. Die Lernfrüchte reifen erst langfristig - wobei währenddessen die kurzfristigen Ergebnisziele permanent drohen, wie flinke Hasen wegzulaufen.

Glücklicherweise wird jedoch trotz dieser Barrieren und Dilemmata gelernt, vielleicht zum einen unbewußt, unorganisiert, ungeplant und latent (man wird halt "reifer" und "lebenserfahrener") und zum andern in Form von Planungen und Auswertungen bisher erreichter Ergebnisse und Erfahrungen. Organisationen haben ja dafür eigene Stellen und Abteilungen sowie dafür auch eigens eingerichtete Verfahren, Sitzungen usw. Von daher wäre dann auch die Frage zu stellen, ob diese Art, Weise und Form von Lernen von Menschen, von Menschen in Organisationen nicht ausreicht und sozusagen also eigentlich in Ordnung ist. Ich glaube das jedoch nicht und die obige Auflistung von Begründungszwängen in puncto "Lernende Organisation" wies auch in eine andere Richtung:
Umwelten (wie Märkte, Technologieentwicklung, gesellschaftlich-politische Dynamik etc.) werden fortwährend komplexer und turbulenter. Menschen und Organisationen müssen sich daher nicht nur zunehmend schneller anpassen (Lernen I) sondern auch gezielter und bewußter ("Flops können aus investorischen und zeitlichen Gesichtspunkten heraus mittlerweile tödlich wirken: Zeitschere, Entwicklungskosten, Produktzyklen, time-to-market etc.).

Das aber impliziert, daß das Lernen selbst, also das Verlernen, Umlernen und Neulernen, kreativer, bewußter und geplanter ablaufen muß.

Damit wird deutlich, daß das Lernen am Objekt (z.B. neue Maschine bedienen, neues Softwareprogramm entwickeln, Unternehmerziele neu durchdenken) selbst zum Problem werden kann und - auf Metaebene - selber gelernt werden muß.

Da - wie man sieht - "Lernen" auch in dieser Hinsicht nicht so leicht ist - bedarf es deshalb eines kurzen Ausflugs in die Theorie des Lernens.

4. Ausflug in die organisationale Lerntheorie

4.1. Was läß sich unter "Lernen" verstehen?

Fangen wir mit einem Definitionsversuch an:
Wir können immer dann von Lernen oder einem Lernprozeß (bei "Lernsubjekten") sprechen, wenn Veränderungen im Denken und Handeln in Vorher-Nachher-Vergleich wahrzunehmen sind und in gleichen oder ähnlichen Situationen "bessere" Ergebnisse erreicht werden ("Fortschritt"). Lernen ist zyklisch wiederkehrendes Verarbeiten von Beobachtungen und Erfahrungen, des Ausprobierens von neuen Verhaltensweisen (trial & error) (oder des denkend-probehandelnden Vorwegnehmens von möglichen Situationen) und anschließendem erneuten Verarbeiten der Erfahrungen (Regelkreis).

Lernen kann dabei in zwei Formen von Innenprozessen ablaufen (und sich dabei ergänzen oder bekämpfen, je nach "Kulturspielregel"):

A) Rationales Lernen:
Wahrnehmung und Bearbeitung sachrationaler, logischer Zusammenhänge, "computermäßige" Abspeicherung quantitativer, kognitiver Wissenselemente, analytisches Prozeßuieren von Daten ...

B) Intuitives Lernen:
Komposition von Beobachtungen, Erlebnissen, etc. zu Bildern, Mustern, Geschichten etc., deren kreative und intuitive, spontane Verarbeitung in synthetischen, ganzheitlichen und emotionalen Vorgehensweisen ...

Beide "Lernformen" sind heutzutage fast gleichberechtigt. Früher wurde A tendenziell als das einzig "wahre" Lernen und Denken angesehen ("homo sapiens"), das Denken und Lernen in Form B eher als "typisch weiblich" oder gar als kindisch abgetan. (Von A-Typen natürlich ...).
Künstler, Erfinder sowie zahlreiche kreative Wissenschaftler und Pioniere gesellschaftlichen Lebens allerdings dachten und lernten schon immer in Richtung B bzw. in wechselseitiger Ergänzung beider Lernformen. Klassisches Beispiel: die Entdeckung des Benzolringes (Molekülstruktur) im Traum ... .

4.2. Lerndimensionen

Es lassen sich beim "Lernen" verschiedene Lerndimensionen - zumindest analytisch - identifizieren. Neben den bereits oben erwähnten Lernformen sind dies folgende:

a) Objektlernen - Metalernen

Objekt- und Metalernen lassen sich selbst wiederum hinsichtlich unterschiedlicher "Lernthemen" differenzieren und auf verschiedenen Ebenen verorten.

Die erste Ebene des Objektlernens stellt das Lernen I (abgekürzt L I) dar.

Lernen I dient - wie oben schon kurz erwähnt - der fortlaufenden qualifikatorisch-fachlichen Anpassung im Unternehmen und Menschen an die Erfordernisse des Zeitverlaufs. Es dient der dauernden Überprüfung, ob Basiswissen, Zusatzwissen und Handlungen (des Systems bzw. seiner Mitglieder) auch zu Ergebnissen führen (outputs), die das Unternehmen zur Sicherung seiner Existenzgrundlage (vgl. EG/OSTO MODELL) benötigt. Sollte jedoch das "Qualitätsfeedback" hier einen Mißfit anzeigen, gibt´s etwas zu Lernen: Lernen I findet statt.

Von Objektlernen II (L II) ist dann zu sprechen, wenn - im Sinne des Innovationsfeedbacks des OSTO-MODELLS - nicht mehr die Handlungen reflektiert, sondern die diese Handlungen anleitenden Systemziele als solche hinterfragt und auf ihre Angemessenheit und Realistik hin überprüft werden müssen.

Analog hinterfragt Objektlernen III (L III) dann die Ziele hinter den Zielen und deren Sinnhaftigkeit. Man stellt sich bei Lernen III die Frage, ob die Ziele selbst und als solche noch akzeptabel und sinnvoll sind. Sie können bspw. in Bezug auf den Existenzgrund der Firma noch durchaus adäquat sein, dennoch aber vor dem Hintergrund größerer und längerfristigerer Zusammenhänge (vgl. "Sinngrund",

Menschheit-Erde-Zukunft, Transzendenz etc.) als zunehmend sinnlos, vielleicht sogar als wider- oder irrsinnig erscheinen. Objektlernen III hätte dann stattzufinden.

Objektlernen IV - abgekürzt L IV - fragt dann nach dem Meta-Sinn: Welchen "Sinn" macht überhaupt der Sinn hinter den Zielen? Glaubens-, Weltanschauungs- und Paradigmenfragen spielen hier die zentrale Rolle (im OSTO-SYSTEM MODELL mit "Urgrund" umschrieben).

Das Thema "Lernen" und "Lernende Organisation" ist also - wie man sieht - kein triviales. Darüber hinaus muß - wie erwähnt - auch noch von Lernen auf "Meta-Ebene" gesprochen werden.

Denn man kann - wie wir gesehen haben - nicht nur in Bezug auf Objekt- und Sachinhalte lernen (Lernen I bis IV) sondern auch in Bezug auf´s Lernen selbst lernen! Also Meta-Lernen.
Das heißt:
Wir müssen (in Dynaxity-Zone-III-Systemen) lernen, wie Lernen I verbessert werden kann, d.h. wie der Erwerb von Basiswissen (Ausbildung) effektiviert und wie Anpassungs- und Optimierungslernen (Fort- und Weiterbildung) schneller, zielstrebiger, schmerzloser, kostengünstiger, effektiver und intelligenter bewerkstelligt werden kann (Metalernen 1 = ML I). Und wie solches Lernen-lernen besser vorbereitet, gesteuert, gelehrt und organisiert werden kann, d.h. wie Lehr- und Lernprozesse zu gestalten sind, die das Lernen und Lernen-lernen strukturieren, es dabei individueller Lust und Laune entziehen und es dadurch zum gesicherten und normalen Bestandteil der Organisation werden lassen ... Das ist dann Metalernen 2 oder OE im Sinne einer Didaktik für das Lernen-lernen von Organisationen[4].

Darüber hinaus - und das halte ich für extrem wichtig - muß immer auch Ziel, Sinn, Zweck und Form von Lernen, Lernen-Lernen und Lehren hinterfragbar bleiben. Sie sind für Reflexion, Kritik (und Lernen) offen zu halten (Metalernen 3 = ML 3). Kreativität, ethisches Verantwortlichkeitsdenken, Entwicklung und Freiheit gingen sonst verloren. Total verfunktionalisiertes Lernen und Lehren würde letzendlich zum Tod des menschlichen Geistes und jeglichen Humanums führen (vgl. "Schöne Neue Welt"). Dies wird heute überdeutlich: Über notwendigen Wandel, über notwendige Innovationen hinaus geht es heute zunehmend mehr um Radikaleres - um Überleben, um Sinn, um "Umkehr" - (vgl. Peccei 1981).

Das Thema Lernen entpuppt sich somit als ziemlich umfasender Sach- und "Lebens" -verhalt. Und die Kombination von "Lernen" und "Organisation" fügt dem noch einiges an Komplexität hinzu (Vgl. Geissler 1994, Probst/Büchel 1994, Walz/Bertels 1995, Rieckmann 1982, Rieckmann/Sievers 1978, Sattelberger 1991, Senge 1992, Schatz 1995 u.a.).

---

4 Organisationsentwicklung und die Rolle des "OE-Beraters" kann als Metalernen 2 und als eine Strategie zur (entlastenden) Institutionalisierung sowie zur Initiierung, Steuerung und Garantierung derartiger komplex-reflexiver Lernprozesse der Systemveränderung und -entwicklung verstanden werden. OE bezeichnet dann - in professionalisierter Form - eine Technologie, durch die über die (komplexitätsreduzierende) Organisation von Metalernen 2 z.B. in der Rolle des internen und/oder externen OE-Beraters, ein Lernen-lernen der Organisation intentiert und organisiert wird.
Eine ausführliche Diskussion dieser komplexen Zusammenhänge zwischen Lernen, Organisation und Organisationsentwicklung findet sich bei Bateson (1972, S. 301 f.) sowie Rieckmann/Sievers (1978, S. 259-276) und Rieckmann (1982, S. 209-216).

Weitere Aspekte des Lernens müssen noch erwähnt werden.

b) *Explizites und latentes Lernen*

Lernen kann explitzit ablaufen oder eher latent geschehen. Explizites Lernen geschieht bewußt, gezielt, geplant und reflektiert ("intelligentes" Lernen), wohingegen latentes Lernen unbemerkt, sporadisch, zufällig, beliebig und unreflektiert abläuft.

c) *Lernsubjekte (Lernebenen)*

Desweiteren ist zwischen verschiedenen Lernsubjekten, deren unterschiedlichen (!) "Naturen" und dementsprechend unterschiedlichen "Behandlungsmethoden" zu differenzieren. Denn "Lernen" spielt sich - wie wir sahen - auf ganz unterschiedlichen Ebenen unserer sozialen Wirklichkeit ab: Individuum, Gruppe, (Binnen)organisation, Organisationsumwelt, Netzwerke, Gesellschaft, und schließlich auf der Ebene der Menscheit als Ganzes (und ihrer Geschichte). Problematik, Organisation und Qualität von Lernprozessen dieser verschiedenen Lernsubjekte zeigen daher jeweils eigenständige Charakteristika. Sie stellen deshalb jeweils spezifische Anforderungen an Berater, Führungskräfte, Lehrer, Teilnehmer. Dies wurde ja beim Thema "organisationales Lernen" schon mehrfach betont.

d) *Funktionales und existentielles Lernen*

Last but not least sind noch die zwei letzten, vermutlich jedoch wichtigsten Dimensionen des Lernens zu erwähnen: das funktionale und das existentielle Lernen.

Von funktionalem Lernen ist immer dann zu sprechen, wenn das Lernen stark kanalisiert und begrenzt wird auf spezielle sachlich-fachliche Inhalte mit primär instrumentellen Zweckinteressen. Spielen und Spinnen im Reiche freier Gedanken, kritisch-philosophisches Hinterfragen und theologisch ungebundenes Problematisieren ist dabei i.d.R. verboten. Dieses Lernen ist funktional: es muß funktionieren und etwas bringen: nämlich genau die im Zweck definierten Ergebnisse z.B. Geld, Macht, Wissen, Leistung etc. . Gelernt wird das, wofür bezahlt wird - kurz und plakativ ausgedrückt.

Existentielles Lernen schließt zwar funktionales Lernen mit ein, überschreitet und transzendiert dieses jedoch in erheblichem Ausmaß (ähnlich dem Verhältnis zwischen Information und Wissen einerseits und Verstehen und Weisheit andererseits). Existentielles Lernen bezieht sich auf den ganzen Menschen und die Offenheit des Lebens, mit allen Höhen und Tiefen, mit allen (Sinn-) Fragen nach Leben, Tod und Ewigkeit.
Existentielles Lernen zielt auf Qualität ab, auf Frieden, Freude, Erfüllung, auf Verstehen, Glauben, Hoffen, Sein.
Das Ziel dieses Lernens ist das Leben selbst und der Wunsch, daß es gelingen möge, blühe und Frucht trage ... . Existentielles Lernen ist weder kanalisierbar noch in die Enge von Zwecken und Interessen, von Logik und Beweis einzuzwängen.

Existentielles Lernen ist im Vergleich zum funktionalen Lernen i.d.S. "ungebunden".

Ich denke, "Lernende Organisationen" (L.O.) haben sich mit all diesen Lern-Dimensionen und -Ebenen auseinanderzusetzen und müßten mindestens - wenn das nomativ zu sagen erlaubt ist - über funktionales, individuelles Objektlernen hinauswachsen und sukzessive kollektives Lernen erreichen (L II/III, ML 2/3) sowie existentielles Lernen individuell, kollektiv und organisational ermöglichen. Andernfalls wären "Lernende Organisationen dann nur intelligentere "L.O.-Maschinen" auf höherem tayloristischen und sozialtechnologischem Niveau.
Für die Lösung unserer Menschheitsprobleme brauchten wir jedoch weniger technologisch-organisatorische, funktionale Intelligenz, sondern wesentlich mehr kollektive Vernunft und Weisheit.

Die nachfolgenden Schaubilder versuchen die Ausführungen bzgl. "organisationaler Lerntheorie" zusammenfassend vor Augen zu führen:
Abb. 4 zeigt die neun verschiedenen Lerndimensionen Abb. 5 zeigt die Zusammenhänge zwischen den verschiedenen Lernobjekten und Abb. 6 versucht, die mit diesen Lernprozessen einhergehenden bzw. notwendig werdenden "Veränderungstiefen" (Change I bis IV) organisationaler Change-Prozesse zu verdeutlichen. Abb. 7 zeigt überblicksartig den Zusammenhang zwischen Objekt- und Metalernen.

Nach diesen vier Schaubildern geht´s dann aber sofort wieder zurück in den Alltag der Praxis.

5. DREI FALLBEISPIELE ... UND EINIGE SCHLÜSSE DARAUS

Es erhob sich ja die Frage, wie man in den Niederungen der Praxis des Organisationsalltags, zum Beispiel auf der Ebene eines Betriebes, das Lernen in Gang bringen, organisieren und zur Gewohnheit werden lassen kann. Diesbezügliche Möglichkeiten, Interventionen und Vorgehensweisen möchte ich nun an drei kleinen Fallbeispielen aus der Praxis illustrieren.

Fall I: Baufirma

Ein Betrieb der Bauindustrie drohte in den Bereich roter Zahlen abzurutschen. Abnehmende Verkäufe aufgrund schlechter Konjunkturlage schienen die Ursachen zu sein. Man rief mich als Berater hinzu. Der nachfolgende Prozeß lief wie folgt ab:

1. Eine sorgfältige Analyse wurde durchgeführt. Die betriebswirtschaftliche Situation, die Qualität der Fertigungstechnologie, das (strategische) Führungsverhalten des Managements, die Organisation und die Situation der Mitarbeiter (Motivation, Qualifikation) wurden unter die Lupe genommen.

2. Dann wurde eine Datenrückkoppelung durchgeführt und in einem Workshop Zeit zum gemeinsamen Nachdenken und zu einer gemeinsamen Diagnose gegeben.

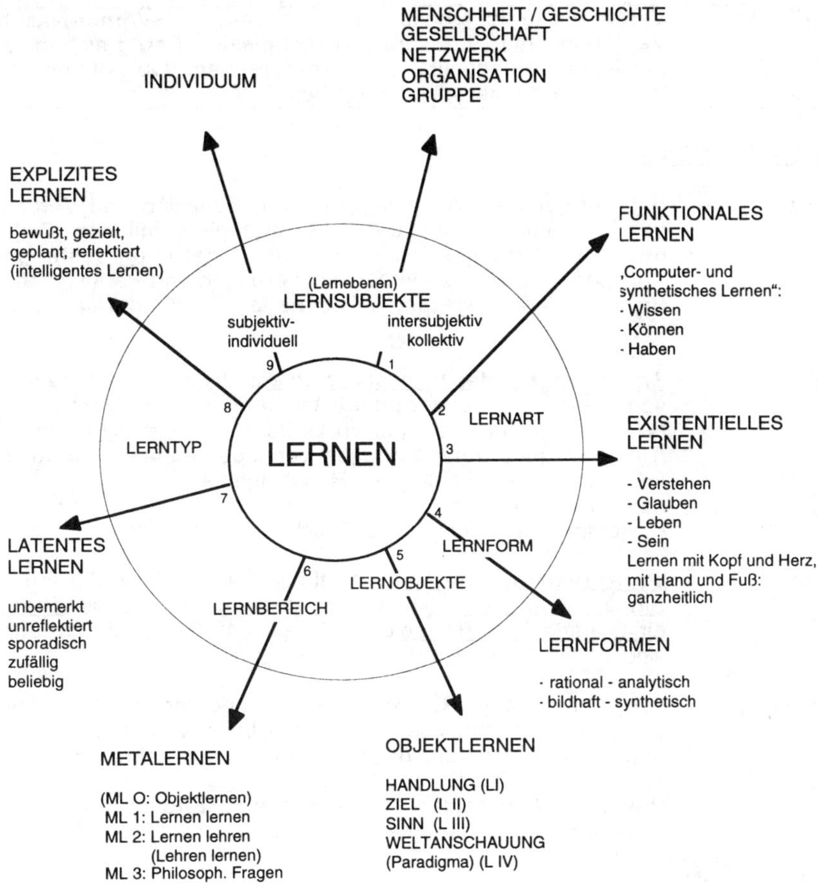

Abb. 4 LERNDIMENSIONEN

DEFINITION:	Veränderung in Denken und Handeln, im Vorher-Nachher-Vergleich, mit "besseren" Ergebnissen bei gleichen oder ähnlichen Situationen. Es kann zwischen "Objektlernen" und "Metalernen" unterschieden werden.

OBJEKTLERNEN (BL)

Lernen I	Basislernen oder Anpassungslernen: Reflexion und Verändern des Verhaltens (Handlungen & Strategien) mit dem Ziel der besseren Ergebnis-/Zielerreichung innerhalb bestehender Kontexte, Systeme, Ziele, Sinnvorstellungen und Paradigmen. Beispiel: Verkaufsgesprächsführung lernen, Inhalte und Qualität optimieren.
Lernen II	Erneuerungs- oder Innovationslernen: Reflexion und Verändern von Zielen bei unverändert bleibenden Sinn-Vorstellungen (Werten/Visionen etc.), jedoch verbunden mit strukturellen Neu-/Umordungen, Veränderungen von operationalen Paradigmen (=CI) Strategien, Spielregeln, Handlungen etc. Beipsiel: bester Verkäufer sein, Umsatz- und Einkommensteigerung, neue Geschäftsfelder eröffnen.
Lernen III	Verantwortungslernen: Reflexion und Veränderung von Sinnvorstellungen, inkl. Werten, Visionen etc., ob sie innerhalb eines gegebenen Paradigmas (Welt- und Seinssichten) tauglich sind...
Lernen IV	Erkenntnislernen: Reflexion und Veränderung des Paradigmas selbst (Meta-Sinn, "beliefs"), weil die davon abgeleiten und geprägten Sinnvorstellungen/Sinnangebote keinen Sinn mehr machen, nicht "zielführend" sind. Beispiel: Aussteiger, Bekehrungen (Saulus -> Paulus), "Damaskuserlebnisse": neuer Meta-Sinn.

METALERNEN (ML)

(ML 0)	Objektlernen:	Lernen I bis IV
ML 1	Lernen lernen:	Lernen, wie man besser, schneller, effizienter lernt (Pädagogik).
ML 2	Lehren:	Lernen, wie man Lernen besser lehren kann bzw. lehren, wie man besser Lernen lernt (Didaktik).
ML 3	Philosophieren:	Hinterfragen von Sinn, Wert, Funktion, Inhalt und Form von L I bis IV, ML 1 bis 3.

Abb. 5: Objekt- und Metalernen

no Change

FIT

keine wahrgenommenen SOLL-IST/Theorie-Praxis/Anspruch-Wirklichkeitsdifferenz(△): Balance/Stabilität

Change I

Adaption

Mikro

KVP
VW Käfer

LERNEN I

1. Kontinuierliche, richtungsgleiche, partielle, rationalisierende, inkrementale Anpassungsveränderungen Schritt für Schritt (Mikro-Change: Störungsanalysen, Fehlerkorrekturen, Verbesserungen im Rahmen des bestehenden Gesamtsystems.
2. CM-Strategien: KVP im Tagesgeschäft, "Durchwursteln", Befehl & Gehorsam (Chefanweisungen), Mikro-/Meso-OE (Kleinprojekte, Workshops, QC´s etc.)

Change II

Restrukturierung

Meso

VW Käfer -> Golf
Zentrale -> Dezentrale

LERNEN II

1. Strategische und strukturelle Reorientierung, Revitalisierung und Neuordnung des Systems ohne wesentliche identitätsverändernde Richtungs- (EG-)Wechsel. Die normativ- politische Wertebene bleibt unberührt, lediglich partielle Veränderungen operativer (!) Macht-, Struktur- und Kulturdimensionen
2. CM-Strategien: Verhandeln, Projektmanagement, Social Marketing, Chefanweisung, (B & G/ Bombenwurf (BW)), Anpassungs- und Unterstützungs-OE/PE/ME.

Change III

Transformation

Makro

Rechenschieber -> Taschenrechner
Kerze -> Glühbirne
Flugzeug -> Motorrad
PC -> virtuelle Psychotherapie

LERNEN III

1. Radikale revolutionäre Infragestellung des Gesamtsystems und seiner Realität, (vgl. Change-10-Eck) samt EG/SG und handlungstheoretischen Annahmen (basic assumptions), herrschenden mind-matter constructions und deren Funktionen/Selbst- referentialitäten/Eigensinnigkeiten ... d.h. dem "operativen Paradigma und dessen anschließende Neukonstruktion (mit alten und neuen Elementen, Systemteilen, Werten, Sinnzielen etc., allerdings bei Beibehaltung des "gesellschaftlichen" Metaparadigmas).
2. CM-Strategien: "Reengineering", Mergers & Acquisition, Test-cells, Exodus & Neugründung (Makro OE), Kooperationen ... mit "transformativen, charismatischen Führern/Visionen/Missionen. Glaube an neue Lösungen!!

Change IV

Metamorphose

Transzendent

Raupe -> Schmetterling
Weizenkorn -> Ähre
Adam -> Christus

LERNEN IV

1. Tod des alten Systems. Neuerstehung eines radikal anderen Systems ohne Rückgriff auf "alte" Elemente, Systemteile, Werte, Sinnziele und operative Paradigmen. Totale Neu- schöpfung mit anderen Metaparadigma (Weltanschauung, Seinsverständnis, "Natur").
2. "CM-Strategien?" Loslassen-Zulassen-Vertrauen. Golgatha und Ostern und Pfingsten ... Durchschreiten des Horizonts ...

Abb. 6: Change Typen

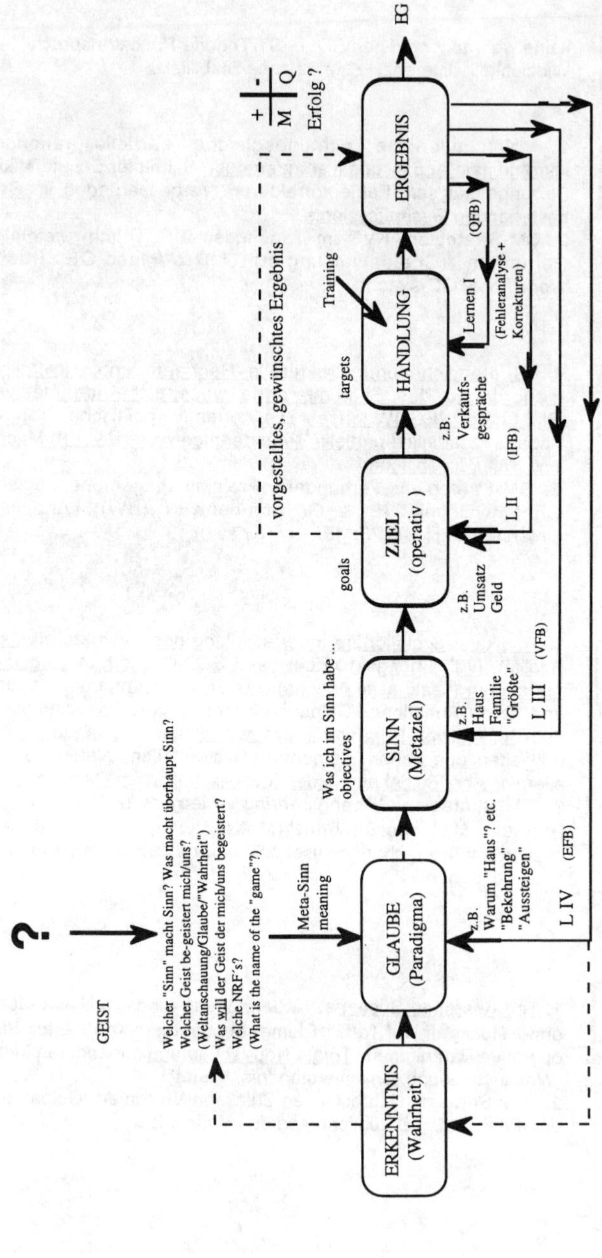

Abb. 7: Lernebenen (Objektlernen, Metalernen)

3. Daraus erwuchsen dann "Aha-Erlebnisse", neue Ideen, wie man es in Zukunft anders machen sollte und was man aus der Vergangenheit lernen konnte, welche Fehler warum gemacht wurden und wie man diese demnächst vermeiden könnte sowie welche organisatorischen, führungstechnischen, betriebswirtschaftlichen, kulturellen und allgemein (zwischen-) menschlichen Konsequenzen nun daraus zu ziehen seien ... und welche (neuen) Ziele man sich zu setzen hätte ... .

4. Danach begann man die als notwendig erkannten Veränderungen zu planen und umzusetzen. Ein neues Produkt mit vermutlich besseren Marktchancen wurde entwickelt. Die Abteilungen setzten sich partizipativ und freiwillig (!) Kosten-, Einspar-, Investitions-, Kapazitätsziele, entwickelten Projektlisten, überarbeiteten die Art und Weise ihrer abteilungsinternen wie abteilungsübergreifenden Kommunkation und planten die Selbstregulationsfähigkeit und Anpassungsflexibilität ihrer Abteilungen durch Einführung multifunktionaler Ausbildungen und teilautonomen Selbstmanagements zu erhöhen (inklusive Verbesserung des traditionellen Rechnungswesens in Richtung eines planungs- und zukuntsorientierten Controllings).

5. Die Entwicklung ging steil bergauf.

6. Zirka drei Jahre später war der Betrieb bankrott.

Soweit Beispiel I. Wie geschah nun hier "Lernen"? Und wie ist dieser Prozeß zu verstehen?

Als erstes wurde jener - offensichtlich allen Lern- und Veränderungsvorgängen zugrundeliegender - "Dreischritt": Analyse/Reflexion - Planung (Proflexion) - Realisation (Praxisumsetzung) vorgenommen. Der Klient (bzw. die Klienten) erlebten am eigenen Leibe die Grundstruktur von Lernprozessen. Und zwar in allen vier Hinsichten: In der Diagnosephase geschah L I und II, die anschließend zu planenden Planungsprozesse ließen ML 2 erleben. Die darauf folgende Durchführung der Planung und deren Umsetzung in Maßnahmen und Interventionen wurde dabei von Schritt zu Schritt reflektiert, d.h. unter der Fragestellung diskutiert, was in Zukunft hinsichtlich Diagnose, Planung der Planung, Durchführung und Reflexion besser gemacht werden könnte (Metalernen 1 und 2).

Lernen IV/ML 3 war nur unbewußt Thema. Daß Sichtweisen geändert und gelernt werden mußten, war selbstverständlich. Arbeitsplatzerhaltung, Unternehmenssicherung etc. wurden als Sinn, Ziel und Zweck von Lernen gesehen bzw. nicht weiter hinterfragt. Auch die Art und Weise, wie ich als Berater versuchte, der Organisation bzw. den dort tätigen Menschen "das Lernen (Metalernen 2) beizubringen" (basierend auf vergangenen Lernprozessen meinerseits), war nach anfänglicher Beschnupperungsphase "okay".

Um funktionales Lernen (d.h. "Computer-Lernen" und bildhaft-intuitives Lernen) zu ermöglichen (und in Richtung existentiellen Lernens auszuweiten), gab es in der

Regel nur ein Mittel, und zwar das der Diskussion und Reflexion, unterstützt mit Visualisierungsmethoden (z.B. Collagen) und ergänzt durch Ermutigungen meinerseits, auch Gefühle zu äußern und diese als vollwertige Daten sehen zu lernen. Es war ein Teil meiner Lehr- und Lernstrategie (Metalernen 2), "dialogische Nachdenk- und Verarbeitungssituationen" zu installieren und Vertrauen sowie Offenheit zu fördern. Unbewußt stattgefundenes Lernen konnte dadurch bewußt gemacht und korrigierend-steuernd für die weitere Planung mitgenutzt werden. Deutlich wurden dabei auch die eigenständigen Charakteristika der unterschiedlichen Lernsubjekte und Lernebenen: Das Lernen einzelner (z.B. Programmierkurs) lief anders ab als Diskussionen bezüglich Produktivitätsverbesserungen auf Gruppenebenen (z.B. Qualitätszirkel) oder als Lernprozesse zwischen Unternehmen/Betrieb und Markt/Kunde. Für jede Ebene wurden neue Verhaltensweisen gebraucht, wurden andere Strukturen und Erwartungen notwendig.

Der insgesamt blühende Prozeß, die steigende Profitabilität, das hohe Maß an Nachdenken, Verändern und Lernen fand jedoch sein ziemlich jähes Ende, als der Eigentümer-Chef "kalte Füße" bakam: Die zunehmende Bewußtheit eines Teils seiner Angestellten ließen ihn um seine Alleinherrschaft fürchten. Er stoppte den ganzen Prozeß kurzerhand dadurch, daß er die Leistungsziele, die sich die Abteilungen aus eigenem Antrieb selbst gesetzt hatten, einfach als quasijuristische, verbindliche Einforderungsgrößen umdefinierte und deren baldige Erfüllung erzwang. Das von innen gewachsene, freiwillige, leistungs- und erfolgsorientierte Denken und Handeln der Mitarbeiter war durch diese, auf ihre "Brust gesetzte Pistole" natürlich sofort gestorben. Der Weg zur Lernenden Organisation war weggesprengt ....

Hier nun setzte bei mir ein peinlicher Lernprozeß vom Typ "Lernen III und ML 2/3" ein. Was gab´s hier bezüglich OE-Strategie und Beraterverhalten zu verändern? Ziemlich rasch wurde mir folgendes klar: Die Existenz von Macht, Eigentum und Herrschaftsinteressen als eigenständige Größen ist in das Lernen von und über Organisation tunlichst mit einzubeziehen und sorgfältig strategisch mit zu bedenken. Auf psychologischer (individueller) Ebene hatte ich fernerhin die unbewußten Identitätsängste dieses Mannes übersehen. Ich hätte mich mehr um ihn kümmern müssen. Obwohl ich im Kopf (Funktionales Lernen) natürlich "wußte", wie wichtig der Beziehungsaspekt Berater-Klient (sprich: "Machthaber") ist, hatte ich ihn nicht ausreichend wahrgenommen. Spätestens dann jedoch wurde mir das bewußt und existentiell bedeutsam. Analytisch heißt das:

Die Erarbeitung und Wartung tragfähiger "politischer" Beziehungen ist neben oder vor dem oben erwähnten Dreischritt partizipativer Diagnose - Planung - Realisation eine vierte wichtige Zentralgröße für die Installierung organisierter Lernprozesse. "Lernende Organisationen" sind - mit anderen Worten - also auch immer folitische Prozesse.

Fall II: Sozialarbeit

Hier handelte es sich um eine größere soziale Dienstleistungsorganisation im Bereich von Sozial- und Gemeinwesenarbeit.

Am Anfang des Prozesses erschien es uns - meinem Kollegen und mir - als ob in dieser Organisation noch nie etwas gelernt wurde. Wachstumsgesellschaft, reichlich fließendes Geld und voll ausgefüllte Arbeitstage hatten es offenbar für die Verantwortlichen noch nicht notwendig gemacht, die bisherige Entwicklung zu reflektieren, auszuwerten und "auf Zukunft hin" neu zu entwerfen. Allerdings war zwischendurch "ganz unvermutet plötzlich" ein Finanzierungsloch von einer knappen halben Million DM entstanden. (Ökonomische Variablen sind natürlich ständiger Bestandteil von Organisationslernen - vgl. dazu Rieckmann 1983).

Man rief uns und deutete an, daß die ganze Organisation dem (kollektiven) Träger mittlerweile offensichtlich über den Kopf gewachsen sei und daß man in seinem eigenen Hause nicht mehr richtig durchblicke. Mir kam das Bild eines Urwaldes. Wir sollten helfen, Klarheit zu schaffen und zu sagen, wo es in Zukunft lang gehen sollte und wo gekürzt werden könnte ... .

Die anschließende Erkundung und Durchforstung dieses Organisationsurwaldes dauerte mit entsprechenden Maßnahmenplanungen, lernmäßigem Verdauen der Erlebnisse und Erkenntnisse "unterwegs" und den damit verbundenen Veränderungsmaßnahmen rund 1 1/2 Jahre.

Auch in diesem Fall bildeten (neben den Beratern) der Feedbackmechanismus und der institutionelle Einbau von Nachdenkphasen (in Form von Sitzungen, Kostenanalysen, Diskussionen über Strukturen und Prozesse der Organisation, Situation der Mitarbeiter etc.) sowie der Aufbau von Vertrauen und Offenheit die wesentlichen Pfeiler organisierten Reflektierens, Lernens, Neuplanens und Veränderns. Allerdings wurde gegen Ende des Prozesses, der über drei Stufen lief (Diagnose - Reorganisation - Optimierung), folgende zusätzliche Lernvereinbarung getroffen: Zweimal jählich für drei Tage sollten die Berater eine "Systemsupervision" durchführen, Feedback geben, Reflexion und Entwicklungsplanung sicherstellen helfen und allgemein mit Sorge tragen, daß das, was in der Vergangenheit geschehen war, nämlich unbewußtes Wachstum ohne klare geplante Entwicklung, nicht nocht einmal passieren sollte.

Die Organisation, d.h. die für die Leitung der Organisation verantwortlichen Menschen und Gruppen hatten nunmehr offensichtlich "gelernt", und zwar zweierlei:

Erstens, - so trivial wie es klingt - die Fehler der Vergangeheit zu vermeiden (Lernen I).

Zweitens, wie in Zukunft auf Systemebene gemeinsames, kollektives Lernen sichergestellt werden kann (Lernen II und Metalernen 1).

Metalernen 2 (d.h. Lernen I und II zu lehren) hatten sie dabei an die Berater delegiert. Allerdings geschah dies mit höherem Reflexions- und Bewußtseinsgrad als früher.

Aber auch noch etwas Weiteres war gelernt worden. Vor Beratungsbeginn war das Lernen in der Organisation gespalten in eine Gruppe, die das computerhafte Lernen ("linke Gehirnhälfte") besetzt hatte (oder zu tun hatte) - nämlich die Mitarbeiter der Verwaltung und Buchhaltung - und in eine Gruppe, die sich um das existentielle, kreative Lernen kümmerte - die Sozialarbeiter, Erzieher und Psychotherapeuten.

Beide Gruppen bekämpften sich (natürlicherweise). Gelernt wurde im Laufe des Prozesses, daß diese funktionale Aufsplitterung (so unumgänglich, wie sie auch ist) re-integriert werden muß. Nur im lebendigen Dialog und ringenden Konflikt miteinander (und zwar "oberhalb des Teppichs") kann das vorhandene Geld und die zu leistende Sozialarbeit miteinander auf einen Nenner gebracht werden. Die unterschiedliche, lernende Erfassung der gemeinsamen sozialen Wirklichkeit wurde bewußt und die notwendige Kooperation zum Wohle des Ganzen erkannt (Lernen III, IV?, existentielles Lernen).

Die Gründung "interdisziplinärer" Wirtschaftsplanungsgruppen war das Resultat dieses Lernprozesses auf Systemebene.

Allerdings bedurfte es zuvor massiver Arbeit auf den Ebenen "Individuum" und "Gruppe". Projektionen, Verteufelungen und Mißtrauen auf Personenebene mußten erst (auch) als Resultat unterschiedlicher Rollen und Funktionen erkannt werden (also ent-persönlicht werden), um dann auf Organisationsebene zu einer sachlichen Handhabung führen zu können (Institutionalisierung neuer Erwartungen, Regeln, Subsysteme sowie Legitimierung des Konflikts). Erste Schritte in Richtung einer "Lernenden Organisation" waren damit getan worden ... (vgl. Organisationsbewußtheit).

Ein Wechsel in der Leitung der Organisation und damit verbundene spätere "richtungspolitische Kämpfe" - die seitens der Berater nicht beeinflußbar waren - brachten jedoch leider auch hier wiederum die weitere Entfaltung des Aufbruches ins Stocken. Dies machte jedoch abermals um so mehr detulich, daß kollektives Lernen - bevor es von "Organisationspolitikern" wieder unterbunden werden kann - unbedingt in nur sehr schwer reversierbaren Strukturen und Kulturregeln institutionalisiert werden muß, um eine gewisse "politische" Eigenstabilität bzw. Resistenz zu entwickeln. Das oben erwähnte "Open System Design" (OSD) - vgl. OSTO-System-Modell- scheint hierzu geeignet zu sein.

Fall III: Tischlerei

Dieser Fall beleuchtet besonders die Dimension des "existentiellen Lernens" und betont primär Interventionen, die auf dieser Ebene den Veränderungs- und Lernprozeß einleiteten.
Dieser Fallstudie könnte man folgenden Titel geben:
Organisationsentwicklung, Nebukadnezar und die Folgen ... .
Er ging um folgendes:

Ein typischer mitteleuropäischer Kleinbetrieb mit ca. 30 Mitarbeitern, geleitet vom Inhaberehepaar ("Chef" und "Chefin") mit zeitweiliger Unterstützung vom "Junior" (Sohn des Chefs) hatte ein großes Problem. Es stellte sich summarisch gesehen wie folgt dar:

* Die "Produktion" bzw. die daran arbeitenden Arbeiter und Handwerker verbrauchten für die Herstellung der Produkte zu viele Stunden. Die Herstellungsgesamtkosten überstiegen die Preise.

* Die Arbeitsbelastung betrug dabei häufig schon 100 und mehr Prozent.

* Vier Werkstattmeister, die den Innenbetrieb managten und in den Griff kriegen sollten, waren bereits "verschlissen".

* Der fünfte Werkstattmeister hatte bereits gekündigt (zuvor hatte er öfters über seine Lebensmüdigkeit gesprochen).

* Einen sechsten Werkstattmeister einzustellen war vor dem Hintergrund dieser Werkstattgeschichte sinnlos.

* Streß und Angstsymptome waren auf allen Ebenen anzutreffen:
  - die Chefin nahm bereits hin und wieder Psychopharmaka (Schlafstörungen, Magenbeschwerden)
  - der Chef selbst litt unter der Angst, eines Tages "ohnmächtig" vom Stuhl fallen zu können ...

* Der Chef bekannte, daß er ein Grauen vor der "Werkstatt" habe, weil er sich unfähig fühle, dort einzugreifen, d.h. mit den Mitarbeitern, sprich: Menschen richtig umzugehen. Deswegen habe er die Werkstattleitung ja auch immer "wegverkauft", d.h. einem Werkstattmeister übertragen. Dieses Vorgehen habe sich aber nun totgelaufen.

* Traditionelle Planungs-, Koordinations- und Kontrollmaßnahmen wie Stempeluhr, "Refa", Akkordsysteme, Planungstafeln, Selbstaufschreibung etc. waren alle schon ausprobiert und sabotiert worden. Sie hatten viel Geld gekostet - und im Endeffekt nichts gebracht (ca. ÖS 500.000,-/DM 70.000,-)

Weit und breit schien keine Lösung mehr in Sicht zu sein. Und einen Weg zurück in traditionelle Vorgehensweisen gab es auch nicht mehr.
"Was also soll ich denn tun?" notrief der Chef.

Was sollte ich sagen?
Was war das Problem?
Was die Oberfläche, was die Tiefe? Was der Umfang?
Was der Hintergrund, was die Perspektive?
Vor welchem Hintergrund von "Wirklichkeit" war diese Situation zu interpretieren - und wo wie zu intervenieren? (Lernen IV).

Interessanterweise war ein Kollege (Controller) bei desem Gespräch dabei - er selbst hatte es vermittelt - und dieser intervenierte wie folgt:

"Ich rate Ihnen, Ihre Werkstatt nur mit 80 % der Kapazität auszulasten. Das reduziert den Streß und gibt Ihnen Puffer für kurzfristige und überraschende Aufträge, sodaß sowohl die Kapazität ausgelastet als auch der permanente Systemstreß reduziert werden kann ..."

Der Klient nahm diesen Vorschlag jedoch nicht an. Er spürte wohl irgendwie - so mein Verdacht - daß die Wurzel des Problems tiefer lag.

Ich meinerseits bot ihm eine "organismische Analyse" an: Er solle sein Unternehmen einmal als menschliches Wesen sehen und schildern, welche Funktionen und Körperteile krank seien.

Ich selbst sehe den Menschen als ein "offenes", dreidimensionales und ganzheitliches Körper-Seele-Geist-Wesen. "Offen" deshalb, weil alle drei Dimensionen oder Ebenen miteinander in Wechselwirkungen stehen und diese wiederum mit ihrer materiellen, psychosozialen und geistig-spirituellen Umwelt (oder "Über"-welt) interagieren.

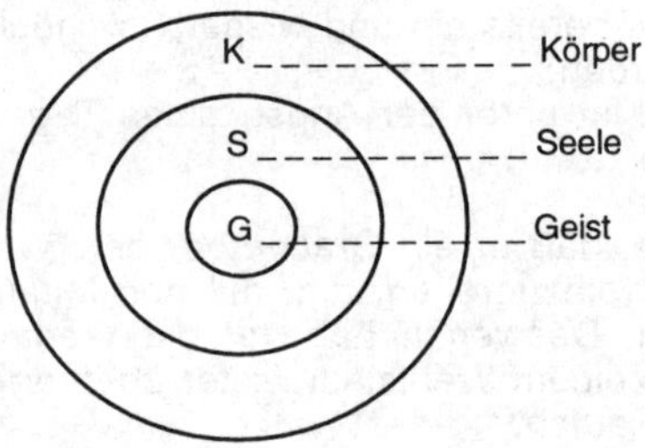

Vor dem Hintergrund dieses "Menschen- und Weltbildes" ließ ich dem Unternehmer (und später zusammen mit seiner Frau) Assoziationen knüpfen (die hier nur sehr skizzenhaft wiedergegeben sind):

körperliche Ebene

Die Werkstatt = der Magen:
Verdauungsstörungen durch Streß
unverdauliche Speisen: zu schwierige Aufträge

seelische (psycho-soziale) Ebene

Depression, Wut, Lethargie, Überforderung
Chef sieht Menschen nur als Mittel zum Zweck
kann nicht richtig mit ihnen umgehen (Angst, Führungsstilprobleme)
Kopfschmerzen, Magenschmerzen, Ohnmachtsangst etc.

geistig-spirituelle Ebene

Was ist der "richtige" Umgang mit sich selber, mit Menschen = Mitarbeitern, mit Kunden und Lieferanten, mit Frau und Kindern? Was ist der langfristige Sinn unseres Unternehmens? Und unseres Lebens?

Durch diese Assoziationen wurde deutlich, daß die Kernproblematik mehr im seelischen und geistigen Bereich lag und ganz eng verknüpft war mit der Einstellung zu Menschen (und damit zu sich selber) und der Einstellung zum Leben und dem, was das Leben ausmacht.

Auf seine Frage also, was er denn bloß tun solle, sagte ich:

"Ich habe zwei Impulse darauf, wollen Sie die hören?"

"Ja, bitte!"

"Gut. Der erste Impuls: Bezüglich der Werkstatt tun wir vorerst gar nichts. Vorschnelles Eingreifen ohne sorgfältige Diagnose verschlimmert nur die Situation. Stattdessen stellen wir uns alle erst einmal um das Problem herum, schauen es an und versuchen es dann Schritt für Schritt zu verstehen."

"Ja, gut, - und der nächste Impuls?"

"Lesen Sie bitte einmal die Geschichte von Nebukadnezar - und finden Sie heraus, was das mit Ihnen zu tun hat. Dann können wir weitermachen."

Daraufhin er:
"Wer ist denn das?"
"Ein ehemaliger König von Babylon."
"Ja, und wo steht das?"
"In der Bibel."
(Schluckt)
"Wo?!"
"In der Bibel."
"Ja, meinen Sie das ernst?"
"JA."
"Ja, wissen Sie ... Sie können viele Bücher bei uns finden, aber die Bibel ..."
"Tja, was soll ich da machen?" entgegnete ich.
"Ja, dann müssen wir uns eben eine besorgen ..." und "befahl" seiner Frau, sich "das" zu notieren, was mir gleichzeitig Aufschluß über deren Ehesituation gab.

Soweit zunächst einmal mein Vorgehen im Prozeß. Warum - so kann man hier fragen - denn "so eine" unübliche Intervention? Meine Intervention gründete sich auf folgenden Zusammenhang (und ich muß zur Beschreibung einige altmodische Wörter benutzen):

Die Unfähigkeit des Chefs, mit den Mitarbeitern seiner Werkstatt in einer Form zu verkehren, daß diese sich als Menschen ernst genommen sowie ehrlich und aufrichtig behandelt fühlen, können wir die Oberflächenursache des Problems nennen.

Unter dieser Unfähigkeit lag ein großes Maß an Stolz, Arroganz, Hochmut und Kälte, und dieses wiederum vermischt mit Angst und Ohnmacht.
Darunter wiederum das Empfinden von Minderwertigkeit und der Zwang, im Kampf um die Existenz eine glänzende, vitale und optimistische Maske tragen zu müssen.

Darunter Leere und verdrängte Fragen nach Sinn und Leben (und erhebliche, seelische, lebensgeschichtlich bedingte Verletzungen).

Hier lagen die Wurzeln des Baumes - das Werkstattproblem waren nur die Früchte.

Blitzartig schoß mir durch den Kopf: Wenn dieser Mann nicht seine hochmütige Arroganz erkennt und nicht den Weg der "Demut" (= den Mut zur Wahrheit und zum Dienen) beschreitet, wird er nur wenig Chancen haben, mit seinen Mitarbeitern voranzukommen und sein Unternehmen über Wasser zu halten.

"Nebukadnezar" fiel mir ein, weil ich jenen sozusagen für ein "Traumbeispiel" von Hochmut und Stolz halte, und nach seiner Persönlichkeitskrise (einer Psychose) ebensosehr für ein Beispiel der Demut gegenüber Gott und Menschen (Buch Daniel 4, 1-34/Bibel).

Diese Intervention schlug ein wie eine Bombe: sie erreichte den existentiellen Problemhintergrund sofort.

Der Klient erfaßte spontan seine Defizite, die Hintergründe seiner Führungsschwäche, und - was noch viel bemerkenswerter war - er erkannte eine Perspektive für seine weitere Persönlichkeitsentwicklung, ohne daß darüber zeitraubend analytisch gearbeitet werden mußе.

Der Weg zum existentiellen Lernen wurde frei gemacht:
Begegnungen mit sich selbst, mit den Mitarbeitern und mit Familienangehörigen wurden möglich und begannen weitere Selbsterkenntnisse und neue Verhaltensmöglichkeiten mit sich zu bringen.

Der Beratungs- und Entwicklungsprozeß lief dann zunächst in erstaunlich erfolgreicher Form weiter, wobei das Lernen auf existentieller Ebene deutlich zunahm bzw. zwischenzeitlich fast dominant war.

Folgende Anfangsergebnisse ließen sich aufweisen:

* Mehrere Arbeitnehmer verließen fast vollständig ihre herkömmliche lethargische Arbeitermentalität ("Theory X") und entwickelten sich zu werkvertragsfähigen und sich selbst organisierenden, flexiblen Subunternehmern mit Markt- und Kundenorientierung (Einstellungs - und Selbstbildänderung).
* Aufwendige und kostenintensive Koordinations-, Kontroll- und Vorgesetztensysteme wurden dadurch überflüssig, Elastizität und Reaktionsschnelligkeit des Produktionsbereiches nahmen deutlich zu.
* Durch Selbstregulation auch im Bereich der Arbeitszeiteinteilung werden die Werkstatt und ihre Maschinen nun von einzelnen teilautonomen Mitarbeitern bzw. Minigruppen bald fast "rund um die Uhr" ausgenutzt (5 - 23 Uhr): Kapazitätszunahme bei gleichzeitiger Kostenreduktion.
* 14-tägig ablaufende "Werkstattversammlungen" dienten dabei zur Weiterentwicklung und Steuerung des gemeinsamen Lernprozesses und liefen ähnlich wie "Qualitätszirkel" ab. "System-Awareness" und betriebswirtschaftliches bzw. unternehmerisches Denken wurden dadurch ansatzweise eingeübt. Ein neuer Werkstattmeister wurde überflüssig!
  Einsparung: ÖS 500.000,-/DM 70.000,- pro Jahr

* Auf der Ebene der Unternehmensleitung (Chef - Chefin - Junior) wurde die Notwendigkeit existentiellen Lernens ebenfalls erkannt. Denn die Ehe- und Familienqualität, d.h. die Art und Weise des Miteinanders, das Ausmaß an Verstehen, Achtung und Wärme untereinander, oder umgekehrt das Ausmaß an Fremdheit, Kälte, Angst und Haß in diesem Bereich schlägt bei Klein- und Mittelbetrieben (= Familienbetrieben) ja immer sofort gleich auf die Betriebsebene durch. Mit anderen Worten: Organisationsentwicklung auf Betriebsebene ist hier ohne Ehe- und Familienentwicklung auf Unternehmensebene nicht durchführbar.

Ehe- und Familienprozesse sind aber existentielle Prozesse par excellence, sind also ohne existentielle Lernprozesse gar nicht veränderbar.
Pragmatische Oberflächenlösungen sind infolgedessen nur von kurzer Dauer und werden von eventuell ungelösten Problemen auf der existentiellen Ebene in raschester Zeit wieder torpediert.

Diese Erkenntnis ist natürlich an sich nichts Neues (und soll hier auch nicht so gemeint sein).
Neu war für mich der Bedeutungsanstieg dieser Lernebene und die Notwendigkeit, diese immer synoptisch mit den anderen Prozeßebenen wahrzunehmen und zu steuern.
Oder anders ausgedrückt: Ich versuche jetzt stärker als früher Unternehmensprozesse und existentielles Lernen integrativ zu erfassen.

Wenn man OE-Prozesse in diesem, um die existentielle Dimension erweiterten, expliziten Sinne auffaßt bzw. betrachtet, kommen mehrere Wechselwirkungsebenen in Kontakt und ergeben insgesamt einen komplexen Prozeß auf mehreren Ebenen:

I. Produktions-, Koordinations- und Organisationsprozesse im Rahmen des "Tagesgeschäftes" (Geschäftsprozeß).

II. Konstante, kritische Beobachtung der Qualität dieser Leistungs- bzw. Gesellschaftsprozesse (monitoring) sowie deren Messung an den Systemzielen und dessen Existenzgrund (vgl. OSTO-Ansatz).

III. Dadurch entsteht die Grundlage für Objektlernen I bis III: Handlungsergebnisse, Ziele, Sinn sowie Metalernen 1: Lernen lernen.

IV. Durch Lernen III (Sinn-Ziel) und ML 2 (Probleme, die beim Lernen-lernen auftreten) werden "tiefere" Schichten angesprochen, Betroffenheit erzeugt. Existentielles Lernen wird dadurch ausgelöst als auch - in dialektischer Wechsel- und Rückwirkung - selbst wiederum zu Steuergröße für die Gestaltung und Qualität des Objektlernens I bis III sowie des Metalernens 1 und 2 (Lernen und Didaktik):

V. Bei starker Betroffenheit - wie im vorliegenden Fall - wurde darüber hinaus Lernen IV (Weltanschauung, Lebenseinstellung) bzw. Metalernen 3 (philosophilsche Hinterfragung von Sinn und Form des Lernens selber) zum Thema gemacht.

Dadurch kommt "Lernen" in ein Stadium, in dem es entfuktionalisiert wird und dabei die Ganzheit der Person umfaßt, in Immanenz ("Diesseits"), Transzendenz ("Jenseits") und Kontingenz ("Unverfügbarkeit"). Insofern wird dadurch existentielles Lernen immer auch "religiös" (re-ligio), d.h. tangiert. Menschen-, Welt- und Gottesbilder, und schließt - im christlich-biblischen Kontext gesprochen - Christusbegegnungen, Umkehr und Wiedergeburt i.s.v. Joh. 3 nicht aus.

Von diesem Hintergrund her wird es dann vielleicht auch deutlich, warum ich mit der biblischen Figur des Nebukadnezar intervenierte und operierte, nämlich um das mir notwendig erscheinende existentielle Lernen möglichst schnell in Gang zu bringen. Seit diesem Beginn folgten dann noch eine Reihe anderer "spiritueller" (für mich: biblischer) Interventionen - mit ähnlich erhellenden Lern- und Prozeßauswirkungen (z.B. Mann-Frau Beziehungen, "Produktivkraft" (vgl. Aufsatz "Fruchtbar arbeiten"), Liebe-Wahrheit-Diagramm (vgl. Aufsatz "Dynaxibility" sowie Aufsatz "Organisationsalltag" und der SchweineHund ...).

Deutlich wurde auch, daß existentielles Lernen (in dieser Tiefe) nicht nur nicht umgehbar ist (falls man in offenen Systemen einen hohen Selbstregulationsgrad haben will), sondern sich sowohl betriebswirtschaftlich und manageriell auszahlen kann, als auch befreiende Erfahrungen im Bereich eigener Persönlichkeitsentwicklung (als Individuum, als Ehepartner, als Familienmitglied, als Unternehmensverantwortlicher) mit sich zu bringen vermag.

Allerdings stießen wir in diesem Beratungs- und Lernprozeß auch an eine massive Schallmauer:

- ca. 2/3 der Mitarbeiter (Tischlergesellen, Lehrlinge) waren nicht bereit und offensichtlich auch nicht fähig, sich nachhaltig in Richtung "selbstorganisierende Subunternehmer" zu entwickeln: Sie waren mental und psychisch überfordert. Für sie konnte glücklicherweise ein Massenfertigungsprodukt gefunden werden, daß ihnen die Beibehaltung tayloristischer Arbeitskulturen und -gewohnten erlaubte. Die "Lernende Organisation" fand hier ihre deutliche Grenze.

6. Fazit - oder: Was läßt sich nun aus der Praxis-Analyse organisationaler Lernprozesse für die (weitere) Entwicklung "Lernender Organisationen" lernen, empfehlen, umsetzen?

Ich möchte meine Auffassungen und "findings" in nachfolgender Thesenform summieren und zusammenfassen.

1. Menschen haben ein ambivalentes Verhältnis zum Lernen. Besonders dann, wenn es um Lernen geht, bei dem sie als Personen und Rollenträger selbst betroffen werden. Lernwiderstände sind dann häufig zu erleben. Denn:

2. Lernen bringt Unsicherheit mit sich. Gewohntes wird in Frage gestellt, Neues ist noch nicht da (Transitionsprozeß). Identitätserhaltungs- und homöostatische Gleichgewichtsinteressen machen dabei Lernen schwierig.

3. Die Organisation und Institutionalisierung von individuellen und kollektiven Lernprozessen ist dann am wahrscheinlichsten erfolgreich, wenn folgende

("transitionspsychologischen und organisatiorischen") Bedingungen erfüllt werden können:

a) Herstellung (und Wartung) vertrauensvoller offener Kommunikationsbeziehungen mit geringem Angstniveau: Transitionsprozesse (unfreezing) lassen sich bei mitmenschlicher (relativer) Geborgenheit leichter bejahen und ehrlicher durchstehen. Nur dadurch sind existentielles Lernen, "saubere" Problemlösung und menschliches Reifen möglich (was sich ja dann auch in der Organisation und Leistungserstellung wieder auswirkt).

b) Entwicklung multidimensionaler Feedback- und Reflexionssysteme (System-Umwelt-Rückkoppelungen für Soll-Ist-Vergleiche als Basis von Steuer- und Regelungs- und damit auch Lernprozessen). Darin enthalten ist die Notwendigkeit des Distanzaufbaus des Systems zu sich selber, um Betriebsblindheit, Problemverleugnungen etc. zu vermeiden. Die Skala von Rückkoppelungsebenen reicht von zwischenmenschlichen Beziehungsklärungen und Erwerb sozialer Kompetenz bis hin zu Controlling und strategischer Unternehmensplanung.

c) Die "Beraterfunktion" stellt hier einen ersten Prozeßschritt der Rückkoppelung und Selbstdistanzierung des Systems dar (Aufbau von "awareness" bzw. Beobachtungsdifferenzen zur Gewinnung "produktiver" Dissonanzspannungen. Vgl. "Hubschrauber-Funktion")

d) Internalisation des Problemlöse- und (revolvierenden) Lernzyklus´ "Reflexion und Diagnose - Planung - Realisation - Diagnose - Planung - ..." (vgl. Aktionsforschungsansatz) für als "Basisdenkfigur" in L.O. sehr zweckdienlich.

e) Dieser Zyklus muß dabei nicht nur in Fleisch und Blut übergegangen sein - das alleine ist noch zu unsicher und zu erosionsgefährdet -, sondern muß - wie bereits des öfteren betont - strukturell abgestützt und organisatiorisch "automatisiert" werden. Dies geschieht z.B. durch Ausdifferenzierung von Lerndimensionen. Erst dann ist im Vollsinn von organisationalen Lernen zu sprechen! Beispiele für binnenorganisatorisch institutionalisierte Lernfunktionen und Aktivitäten dieser Art sind u.a.:

- zukunftsorientiertes Controlling-System
- strategische Unternehmensplanung
- bench marking
- lernorientierte Qualifikationssysteme und Arbeitsorganisationen (vgl. Betriebswerkerkonzept, Rieckmann 1982)
- strategieorientiertes Bildungswesen/Personal- und Managemententwicklung
- interne "change agents" (als Lernhelfer/"facilitator")
- permanente OE (inkl. z.B. Qualitätszirkel, KVP Survey feedback, usw.)
- Geschäftsprozeßoptimierung/Redesigns
- Forschung und Entwicklung
- externe/interne Imageanalysen/CI-Projekte

- interaktives, kundenproblemorientiertes Marketing
- ganzheitliches Qualitätsmanagement (TQM)
- kulturelle Veränderung und vom Topmanagement unterstützte "intellektuelle Demokratie" als Voraussetzung von Kritik und Kreativität (vgl. brainstroming-Regeln!)
- belohnte und systematische Förderung von Innovation und Investition
- job rotation und ganzheitliches Denken und Planen ("holistic awareness", Integration "linke und rechte Gehirnhälfte" usw.)
- Simultaneous/concurrent engineering
- externe Beratung/Systemsupervision
- Leistungsbeurteilungs- und Fördergespräche
- Beurteilung von Fürhungskräften "von unten"
- Projektmanagement

4. Hindernisse auf dem Weg zur Organisation von Reflexion und Lernen bzw. lernenden Organisationen stellen meines Erachtens noch folgende Faktoren dar:

* Autoritäres und manipulatives Macht- und Kontrollsystem (Zerstörung angstfreier, ungeschminkter Informationsweitergabe/akzeptierte kollektive Lügen (z.B. bei Zielsetzungen)
* Stark zentralisierte Hierarchie, die dezentrale Selbstregulation einzelner Abteilungen und Mitarbeiter unterdrückt, weil sie alles selbst steueren zu müssen glaubt (was aber nicht mehr geht!).
* Eine Führungskultur, die "intellektuelle Demokratie" unterdrückt, Kreativität als Spinnerei diffamiert und Sparsamkeit vor zukunftsorientierte Investitionen stellt
* Mißbrauch "lernender Organisation" für persönliche Herrschaftsinteressen.

(Diese ersten drei Punkte brachten den im Fall 1 (Bauindustrie) beschiebenen Lernprozeß zum Erliegen).

* Monofunktionale Qualifikation der Mitarbeiter, dadurch geringes Spektrum kreativer/alternativer Verhaltens- und Problemlösefähigkeiten, operative Inseln, Gruppenegoismen.
* Geringe Partizipation (zwei Augen sehen weniger als 20!)
* Hocharbeitsteilige Organsiation (Taylorismus, Bürokratismus und "Apparat-Mentalität")
* Monokausales, mechanisches statt multidimensionales System-Denken (führt zu einseitigen Problemerfassungen und zu kurzsichtigen Veränderungsstrategien)
* Mehr Konkurrenz als Kooperation
* Hoher Narzißmusgrad/geringe Feedbackfähigkeit zentraler Personen.

Im Projekt "Bauindustrie" waren diese letzten fünf "Lern-Hemmer" anfangs ebenfalls stark vertreten. Ziel des OE-Prozesses war es daher, hier auch strukturelle Veränderungen zu schaffen. Die oben erwähnte gemeinsame Erstellung von Zielen und Ansätzen multifunktionaler Ausbildungen sollte diesem Ziel dienen. (3)

Im 2. Fallbeispiel (Sozialer Dienstleistungsbetrieb) waren obige Lernblockaden nur relativ wenig vorhanden. Und im Gegensatz zum Fall 1 litt diese Organisation auch nicht an autoritären Macht-, Hierarchie- oder monofunktionalen Qualifikationsproblemen, sondern eher an genau entgegengesetzten Faktoren:

* Mangel an Wissen, Können, Wollen bzgl. L.O.
* Unklarheit der Verantwortlichkeiten
* Blockade des Lernens durch Parteibildung und Machtkampf zwischen funktionalen "Computer-Lernen" und existentiellem Lernen
* Diffuse, entscheidungsscheue Managementstruktur
* Abwesenheit koordinativer Führungsgremien
* Machtvakuum (d.h. Macht kommt von machen, denn ohne Macht kann man nichts machen!).

Mit anderen Worten: Ohne geklärte und klare Ordnung läßt sich Lernen auch nicht organisieren und Entwicklung somit nicht instituionalisieren. Insofern stellt ein Mangel an Struktur genauso wie ein Zuviel an Struktur eine Hemmung für Lernen in und von Organisationen dar. Die jeweilige optimale Balance zwischen "Struktur" und "Prozeß" ist dabei in offenen Systemen keine statistische Größe, sondern muß im Sinne eines "Fließgleichgewichtes" fortwährend neu gesucht und bestimmt werden.

5. Strategisch angebundenes Lernen

Lern- und OE-Prozesse sind m.A. nach strategisch immer am Existenz- und Sinngrund des Unternehmens auszurichten (Energie, Ziel, Wirksamkeit, Legitimation).

Denn organisationsbezogenes Lernen braucht Energie. Ziel und Sinn. Existenzgrund und Sinngrund sind dabei die Energiequellen der "Organisation" und strategische Pläne und Feedbacksysteme die Energie-, Ziel- und Sinntransporteure.

Organisatorisches Lernen, d.h. das Lernen der Menschen in Organisationen (und auch durch und über Organisationen) macht in der Regel nur dann Sinn, wenn es eben allen Betroffenen Sinn macht, also dazu beiträgt, den Existenzgrund der Organisation (und deren längerfristigen Sinngrund - und damit auch den eigenen Arbeitsplatz) sichern zu helfen (vgl. Aufsatz State-of-the-Art).

Personal-, Management-, Organisations-, Produkt- und Unternehmensentwicklungen liefen - so meine Erfahrungen - immer dann besonders gut, d.h. energievoll, kreativ und reibungslos ab, wenn dieser Bezug zum Existenz- (und Sinn)grund des Systems hergestellt und transparent gemacht werden konnte.

Andere Lernprozesse in Organisationen halte ich mehr oder weniger für l´art pour l´art: Sie sind schön und gut und bringen u.U. auch dem Einzelnen etwas. Da sie jedoch nicht strategisch am Existenzgrund orientiert sind, können solche Lernprozesse schnell zu einer "Verzettelung" organisationaler Lernprozesse führen.

6. Lernen und OE muß oben anfangen

Die außerordentliche Bedeutung des "politischen Stuerungssystems" ist mir durch die verschiedensten "Beratungsreinfälle" überdeutlich geworden. Die humanistische Blauäugigkeit meiner (unserer?) früheren OE-Wander- und Lehrjahre war damit endgültig vorbei.

Ich ackere nicht mehr im "Bauch" der Organisation, ohne sichergestellt zu haben, daß der "Kopf" auch mitmacht. Und wenn der Kopf nicht weiß, was er will, und wie sein System aussieht, dann muß ich eben erst einmal dort einsteigen. Heute nennt man das dann "sauberen Contract" oder strategische Planung, oder Arbeit an der Kultur des Unternehmens inklusive seiner Selbstreferentialität und seinen (funktionalen) Selbstreproduktionsmechanismen.

Die im Artikel erwähnten zwei Fallstudien (Bauindustrie/soziale Dienstleistungsorganisation) endeten in bezug auf diese Dimension böse: Ich hatte die Drahtzieher, Stakeholder und "Mafiosi" zu wenig berücksichtigt.

Des weiteren ist die Erfüllung des obigen Punktes - strategisch angebundenes Lernen - nicht möglich, wenn im politischen Steuerungsystem nicht Klarheit über Ziele und Commitments besteht.

7. Ohne existentielles Lernen lernt sich eigentlich nichts!

Im Schaubild "Lernkreis" führte ich unter der Dimension "Lernarten" existentielles Lernen an.

Die relative Bedeutung instrumentellen Lernens scheint mir abzunehmen. Jedenfalls lege ich heute wieder wesentlich stärkeres Gewicht auf existentielles Lernen.

Warum?
Die Gründe sind komplexer Natur, so daß ich hier nur summarisch darauf eingehen kann:

* Aufgrund steigender Umweltkomplexität und -turbulenz ist es in vielen Organisationen immer weniger möglich, wie gewohnt mechanistisch denken, planen, arbeiten, führen und gestalten zu können. Der Einzelne ist gefordert mitzumachen und aus sich selbst heraus Initiative und unternehmerischen Geist zu entwickeln (Steigerung der Varietät und Selbstregulation, vgl. Aufsatz "Dynaxibility")
Der "Faktor" Mensch gewinnt dadurch an neuer Bedeutung. Wirksames Verändern, Produktivität und Kreativität sowie kritisch-verantwortliches Engagement kommt nur durch Menschen. Die existentielle Ebene bekommt dadurch zunehmend Gewicht. Funktionales Objektlernen ist somit mittlerweile nicht mehr ausreichend. Das heißt - und das kann auch sehr gefährlich sein: Der Einzelne ist nicht mehr nur in seiner Rolle, sondern

zunehmend mehr auch mit (den Reserven) seiner ganzen Person und Existenz gefordert.

* Dies funktioniert jedoch nur, wenn die Mitarbeiter einer Organisation vom Management wie "Ganzheiten", das heißt wie Menschen und nicht wie Rollen und Funktionen behandelt werden. Was wiederum voraussetzt, daß Führungskräfte Menschenführer werden - und das können sie nur, wenn sie den Menschen in sich selbst "rauslassen", oder wiederentdecken oder schlimmstenfalls selbst erst wieder entwickeln. "Qualität" läßt sich nur durch Qualität entwickeln, kreative, engagierte Menschen nur von kreativen, engagierten Menschen, Vertrauen nur durch Vertrauen, Offenheit nur durch Offenheit.

Diese Veränderungsnotwendigkeit ist ganzheitlicher seelisch-geistig-geistlicher Natur. Und geht an den Kern, geht an die Existenz - und kann eben nicht mehr mechanistisch-instrumentell "geschult" (!), abgewickelt, delegiert oder gekauft werden.

Zur Initiierung und Steuerung solcher existentieller Veränderungs- und Lernprozesse bedarf es natürlich anderer Vorgehensweisen, anderer Interventionen und eines anderen Bewußtseins. Ich bevorzuge hier in letzter Zeit biblische Berichte, Gleichnisse, maltherapeutische Ansätze und Märchen.

Aber auch mein Menschenbild hat sich deutlich verändert: Es entspricht dem, was Christus über unsere Adamsnatur sagt, einschließlich der Notwendigkeit von Erlösung und Heilung durch Wahrheit und Liebe - und die Erfahrung, daß es geht (vgl. Aufsatz über "Sinn" bzw. Urgrund).
Und weil es diesen Weg gibt, ist die Initiierung existentieller Veränderungs-, Leidens- und Lernprozesse verantwortbar. Notwendig sind sie sowieso.

Soweit nun meine Skizzierung von psychischen, organisatorischen, politischen und prozessualen Rahmenbedingungen, die m.E. beachtet werden müssen bei der Frage, wie Organisationen lernen und wie ihr Lernen organisiert werden kann.

8. Lernt "OE"?

Abschließend sei diese Frage auch noch den "Lehrern" gestellt.

OE als ein methodisches Verfahren, Lernen von Menschen in Organisationen über Organisationen zu organisieren, zu fördern und zu institutionalisieren, mit dem Ziel der Erhöhung des organisatorischen und menschlich individuellen Problemlösepotentials in Richtung der Verbesserung von Humanität und Wirtschaftlichkeit, muß ja selbst wieder zum Gegenstand von Lernen gemacht werden, wenn OE sich weiterentwickeln soll.

Ich sehe hier keine Schwierigkeit, wenn wir OE-Fachleute auf uns selbst dieselben Kriterien anwenden, die auch für das Lernen von Organisationen und die Organisation von Lernen gelten. Die Praxis zeigt jedoch, daß - wenn auch in anderen Verkleidungen - ähnliche Lernhindernisse auftreten (können), wie die oben kurz beschriebenen. Insofern wäre es ratsam, einen externen Berater oder Moderator für Diskussions- und Lernprozesse unter OE-Experten hinzuzuziehen und sporadische "Lernprozeß-Supervision" einzuplanen. Das Lernen von Organisationen und die Organisation von Lernen könnten dadurch zum Wohle der Klienten wie der Berater mit Sicherheit verbessert werden.

Doch wer berät die Berater über die Notwendigkeit von Berater-Beratern?

7. Abschlußgedanken

Was läßt sich nun am Ende dieser Untersuchung des Themas "Lernende Organisation" resümierend sagen?

Ich denke, "lernende Organisationen" sind möglich. Durch Selbstdistanzierung und -relativierung, durch interpersonelles Feedback und durch gemeinsame Reflexion auf der Basis (funktionalen, nicht grenzenlosen) Vertrauensaufbaus läßt sich einiges in Bewegung bringen. Externe, professionelle Unterstützung und Begleitung kann dabei von Hilfe sein.

Allerdings laufen diese Art Lernprozesse nicht mehr "außerhalb" von uns ab.

Denn wir selbst sind dabei das Thema! Wir selbst sind Teil des Problems und Teil der Lösung.

Viele werden jedoch diesen steinigen Weg nicht gehen wollen oder können ... Sondern die Ruhe, Ordnung, Einfachheit und (Schein-) Sicherheit hierarchischer Pyramidenorganisationen (der Dynaxity-Zone II) vorziehen.

Oder?

Und noch zwei Cartoons zum Thema "Lernende Organisation" ...

Quelle: Küstenmacher

8. PERSONAL- UND ORGANISATIONS-ENTWICKLUNG (PE/OE) ALS ELEMENT STRATEGISCHER PERSONALPOLITIK

Oder: IST DER MENSCH MITTEL ODER MITTELPUNKT UNTERNEHMERISCHEN GESCHEHENS? WELCHE ROLLE SPIELT DAS PERSONALWESEN DABEI?

Eine Kontroverse

Der nachfolgende Artikel besteht aus drei Teilen und war Ergebnis einer m.E. fruchtbaren Kontroverse mit einem Kollegen und hervorragend ausgewiesenen Experten auf dem Gebiet der Personalwirtschaft. Anlaß war ein Vortrag meinerseits auf einem Kongreß der "Deutschen Gesellschaft für Personalführung". Zentralpunkt der Auseinandersetzung war die Funktion des Menschen im Rahmen von OE, PE und Personalwirtschaft bzw. Personalpolitik. Der Artikel ist in Thesenform gestaltet. Meine Aussagen sind (Teil 1) folgende:

1. Wir haben uns in den letzten 50-80 Jahren eine Welt aufgebaut, die immer komplexer, unüberschaubarer, turbulenter und bedrohlicher geworden ist.

   Die Entstehung vernetzter, offener Weltmärkte, fortwährend steigende Konkurrenzzwänge, immer rasanter werdender technischer Wandel, zunehmende ökologische Katastrophen und wachsende Lebensanspruchsniveaus vieler Menschen in den Industriestaaten haben uns in Situationen gebracht, die für unsere Vorväter noch nahezu undenkbar gewesen wären: Der Sinn und die Zukunft von Leben und Menschheit stehen auf dem Spiel.

2. Diese Situation und die mit ihr einhergehenden Probleme, Fragen und Risiken - aber auch Chancen - machen natürlich auch vor den Toren von Unternehmen nicht halt. Will man überleben, müssen Antworten gefunden werden, und zwar neue, sinn-machende und innovative Antworten und nicht alte Rezepte und ausgetretene Wege.

3. Diese innovativen Antworten müssen dabei radikaler Natur sein. Sie müssen den Kern treffen, den Kern unserer Probleme. Oberflächliche Anpassungsmaßnahmen verlängern die Krankheit, schaffen aber keine Gesundheit. Denn nur "gesunde" Lösungen und "aufrichtige" Lösungswege, die Leben, Arbeit und Menschsein langfristig wiederherstellen und sinnvoll sicherstellen - und zwar ganzheitlich nach Leib - Seele - Geist, nach Gesellschaft, Wirtschaft und Schöpfung, nach Immanenz und Transzendenz - nur solche Lösungen, Antworten und Wege können redlicherweise noch gesucht und beschritten werden. Denn die Reserven (Puffer, Ressourcen, Zeit) sind nahezu aufgezehrt. Es geht an den Lebensnerv selber. Es gibt kein Pardon mehr. Sonst fallen uns nur noch mehr Taten aufs eigene Haupt zurück. Denn was wir säen, ernten wir auch. Manchmal in exponentieller Vervielfachung.

4. Diese wirtschaftlichen, gesellschaftlichen, ökologischen und - sozusagen - zukunftstheologischen Fragen werden Unternehmensführung und Unternehmenspolitik und infolgedessen auch Personalpolitik aufs äußerste in Frage stellen und herausfordern. Denn komplizierte Kernfragen etwa folgender Art sind zu lösen:

   a) Wie kann angesichts jener oben zitierten komplex-turbulenten Umwelt und Zukunft die (Über-) Lebensfähigkeit und Lenkbarkeit heutiger Unternehmen bei wechselnden Zielen, schrumpfenden Planungshorizonten, sich ständig ändernden Umständen und prinzipiell unvollkommener Information dennoch hergestellt, erhalten und sichergestellt werden?

   b) Und wie müßten zur Begegnung dieser überraschungsreichen Umwelt und Zukunft Führungskräfte und Mitarbeiter ausgebildet und entwickelt werden, damit sie fähig würden, "situationsoriginell" zu handeln, d.h. eine vielseitig einsetzbare, kreative und situativ flexible, allgemeine Problemlösekompetenz an den Tag zu legen (Meta-Qualifikationen) - wobei diese Fähigkeit vor dem Hintergrund konstanten Wandels noch gepaart sein muß mit hoher psychosozialer Elastizität und physischer Mobilität ...?

   c) Ferner: Wie müßten anpassungsfähige bzw. proaktiv lernfähige Organisationen und Kulturen gestaltet sein, um Formen und Qualitäten eines Zusammenarbeitens zustande zu bringen, die zu fokussierter, zielorientierter Synergie und "Sinn-ergie" führen, um eben minimale Reaktions- und Steuerungszeiten zu erreichen, um ohne große Zeitverzögerungs- und Reibungsverluste - d.h. ohne große Apparate - schlagkräftig und zielsicher jederzeit nach innen und außen handeln zu können?

5. Neben der Schaffung hierfür notwendiger strategischer und struktureller Grundentscheidungen und Rahmenbedingungen ist der ausschlaggebendste Erfolgsfaktor hierbei nach wie vor der "Mensch" selber, sei es in Form des Managers, des Angestellten oder des gewerblichen Arbeitnehmers, und zwar gemäß dem bekannten Paradoxon: Organisation ist zwar alles, aber nichts ohne den Menschen.

6. Aufgrund dieses zentralen Faktors "Mensch" (also wir selber!) wird der Personalpolitik im allgemeinen sowie der Personal- und Organisationsentwicklung im speziellen eine zunehmend höhere strategische Bedeutung beigemessen werden müssen.

7. Personalentwicklung hat dabei die grundsätzliche Aufgabe, erstens den Mitarbeitern jene Qualifikationen und Problemlösepotentiale zu vermitteln, die zur oben erwähnten Bewältigung heutiger flexibler Arbeitsanforderungen benötigt werden, und zweitens eine eignungsgerechte Übernahme von Funktionen und Rollen zu gewährleisten, die für die langfristige Zukunftssicherung des Unternehmens lebensnotwendig sind (vgl. "Lebenslanges Lernen").

8. Bei der Entwicklung des Personals sind dementsprechend fortwährend Gleichgewichte zwischen jenem wirtschaftlich (und ökologisch) bedingten Personal-, Qualifikations- und Problemlösungsbedarf des Unternehmens einerseits (Rolle/Stelle) und individuellen, lebensphasengerechten Leistungsfähigkeiten, beruflichen Wünschen und persönlichen Entwicklungszielen des einzelnen Menschen andererseits herbeizuführen und zu erhalten (Motivation, Identifikation, "Sinnergie").

9. Technisch gesehen beinhaltet "Personalentwicklung" die systematische Erfassung der Qualifikationen, Potentiale und Erwartungen der betreffenden Mitarbeiter, die unternehmensbezogene, individuelle Förderung ihrer Qualifikationen (Wissen - Können - Verhalten) durch Training "on the job" / "off the job" / "near the job" sowie die planvolle Steuerung der beruflichen Entwicklung (Laufbahnplanung), und dies alles - wie gesagt - mit Blick auf die wirtschaftlichen, technologischen, sozialen und geistigen Veränderungen des Unternehmens, der Arbeitswelt und der Umwelt insgesamt.

10. Rein fachlich-berufliche, auf enge, funktionale Stelleninhalte bezogene Personalentwicklung (Wissen und Können) reicht - wie jedermann weiß - bei weitem nicht mehr aus. Auch die zusätzliche Integration der Verhaltensdimension (soziale und kommunikative Kompetenz) ist noch nicht zielführend genug. Vielmehr ist darüber hinaus noch unbestimmter Freiraum, undefinierter Verhaltenspielraum, Unplanbares und Unvorhersehbares in Rollen, Funktionen und Arbeitsfelder "miteinzubauen".

    Denn: Die mit der zunehmenden Umweltturbulenz einhergehenden Problemüberraschungen können nur dann in angemessener Form kreativ angegangen werden, wenn auch seitens der Mitarbeiter und Manager überraschend gedacht und gehandelt werden darf; denn: Überraschungen kann man nur durch Überraschungen bewältigen. ("Varietätsgesetz")!
    Verbietet man Überraschungen beim Führungs- und Mitarbeiterverhalten, darf man nicht überrascht sein, daß Überraschungen seitens der Umwelt häufig falsch oder zu spät beantwortet werden.

    Es muß also Freiraum für freie Räume - sprich "Spiel-Räume" - eingeplant werden. Man nennt das heute Erhöhung des Selbstorganisationspotentials, der Selbstregulation, verbunden mit gradueller Dezentralisation, Hierarchieabbau, Partizipation, Nutzung von Geistkapital, teilautonome Gruppen usw. usf. Mehr Prozeß und Geist, weniger Geld (neue Askese) und mehr Sinn.

11. Allerdings: Ordnung muß natürlich weiterhin auch sein. Doch nicht mehr in erster Linie durch "Rollen und Strukturen", sondern mehr durch "Prozeß" und "Mensch", durch Zielorientierung und gemeinsame Sinngebung: Dann wissen alle, was gespielt wird, alle wissen, wo das Tor steht, wo die Mitspieler sich befinden und was der Gegner (Kontrahent) gerade tut ... ("Fokussierte Sinnergie" nannte ich das unter Punkt 4c) (vgl. Rieckmann, 1987, "Fruchtbar arbeiten"). Ohne offene Kommunikation, Wahrhaftigkeit und Vertrauen läuft so etwas natürlich nicht - oder höchstens nur sehr zäh.

12. Hierbei wird deutlich, daß solchermaßen entwickeltes "Personal" (oder "Humanressourcen") über kurz oder lang zu entwickelten "Persönlichkeiten" werden müssen bzw. werden wollen (vgl.: "Wir wollten Gastarbeiter - und Menschen kamen"). Die für Personalentwicklung häufig verwendete Abkürzung "PE" drückt diese Ambivalenz ja schon indirekt aus, denn PE kann auch mit Persönlichkeitsentwicklung "übersetzt" werden.

13. Spätestens an dieser Stelle werden dann Struktur- und Kulturfragen des Systems "Unternehmen" bzw. "Organisation" tangiert, und zwar empfindlich. Neuer Wein, sprich entwickelte Personal- Persönlichkeiten mögen dann keine alten Schläuche mehr, sprich alte Strukturen bzw. persönlichkeitsschädigende Strukturen.

14. Will man das Geist-, Problemlöse-, Kreativ-, Mitmach- und Selbstregulationspotential der Mitarbeiter und Führungskräfte heben, mobilisieren und synergistisch auf die Systemziele richten - um eben besser mit Turbulenz, Konkurrenz und Zukunft fertig werden zu können -, spätestens dann wird deutlich, daß die alten Spielregeln, Führungsstile, Belohnung- und Bestrafungsmechanismen, die gewohnten Entscheidungs-, Macht- und Informationsstrukturen und die mitgebrachten Arbeitsplatzinhalte nicht mehr dazu passen. Es knirscht im Gebälk, man muß umbauen, und nicht nur einmal, sondern kontinuierlich. ("Der Verkauf geht trotz Umbau weiter.") Und hier wird nun "PE" zu "OE", zur "Organisationsentwicklung".

15. OE kann man dabei als das Bemühen all derer verstehen, die von dem fortwährenden Ändern- und (Um-)Lernen-müssen betroffen sind, und die deshalb die damit verbundenen techno-strukturellen, wirtschaftlichen, organisatorischen, psychosozialen, humanen und wert-/sinnbezogenen Veränderungsnotwendigkeiten miteinander diskutieren und analysieren (Diagnose). Und diese dann in gemeinsam geplante Veränderungs- und Entwicklungsprozesse umsetzen und projektmanagementmäßig durchziehen. Auf diese Art und Weise bildet sich im System dann langsam ein gutes Repertoire an Prozeß-Know-how, was für schnelle und problemlösungsgerechte Anpassungs- und Entwicklungsprozesse offener Systeme in turbulent-komplexen Umwelten ja (über-)lebensnotwendig ist.

    In der Regel führt dies dann zu längerfristigen, das technische wie das ökonomische und soziale System und deren Umweltverflechtungen miteinbeziehenden, organisationsumgreifenden, partizipativen Lern- und Gestaltungsprozessen (vgl. Rieckmann/Weissengruber, 1989, Managing the Unmanageable? /OSTO-Systemansatz). Als Entwicklungsziele dieser Prozesse werden eine Steigerung der Produktivität und der Humanität des Systems angestrebt. Trotz zuweilen deutlich auftretender Zielkonflikte kann in der Regel von einer gleichrangig-interdependenten Natur dieser Ziele ausgegangen werden, da sie aufgrund ihrer engen Verknüpfung häufig nur gemeinsam optimiert werden können, in etwa nach dem Motte: "Ohne Wirtschaftlichkeit schaffen wir es nicht, ohne Menschlickeit ertragen wir es nicht." Häufig laufen dann OE-Prozesse in folgenden Phasen ab:

    a) Problemidentifizierung (Leidensdruck/Vision)

b) Entschluß, daß was getan werden soll, und zwar unter Einbeziehung der Betroffenen ("Vor-Ort-Experten"), begleitet von der Überzeugung, daß die "Veränderungsschmerzen" ihren "Preis wert sind".

c) Häufig beginnt anschließend die Suche nach einem externen & internen Berater und "Prozeßmanager" (Kontakt / Kontrakt), um Betriebsblindheit auszuschließen, externes Know-how einzukaufen (um nicht noch einmal das Rad selbst zu erfinden) und um sicherzustellen, daß (durch die relative Neutralität des Externen) auch heiße Eisen angesprochen werden sowie - wenn nötig - auch versteckte Probleme unter dem Teppich hervor und aus dem Keller (oder - fallweise - den Katakomben) herausgeholt werden können.

d) Dazu werden dann Daten gesammelt ("harte und weiche"), die den Systemzustand erhellen sollen und die dann anschließend

e) in einer mit den Betroffenen gemeinsam veranstalteten Datenrückkoppelung (Präsentation von Wahrnehmungen) verarbeitet werden, und nachfolgend

f) in eine gemeinsam getragene Diagnose einmünden.

g) Anschließend werden die Veränderungsziele - basierend auf deutlich gewordenen Defiziten, SOLL-IST-Vorstellungen, Problemursachen etc. - gemeinsam formuliert

h) und in der Regel einer Projektgruppe übertragen, die dann als Initiativ- und Steuergruppe den Veränderungsprozeß plant, steuert und beobachtet, und zwar von Schritt zu Schritt (rollende Planung) und mit eingebauten Manöverkritiken. Und dies unter mehr oder weniger starker (und situativ abhängiger) Rückkoppelung zu den Betroffenen, um so in der Implementierung des Veränderungsprozesses voranzukommen. Das alles geschieht während der Arbeitszeit bzw. ist integraler Bestandteil der Alltagsarbeit selber.

i) Da OE-Prozesse nie ohne Überraschungen ablaufen (können), wenn sie kreative, innovative Entwicklungen (und nicht nur reaktive System-Umwelt-Anpassungen) intendieren, bedarf es häufiger Reflexions-, Lern- und Korrekturprozesse (monitoring, sensing, controlling, facilitating). Dadurch wird "Lernen" auf hohem Niveau wieder in die Arbeit reintegriert, wobei durch partizipatives Problemlösen sowohl Interessen als auch Vor-Ort-Geistkapital in den Prozeß einfließen können. Dadurch erhöht sich die Erfolgswahrscheinlichkeit turbulenzangemessener Veränderungsmaßnahmen, wobei durch Einbindung der Betroffenen außerdem Motivation, Engagement und Durchhaltekraft "für den langen Marsch" gesteigert werden können.

j) Anschließend folgt häufig die Auswertung des OE-Prozesses, um daraus für die Zukunft zu lernen, denn die nächste Veränderung kommt bestimmt bzw. steht in der Regel schon wieder vor der Tür. Insofern hört OE nie auf. Es ist wie Fahrradfahren: Man muß immer in die Pedalen treten - es sei denn, es geht bergab ... Oder anders ausgedrückt: OE ist in die Alltagsarbeit re-integriertes Dauerlernen. Dies hört erst auf, wenn das Unternehmen auch aufhört.

16. Aufgrund der hohen Vitalitätsbedeutung von PE und OE für anpassungs- und entwicklungs-"gezwungene" Unternehmen - und wegen der zentralen Bedeutung des Menschen mit seinen seelischen und geistigen Fähigkeiten - wird auch das Personalwesen über seine klassischen Aufgaben hinaus

Change-Agent-Funktionen im Bereich von Organisation, Personal und Arbeit auszuüben haben. Es wird deshalb zu einer deutlich strategischen Unternehmensfunktion evolvieren müssen. (Die Ausbildungswege, Anforderungsprofile und Rollenstrukturen für zukünftige Personalchefs sollten das unbedingt mitberücksichtigen!)

17. Aufgrund dieser emergierenden, strategischen Bedeutung von PE und OE versteht es sich weiterhin auch von selbst, daß jene z.T. immer noch weit verbreiteten Formen von Fortbildung und Personalentwicklung, die nach Prinzipien wie "Selbstbedienungsladen", "Gießkanne", "Volkshochschule" oder "Vitaminspritze" durchgeführt werden, nicht länger aufrechterhalten werden sollten: Sie kosten viel und bringen wenig (Indikations- und Transferproblematik)!

18. Kern- und Startpunkt strategisch orientierter PE und OE sollte m.E. nach jedoch zunächst die Management-Entwicklung sein, da das Management letztlich Promotor und Träger solcher Entwicklungsprozesse ist bzw. zu sein hat.

19. Nachfolgendes Bild versucht die beschriebenen Begriffe und Strategien in einen Gesamtzusammenhang zu bringen und vor Augen zu führen: Die auf den Sinn- und Existenzgrund (EG/SG) des Systems "Unternehmen" ausgerichtete Unternehmensentwicklung (UE) hat Rückwirkungen auf die Organisation: Sie muß angepaßt und entwickelt werden (OE). Die Mitarbeiter im System müssen ebenfalls auf die neue interne und externe Situation reagieren: Personal- und Persönlichkeitsentwicklung (PE). Managemententwicklung (ME) als letztendlicher Träger von UE, OE und PE stellt dabei eine eigene Form von Personalentwicklung und Persönlichkeitsentwicklung dar: Sie integriert alle drei Ebenen und besitzt dadurch eigene Qualitäten, eigene Anforderungen und eigene Zielvorstellungen (vgl. Rieckmann, "20 Thesen zur zukünftigen Managemententwicklung in der Wirtschaft", Landsberg 1988).

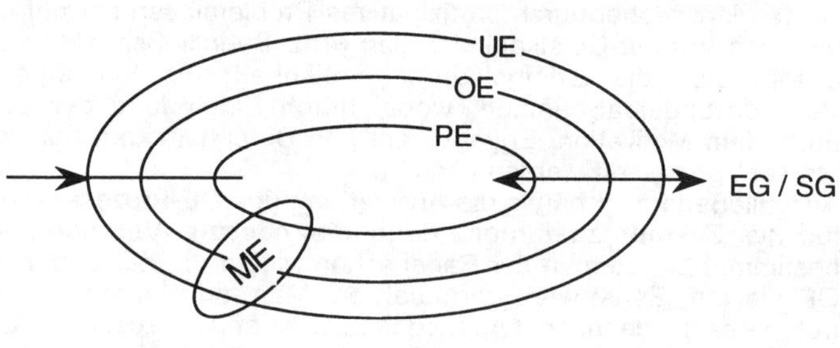

20. **Die Anti-These**
Um jedoch von vornherein keine Übererwartungen hinsichtlich der Leistungsfähigkeit von PE, ME und OE aufkommen zu lassen und eventuellen

Enttäuschungen vorzubeugen, sei mir - in Kontrast zu den ersten 19 Thesen - noch eine letzte These, eine Anti-These erlaubt.

PE, ME und OE haben deutliche Grenzen und "Schallmauern". Sie liegen in der Natur des Menschen. Neben unserem Wunsch nach Harmonie, Verständigung und produktiver Zusammenarbeit bestimmen uns - existenzialpsychologisch gesprochen - auch noch andere Kräfte. Sie sind von "archaischer" Beschaffenheit und stehen den "Betriebsbedingungen" für OE und PE, wie Offenheit, Vertrauen, Ehrlichkeit, Leidens- und Veränderungsbereitschaft usw. ziemlich konträr entgegen.

Jene "archaischen" Kräfte fließen - meiner Erfahrung nach - aus zwei sehr tiefen Quellen unseres seelischen Lebens. Die eine Quelle ist die tief in uns verwurzelte ontologische ANGST, die Angst vor dem Tode, die Angst vor Krankheit, Armut, Einsamkeit, die Angst vor dem Leben. Die andere Quelle fließt aus einer großen inneren LEERE, die uns dann antreibt, nach Sinn und Erfüllung zu suchen.

Durch einen "irgendwie" in uns falsch ablaufenden Entscheidungs- und Steuerungsprozeß - der theologisch mit dem Fachwort SÜNDE bezeichnet wird - kommt es in der Praxis nun jedoch leider immer wieder dazu, daß das Problem ANGST und LEERE

1. in einer Art und Weise "gemanagt" wird, die zu sozial- und naturfeindlichen sowie selbstzerstörerischen Auswirkungen führt,
2. weil mit untauglichen Inhalten und Mitteln operiert wird,
3. wodurch nur Scheinlösungen entstehen, die dazu häufig
4. auch noch suchtartige Rückkoppelungsverläufe entwickeln, die der Volksmund unverhohlen und scharfsinnig dann ganz einfach als Teufelskreise bezeichnet.

Dazu ein kurzes Erläuterungsbeispiel: Die innere Leere wird mit Arbeit, Geld, Sex, Macht, Magie und Alkohol "bearbeitet", dadurch im Grunde jedoch nur überspielt, betäubt, verdrängt.
Konsequenz I: Nach dem Kater kommt der Hunger wieder - die Leere ist nicht weg.
Konsequenz II: Der Hunger wird zur Gier - nämlich getrieben von der Hoffnung, daß vielleicht doch irgendwann einmal die Leere ausgefüllt sein wird.
Da man nicht alleine lebt, steht man in diesem Suchen nach Befriedigung mit dem Nächsten in Konkurrenz. Neid, Eifersucht und die Angst, zu kurz zu kommen, überrumpelt oder gar ausgeschaltet zu werden (sog. Verteilungskonflikte) kommen dazu. Mißtrauen wächst, Angstabwehren werden aufgebaut, Aufrüstung beschleunigt, Macht akkumuliert, mit der Folge, daß die Rivaltitäten eskalieren und mit ihnen die "Flurschäden": Verletzungen, Mord, Krieg, Angst, Schuld, Rache etc.

Da sich bei dieser Dynamik alle nur um sich selber kümmern, bleibt - wie man so schön sagt - mir selber nichts anderes übrig, als daß wenigstens ich mich um mich selbst kümmere: Die Selbst-sucht ist damit perfekt.

Selbst hehrer Humanismus ist - wenn man genau hinsieht - von dieser Selbstsucht nicht frei. Selbst-sucht und vernetzte, organische Systeme passen jedoch genauso wenig zusammen wie Krebs und Gesundheit, Kooperation und Intrige, Wahrheit und Lüge.

Fazit: Der Mensch ist nicht gut - wir sind nur weniger schlecht, wenn´s uns gut geht. Dafür geht´s aber dann meistens anderen schlecht. Die menschliche Geschichte zeigt seit Adam & Eva und Kain & Abel bis heute keinen Gegenbeweis. Auch die derzeit modern-romantischen New-Age-Proklamationen des göttlichen Menschen in uns und des geistreichen Evolutionsalls um uns ist Mythos, Flucht und falsche Theorie - oder Selbstsucht und Selbstverherrlichung im Quadrat (wenn auch geschickt esoterisch maskiert und vermarktet).
Ich sehe nur einen Weg: Erst wenn wir in den Tiefenschichten unserer Seele Wärme, Sinn, Wahrheit, Liebe und Geborgenheit befreiend erfahren, erst dann können wir es uns "leisten", auf den Wolf, den SchweineHund, den Pfau und die Schlange in uns zu verzichten. "Die Sanftmütigen werden die Erde besitzen", sagt Jesus im Matthäus-Evangelium und wir beginnen das vor dem Hintergrund apokalyptischer Entwicklungen mehr und mehr zu sehen und zu verstehen - und vielleicht auch zuzugeben.
Nur auf diesem Umkehr-Weg ist Kausaltherapie möglich, nur auf diesem Weg kann die Begrenztheit von Personal-, Management- und Organisationsentwicklung auf-gelöst und überwunden und können Potentiale freigelegt werden, die man sich nur zu Zeiten der Apostelgeschichte hat träumen lassen können .... (Ende Teil 1).

Dieser mein Artikel motivierte Herrn Kollegen Prof. Neuberger acht kontroverse Gegenthesen aufzustellen.
Sie lauteten im Originaltext (Personalführung 1(90, S. 3f.) wie folgt:

1. Personal: das sind die Menschen ohne Ansehen der Person.

2. Nicht der Mensch steht im Mittelpunkt (des Unternehmens wie des Personalwesens), sondern das Geld.

3. Der Mensch soll "fungibel" und "elastisch" sein.

4. Personal wird wie eine Ware oder wie ein Objekt behandelt.

5. Es gibt wegen der "Steuerungs-Lücke" ein Transformationsproblem.
(Damit ist jenes Personalmanagementproblem gemeint, daß dadurch entsteht bzw. existiert, daß es einen nicht formalvertraglich, vollständig steuerbaren "Rest" an Frei- und Spielraum gibt zwischen dem Menschen in seiner Ganzheit einerseits und seiner sachlich fixierten und reduzierten Rollenfunktion im System "Unternehmen" andererseits. Der arbeitende Mensch ist eben de facto mehr als nur seine Rolle. Und das wirft Transformationsprobleme auf, die die praktische "Personalarbeit" in den Griff zu bekommen sucht. Anm. d. Verf.)

6. Die Person kann nicht der Organisation gegenübergestellt werden.

7. Dem Personalwesen geht es nicht um den einzelnen Menschen - es geht ums Ganze (der Unternehmung).

8. Wer sich einem solchen Personalwesen verpflichtet fühlt, ist deswegen kein Un-mensch (sondern nüchterner, aufgeklärter Realist. Am.d.V.).

Meinerseits folgte daraufhin eine Antwort in brieflicher Form und ebenfalls mit acht Thesen (3. Teil):

Sehr geehrter
Herr Kollege Neuberger,

bitte erlauben Sie mir, daß ich Ihnen in Briefform antworte. Ich habe Ihre acht Thesen mit Interesse und mit Genuß gelesen; und will mich auch mit ihnen auseinandersetzen.

Nur: Beim Lesen ihrer Ausführungen geriet ich anfänglich in eine Art inneren Notstand. Mit Verblüffung wie auch leichter Irritation mußte ich zunehmend feststellen, daß ich Ihren acht Thesen "auf direktem Wege" eigentlich gar nichts ernsthaft Kontroverses würde entgegenhalten können. Wie aber sollte ich dann Ihrer Bitte um weitere Diskussion entgegenkommen? Erst bei intensiverer Beschäftigung mit Ihren Thesen fand ich dann doch "Anstößiges".

Wie sich dieser interne Diskussionsprozeß bei mir gestaltete und zu welchen Argumenten er führte, möchte ich nachfolgend schrittweise entwickeln und skizzieren. Also:

1. These: Sie haben völlig recht!

Sie beschreiben mit bestechend überzeugender, analytischer Präzision - und m.E. völlig zutreffend - den Status quo der Wert- und Kulturlandschaft unseres geldanbetenden Wirtschaftssystems und den struktur-funktionalistischen Produktionszweck des Subsystems "Personalwesen", nämlich Menschen in Personal zu transformieren - und nicht unikate Persönlichkeiten zu generieren.
Was das "Personalwesen" für die Organisation "einkauft", sind "Produktionsfaktoren" mit "Partialinklusionen", verwertbar, verfügbar, formbar, lenkbar, entsorgbar und möglichst sicher, bequem und billig.
Es geht um Business - und um generell gesicherte Fungibilität und Elastizität von "Humankapital". "Human resources" als Output und Bereitstellung personeller Kapazitäten als Existenzgrund (Zweck) des Personalwesens. Basta!
Alles andere ist Extra-Vaganz. (Auch der Mensch im "Personal"?)
Auch meine Erfahrungen zeigen mir, daß nicht sozialromantisch der Mensch im Mittelpunkt des Unternehmens steht (und wie Zyniker sagen: ... damit allem im Wege), sondern die "Erhaltung des Systems" (wozu Geld notwendig ist!).
Erlauben Sie mir ein Bild: Unser heutiges Wirtschaftssystem könnte man als (eine über das Kalbstadium hinausgewachsene) goldene (oder "heilige") Kuh bezeichnen, die zu konkurrenzfähigen Preis-Leistungsverhältnissen viel und fette Milch zu produzieren hat. Knechte, Mägde, Bauer und Bäuerin, Stall, Gras und Mist

sind lediglich Mittel zum Zweck. Im Mittelpunkt steht die Milch. Der Mensch und die Kuh sind Mittel. Punkt.
Denn: Arbeit ist Arbeit, und Schnaps ist Schnaps (Schnapsidee? - Oder steigt deswegen unaufhörlich der Alkoholkonsum? Alkoholisierung statt Humanisierung der Arbeit?)
Und genau an dieser Stelle hatte ich zwischenzeitlich jenen oben erwähnten anfänglichen inneren Notstand. Warum?
Nun, weil erstens ich Ihre Ist-Analyse voll und ganz teile. Und weil zweitens Sie (vielleicht) etwas zu verteidigen suchen, nämlich den nüchternen Blick für die Realität und die Schutzbedürftigkeit des Individuums (und seiner Zartheit) vor totalitärem Organisationszugriff und sozialkannibalistischer Verschlingung ins (Wirtschafts-)System (vgl. auch FAZ, 14.10.1989, S. 43: "Über die Kunst, Liebe und Arbeit in Einklang zu bringen!) - und ich auch dieses Problem genauso sehe wie Sie und genauso (schwer) gewichte wie Sie. Ihre Ausführungen trafen also auf offene Tore - und erzeugten deshalb zunächst jene geistige Windstille.
Dann jedoch wurde mir immer klarer, daß ich etwas in Ihren Thesen vermißte: Es fehlte mir der Blick nach vorne. Dadurch entstand meine

2.These: Das Personalwesen braucht Transformation und Transzendenz

In den Thesen 10-14 meines Vortrages in Wiesbaden versuchte ich dazu einige Gedanken zu skizzieren: Der Status quo des Personalwesens hält mit den Anforderungen von innen und außen nicht mehr mit! Ich versuchte das (über-) lebensnotwendige Muß einer Transformierung und Transzendierung (und nicht Abschaffung!) dieses gegenwärtigen IST-Zustandes traditioneller Auffassungen von "Personalwesen" zu thematisieren: Reizwort "Persönlichkeitsentwicklung".
Schwerpunktmäßig ging es mir dabei - wie wohl auch Herrn Binder ("Personalführung" 7/89, S. 680 ff.) - um Zukünftiges, um Verantwortung, um Sinn und Mensch-Sein, kurz gesagt um Perspektive und Konsequenz. Nur einleitend beschäftigte ich mich mit Personalwesen (bzw. Entwicklung von Personal), und nur oberflächlich erwähnte ich überindividuelle Bedingungen und Strukturen der Beschaffung und "Verwertung" von Personal (These 7-9). Ich streifte nur sehr implizit - wenn überhaupt - den Aspekt, daß aus "Sicherheitsgründen" menschliche Einmaligkeit und Vielfältigkeit zu "abstrahieren" sei, daß - wie Sie so brilliant formulierten - der "Eigensinn" des Menschen und seine Ganzheitlichkeit (= Individuum) draußen vor den Toren des Systems gelassen werden müsse (vgl. meine These 7).
Doch - um zur These zurückzukommen - warum muß das "Personalwesen" transformiert und transzendiert werden? Dazu ausführlicher dann die

3. These: Traditionelles Personalwesen wird mit ausflippenden Kühen nicht mehr fertig

Bleiben wir noch ein wenig bei der goldenen Kuh. - Frage: Was kann strukturalfunktionalistisch orientiertes Personalwesen tun, wenn so eine Kuh ihre Mucken bekommt, sich nicht wie geplant verhält und aufgrund plötzlicher Wetterumschwünge (- die man nie im Griff hat -) immer wieder verrückt spielt und ausflippt? Einfach nur schnell entlassen??

Zugegeben: Modernes "Personalwesen" schlägt heute hier immerhin schon folgendes vor: Man nehme multifunktional ausgebildete Knechte, ergänze sie mit tierpsychologisch wohltrainierten Mägden, erlaube ihnen führungspolitisch spontan das Richtige tun zu dürfen (keine Stillstandszeiten, schnelle Problemdiagnosen, Erste Hilfe, Brainstormings ...), wodurch aufgrund des dadurch im Personal freigesetzten polyvalenten Varietätsspaßes das schier Unkontrollierbare - ohne langwierige Einschaltungen nächst höherer Instanzen - dann doch, Gott Lob, wieder relativ rasch unter Kontrolle gebracht werden kann: Die Kuh macht bald wieder Mist, muht friedlich herum und gibt wieder brav ihre Milch.
Nach getaner Arbeit bringen dann Knechte und Mägde selbstdisziplinierend ihre funktional-spontan entfesselten Kreativitäten wieder zur Ruhe und geben artig ihre Multifunktionslust ans zuständige Personalwesen zurück. Denn diese (die Lust) ist nur für Kühe und Milch gedacht - und nicht etwa für sie selber, oder für das andere Personal oder gar für innovative Auseinandersetzungen mit der dominanten Führungskoalition des Bauers mit seiner Bäuerin.
Hier stimmt irgendetwas nicht. Oder geht ein "bißchen schwanger" doch?
Systematisch gesprochen sehe ich folgende personalpolitischen Herausforderungen und folgende Fragen, die es zu beantworten gilt:

4. These: Auch das Personalwesen braucht Perestroika!

Mit steigender Umwelttурbulenz und Komplexität werden Arten und Mengen krativ-originärer Problemlösungsanforderungen an das "Personal" zunehmen. Vieles wird dabei unplanbar, unvorhersehbar und überraschend sein, so daß das "Personal" erfinderisch und eigeninitiativ reagieren (lernen) muß und die entsprechenden Unsicherheitsspielräume dazu personal-politisch zuzugestehen sind (da die Hierarchie diese Steuerungsleistungen nicht mehr aufbringen kann (vgl. Rieckmann: "... auf der grünen Wiese", 1982)). Verhaltenssteuerungen werden dadurch immer mehr durch Sinnzusammenhänge und soziale Kommunikationsprozesse und immer weniger durch überpersönliche Programmierungen (Strukturen, Rahmenbedingungen, Systeme) ausgehen können (Selbstregulation, Heterarchien etc.).
Situationsoriginelles und überraschungsbuntes Problemlösehandeln wird jedoch nur dann wirksam und kreativ aktiviert werden können, wenn der Mensch diesbezüglich intrinsisch, d.h. von Herzen interessiert, engagiert und motiviert ist.
Gerne mitmachen heißt frei-willig mitmachen. Und das genau kommt aus dem ganzen Menschen - und eben nicht aus dem Rollenträger, dem Funktionär oder der Humanresource "Personal". (Nebenbei: Transformationsmittel für "Personal" - um in der Sprache Ihrer Thesen zu bleiben - ist m. E. die Persönlichkeit, und erst sekundär das Personalwesen.)
Oder unter anderem Blickwinkel betrachtet:
Für die Lösung heutiger Problemtypen bedarf es Menschen, die psychosozial und mental fähig und gewillt sind, in häufig wechselnden, z.T. einander widersprechenden Realitäten und Teams interdisziplinär, interkulturell und automobil zusammenzuarbeiten. Und dies ganz schlicht und einfach deshalb, weil die Lösung heutiger diffuser, komplexer, wandernder und zappeliger Problemstellungen - und -prozesse - für einen Kopf, ein Herz, für einen Standort und für nur ein Paar Hände hoffnungslos zu viel ist.

Synergetisches Zusammenspiel unterschiedlicher Sichtweisen und Menschen (mit all ihren Idiosynkrasien und "Beziehungskisten"), und dies mit gemeinsamer Wertzielfokussierung ist daher überlebens-notwendig geworden.
"Personalwesen" darf das nicht verbieten. Umgekehrt: Es muß diese Arbeits- und Lebensqualitäten mit allen Kräften ermöglichen. Auch wenn´s unbequem und gefährlich erscheint.
Traditionelles Personalwesen kommt m.E. durch diese Perestroika fordernde und persönlichkeitsfördernde Situation in eine Klemme: Mitarbeiter mit hoher Einsatzbandbreite, situativen Selbstmanagmentfähigkeiten und Lust an Überraschungsspielräumen wollen nämlich zweierlei:
1. Freiheit
2. Erfolg
Und das heißt ganz einfach: Unternehmer sein - sich im Rahmen gemeinsamer Zielabsprachen, Sinngebungen und Spielregeln selbst entwicklen, selbst beschränken, aber auch selbst bestimmen.
Und genau dazu braucht man Persönlichkeiten, Menschen mit Eigensinn und vitalem Identitätszentrum.
Und wenn trditionelles Personalwesen weiterhin "Menschen in Personal" (oder Schmetterlinge in Raupen?) transformieren will (und soll), dann wird es aus dieser Klemme nicht nur nicht mehr herauskommen, sondern diese sogar noch verschärfen.
Andere werden dann diese Arbeit übernehmen müssen, nämlich Rahmenbedingungen, Strukturen und Möglichkeitsbedingungen zu schaffen, in denen aus "Personal" wieder "Persönlichkeiten" werden können (z.B. OE- und PE-Abteilungen).
Denn diese Entrepreneur-Qualität bekomme ich nicht mehr - um es zu wiederholen - ohne den extravaganten Menschen, ohne halbwegs reife, ausbalancierte, erprobte, kommunikative und verantwortungsfühlende Persönlichkeiten.
Partialinklusion funktioniert vielleicht noch bei tayloristisch-bürokratischen Paradeorganisationen, nicht mehr bei lebendigen "Open-System-Unternehmen".

5. These: Personalwesen hat gesellschaftliche Mitverantwortung

"Personal" im Sinne von "Mitarbeiter" sind nicht nur mehr oder weniger tief inkludierte Systemteilnehmer, oder "Systeminsassen" (Heintel), sondern auch - wie Sie selbst sagen - wirtschaftliches, kulturelles und politisches Umfeld des Systems selber.
Gerade aufgrund dieser engen Rückkoppelung und Wechselwirkung kommt dem Unternehmen und seinem Personalwesen daher auch eine wichtige grenzüberschreitende gesellschaftliche Bildungs-, Leitungs- und Verantwortungsfunktion zu.
Acht bis zwölf Stunden Arbeit pro Tag, und das in den biologisch und psychisch prägbarsten Lebensjahren, hat immensen Einfluß auf Kultur, Politik und Geist unserer Gesellschaft. Und letztere sind wir alle (Wirtschaft als Teil-Schule der Nation!). Bildungsprogramme (als Teil vom Personalwesen), Führungsstile, Technologiewahl, job design, Informationspolitik, Belohnungs- und Kontrollsysteme etc., alles dies hat konditionierende Kraft, die den Mitarbeiter als Menschen (nicht als Personal) prägt - und somit zur Qualität der Gesellschaft beiträgt - und ja auch wieder aufs Personalwesen zurückwirkt - z.B. wenn man qualifizierte und seelisch-geistig wie körperlich gesunde Leute sucht und kaum welche findet ...

Der Rückzug auf einen rein funktionalistisch auf den Unternehmenszweck reduzierten Personalbegriff überzeugt in einer eng vernetzten, rückgekoppelten und zunehmend mehr "ökologisch" zu begreifenden Gesellschaft m.E. nicht mehr.

6. These: Modernes Personalwesen kann sich auch nicht mehr um Sinn- und Wertfragen herumdrücken

Menschen wollen heute viel mehr mitreden, mitlernen, mitbestimmen. Sie fragen nach dem Woher, Warum und Wozu. Sinnfragen sind nicht mehr Kür sondern Produktionsfaktoren geworden. Siehe Sowjetunion, siehe DDR. Tätigkeiten, die mir als Mensch keinen Sinn machen, graben mir dann auch als "Personal" das "Motivations-Wasser" ab.
Fluktation, Abwesenheit, Qualitätsprobleme, Innovationsmangel und innere Kündigungen zahlen sich - um in Ihrer Sprache zu sprechen - ebenfalls aus - allerdings in Form von Kosten. (Die Auswirkungen sind zwar "Geld" - die Ursachen hingegen "Geist"!)
Auch hier wieder Ärgernisse für traditionell-strukturalistisch orientiertes Personalwesen: Wer heute Leistung will, muß Sinn bieten.
Sinn aber ist ganzheitliche Qualität wie das Leben selber. Und nicht verfügbare Funktion (die man durch Mauern unter Kontrolle halten kann). Deswegen wird die Entwicklung und Pflege von Unternehmenskulturen als dritte Herrschaftsdimension oder -ebene nur sehr kurzfristig wirken - wenn sie beabsichtigen sollte, "Geist" kontrollierbar kanalisieren zu können.
Fazit: Früher - tendenziell gesprochen und hier als These gemeint - konnte man (noch) mit "Gastarbeitern" auskommen, heute braucht man (fast) den ganzen Menschen.

7. These: Es ist noch viel schlimmer geworden, oder: Dilemmaverschärfung, partielle Totalinklusion

Sie warnen - und dem schließe ich mich an - vor Sozialkannibalismus und totalitärer Versklavung von Menschen durch Organisationen: "Personal" als Schutz der Persönlichkeit, als Sicherheit für den Menschen.
Ich glaube indes, daß dieser Standpunkt insofern überholt ist, als es noch viel schlimmer geworden ist. Das Dilemma ist raffinierter und gefährlicher geworden und steht dazu gleichsam auch noch auf dem Kopf: Nicht mehr "Partialinklusion" ist das Thema, sondern "partielle Totalinklusion". Warum?
Wenn heutige Arbeitssituationen immer mehr Inklusion des ganzen Menschen benötigen und mehr selbstregulationsfähige und verantwortungsbewußte Persönlichkeiten brauchen, weil eben dies unter "rationellen" Verwertungsinteressen "zweckrational" gar nicht mehr anders denkbar und machbar erscheint - dann muß noch viel mehr als früher aufgepaßt werden. Dann gilt es herauszufinden, wie Ganzheitlichkeit ohne Totalismus, Einbindung ohne Menschenopfer und (systemgeförderte) Persönlichkeitsentwicklung ohne Mißbrauch hinzukriegen ist ...
Wie also wäre - paradox auf die Spitze getrieben - Totalinklusion partiell und kontrolliert möglich?

Das scheint mir perspektivisch die zentrale Frage zu sein, die es konstruktiv und nach vorne gerichtet - d.h. unter Bedacht von Langzeitkonsequenzen und Fernwirkungen - zu lösen gilt.
Ich sehe nur wenige "Personalwesen", die sich mit dieser vitalen (und auch sehr spannenden) Frage auseinandersetzen. Ich meine, das sollte anders werden.
Das Personalwesen sollte sich transformieren, damit sich aus personaltransformierten Menschen wieder Persönlichkeiten zu entwicklen vermögen, d.h. also strukturelle Möglichkeitsbedingungen für Persönlichkeitsentwicklung im Arbeitsleben schaffen. Die Transformation der Transformateure müßte dem allerdings vorausgehen.
Wer "Persönlichkeitsentwicklung" (im/durch Arbeitsleben) allerdings nicht haben will, nur weil es mit Wertfragen zusammenhängt und weil es einmal auch die Inquisition und die Zwangstaufe gab, schüttet das Kind mit dem Bade aus.
So oder so - in einer turbulent-komplexen Welt werden Wertefragen (als Orientierungs- und Zukunftsfragen) immer wichtiger - und um die Lösung ethischer Herausforderungen, um Menschenbild- und Gottesbildfragen kommen wir nicht mehr herum.
Oder wollen wir erst damit anfangen, wenn alle Lebens-Mittel vergiftet sind und wir zu merken beginnen, daß Geld nicht eßbar ist ... ?
In diesem Sinne habe ich auch die mutige und engagierte "Umkehr-Predigt" von Herrn Binder ("Personalführung" 7/89, S. 680 ff.) verstanden: Wir müssen aus dem Status quo heraus! Weil es um uns selber geht - und die Heilung unserer Seelen.
Sehen Sie das anders?
Meine betrieblichen Erfahrungen und meine Beratungserfahrungen jedenfalls bestätigen die Botschaft von Herrn Binder immer wieder aufs neue. Denn der Sinn des Lebens ist das Leben selber. Und weil wir alle miteinander auf Kooperation angewiesen sind, müssen wir wissen, was Leben heißt. Deswegen reicht eine funktionalistische Versorgungs- und Kontrollperspektive des Personalwesens nicht (mehr) aus: Die Wirtschaft ist zu prägemächtig, als daß sie nur "Personal" produzieren dürfte.

8. Fazit:

Wer solchermaßen über "Personalwesen" (und auch Personalarbeit) nachdenkt, kritisch und transzendierend nachdenkt, muß weder ein naiver Sozialromantiker noch ein entwurzelter Utopist sein.
Wir können uns immer weniger leisten, uns selber auszusparen. Sonst wird es bald unbezahlbar, noch Mensch zu sein, denn: Was hilft es dem Menschen, wenn er die ganze Welt gewönne, doch an seiner Seele Schaden nähme? Womit will er sie dann wieder freikaufen?
Mit Mammon? (Jesus Christus, Matthäusevangelium, Kap. 16)

Mit kollegialem Gruß
Ihr H. R.

9. 20 THESEN ZUR ZEIT- UND ZUKUNFTSGEMÄSSEN ENTWICKLUNG VON FÜHRUNGSKRÄFTEN

1. Die generelle Zielsetzung zeitgemäßer und leistungsfähiger Managemententwicklungsprogramme muß sich m.E. "im Kern" heutzutage auf folgende Inhalte beziehen:
   - das Führen von Menschen, und
   - das Managen (d.h. Gestalten, Lenken und Verändern) von komplexen, vernetzten lern- und selbstregulationsfähigen Systemen, und
   - deren langfristige Existenzsicherung, und dies
   - bei turbulenten Umwelten,
   - und umfangreichen Problemstellungen,
   - mit unsicherer Zukunft.

2. Praktisch formuliert heißt das, daß die Aufgabe von Managemententwicklungsprogrammen darin bestehen muß, jungen (und/oder auch älteren) Nachwuchsführungskräften zu helfen, fähig zu werden, eben diese komplexen Probleme in vernetzten Systemen und turbulenten Umwelten erfolgreich und kreativ zu lösen bzw. - auf Metaebene - durch Mitarbeiter lösen lassen zu können.

3. Wenn man diese Anforderungen subsummiert unter dem Begriff "Systemmanagement" und ihn in dieser - hier vorgeschlagenen verallgemeinerten Form eben als das "Lenken, Sichern, Gestalten und Entwicklen von offenen (sozio-techno-ökonomischen) Systemen" definiert (OSTO-System-Modell), einschließlich der Gestaltung von Kontexten und Rahmenbedingungen, unter denen sich netzwerkartig teilautonome Selbstorganisationen von Mitarbeitern entwickeln können, dann kann man sagen, daß "Systemmanagement" mit anderen Worten eigentlich nur das meint, was generell und landläufig bisher unter "Unternehmensführung" bzw. "Unternehmer-sein" verstanden wurde. (Unternehmer-sein ist dabei ein eigenständiger Beruf! und nicht Resultat einer Beförderung aufgrund guter Facharbeit!)

4. In diesem Falle hieße dann Managementwicklung: "Unternehmerentwicklung".

5. Und genau dies soll hier behauptet werden: Moderne Managemententwicklungsprogramme müssen erreichen, daß Führungskräfte denken und handeln lernen wie Unternehmer (bzw. Subunternehmer). Sie müssen lernen - Vollmacht und Qualifikation vorausgesetzt -, ihre jeweiligen Unternehmensbereiche selbstregulativ und unternehmerisch zu managen ("entrepreneurship"). Nur dann werden "Funktionärs-" und Beamtenmentalität abgebaut bzw. verhindert und der so dringend benötigte Grad an Kreativität, Innovativität und Entwicklungsfähigkeit von Systemen und Subsystemen erreicht, der heutzutage notwendig ist, um Unternehmen flexibel und in turbulenter Umwelt überhaupt längerfristig überlebensfähig zu halten.

6. Um diesen Anforderungen nachzukommen, müssen folgende "skills" (Fähigkeiten/Fertigkeiten) vermittelt und entwickelt werden:
   - die Fähigkeit, schlecht definierte bzw. diffuse Probleme, Chancen und Entwicklungen rechtzeitig wahrzunehmen ("awareness"), "richtig" zu diagnositzieren und in motivierende sinn-machende Ziele transformieren zu können ...
   - auf den Existenzgrund des Unternehmens ausgerichtete Zusammenarbeit ("fokussierte Synergie") erzeugen zu können ...
   - systemisch - vernetzt - zu denken, zu planen, zu handeln ...
   - Ressourcen zu katalysieren ("Führen ohne zu führen")
   - Widersprüche, Mehrdeutigkeiten und unterschiedliche Kulturen und Realitäten verstehen und aushalten zu können (Streßstabilität, Geduld, "Weisheit")
   - Vorbild und Orientierung vermitteln können
   - Selbstregulation und Selbstmanagement zu ermöglichen (Kontext oder Meta-"Management")
   - komplexe partizipative Problemlöseprozesse zu moderieren
   - über einen hohen Grad an sozialer und kommunikativer Kompetenz zu verfügen, d.h. effizient mit Menschen, Gruppen, Organisationen und partizipativen Problemlöseprozessen umzugehen (Organisationsbewußtheit)
   - und natürlich die problemgerechte Anwendung grundlegender Managementtechniken wie Planungsmethoden, Controllinginstrumente etc. zu beherrschen.

7. Da sich diese Fähigkeiten nicht ohne "Involvement" des einzelnen Managers entwicklen lassen - also sehr stark auch von ihm als Menschen abhängen - ist eine permanente Persönlichkeitsentwicklung unerläßlich.

8. Die beinhaltet u.a. die Bereitschaft, sich konstruktiv mit sich selber auseinanderzusetzen. Denn: Menschenführung lernt man nur dann, wenn man auch gewillt ist, sich selber besser kennen und verstehen zu lernen (Vermeidung von synergieraubenden Übertragungskonflikten, Projektionen, mangelhaften Empathiefähigkeiten etc.). Oder wie es im "Selbstverständnis der Führungskräfteentwicklung" eines größeren deutschen Chemie-Unternehmen zu lesen war, daß Führungskräfte einsehen sollten, daß sie letztlich nur eine Person führen müssen, und diese Person sie selber sind ... (zit.n.P.F. Drucker).

9. Unerläßlich ist dabei auch die Entwicklung von Ökologiebewußtsein und Umweltverantwortung bei (Nachwuchs)führungskräften. Sie sollte Teil des Ausbildungsprogrammes sein.

10. Nachfolgende drei Abbildungen versuchen diese Funktions-, Qualitäts- und Entwicklungszusammenhänge der Managerrolle synoptisch darzustellen.

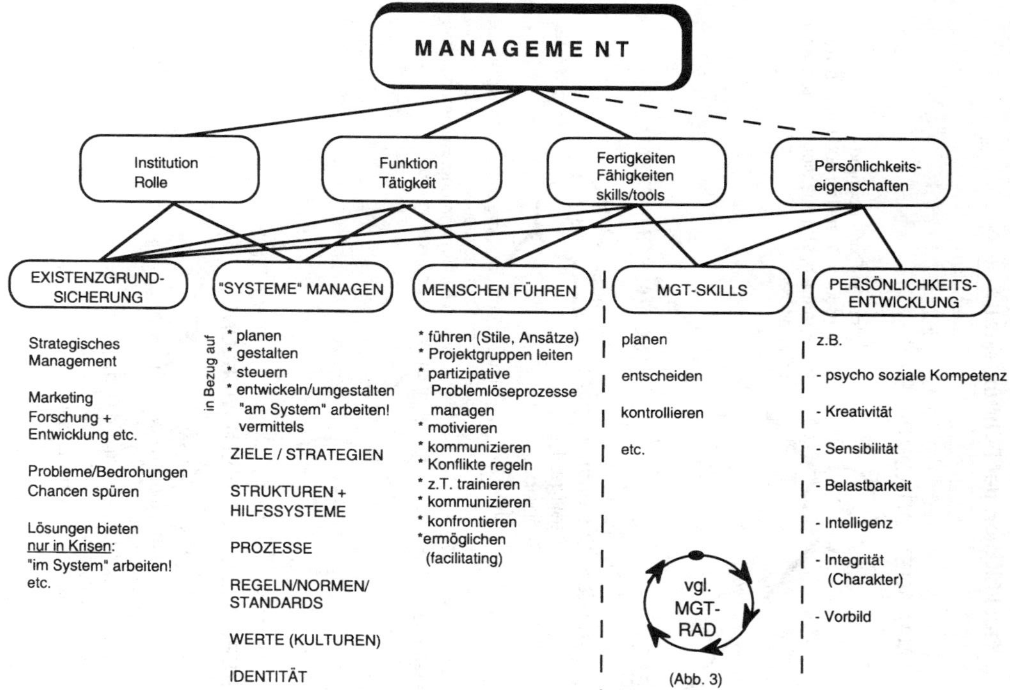

Diese Abbildung beschreibt in genereller Übersichtsform die für die Ausübung der Managerrolle als notwendig erachteten Basisfunktionen.

Abb.1: Basisfunktionen und Qualifikationen der Managementrolle

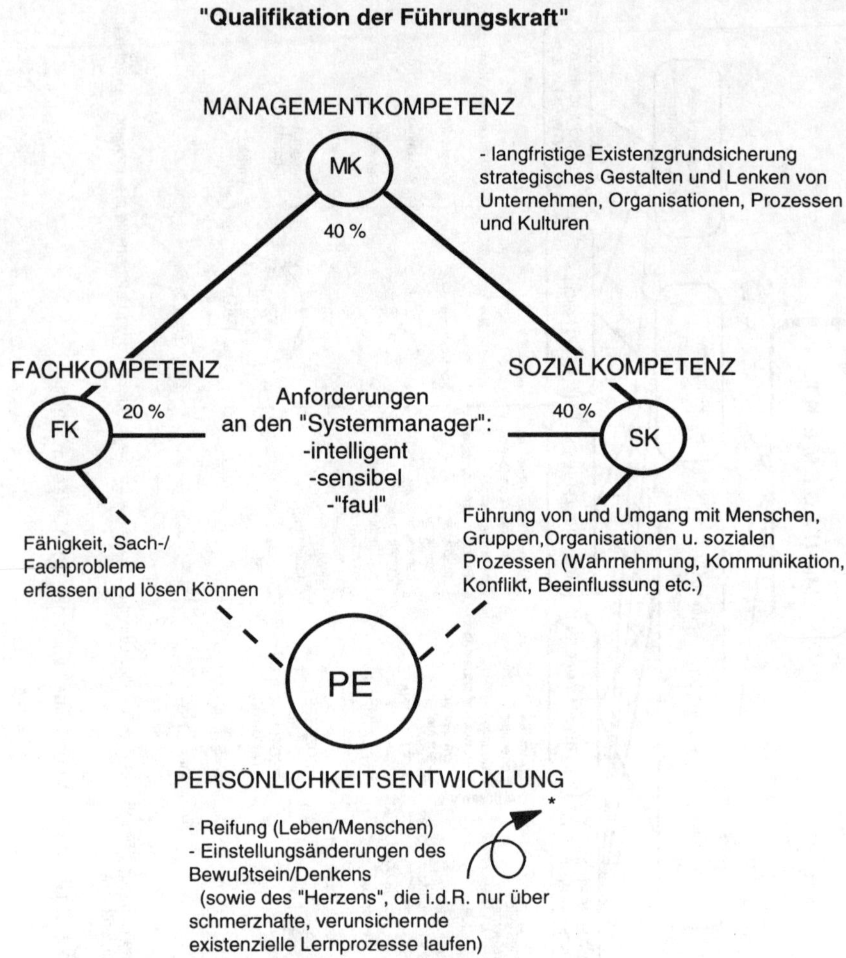

Abb. 2: Management-Viereck

Abbildung 2 versucht, die Rolle des Managers unter Kompetenzgesichtspunkten aufzugliedern und die Notwendigkeit von "Persönlichkeitsentwicklung" (als Fundamentalprozeß) besonders herauszuheben.
Die Prozentangaben versuchen die Gewichtigkeit der einzelnen Kompetenzdimensionen (im oberen Management) zu symbolisieren[1].

1 Diese Prozentzahlen haben eher nur Symbol- und Akzentcharakter und variieren je nach Managementebene. Im Top-Management überwiegt MK und SK, im Mittel- und unterem Management spielt dagegen FK eine größere Rolle.

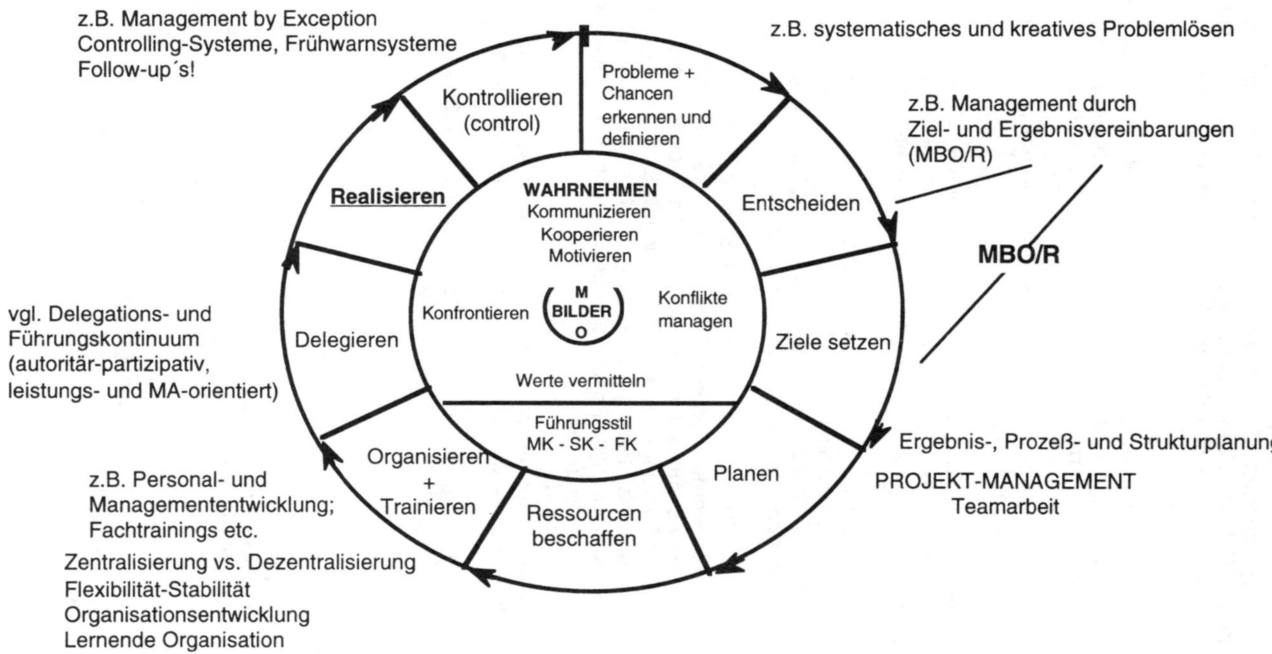

Abbildung 3 skizziert einen typischen manageriellen Problemlösungszyklus ("Management-Rad") und dessen einzelne Phasen. Beispielhaft werden die dazugehörigen Arbeitsschritte, Tätigkeitsanforderungen und einige dabei häufig auftretende Fragestellungen angeführt.

Abb. 3: Management Rad
Instrumentelle Aspekte der Managementkompetenz

11. Zwischenfazit:
Vor diesem grundsätzlichen Ausgangshintergrund sind nun m.E. Führungskräfte in der Wirtschaft zu entwickeln (und zwar gleichermaßen und ohne Unterschiede mittlerweile sowohl für Klein- und Mittel- als auch für Großbetriebe).

12. Führen kann man lernen - ähnlich wie man lernen kann, ein Instrument zu spielen oder ein Orchester zu dirigieren. Um jedoch Effizienz, Erfolg, Leichtigkeit und Virtuosität zu erreichen, bedarf es als Voraussetzung einer diesbezüglich talentierten, differenzierten und flexiblen Persönlichkeit bzw. einer sorgfältigen Auswahl von Kandidaten vor Beginn jeglicher Maßnahmen zur Entwicklung von Managementkräften.

13. Führung von Menschen und Managen von Systemen - was zwei unterschiedliche Qualitäten sind - kann man allerdings nur dann lernen, wenn man es auch tut, also "learning by doing" und "training on the job" ermöglicht.

14. Wirksame Führungskräfteentwicklung geschieht deshalb in der Praxis, an der Praxis und durch die Praxis. Reflexion ist dabei jedoch auch notwendig, um Erfahrungen "zu verdauen", Know-how und Bewußtsein zu entwickeln sowie situative, soziale und strategische Intelligenz aufzubauen.

15. Dies impliziert des weiteren, daß Führungskräfte dabei nur durch Führungskräfte entwickelt werden können. Denn: Was Führen beinhaltet, wie es geschieht und was es menschlich bedeutet, kann letztlich nur der beurteilen, der selbst in Führungspraxis und Führungsverantwortung steht. Stabsabteilungen wie Personal, Bildung, Controlling etc. können dabei nur im wesentlichen beraten, kreativ-kritisch begleitend und koordinierend mitwirken und moderative Unterstützung geben.

16. Wie "das Ganze praktisch aussehen könnte", soll nachfolgend kurz anhand eines prototyphaften Fürhungskräfteentwicklungsprogramms dargestellt werden.
Es basiert auf eigenen Erfahrungen in unterschiedlichen Wirtschaftsbereichen sowie intensiven Erfahrungsaustausch unter Kollegen.

17. Praxisbeispiel:

   1) Zeitrahmen: 1 - 2 Jahre, 10 - 30 Teilnehmer

   2) Start: Selbstdiagnose und Trenddiagnose der (sorgfältig ausgewählten) Nachwuchsführungskräfte hinsichtlich oben skizzierter Vorerfahrungen im Umgang mit komplexen, offenen Systemen und entsprechenden Management-Skills und Managementproblemen (vgl. Dynaxity-Fitneß Zone III).

   3) Darauf aufbauend Input von Managementtrainern, was ihrerseits für "Systemmanagement heute" an Qualifikationen für Führungskräfte benötigt werden und welche Lernsituationen daher geschaffen werden müssen.

4) Anschließend Eingangsseminar über "Systemmanagement" (SYMA), inklusive Projektmanagement, Organisationsentwicklung, Menschenführung und Persönlichkeitsentwicklung.

5) Daraufhin gemeinsame Entwicklung eines "Lernprozesses" mit den Betroffenen ("Curriculum").

6) Organisation und Inhalt des Prozesses: Jeder Teilnehmer muß ein eigenes "echtes" längerdauerndes Projekt vorweisen, das als "Praxisfeld" für sein Lernen "by doing" und "on-the-job" geeignet ist.

7) Die mit diesem Projekt (und seiner sonstigen Arbeit) einhergehenden System- und Managementprozesse werden dann regelmäßig in sogenannten - aus den Trainees zusammengesetzten - Supervisions- und Beratungsgruppen kritisch begleitet, weitergeplant und als Grundlage für weiteres Lernen "an der Praxis" benutzt. Die Managementtrainer steuern dabei diesen Prozeß. Die in diesen Gruppen ablaufenden psycho-sozialen Prozesse dienen darüber hinaus gleichzeitig dem Aufbau sozialer, kommunikativer, diagnostischer und organisationaler Kompetenz sowie genereller Problemlösefähigkeit in komplexen Zusammenhängen: drei Fliegen also mit einer Klappe.

8) Nur bei besonderer Indikation werden maßgeschneiderte interne oder externe Seminare angeboten und besucht. Primäres Lernfeld ist und bleibt die (Projekt-) Arbeit im eigenen Unternehmen und der eigene Job als (Nachwuchs-) Führungskraft. Dadurch bleibt der gesamte Lernprozeß strategisch orientiert und auf die Entwicklungsziele des Unternehmens ausgerichtet.
"Volkshochschuleffekte, Gießkannenprinzip, Transferprobleme" etc. werden dadurch ausgeschaltet. Dabei werden nach dem Prinzip des "Interteaching" auch Teilnehmer mit Spezialwissen selbst als Trainer im Curriculum auftreten (Lernen durch Lehren).

9) Am Ende des Curriculums wird eine Lernergebnisanalyse (self-assessment) vorgenommen und auf dieser Basis die weitere individuelle Entwicklungsplanung projektiert.

10) Anschließend werden die Supervisionsgruppen in Erfahrungsaustauschgruppen umgewandelt, um als Lernhilfe für den weiteren Qualifikationsweg der Führungskräfte genutzt werden zu können (Netzwerkbildung, Knowledge management).

11) Die nächste Welle von Führungskräften, die in diesem Sinne sich fortbilden wollen, wird dann wiederum in einen solchen Praxis-Reflexions-Prozeß "gesteckt", allerdings mit einem Unterschied:
Die Trainer und Berater sind dann hauptsächlich die Linienmanager, die im 1. Curriculum teilgenommen haben und nicht mehr nur Stabsexperten und/oder externe Berater wie im 1. Durchlauf.

Über diesen Weg kann dann erreicht werden, daß in der Tat nur noch Führungskräfte Führungskräfte entwickeln.

18. Um jedoch ein Optimum hinsichtlich Führungskräfteentwicklung zu erreichen, muß eine solche interne curriculare Ausbildung unbedingt ergänzt werden durch im Unternehmen fest institutionalisierte Selektions- und Laufbahnwege. Hier erscheint meiner Erfahrung nach folgendes Vorgehen und folgende Kombination optimale Resultate zu bringen:

    1) Einstellung neuer Führungskräfte (mit Potential für Aufstieg) zunächst in Stabsfunktionen, in der sie mit echter Verantwortung ausgestattet werden, um ihre Kräfte zu erproben und zu üben (Projektarbeit, Kostenreduktion, Verbessungsideen).

    2) Dadurch wächst die jeweilige junge Nachwuchsführungskraft in einem noch geschützten Raum auf (d.h. keine Linienverantwortung), kann sich aber schon entfalten, wächst in die Kultur des Systems hinein und kann seitens des Vorgesetzten beobachtet werden.

    3) Ist sein Potential für weitere Entwicklungschritte in Richtung "Manager" i.s.v. oberer Führungskraft positiv - sollte er eine mittlere "artverwandte" Linien-/Produktionsverantwortung übertragen bekommen (bei internationalen Firmen sind Auslandsaufenthalte unabdingbar!)

    4) Hier sollte nun das obige "Curriculum" eingeschaltet werden.

    5) Bei Bewährung ist eine weitere "job rotation" angezeigt, z.B. Übernahme einer größeren Stabsverantwortung, Facilitatorrolle o.ä. (In- oder Ausland).

    6) Bei Bewährung Wechsel in eine Linienposition (plus Beförderung).

19. Dieser "Mix" hat folgende Vorteile:
    - stufenweise, "getestete" und gesteuerte Entwicklung (mit Herausforderung, jedoch ohne Überforderung)
    - Horizonterweiterung durch und während der Arbeit (keine Schulungszeitverluste, keine seminarischen Entfremdungseffekte etc.)
    - Flexibilität, Mobilität und Internationalität
    - Unternehmerisches Denken

20. Führungskräfte müssen systematisch entwickelt werden. Dies geht allerdings nur dann, wenn die oberen Führungskräfte sich selbst dazu zur Verfügung stellen, und wenn die Organisation und die Kultur des Unternehmens dementsprechend abgestimmt werden.

10. STATE OF THE ART

Was kann "praktische" und "systemische" OE heute leisten?

Eine Praxisstudie und Theoriereflexion anhand eines konkreten, herausfordernden Unternehmensberatungsfalls.[1]

1. Zum "Stand der Kunst" ...

Es ist gut, sich von Zeit zu Zeit Rechenschaft abzulegen bzgl. seiner eigenen Profession, und diese auf ihre Leistungsfähigkeit hin zu überprüfen, die angewandten Theorien, Modelle, Methoden und Instrumente kritisch zu reflektieren und die eigenen Strategien zu begutachten, kurz gesagt: den "Stand der Kunst" zu diskutieren. Damit eingeschlossen die Frage nach Qualität von Unternehmensberatung, Klientennutzen und eigener Effizienz.

Nun läßt sich solch ein Thema in zweierlei Richtung behandeln. Man kann ausgedehnte theoretische Exkursionen vornehmen oder aber an einem empirischen Fallbeispiel aus der "eigenen Werkstatt" den Stand der Kunst eruieren, explorieren und mit einer eigenen Selbstreflexion auf Praxisebene verbinden.

Wir - Dr. Neumann und ich - entschlossen uns, den zweiten Weg zu wählen, das Fallbeispiel.

Es handelt sich dabei um einen Beratungsprozeß, der uns selbst ins Staunen brachte: Er begann mit einer geradezu raketenhaften Geschwindigkeit und Wirksamkeit, brach dann fast völlig in sich zusammen, um dann, krisengeläutert, zu abermals erstaunlicher Fruchtbarkeit aufzusteigen ...
Und es gab für uns dabei viel zu lernen, auszuprobieren und zu reflektieren.
Im Nachfolgenden also zunächst die Fallstudie und zum Schluß unsere State-of-the-art Reflexion und Resümmierung.

2. Der Fall

Das rat- und hilfesuchende Unternehmen - der Gegenstand unserer nachfolgenden Fallstudie - läßt sich stichwortartig wie folgt beschreiben:

- Mittelständiger Pionierunternehmer/Chefeigentümer,
- 170 Mitarbeiter, Umsatz 200 bis 240 Mio Schilling/Jahr (ca. 30 Mio DM),
- Komplettausstatter von Gebäuden und Anlagen im Elektrobereich (Starkstrom, Telekommunikation, Sicherheit, Projektmanagement, "alles aus einer Hand"),
- wirtschaftlich bisher erfogreich, gutes Image, ISO-zertifiziert.

---

1 Auch erschienen in: Walger (Hrsg.); Formen der Unternehmensberatung, 1995, zusammen mit Dr. R. Neumann (hier in leicht geänderter Form).

Unter dieser positiven Oberfläche allerdings - so wurde im Kont(r)aktgespräch sofort verdeutlicht - "drücke der Schuh" bereits erheblich. Deswegen auch die Anfrage nach sofortiger, schneller, umfassender und wirkungsvoller Beratung. Im einzelnen ging es um die Behebung z. B. folgender Schwierigkeiten und Probleme:

- hohe interne Reibungsverluste in der Zusammenarbeit zwischen den einzelnen (ca. 12) (Fach)Abteilungen bei der Lösung gesamthafter und vernetzter Bauausstattungsprojekte,
- katastrophale Informations- und Berichtskultur mit völlig überforderter Buchhaltung bzw. Verwaltung,
- überhaupt ein schlechtes, ruppiges Kommunikationsklima, rüde Redensweisen etc.,
- EDV-Systeme, die die Arbeit eher komplizierter machten,
- völlig ineffektive Abteilungsleitersitzungen mit viel Selbstdarstellungen und Rivalitätskämpfen ("Firmenzirkus"),
- Kosten-, Termin- und Qualitätsprobleme,
- steigende Anzahl unzufriedener Kunden inklusive zahlreicher kostspieliger Nachreparaturen,
- enorm viel Streß, Hektik und Überarbeitung (bis zu 150 %) auch Aggressionen und "gegenseitiges Anbrüllen" (sogar beginnende Handgreiflichkeiten),
- stark demotivierte Mannschaft; viele bereits in innerer Kündigung und einige planten bereits das Unternehmen zu verlassen,
- und wenn die Beratung nichts brächte, wäre für viele dann endgültig "der Ofen aus ...".
- Es müsse endlich etwas geschehen, 10 Berater in den letzten 10 Jahren hätten leider auch nichts gebracht (!), jedenfalls sei nie etwas wirklich konsequent und erfolgreich durchgezogen worden ...
- Außerdem brauche man zusätzlich dringendst drei neue Sekretärinnen, um die anwachsenden Administrationserfordernisse überhaupt noch neben der eigentlichen Arbeit bewältigen zu können, beim Chef beiße man bei diesem Thema jedoch regelmäßig auf Granit (!)
- Außerdem sei das Klo im Erdgeschoß schon seit drei Jahren nicht mehr repariert worden und es stinke dort bereits wie in einem Slum ... Auch dies sei kein Zufall, sondern sage etwas über den inneren Zustand der Firma aus ...

3. Zielsetzungen

Da auf beiden Seiten Interesse für eine Zusammenarbeit entstand und eine erste Vordiagnose getroffen war, wurden folgende Zielsetzungen vorgenommen:

Klientenseite:

1. Möglichst ganzheitliche Analyse und <u>Optimierung des Geschäftsprozesses</u> <u>und</u> der damit zusammenhängenden <u>internen Abwicklungsprozesse.</u>
2. <u>Optimierung</u> der internen <u>Kommunikations- und Führungskultur</u> (inkl. Motivation),
3. Schnelle Wirksamkeit, sofortiger Start.

Beraterseite:

1. Hohe Beratungseffizienz, gemessen in:
   - wenige, gezielte, änderungswirksame Interventionen,
   - wenige Beratereinsatztage,
   - geringe Prozeßkosten (Honorarkosten, Mitarbeitermanntage, etc.),
   - kurze Prozeßgesamtdauer (ca. 6 - 12 Monate),
2. Rascher, effektiver Kundennutzen, gemessen in:
   - schnelles Minimieren der aufgezählten Symptome/Probleme,
   - Motivationszunahme im Klientensystem,
   - Kundenzufriedenheit,
3. Testen und Weiterentwickeln der Qualität und Effizienz des eigenen Beratungs-Know-how´s, samt Modellen, Strategien, Methoden und Techniken, seien sie klassischer oder "moderner" Provenienz: state-of-the-art.

4. Der Start

Die obigen Zielsetzungen waren ernst gemeint, sehr real und deutlich herausfordernd. Wir, die Berater, spürten dabei die Chance, nach neuen, innovativen Wegen suchen zu können. Diese "neuen" Wege sollten

a) die klassischen, sequentiellen Anbahnungswege[2] der "praktischen" OE (z.B. á la Aktionsforschungsmodell oder OSTO-Diagnose-Ansatz[3]) abkürzen bzw. beschleunigen helfen;
b) die "neuen" von der "Theorie selbstreferentieller Systeme" nahegelegten Denk- und Vorgehensweisen teilweise aufnehmen und "testen",
c) ohne jedoch in überspannte komplexitätssystemische Dauerreflexionen, Konstruktionen und Interpretationen auszuufern, also handlungsorientiert zu bleiben, oder anders ausgedrückt:
d) einen neuen "Mix" zwischen "praktischer" und "systemischer" OE zu suchen, der die Problemlöse- und Veränderungseffizienz des Prozesses (gemessen an obigen Kriterien) zu erhöhen in der Lage wäre.

Wir beschlossen "sofort" anzufangen: ohne weitere Kontraktgespräche, Unternehmensbesuche, Betriebsrundgänge, Interviews, ohne weitere Datensammlungen, Vertrauensmaßnahmen, Rückkopplungen oder gar Handlungsempfehlungen. Wir sprangen also ins kalte Wasser, allerdings mit klaren Zielvorstellungen. Außer dem Pionierchef, seinem designierten Nachfolger (nicht verwandter Juniorchef) und der "Mutter der Kompanie", einer lebenserfahrenen, tüchtigen und sensibel-ehrlichen Verwaltungschefin, kannten wir niemand sonst vorher aus dem 170-Personen Unternehmen, dessen Standort außerdem viel zu weit (- und fahrtechnisch zu unbequem erreichbar -) von unserem Büro entfernt lag, als daß man mal eben so hätte vorbei kommen können ...

---

2 Vgl. Artikel "Organisationsentwicklung"

3 OSTO ist die Abkürzung für "Offener Sozio-Techno-Oekonomischer System-Ansatz". Ausführlich dazu siehe Rieckmann/Weissengruber (1990) sowie Artikel hier im Buch.

Wir schlugen einen 3-Tages Kick-off-Workshop vor, an dem alle wichtigen Schlüsselpersonen und "Drahtzieher" teilnehmen sollten. Einziges Thema: "Wo drückt bei uns der Schuh? Und was ist deshalb zu tun?"

Über Telefon und Fax wurde dieser Tag in groben Zügen vorbereitet und am 3. Juni 1994 fanden sich dann 36 Personen für drei Tage in ungewohnter Art und Weise und in einem Raum unter unserer Moderation zusammen.

Stichwortartig gestaltete sich der Workshop - bewußt als halb offener Prozeß geplant - dann wie folgt:

A. Contracting, Absprachen, Spielregeln für die drei Tage:

1. Sinn und Ziel des Workshops: Optimierung der Geschäftsabwicklung und der internen Zusammenarbeit
2. Beraterrollen: keine Helden und "Erlöser", Prozeßberater, Moderatoren, Fachimpulsgeber (Organisation - Führung - Zusammenarbeit - Management)
3. Beratungsprinzip: Hilfe zur Selbsthilfe
4. Träger des Prozesses: SIE !
5. Entscheider: SIE !
6. Investition: Optimierung beinhaltet Veränderung am eigenen Leibe: Lernen, Betroffenheit, Echtheit, Einsatz! (Prinzip: Saat und Ernte)
7. Partizipation und aktive Mitarbeit: Arbeit in Untergruppen und Plenum, Arbeitsergebnisse visualisieren, einander präsentieren und durchdiskutieren, Arbeitsabsprachen (Zeiten, Themen, Qualitäten) erfüllen und einhalten (management by objectives and results = MBO/R), keine Kinomentalität!
   Warum so? Einbringung Ihres Vor-Ort-Know-hows (Problemlösequalität !), Identifikation durch Mitmachen und Bearbeiten selbstdefinierter, echter Probleme, (Sie (!) bestimmen Ihre Inhalte), Motivation für weitere Schritte (Energie)
8. Arbeitsziele:
   - Diagnose und Verstehen der Firma als Gesamtsystem und Netz von Subsystemen (Fachabteilungen etc.)
   - Identifikation von 10 zentralen "Schmerzstellen" (Prioritäten)
   - Planung nächster konkreter Schritte (follow up´s, Ergebnis- und Fortschrittsicherung)
9. Gruppeneinteilung:
   - organisch, durch "natürliche" Arbeitszusammenhänge bedingte Gruppenzusammenstellung (meistens die bereits organisatorisch vorhandenen, abteilungsbezogenen Fachgruppen)
   - später fallweise "Querschnittgruppen" (Mischungen, Vernetzungen, Kreativität gegen Betriebsblindheit/Selbstreferentialität)
10. Partizipative, rollende Planung: gemeinsame Reflexion, Planung und Steuerung des Prozesses/Prozeßphasen/Zeiteinteilungen/ Ergebnisqualitäten (kollektive Auszeiten, "Hubschrauberperspektive")
11. Ehrliches Arbeiten: kein Selbstdarstellungszirkus, Rivalitätenkabarett etc., inhaltliche echte Substanz bringen und nicht "Verpackungen" produzieren - andernfalls Abbruch des Workshops ("... weil wir hier nicht zum Spielen da sind! ...).

Die Vorstellung dieser Kontraktpunkte (bereits die 1. Intervention) sowie die nachfolgende Diskussion führte zunächst "en miniature" zu einer Sinn-, Ziel- und Kulturauseinandersetzung der Teilnehmer mit sich selbst. Darüber hinaus war für die meisten diese Art des Einstiegs ungewohnt: Sie führte direkt und unverzüglich in "medias res", stellte bereits die erste Arbeitsaufgabe im Workshop dar und war in Untergruppen (die der Juniorchef und der zweite Berater am Vorabend eingeteilt hatten) abzuarbeiten.
Die Gruppen hatten anschließend öffentlich im Plenum ihre "Meinung" bzgl. der vorgegebenen Spielregeln zu präsentieren, was auch geschah und eine allgemeine, positve Akzeptanz deutlich werden ließ ("Lernende Organisation").

Der sofort darauf folgende, von den Beratern vorgeschlagene zweite Arbeitsschritt beinhalte die "Abarbeitung" eines diagnostischen Fragenkatalogs, mit Hilfe dessen die jeweiligen Abteilungen (= Untergruppen) sich selbst, ihre Beziehungen zu anderen Bereichen sowie die Firma als Ganzes analysieren und evaluieren sollten, sowie Handlungsbedarf zu definieren hätten. Die Arbeitsergebnisse der Untergruppen waren abermals im Plenum zu präsentieren, identifizierte Schwachstellen dabei auf roten (!) Metaplankärtchen festzuhalten, und diese dann an eine ca. 1,5 x 5 Meter lange Stellwand zu "pinnen", auf der dann ein System- und Diagnosebild der Firma (den Geschäftsprozeß von Input bis Output symbolisierend) entstehen sollte ... .

Auf diese Weise wuchs vor den Augen aller Teilnehmer ihre eigene Problemlandschaft, und dies in ihren gesamthaften Zusammenhängen und wechselseitigen Bedingtheiten (systemische Sichtweise).

Die Arbeitsfragen zur Selbstanalyse/Systemdiagnose lauteten u.a.:

1. Was ist unsere Aufgabe und die Existenzberechtigung unserer Abteilung ? Wer braucht was von uns? Wer ist unser externer Kunde - wer unser interner Kunde, der uns am Leben hält? Was müssen wir bringen, um auch weiterhin gebraucht zu werden?

2. Wer sind unsere internen/externen Lieferanten? (Material, Information, Geld, Personal usw.). Was brauchen wir von anderen Abteilungen/Mitarbeitern, um unsere Arbeit gut machen zu können ?

3. Wie beurteilen wir uns selbst und unsere Ergebnisse hinsichtlich:
   • Leistung • Qualität • Termintreue • Kosten • Umgang mit Nachbarabteilungen
   • Umgang mit externen Kunden und Lieferanten • Umgang untereinander (Klima)

4. Was müssen wir bei uns ändern, um in unseren Ergebnissen, Leistungen, Auswirkungen besser zu werden?

5. Von wem brauchen wir dazu Hilfen und Unterstützungen ?

6. Wo können wir <u>anderen</u> Abteilungen helfen, ihre Leistungen zu verbessern?

7. Versuchen Sie sich einmal in die Lage Ihrer a) externen Kunden und b) externen Lieferanten zu versetzen: Wie würden diese Ihre Firma charakterisieren (Image)? Womit sind diese zufrieden, womit eher unzufrieden?

8. Fazit: Wo sehen Sie insgesamt bei Ihrer Firma Schwachpunkte, die unbedingt, kurz- bzw. mittelfristig bearbeitet bzw. abgestellt werden müßten?

Nach Präsentation und Diskussion dieser acht Punkte wurden in Querschnittgruppen anschließend die Fülle der Probleme auf 11 "Schmerzstellen" reduziert, wovon die höchsten Ratings folgende bekamen:

1.	Einstellung von drei Sekretärinnen (Kapazitätsausweitung, Verwaltung/Info-Verarbeitung)
2.	Kompetenzverhältnisse und Zuständigkeiten/Verantwortungen klären/definieren
3 a)	Motivation erhöhen, Anerkennung, Gehalt
3 b)	Arbeitsplätze/Arbeitsbedingungen verbessern!
4.	Kommunikation, Zusammenarbeit, Umgangston
5.	EDV !! Schulung, Datenerfassung etc.
6.	Kundenbetreuung/Kundenzufriedenheit
7.	Weiterbildung

Nächster Arbeitsschritt war die Organisation des Prozeßmanagements für die konsequente und <u>"konzertierte"</u> Abarbeitung der "Schmerzstellen" und um ein Versanden des Prozesses zu verhindern. Letzteres würde die mitgebrachten Frustrationen und Resignationen nur noch weiter - und zwar in endgültig geschäftsgefährdender Form - vertiefen.

Daraufhin wurde partizipativ eine 7-köpfige Prozeßsteuerungsgruppe (PSG) gegründet, in der kompetente und akzeptierte Delegierte der Untergruppen und der Geschäftsleitung (Juniorchef) das weitere Prozeßmanagement übernehmen sollten. Die Aufgaben der PSG wurden wie folgt umrissen:

1. Management der Abarbeitung besagter "Schmerzstellen", wobei die "PSG" primär nur initiierende, arbeitsverteilende und koordinative Funktionen auszuführen hätte, die operative Durchführungsarbeit dahingegen bei den Fachabteilungen, der Geschäftsleitung und dem erweiterten Führungskreis, der "Abteilungsleitersitzung" zu liegen habe (nicht wegdelegierbare Verantwortung der Linie für Change Prozesse!).
2. Monitoring und Reflexion des Gesamtprozesses (kollektives Lernen).
3. Vorbereitung und Durchführung von Follow-up-Workshops (Prozeß- und Erfolgssicherung).
4. Initiativen entwickeln und setzen für weitere Entwicklungen und Prozeßschritte (mit Hilfe externer Berater).
5. Verankerung des Gelernten in der Organisationstruktur (vgl. organisationales Lernen).

Der Dreitages-Workshop wurde anschließend reflektiert und durchwegs als sehr erfolgreich, motivierend und Hoffnung gebend beurteilt. Das Arbeitsengagement war hervorragend gewesen: einige Untergruppen hatten freiwillig bis tief in die Nacht gearbeitet ... . Und "so etwas Effektives" hätte man in diesem Unternehmen noch nicht erlebt. Es sei wirklich etwas in Bewegung gekommen ...! (11. Juni 1994)

5. Rückkehr in den Arbeitsalltag

Die Bearbeitung der "Schmerzstellen" wurde zügig in Angriff genommen. Neuer Elan war da, dazu Aufbruchstimmung, man sprach von kleinen Wundern ... .
Zwischendurch ein erstes Treffen eines externen Beraters mit der Prozeßsteuerungsgruppe (PSG): Reflexion und Bewertung des bisherigen Prozesses; Funktion, Rolle und Identität der PSG; Kommunikationsvernetzungen zur Basis ("PR"), Planung des ersten Follow-up-Meetings (7. Juli 1994) der gesamten Mannschaft des Startworkshops.
Ein Monat später: erster Firmenbesuch durch einen externen Berater, Kennenlernen des Unternehmens und seines Arbeitsalltags, Vorbereitungen fürs Follow-up.
Dann das erste eintägige Follow-up-Meeting. (10. August 1994)
Thema: Was ist bisher erreicht worden? (Warum? Warum nicht?)
Was läßt sich schon feieren?
Wo wird weitere Hilfe gebraucht?
Was ist als nächstes zu tun?

Gegenseitige Präsentation der Prozesse und Ergebnisse im Plenum, ziehen einer ersten Zwischenbilanz mit deutlichen Etappenerfolgen:

- Sekretariat endlich erweitert!!! (Hurra! 3 neue Stellen!)
- Aufgabenstellungen/-zuteilungen/Kompetenzen definierter/klarer geworden
- Teamarbeit positiv, Motivation steigt!
- Klima verbessert sich
- Verkäufer werden besser geschult
- Entlohnungssystem/Prämien in Abteilung M geklärt
- Rückstände aufgearbeitet
- ABC-Analyse durchgeführt (Kunden)
- Schulungen/Weiterbildung z. T. erledigt
- Lager, Materialwirtschaft, Einkauf: Zusammenarbeit und Klima verbessert ...
- Toilette im Keller jetzt mit 4-Sterne-Qualität!

Anschließend Erarbeitung, Präsentation und Beschließung neuer (und/oder revidierter alter) Arbeitspunkte mit öffentlichen Commitments im Plenum. Anschließend verstärkte Diskussion noch ausstehender Lösungen, besonders auch "sanfter Faktoren" (z.B. ...immer noch zu hohes Chaos in der internen Ablaufkoordination, Sinnfragen bzgl. hoher Arbeitsüberlastung, Klärung der Geschäftsführungsübergabe, Führungskultur, Qualifikation etc.).
Anschließend erneute Bestätigung der PSG - trotz einiger deutlicher Kritikpunkte (Kommunikation, Arbeitsleistung und Tempo) - und deren Neubeauftragung, neben den bisherigen (oben beschriebenen) Funktionen/Aufgaben sich verstärkt nun auch der "soft factors" anzunehmen.
Darüber hinaus sei der erweiterte Führungskreis ("Abteilungsleitersitzung") zu reformieren, d.h. zu verkleinern, sowie management- und entscheidungsfähiger zu machen. (7. Oktober 1994)

6. Zufriedene Berater - oder: Ruhe vor dem Sturm?

Wir beiden externen Berater fühlten uns prima, waren erstaunt, (stolz?), verblüfft und hocherfreut zugleich:
- der Prozeß lief fast wie von alleine,
- bisher wurden erst fünf Beratertage investiert,
- und erst effektiv drei Monate Prozeßzeit gebraucht (exklusive Ferienmonate),
- und deutliche Zwischenerfolge erreicht, die vorher - so zahlreiche Firmenmitglieder - fast undenkbar gewesen wären, so daß
- der Seniorchef schon anfing uns weiterzuempfehlen !

Wir freuten uns: Die Beratungseffizienz/Klientennutzenstrategie schien aufzugehen! Der "neue" Weg zu funktionieren ...! Nur erklären konnten wir es uns noch nicht richtig ... (und so ganz trauten wir dem Braten irgendwie auch noch nicht ...).

7. Absturz ?

Ende November traf dann die PSG mit einem "Externen" wieder einmal zusammen: Supervision, Prozeßreflektion, Lernen, Klärung nächster Schritte ...
Was der Berater jedoch zu seinem Schrecken vorfand war folgendes:
- eine handlungsunfähige, resignierte und müde Truppe,
- sie brauchte 50 Minuten, um eine (meist am Thema vorbeigehende) Arbeitsliste zu erstellen und dann gerade mal den 1. Prioritätspunkt zu beschließen! (Der Berater agierte in der Rolle des bloßen Reflektors, um den PSG-Mitgliedern Selbstorganisation und Initiative nicht zu erschweren bzw. abzunehmen!),
- zwei Mitglieder waren völlig neu (und uninformiert!),
- einer davon nur gezwungenermaßen dabei,
- Chef und Abteilungsleiter unterminierten die Projektarbeit: "Statt zu arbeiten, wurden die Leute nur kritisch und widerspenstig". So die informellen Gegenwind-Aussagen.
- niemand wollte - so zeigte eine "Explorationsrunde" - in der PSG noch Führung übernehmen,
- und nach fünf Stunden (allerdings sehr erkenntnisreicher gemeinsamer Reflexion über die Hinter- und Untergründe des jüngsten Prozeßverlaufes) sah der Berater sich genötigt, dann doch als Externer die Rolle des Reflektors und Prozeßberaters zu verlassen, um ins aktive Prozeßmanagment umzusteigen, damit überhaupt noch etwas an Handlungsmöglichkeiten "rauskam" und etwas Hoffnung am Horizont erscheinen konnte. Denn den Prozeß jetzt einfach abzubrechen und wortlos abzutreten, schien niemanden eine "gute" Lösung zu sein...

8. Was war los ? Wo lagen die Ursachen ?

Um es kurz zu machen: Nach ausgezeichneten Anfangserfolgen ging im fünften Prozeßmonat in der Firma nichts mehr weiter. "Es sei so als ob alle durch klebrigen und zähen Honig am Vorwärtskommen gehindert würden", sagte der Juniorchef. Da würde wahrscheinlich - obwohl er das nie wollte - nur noch "heißes Wasser" (gegen den Honig) helfen, sprich hartes Reengineering, Auswechseln von

Führungskräften, die nicht führen könnten, oder Mitarbeitern, die nicht mitziehen und umlernen wollten ... .
"Statt klüger arbeiten zu lernen (paradigmatischer Quantensprung in die komplexe Welt von heute und morgen) arbeiteten alle nur schneller und mehr (von demselben), das aber würde den zukünftigen Geschäftsanforderungen (Dynaxibility-Zone III: komplexe Produkte, kürzere Projektzeiten, anspruchsvollere Kunden, häufigere Technologiesprünge etc.) nicht mehr gerecht werden.[4] Die Führungskräfte seien im Grunde z. T. zurückgebliebene Handwerker oder ungelernte Arbeiter, die man zu Generälen befördert habe (und somit weder hightech Spezialisten seien, noch multifunktionale Generalisten, noch Komplexitätsmanager, noch "dienende Autoritäten" mit Visions- und Vorbildcharakter ...). Vom lebenslangen Lernen, sozialer und prozessualer Kompetenz, sowie Selbstmanagement in kommunikativer Eigenabstimmungskultur mit Nachbarabteilungen ebenfalls keine Spur ... .
Zwar hätten diese fälschlich beförderten Oberelektriker und Bauleiter 30 Jahre - bildlich gesprochen - durchaus erfolgreich exzellente "Ritterrüstungen" geschmiedet - heute aber gälte es "elektronische Abwehrschilde" zu konzipieren ... . Das aber könnten sie nicht.

Fazit: Das Jahr 2000 wird die Firma wahrscheinlich nicht mehr erleben.

Es konnte dann nach acht Stunden Sitzungs-, Trauer- und Reflexionsarbeit folgendes Aktionspaket dennoch geschnürt werden:

- Präsentation obiger IST-Situationsdiagnose innerhalb der Abteilungsleitersitzung. Ziel: Wachrütteln, Gretchenfragen stellen!
- radikale Weichenstellungen veranlassen (Entweder - Oder!),
- Zukunftsszenarien für die Firma erstellen, Ernst der Lage sichtbar machen!
- Assessment-Center für Nachwuchsführungskräfte installieren,
- Personalentwicklung starten (Richtung: Komplexitätsmanager).

Soweit - so gut. Was bis dahin jedoch noch gänzlich "unerforscht" geblieben war, war jener "Honig" im Prozeß. Oder - in einem anderen Bild ausgedrückt - das "Firmengespenst", daß alle weitere Entwicklungsarbeit unmöglich machte und wahrscheinlich auch obiges Maßnahmenpaket "lautlos" torpedieren und unterminieren würde. Deshalb war dringendst das Wesen dieses Firmengespenstes aufzudecken. Es entpuppte sich schließlich als ein tiefsitzender, tabuisierter und nur schwer überführbarer "abstrakter Reproduktionsmechanismus". Dieser Mechanismus lieferte offensichtlich die Dauerursache für jene oft erwähnte permanente 50 %ige Überbelastung fast aller Mitarbeiter: 70 Stunden pro Woche waren keine Seltenheit, falsch angeschlossene Steckdosen, mißratene Elektroarchitekturen und teure, zeitraubende Nacharbeiten ebenso. Wegen Überlastung, Überforderung, Überarbeitung und Unterqualifikation. Die Leute waren ausgebrannt.
Logischerweise gab es daher keine Energiereserven mehr für Entwicklungsarbeit, wurde die PSG-Arbeit zunehmend mehr als sinnloses Herumphilosophieren (und Supervisionstage als Betriebsausflüge) angesehen, wurden PSG-Mitglieder abgezogen, Unterstützungen eingestellt und Commitments zu Lippenbekenntnissen degradiert.

---

4 Vgl. Rieckmann (1992) bzw. Aufsatz in diesem Buche.

Nach den anfänglichen, schnellen und vor allen Dingen sichtbaren (!) Sacherfolgen ginge es jetzt um komplexere Problemstellungen (Organisation, Kultur, Führung, Umgang mit Komplexität, Qualifikation etc.) die erst sehr langfristig Erfolge zeigen könnten. Und dafür reiche die Energie einfach nicht mehr aus ... .
Und dann brach sich ein Aha-Erlebnis Bahn in der PSG:
Der "Honig" sei ja eigentlich ganz verständlich: Er sei passiver Widerstand und im Grunde genommen eine völlig gesunde, präventive Selbstschutzmaßnahme gegen Überarbeitungstod. Und damit völlig akzeptabel, ja geradezu notwendig!

Was aber dann tun?

Außerdem war da ja auch noch eine zweite, viel tiefer gehende Frage bzgl. Reproduktionsphänomen, nämlich, durch was denn immer wieder Honig (= Widerstand) - seit Jahren - produziert und reproduziert würde, oder - mit dem Bild des Firmengespenstes ausgedrückt: was denn der Reproduktionsmechanismus des Firmengespenstes sei, was es denn immer und immer wieder noch am Leben hielte, und wovon es sich denn eigentlich ernähre ... ?

Weitere Nachforschungen ergaben dann folgende Erklärung: Das Gespenst lebe von Angst und Gier: Existenzangst und Gier nach Macht, Sicherheit, Größe und Geld. Jeder Auftrag würde praktisch angenommen aus Angst Kunden zu verlieren, Konjunkturtiefs nicht zu überleben, den Anschluß zu verpassen und als Versager gesehen zu werden. Faktisch gesehen könne das Unternehmen jedoch durchaus "gut zwei Jahre durchtauchen", d. h. "wirklicher" ökonomischer Grund zu Angst und Gier bestünde eigentlich überhaupt nicht ! Das Gespenst indes rede das allen, insbesonders dem Chef, immer wieder ein. Es müsse daher endlich die Notbremse gezogen werden! Und dies könne nur durch eine vernünftige Geschäfts-, Kapazitäts-, Personal- und Qualifikationsplanung geschehen und diese sei unverzüglich zu entwickeln. Nur dadurch könne Angst und Gier - der Reproduktionssaft für das Gespenst bzw. die Nahrungssubstanz für den "Betriebshonig", für den lähmenden Selbstschutz - "Widerstand" und die Kraftlosigkeit also, der Boden entzogen bzw. das Ausmaß unter Kontrolle gebracht werden.

Mit dieser Erkenntnis und obigen Maßnahmenpaket sowie der Gretchenfrage, ob der Prozeß noch weiterlaufen soll und ob die Firma unter derzeitigen (Honig- und Gespenst-) Bedingungen noch das Jahr 2000 werde erreichen können, verabschiedete sich dann die PSG vom Supervisionstreffen (das alles andere als ein lustiger Betriebsausflug geworden war ...).

Das Ende schien vorerst offen, die Aufgabe jedoch glasklar: Nach der Phase fachlich-griffiger Aufarbeitungen und motivierender schneller, sichtbarer Erfolge ist jetzt der "Reproduktonsmechanismus" als solcher dran. Nach den "hard" und "soft facts" nun die "invisible facts" von Angst, Gier und Mammon - wahrscheinlich härter als alle anderen hard facts!

Bevor diese nicht "erledigt" sind (d. h. unter bewußte Kontrolle kommen), hat vermutlich alles andere keinen Sinn und wäre bloßer Aktionismus oder Bauen auf Sand, in dem dann alle weiteren OE Prozesse versickern würden ... .

9. Neuer Horizont

Eine Woche später sah die "Welt" - laut Geschäftsleitung - allerdings schon wieder etwas besser aus (29. November 1994):

- eine Kapazitätsplanung wird eingeleitet, um "Luft" für Personal- und Managemententwicklungsmaßnahmen zu bekommen,
- Kriterien und Assessment - Prozesse für Auswahl und Förderung von Nachwuchsführungskräften (mit Dynaxity-Zone III - Fitneß) würden "angedacht",
- Energie weiterzuarbeiten und im Prozeß voranzugehen, sei wieder vorhanden ...
- das nächste Follow-up-Meeting würde auf jeden Fall stattfinden!

Der "Honig" wird also angegangen, das "Firmengespenst" noch nicht.

10. Stand 1995, 12 Monate nach Start ...

Die anfangs gesteckten Effizienz- und Zeitziele wurden im wesentlichen erreicht: Laufzeit 12 Monate mit 10 Beratertagen in Summe. Auch das "Firmengespenst" wurde mittlerweile angetastet. Konkret hieß das folgendes:

- Die ersten 7 Nachwuchsführungskräfte wurden ausgesucht, mit längerfristigen Projekten zum Großteil eigenverantworltich betraut (30.6.1995),
- die Modell- und Zielvorstellung der angestrebten "Führungskraft 2000" ("Komplexitätsmanager") wurde gemeinsam qualitativ erarbeitet, präzisiert und konkretisiert
- der organisatorische, finanzielle und zeitliche Rahmen für das Nachwuchskräfte-Curriculum festgelegt und für dessen sichere "kulturelle Einbettung" gesorgt (Generationenkonflikt!) sowie
- das Training (ähnlich dem im Aufsatz "20 Thesen ..." beschriebenen) mit insgesamt 15-20 Ausbildungs-, Supervisions- und Beratertagen begonnen
- und dies alles unter der "freiwilligen", einsichtigen und mittlerweile sogar engagierten Führung des "Patriarchen"
- der sich zunehmend kooperativer verhält und sogar schon um Mitarbeit "gebeten" hat ... und das Investitionsgeld dafür aufbrachte,
- wobei vor 1-2 Jahren dieses Coach-ähnliche Verhalten des Chefs sowie der spürbare Kulturumschwung im Unternehmen nahezu undenkbar gewesen wäre. So jedenfalls mehrere eindeutige Aussagen von Firmenangehörigen ...

11. State-of-the-art

Oder: Was bedeuten die Ergebnisse dieses Prozesses hinsichtlich der Frage nach dem Stand unserer Professionalität? Was läßt sich daraus lernen, ableiten, generalisieren?

Wie oben schon erwähnt, lag auf beiden Seiten ein starker Wunsch nach Effizienz vor, auf unserer Seite natürlich auch noch nach fachlicher Kompetenzverbesserung und Weiterentwicklung strategischer Beratungsansätze. In unseren nachträglichen Diskussionen glaubten wir dabei ein Stück in dieser Richtung vorwärts gekommen zu sein. Folgende Erfahrungen und "findings" verleiten uns momentan zu dieser Sicht, die wir aus Raumgründen leider sehr komprimiert und telegrammstilartig zur Diskussion stellen sowie zur Reflexion unserer Kunst anführen möchten:

11.1. Erfolgsvoraussetzungstest

Veränderungsprozesse brauchen Energie, sodaß alte gewohnte und tradierte IST-Zustände verlassen werden können, um neue riskante und ungewisse Wege bzw. SOLL-Zustände ansteuern zu können. Anders ausgedrückt könnte man sagen, daß es unterschiedlicher Antriebsfedern und Mobilisierungsenergien bedarf, um den angstreichen und unsicherheitsstiftenden Weg durch eine Art Lernvakuum (oder "Wüste"), das von ver-, ent-, um- und neulernen und zahlreichen Umkippgefährdungen geprägt ist, gehen zu können. In der Terminologie der klassischen Organisationsentwicklung ausgedrückt könnte man auch sagen, daß ein gewisser "Leidensdruck" seitens des Klientensystems notwendig ist, um Change-Prozesse erfolgreich gestalten bzw. bewältigen zu können. Dieser "Energietest" dieses Klienten war positiv, denn die Not war deutlich spürbar, und der Wille etwas zu verändern war tatsächlich vorhanden: Das System wollte von sich aus etwas tun ...

11.2. Kontraktqualität

Im Contracting wurde zielstrebig und ungeschminkt die Selbstverantwortung des Klienten unsererseits gefordert: Die Ernte hinge von Menge und Qualität des Saatgutes ab, also ihren eigenen Investitionen an Substanz, Wahrheit, Fleiß und Ausdauer. Je mehr gelogen und gespielt würde, desto sinnloser der Prozeß. Die ebenso klare Verdeutlichung wiederum unserer Rollen und Verantwortungen schuf dann u.E. Klarheit der Erwartungen und Zurechenbarkeiten. Transaktionsanalytisch gesprochen wollten wir auf "Erwachsenenebene" miteinander umgehen und arbeiten. Diese Art Contracting schuf Akzeptanz, Autorität, Schnelligkeit und Handlungsfähigkeit.

11.3. Ergebnisorientiertheit (MBO/R)

Trotz aller Komplexität und Dynamik (Analyse, Problemfülle, Vernetzungsgrad, Partizipation, Prozeß, Kreativität, Offenheit etc.) legten wir starkes Gewicht auf Ergebnisse mit Hilfe von Prozeßmanagement, Projektgruppeneinsatz (PSG), Follow-up-Workshops, Ziel- und Ergebnisvereinbarungen (à la Management by objectives and results: MBO/R), personelle Zurechenbarkeiten, Öffentlichkeit und soziale Kontrolle. Visualisierung und Fotoprotokollierung u.v.a.m. waren Mittel, um den Prozeß zu fördern und zu erhalten, Steuerung sicherzustellen, Zwischenergebnisse sichtbar (und zelebrierbar) zu machen und Durchhaltemotivation zu erzeugen, Wirksamkeit und Nutzen zu erreichen. Dieses Prinzip erwies sich auch nach dem "Zwischenabsturz" des Prozesses als mutmachend und handlungsfördernd.

11.4. Berater- und Beratungsverständnis (Funktionen/Rollen)

1. *Primärträger des Prozesses ist der Klient:* Er muß sich letztlich selber bemühen, wieder klar zu kommen. Nur er kennt sein System wirklich, nur er kann letztlich wirklich etwas machen; deswegen vermag

2. Beratung nur *"Hilfe zur Selbsthilfe"* anzubieten, durch "Kontextmanagement" und Potentialerhellung, also Prozeßmanagement auf Metaebene.
3. Seitens des Beraters ist eine *hohe Rollenflexibilität* erforderlich (vom systemisch agierenden Prozeßreflektor, Moderator, Prozeßmanager, Fachberater etc. bis hin zum Manager auf Zeit), da bei hohen Dynamik- und Komplexitätsbedingungen Prozesse grundsätzlich offen sind und daher nur situativ, wenn auch mit konstantem Blick auf Vision, Sinn und Ziel, geplant und interveniert werden kann ("rollende Planung").
4. *Der Berater selbst ist seine beste (!?) Intervention:* Authentizität, Stimmigkeit, Akzeptanz, modellhaftes Vorbildverhalten etc. sind von erheblichem Interventionsgewicht hinsichtlich Prozesseffizienz.
5. Aufgrund der Prozeßkomplexität, Offenheit, latenter Konflikt- und Widerstandsbrisanz, benötigter Problemlösekreativität etc. muß der Berater loslassen können und *flexible Gelassenheit* ausstrahlen (distanzierte Zugewandtheit/positive "Faulheit" !), um Blindheit durch Verbissenheit zu vermeiden und um Entwicklungschancen und neue Wege zu "wittern".
6. *Ein Berater, der viel "ackert" liegt vermutlich daneben.* Michel Angelo, so sagt man, meißelte den David nicht in den Marmor hinein, sondern holte ihn heraus ... Er sah das Werde-Ziel.
7. *Neben Sozial-, Management- und Designkompetenz wird fachliche Professionalität vorausgesetzt:* Paradigmenwissen, Organisations-, Prozeßtheorien, Strategie-, Prozeß-, Methoden- und Instrumenten-Know-how, Multidisziplinarität[5].
8. *Ein Berater muß Macht haben und ausüben !* Allerdings in der Qualität einer "dienenden Autorität": partizipativ gestaltetes Kontextmanagement mit rollender Planung, in Konfrontation des Klienten mit sich selbst und zu seinem Wohle. Dazu muß der Berater beitragen, vollmächtig und mit Bereitschaft auch zum Klienten zu werden und sich vom Kunden (= Klienten) beraten zu lassen ...[6]
9. Unser Berater-/Beratungsverständnis und damit zusammenhängende Effizienzauffassungen sind dabei sehr eng an *paradigmatische Vorstellungen* geknüpft, d.h. an die Art und Weise wie Organisationen, Menschen, Prozesse, Management, Lernen, Entwickeln, Ergebnisse, Sinn und Verantwortung gesehen und (existentiell) verstanden werden.

11.5. Organisationsverständnis

Organisationsentwicklungsberatungen finden natürlich nie in einem theorielosen Raum statt. Jeder Berater hat seine eigene spezifische "Modellbrille", durch die er die Phänomene "Organisation", "Berater-Klient-Beziehung", "Prozeß" etc. betrachtet. Die Natur der Brille ist dabei stark mitverantwortlich für die Art und Qualität von Diagnosen und Interventionen, dem Verhalten des Beraters für die Effizienz des Beratungs- und Change-Prozesses, für das "Funktionieren" zu beratender Systeme.

5 Vgl. Rieckmann (1983), (1992)
6 Vgl. Kappler (1980)

Unser Theoriehintergrund ist von einem offenen, sozio-techno-ökonomischen Systemansatz geprägt (OSTO-Ansatz) und in letzter Zeit auch von der Theorie selbstreferentieller Systeme[7] (SRS-Ansatz) mitbeeinflußt worden.
Gemäß dieser Theorie selbstreferentieller Systeme verarbeiten Organisationen Informationen aus der Beobachtung von In- und Umweltereignissen nach ihren ganz spezifischen Wahrnehmungsmustern und Wirklichkeitsauffassungen, die sie im Laufe der Zeit entwickelt haben und die die Identität der Unternehmung prägen. So werden nur jene Informationen aufgenommen, die zur Systemaufrechterhaltung, Identitätssicherung und Sinnerfüllung dienen. Und was Sinn macht und was nicht, bestimmt das System selbst, denn diese Selektionsleistung ist funktional bezogen auf das Problem der Ausbildung und Erhaltung einer bestimmten Systemidentität (Kultur) und Komplexitätsreduzierung. Diese mittels hochkomplexer Codierungen[8] selbsterzeugte und über symbolisches Handeln, Beobachtung und Kommunikation vermittelte Systemrealitäten bestimmen im Grunde das Eigenverhalten bzw. Eigenleben der Organisation zur Herstellung und Aufrechterhaltung von Ordnung. Daraus ergeben sich organisationale, selbstgestaltete und laufend reproduzierte Kontextbedingungen wie Struktur, Kultur, Führungsverhalten, Motivation, Kommunikation, Entscheidung usw., die in eigendynamischen Prozeßverläufen zu systemspezifischen Wahrnehmungs-, Denk-, Handlungs- und Verhaltensmustern, Semantiken, Rationalitäten und Operationsregeln führen (vgl. Selbstbestätigungsfeedback im OSTO-Modell). Diese bestimmen, was die Organisation handlungswirksam werden läßt, und was nicht. Es ist somit die Eigenlogik des Systems, die spezifischen, historisch gewachsenen Strukturen, die bestimmen, welche Beeinflussungsversuche bzw. -anregungen (Interventionen[9]) von außen intern als Irritation aufgegriffen und zu systemrelevanten Informationen verarbeitet werden und wie aus diesem Material bestimmte Outputs zustande kommen. Organisationen haben somit die Struktur, die Kultur, die Spielregeln, die Wahrnehmungs-, Denk- und Verhaltensweisen, die sie brauchen, um so zu sein, wie sie sind und das zu tun, was sie tun.
Jener zuvor beschriebene Reproduktionsmechanismus "Firmengespenst" ist unserer Meinung nach dafür ein prägnantes Beispiel.

11.6. Berater-System-Anschlußfähigkeit

Gemäß dem beiderseits (Klient und Berater) getragenen Wunsch nach mehr Effizienz und Produktivität stiegen wir, wie bereits erwähnt, mit dem Ziel einer Geschäftsprozeßanalyse (vom Kundenauftrag und dessen Abwicklung bis hin zum zufriedenen Kunden) in das Projekt (Start- und Diagnoseworkshop) ein. Hier bildete die Bewußtmachung und Klärung externer wie interner Kunden-Lieferanten-Beziehungen nach dem Motto: "Was läuft gut, was weniger gut und was müßte zukünftig verändert bzw. verbessert werden ?" den Schwerpunkt der gemeinsamen Arbeit. Es wurden somit nicht die Strukturen an sich in Frage gestellt, und auch die jeweiligen abteilungsinternen gruppendynamischen Prozesse waren nicht Gegenstand der Diskussion, sondern Kern-Prozesse, ablauforganisatorische Regelungen, interne Verflechtungen (Kunden-Lieferanten)

---

7 Siehe u.a. die Veröffentlichungen von Wissenschaftlern der Hochschule St. Gallen bzw. Genf [z.B. Bleicher (1991), Probst (1987), Malik (1993)], sowie jene der Universität München [Kirsch (1992), Knyphausen (1988), Ringlstetter (1988)] und Wien [Kasper (1990)].

8 Vgl. Rieckmann (1990), (1992) sowie Aufsatz in diesem Buche

9 Vgl. Willke (1987); Titscher (1991)

und der Geschäftserfolg insgesamt standen im Mittelpunkt des systemumfassenden Diagnose-, Lern-, Austausch- und Aushandlungsprozesses. Dies ist wahrscheinlich auch der Grund dafür, warum seitens der Unternehmensleitung und Belegschaft ein so hohes Maß an Mitmachmotivation aufgebracht wurde, um einerseits die Ursachen für bestehende Schmerzstellen zu analysieren und andererseits konzeptionell an Veränderungen bestehender Systemzustände zu arbeiten. Vor dem Hintergrund der neueren Systemtheorie (SRS-Ansatz) könnte man sagen, daß wir aufgrund der Betonung von "Geschäft", also Business, eine dementsprechend hohe Anschlußfähigkeit beim System erzeugt haben. Wirtschaftsorganisationen, die nämlich über die generalisierten (eigen)sinnigen Medien der Kommunikation wie Geld und Macht ihr selbstreferentielles Anschlußverhalten ausrichten und von da her all jene Informationen systemwirksam werden lassen, die auf die interne Codierung "Zahlen" bzw. "Nicht-Zahlen" oder "Haben" bzw. "Nicht-Haben" treffen, reflektieren deshalb so hoch motiviert, wenn es um Geschäft geht.[10] Man könnte auch sagen, wir haben so den zentralen sinnstiftenden und identitätsbildenden Lebensnerv dieser Wirtschafts-organisation getriggert, weshalb das System als solches stimuliert und aktiviert wurde. Dazu kam dann wahrscheinlich auch noch die business-orientierte Sprache unsererseits und keine akademisch-hochabstrakten Erklärungen, die von den Teilnehmern verstanden, der Systemsemantik zugeordnet, verarbeitet und ernst genommen wurde[11]. Vielleicht war aber auch alles ganz anders. Vielleicht ist es auch nur die Unternehmensleitung, die diesen für sie sinnstiftenden Code des Habens oder Nicht-Habens besitzt, der von uns berührt wurde und der umgekehrt die Führung zu einem hohen Grad an Durchhaltevermögen und vor allem Mut hochschaukelte. Bei der Belegschaft selbst könnte es einfach auch nur der hohe bereits vorhandene Leidensdruck gewesen sein, der diese Mitmachmotivation hervorgebracht hat. Leidensdruck in verschiedener Hinsicht. Einmal aufgrund des hohen Leistungs- und Erfolgsdrucks (150% Leistung), teilweise vom Markt her induziert ("die Konjunktur hat wieder angezogen"), größtenteils aber von der erwähnten Angst der Unternehmensleitung, nicht mehr wirtschaftlich erfolgreich zu sein, erzeugt. Darüberhinaus das Gefühl, daß innerhalb und zwischen den Abteilungen Reibungsverluste bestehen, Konflikte unaufgearbeitet im Untergrund schwelen und keinerlei Wertschätzung, Lob und Anerkennung für den großen Einsatz vorhanden, kurzum das Klima schlecht, ist. Und daß die externen Berater "das endlich einmal zur Sprache bringen würden ohne es selber riskieren zu müssen ...?!"
Ein weiterer Grund für dieses unserer Meinung nach hohe Maß an Berater-System-Anschlußfähigkeit ist die bereits oftmals erwähnte Öffentlichkeit und damit Selbstverpflichtung (commitment), Verbindlichkeit und Selbstorganisation. Denn durch die offen im Plenum präsentierten, visualisierten, diskutierten, explorierten und protokollierten Problemsichtweisen und konkret (mit Zuständigkeit und Überprüfungstermin) abgeleiteten Problemlösungsstrategien und Kapazitätsplanungen entstand einerseits Transparenz hinsichtlich den jeweiligen Vernetzungen, Wechselwirkungen bzw. Abhängigkeiten, den in der Organisation selbst wirksamen sinnstiftenden Elementen, Werten, Kulturspezifika, Ablaufroutinen und Spielregeln, und andererseits konnten auf dem Weg der Beobachtung und Kommunikation Entscheidungen verdichtet und praktisch verfügbar

10 Vgl. u.a. Luhmann (1984), (1988), (1992) sowie Parsons (1964) und Künzler (1989)

11 Zwei zentrale Führungs- und Kontraktpersonen hatten darüber hinaus vor längerer Zeit ein OSTO/SYMA Managementtraining besucht und waren mit unserer "Denke" vertraut.

gemacht werden.[12] Und "Entscheidung" ist ebenfalls etwas, was zum Kommunikationsmedium Geld, Macht etc. paßt ("basale Selbstreferenz", "Autopoiesis"[13]).

11.7. SOLL-Bild der Organisation

Gleichzeitig steigende Dynamik und Komplexität ("dynaxity") und das damit verbundene zunehmende Risikopotential zwingt Organisationen heute zu ständigen Monitoring-, Reflexions- und Wandlungsprozessen (Systemdiagnose und Change-Management), sowie zu strategisch-strukturellen Gestaltungen, die hohe Stärkennutzung, Schnelligkeit, Kreativität und Lenkbarkeit ermöglichen ("dynaxibility", lean systems, alerte/lernende Organisation etc.). Kulturen (Gepflogenheiten, Spielregeln, Normen, Werte, Ziele, Sinn etc.) und Qualifikationsmuster (multifunktionale Ausbildungen, Mobilität, Selbstorganisation, Kontext- und Metamanagement, Komplexitätsfitneß etc.) sind dabei ständig mitzuentwickeln und ebenfalls Gegenstand fortwährender kritischer Reflexion. Das in diesem Sinne dem Beratungsprozeß (sowohl beim Berater-, als auch beim Klientensystem) zugrunde liegende Organisations-Soll-Bild kann daher programmatisch-summarisch umschrieben werden als das einer zukunftsfähigen, alerten, also wachsamen, wendigen, flexiblen, lern- und entwicklungsfähigen Organisation.[14]
Vor dem Hintergrund dieser Modellvorstellung und unter partieller Bedachtnahme der Theorie selbstreferentieller Systeme führte das seitens der Berater zu folgenden prozeßstrategischen Dispositionen:

- Prozeßsteuerung in Richtung "fit for the future",
- Kontextmanagement mit dem Ziel, den Menschen in/mit ihrem System zu helfen, sich selber besser zu verstehen (Wahrnehmungs-, Denk-, Verhaltensmuster) und sich selbst in Richtung "Zukunftsfitneß" steuern zu lernen,
- dabei jedoch die eigene derzeitige unternehmenshistorische Entwicklungsphase nicht zu übersehen (Pionierunternehmen, patriarchalisch-autoritärer Führungsstil, großgewachsener Handwerksbetrieb, keine "komplexitätskompetenten" Führungskräfte, Unterschätzung der mit der zunehmenden Unternehmensgröße verbundenen Binnenkomplexität, "naives" Betreten von Märkten mit hoher Veränderungsgeschwindigkeit und hohem Risiko etc.),
- und auf nicht steuerbare Kontexte mit Alertheit (Wahrnehmung "schwacher Signale"), Klugheit und "Überraschungskompetenz" (re)agieren zu lernen (dynaxibility), anstatt, wie in einem Hamsterrad, nur schneller und mehr zu arbeiten ...

11.8. Organisationales Lernen

Wie bereits beschrieben, diente uns, wie wahrscheinlich allen Beratern, ein spezifisches "ideales" SOLL-Bild einer Organisation als Vision und Zielrichtung, wohin sich unserer Meinung nach dieses Unternehmen entwickeln sollte, um einerseits mit den bestehenden Schwierigkeiten fertig zu werden, und um

---

12 Diese Schritte sind überaus notwendig, denn worüber in einer Organisation nicht kommuniziert wird und was nicht zu Entscheidungen verdichtet werden kann, existiert für sie praktisch nicht und ist daher auch nicht verfügbar.
13 Vgl. Luhmann (1984) S. 600 ff.; Fischer (1991); Kratky (1991)
14 Vgl. u.a. Kirsch (1992) und Neumann (1994), S. 226 ff.

andererseits zukünftig generell den zunehmend komplexer, dynamischer und risikoreicher werdenden Entwicklungen einigermaßen gewachsen zu sein. Geleitet wurden unsere Vorstellungen dabei von dem Bild einer lernenden, zukunfts- bzw. entwicklungsfähigen und überraschungskompetenten Organisation[15], die sich den eigenen systemspezifischen Eigenschaften, Kernfähigkeiten und Verhaltensweisen (z.B. Selbstreferentialität) sowohl im Binnenverhältnis, als auch in der Austauschbeziehung mit der Umwelt (Wechselwirkungen, Abhängigkeiten, usw.) bewußt wird, diese akzeptiert, aber auch kritisch auf Funktionalität[16] bzw. Disfunktionalität hinterfragt und ggf. auch zu verändern in der Lage ist. Ziel soll dabei nicht ein rein auf Anpassung ausgerichtetes Lernen (Lernen I) sein, sondern ein Veränderungslernen (Lernen II / III), indem der institutionelle Bezugsrahmen, also bestehende Handlungstheorien, kritisch hinterfragt und verändert wird.[17] Weiters soll der Kontext in dem Lernen passiert, gefördert oder auch gehemmt wird, reflektiert werden können, sodaß die Lern- und Entwicklungsfähigkeit der Organisation eine andere Qualität erlangen kann (Entwicklungslernen). Im Mittelpunkt der Reflexion und Modifikation sollen also nicht nur Ziele, Strategien und Strukturen der Organisation sein, sondern vor allem kognitive Strukturen, Handlungsprogramme und Sinnbezüge des Handelns eines jeden Einzelnen. Auf den Punkt gebracht heißt dies, daß es nicht darum geht, "neue !?" idealisierte und vielleicht auch anderswo bereits bewährte Konzepte und Modelle (z.B. Lean Organization usw.) zu adaptieren, sondern das organisationale Wissen (knowledge-base)[18] zu nutzen, anzureichern und so zu verändern, daß die Unternehmung im Sinne einer alerten, also wachsamen, wendigen, flexiblen und auf Kreation und Entwicklung ausgerichteten Organisation, eine andere Qualität an Selbstregulations- und Erneuerungsfähigkeit und letztlich auch Handlungsfähigkeit generieren kann. Die öffentliche und partizipative Prozeßgestaltung mußte deswegen einen hohen Stellenwert bekommen.

11.9. Kontextmanagement

Abgeleitet von einem Organisationsverständnis auf epistemologischer Basis einer Theorie komplexer Systeme kommt nicht nur Führungskräften, sondern, so denken wir, auch Beratern die wichtige und zentrale Aufgabe des Kontextmanagement bei Veränderungs-, Lern- und Entwicklungsprozessen zu. Es müssen somit immer kontextbietende Rahmenbedingungen bzw. Leitplanken definiert, beobachtet und ggf. verändert werden, innerhalb derer eine fruchtbringende, wechselseitig sich ergänzende Kooperation zwischen geplanten und gesteuerten Lern- und Veränderungsmaßnahmen einerseits, und Elementen der Autonomie und Selbstorganisation andererseits, entstehen kann. Ziel soll letztlich dabei sein, in einem gemeinsamen prosozial und partizipativ gestalteten Interaktionsprozeß Zielvorgaben, Zeit- und Ergebnisvereinbarungen, Handlungsspielräume und Schnittstellen so festzulegen bzw. offen zu halten, daß es innerhalb einer lose definierten Arena zur Möglichkeit eines autonomen, selbstorganisierten und ergebnisverantwortlichen Problemlöse-, Lern- und Kooperationsverhaltens (Schnittstellen-

---

15 Siehe dazu auch Kirsch (1992); Perich (1992), Rieckmann (1992), (1994) und Neumann (1994), S. 226 ff.

16 Jede Spielregel, jedes Kulturelement, jedes konkrete Verhalten im System hat ganz gewisse, bewußte bzw. unbewußte Funktionen. Für einige wird dadurch etwas vermieden und geschützt, für andere wiederum etwas bewußt erzielt und erreicht.

17 Vgl. u.a. Argyris/Schön (1978); Argyris (1982), (1990); Klimecki/Probst/Eberl (1991); Sattelberger (1991); Pawlowsky (1992); Probst/Büchel (1994)

18 Vgl. Pautzke (1989); Kirsch (1992); Perich (1992)

management) kommen kann.[19] Im Detail betrifft dies also die flexible Gestaltung, Handhabung bzw. Modifikation folgender lern- und entwicklungsfördernder Kontextfaktoren:

- Die *klare Vereinbarung* von konkreten, die gemeinsame Arbeit bestimmenden, Spielregeln, Raum- und Zeitvereinbarungen im Berater-Klient-Kontrakt und die Klärung von Verantwortlichkeiten, Rollen, Zuschreibungen, Erwartungen und Befürchtungen. Im Mittelpunkt soll dabei das ehrliche, erwachsene und nicht "spielerische" Umgehen miteinander bzw. untereinander sein (siehe "Contracting").
- *"Put the whole system in the room...":* Das *"setting" des Teilnehmerkreises*, daß in diesem Fall nach dem Motto *"put the whole system in the room"*[20] einerseits entsprechend den natürlichen Abteilungsbesetzungen im tagtäglichen Arbeitsprozeß zusammengesetzt und in einem Raum angeordnet war (Entfaltung der Problemlandschaft, Bewußtmachung und Klärung von internen Kunden-Lieferanten-Beziehungen), und andererseits in Querschnittgruppen umorganisert wurde, um die gesamthaft auf das Unternehmen bezogenen zentralen Schwachpunkte (Kernprobleme) zu bündeln. Dadurch wird zusätzlich ein abteilungsübergreifender Austausch- und Kommunikationsprozeß hinsichtlich intersubjektiv geteilten Sinns gefördert, sodaß subsystemische Wirklichkeiten, die jeweils herrschenden und handlungswirksamen Vorurteile, Zuschreibungen, Phantasien, Unklarheiten und Projektionen ausgetauscht, besprochen und teilweise auch geklärt werden können.
- Das *Arbeiten an unternehmensspezifischen eigenen Problemen* und Fragen, um sowohl ein Höchstmaß an Berater-System-Anschlußverhalten zu produzieren, als auch die Möglichkeit von Transferverlusten zu minimieren. Somit wird Sinn in der eigenen Arbeit am Change Prozess erkannt und die Voraussetzung für Selbstmotivation und Mobilisierung geschaffen.
- *Zirkuläre Fragen und Aufgabenstellungen:* Die Aufgabenstellungen waren so gewählt (siehe vorne), daß sich die jeweiligen Abteilungen sozusagen zirkulär in die Rolle der anderen Abteilungen versetzen mußten, um zu verstehen, wie sich ihr eigenes Tun auf das der anderen auswirkt und umgekehrt. Dadurch wurde auch verständlich, welche eigenen internen Veränderungen ebenfalls Verbesserungen bei anderen zur Folge haben, sodaß ein fruchtbares Zusammenwirken aller insgesamt zu mehr Erfolg führen kann. Wir mußten dabei lediglich auf die Melodie des Prozesses hören, um sozusagen die "richtigen" Fragen zum "richtigen", den Prozeßverlauf betreffenden, Zeitpunkt (Kairos) stellen zu können. Damit haben wir das Organisations-Know-how aktiviert, genutzt und auf den Problemlösungs- und Kulturentwicklunglungsprozeß kanalsiert, gemäß dem Motto: "Wenn das System wüßte, was es alles weiß ...".
- Die *Öffentlichkeit bei Diagnose und Problemlösung* schafft neben Transparenz und der Möglichkeit zur offenen Kommunikation darüberhinaus gesunde Konkurrenz (aufgrund sozialen Drucks, Social Comparison Effect, Selbstverpflichtung und der Angst vor Blamage) und somit Produktivität und Kreativität für die Abarbeitung von Problemen auf sachlich ablauforganisatorischer Ebene.

---

19 Vgl. Rieckmann (1990); Neumann (1994)
20 Vgl. Weisbord (1984), (1986)

- *Installierung und Ermächtigung (empowerment) selbständiger, teilautonomer, ergebnisverantwortlicher Aktoren, Projektgruppen etc.*, die sozusagen simultan Aufgaben-, Problemstellungen und Lernprozesse in Angriff nehmen.
- Die *Institutionalisierung von Rückkopplungsschleifen* (Follow-up-Meeting) zur laufenden Projektfortschrittskontrolle und rollenden Planung von nächsten konkreten Projekt-/Prozeßschritten und Festlegung von Zuständigkeiten und Verwantwortlichkeiten.
- *Präsentation, Anerkennung und kritische Würdigung* von erzielten Zwischenergebnissen und bewußtes feiern von Erfolgen.
- *Institutionalisierung von Prozeßbeobachtung, -reflexion, -diagnose und -planung:* Mit Hilfe der Installierung und Legitimierung einer multifunktionalen Prozeßsteuerungsgruppe (PSG) im Sinne einer Parallelorganisation auf Zeit, konnten Prozesse beobachtet, hinterfragt und Diagnosen verfeinert und angereichert werden, um einige im Untergrund der Organisation verborgenen, jedoch maßgeblich herrschenden Faktoren hinsichtlich Hintergründen und Gesamtzusammenhängen von Systemgeschichte, Kultur, Identität, Wert, Codierung, Verhalten, Sinn und Entwicklungsdynamik der Organisation. Weiters verbesserte die PSG durch die Arbeit an ihrem eigenen sozialen Kernprozeß (den Umgang und die Arbeit untereinander bzw. miteinander) in Richtung Unternehmenszweck (Existenzgrund) die eigenen psycho-sozialen und manageriellen Fähigkeiten und Fertigkeiten, um den komplexen Veränderungs-, Lern- und Entwicklungsprozeß zukünftig eigenverantwortlich und ergebnisorientiert vorantreiben und managen zu können.

Wie diese hier aufgezeigten Faktoren zeigen, übernimmt der Berater über weite Teile die Funktion eines Managers auf Zeit. Dies jedoch nicht auf Grundlage einer bislang voluntaristisch geprägten Führungskonzeption, sondern im Sinne eines Prozeß- und Kontextmanagers, der in der Rolle eines Facilitators bzw. Katalysators Anfangs- und Randbedingungen definiert und variabel verändert, sodaß sich System-Interaktionsprozesse prosozial interaktiv entwickeln können.

11.10. Prozeßkomprimierung und Simultanentwicklung

Durch partielles Nicht-Beschreiten klassisch-sequentieller OE-Wege á la Aktionsforschungmodell[21] und durch den Sprung ins kalte Wasser des 3-tägigen Startworkshops war es möglich eine Fülle verschiedenartiger Prozesse partizipativ, parallel und simultan ablaufen und erleben zu lassen, wie beispielsweise:

- Contracting (gleichzeitig Vertrags- und Möglichkeitsbasis für alle weiteren Punkte)
- Daten sammeln, aufbereiten, analysieren,
- Diagnosen, Interpretationen, Hypothesen generieren,
- Lernen:
  a) tieferes Kennenlernen der eigenen Firma (Inhalte, Strukturen, Prozesse, Strategien, Kulturen, Kompetenzen, Probleme, Kollegen, Befüchtungen Hoffnungen, etc.)
  b) Erleben des Netzwerkcharakters von Organisationen, "systemisches" Beobachten, Denken, Explorieren, Handeln,

21 Vgl. Abb. "OE-Problemlösezyklus" im Aufsatz "Organisationsentwicklung"

c) Organisationslernen, d.h. lernen, wie Menschen über "ihre" Organisation kritisch-diagnostisch nachdenken lernen können, um sich selbst und "ihr" System besser zu verstehen und um neue Handlungsmöglichkeiten entdecken, organisieren, realisieren und implementieren zu können (z.B. PSG, Workshops, etc.),
d) und welche Funktionen und Vorteile externe Ressourcen (z.B. Berater) für die Gestaltung dieser Lernprozesse haben können.
e) Erhöhung komplexer Problemlösekompetenz (individuell, gruppenbezogen, organisational)

- Energiegewinnung durch gemeinsame Sinnentwicklung, dadurch Verbesserungen in Bereichen wie Zufriedenheit, Vertrauen, Klima, Motivation, Hoffnung
- Partizipation (Einbindung, Kooperation, Kommunikation, Entscheidung) - Partizipationslernen
- Projektmanagement/Change Management (z.B. PSG)
- Selbstverpflichtung, Commitments, Verantwortungsübernahme, Selbstmanagement/ -organisation
- Maßnahmen-, Aktions- und Zeitplanung
- Prozeßmanagement (Kontextmanagement), "leadership", Prozeß- und Erfolgssicherung (Controlling, "rollende Planung")
- MBO/R: Ergebnis- und zielorientiertes, eigenverantwortliches Management
- Paralleles, teilautonomes Abarbeiten von "Schmerzstellen" in den einzelnen Abteilungen (Arbeitsteilung, "simultaneous redesigning")
- Modellhaftes Lernen am eigenen Leibe, "learning by doing" bzgl. dessen, was "zukunftsfähige Organisation" inhaltlich bedeutet und qualitativ meint ...

Wir glauben, daß durch diese Prozeßparallelisierungen und -synchronisierungen Prozeßkomprimierungen möglich waren, die zeit-, kosten- und aufwandsminimierend wirkten und für die u. M. n. schnellen Anfangserfolge mitverantwortlich waren (auf Objekt- und Lernebene).

11.11. Der "Zwei-Seiten-Approach" (Duales Management)

Jede Organisation hat ihre "Unterwelt" und ihre "Selbstreferentialitäten". Neben dem Input-Output-Transformationsprozeß stellen erstere vermutlich die zentralen Energielieferanten und Steuerungssysteme dar. Gleichzeitig sind diese Organisationsdimensionen und -kräfte wesentlich schwerer faßbar als bspw. die "hard-facts" auf materieller und struktureller Ebene. Deshalb werden jene auch oft als "soft facts" oder "invisible factors" umschrieben, verbunden mit dem Umstand, daß ihre Beschreibung, Analyse und Benennung oftmals wenig Anschlußfähigkeit an die "offizielle" Organisationswelt zeigt, damit aber auch im Beratungsprozeß wesentlich schwerer bearbeitbar ist - dennoch aber unbedingt bearbeitbar gemacht werden muß, wenn das System sich besser verstehen möchte und "klüger" handeln lernen will/muß ...
Hier stießen wir im Laufe des Prozesses auf eine Vorgehensweise, die wir spontan "Zwei-Seiten-Approach" nannten. Dieser Ansatz kann dabei helfen, das zunächst "Unbearbeitbare" anschlußfähig und bearbeitbar machen zu können. Diese Vorgehensweise läuft dabei über folgende mehrere Stufen:

1. *Anschlußfähigkeit zunächst nur auf Fach-, Sach-, Aktions- und Geschäftsebene suchen:* Geld, Zeit, Entscheidungen, Aktionen, Qualität,

Kosten, Erfolg/Mißerfolg, Produktion usw., also hard-facts. Dadurch schneller, weil als legitim empfundener Start.

2. *Simultan entsteht Kooperation*, Kennenlernen und Vertrauen baut sich auf (es geht ja nicht um Abbau von Stellen etc.), und in der Sache geht es schon mal weiter...
3. Nachdem zentrale "sachliche Brocken" (z.B. Inhalte oder ablauforganisatorische Schwierigkeiten) abgearbeitet wurden, aber immer noch deutlich Sand im Getriebe ist, entdeckt der Klient, daß *soft-facts als Kern-Ursachen* existieren, die mitunter dafür verantworlich sind.
   Der "Prozeßabsturz" war in dieser Hinsicht von eminenter Bedeutung: explosionsartig erweiterte sich das Bewußtsein, und "invisible factors" wie "Gespenst", "Honig" etc., sprich Reproduktionsmechanismen und Selbstreferentialitäten, also unsichtbare psycho-soziale und geistig-seelische, systemwirksame "Umwelt"-Entitäten wurden plötzlich sichtbar und zu den eigentlichen "hard-facts" !
4. Erst durch diese selbst erfahrene, erlittene (nicht hineingepredigte), co-evolutiv wachsende Anschlußfähigkeit psycho-sozialer Systemdimensionen im Sachprozeß selbst (!), entstand subliminal Akzeptanz, Legitimität und Besprechbarkeit dieser Faktoren und Zwang zu ersten bewußten Wert- und Richtungsneuentscheidungen im immateriellen Sinnbereich. Der notwendige "Tiefen-Change" wurde damit in der Sprachwelt des Business und des Geldes ansprechbar und "Sinn" machend: Kapazitäts-, Geschäfts- und Personalplanung, Personalentwicklung etc. ...
5. Durch den "Zwei-Seiten-Approach" werden darüber hinaus Arten von Beratungs- und Veränderungsprozessen verhindert, die mehr oder weniger "sozialromantisch" oder "blindwütig" einsteigen und dann auf naive, kostspielige, langwierige und versandende Art und Weise den Reproduktionsmechanismus ("Rumpelstilzchen") im Kern nicht treffen - nicht treffen können, also unwirksam bleiben.
6. Dieser Approach zwingt qua Prozeß (!) zu paradigmatischen Sprüngen in Auffassungen und Wahrnehmungen bzgl. Organisation, Mensch, Führung, Veränderung, Entwicklung, Lernen, Komplexität und Zukunft.

Allerdings war uns das eingangs in diesem Projekt kaum klar, noch bewußt. Es hat sich im Prozeß so entwickelt, und wir glauben, daß auch dieser "Zwei-Seiten - Approach" (sachlich von der einen Seite - geistig, sinnhaft, psycho-sozial von der anderen Seite) zur Wirksamkeit des Prozesses beigetragen hat ...

12. Fazit und Zusammenfassung

Hinsichtlich unserer Eingangsfrage nach den Stand der Kunst läßt sich u.M.n. folgendes abschließend festhalten:

1. Der Mix aus OSTO-Ansatz, selbstreferentiellen Systemverständnis und klassischen OE-Strategien, Interventionen und Techniken scheint praxiswirksam zu sein.

2. Komplexität, individuelles, kollektives und organisationales Lernen sowie Handlungsfähigkeit und Ergebnissicherheit läßt sich miteinander verbinden, auch wenn gewisse Theorierichtungen anklingen lassen, daß es eigentlich

nicht ginge ... da Organisationen viel zu komplex, selbstbezogen und veränderungsresistent sind. Sie können nur sich selbst bewegen, wenn sie sich bewegen wollen. Im Gegenteil glauben wir, daß Berater Einfluß haben, Autorität entwickeln können und sollen sowie partiell Führungsfunktionen in Richtung Unternehmensziele übernehmen sollten. Wir halten das für legitim im Kontext von Makrt, Wettbewerb und Sicherung von Handlungs- und Leistungsfähigkeit.

3. Beratung unter heutigen Komplexitäts- und Turbulenzbedingungen muß selbst entsprechende Resonanz-Komplexität aufweisen (vgl. systemische Beratung). Die Qualifikationsanforderungen an den einzelnen Berater steigen damit allerdings auch. Das abschließende Schaubild versucht diese Anforderungen vor Augen zu führen, Anforderungen, die wir in unserem "Lernfall" am eigenen Leib erlebten ...

Abb. 1 Neun Variablen effizienter Beratungsprozesse ???

11. DER ORGANISATIONSALLTAG UND SEINE UNTERWELT: DER SCHWEINEHUNDDEFEKT

Ungeschützte Gedanken eines OE-Beraters zu den "tieferen" Grenzen humanistischer Entwicklungsanstrengungen im Personal- und Organisationsbereich... über Schallmauern bei Veränderungsprozessen und "ganzheitlichen" Systemdiagnosen

1. Worum geht´s?

Das Zusammenleben von uns Menschen ist nicht leicht. Besonders deutlich wird das u.a. überall dort, wo wir - freiwillig oder gezwungen - in Organisationen längerfristig zusammenarbeiten müssen. Und es erscheint belanglos zu sein, um welche Art von Organisation es sich dabei handelt: ob Wirtschaftsunternehmen, Non-Profit-Organisationen, Kirchen und religiöse Gemeinschaften, Parteien, Behörden, Institutionen oder Vereine: überall tauchen im Grunde dieselben menschlichen und zwischenmenschlichen Probleme auf.
Als Unternehmens- und Organisationsberater erlebt man das als sein tägliches Brot (wofür man ja auch bezahlt wird). Und wenn man dazu (biographisch gesehen) noch aus der "Psycho-Ecke" kommt, z.B. aus dem Bereich der Therapie, Pädagogik, Gruppendynamik oder Organisationsentwicklung, ist man für diese "zwischenmenschliche" Problematik noch sensibler als einem das manchmal lieb ist. Doch auch jenseits dieser möglicherweise berufsspezifischen Sensibilität ist der Gegenstand "zwischenmenschlicher Prozesse" als solcher etwas, was sich in Beratungs-, Veränderungs- und Entwicklungsprozessen von Menschen, Gruppen, Organisationen und Kulturen nicht selten als zähes, widersprüchliches und mühseliges "Geschäft" zeigt. Und besonders deutlich wird dies vor allen Dingen dann, wenn es nicht mehr "so" weitergehen kann und "was" geändert werden muß.
Häufig rufen solche "Situationen" dann nach Unterstützung durch einen externen Berater, einem Fachmann in Sachen Organisations-, Personal- und Managemententwicklung zum Beispiel.
Und der legt dann munter los - stößt aber häufig recht bald - trotz allem - auf Gegenkräfte.
Auch Führungskräften, die Entwicklungs- und/oder Reorganisationsprojekte durchzuziehen haben, geht es nicht anders. Auch sie können manch´ ein Lied davon singen:

Man ackert und ackert - ganz gleich eben, ob als Führungskraft oder als Berater - man analysiert, organisiert und entscheidet, experimentiert, moderiert, trainiert und "coacht" - und doch läuft alles irgendwie zäh, ineffizient und unbefriedigend.
Auch ausgeklügeltste Interventionsmethoden, kollektive Reflexionssitzungen ("Hubschrauberrunden"), professionellste Prozeßdesigns à la "state of the art" sowie modernstes Theorie-Know-how helfen nicht weiter. Ebensowenig Druck und Zwang oder Versprechungen und gutes Zureden.

Stattdessen immer so viel Gegenwind, Gummiwände, Widerstände, Versandungen, Honigsümpfe ... und wahre Fluten von Rationalisierungs-,

Verschiebungs-, Ablenkungs- und Tarnungsmanövern, sowie Unmengen von Killerphrasen, die oftmals von außerordentlich blöden Versionen bis hin zu subtilen, superkultivierten, wissenschaftlichen, sogar theologisch hochgerüsteten Spitzenqualitäten reichen.
Doch in allem steckt offensichtlich immer dieselbe Energie, dasselbe Interesse. Es ist, als ob eine unsichtbare "Schallmauer" existiert, die mal wortlos in ruhigem Tone, mal aggressiv-entschlossen sagt:

"Bis hierhin und keinen Schritt weiter!"

Und es geht dann auch nichts wirklich weiter. Weder in die Tiefe noch nach vorne... Höchstens wieder zurück. Und dies paradoxerweise oft trotz ernsthafter Absichtserklärungen aller Beteiligten, die Zukunft gestalten zu wollen ... .

Wie läßt sich das erklären?
Der normale "resistance to change", der ja in der Widerstandsliteratur weidlich beschrieben und studiert wurde[1], scheint mir die Kernursachen dieser penetranten Entwicklungsblockaden und "Bremsertruppen" nur in erster Annäherung - durch Rekurs auf ökonomische, sozialpsychologische und organisationale Gleichgewichtsbedrohungen (Ängste) - erklären zu können.

Deutlich tiefer greifen m.E. da schon die "neueren" Ansätze des selbstreferentiellen Systemverständnisses (Luhmann) und der Begriff der "Systemabwehr" (Heintel).

Ersterer versucht die Widerspenstigkeit sozialer Systeme gegen Veränderungen auf Mechanismen sich selbst bestärkender, eigen-sinniger Selbstreproduktionsprozesse zurückzuführen[2] (Autopoiese, "operationale Geschlossenheit", "Selbst-Reverenz"[3] etc.) und dabei Organisationssysteme als Sinnkonstruktionsergebnisse strukturfunktionalistischer, systemischer Wechselwirkungsproduktionen zu erfassen (auf der Basis von Entscheidungen, Erwartungen und Erwartungen über Erwartungen ...).

Zweiterer - vermittels des Begriffes der "Systemabwehr" - versucht darüber hinaus im Sinne eines konservativistischen, kollektiven (Organisations-) Unbewußten noch anthropologische, ökologische, psychoanalytische und religionspsychologische Tiefendimensionen menschlichen Seins in dieser Welt als Erklärungsmöglichkeiten mitaufzunehmen: "Organisationen sind tendenziell für die Ewigkeit gebaut, entwickeln ein eigenes Leben ... dem sie einen beträchtlichen Teil ihres Energieeinsatzes ... widmen. In diesem Sinne sind sie jedenfalls weit davon entfernt, eine bloß sachlogische und auf Aufgaben bezogene Einrichtung zu sein; sie sind bis zu einem gewissen Grad sich selbst Zweck[4]. Dazu kommt, daß das, was das "eigentliche" Leben von Organisationen ausmacht, vielfach unbewußt ist ... . Das kollektive Unbewußte reagiert sensibel auf kleinste Veränderungen. "Es" ist eine gebündelte, emotionale, "instinktive" Reaktion ... sie kann die wunderlichsten

1 Vgl. Coch/French, 1948, S. 512-532; Argyris, 1990 sowie Zusammenfassungen bei Staehle, 1994, S. 921.

2 Vgl. Luhmann, 1992; Kirsch, 1992; Knyphausen, 1988; Willke, 1992.

3 Dieses m.E. sehr treffende Wortspiel, daß eben diese Art Systeme nur sich selber Reverenz erweisen, stammt von meinem Mitarbeiter Dr. Neumann.

4 Bzgl. "außerorganisationalen" Funktionen von Organisationen - wie z.B. Todesverdrängung, Identitiät, Schutz, Angstabwehr, Omnipotenzillusion etc. - siehe Heintel/Götz, 1994 a, S. 153 f.; Heintel 1994 b, (Götterdämmerung"); Heintel, 1983; sowie Menzies, 1974.

Gestalten annehmen ... . Gegen diese Systemabwehr gibt es offenbar kein Rezept" (Heintel/Krainz, 1988, S. 3 f, 9 f sowie 1994a, S. 160 f.).
Doch "irgendwie" schienen mir auch diese weitergehenden Erklärungsversuche noch nicht überzeugend genug zu sein. Die Widerstandsthematik wird zwar in komplexeren Zusammenhängen gesehen und/oder auch in "anderen", metaorganisatorischen Erfahrungsbereichen menschlicher Existenz weiter verfolgt, aufgespürt und entdeckt (Religion, Geschichte, kollektives Unbewußte, Mythen etc.), der zentrale Kern jedoch scheint ungetroffen, der "heiße Brei" immer noch unberührt. Obwohl jene systemischen, psychosozialen und tiefenpsychologisch beschriebenen und analysierten Reaktionsmuster und Musterreaktionen individuellen und organisationalen "Widerstandsverhaltens" durchaus einiges Licht ins Dunkel dieser Abwehrsysteme bringen, "des Pudels Kern" - um mit Faust zu sprechen - bringen sie noch nicht ans Licht. Es muß weiter gefragt und tiefer gebohrt werden, nämlich:
Was denn nun eigentlich diese zähen Reaktionsmuster produziert und provoziert, was denn nun die Programme und Metaprogramme, also die eigentlichen Geistes- und Willensinhalte sind, die dahinterliegen und zu eben jenen Sekundärwirkungen wie Gleichgewichtsinteressen, operationalen Geschlossenheiten und instinktiven Systemabwehren führen ... Es gilt zu fragen, was denn da im "organisationsgenetischen Kern" eingewickelt zu sein scheint, was dann in so verblüffender historischer Konstanz sich immer wieder mit hoher Selbstähnlichkeit selbst reproduziert und sich gegen Außenbeeinflußungen - z.B. Aufklärung, Erziehung, Beratung etc. - als so außerordentlich resistent und widerspenstig erweist? Was also ist es denn, das da in unseren Organisationen - und damit auch in uns - so hartnäckig nur sich selbst "verfolgt" (!), trotz aller Hochglanzbekenntnisse und Appelle in offiziellen Verlautbarungen, die immer nur Leben, Frieden und Paradies wollen, zurecht wollen, aber doch tragischerweise so viel Frustrationen, Streit, Enttäuschungen und Reibungsverluste verursachen, ja im Extremfall Krankheit, Krieg, Tod produzieren ... (Und noch weiter extrapoliert: Wie konnte es passieren, daß im Hochland der Dichter und Denker[5] Auschwitz möglich wurde, ideologisch und eben auch organisatorisch so effizient möglich wurde ... und warum - verblüffenderweise - obige Widerstandsproblematik hier offensichtlich überhaupt nicht (oder nur sehr marginal) auftauchte ? Wie ist das zu erklären ?).
Jedenfalls waren es diese Art von Fragestellungen, die sich bei mir an der Widerstandsthematik entzündeten und auf jenen zahlreichen Erlebnissen im Umgang mit den Mikro- und Mesogesellschaften unserer Organisationswelten basierten.
So begann ich mich auf die Suche nach weiteren Erklärungsmöglichkeiten zu machen, mit dem (philosophisch gesehen natürlich "unmöglichen") Ziel, herauszufinden, was denn nun "wirklich" und "im Eigentlichen" hinter dieser "Schallmauer" steckt, welches "Rumpelstilzchen" sich hinter diesen zähen Resistenzen gegen Veränderung und diesen ebenso zähen Selbstreproduktionsmechanismen namens "Selbstreferentialität" verbirgt, was also diese "Schallmauer" hervorruft und aus was sie gebaut ist ...

Bei meinen Nachforschungen bin ich - metaphorisch gesprochen - dann auf ein "Hybridwesen" gestoßen, dem ich dann eine nicht gerade sympathische

---

5 Vgl. hierzu. z.B. die aufrüttelnden Analysen von Picard (Hitler in uns), 1946, und Fromm (Anatomie der menschlichen Destruktivität), 1977.

Bezeichnung zu geben gezwungen war, nämlich den Namen "SchweineHund" (im folgenden Text kurzerhand SH genannt).

Nun ist ja der SchweineHund als solcher nichts umwerfend Neues. Es gab ihn - analog zum Schäferhund - ja schon als Helfershelfer von Schweinehirten zur Disziplinierung von Schweineherden.
Bekannt ist der SchweineHund auch als jener innere Widerstand, den es zu überwinden gilt, wenn man z.B. zur Arbeit gehen muß, obwohl man lieber noch im Bett kuscheln möchte ...

Doch welche Rolle jenes Hybridtier in Beratungs-, Entwicklungs- und Bildungsprozessen wirklich zu spielen schien, dämmerte mir erst, als ich - wie erwähnt - im Laufe mehrerer akuter Widerstandserfahrungen mit einigen sehr hartnäckigen "Schallmauern" in Organisations-, Personal- und Managemententwicklungsprozessen (OE/PE/ME) zu kämpfen hatte, begleitet von jenen frustrierenden Gefühlen und deprimierenden Fragen, warum eigentlich trotz aller Anstrengungen im Grunde alles immer wieder schließlich doch so lief, wie es mehr oder weniger immer lief und kein "wirklicher Durchbruch" dauerhaft in Sicht kam.

Als ich dieser "Schallmauer" auf den Grund ging, stieß ich - wie gesagt - auf eben diesen SchweineHund (SH).

Daß Methoden der Organisations-, Personal- und Managemententwicklung durchaus wert- und wirkungsvolle Beiträge zur Produktivität und Humanität in Unternehmungen leisten können, möchte ich hiermit keinesfalls in Abrede stellen.
Ich selbst habe - nach kritischer Sichtung von ca. 20 Jahren PE/OE-Erfahrungen, niedergeschrieben in einem Artikel mit dem bezeichnenden Titel: "Organisationsentwicklung - von der Euphorie zu den Grenzen (1991)" - eine positive Bilanz ziehen können (siehe Artikel 5: Organisationsentwicklung).

Aber auch die Grenzen wurden sehr deutlich.

Und dies einhergehend mit einer ebenso deutlichen Reduzierung der (Leistungs-) Ansprüche und sozialreformerischen Hoffnungen[6], (z.B. Humanisierung der Arbeitswelt (HdA), Persönlichkeits-/Selbstverwirklichung, Demokratie etc.), die wir mit den Ansätzen humanwissenschaftlich-humanistisch ausgerichteter Organisations-, Personal- und Managemententwicklung in den 70er Jahren verbanden (z.B. bei der Gründung der Gesellschaft für Organisationsentwicklung/GOE).

Was zu diesen Reduzierungen und Ent-täuschungen führte, war - so die These dieses Artikels - der SH-Effekt, manche sagen auch SH-Defekt.

Ich habe mich - wie gesagt - seitdem mit diesem SH und seinem tiefen-bio-psycho-sozialen und geistigen (Un-)wesen zunehmend intensiver beschäftigt, "ihn" in Artikeln (1989, 1990 b, 1991, 1995) und Vorträgen erwähnt, anfangs noch ziemlich schamhaft und ängstlich (Tabuverletzung?), dann aber doch immer entschlossener - und wurde zu meiner Verwunderung von Zuhörern verschiedenster Couleur

6 Hierzu für historisch Interessierte: Lauterburg´s "Vor dem Ende der Hierarchie" (1978); Rieckmanns Fabriksneugründung "... auf der grünen Wiese" (1982); das Credo der "Gesellschaft für Organisationsentwicklung" oder die anfänglichen HdA Projekte, besonders z.B. Fricke im Bereich Arbeiteremanzipation oder "Industrie und Glück" von Löw-Beer (1981).

aufgefordert, darüber etwas zu schreiben, statt, wie ich eigentlich befürchtete, ausgepfiffen und des Platzes verwiesen zu werden.

Ich habe meinen eigenen inneren SH schließlich dann überwunden und mich an den Schreibtisch gesetzt. Nachfolgendes ist dabei herausgekommen.

2. Wie alles anfing ... mit der Ent-deckung des SchweineHundes (SH)

Die Geschäftsführer eines mittelständigen, international ausgerichteten high-tech-Unternehmens, das ich hin und wieder berate[7], baten mich mit ihrer 7-köpfigen Führungsmannschaft, eine sogenannte und seit langem fällige "Identifikationswoche" zu planen, zu moderieren und durchzuführen.

Diese "Identifikationswoche" sollte dem inneren Zusammenhalt der Projekt- und Matrixorganisation, sowie der Führungsgruppe der "3-Sparten-Firma" dienen und alle auf eine gemeinsame Marschrichtung "einschwören".

Gesagt - getan. Wir trafen uns in einem schönen österreichischen Schloßhotel, an einem ebenso schönen Gebirgssee und saßen dann montagmorgens um 9 Uhr vor einem Flipchart: die zwei Geschäftsführer (und Firmeninhaber), 3 Spartenleiter, 2 Zentralbereichsleiter - mein Assistent und ich.

Um schnell in die Gänge zu kommen und keine Zeit zu verlieren, eröffnete ich die Arbeitsrunde mit einer schlichten, dafür aber umso schneller auf den Kern der Sache abzielenden Frage: Warum sind Sie hier? Ich stand am Flipchart, jeder nannte seine Motive, und ich schrieb, für alle sichtbar, mit:

<u>Warum sind Sie hier?</u>

* besser kommunizieren
* besser zusammenarbeiten
* uns besser verstehen
* uns auf einen gemeinsamen Dampfer bringen
* gemeinsame Ziele
* offener und ehrlicher sagen dürfen, was man ("ich") denkt
* nicht auseinanderdriften
* ...

7 Vgl. Rieckmann, H./ Schildmeyer, R.; (1987) Strategische Unternehmensplanung und organisatorische Konsequenzen; Organisationsentwicklung 1/1987, S. 29 f.

Wie die Auflistung zeigt (vgl. Protokoll 8/1987, S. 2), ging es bei allen Punkten um den Wunsch nach Einheit, Gemeinschaft, Harmonie und Synergie, dem Urwunsch der Menschheit sozusagen.

Auch eine gemeinsam erstellte Situationsdiagnose[8] (Protokoll S. 7) zeigte dieselbe Botschaft, dieselbe Not, dieselben Wünsche:

Die Natur unseres Geschäftes ist äußerst komplex ...

... das schafft Unsicherheit über die Zukunft ...
... und macht Angst ...
... und aufgrund der Komplexität fressen sich unsere Energien zum Teil gegenseitig auf ...
... da wir mehr wollen, als wir können ...[9]
... und obwohl wir aktiv und fleißig sind ...
... ergeben wir keine Gesamtheit mehr ...
... da wir von den anderen zu wenig wissen ...
... und so zieht jeder an seinem Karren ...
... und wir ziehen richtungs- und steuerungslos dahin ...
... und letztendlich hat jeder von uns nur seine eigene Wirklichkeit ...

Letzteres wurde mit ziemlich markigen Sprüchen auf den Punkt gebracht:

- Wir sind vergeßlich, hektisch und sprunghaft ...Wir brauchen lange, bis wir Entscheidungen treffen ... aber dafür halten wir uns dann auch nicht daran!
- Wir haben nur noch Cash Cows und Workoholics produziert ... Jetzt haben wir Sodbrennen und haben uns eine Medizin verschrieben, die erst noch in den Labors erfunden werden muß!"

»Irgend etwas kann nicht stimmen an unserer Berechnung ...«

Genau diese Situation hatte ich tagszuvor schon vorausgesehen und befürchtet.
"Befürchtet", weil ich mich überfordert sah, angesichts der Tiefenproblematik dieser Situation, etwas wirklich Substantielles und Änderungswirksames sagen zu können[10] .
Ich selbst hatte mir, in der dem Workshopstart vorausgehenden einsamen Hotelnacht, die Frage gestellt, was eigentlich die Wirksamkeit und Sinnhaftigkeit

8 Ich forderte die Führungskräfte auf, Bilder zu malen, und zwar bzgl. folgender Leitfrage: Wenn die Firma ein Schiff wäre, wie würde das aussehen? (Protokoll 8/1987, S. 3-7)

9 Einer der Leitenden gestand mir unter vier Augen, was ihn antreibe, mehr zu wollen als zu können: Angst und Gier.

10 Es wäre ein Leichtes gewesen, auf althergebrachte Tour, die ganze Angelegenheit pragmatisch-oberflächlich hinwegzumoderieren und zu metaplanieren. Dazu hatte ich jedoch überhaupt keine Lust mehr. Ich wollte mich dem tieferen Kern dieser Problematik stellen.

meiner/unserer Arbeit sei und welchen Rat ich/wir angesichts solcher - immer wieder auftretenden Kernprobleme - (solcher "Menschheitsfragen") geben könnte(n).

Eine "plötzliche" Eingebung riet mir, diese Fundamentalfrage doch einmal von unten, also einmal aus einer ganz anderen Perspektive zu betrachten, nämlich nicht zu fragen "Was kann ich (als Berater) tun?" oder: "Was hast Du Klient zu ändern?", sondern stattdessen: "Woran liegt´s, daß es nicht klappt, d.h. daß diese unsere tiefen Wünsche nach Kooperation, Produktivität, Gemeinschaft, Synergie, Einheit usw. immer wieder nicht erfüllt werden?"

Ich nahm mir damals, an jenem "berühmten" Vorabend der Ent-deckung des SchweineHundes[11], dieser - wie ich´s später nannte - existenzialpsychologischen, quasi-ontologischen und anthropologischen Charakterkonstanten des "homo sapiens" - , ich nahm mir also damals - im Hotel - vom fein gedeckten Tisch eine Serviette und malte auf selbiger einmal auf (als Mind-map), was denn nun - Hand auf´s Herz - wirklich "gespielt" wird in Organisationen und bei Beratungsprozessen.

Und das Resümee dieser sonntäglichen Vorabend-Reflexionen verriet ich dann auch meinem Klienten am nächsten Morgen (dieser war ein Montag). Meine Reaktion auf obigen Wunschzettelflipchart war folgende: "Ja, ich kann Ihre Wünsche und Bedürfnisse sehr gut verstehen. Wir alle sehnen uns ja im tiefsten Herzen nach mehr Verständnis, Gemeinsamkeit und Kooperation, nach Offenheit, Ehrlichkeit, Vertrauen, also einem fruchtbaren, unkomplizierten Miteinander statt fortwährenden Gegeneinander.

Aber, meine Herren, ich wäre kein guter Berater[12], wenn ich Ihnen vormachte, daß diese wichtigen "Kernprobleme" auf leichte Art zu lösen sind (was sie offensichtlich hoffen, oder?). Und ich würde Sie belügen, wenn ich Ihnen nicht offen und ehrlich sagte, wie ich derzeitig über solche Problemstellungen denke und was ich heute anders sehe als noch vor 2 Jahren zu Beginn unserer Zusammenarbeit. Bitte erlauben Sie mir - bevor wir uns an die Arbeit machen - daß ich Ihnen zuvor noch "kurz" meine jetzige Auffassung schildere, damit wir dann nicht mit unterschiedlichen Erwartungen loslegen."

Die Gruppe war einverstanden.

Ich ging zur Stellwand und entwickelte - in einer Art dialogischen Vorlesung - meine private Psychosoziotheorie vom SchweineHund und in welchem Zusammenhang dieses "Tier" mit den Bedürfnissen des Klienten und auch meiner nach mehr Kommunikation, Vertrauen und Gemeinsamkeit steht (bzw. eben nicht steht!), und was das Ganze mit den Leistungsmöglichkeiten von Organisations- und Personalentwicklungsberatungen sowie "Change Management" zu tun hat ...

Das Originalfoto der Stellwand, Abb. 1, zeigt, was dabei herausgekommen ist.
Diese Abbildung möchte ich nun nach und nach erklären.

---

11 Ich schreibe "SchweineHund" mit großem H in der Mitte, um sozusagen seine Bedeutung als Ur-tier herauszustreichen, eine Bedeutung, die weit über die des bekannten, gutbürgerlich-domestizierten Normal-Schweinehundes hinausgeht (oder ihr vorausgeht).

12 was zeigt, daß ich natürlich ein guter Berater sein möchte...

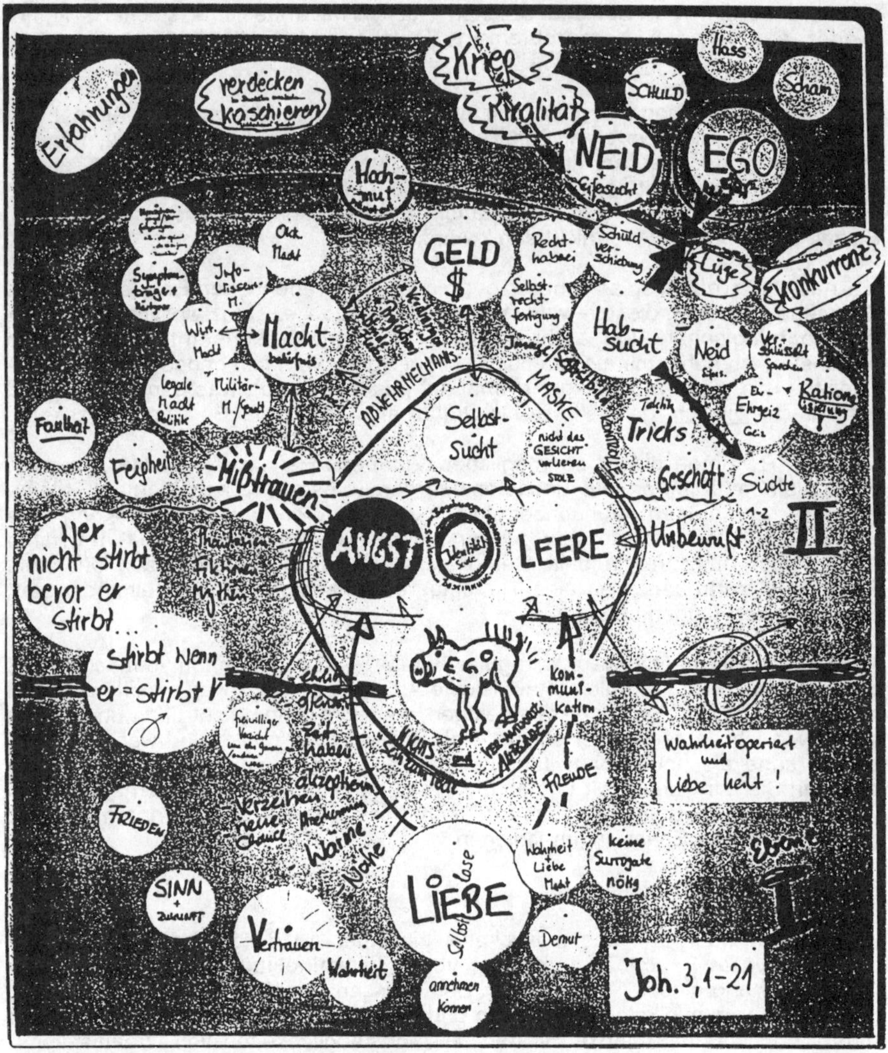

Abb. 1: Der SchweineHund an der Stellwand

3. Innenleben

Mein anfangs als kurze Minivorlesung geplanter Einstieg in den Beratungsprozeß entwickelte sich jedoch unter der Hand sehr schnell zu einem richtigen Maxi-Vortrag, dessen geistige Verdauung und Vertiefung uns alle noch über die Länge der ganzen "Identifikationswoche" hin beschäftigte.

Ich fing damals ungefähr mit folgenden Worten an:

"In letzter Zeit habe ich mich immer häufiger fragen müssen, woran es eigentlich liegt, daß trotz besten Willens, professionell vorgehenden Beratern und guten Rahmenbedingungen doch immer wieder so viele Entwicklungs- und Veränderungsprozesse sich über lange Zeiten im Kreise drehen, versanden, verkümmern oder an scheinbar schier unüberwindlichen Schallmauern zum Stillstand kommen. Probleme der Zusammenarbeit spielten dabei immer eine zentrale Rolle. Warum aber ist Zusammenarbeit - oder genereller gesagt - Zusammenleben von Menschen (z.B. in solchen Entwicklungs- und Veränderungsprozessen in Unternehmen, Organisationen und Gruppen, wie auch in Familien und Ehen) so wesentlich häufiger von Konflikten, Zusammenbrüchen, Entfremdungen, Verletzungen und Krankheiten gekennzeichnet als von Freude, Vertrauen, Frieden, Elan und Kreativität?

Ich habe mich gefragt, woran - neben allen anderen (schnell) erkennbaren Faktoren - es denn nun "eigentlich" (im Grunde) liegt, daß unsere zwischenmenschlichen Verhältnisse so häufig so negativ erscheinen.

Ich bin dabei zu folgender Überzeugung - oder zurückhaltender formuliert - zu nachfolgender Hypothese gekommen: der "SchweineHund" steckt dahinter.

Um das zu erklären, muß ich ein wenig ausholen.

Neben unserem Wunsch nach Harmonie, Verständigung, Kreativität und produktiver Zusammenarbeit bestimmen uns - existenzialpsychologisch gesprochen - auch noch "andere" Kräfte. Sie sind von "archaischer" und eher dunklerer Beschaffenheit und stehen den "Betriebsbedingungen" für OE und PE, wie Offenheit, Vertrauen, Ehrlichkeit, Lern-, Leidens- und Veränderungsbereitschaft usw. ziemlich konträr entgegen.

Jene "archaischen" Kräfte fließen - meiner Erfahrung nach - aus zwei sehr tiefen Quellen unseres seelischen und geistigen Lebens. Die eine Quelle ist die tief in uns verwurzelte ontologische ANGST, die andere Quelle fließt aus einer großen inneren LEERE, die uns dann antreibt, nach Erfüllung und Sinn zu suchen.[13]"

---

13 Aus der Fülle von Schriften über diese Thematik sei vor allen Dingen auf existentialphilosophische Arbeiten verwiesen: Sartre, Heidegger, Kierkegaard, Camus, Fromm u.a.
Zusammenfassungen und Literaturhinweise finden sich diesbzgl. bei: Schischkoff (1974), Bochenski (1951), Störig (1970), Stegmüller (1969). Bzgl. Angst-Leere-Aggressionszusammenhänge s. Fromm (1974). Eine psychologische Studie der Angst siehe Baeyer (1971).

3.1. Die ANGST

Die ANGST entsteht im Kern dadurch, daß wir wissen, daß wir sterblich sind: Angst vor dem Leben, vor Freiheit (vgl. Fromm, 1941, Sartre, 1943) vor Verantwortung, vor Schuld. Angst vor Menschen, Krankheit, Einsamkeit, Armut, Angst vor Kriegen, Katastrophen, vor der Zukunft usw., alle diese Ängste werden aus diesem Wissen um den eigenen Tod gespeist. Sterben und Tod heißt für viele extremste Hilflosigkeit, Ohnmacht, Ausgeliefertsein, Vernichtung. Alle Ängste gründen - so Heidegger - in der Offenheit, Ungeborgenheit und Verlassenheit des Lebens (vgl. auch Kierkegaard und seine Ausführungen zum Begriff "Angst"). Angst setzt sich dabei um in Sorge, in besorgen, vor-sorgen, für-sorgen, ent-sorgen, zer-sorgen. Da Angst äußerste Hilflosigkeit ist, schreit sie gleichsam nach Hilfe, um sich heraushelfen zu können aus der Ohnmacht.

Angst sucht Sicherheit und Geborgenheit, will sich ver-sorgen, will etwas vermögen, will sich ver-sichern. Angst sucht deswegen auch Macht. Sie braucht Macht. Denn Macht kommt von "machen" und ohne Macht kann man nichts machen. So sucht die Angst nach Körpermacht, Wissensmacht, Geldmacht, Managermacht, Psychomacht, Waffenmacht und schließlich auch nach übernatürlicher Macht, durch Okkultismus, durch Zauberei und Magie.

3.2. Die LEERE

Die zweite Großmacht in uns ist die LEERE. Die LEERE ist leer und sucht Erfüllung. Sie muß etwas haben. Und die LEERE hat viel Hunger und Lebensdurst. Sie muß fortwährend und viel haben. Das führt zur Gier.
Denn die LEERE sehnt sich - genauso wie die ANGST - nach ihrer Aufhebung.
Was aber kann die LEERE befriedigen? Was wirklich erfüllen? Ich kann noch so viele Koteletts essen - an die Stelle, wo die Leere sitzt, kommt nie etwas hin. Ich kann noch soviel Bier trinken - der Lebensdurst der Leere wird auf diese Weise nie gelöscht. Nur betäubt.
Ich kann noch soviel arbeiten - die Leere wird nicht voll davon. Was bei dieser Art Suche stattdessen entsteht ist Sucht: Freßsucht, Alkoholsucht, Arbeitssucht, Erfolgssucht etc. ...

Spätestens hier taucht dann die Frage nach dem SINN auf:

Gibt es Füllung, die er-füllt und nicht nur betäubt und süchtig macht, die befriedigt ohne Übelkeit danach? Gibt es Erfüllung (so fragt der Sinn, der Sinn sucht), ohne zerstörerische Neben-, Rück- und Fernwirkungen, stattdessen mit hoher biologischer, psychischer, sozialer, ökonomischer, ökologischer, politischer und geistiger Verträglichkeit, und ohne Gewöhnungseffekt, also von langfristiger Natur? Vielleicht von ewiger Natur?

Das ICH bzw. das, was ich im Kern wirklich bin und irgendwie spüre auch sein zu können, zu wollen, sein zu müssen, meine IDENTITÄT, mein LEBEN, meine KREATIVITÄT also (umschreibbar mit meinen Gaben, Stärken und Potentialen, mit meinen Lebenswünschen und Erfahrungen, mit meiner "Bestimmung" oder Lebensberufung), dies alles sieht sich - auf der Suche nach sich selbst und seinem Sinn - nun vis á vis bzw. zwischen diesen beiden Riesenkräften ANGST und LEERE eingekeilt: Panik kommt auf. Es muß was getan werden...

Denn der Mensch will und kann in der Regel nicht langfristig mit ANGST und LEERE und unbeantworteter SINN-Frage bewußt leben[14]. Sonst stirbt er. Das aber steigert seine Angst und treibt ihn umsomehr an auf die Suche zu gehen. Und allzu häufig landet er dabei nur in der Selbst-Sucht, in der Einsamkeit dessen, der nur sich selber hat bzw. zu haben meint .... .

An dieser Stelle wird GELD bedeutsam: GELD als Universalwährung - denn mit Geld kann ich mir sehr viel verschaffen, um ANGST und LEERE zu beschwichtigen und zu betäuben.

Mit GELD kann man versorgen und vorsorgen, MACHT erwerben, Sicherheit kaufen und mit Geld seine GIER befriedigen, die LEERE stopfen. Man meint, wenn man möglichst viel hat, hat man das Leben (SH-Köder!).

Was dabei wirklich entsteht ist - wie gesagt - stattdessen Habsucht, Geldsucht, Machtsucht etc., dauernder Zwang zum Wirtschaftswachstum[15], Ausbeutung und Versklavung von Mensch und Natur, inkrementale Selbst-Vernichtung[16]. Geld wird damit zum Geist des MAMMONs, führt zur totalen Verfunktionalisierung und Ökonomisierung zunehmend aller Lebensbereiche. Nur was Geld bringt, ist noch interessant.

Neben dem GELD spielt die SEXUALITÄT eine große Rolle, und zwar in der Form von immateriell oder pekuniär erkauftem "SEX" (=Ware). Herzloser Massen-Sex als Füll-versuch für innere Leere und Einsamkeit des Selbstsüchtigen, außerdem ein Massengeschäft, das Geld bringt!
Psychoanalytische Studien scheinen ebenfalls nahezulegen, daß SEX und Geldsucht eng verwandt sind[17].
Macht, Sex und Geld regiert die Welt, behaupten dementsprechend manche und eine Inhaltsanalyse von Massenmedienoutputs (Mord, Ehebruch, Diebstahl, Pornografie, etc.) scheint das zu unterstreichen.

---

14 Vgl. Frankl´s Ausführungen zur Symptomatik und Therapie noogener Neurosen und dem "Leiden am sinnlosen Leben", 1977

15 z.B.: immer schneller, immer besser, immer billiger, immer schöner, höher, größer... Vgl. Kern, Wirtschaft und Ethik, 1994.

16 Hier sei kurz auf die Arbeiten C.G. Jungs verwiesen (z.B. Gesammelte Werke, Bd. 9, Olten 1976, S. 293 f), der rät, statt der Selbstsucht das Selbst (die umfassende Integration der Persönlichkeit) zu suchen, oder besser: standzuhalten und sich suchen zu lassen. Das erfordert jedoch Verzicht auf den Fluchtweg "Selbstsucht".

17 So z.B. Kurnitzky (1974) stößt bei seiner Analyse (im Rahmen sog. primitiver Kulturen) auf enge Zusammenhänge zwischen Geld, Schwein und Sexualität als Handelswaren bzw. Wertmesser.

Viele Menschen machen natürlich auch die Erfahrung, daß die fortwährende Fütterei der "Leere" und "Angst" mit Macht, Sex, Geld, mit Ruhm, Ehre und Besitz nicht glücklich macht, sondern umgekehrt - jenseits der Betäubungsphasen - die Leere und Sinnlosigkeit "materieller" Güter umso schmerzlicher erleben läßt (vgl. Phänomene der Wohlstands- und Erfolgsdepressionen).

Bernard drückt das folgendermaßen aus:

> "Ein großer Hunger ist über die Erde gekommen. Wir alle sind in äußerste Not geraten. Schließlich sind wir wie die vernunftlosen Tiere geworden und haben unseren unstillbaren Hunger mit den Trebern der Schweine zu sättigen versucht.
> Ich kenne Menschen, die tatsächlich davon satt geworden sind. Sie haben diese Welt satt. Bei jedem Gedanken an sie, befällt sie der Überdruß. Ich kenne Menschen, die die Vergnügen und Belustigungen dieser Welt satt haben. Nicht nur ein wenig, sondern bis zum Ekel."

Sartre, der (neben Kierkegaard und Heidegger) sich "hauptberuflich" mit dem Thema "menschliche Existenz" literarisch und philosophisch auseinandersetzte, kommt zu ähnlichen Schlußfolgerungen (Sartre 1945). Er verweist darüber hinaus ebenfalls auf das Problem der Sinnlosigkeit, das mit der andauernden Alimentierung der Angst und Leere verbunden ist, wenn existentieller Hunger immer wieder mit materieller Soße zu füllen versucht wird, und doch der Hunger nie gestillt ist. Im Kern bleibt - so Wais (1949) - "... das Angewidertsein, der Ekel vor dem Vernunftlosen, vor dem Dinglichen ... vor dem Am - Leben - Bleiben - Wollen, vor dem Nicht - Nichtsein - Wollen ..." (zit. nach Schischkoff, 1974, S. 570).

In der Regel ist jedoch der Hunger größer als der Ekel. Und dieser Hunger treibt an. Und das, was an "Antreiber" hinter oder in diesem Hunger steckt, die Kräfte der ANGST und LEERE, der Macht und der GIER, die uns immer wieder versuchen (!) lassen, diesen Hunger auf hoffnungslose, d.h. unersättliche Art zu befriedigen (wie ein Glücksspielsüchtiger), diesen Antreiber also, der uns ins Hamsterrad zwingt, ins Hamsterrad materieller Sinnlosigkeiten und "vieler leerer Kilometer", der uns immer schneller und schneller kreisen läßt und uns dabei zuflüstert, daß wenn wir uns nur ein bißchen mehr anstrengten und beeilen würden - wir dann endlich alles das bekommen könnten, wonach wir uns doch so sehr sehnten ...!

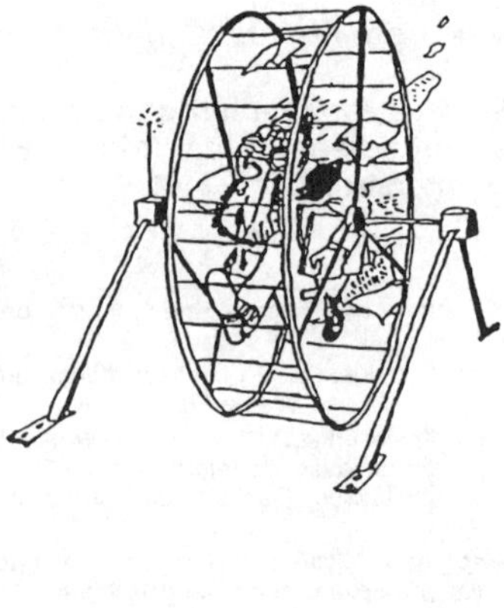

Außerdem könne uns keiner das Recht verbieten, ALLES, und das SOFORT und FÜR IMMER haben zu wollen! In diesem uns Schein- und Halbwahrheiten vorgaukelnden Lügenmeister und peitschenschwingenden Hamsterradantreiber[18] kann man ebenfalls recht rasch den "SchweineHund" (SH) erkennen.

Allerdings gibt es bei dieser Treib-Jagd nach "Füllung" auch Abnutzungs- und Gewöhnungseffekte. Wie bei jeder Sucht. Und besonders die primitiv-materiellen Füllungsversuche besitzen trotz aller Delikatessenvielfalt und Diversifikationsversuche nur geringe Halbwertzeiten. Das rasche Ausgereiztsein mit progressiv abnehmenden Betäubungseffekten zwingt daher in der zweiten Phase - so man den SH wieder auf Trapp bringen will (bzw. umgekehrt er -> uns) - zur Erhöhung der Dosis: mehr Fleisch, mehr Sekt, mehr Sex, mehr Geld, mehr Stoff ... und das alles etwas plötzlich, bitte!
Doch auch hier gibt es wieder Grenzen. So findet der erfahrene SH rasch heraus, daß "immer mehr von demselben" langfristig keine zielführende Strategie sein kann. Das triviale Fütterungs- und Suchtniveau muß transzendiert werden, ein hedonistischer Paradigmawechsel ist angesagt und eine "höhere Ebene" zu suchen.

Diese neuen Lustgebiete (=ungewohnte Drogen) kann der SH dann im Bereich der MACHT und Machtergreifung finden, in der raffinierten, manipulativen, dann immer selbst-süchtigeren, rücksichtsloseren und unversteckteren Beherrschung von Mensch und Natur, von Körper, Seele und Geist[19].

---

18 Mittlerweile baut der SH an einem globalen Hamsterrad für die ganze Menscheit: Wettkampf der Kulturen und Systeme! Vgl. auch diesbzgl. Managementansätze wie Time based Management, Total Quality, Just-in-time, speed design, Zeitwettbewerb, Chaos-Management ... Vgl. ebenso Gründung eines "Vereins zur Zeitverzögerung", Klagenfurt/Wien 1990, sowie die "grauen Männer" und "Zeitdiebe" in der Gleichnisgeschichte Momo von M. Ende. Ebenso die Bibelstelle in der Apokalypse Johannis, wo der Teufel mit großer Wut merkt, daß er nur noch wenig Zeit hat, Offb. 12,12!
Vgl. auch Backhaus/Bonus, 1994: Sie beschreiben das Hamsterrad als "Zeitfalle" und hoffen auf den "Triumph der Schildkröte".

19 Vgl. z.B. Fromm´s Analyseergebnisse der nekrophilen Machtlust-Charakterstruktur Hitler´s, 1977, S. 335 f. Desweiteren Gerken´s "Management by Love" sowie Mind and Spirit Management, d.h. die totalitäre machtbezogene Verfunktionalisierung von Liebe, Geist und Spiritualität.

Denn Macht kann Lust machen: Lustmacht, Machtlust, an sich, für sich selber, am liebsten unbegrenzt und grenzenlos.

Allerdings gibt´s auch hier wiederum einen Haken: Auch die Lust, Menschen in angstbesetzter und/oder süchtiger Abhängigkeit zu halten, läßt auf Dauer ebenfalls wiederum leer: Sklaven "bringens nicht". Dem SH kümmert, daß unbedingt ein Element Zuneigung und Freiwilligkeit hinzkommen müßte. Nur dann - so glaubt er - hätte er endlich das, was wohl den Hunger stillen und die Leere füllen könnte: Zuwendung, Anerkennung, Ehre, Mittelpunkt, Bedeutung und Applaus (vgl. Faust II). Wenn er in diesem Sinne "gebraucht" würde, dann endlich müßte die Lösung seines existenziellen Elends erreicht sein, Angst und Leere verschwinden.

Doch auch dies - so muß er wenig später enttäuscht feststellen - nutzt sich ab, wird schal und leer. Darüber hinaus entpuppte sich die Hingabe der anderen als nicht echt und tief genug, und ihre Hingabe als zu fluktuierend, punktuell und allgemein. Außerdem war sehr viele Prostitution dabei. So ging der Griff zur Erfüllung abermals ins Leere. (Langsam tut einem der arme SH schon leid. Armes Schwein.)

So greift der SH - fast schon in Verzweiflung - nunmehr nach dem "Allerhöchsten", nach der höchsten Stufe auf der nach oben offenen SH-Skala (denn Angst, Macht, Leere und Gier sind nach oben offen, d.h. nahezu unbegrenzt) - der SH greift also nach dem höchstmöglichsten Erfüllungspotential, nämlich nach dem Ziel, wie Gott angebetet zu werden, sozusagen nach der Krönung des SH, nach der End-Lösung von Angst und Leere. Doch davon weiter unten mehr.

4. Zwischenfazit

Die bisherigen "psychoanalytischen" Untersuchungen und Reflexionen des SH´s brachten einige Basiseigenschaften ans Licht. Man kann sie in Form von fünf simplen, charakteristischen Antrieben oder Untugenden sehr kurz zusammenfassen:

1. Saufen
2. Fressen
3. Huren
4. Herrschen
5. Glänzen

Desweiteren wurde bereits in diesem Stadium der SH-Analyse deutlich, daß es sich beim SH-Komplex offensichtlich nicht nur um irgendwie oberflächliche, psychische Spielereien handelt, sondern um zentral Geistes- und Geschichtsmächtiges, um das vitale Management existenztiefer Ängste und Leeren.

Desweiteren wurde deutlich, daß sich hinter zuweilen tagesüblichen Masken, Energien mit herrischem Absolutismus und eiskalter Selbst-sucht verbergen können.
Der SH läßt nur scheinbar mit sich spaßen. Im Grunde besorgt er sich mit eisernem Willen immer genau das, was er zu brauchen meint, mit einem Willen, der - mit welcher Taktik auch immer - eigentlich und letztendlich nur immer das eine will, daß sein WILLE geschehe, allein, autonom und mit totaler Kontrolle, sofort, alles, und für immer ... .

Sehr kraß - und in entsprechend geschmackloser Form - zeigt das nachstehende Zitat, das "SchweineHund-Unser" (F. Wydra) diesen eisernen, selbst- und habsüchtigen Willensanspruch:

Das SchweineHund - Unser

"SchweineHund unser auf Erden,
geheiligt werde mein Name
mein Reichtum komme
mein Wille geschehe
wenn schon nicht im Himmel,
dann wenigstens auf Erden.
Und meinen täglichen Kaviar gib mir heute
und kümmere dich um meine Bankschulden
so wie auch ich meine Schulden immer
gnadenlos eintreibe.
Und führ' mich in schöne Versuchungen und
befreie mich dann, wenn nötig, von Übelkeit,
denn mir steht zu aller Reichtum, in Kraft und Ehre,
in Herrlichkeit und in Ewigkeit."

Vielleicht ist bis jetzt auch deutlich geworden, warum unser Hybrid(un)wesen denn gerade aus einem Schwein und einem Hund besteht. Das hat folgenden Zusammenhang: Der "Hund" symbolisiert MACHT, und die ANGST hält ihn sensibel, wachsam und dauernd sprungbereit. Mit Hilfe seiner Schnelligkeit und seiner Zähne kann er etwas machen, er ist nicht machtlos. Er kann bellen, drohen, jagen, beißen, töten. Deswegen der Machtaspekt. Deswegen "Hund". Das "SCHWEIN" hat einen anderen Charakter. Es liebt zu fressen (und zwar alles, was ihm verwertbar erscheint - auch Schweinefleisch) und fühlt sich wohl, wenn es dabei satt und fett wird. Überhaupt scheint Fressen und Speck anzusetzen seine Lieblingsbeschäftigung zu sein: Es muß einen großen Hunger haben. Und Dreck stört auch nicht dabei, manche fühlen sich darin sogar "sauwohl". Mit Fressen und Speck füllt es - allegorisch gesehen - seine LEERE und hilft dem Hund in mageren Zeiten. Das Schwein wird nicht müde, zu haben, zu haben und zu haben ... (vgl. Fromms Haben oder Sein, 1976)! Im Gegensatz zum Hund ist es eher friedlich, langsam, dumm und träge. (Wenn´s ums Fressen geht, ist allerdings auch ein Schwein ziemlich gerissen).

ANGST, MACHT und GEWALT passen also zum Hund; LEERE, FRESSEN, GIER und HABSUCHT mehr zum Schwein. Daher die Kombination dieser zwei Tiere, deren Symbiose, und daher also: "SchweineHund".

5. Der soziologische SchweineHund:

Richtig erkennbar wird der Schweine- und Hunde-Charakter des SH jedoch erst, wenn er durch andere gereizt wird, z.B. wenn er durch Konsum- oder Macht (=Autonomie) -einschränkungen konfrontiert und eingeengt wird. Das trifft sofort seinen Lebensnerv, unterbricht jegliche privatistische Unauffälligkeit[20] und setzt sämtliche Beißhemmungen (=Höflichkeiten) außer Kraft.

Und dies ist fast immer der Fall, wenn mehrere SchweineHunde zusammmentreffen - z.B. in Organisationen, wo alle jagen, fressen und fett werden wollen - aber die Reviere zu klein, die Futtertröge immer zu eng und die Aufstiegschancen immer zu knapp sind: Verteilungskonflikt!

Dann stoßen sie aufeinander, werden zu Rivalen, Konkurrenten, Giftmischern, Feinden, Ruf- und Tatmördern. Denn der andere SchweineHund hat ja auch mit seiner ANGST und seinen Sicherheitsbedürfnissen, mit LEERE und GIER zu kämpfen, muß sich um sich selbst kümmern, ohne Rücksicht auf den Nächsten natürlich, denn wenn er nicht auf sich selber Rücksicht nähme, wer dann denn sonst - bitte schön?

Und nun fängt der "soziale" Prozeß, die Soziologie des SchweineHundes an:

Mit Futterneid beginnt´s. Eifersucht kommt auf. Angst nimmt zu. Über kurz oder lang wird "power" eingesetzt: Man zeigt die Zähne. Ehrgeiz, Habsucht und Stolz geben zusätzlich Energien. Verletzungen geschehen, Haß und Rachepläne werden geschmiedet und in Tricks, Taktiken und Intrigen umgesetzt.
Es werden Verbündete gesucht (gemeinsam sind wir stark!). Kollusionen und Koalitionen geschmiedet und Organisationen gegründet, mit divisions, headquartern und joint ventures, mit Strategien, Operationen und beinharten Taktiken, mit Kampfpreisen, Headhuntern und Verdrängungswettbewerb, mit "heiligen" Hierarchien, Übernahmen, Handelskriegen und Marktbereinigungen, mit Incentives, Outplacements und "Freisetzungen" ... und dergleichen mehr.

Erscheint der Kampf - ob individuell oder organisiert - und seine möglichen Konsequenzen dem SH jedoch zu kostspielig, werden rasch "faule" oder "dilatorische" (Täuschungs-)Kompromisse geschlossen (vgl. Lenin). Bei Rechtsstreitigkeiten helfen Schuldverschiebungen, Schuldzuweisungen und Meineide. Feinere SchweineHunde verhalten sich eher höflich - verschlüsselt, ergehen sich in blumigsten Rationalisierungen, wortstreitigen Selbstrechtfertigungen und imponierenden Selbstdarstellungen. Andere werden in diesen Kämpfen[21] - es kann ja nicht jeder gewinnen - zu Sündenböcken abgestempelt, zu Symptomträgern und Märtyrern gemacht oder zu Wasserträgern und Hilfsknechten degradiert: Unterjochung, um am Leben zu bleiben - Zoon politikon.

---

20 Eine entfernte Verwandte des SH vom Typ "Unauffälligkeit" ist die "graue Maus", oder die "grauen Männer über 50". Zu letzteren sehr lesenswert eine politische Analyse von Entscheidungsprozessen innerhalb eines großen Automobilkonzerns: Der kleine Machiavelli , Noll/Bachmann (1987)

21 Der Volksmund hat zahlreiche Umschreibungen für ungute Schweinehundsituationen wie bspw.: "viele gehen vor die Hunde", benimm dich nicht "wie ein Schwein"... Manche lassen dann die "Sau raus" und enden nicht selten schließlich als "armes Schwein bei den Schweinen" und werden zu schlechterletzt auch noch von großen Tieren als "Dreckschweine" bezeichnet. Manche armen Schweine, wenn sie "kein Schwein hatten", werden auch zu "armen Würstchen" transformiert.

Wie man sieht: die Entscheidungsmechanismen des SH reproduzieren immer wieder dasselbe Leid/Lied - dieselben Vergeblichkeiten, dieselben Wirkungen. Denn durch einen "irgendwie" in uns falsch ablaufenden Entscheidungs- und Steuerungsprozeß - der theologisch mit dem Fachwort SÜNDE (= Lebens-Zielverfehlung/hamartia) bezeichnet wird - kommt es in der Praxis fortwährend und immer wieder dazu, daß das Problem ANGST und LEERE eben

1. in jener oben beschriebenen Art und Weise "gemanagt" wird, die zu sozial- und naturfeindlichen sowie selbstzerstörerischen Auswirkungen führt,
2. weil mit untauglichen Inhalten und Mitteln - auf der Basis falscher Selbsterkenntnis (Diagnose) operiert wird,
3. wodurch nur Scheinlösungen entstehen, die dazu
4. auch noch suchtartige Rückkoppelungsverläufe entwickeln, die der Volksmund unverhohlen und scharfsinnig dann ganz einfach als Teufelskreise bezeichnet (und z.B. Sartre treffend als "passion inutile" beschreibt).

Es ist natürlich klar, daß sich unter solchen Vor-Programmierungen und Entscheidungsverläufen - und wo herrschen diese nicht - SchweineHunde in der Regel einander immer nur mißtrauisch begegnen und immer nur ihre eigenen Süppchen kochen und ihre eigenen Reproduktionen und Selbst-Referenzen schaffen können .... .

"Natürlich" sind an diesen Zuständen - wie gesagt - nur die anderen SH´s schuld. Das gebietet allein schon die Notwendigkeit eines edlen Selbstbildes (Image), des Stolzes und der Selbstgerechtigkeit (Maske). Zugegeben: ein SchweineHund, der seine Maske verliert, oder gar aktiv ablegt und auf Rationalisierungen und Selbstrechtfertigungen, etc. verzichtet, ist wie ein Ritter ohne Rüstung, oder wie ein Schwein ohne Hund, nur noch eben ein "armes Schwein" in einer SH-Welt.

"Natürlich" fühlt unser Tier, daß es "nicht ganz" unschuldig ist. Manchmal spürt es auch so etwas wie Scham oder "schlechtes Gewissen". Aber es wird dann schon die richtigen Wege finden, die das als neurotische Über-Ich-Verklemmungen erscheinen lassen, deren alleinige Verursachungen bei den Eltern und/oder der Gesellschaft oder anderen systemischen, gar genetischen Funktionszusammenhängen zu suchen sind.

Die eingebauten Abwehrmechanismen leisten bei einem solchen "Introspektionsunfall" auf jeden Fall gute Dienste. Darüber hinaus kann man noch die eigenen Schuldanteile auf andere projizieren d.h. sogar für Phantasieprodukte der anderen halten oder auf <u>deren</u> (neurotischen) Hang zur Bildung von Projektionen, Feindbildern, Fiktionen und Mythen zurückführen. So ist es erklärlich, daß manche schließlich sogar Auschwitz für einen Mythos halten.

Nicht wenige dieser Hybrid-Kombinationen namens SH kommen mit dieser Art von Mechanismus recht gut durchs Leben, kurz - bis mittelfristig jedenfalls: der Hund bellt, droht, jagd, verteidigt, tötet und das Schwein hat dadurch seine Ruhe und kann gemütlich fressen und viel, viel Speck (für die nächste Dürreperiode?) ansetzen.

Und es ist dieser SH - so die These - der kräftig und wachsam auch in all den verschiedenen Veränderungs-, Entwicklungs- und Beratungsprozessen bei Individuen, in Gruppen und Organisationen mitmischt..." (Ende der Vorlesung).

6. Atempause

Hier machte ich erst einmal Halt - um zu sehen, ob der Klient überhaupt noch da war und die Führungsleute noch zuhörten... Sie hörten zu - und waren ziemlich nachdenklich geworden.

Die Frage kam auf, was denn nun zu tun sei...

Doch davon später unter dem Thema "... die Therapie wird sichtbar".

Ich möchte zuvor noch ein anderes Gespräch dazwischenschieben, in dem die SH-Hypothese auf den OE- und PE-Ansatz noch weiter ausgedehnt und verschärft wurde.

7. Kollegenbestätigung

Es war ein Gespräch mit zwei kritischen Beraterkollegen, das sich dadurch entspann, daß ich ihr Feedback zu einem OE-Artikel brauchte, an dem ich gerade herumschrieb.

Ihre scharfsinnigen Bemerkungen und Anregungen ließen mich den SH-Effekt innerhalb der OE deutlicher wahrnehmen: Er mischte überall kräftig mit!

Denn selbst hehrster Humanismus und "missionarisch-reine" Personal- und Organisationsentwicklung ist in praxi nicht frei davon. Seit Adam & Eva oder Kain & Abel hat sich - wie die Menschheitsgeschichte zeigt - daran nichts geändert. Nur die Technologien des SH sind raffinierter geworden.

Ideale Kommunikations- und Forschungssituationen, die für OE und vor allen Dingen für "Lernende Organisationen" sehr förderlich wären und von Pieper (1988) bspw. unter dem Begriff authentisch-partizipativer und diskursiver OE mit herrschaftsfreien Dialogen (vgl. Habermas) empfohlen wurden, lassen sich unter solchen SH-Bedingungen nur sehr schwerlich und immer nur begrenzt und selektiv erreichen. Auch die besten Teamkulturen basieren immer noch auf ziemlich stark ausgeprägten - wenn auch häufig unausgesprochenen - Stillhalteabkommen (SH-Kompromisse). Logischerweise werden wir mit Organisationsentwicklung inklusive Personal- und Managemententwicklung sowie "Lernende Organisation" nur kleinere Brötchen backen, auch hier werden wir nur mit Wasser kochen können. Hatte Crocket (1974, S. 255f) etwa recht, wenn er sagte: "I´m not sure that we are presently doing any more then sugar coating what´s there, but that is emminently better than not doing anything at all."
In diesem Zusammenhang äußerte dann einer meiner Gesprächskollegen auch den unsympathischen Verdacht, daß OE/PE und andere dergleichen z.T. altruistisch getarnte Veränderungsansätze eigentlich auch als Hochzeitsversuch zwischen Liebe und Mammon (SH-Surrogatfüllung) interpretiert werden könnten,

und zwar mit dem Wunsch, den Tanz um das goldene Kalb (oder die goldene Kuh) zu humanisieren oder zu kaschieren. In dem Tanz um das goldene Kalb drücke sich - so führte er aus - die unendliche (und möglichst reuelose) Gier nach Glück, Genuß und Sicherheit, nach Rückkehr in den Mutterleib aus, als Ausdruck von Menschen, die materiell überfüllt, seelisch verarmt und geistig orientierungslos seien... . Verdächtig sei auch die einseitig starke Hervorhebung von "Kommunikation": Durch die starke Betonung von Kommunikation und damit zusammenhängend Gleichberechtigung, Partizipation, Vertrauen, Teamarbeit usw. - dem brüderlichen Element - würde in der OE die Sehnsucht nach intakter Familie bzw. Kleingruppe zu überspannt ausgedrückt, wodurch es durch deren Ent-täuschung dann häufig zu blindem Zorn und pauschaler Abneigung vieler "Alternativer" in der OE-Szene gegen Hierarchie, indirekte Kommunikation (Großorganisation, Bürokratie etc.) und Machtfragen komme[22]. Offensichtlich sei jedoch, daß nicht alle Probleme von und in Klein- und "Kuschelgruppen" gelöst werden könnten... Macht- und Entscheidungshierarchien seien funktional unumgehbar, zumal dieses "partriachalische" Element von Realität schon seit Beginn der Menscheit in Mesopotanien, Ägypten und anderswo (vgl. auch Heintel/Krainz 1988, S. 69 ff.) von Bedeutung gewesen sei ... . Wieso solle das jetzt anders sein?

Und noch etwas glaubte dieser Kollege beobachten zu können, was mit dem SH zusammenhing und seinem gefräßigen fortwährenden "immer besser, größer, höher, schneller...":

In letzter Zeit würde in OE-Kreisen zunehmend öfter der Ruf laut nach einem hochflexiblen, mulitdimensional denkenden ("OSTO-Brille"), systemisch handelnden und super-allround versierten "Hypermanager" (vgl. Rieckmann 1988 und Lauterburg 1990). Denn ein solcher "Typ" sei unbedingt vonnöten, um unsere aus den Fugen geratene turbokomplexe (Industrie)-Welt doch noch in den Griff zu kriegen. Mit dieser darin verpackten Omnipotenzphantasterei fiele man jedoch nur in ein weiteres Dilemma und in eine weitere sehr gefährliche Illusion, nämlich der regressiven Sehnsucht nach einem allmächtigen Übervater und Retterhelden, einem Führer oder Weltenherrscher (Weltfaschismusgefahr).

Dahinter stecke ebenfalls eine und zwar unendliche und unerfüllbare Gier, nämlich die Gier nach Macht und Weltbeherrschung (vgl. Fromm 1977) und last, but not least, - á la Richter (1986)[23] - ein unverarbeiteter uns permanent neutralisierender, da überfordernder (westlicher wie östlicher!) Gotteskomplex: sicut eritis deus (Genesis 3,5), die 6. SchweineHund - Untugend: angebetet zu werden.

Deutlich sei zu sehen, wie die anfänglich stark auf dem "Liebes - Paradigma" aufsetzende harmonistische OE-Euphorik sich - wie Huse schon 1980 vorhersah (1980, S. 461 f.) - in Richtung "Zugang und Umgang" mit Macht und politischen Steuerungssystemen verschiebe. Zu oft scheiterten wohlmeinende (naive?) OE-Anstrengungen an den "hardfacts" der "Headquarter" und an kurzfristigen Erfolgsorientierungen von "Hardlinern". Es liegt daher nahe, sich präventiv und frühzeitig den Zugang zu den Mächten zu verschaffen. Dies beinhaltet allerdings

22 Bzw. deren Verdrängung OE Berater dann unbewußt zu geheimen Machthabern (Geheimräten, Gurus, Chefideologen) werden lassen könne...

23 Vgl. Richter und seine Ausführungen über - wie er es nannte - " Die Geburt und die Krise des Glaubens an die Allmacht des Menschen". Vgl. ebenfalls Heintel (1994) "Götterdämmerung": Machbarkeitsillusionen.

die Gefahr, daß der ehemals "neutrale" und partizipativ orientierte (externe) Berater und Trainer nun zu einer Art Chefberater, Hofrat oder Geheimrat mutiert (vgl. Weisbord, 1989, S. 1-24) (Vom OE-Neotaylorismus zum OE-Neumachiavellismus?). Es sei mithin zu befürchten, daß OE zu einer neuen Sozialtechnologie (für Manager) zur besseren Gestaltung, Lenkung und Anpassung von Organisation und Mitarbeiter an wechselnde Umwelt- (und Inwelt-) bedingungen degeneriert. OE als Sozialtechnologie mache darüber hinaus auch noch die Kräfte der informellen Organisation verwertbar, was zusätzlich zu deren besseren Kontrollierbarkeit führe (worauf Tannenbaum schon 1968 hinwies). OE sei somit als anti-emanzipatorisch einzustufen. SH-Untugend Nr. 5: Herrschen.

Auch die systemisch orientierte OE biete hier keinen wirklichen Ausweg. Zwar könne man die stärkere und demütigere Anerkennung der Übermächtigkeit von Komplexität, Selbstreferentialität, etc. als Realitäts- und Erkenntnisgewinn bewerten, wenn dies jedoch bei bloßer Interpretation und funktionalistisch-kontruktivistischer Philosophiererei über "soziale Systeme" stehen bliebe, sei das zu wenig. Taten (Interventionen) seien trotz ihrer theoretischen Unmöglichkeit notwendig[24]. Denn es müsse viel geschehen, damit nichts passiere.

Mein Kollege war kaum zu bremsen. Überall witterte er SH-Fleisch.

Seine kritisch-respektlose Analyse, die schon fast nach Nestbeschmutzung roch, gipfelte schließlich in der Forderung: "... das OE-Menschenbild sei zu revidieren! Denn: Die Vorstellung des Menschen als lernwilligen und persönlichkeitsentwicklungsengagierten Mitarbeiter oder Manager (vgl. Y-Typ) ist zwar im kontrafaktischen Sinne als motivierende Orientierungsvision für OE und PE-Ansätze etc. durchaus sinnvoll, wird sie jedoch als Forderung und "Muß" vorausgesetzt, wirkt es moralisierend und dogmatisierend oder im schlimmsten Fall faschistisch: Und willst Du nicht mein Bruder sein... dann schicke ich dich auf eine PE-Maßnahme oder in die Gruppendynamik ... . Damit schafft sich OE selbst ab: normativer Selbstmord. "Wirkliche Menschen sind dagegen manchmal (oder häufig?) überhaupt nicht OE- und Lernentwicklungsinteressiert[25], z.T. voller Widersprüche, mit massiven, inneren Sicherheits- und Stabilitätsinteressen[26] und begrenzt durch deutliche existentielle (anthropologische?) Limitationen."

Ich konnte dem Gesprächsverlauf nur schwerlich widersprechen. Denn ich selbst hatte gerade einen äußerst "widerborstigen" Beratungsprozeß mit dem Thema "Ersatzteilgeschäft-Europastrategie" (Automobilbranche) hinter mir, wobei der SH-Defekt massiv den Prozeßerfolg bedrohte und einen (über-) lebensnotwendigen, strategisch koronal wichtigen Teamentwicklungsprozeß punktgenau zu torpedieren begann.
Der Kampf konnte knapp gewonnen werden, allerdings nur, weil wir Berater sofort auf einer anderen Ebene (siehe Abb. 2, Ebene 4, 5 und 6) zu intervenieren begannen und besonders auf Geistesebene den SH attackierten, d.h. den Teilnehmern das "Spiel" bewußt machten und zur Ent-scheidung vorlegten. Deswegen nachfolgend ein kurzer, aber - so hoffe ich - aufschlußreicher Exkurs.

---

24 Vgl. Walger, 1995

25 Vgl. Pieper 1988, S. 60 und S. 84-91

26 Vgl. hierzu ebenfalls die Theorie selbstreferentieller, geschlossener Systeme, z.B. Wimmer, 1992; Willke, 1992.

8. Exkurs: Der SchweineHund in der Teamarbeit.

Bei der Bewältigung von gleichzeitig steigender Komplexität und Dynamik (ich nenne das gerne "Dynaxity", das Produkt aus dynamics and complexity) spielt der Teameinsatz eine zentrale Rolle (vgl. Rieckmann, Dynaxibility, 1992).

Die Leistungsvorteile von Teams, die durch die interdisziplinäre Vernetzung von mehreren Menschen zu potenten Brain-Power-Pools potentiell erzielt werden können, bieten ein wirkungsvolles Mittel bzw. liefern wertvolle Fähigkeiten zur Komplexitäts- und Dynamikbewältigung. Diese Fähigkeit (ability), hohe Grade von Dynaxity erfolgreich verarbeiten zu können, nenne ich "dynaxibility".

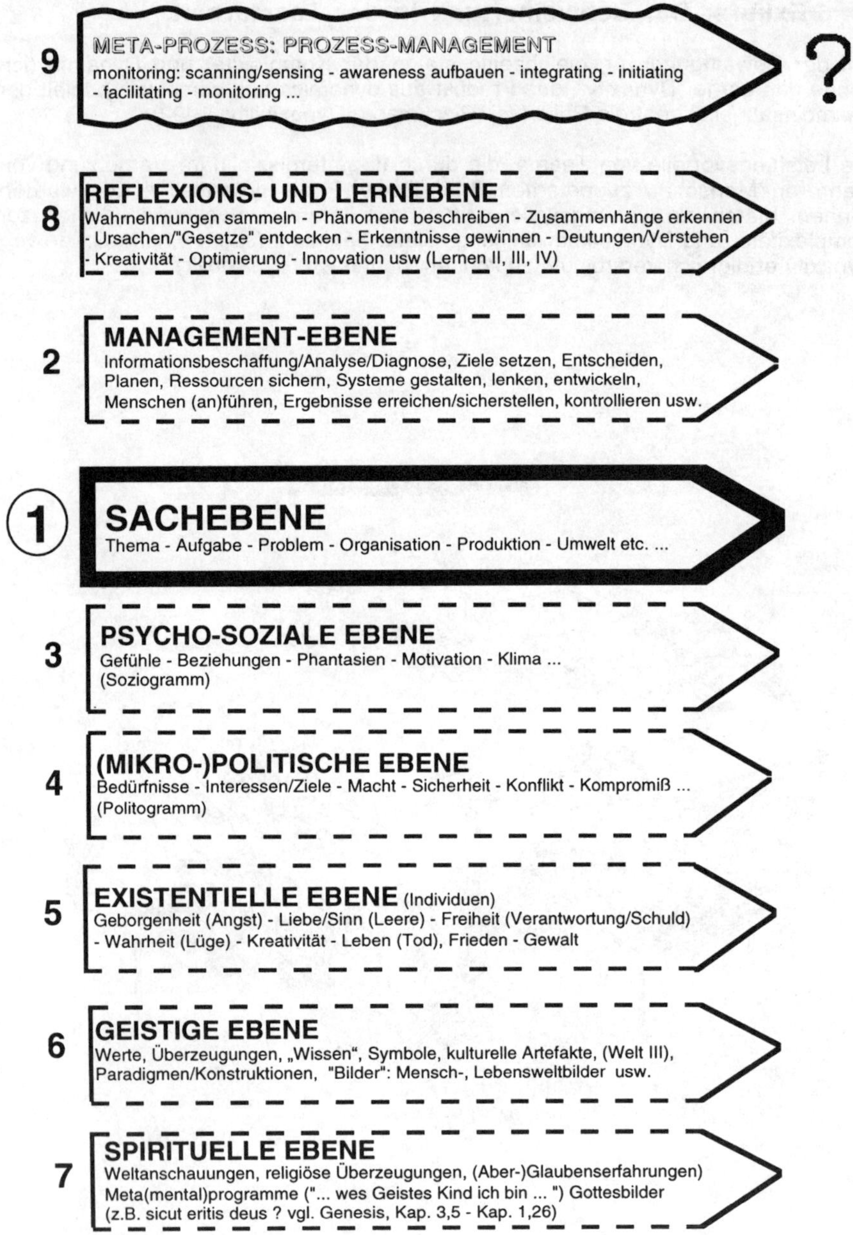

Abb. 2: Neun Prozeßebenen

Der Leistungsvorteil von Gruppen in Richtung dieser "high dynaxibility" wird allerdings nur dann wirklich wirksam, wenn - wie viele Beobachtungen immer wieder zeigen - zwei Faktoren im Miteinander der Teammitglieder gleichzeitig und möglichst weitgehend erfüllt werden: Faktor L (Liebe und Geborgenheit), Faktor W (Wahrheit und Freiheit). Erst dadurch entsteht auch die Chance, die SH-Mauer zu durchbrechen. Abb. 3 versucht diese Zusammenhänge vor Augen zu führen.

Erreicht eine Gruppe nur einen geringen Reifegrad auf dem Dynaxibility-Entwicklungs-Weg (45° Pfeil)[27] - also wenig F und W - besteht die Gefahr, daß eine Vermeidungs- bzw. Nichtangriffspaktgruppe (NAP) entsteht. Solche Gruppen schaffen nicht mehr, als sich immer nur auf den kleinsten gemeinsamen Nenner gegenseitigen Schonens zu einigen: Tust Du mir nicht weh, tu´ ich Dir auch nicht weh - und eine Hand wäscht die andere ... usw. ... . Eventuelle Kritiker, Kreativlinge, Querdenker, Widerspenstler und Entreduzierer stören Ruhe und (Schein-) Sicherheit und sind als Nestbeschmutzer schnell rausgeekelt. Unsichtbarer Gruppenkonformitätszwang (groupthink), "Bestätigungskartelle", Kompromisse und Erhaltung niedriger, rein "sachbezogener" Betriebstemperaturen sind die unausgesprochenen Denk-, Spiel- und Verhaltensregeln: Solche NAP-Gruppen sind also nichts für high dynaxibility.

Auch Ab- und Seitenwege bringen nichts in Bezug auf höhere Dynaxity-Verarbeitungsfähigkeit. In der "Rockergruppe" (fällt rechts vom Pferd in Richtung Überbetonung Faktor W) sagt man sich zwar die Wahrheit, verletzt sich dabei aber häufig so sehr, daß man - voller innerer Ängste und Verklemmungen - vorsorglich nur noch auf Nummer Vorsicht schaltet und dementsprechend Unkonventionell-Kreatives und Ehrliches flach fallen läßt. (Merkspruch: Wahrheit ohne Liebe ist Brutalität). Der Zusammenhalt dieses Gruppentyps geschieht über Gewalt, Bestechung und vor allen Dingen über Gruppenschutz gegenüber externen Feinden ("Hordeneffekt").

Das andere Extrem (links vom Pferd gefallen...) ist die Kuschel- oder Schmusegruppe: Um des lieben Friedens Willen und vor allen Dingen wegen der gemütlichen Behaglichkeit läßt man alle krummen Zahlen gerade sein - Hauptsache alle mögen alle und es ist immer schön warm und nett. (Merkspruch: Liebe ohne Wahrheit ist Sentimentalität).

Ohne hier ins Detail zu gehen, sieht man gleich: "NAP" -Gruppen, "Kuschelgruppen" und "Rockergruppen" taugen nicht für high-dynaxity Bearbeitung. Der goldene Mittelweg indes tut Not.

Und nur auf diesem schmalen, goldenen 45° Mittelweg können high-dynaxibility-Teams entwickelt und erreicht werden.
Sie bleiben gleichsam "auf dem Pferd" und transzendieren die "SH-Barriere". Allerdings: Nur wenn sie dies schaffen, also die SH-Mauer durchstoßen, haben sie überhaupt die Chance, jene idealtypische "90 % Gruppe" zu werden, wie sie für die kreative Bewältigung hoher "dynaxity" absolut notwendigerweise gebraucht wird. Allerdings gelingt dies nur - so meine klare Überzeugung - durch den Tod des SH, genauso wie er sich im Kreuzestod Christi zeigte: der Foltertod Christi war ja

27 diese 45° Resultante kann auch als Produktgröße aus L und W verstanden werden: Vertrauen und Verantwortung

Ergebnis blindwütigen SH-Hasses, der zwar Jesus Christus ermorden, nicht aber vernichten konnte. Seitdem ist die Auferstehung Realität geworden und eine Ermutigung an jeden, der dem SH den Gehorsam aufkündigt und der diesen Weg gehen will und dabei und zuvor (!) wissen darf, daß das Leben möglich ist und auf jeden Fall siegt, und daß der SH nicht das letzte Wort hat. In diesem, und m.W. nur in diesem Sinne und in diesem Bewußtsein können "90 %Gruppen" entstehen, was allerdings auch dann immer noch die Ausnahme bleibt, und nicht die Regel ist. Dennoch: Der WEG ist gebahnt, der Zielort vorhanden, das Leben Realität ... .

Solche 90 % Teams wachsen iterativ - und auch hier natürlich mit manchen Konflikten und Rückschlägen - zwischen "Liebe" und "Wahrheit" in ein Klima und in eine Kultur hinein, in der bei hoher Geborgenheit und tiefem gegenseitigen Vertrauen - (was außerdem erheblich Binnenkomplexität reduziert und handlungsfähig nach außen macht) - große Grade an Freiheit und Wahrhaftigkeit, an Problemkomplexität, Diversität, Kreativität etc. (paradoxerweise) möglich werden. Oder anders ausgedrückt: Erst aufgrund offenen, ehrlichen Miteinanders im "Geiste der Liebe" (siehe Ausführungen Faktor "L", Abb. 3) kann tragfähige Geborgenheit entstehen, und dies nicht auf Kosten von Freiheit, Wahrheit, Authentizität und Entwicklung. Erst dadurch wird die vorhandene "brain-power" für Dynaxity-Arbeit voll vernetzt und freigesetzt, und erst unter solchen teaminternen Friedens- und Arbeitsbedingungen hat man die innere Kraft sich mit der Turbulenz, Komplexität und Riskanz externer Probleme und Prozesse hoher Dynaxity auseinanderzusetzen ("Chaos-Kompetenz").

Freilich ist die Dynaxity solcher 90 % Gruppen kein unangreifbarer Dauerbesitz. Der paradoxe Drahtseilakt zwischen Geborgenheit und Freiheit, zwischen Wahrheit und Liebe ist permanent ringend und reifend zu balancieren, um eben nicht auf oben beschriebene "klebrige" Abwege abzurutschen. Der SH schläft nicht, weder mit seinen Versuchungen (den breiten "Alles-egal-Weg" zu gehen) noch mit seinen Attacken egoistischer Selbstmaximierungsangebote.

Gelohnt werden diese Entwicklungsmühen indes teilweise mit der Freude eigener Persönlichkeitsreifung sowie mit der Erfahrung, hohen Dynaxity-Anforderungen ein bißchen kompetenter, zentrierter und gelassener entgegentreten zu können, einschließlich dem Erlebnis, daß Geborgenheit Freiheit gibt, und das Freiheit Voraussetzungen schafft, um Liebe in Wahrheit zu erleben. Also etwas, was wir alle, zumindest die meisten, suchen ...
Allerdings können Gruppen auch noch tiefer als NAP, Kuschel- oder Rockergruppen abrutschen, nämlich ins Gegenteil: in Haß/Angst und Lüge/Unfreiheit: Sexcrime und nekrophiler Lustmord stehen am Ende dieser Entwicklung: Der verweigerte Weg in die Reife kippt um ins Gegenteil, in die Perversionen, in den Vorhof der Hölle[28], zum "Schweigen der Lämmer"[29] ... .

---

28 Vgl. dazu abermals die psychoanalytischen Studien Fromms über den nekrophilen Charakter Hitlers (Fromm, E. 1977)

29 Mitgedacht ist hier an einen gleichnamig lautenden, mit 5fachen Oscar prämierten Psycho-Horror Kinofilm, der in perfektionistischer Realität die Gegenwelt von "Liebe + Wahrheit" brutal, blutig, pervers und wahnsinnig vor Augen führte. Unsere virtuellen Welten scheinen nur das vorauszunehmen, was auf uns zukommt, wenn der SH die Weltherrschaft übernimmt ...

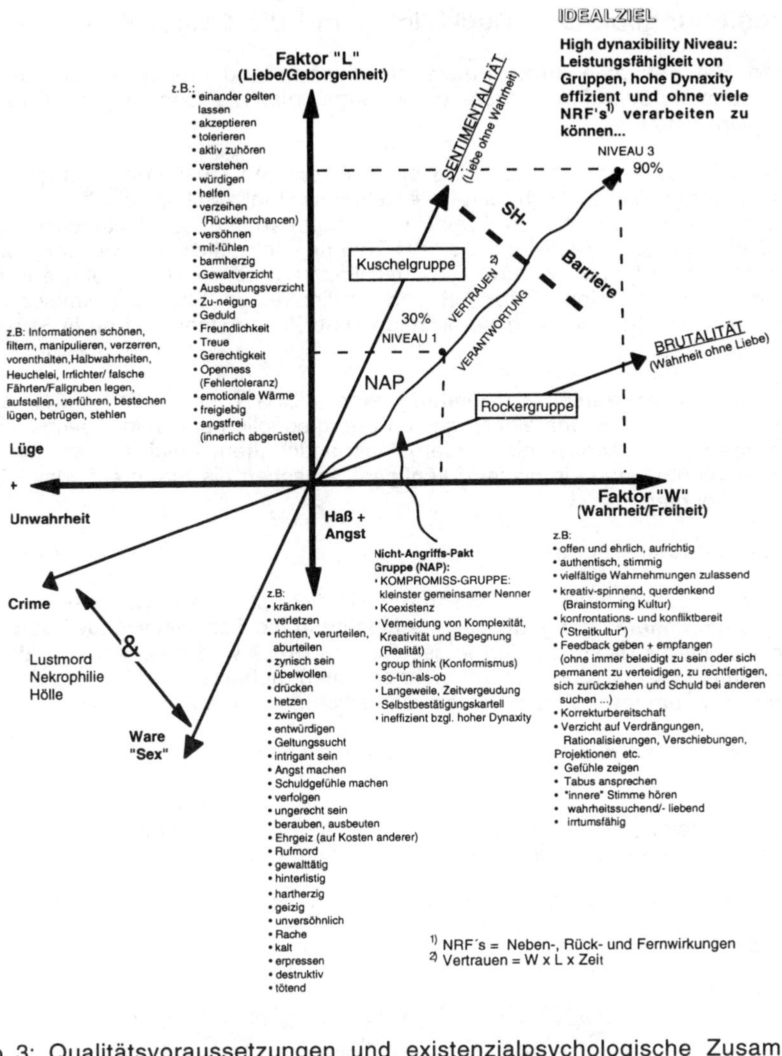

Abb. 3: Qualitätsvoraussetzungen und existenzialpsychologische Zusammenhänge bei Problemlöseteams im Zusammenhang mit idealtypischen "High Dynaxibility" - Anforderungen (Liebe - Wahrheit - Modell

9. Besinnungspause - Rückblick - und die Frage: Was nun?

Lassen Sie uns eine kurze Pause einschieben und uns nochmals kurz ins Gedächtnis zurückrufen, worum es anfangs, also zu Beginn dieses Artikels "eigentlich" ging.

Es handelte sich um die Beratung einer 7-köpfigen Geschäftsführungsgruppe eines mittelständischen High-tech-Unternehmens (Elektronikbranche).
Und mit denen hatte ich - zu Beginn einer sogenannten "Identifikationswoche" - gemeinsam an einer Stellwand die "SH-Theorie" entwickelt. Es war der Versuch eine Antwort zu finden, warum Vertrauen immer wieder in Mißtrauen abrutscht, Zuneigung in Aversion, Offenheit und Ehrlichkeit in List und Halbwahrheit, Kooperation in Egoismus und Vereinzelung und Zusammenarbeit oft in Streit und Kriege ausartet.

Nach der ansatzweisen Erarbeitung einer "SH-Theorie" und einer ersten Grobanalyse des SH-Charakters, seinen Energiequellen und seiner sechs lebenshindernden (bis lebensvernichtenden) Machenschaften, tauchte - wie ich oben schon erwähnte - dann in dieser 7-köpfigen Manschaft die Frage auf, was wir nun denn tun könnten...

Gibt es eine Kausaltherapie?

Ich sagte ungefähr folgendes: "Wenn der SH nicht stillgelegt werden kann, bleibt ihnen nichts anderes übrig, als alle 6-9 Monate in die SchweineHundwäscherei zu kommen: Der bis dahin (wieder) angesammelte Dreck wird dann entfernt, das Fell neu parfümiert (damit der SH nicht mehr so stinkt), außerdem wird er neu dressiert, gegebenfalls umgeschult, um wieder manierlich zu werden und in die Landschaft zu passen.
Aber letztlich nützt das nichts im Kern. Und mir bringt es nur Honorar (für meinen SH?)...

Im Photoprotokoll, die ja nach solchen Tagungen häufig angefertigt werden, wurde diesbzgl. folgendes im Originaltext als Fazit festgehalten:

> "Die Mechanismen des SH versuchen wir mehr oder minder bewußt zu verdecken."
> Die Angst (aufgedeckt und bloßgestellt zu werden, d.V.) führt dazu, daß wir Abwehrmechanismen aufbauen, um "unverletzbarer und mächtiger" zu sein. Durch Masken versuchen wir, uns anders zu zeigen, als wir wirklich sind - mächtiger, besser, schöner ...

Die Erfahrungen, die wir (mit anderen Menschen) machen, veranlassen uns, dieses vermaschte und verstrickte Maskengebäude immer raffinierter und ausgeklügelter werden zu lassen. Wir haben dies als "EBENE II" bezeichnet, als unseren "inneren SchweineHund, den wir hegen und pflegen, dressieren, parfümieren ..." (siehe SH-Schaubild Abb. 1, obere Hälfte)[30]. Als Gegenpol stellten wir dieser Ebene II die "EBENE I" gegenüber, die auf Wahrheit und Liebe beruht. Diese beiden Elemente schaffen Friede statt Angst und Freude statt Leere, sie schaffen Vertrauen, Sinn in die Zukunft, Ehrlichkeit und Offenheit, offene Kommunikation, einander verstehen, Wärme und Nähe. Dieses Wunschbild der Ebene I ist allerdings nur über "das Sterben des eigenen SchweineHundes" erreichbar: "WER NICHT STIRBT, BEVOR ER STIRBT, STIRBT, WENN ER STIRBT!" Dieses Leben in Ebene I bedingt Zeit haben, akzeptieren und annehmen können, Demut, verzeihen können und neue Chancen geben ... . Wenn wir uns mit der Ebene I auseinandersetzen, werden wir auch um unser Gottesbild und unseren Glauben nicht herumkommen. Aus uns Menschen heraus wird es uns kaum gelingen, in Ebene I zu leben (... der SchweineHund läßt's nicht zu ...). Streben wir Ebene I an, so werden wir uns wohl auch mit Gott auseinandersetzen müssen..." (Protokoll-Ende)

Wir arbeiteten - systematisch gesehen - 2 alternative Wege heraus: Weg A, zweimal pro Jahr SchweineHundwäsche, Weg B, SH-auflösen, aushungern (In SH-Stellwand-Bild wird unten rechts auf dem Johannisevangelium, Kap. 3, Verse 1-21 verwiesen). Dazu der Kommentar im Protokoll: "Jeder von uns hat selbst die Wahl, sich zu entscheiden."

10. Anmarschweg zu einer "SH-Therapie" Erste Näherung - weitere Analysen

So lebenswichtig wie gute Diagnosen sind - die Heilung des Patienten bewirken sie nicht. Richtig diagnostizierter Krebs ist deswegen nicht schon verschwunden, nur weil er ent-deckt ist. Die Frage nach der Kausaltherapie stand also im Raume und wurde sogar - wie man sah - protokollarisch festgehalten.

Im Führungskreis dieser Firma brach an dieser Stelle jedoch im wesentlichen die SH-Diskussion ab. Man fragte sich, ob der Tod des SH nicht die Wirtschaftswölfe zu lebensunfähigen Lämmern machen würde[31], und wie man dann noch unter Konkurrenzbedingungen überleben könne ... (Protokoll 4/1988, S. 4 f: zweite Identifikationswoche).

Das Problem - so wurde allen klar - nahm größere Dimensionen an - dementsprechend tiefer, grundsätzlicher und umfassender müsse dann auch die Therapie angesetzt werden. Nicht systemimmanent, sondern systemtranszendierend - quasi verbunden mit einem Paradigmawechsel - gälte es die Lösung zu finden.

Seitdem habe ich mich mit der Therapiefrage immer häufiger auseinandergesetzt. In sporadischen Gesprächen und Reflexionen mit unterschiedlichsten Menschen

30 In dieser Firma wurde der "parfümierte SH" anschließend und bis heute zu einer stehenden Redewendung.

31 Steinmann/Löhr (6/1989) stellen sich in diesem Zusammenhang eine ähnliche Frage, nämlich ob es Schafspelze für Wirtschaftswölfe gäbe? Ihr Fazit: "Man sollte, was die Wirkungsmächtigkeit der Unternehmensethik betrifft, nicht zu euphorisch sein ... . Für uns ist die Geld- und Wettbewerbswirtschaft das historische Apriori" (S. 26 f). Vornehm ausgedrückt.

(im Kontext von Beratung, Forschung und Lehre) entwickelten sich dann schließlich die Gedanken über den SH-Komplex in eine Richtung, die mich selbst z.T. überraschte, zumal mich die Suche nach kausaltherapeutischen Ansätzen nicht in Richtung "Therapie", sondern noch weiter in Richtung Tiefendiagnose führte ... .

Denn ich stellte fest, daß der Ur-SH (mit Ausnahme seiner "stofflich"-primitiven, hedonistisch-aggressiven Grunderscheinungsform) meistens in verschiedenen Verkleidungen und Tarnungen auftrat und daß diese quasigenealogisch im Laufe seiner Entwicklungs- bzw. Offenbarungsgeschichte auf zeitlich hintereinander abfolgenden Rollenebenen zu verorten waren.

Zweitens wurde deutlicher, was den eigentlichen Wesenskern des SH ausmachte - jenseits oder unterhalb von Angst und Gier und was das alles mit der Existenzfrage des Menschen zu tun hatte. Erst im Laufe dieser Analysen wurde der Therapieansatz greifbarer.

Im Nachfolgenden möchte ich deshalb zunächst - und in Metapherform - ganz kurz noch einige weitere Entwicklungs- und Erscheinungsformen des SH skizzieren, um dann tiefer zu jenem Wesenskern des SH vorzustoßen und um erst dann schließlich zunehmend stärker den "Therapieansatz" herauszuverdeutlichen.

11. Der SH und seine vielen Tarnkleider

11.1. Der eitle Pfau

Diese SH-Variante (relativ harmlos) tritt häufig am Anfang von sozialen Prozessen z.B. Teamentwicklungsprozessen auf.
Mit majestätischer Geste entfaltet er vor allem sein imposantes Federkonzert: "Seht her, wie toll ich bin. Was ich alles schon geschafft habe, was ich kann, seht welche Talente und Begabungen und welche Erfolge ich schon erreicht habe ... . Ich beglückwünsche Euch, daß ihr in mir ein so ausgezeichnetes Teammitglied gewonnen habt. Der Erfolg ist Euch sicher. Ich werde mich natürlich voll engagieren ...".
Der Pfau hofft dadurch sich und anderen SH´s zu zeigen, wie liebens- und begehrenswert er ist. Er sucht Anerkennung, Mittelpunkt, Beifall. Und präventive Abwehr, d.h. potentielle Konkurrenten durch Beeindruckung und Betörung einzuschüchtern, gefügig oder kampfunfähig zu machen. In der weiblichen Variante kommt noch der gezielt "unbewußte" Einsatz von Sex-Appeal und Parfüm dazu. Narzißmus, Betörung, Angeberei und Duftnoten als Kriegslist.
Außerdem kann der Pfau-SH durch Empfang von Bewunderung auch seine Leere füllen und durch Anerkennung seine Angst beschwichtigen.

11.2. Der stolze Gockel

Im Gegensatz zum Pfau versucht der Gockel mehr durch machtvolles Imponiergehabe zu beeindrucken: Sein scharfer Schnabel, sein potenter Hahnenkamm, seine zackigen Krallen, seine lauthalsen Hahnenschreie sollen den Bewohnern der "animal farm" unzweideutig vor Augen führen, wer hier Hahn im Hause ist.

Auch sein buntes, vielseitiges Gefieder wird dabei gezielt ins Rampenlicht geführt und mit Posen der Macht unterstrichen. Letzteres muß der Gockel allerdings besonders u.a. auch deswegen tun, weil er leider nicht soviel Federpracht wie der Konkurrent - der Pfau - aufzuweisen hat. Und diesen versteckten Minderwertigkeits-Komplex kompensiert er ganz cool dadurch, daß er sich deutlich erhöht, auf einen Feldherrenhügel schwingt und auf dem Höhepunkt seiner Macht seinen epochemachenden Triumphlaut ertönen läßt: KIKERIKI! Das wirkt zwar irgendwie peinlich - ist aber noch nichts gegen die weitaus größere Peinlichkeit: Der Gockel übersah nämlich, aus was sein Feldherrenhügel bestand - Es thronte auf einem Haufen aus Mist ... .

11.3. Die giftige Schlange

Und als der Gockel ob seines Gehabes von seiner Umwelt linde daraufhingewiesen wurde, daß sein imposanter Feldherrenhügel de facto eben aus lauter Mist bestünde, fühlte er sich boden-los gekränkt und abgrund-tief gedemütigt. Haß stieg in ihm auf und kalte Wut. Er sann auf Rache und wechselte die Form und das Feld. Er nahm Schlangengestalt (und grammatikalisch auch ein anderes Geschlecht) an.

Ursprünglich ja durchaus für Höheres geschaffen, jedoch nun durch Überhebung und Überheblichkeit (selbst) gestürzt - Hochmut kommt ja bekanntlich vor dem Fall - sucht sie (die Schlange), tödlich beleidigt, nun das Gift ihrer Bitterkeit und den Zorn ihres Hasses (auf die Wahrheit) abzureagieren, loszuwerden und an den Mann oder die Frau zu bringen.

Die Unfähigkeit oder Unwilligkeit ihrer Realität, ihren Begrenzungen und Gegebenheiten ehrlich ins Auge zu schauen, der Wahrheit ohne Illusionen zu begegnen, hat sich die Schlange dem "Agieren" verschrieben, der Intrige, der Rache, der psychischen und physischen Gewalt: der Vergiftung des Klimas, der Lüge, der Verführung, der Bannung, dem tödlichen Biß. Aber alles "unter dem Teppich", oder tiefer gar: "im Keller", in den "Katakomben", im Dunkeln also, wo sich gut munkeln läßt. Und auf Schleichwegen, denn dieser SH-Typ ist ein Kriechtier, und ein sehr wendiges dazu. Raffinierte Intriganten und listige Karrieristen kooperieren oft mit diesem SH-Typ. (Die Spinne, die umgarnt und umnetzt - stellt dabei eine weitere Verwandte dar).

11.4. Der aggressive Drache

Der Schlange größerer Zwillingsbruder ist der Drache[32]. Er hat dasselbe Grundschicksal. Bloß ist er nicht bitter geworden (kalter Konflikt), sondern er kocht, kocht vor Wut (heißer Konflikt). Und speit seine Aggressionen nur so heraus. In familiären Bereichen ist die Kleinausgabe der allseits bekannte, herrsch- und streitsüchtige Hausdrache oder Haustyrann. In Firmen tritt uns dieser SH-Typ manchmal entgegen als diktatorischer, autoritärer und cholerischer Boss, Chef, Vorstand, etc., oder als informelle Herrscherin, zuweilen verkleidet in der Rolle z.B. einer Chefsekretärin oder der Gattin eines Vorstandsvorsitzenden.

---

32 Das missing link zwischen Schlange und Drache ist der Lindwurm.

Die Großausgabe dieses SH-Typs wird indes von ganzen Völkern verehrt. Hier hat der Drache gleichsam politische, esoterische und theologische Karriere gemacht. Es ist ihm gelungen, in Stadt- und Staatswappen, auf Waffen, Fahnen, Skulpturen und Briefköpfen und in Restaurants zu erscheinen. Ja, es ist ihm sogar gelungen, bei einigen Kaninchen als Erlöser angebetet zu werden. Mit der List der Schlange ist ihm das gelungen.

Meine Nachforschungen erhärteten - wie man sieht - weiterhin die Auffassung, daß der SH - wie ich oben schon erwähnte - in der Tat in den unterschiedlichsten Formen, Rollen, Verkleidungen und Tarnungen auftreten kann und viele Spießgesellen hat.
Er entpuppte sich immer deutlicher geradezu als wahrer Tausendsassa, als Verwandlungskünstler ersten Grades, als Magier der Verstellungskunst. Dazu noch einige weitere wichtige "Tarnbeispiele".

11.5. Der charmante SH

Die Beeinflussungsstrategie dieses SH-Typs liegt in dem Versuch, sich durch galantes, kultiviertes und freundliches Auftreten einzuschmeicheln, Vertauen und Zuwendung zu erwerben und Skepsis zu zerstreuen. Sein Ziel ist Menschen "um den Finger zu wickeln" und dann für seine egoistischen Zwecke manipulativ einzuspannen. Seine scheinbare Harmlosigkeit ist dabei besonders heimtückisch und kaum zu unterschätzen. Oftmals wird dieser SH-Typ vorgeschoben, um Türöffner für härtere SH-Spießgesellen zu sein - z.B. der Schlange.

11.6. Der lustig-komische SH (Affe, Clown)

Auch dieser Typ hat vermittels seiner amüsanten, zum Lachen und Blödeln reizenden Unterhaltungskünste ebenfalls häufig door-opening Funktionen für härtere SH.
Seine lustigen Clownereien, sein ebenfalls pseudo-harmloses und anscheinend nicht ganz ernst zu nehmendes Auftreten sind Täuschungsmanöver, um seine Opfer in Ahnungslosigkeit zu wiegen und unbewußt steuern zu können. (In Kinderfernsehsendungen taucht er oft auf, z.T. auch von außerirdischer Herkunft mit magischen Fähigkeiten, und leistet so "Steigbügelhalterdienste" z.B. für den weiter unten noch zu beschreibenden esoterisch-magischen SH).

12. Zwischenbemerkung: Die sechste SH-Untugend kommt ins Spiel, der Wunsch angebetet zu werden ...

Die bisher skizzierten SH-Typen - so zeigten die Nachforschungen - korrellierten hauptsächlich mit den ersten fünf SH-Untugenden, also Auftrittsweisen, Strategien und Tarnungsformen, um sich Sicherheit, Anerkennung, Einfluß zu verschaffen, um Angst und Leere vornehmlich "stofflich"-hedonistisch-aggressiv zu füllen bzw. zu betäuben: saufen, fressen, huren, herrschen, glänzen.

Die Analyse der 6. SH-Untugend, dem erwähnten Streben "angebetet" zu werden, als höchsten Erfüllungsversuch und als vermeintlichen Glücksgipfelpunkt des SH´s, brachte indes qualitativ völlig neue Aspekte ans Licht.
Davon muß jetzt noch die Rede sein.

Allerdings kann ich leider auf die SH-Typen der 6. Stufe nur sehr telegrammstilartig eingehen. Die hier gesetzten Rahmenbedingungen zwingen mich dazu. Da jedoch diese SH-Typen zunehmend mehr Einfluß auf Institutionen und Organisationen gewinnen, muß ich sie auch aus diesem Grunde kurz erwähnen. Der tiefer interessierte Leser sei daher auf andere, weiterführende, z.B. in Fußnoten erwähnte Literatur verwiesen.

12.1. Der religiöse oder fromme SH

Dieser SH-Typ ist durch und durch tiefreligiös und frommen, hingegebenen Auftritts. Er taucht häufig in zwei Varianten auf: dem gesetzesstrengen, fundamentalistisch-buchstabengetreuen, sittenstrengen, zwanghaften, selbstgerechten und unbarmherzigen "Pharisäertyp" - oder in der Verkleidung des "Charismanikers"[33], eines charismatisch-pseudochristlich getarnten spirituellen Quasimagiers, der elitär und z.T. mit manisch-fanatischer Art, den Sieg des Geistes über die Materie (Körper, Seele, Gesundheit, Geld, Umstände etc.) proklamiert und intendiert. Auf reale Symptome und Bedürfnisse glaubens- und lebensschwacher Menschen wird eher abwertend, rücksichtslos und arrogant reagiert: Sie haben einen unterentwickelten Glauben ("low spirit") und halten im Grunde nur auf .... Jedenfalls gehören sie nicht zu der Elite, die das "Reich Gottes" (ihrer Definition) mit Macht herbeiführen werden ... ! (Also stören sie nur. Am besten weg damit.)

Während der erste religiöse SH-Typ im Namen Gottes den Sohn Gottes kreuzigte, und sich damit im Recht glaubte - soweit ging seine Blind- und Verbohrtheit - so setzt dagegen der zweite SH-Typ dieser Art - der Charismaniker - vornehmlich auf spirituelle "power", auf leider oftmals biblisch verpackte, weismagische Macht (durch Worte, Formeln, Techniken, Prinzipien etc.).

Gegen Kritik oder auch nur ernstere Korrektur jeglicher Art (z.B. gegen "Lehre", Auslegung, "Leiterschaft" etc.) schottet sich dieser SH-Typ mit nahezu perfekt immunisierten Wirklichkeitskonstruktionen ab. Unsichere, desorientierte, einsame und hingebungsbereite Menschen ködert er mit Pseudoorientierungen mittels einseitig-reduzierter Gottes-, Lebens- und Menschenbilder - und kontrolliert mit (Selbst-)Verfluchungs-, Abstemplungs- und Stigmatisierungsmechanismen latent Andersdenkende. Seine Ideologiekonstruktionen werden damit abgesichert. Dies verstärkt darüber hinaus - wenn auch nur pseudomäßig, so doch für "Gläubige" äußerst wirksam - die Stabilität seines charismanischen, selbstreferentiellen "Erlösungsangebots" samt seinem Sekten- bzw. Herrschaftssystem.

Die Sünden - und Todesverfallenheit des Menschen - und die Notwendigkeit des Kreuzes, theologisch gesprochen - wird New Age ähnlich charmant umgangen.
Die damit zusammenhängenden Kernprobleme und Wesensnöte des Menschen (z.T. schmerzhafte, transformative Krisen, "Sterbeprozesse" und Umgestaltungen (metanoia), vgl. Hebraerbrief Kap. 11 und 12, das Buch Hiob oder gewisse Klagepsalme) werden entweder geleugnet oder umgedeutet, oder was noch weitaus gefährlicher ist - als selbstverschuldet erklärt, damit also empathielos-

33 "Charismaniker" ist ein Kunstwort, das ich verwenden mußte, um dieses erst in neuerer Zeit aufgetauchte Sektenphänomen bezeichnen zu können.

unbarmherzig verdrängt und gnadenlos übergangen. Der Einzelne bleibt dabei in seiner Not tödlich allein.
Im Extremfall - so konnte ich es selbst mehrere Jahre lang miterleben - können dadurch religionsfaschistische Sektensysteme mit inquisitorischen Verfolgungs- und Todesstrukturen entstehen, also sich unmerklich in das diametrale Gegenteil des anfänglich Intendierten umkehren[34]. Der Glaube, der sich in Liebe und Barmherzigkeit äußert und der allein vor Gott gilt (Gal. 5,6), ist dem Charismaniker ein Fremdwort.

Der religiöse SH beider Tarnungsformen "spielt" Gott und wird dadurch selbst "unter der Hand" gottlos und menschenmörderisch. Jesus attackiert beide SH-Varianten aufs schärfste. Für Interessierte: Matthäusevangelium Kap. 23 (Pharisäer) und Kap. 7,15-23/Kap. 24,23 f. (Charismaniker).

12.2. Der esoterisch-okkulte (magische) SH

Dieser SH-Typ erfreut sich zunehmender Hochkonjunktur. In Zeitschriften, Fernsehen, Therapien, in Wissenschaft, Religion und Literatur wird er immer präsenter. (Er ist die säkulare Ausgabe des religiösen und besonders des charismanischen SH).

Der Mensch, mit dem Rücken an der Wand der Geschichte, politisch, ökologisch, wissenschaftlich und philosophisch von Ohnmacht umringt, sucht "höhere" Quellen von Weisheit und Wissen, von Macht und Technik.

Der SH bietet in dieser Notlage - die er ja nota bene selber zuvor gegen uns und durch uns produziert hat - nur allzu gerne seine "Kooperation" an.

Der inneren hilflosen Ohnmacht des Menschen offeriert er die Macht der Magie und die Zauberkraft geheimer Künste. (Angefangen vom Horoskop, über astrologische Gutachten, Meditationen, spiritistischen Seancen, Transsubstanziationen, Schamanismus und Invokationen bis hin zum puren menschenopfernden Satanismus). Teufelspakte werden geschlossen.

Und das alles in betörenden Verpackungen, und ähnlich seiner Muhme, der Schlange, verbunden mit höchsten Versprechungen gottähnlicher Macht und lichtvoller Weisheit.

---

34 Die Todesstrukturen solcher glaubensfaschistoiden, totalitären und inquisitorischen Sektensysteme zeigen besonders nachdrücklich und warnend folgende Veröffentlichungen auf:
Betschel, A.; Verführerische Lehren der Endzeit; Hamburg (CMF) 1990
Farah, Ch.; Von der Zinne des Tempels; Hamburg 1990
Hanegraaff, H.; Christianity in Crisis; Harvest House Publishers, Eugene, Oregon, 1993
Hunt, I.; McMahon, T.A.; Die Verführung der Christenheit; Bielefeld (CLV) 1987
Kimer, P.; Engel des Lichts im 20. Jahrhundet; Hamburg (CMF) 1991
McConnel, D.R.; Ein anderes Evangelium? Hamburg (CMF) 1990
Rosina, H.J.; Faszination und Indoktrination. Beobachtungen zu psychischen Manipulationspraktiken in totalitären Kulten, München 1989 (ISBN 3-921513-85-5)
Schlink, B.; Geistlich erfolgreich? Darmstadt 1991
Smith, CH.; Charisma und Charismanie; Darmstadt 1994
Vgl. auch Watzlawik, P.; Die erfundene Wirklichkeit (Bausteine ideologischer "Wirklichkeiten"); München 1991 (7. Aufl.)

Die gesamte New Age und Light Age Szene ist ein Tummelplatz und ein Produkt dieses magisch-okkulten SH - eine regelrechte Okkultur mittlerweile: für Erwachsene genauso wie für Kinder. Dementsprechend nehmen okkultogene Psychosen zu: Ängste, Stimmen, Geister, Meister, Wahnsinn, Morde auf Befehl Satans. Seelenlose Ratio und geistlose Emotio (= Leere, Angst) suchen im Übernatürlichen und im Jenseits Hilfe, Orientierung, Hoffnung und Macht.

Das Schema der "Kooperationsangebote" dieses SH-Typs läuft immer nach gleichem Grundmuster ab. Dieses läßt sich am besten an einer "witzigen" Story exemplifizieren, die sich auf einem langweiligen Bauernhof zutrug. Schon Adam & Eva ging es mit der Schlange genauso, wie dem nachfolgend berühmten Schwein, dem von einem (listigen!) Huhn eine Kooperation, also ein dickes Geschäft angeboten wurde. Die Story lief wie folgt ab:

Das Huhn kommt zum Schwein und sagt: "Du, ich hab´ ne prima Idee wie wir ganz schnell reich werden und diesem öden Bauernhofleben entkommen können!" (wieder das Problem "Leere"!)

Schwein: "Ja, was denn?"

Huhn: "Du, wir machen eine Kooperation."

Schwein (offensichtlich ein dummes) daraufhin: "Ja, aber wie geht denn das?"

Huhn: "Ganz einfach. Wir verkaufen an all unsere Nachbarn `Ham and Eggs´. Das wird für uns beide ein Mordsgeschäft." (!)

Schwein: "Ja, und wie geht das praktisch?"

Huhn: "Ganz einfach, ich geb´ die Eier, und du den Schinken."

Schwein: - - - (überlegt und antwortet dann zögerlich) "Ja, aber da geh ich doch dabei drauf?!"

Huhn: "Hm, ja, das stimmt. Aber so ist das nun mal bei Kooperationen."

Nach diesem Muster läuft auch der Einstieg in Esoterik und Okkultismus ab. Die Einstiegsdroge liefert der lustig-charmante, also der auf Harmlosigkeit getarnte SH: Esoterik und Okkultismus machen Spaß, versprechen Erfolg, vertreiben Langeweile, erweitern den Horizont und sind im Grunde eigentlich risikolos ... bis die Schlange zuschnappt. Die Präsenz des esoterisch-okkulten SH in Wirtschaftsunternehmen und politischen Kreisen nimmt offensichtlich zu: Pendeln und astrologische Gutachten als Entscheidungsbasis für Investitionen, Strategien und Personal(entwicklungs)maßnahmen, Geheimbünde und Sekten, die Macht und Erfolg versprechen auf zwielichtigen Wegen, Magie für Manager ... .

Rational überprüfbare Diskussionen, Lehrprogramme und Prozeßmoderationen stoßen hier an übernatürliche Grenzen. Übliche Bildungsanstregnungen und OE-Maßnahmen haben hier ihr irdisches Ende. Oder was wollen Sie mit Teammitgliedern tun, deren Biorhythmus ihnen derzeitig aktives Handeln nicht erlaubt, astrologische Gutachten bereits individuelle Entwicklungswege genau vorgeschrieben haben, oder organisationsexterne Sekten internen Leuten ferngesteuerte Verhaltensbefehle schicken? Wird in Teams offen "darüber" gesprochen, läßt sich ja noch darauf eingehen - bleibt aber alles dies im Dunkeln, haben Sie eine jener unsichtbaren Schallmauern und Sie wundern sich, warum es nicht weitergeht ... .

12.3. Der "gute" oder "humanistische" SH

Die Volksausgabe des humanistischen SH ist der sog. "gute" SH. Er opfert sich immer nur für alle auf: als Mutter, die immer nur für ihre Kinder das Beste (!) will (und sie dabei zu Tode liebt: overprotective mother) oder der Berater mit dem dauernden Helfersyndrom, oder die "Rotkreuzschwester", die überall nach Wehweh´chen sucht, um überall pflegen, verbinden, betutteln zu können ... . Der "gute" SH versucht dabei natürlich nur sich selber "Gutes" zu tun. Er versucht alle durch seine ungebetenen, mit Selbstlosigkeit getarnten Liebesgeschenke abhängig zu machen, durch Schuldgefühle, durch Verpflichtung zur Dankbarkeit, durch Rückzahlungen und Gegengeschäfte. (Reziprozitätsnorm, emotional bank accounts). Das ist das Böse am Guten: das gute Böse[35].

Die wissenschaftlich, philosphisch und politische gebildete Form des guten SH - der Mensch sei edel, hilfreich und gut - ist indes der humanistische SH, oftmals auch als atheistische oder agnostische Variante des religiösen SH anzutreffen. Trotz seiner Religionsabstinenz kann der von ihm gepredigte Humanismus in weiten Praxisbereichen als Quasi-Religion des Westens bezeichnet werden - da er in "the long run" - paradoxerweise (vgl. Huxley 1964) wiederum naturreligiösen Schimmer annimmt.

Eine präzise Definition dessen, was Humanismus sei, ist m. E. unmöglich, weil wir wissenschaftlich-philosophisch nicht wissen, vermutlich sogar nicht wissen können, wer oder was das "Humanum" ist und demzufolge der Humanismus zu sein haben könnte. Anthropologie ist weitgehend Konstruktion, und Humanwissenschaft ist die Suche nach sich selber[36]. Vieles läßt sich gar nicht sagen, vielleicht daher auch nicht denken: ... der Mensch ist immer mehr, als er von sich wissen kann (Störig, 1970, S. 437).

Rein oberflächlich betrachtet, läßt sich "Humanismus" vielleicht so verstehen, wie das "Glossary of Humanism" ihn unter dem Buchstaben "H" umschreibt:

> "In groben Zügen befürwortet der Humanismus unserer Zeit eine Lebensanschauung, in deren Mittelpunkt der Mensch und seine Fähigkeiten steht, hier und heute ein lebenswertes Leben für sich selbst und für seine Mitmenschen zu schaffen. Die Betonung liegt auf den

---

35 Vgl. Jaspers: "Die gewöhnliche Form des Bösen ist, daß das Gute gewollt wird, aber unter der Bedingung, daß es dem Eigendasein dient".

36 Es sei hier aus der Fülle der Literatur nur stellvertretend auf einige wenige Werke verwiesen wie bspw. Gehlen 1963/1966, Einstein 1965, Watzlawick 1982, 1991, Laszlo 1987, u. a.

> eigenen intellektuellen und moralischen Quellen im Menschen; die Vorstellung einer übernatürlichen Religion wird zurückgewiesen. Einer der wichtigsten Trends im modernen Humanismus besteht darin, daß er sich auf die Anwendung wissenschaftlicher Untersuchung und ihre Beurteilung von Wahrheit, Realität und Moral in rein menschlichen Begriffen verläßt."

Im einzelnen lassen sich - in systematischer Sicht - folgende Prinzipien oder Grundsetzungen des Humanismus erkennen:

1. Autonome Selbstbestimmung und Selbsthilfe des Menschen
2. Homo-mensura-Prinzip: Der Mensch ist Maßstab aller Dinge. (Welcher Mensch?)
3. Optimistischer Glaube an Fortschritt und Verbesserung menschlicher Zustände.
4. Vertrauen auf die Vernunft
5. Vertrauen in die Wissenschaft
6. Selbst-Entwicklung von gesellschaftlichen Leitwerten (mit Hilfe von Wissenschaft und gesellschaftlichen Diskursen)
7. Sozialvertrag (gesellschaftliche Konstruktion und Legitimation von Werten)
8. Glaube an den Evolutionsmythos[37]

Man sieht schon bei dieser kurzen Auflistung der Prinzipien des Humanismus, daß er auf wissenschaftlichen und philosophischen Spekulationen, Annahmen und Konstruktionen aufbaut und im Grunde nichts anderes darstellt als Hoffnung des Menschen auf sich selbst. Angst, Leere und Sinnfrage sollen damit "glaubensmäßig" gehandhabt werden. Neben der positiven Verdeutlichung der Potentiale des Menschen - die ja zweifelsohne vorhanden sind, leben wollen und unbedingt genutzt werden müssen - versucht jedoch dieser SH-Typ den Menschen zu verführen: Er soll sich Illusionen machen über sich selbst (Schattenverdrängung), um damit tendenziell blind, fanatisch und - inhuman zu werden. Gesellschaftliche Beispiele gibt es genügend (z.B. Marxismus).

Im betrieblichen Kontext führt das Lauschen auf den humanistischen SH zu überspannten Erwartungen und Zielsetzungen in Beratung, Training, Coaching, etc., zu deren vorprogrammierten Ent-täuschungen, Beendigungen, Traumatisierungen. Es gibt viele Bildungs-, OE- und Gruppendynamik-geschädigte Menschen in Organisationen. Und alles geschah im Namen humanistisch orientierter und nicht selten manipulativ verordneter Entwicklungsziele. Liegen solche Negativ-Erfahrungen in Unternehmen vor, ist ein neuer Widerstand erzeugt, eine neue SH-Schallmauer entstanden. Deswegen sollten die Aktivitäten des humanistisch getarnten SH nicht allzu unkritisch betrachtet werden. Gänzlich inhuman wird es, wenn der humanistische und der magisch-okkulte (oder auch religiöse) SH miteinander zu kooperieren beginnen. Bildungsprogramme werden dann über-natürliche Möglichkeiten offerieren, bis hin zur New Age Angeboten, Gott in sich selber zu entwickeln (tat tvam asi). Und dies mit "zwingender" Begründung: Die Herausentwicklung des Göttlichen in uns (z.B.

---

37 Aus der Fülle evolutionskritischer Literatur sei stellvertretend auf einige zentrale Werke kurz hingewiesen: Wilder-Smith, Gitt, Junker/Scherer, Kuhn, Schneider u. v. m.
Im deutschsprachigen Raum veröffentlicht vor allen Dingen die schweizerische Zeitschrift "Factum" evolutionskritische, fachwissenschaftliche Arbeiten.

mit Hilfe transzendentaler Meditation, jenseitiger Meister oder Auswertung früherer Leben) wird die Mitarbeiter kompetenter, glücklicher, leistungsstärker und die Firma überlebensfähiger machen ... . Ausgenommen allerdings diejenigen, die nicht mitmachen. Die werden von der Evolution liquidiert oder eventuell von barmherzigen, spirituellen Entwicklungshelfern zwangs-reinkarniert: durch Euthanasie schneller zur Vereinigung mit dem All-Einen, zu höheren Bewußtseins- und Leistungsstufen ... . Klingt doch logisch, oder?

12.4. Der gekrönte SH

Abschließend muß noch die letzte Stufe der SH-Genealogie erwähnt werden. Der "gekrönte SH" hat alle anderen SH in sich integriert und synergetisiert. Seine Einflußkraft ist unglaublich, seine Wendigkeit ungeheuerlich, seine Zauberkraft unbeschreiblich, seine Tarnungen nahezu undurchschaubar. Erich Fromm (1977) beschreibt einige dieser Eigenschaften in seiner sehr empfehlenswerten Hitler-Analyse. Die Bibel beschreibt diesen SH-Typ als Anti-Christen, den Menschen der Gesetzlosigkeit, ein faschistischer, religiöser Weltdiktator, der sich in den "Tempel" setzt und behauptet, Gott zu sein, von der Menschheit angebetet wird, sämtliche Menschen und Wirtschaftsprozesse total kontrolliert (666), jeden Gegner liquidiert und dies alles zur Rettung der Menschheit unternimmt, natürlich im Namen der Liebe, der Brüderlichkeit und des höheren Seins (vgl. Offenbarung Johannnes, Kapitel 13,2 2. Thessalonischer Brief von Paulus, Kap. 2 / Matthäusev. Kap. 24).

Im gekrönten SH - der Stufe 6 - entpuppt sich schließlich auch sein wahres Gesicht, sein wirkliches Wesen und sein eigentliches Ziel, nämlich wie Gott sein zu wollen. Und zu selbigem lud die Schlange ja auch schon unsere Ureltern im Paradies mit ein: "Auch ihr werdet sein wie Gott!" Kooperationsangebot, Ham and Eggs! Und ? Sind wir wie Gott geworden? Und der SH - bei seinem Ziel, Gott sein zu wollen - schreckt vor nichts zurück. Er setzt alles ein. Und besonders die Menschen. Allerdings sind diese nur Manövriermasse, Kanonenfutter und Schachfiguren in seinem strategischen "Spiel" (wobei "Spiel" ja nur ein verniedlichendes, abwiegelndes Tarnwort ist und eigentlich "Krieg" gemeint ist). Und er spielt ein toternstes Spiel nach dem anderen, in der Politik, in der

Managementwelt, in den Familien. Und wenn ein "Spiel" aus-probiert ist (z.B. Kommunismus, Humanisierung der Arbeitswelt, anti-autoritäre Erziehung) und ent-täuschte, wird rasch das nächste Spiel, die nächste Modewelt kreiert: Friedensbewegung, New Age, Lean Management, Reengineering, Chaos-Kompetenz, Mind Management usw., usf. . Bis auch wieder diese Ansätze aus-probiert und ent-täuscht und verflogen sind ... . Mit Zuckerbrot (Gewinn) und Peitsche (Konkurrenz) getrieben (Hamsterrad), hetzen wir somit von einem Spiel, von einer Mode zur anderen. Und dreht sich dabei das ganze Spiel nicht langsam um? Wir, die armen Schweine, auf den Hund gekommen?
Und er, der SH, als "Herr" und "Meister"? Jedenfalls, unter der Weltdiktatur des "gekrönten SH", dem Anti-Christen, werden OE-Prozesse, Bildungsmaßnahmen und Entwicklungen von Menschen in/von Organisationen im Sinne heutigen Verständnisses unmöglich geworden sein.

"Politoffiziere", "spirituelle Meister" und geistliche "Blockwarte" werden die Bildungsziele, Entwicklungsstrategien und Veränderungsprozesse bestimmen. Natürlich im Sinne des "höheren Seins" und der End-Lösung der menschlichen Existenzproblematik: die "Auflösung" von Angst und Leere durch den Über-Menschen selber. Viele Zeitgenossen meinen, daß dies uns nahe bevorstünde ... . Die Infrastrukturen lägen ja schließlich schon bereit.

Dieser "Jüngste Tag" wird gleichzeitig sein "Gericht" sein (Interessanterweise genügt ein Hauch aus dem Munde Christi, um den Antichristen auszulöschen: 2. Thess. 2,8 !). Den Gesamtprozeß des SH zeigt nachfolgende Grafik.

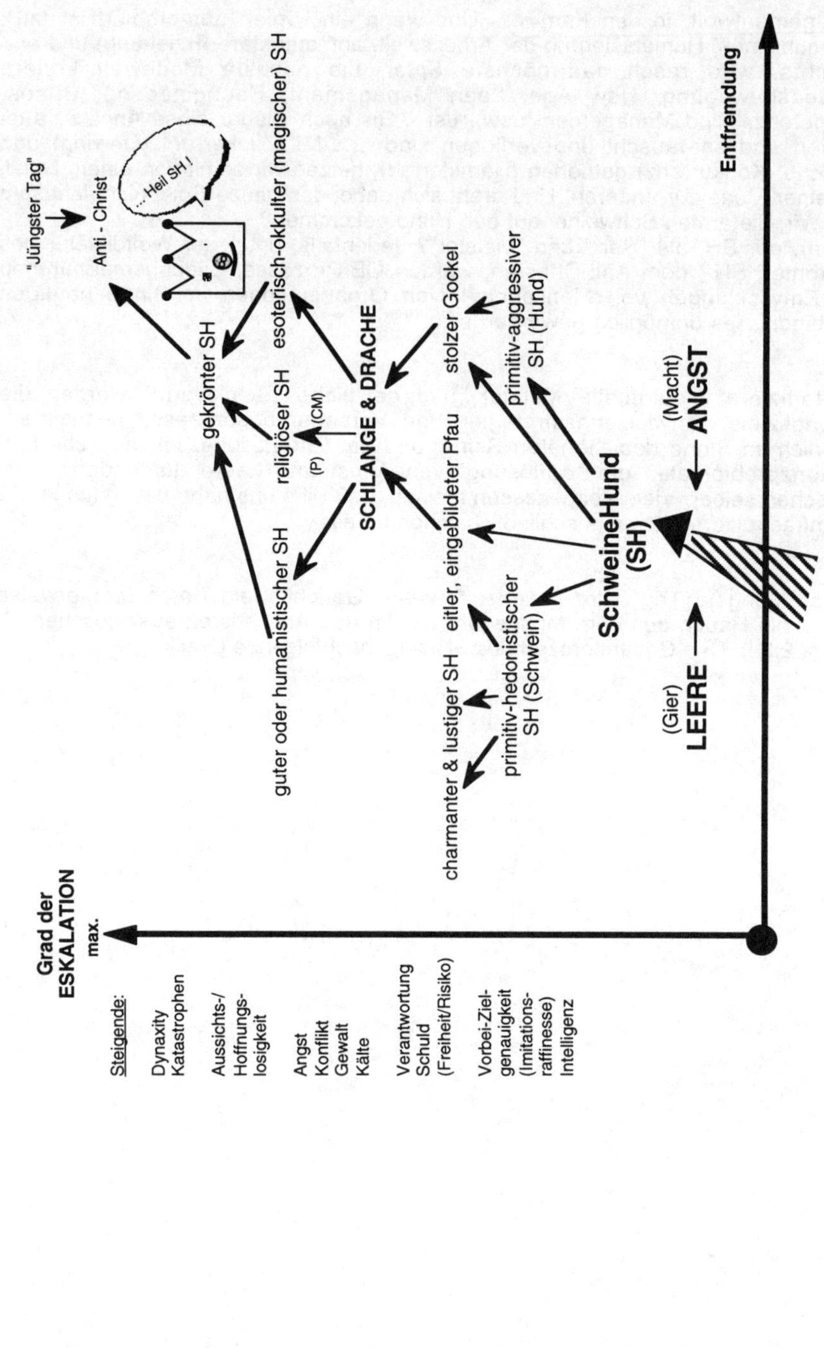

Abb. 4: SchweineHund-Stammbaum

13. Zurück ins high-tech Unternehmen - wo das Ganze mit dem SH anfing ... Oder: Die Therapie wird sichtbar

Bei der high-tech Firma, wo der SH zu Anfang einer "Identifikations"- und Strategiewoche mit der Führungsmannschaft gemeinsam herausent-wickelt wurde, kam - man erinnere sich - damals die Frage auf, was denn nun mit dem SH zu tun sei ... . Und ob es eine Therapie gäbe?

Eine Bifurkation, eine Weggabelung tauchte auf: Weg A oder Weg B.

Weg A hieß den SH periodisch waschen, parfümieren und dressieren.

Weg B hieß den SH aushungern

Schutz vor und Befreiung aus

dem Netzwerk ---
der Selbstverstrickung des Menschen

Am "Rande" des Führungskreises philosophierten wir über diese möglichen Alternativen. Natürlich so sagten manche, sei es vernünftig den SH auszuhungern:
... ihm wird die "Nahrung" in Form von Machtgier und Habsucht entzogen! Früher oder später kommt diese Frage sowieso auf jeden SchweineHund zu. Denn: Wenn er die Erde und seine Mitmenschen aufgefressen hat, muß auch er sterben. Ähnlich eines Krebses, der zum Schluß selber stirbt, weil er seinen Wirt aufgefressen hat und den Ast auf dem er saß, selbst absägte ... .
Deswegen auch auf der Abb. 1 der Satz:" Wer nicht stirbt, bevor er stirbt, stirbt dann, wenn er stirbt."

Jedoch: Die Aushungerung des SchweineHundes ist allerdings nur dann erst überhaupt denkbar und möglich, wenn Menschen eine Alternativnahrung für ANGST und LEERE angeboten bekommen. Erhält er - der Mensch - diese nicht, dann bleibt ihm, trotz aller schönen und frommen Sprüche und in der Regel nichts anderes übrig, als sich wieder selbst zu helfen, d.h. auf Raubzug zu gehen und im Konkurrenzkampf zu überleben zu versuchen.

Oder er müsse Asket werden. Historische Beispiele zeigten jedoch, daß auch das nur ein Irrweg sei und der SH dann z.B. in Form der religiösen-magisch-okkulten Verkleidung wieder auftauchte ... (siehe z.B. Eco 1982, Der Name der Rose).

Die Frage war also, wo man sucht- und entsorgungsfreie Alternativnahrung für den Menschen mit seiner Angst und Leere herbekommen könnte.

Es wurde schnell deutlich:
die Angst braucht Halt, Geborgenheit, Vertrauen, Wärme, Treue, Frieden
die Leere Freude und Sinn
Mit anderen (und hohen) Worten: Leben in Liebe und Wahrheit.

Und das "systemtranszendierend", d.h. lebensübergreifend, da ja auch das Bewußtsein von Tod, Schuld, Nichts, etc. beruhigt werden müsse ... .
Es bedürfe also transzendentaler Liebe und eines umfassenden Sinns - und dies besonders auch deswegen, weil zwischen- und innermenschliche Zusammenhänge nicht hinreichen, da sie brüchig, schwach und endlich sind. Die Antwort schien offensichtlich im "religiösen" Raume zu liegen. So wurde es ja schon im Protokoll festgehalten (vgl. Abschnitt Pkt. 9).

An dieser Stelle kam dann das Johannesevangelium ins Spiel, Kapitel 3. Ein Therapieansatz wurde sichtbar (siehe in Abb. 1, Ebene I unten). Davon soll zum Schluß noch die Rede sein.

Der Kern dieses Johannes-Textes entstand des Nachts. In Jerusalem. (kann man sich schon fast denken...)

Jesus wurde in einer Nacht- und Nebelaktion von einem politisch engagierten Theologen namens Nikodemus aufgesucht - dieser gehörte zum Stadt- und Staatsrat von Jerusalem - um unter 4 Augen und hinter vorgehaltener Hand Kernfragen von ewiger Bedeutung zu klären. Jesus sollte Rede und Antwort stehen. Das Gespräch lief vermutlich wie folgt ab (und ist von mir im Kern nur unwesentlich umkomponiert und adaptiert worden):

Stadtrat: "Ich frage mich, wie man den SH los wird. Ich weiß, das ist eine Frage auf Leben und Tod. Wie denkst Du, Rabbi, darüber?

Jesus: (fährt ihm fast über den Mund, kein small talk, sondern direkt medias res:)

Wenn jemand nicht von neuen und von "oben" her geboren wird, kann er den SH nicht loswerden und nicht die beglückende Lebensqualität bekommen, die wir mit "Reich-Gottes" fachsprachlich umschreiben. (Anspielung auf obige Alternativnahrung).

Stadtrat: Wie kann denn ein Mensch geboren werden, wenn er schon alt ist? Kann er zum zweiten Mal in den Leib seiner Mutter zurückkehren und dann nochmals geboren werden?

Jesus: Mißverständnis. Das ist zunächst einmal geistig gemeint. Wenn jemand nicht von seinen bösen SH-Wegen umkehrt (um-sinnt!) und sein Geist nicht durch einen Akt des Geistes Gottes neu ins Leben, in die Gemeinschaft mit Gott gerufen wird - durch Eure Kooperation! mit der Schlange habt Ihr ja jegliche Gemeinschaft mit Gott abgelehnt und zerstört - also nur dann, wenn ihr durch Gottes Geist neugeboren werdet, könnt ihr ins "Reich Gottes" kommen, d.h. jene lebensnotwendige Alternativnahrung geschenkt bekommen.

Stadtrat: Wie kann so etwas geschehen?

Jesus: Du bist ein Lehrer in Israel und weißt das nicht? (auf den theologischen Berufshintergrund von Prof. Nikodemus anspielend)

Es geht nur über vertrauensvolles Glauben. Wer an den Sohn Gottes glaubt, ihn annimmt, ihn in die Mitte seiner Existenz aufnimmt, hat neues ewiges Leben aus Gott, weil Gott es ihm gibt. Das Motiv Gottes ist nur ein einziges: nämlich, daß er die Welt und ihre Menschen so sehr liebt, daß er seinen einzigen Sohn gibt, damit jeder, der an ihn glaubt nicht verloren geht[38], sonden die unausprechlich herrliche Qualität ewigen Lebens bekomme.
Verstehst Du das, Nikodemus?

---

38 ... was impliziert, daß man dem Leben verloren gehen kann, wie z.B. Judas oder Pharao ... .

Gott trägt Leid um diese Welt! Er liebt die Menschen! Und ich bin gekommen, jeden, der will, von der Sklaverei des SH freizukaufen.
Denn Gott hat seinen Sohn nicht in die Welt gesandt, um die Welt (zu Grunde) zu richten, sondern - ganz im Gegenteil - um durch ihn die Welt zu retten, aufzurichten und ihr Leben zu schenken, anstatt sie der Hölle des SH zu überlassen ... .

Stadtrat: Und das geht "nur" durch Glauben? Muß man nicht auch etwas tun?

Jesus: Nein, man braucht es nur wie ein Geschenk anzunehmen. Und wer sich Ihm anvertraut und Ihm glaubt kommt nicht ins Gericht. Wer aber nicht glaubt, ist schon gerichtet, weil er sich nicht an der Wahrheit Gottes ausrichtet und sein kostenloses Erlösungs- und Lebensangebot ausschlägt, d.h. aber somit automatisch unter der Diktatur des SH gefangen bleibt. Und das heißt Hölle.

Stadtrat: Und was verstehst Du unter Gericht?

Jesus: Das "Gericht" besteht darin, daß das Licht der Wahrheit, der Liebe, des Lebens und der kostenlosen Vergebung Gottes in die Welt gekommen ist, aber die Menschen (umfaßlicherweise) die Finsternis des SH mehr lieben als das Licht. Warum? Ihre Taten und ihre Werke sind böse. Und die wollen sie nicht lassen. Obwohl doch der SH jeden über kurz oder lang vernichten will.

He showed them his hands

Denn jeder, der Böses tut, d.h. mit dem SH "kooperiert", haßt das Licht - und meidet das Licht, damit er und seine Taten nicht im Licht der Öffenlichkeit bloßgestellt werden. Der SH haßt das Licht der Wahrheit. Deswegen haßt er auch mich.

Wenn ich nicht gekommen wäre (so in Joh. 15, 22 f), und Euch aufgeklärt hätte, so hättet Ihr keine Schuld; jetzt aber habt Ihr keine Vorwände mehr. Wer mich haßt, haßt auch Gott, den Vater, die Quelle allen Lebens. Und wenn ich nicht unter Euch gelebt hätte, ihr all meine (Wohl-) Taten gesehen hättet, Taten[39], die sonst noch niemand getan hat, so hättet Ihr keine "Sünde"[40]; jetzt aber habt ihr mich gesehen, erlebt und geprüft - und keine Sünde an mir gefunden - und trotzdem haßt Ihr mich. Und Ihr haßt mich ohne Ursache!

Stadtrat: Woran liegt das?

Jesus: Euer Vater ist der Teufel (alias SH) - und die Begierden Eures Vaters wollt ihr im Grunde tun. Jener ist ein Mörder der Menschen von Anfang an. Wenn er lügt, sich verstellt und

39 Krankenheilungen, Totenauferweckungen, Aufdeckung tödlicher Gefahren, therapeutisch-seelsorgerliche Dienste rund um die Uhr. Vor allen Dingen völlige Ent-tarnung des SH.

40 "Sünde" meint: abgrundtiefe feindselige Trennung von Gott ("Sund") und dadurch Zielverfehlung des Lebens (hamartia), also ewiges SH-Elend.

tarnt, so entspricht es seiner eigenen innersten Wesensart, denn er ist ein Betrüger und Lügner und der Vater der Lüge, weil keine Wahrheit in ihm ist. (Vgl. Johannes, Kap. 8,44f)

Wer von Euch überführt mich einer Sünde?

Und wenn ich die Wahrheit sage - warum glaubt Ihr mir denn dann nicht?

Wer aus Gott ist, hört die Worte Gottes.
Und Ihr hört nicht, weil ihr nicht aus Gott seid - weil Ihr nicht hören wollt. Und so verfallt Ihr dem SH und seinen Scheinangeboten von Leben. Tatsächlich aber wird Eure Angst, Leere und Krankheit immer größer. Und ihr werdet in Euren Sünden sterben ...

Wer jedoch mein Zeugnis annimmt - Zeugnis bezüglich dessen, was ich in der Welt Gottes gesehen habe, besiegelt, daß Gott wahrhaftig ist.

Stadtrat: Das hört sich alles an, als ginge es beim SchweineHund wirklich um Tod oder Leben?

Jesus: Ja. Ewiger Tod oder ewiges Leben. Und der Vater liebt den Sohn und hat alles in seine Hand gegeben.Wer an den Sohn glaubt, hat ewiges Leben. Wer aber dem Sohn nicht gehorcht, wird das Leben nicht sehen, sondern der Zorn Gottes bleibt auf ihm: Der SH hat freie Hand! Auf Ewigkeit. Und das ist "Hölle". Keine Auslöschung. Deswegen lade ich alle ein: Kommt her alle zu mir, die Ihr unter der Sklaverei des sinnlosen Hamsterrades und der Diktatur des SchweineHundes ausblutet und zusammenbrecht. Ich will euch Ruhe schenken. Meine Last ist leicht und meine Führung sanft. Kommt her und nehmt das Wasser des Lebens umsonst - ohne religiöse Vorleistungen! Wer sein altes Leben gewinnen will, wird es verlieren, wer sein Leben um meinetwillen verliert, wird es gewinnen. Denn was würde es dem Menschen helfen, wenn er die ganze Welt gewönne, aber seine Seele dabei an den SH verliert? Womit will er seine Seele dann zurückkaufen? Ich habe Euch Leben und Tod, Fluch und Segen vorgelegt, auf daß Ihr das Leben wählt und das Leben in Überfluß habt.Denn ich bin gekommen das Leben zu bringen und nicht das Gericht. Aber Du bist frei - und Du mußt wählen. Ich aber werde für Dich beten. "

Ende der Unterredung. Es war alles gesagt. Nikodemus ging wieder nach Hause. Der Morgen dämmerte schon ... .

Als Pharisaer (vgl. religiöser SH) später ähnliche Worte von Jesus hörten, hoben sie mit tiefen religiösem Ernst Steine auf, um diese auf Jesus zu werfen und ihn los zu werden. Jesus aber verbarg sich und ging aus dem Tempel der Religion (esoterischer oder christlicher oder jüdischer Art ...) hinaus (Joh. 8,59). Die Wahrheit und das Leben verläßt die Religion ... .

Die 7-köpfige Führungsmannschaft war anschließend - wie erinnerlich - so gut wie einhellig der Meinung, daß Weg B eigentlich ganz überzeugend klänge, jedoch müsse - wie gesagt - eben jeder selbst wählen .... .

Realistisch sei Weg A und die Grenzen der "SH-Schallmauer", sowie die jährliche Wäsche des SH mit anschließender Dressur und Parfümierung .... .

Und so ging es auch ein Jahr später weiter bei der 2. Identifikationswoche im Jahre 1988 und ist auch heute noch so.

14. Back to basics ... oder: Konsequenzen für unsere Sicht von Organisationen

Man kann sich nach diesen letzten provokanten Höhenausflügen oder U-Boot-Reisen natürlich fragen, was das alles noch mit Personal-, Management- und Organisationsenwicklung, mit Management, Führung und Geschäftsleben zu tun hat?

Wie erinnerlich, begann ich mit der Hypothese, daß die oft erlebten Wirkungslosigkeiten obiger Entwicklungsansätze zum Wohle von Wirtschaft und Mensch, von "Gefühl" und "Sache" unter anderem und dies in fundamentaler Form auch auf die Eigensinnigkeiten und Zähigkeiten des SH-Effektes zurückzuführen sind. Dieser ist ein zentraler Bremser und Verhinderer dessen, was unser Herz erträumt und unsere Vernunft erstrebt: Harmonie, Freundschaft, Produktivität, Sinn, Geborgenheit, Frieden, Erfüllung, Gemeinschaft mit Gott, etc. - halt jene in uns alle noch innewohnenden Sehnsüchte nach dem verlorenen Paradies.
OE - zumindest in seiner sozialreformerischen Euphoriephase - könnte i.d.S. durchaus als säkularisierter Versuch der Rückerwerbung von Paradiesgärten interpretiert werden. Produktivität und Menschlichkeit, Selbstverwirklichung und glückliche Zusammenarbeit zum Wohle der Firma, der Mitarbeiter, der Kunden bis hin zur Überwindung von Konkurrenz durch eine Mentalität des Ergänzens und Dienens .... .

Der SH-Defekt läßt das aber nicht zu.

Zweck der obigen Zeilen war es, diese These und diesen Effekt einsichtiger zu machen. Und ich denke, daß die SH-Analyse auch Konsequenzen hat für unser Bild von Organisationen, von Management und Führung sowie von Möglichkeiten und Grenzen von Veränderungsprozessen in Richtung "Lernende Organisation".

Jedenfalls hat sich unter den zahlreichen Eindrücken von SH-Effekten und Defekten (vom primitiven hedonistisch-aggressiven bis hin zu okkult-antichristlichen SH-Effekten in esoterisch angehauchten Unternehmen) meine Sicht diesbzgl. dementsprechend abgewandelt.

In den 70er Jahren hielt ich es für angemessen, Organisationen als komplexe sozio-technische und kybernetische Systeme zu sehen, wobei deren zentralen Aktivitäten die Transformation von Input zu marktfähigen Output darstellten, um auf diese Weise die Existenzgrundsicherung des Systems zu gewährleisten.

Es war natürlich bald klar, daß diese primär "transformationsrationalistische" (und eher technokratische) Sicht von Organisationen und Managementfunktionen entlang ihres zentralen "Business-Prozesses" nicht ausreichte. So komplex diese Sichtweise ansich schon war, so mußte sie dennoch um weitere Wirklichkeitsdimensionen ergänzt werden. Nur so konnten andere wesentliche Eigenschaften, Energieströme und Prozesse "lebendiger Systeme" in den Blick bekommen werden.

Der "Open-System-Ansatz" von Clark/Krone fügte diese Dimensionen mit Begriffen wie individueller und sozialer Kernprozeß sowie "Kreativstrom" (creative producing thrust) hinzu (vgl. Clark/Krone 1972).

Diese Dimensionen versuchten alle jene gestalterisch-schöpferischen Energien, Motivationen, Interessen und Aktivitäten von Menschen zu beschreiben, die innovieren, wachsen, verbessern, erfinden, heilen, Visionen und Perspektiven entwickeln und Zukünfte denken, die für die Ent-faltung und Ent-wicklung von Menschen und deren Umwelten (Lebensrahmenbedingungen, Organisationen, Kulturen, Technologien, Sinndeutungen etc.) lebensnotwendig und lebensfördernd sind (vgl. OSTO-Ansatz).

Diese Kreativströme geraten jedoch in Drucksituationen sozusagen immer schnell zwischen die Mühlsteine.

Zum einen werden zwar diese Kreativströme von Organisationen für Innovations-, Anpassungs- und Flexibilitätsleistungen dringend gebraucht (Stichwort: Motivation, Selbstmanagement, Lernende Organisation), zum anderen jedoch durch Kooperations-, Ziel-, Sach-, Ordnungs- und Systemzwänge (Kontrakte, Rollen, Strukturen, Ressourcen, Spielregeln, Normen etc.) stark kanalisiert, dosiert und kontrolliert.

In Organisationskontexten ist der Mensch immer zugleich beides: Subjekt und Objekt:
Es wird Kreativität, Mitmachmotivation, Mitverantwortung und "Geist" gefordert (und gefördert)

- gleichzeitig aber verdinglicht, gemanagt und verfunktionalisiert. Geist soll gleichzeitig begeistern
- und gleichzeitig geistlos sein, gehorchen und funktionieren (vgl. Neuberger).

Wo der Geist und die Kreativität der Menschen die Sichertheit bzw. die Zweckinteressen der Organisation und den Zielen der politisch bestimmenden dominanten Koalition widerspricht, werden jene kreativen Energien als "Unruhestifter" umdefiniert, abgeblockt und in den Untergrund der Organisation abgeschoben. Offiziell verboten, wirken - diese Kreativenergien - dann jedoch weiter im sog. informellen System. Hier werden sie wieder paradoxerweise gewollt, aber auch nur soweit sie unterstützen und nicht kontercarrieren. Werden diese Energien jedoch "über Gebühr" unterdrückt (oder ausgenützt!) so "kippen" sie um, und führen zur Produktion hoher "Reibungsverluste". Als Widerstände, Demotivationen, innere Kündigungen, Arbeit nach Vorschrift, Streiks, Sabotagen, etc. treten diese unterdrückten Kreativströme dann in der Oberwelt wieder auf: Repression wird zur Apathie oder dann zur Aggression (RAA).

Diese einfache "RAA - Formel", stellte mich jedoch mit ihrer zu mechanistisch anmutenden Klarheit nicht sehr zufrieden. Weiteres Forschen führte dann in Richtung "SchweineHund".
Deshalb gliedere ich heute in mein Organisationsverständnis eine dritte Dimension ein - nämlich eben die des beschriebenen SH-Defektes.

In organisationsenergetischen Kontexten bedient sich der SH-Effekt - je nach Situation und Strategie - zum einen wie ein Schmarotzer der offiziellen Transformationsorganisation, indem er diese für eigene (getarnte) Privatinteressen umfunktioniert und ausnutzt (vgl. Pseudo-EG im OSTO-System-Ansatz). Darüber hinaus werden auch die durch Repression gekränkten und enttäuschten Kreativ - Stromenergien geschickt vor den eigenen Karren gespannt. Zum anderen kann aber der SH auch die offiziellen Transformationsprozesse tatkräftig unterstützen, nämlich immer in dem Maße, wie jene ihn selber unterstützen. Oder es werden Kompromisse, Kooperationen (!) und Kuhhandel abgeschlossen: Ein bißchen tue ich für Euch, dem Unternehmen, dem Kunden, der Umwelt, dem Staat, wenn ich dafür jedoch das und das "nebenher" für mich rausholen kann ... .

In Aufsatz "OSTO-SYSTEM-MODELL" (Rieckmann/Weissengruber 1990) beschrieben wir die unterdrückten Kreativströme als System-Eigenschaften, die den Charakter von "organisationaler Unterwelt" haben bzw. diese Unterwelt bestimmen und gestalten (bis hin zum Spezialfall von realen Unterwelt-Organisationen, á la Mafia, wobei die dann ihrerseits Unter-Unterwelten entwickeln und somit wieder in dieselbe Problematik geraten wie sogenannte "anständige" Organisationen...).

"Unterwelt" wurde damals von uns daher wie folgt umschrieben:

"Die "Unterwelt" ist der Bereich der "Tiefen-OE". Ähnlich der Jung´schen Modellvorstellung vom "Schatten" (des "Selbst") beinhaltet die Unterwelt ähnliche Polaritäten:

* Einerseits die von der offiziellen ("auf dem Tisch liegenden") Formal- und Rationalorganisation unterdrückten, zurückgestauten, informellen oder nicht abgefragten "positiven" Kreativenergien ("im Keller") der Organisation (Interessen, Ideen, Schaffensfreude, Initiative, Begabungen, etc.), sowie

* andererseits verdrängte, verbannte, unaussprechbare, tabuisierte, ... "Negativenergien" (z.B. Neid, Eifersucht, Erpressungen, Verletzungsgeschichten, Ängste, Schulden, Intrigen, Hass, Verzweiflung, etc.).

* Einerseits "böse", destruktive Kräfte, diabolische Motive, Gewalt oder um es plakativ auszudrücken: "Wölfe, Schlangen, Vampire, Dämonen, Finsternis und dergleichen in den "Katakomben" der Organisation ..." (z.B. laszive Perversionen, Vergewaltigungen, Nekrophilie, Magie, satanisch-imperialistische ("Sekten"-) Interessen, usw. (vgl. z.B. Eco 1982))

* anderseits finden sich auch "gute" Kräfte in den Katakomben - wie bspw. Pioniere, Vorbilder, Freiheitskämpfer, selbstlose Heilige und Märtyrer (vgl. z.B. Berichte aus KZ´s).

Schlußfolgerung:
Neben dem zweckrational notwendigen Input-Output-Transformationsprozeß ist die "Unterwelt" der zweite wesentliche Energielieferant des Systems. Ohne ihre Kenntnisnahme und zeitweilig genaueren Analyse ist die Dynamik von Organisationen überhaupt nicht hinreichend zu verstehen, geschweige denn halbwegs effizient zu managen.

Die obige SH-Analyse hat dabei zur Verdeutlichung dieser Zusammenhänge beigetragen bzw. war ja selbst aus dem Leben und Erleben von Organisationen und dort tätiger Menschen erwachsen.

Was das SH-Modell auch noch bewirkt ist ein deutlicheres Verstehen einer spezifischen Art von (bewußten oder unbewußten) Unterwelt- oder Innenweltspannungsverhältnissen in Menschen und Organisationen, die wir damals mit "Widerspruchskonstanten" bezeichneten.

Dahinter stehen Kämpfe zwischen altruistischen, gemeinschaftsbezogenen, "vernünftigen" Kreativitäts- und Gestaltungsenergien einerseits, und den selbstsüchtigen SH-Energien andererseits.

Dies führt zu merkwürdigen Polarisationen, Zerrissenheiten, Paradoxien, Ambivalenzen und Dilemmata in und zwischen Menschen, in und zwischen Spielregeln normativer Systeme. Die Widersprüche und Spannungsfelder scheinen eine solche dominante und zeitüberdauernde Wirksamkeit für Mensch, Organisation und Produktion zu haben, daß sie als quasi-archetypische, anthropologisch-ontologische Widerspruchskonstanten bezeichnet werden könnten (vgl. Menzies 1974, Fromm 1976, Kets de Vries 1980, Heintel 1985, Sievers 1973, 1992)

Dazu einige "Widerspruchs-Beispiele":
Die Suche nach Freiheit - die Angst vor ihrer Offenheit(en); die Suche nach Sicherheit - die Angst vorm "Gefängnis", das Bedürfnis nach Ordnung und der Wunsch nach Deregulierung; der Wunsch nach Kreativität - aber die Angst vor Spontanität und Chaos, Vielfalt (Komplexität) und Handlungsunfähigkeit; die Sehnsucht nach Leben - und die ständig steigende Produktion von toten Produkten und gezieltem Töten (von der Abtreibung bis Volksmord); das Ringen um Macht und Status - und der Wunsch nach Liebe, Hingabe und Gemeinschaft (statt Einsamkeit an der Spitze); das Streben nach Geld und Besitz, aber auch der Wunsch, eine Persönlichkeit mit "Ausstrahlung" zu sein, also möglichst viel zu "haben" - und auch noch etwas zu "sein"; der Wunsch zu führen - und Verfolgungsangst vor dem Untergebenen zu haben; keinen Sinn zu sehen - aber Motivationsurrogate zu akzeptieren;
Gott gefallen zu wollen - und Kreuzzüge in seinem Namen zu unternehmen; den Frieden zu suchen - und x-fachen Overkill zu produzieren, fruchtbares Leben zu ersehnen - und leere Erfolge zu produzieren; der Hunger nach Liebe - und die Sucht nach kommerziellen Sex; alles machen zu können - aber immer weniger

tun zu dürfen; die Suche nach ewigem Lebensglück - und die forcierte Mästung des SH usw.

Vermutlich ließe sich diese Kette widersprüchlicher Konstanten noch weiter fortsetzen.

Allegorisch - oder vielleicht sogar existentiell zutreffend - scheinen diese Widersprüche aus dem Kampf paradiesischer Überreste gottgeschenkter Schöpfungskräfte und Vernunft-Wissens einerseits und der, um die Herrschaft über das ICH des Menschen ringende, "göttische" SH andererseits zu sein.

Fazit

Lebensprozesse von Menschen und Organisationen - auf welcher Komplexitätsebene auch immer - lassen sich m. E. auf drei Energieströme zurückführen:

- existentieller Transformationsprozeß (transformationsrationaler Metabolismus)
- offiziell gewünschte und/oder formal unterdrückte, positive Schöpfungsenergie
- SH-Effekt/SH-Defekt

Letzterer scheint mir mittlerweile der prägendste Energiestrom zu sein. Ohne ihn läßt sich menschliches und organisationales Verhalten (sowie die Blutgeschichte der Menschheit) nicht hinreichend erklären. Die Unterwelt ist Teil der Oberwelt. Möglicherweise ist sogar die Oberwelt nur der rationalisierte Teil der Unterwelt .... (Man vgl. dazu die Offenbarung Johannes!)

Im Bild läßt sich das vielleicht wie folgt ausdrücken:

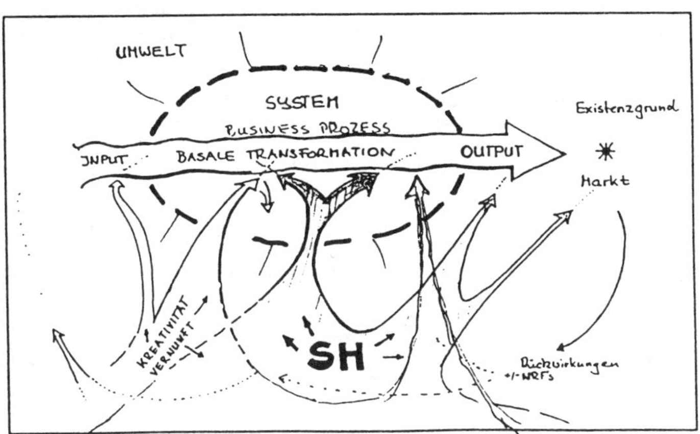

SH-Unterwelt

15. Schlußfolgerungen

1. Meine Thesen und Darstellungen waren - aufgrund gebotener Kürze - in vielen Fällen oberflächlich, sowie skizzen- und collagenhaft. Ich bin mir dessen bewußt. Dennoch glaube ich, daß die plakative Form hinreicht, die basalen Strömungen, Energien und Geistmächte durchschimmern zu lassen.

2. Führung, Management und Organisationsentwicklung inklusive Personal- und Managemententwicklung hat im Sinne humanistischer Anstrengungen des Erkennens, Machens und Verbesserns deutliche Limitationen.
Der SH-Effekt - so die These dieser Arbeit - ist dafür zentral mitverantwortlich. Die unfrisierte und ungeschminkte Wahr-Nehmung dieses SH-Defektes wirkt natürlich desillusionierend und in der Regel will der SH auch nur das wahrnehmen, was er wahrhaben möchte (operative Geschlossenheit psychischer und sozialer Systeme?).

3. Organisationen (inkl. Organisations-, Personal- und Managemententwicklung) deren Gestaltung, Management, Beratung und Durchführung, deren Zielsetzungen, Visionen und harten Realitäten lassen sich nur dann nüchtern, d. h. sachgerecht erfassen, wenn der SH-Defekt als normaler Bestandteil menschlicher und organisatorischer Prozesse "offiziell" und unverdrängt zur Kenntnis genommen wird. Kostspielige Holzwege, zeitraubende Irrwege, lebensgefährliche Illusionen und doppelbödige Ideologien können dadurch vermieden werden.

4. Diese Desillusionierungen sind positv. Sie bringen Einsicht, Klarheit und Reifung.
In einem kleinen Meditationsbüchlein von Oswald Chambers (Bern 1961) fand ich hierzu einen interessanten Text, mit der Überschrift: "Die Schule der Ernüchterung". Er macht folgende Ausführungen (30. Juli/ S. 212):

> "Ernüchtert sind wir, wenn das Leben für uns keinen falschen Schein mehr hat. Das Ernüchtertwerden durch eine Enttäuschung kann uns bitter und hart und lieblos machen in unserem Urteil über andere; die Ernüchterung jedoch, die von Gott kommt, bringt uns dazu, die Menschen so zu sehen, wie sie wirklich sind, und dennoch haben wir keine Bitterkeit in uns und brauchen keine kränkenden, verletzenden Dinge zu sagen. Es rühren so viele Grausamkeiten im Leben von der Tatsache her, daß wir an Illusionen kranken. Wir sind einander nicht als Tatsachen treu, nicht als das, was wir in Wirklichkeit sind; wir sind nur den Vorstellungen (und Projektionen) treu, die wir voneinander haben. Entweder finden wir an anderen Menschen alles herrlich und vortrefflich oder schlecht und erbärmlich, je nach unserer eigenen Vorstellung.
> Unsere Ablehnung gegen des Ernüchtertwerden ist die Ursache eines großen Teils all des Leides im menschlichen Leben. Es geht folgendermaßen zu: Wenn wir ein menschliches Wesen liebhaben, verlangen wir die letzte Vollkommenheit und Rechtschaffenheit von ihm, und wenn uns diese Eigenschaften nicht entgegengebracht werden, sind wir grausam und rachsüchtig. Wir verlangen von einem menschlichen Wesen etwas, das es gar nicht geben kann. Wen wir unser Vertrauen auf menschliche Wesen setzen, werden wir schließlich an jedem einzelnen verzweifeln."

5. Was zunächst bleibt, ist bescheidene und redliche Arbeit und Dankbarkeit für´s Kleine.

6. Und was trotz SH-Limitation in unserer Arbeits- und Organisationswelt sowie in unseren Rollen als Führungskräfte, Manager, Berater, Coaches und Lehrer, oder einfach als Menschen in Verantwortung für andere dennoch in Bereichen der Organisations- und Menschenführung bzw. -entwicklung möglich ist - ich habe es an anderer Stelle einmal bilanzartig aufgelistet (1991, S. 135f) - ist immerhin für das Leben im Organisationsalltag doch noch so brauchbar, daß es Menschen in solchen Aufgabenstellungen über manche Runden und manche Hürden bringt, die sich lohnen und das (Arbeits-) Leben einfacher machen.

7. <u>Dennoch brauchen wir mehr.</u>

   Wir müssen von Sypmtombehandlungen und Domestizierungsversuchen z.B. "PE/OE", Bildung etc., zur Therapie der Wurzel vordringen. Die Grundfrage der Philosophie: Woher - Warum und Wohin - Wozu sucht immer noch nach Antwort. Der Kern unserer Existenzprobleme bleibt nachwievor unberührt.

8. Die SH-Analyse zeigte letztlich, daß "der ganz normale Wahnsinn" des (Arbeits)alltages mehr als Therapie, PE, OE oder "guter Manager" braucht. <u>Er braucht Erlösung</u>. Erst die schonungslose SH-Diagnose läßt deutlich werden, **wie sehr erlösungsbedürftig wir sind**. (Vgl. Römerbrief, Paulus, Kap. 2-5, Kap. 7,7-25!!)

9. Und dieses deutlich zu machen, ist paradoxerweise der positive Erlösungsbeitrag des SchweineHundes - und dies auch noch ganz und gar gegen seinen eigenen Willen. (Die Torheit Gottes ist größer als die Weisheit der Menschen - schreibt diesbzgl. Apostel Paulus in 1. Kor. 3,19!).

10. Und wer "Erlösung", und wenn es auch nur zwischen den Zeilen geschieht, auf humanistischen, "religiösen" oder magischen Menschen-Wege verspricht, kommt in den Verdacht, "Rattenfänger von Hameln" zu sein. Wir schaffen es nicht von uns aus!

11. Denn die Eliminierung des SH ist nicht durch den SH und seinen Varianten möglich. Warum sollte er auch Selbstmord begehen?

16. Nachwort. Oder: Der SchweineHund ist zäh ...

Es hat mich immer wieder verblüfft, daß meine SH-Predigten selten auf Widerstand stießen. SH-Diagnosen müßten doch eigentlich kränken und betroffen, ja sogar empören und wütend machen. Stattdessen wurden Farbfotos vom SchweineHund-bild geschossen und verteilt, ich bekam Vortragseinladungen, Visitenkarten, "Kooperationsangebote" usw. . Und mehrere Einladungen, darüber einen Artikel zu schreiben. Auch die Firmen, Konzerne wie Mittelbetriebe, Top-Manager oder Middle-Manager oder Teilnehmer in Managemententwicklungsseminaren, wo über den SH, die Sinnfrage, über Liebe und Wahrheit (z.B. im Zusammenhang mit

Teamarbeit) geredet wurde, warfen mich (oder uns) nicht hinaus. Was steckte dahinter?

Eines Tages fand ich es - eher durch Zufall - heraus. Ein Projektmanager aus jener Firma, in der der SH zuerst an der Stellwand ent-wickelt wurde, verriet es mir. Er sagte, und grinste leicht dabei: "Ganz logisch. Die SH-Analyse hilft mir, die anderen SH schneller zu durchschauen. Dadurch habe ich jetzt Wettbewerbsvorteile!"

Sehen Sie, lieber Leser, wie gerissen dieser SH ist?
Oder aber wie blind vielleicht dieser Projektmanager war, der nur das "Jetzt" sah, aber nicht die langfristigen Kosten? Und, daß er eigentlich zum Leben berufen ist?

Ent-scheiden Sie selber.

12. FRUCHTBAR ARBEITEN ODER FURCHTBAR MANAGEN?

Überarbeitung eines Vortrages, der vor Führungskräften gehalten wurde, anläßlich der "Geburtstagsfeier" eines Unternehmens (BRD), das erst vor wenigen Jahren gegründet wurde...

Sehr geehrte Damen und Herren,

eigentlich wurde ich von der Geschäftsleitung gebeten, einen Geburtstags- und Festvortrag über das Thema "ERFOLG" oder über "KRITERIEN ERFOLGREICHEN MANAGENS" zu halten. Und ganz ideal wäre dabei vermutlich auch noch gewesen, wenn ich möglichst viele zuverlässige Erfolgsrezepte mitbringen, und diese vielleicht mit einigen besonderen Insidertips und -tricks garnieren könnte ... .

Aber es kam ganz anders.
Es begann stattdessen mit einer In-Frage-Stellung, nämlich:

1. Macht Erfolg erfolg-reich?

Als ich mich anschickte an die Arbeit zu gehen, lernte ich "zufälligerweise" einen Unternehmensberater kennen (Winfried Fuchs, Innsbruck, früher bezeichnet als Europas Erfolgsberater Nr. 1), der , als ich ihm von diesem Vortragsthema erzählte, kurz abwinkte und sagte, daß er früher auch so gedacht hätte, heute aber einen ganz anderen Ansatz vertrete. Er nähme das Wort "Erfolg" nicht mehr in den Mund.

Mich machte das ziemlich nachdenklich.

Mir fielen Menschen in führenden Positionen ein, die von Erfolg zu Erfolg kletterten, aber anschließend immer wieder in sogenannte Erfolgsdepressionen verfielen. Auf der Spitze des Erfolges - oder kurz danach - traten immer wieder Gefühle großer innerer Leere ein, wie nach einem Rausch der Kater oder wie die alten Probleme, die der Alkohol nicht wegschwemmen konnte ... . Und so begannen die "Erfolgsreisen" immer wieder von vorne wobei sogar echte Erfolgssuchtsymptome auftraten ... . Oder die Erfüllung durch Erfolg wurde in die Zukunft verschoben. Sie kennen das: "Wenn ich erst einmal den Schulabschluß habe - fängt das Leben an; wenn ich erst einmal einen richtigen Beruf habe, Geld verdiene und eine Familie habe, dann fängt das Leben an. Oder : Wenn ich erst einmal pensioniert bin, dann kann ich endlich der sein, der ich schon immer sein wollte - dann endlich fängt das Leben an". Bei vielen hört es allerdings dann auf.

Kurzum: Nicht der Erfolg sollte das Kriterium unserer Arbeit sein - so mein Beraterkollege - sondern der "Segen". Das hieße die Frage stellen, ob unsere Arbeit zum Segen für andere und für einen selbst gereicht, ob also - mit anderen Worten - die Arbeit bleibende Frucht bringe, die das Leben der Menschen fördere und nicht durch "Schnelle Brüter" und "Erfolgshetzereien" zu psychischen, sozialen und ökologischen Entsorgungsproblemen führe. Mit unserer menschheitlichen Geschichte sind wir ja auch an einem Punkt angelangt, wo wir die Erfolgsrechnungen aller Generationen nun summiert auf den Tisch der Gegenwart bekommen und - global gesehen - diese Rechnung nicht mehr bezahlen können. So wird die Frage immer lauter: Was ist sinnvolle, d.h. segensreiche Arbeit unter heutigen Bedingungen? Welche Arbeit bringt welche Früchte? Wofür soll man sich (noch) anstrengen?

Noch andere Beispiele von "Erfolg" gingen mir durch den Sinn: Wir bauen immer größere und schnellere Flugzeuge. Und die brauchen immer mehr Sauerstoff. Eine normale Boeing ca. 34 t. Das sind 34 x Audi 100 an Gewicht. Und wenn ein solches Flugzeug über den großen Teich fliegt, ca. 8 Stunden, und Sie das mal 3 und dann mal drei- oder viertausend nehmen - denn so viele Flugzeuge sind vermutlich rund um die Uhr und rund um den Globus unterwegs - dann kommen Sie auf einen Sauerstoffverbrauch, der gut 1 % des Weltsauerstoffgehaltes in der Atmosphäre entspricht (lt. "Trendwende").

Darüber hinaus werden jährlich Waldflächen, also Sauerstoffproduzenten, vernichtet von der Größe zweimal Österreichs. Die Verseuchung der Meere trägt ebenfalls zur Vernichtung von Sauerstoffproduzenten, dem Plankton, bei. Ist das "Erfolg"?

Außerdem werden wir Menschen auch erfolgreicher bezüglich der Abrodungseffizienz jener Wälder. Immer bessere Maschinen leisten immer mehr. Alles geht immer schneller. Ist das "Erfolg"? Oder: Die USA verbrauchen bereits 67% mehr Sauerstoff als sie auf dem eigenen Territorium herstellen. Uns geht also langsam die Luft aus. Ist das "Erfolg"?

Wie man sieht, bringen uns solche Art "Erfolge" nicht weiter. Deshalb die Umkehrung der Fragestellung; deshalb die Wiedereinführung alter Begriffe wie "Frucht und Segen". Deshalb der Titel dieses Vortrages.

Ich möchte nun im nachfolgenden herausarbeiten, was einige Dimensionen fruchtbaren Arbeitens und Managens sein könnten. Es gilt die Frage zu diskutieren, wie wir uns als Unternehmer, Manager und Mitarbeiter verhalten müssen, damit Segen und Frucht die Konsequenzen unseres wirtschaftlichen und beruflichen Handelns sind - und nicht eine Kette leerer, sinnloser und letztendlich zerstörerischer Erfolge im oben definierten Sinne.

Ich habe meine Ausführungen - nach obigem Punkt 1) - dann in weitere folgende Punkte untergliedert:

2. Markt- und Umweltorientierung
3. Auf der Suche nach Wirklichkeit
4. Produktivkraft "Partizipation"
5. Ein de-mütiger Chef ...
6. "Du, die Ampel ist grün!"
7. Partizipation ja! Aber bitte mit Ziel!

8. Auf der Suche nach Sinn, oder: Sinnergie - "Sinn" als Produktionsfaktor
9. Zielfunktionen, oder: Wissen, wo das Tor steht - fokussierte Synergie
10. Nicht der Chef ist der Chef, sondern die Wirklichkeit ist der Chef! (Energieschluß)
11. Produktivkraft "Wahrheit"
12. Spielregeln
13. Selbstorganisation
14. Rückkopplungen; K1, K2, K3
15. Produktivkraft "Vertrauen"
16. Ein paar persönliche Nachgedanken ...

Wie Sie sehen, habe ich meinen Vortrag auch in Form einer Grafik zusammengefaßt. Die verschiedenen Aspekte meiner Ausführungen sind dabei entweder begrifflich-schematisch oder bildhaft-symbolisch angedeutet sowie in ihren Vernetzungen und Rückkopplungen zusammenhängend dargestellt.

2. Markt- und Umweltorientierung

Beleuchten wir zu Anfang den rechten Teil des Bildes:

Fruchtbares Arbeiten und Managen hat zur Voraussetzung, daß das Unternehmen sich permanent an den Bedürfnissen und Problemen orientieren muß, die der Markt bzw. die Menschen artikulieren. Darüber hinaus müssen auch Entwicklungen in Bereichen wie Wirtschaft, Gesellschaft, Technik, Religion, Natur usw. einbezogen werden, denn alle diese stellen Kraftfelder dar, die sich gegenseitig beeinflussen und das Marktgeschehen nachhaltig mitbestimmen.

Früher dachte man, daß die Beobachtung des Marktes ausreiche. Heute jedoch leben wir in einer turbulenten, oft nebelverhangenen, unsicheren, komplex-vernetzten und überraschungsreichen Umwelt. Zum Teil haben wir nur noch Planungshorizonte bis zu einem Jahr. Wenn ich beispielsweise 1 Mio. DM in einen turbulenten Markt investieren will, so weiß ich unter Umständen nicht einmal genau, ob das Produkt bzw. der Markt, in den hinein ich investiere, nach einem Jahr überhaupt noch existiert, und ob sich das Produkt, wenn es vermarktungsreif geworden ist, überhaupt noch verkaufen läßt. Und da die Turbulenz der Märkte nicht nur aus ihnen selber entstehen, sondern eben auch von den oben erwähnten anderen Umweltbereichen massiv mitgesteuert werden, muß ein Unternehmen eben heute viel mehr im Auge haben als früher. Und das muß natürlich betriebsintern auch alles verdaut werden können.

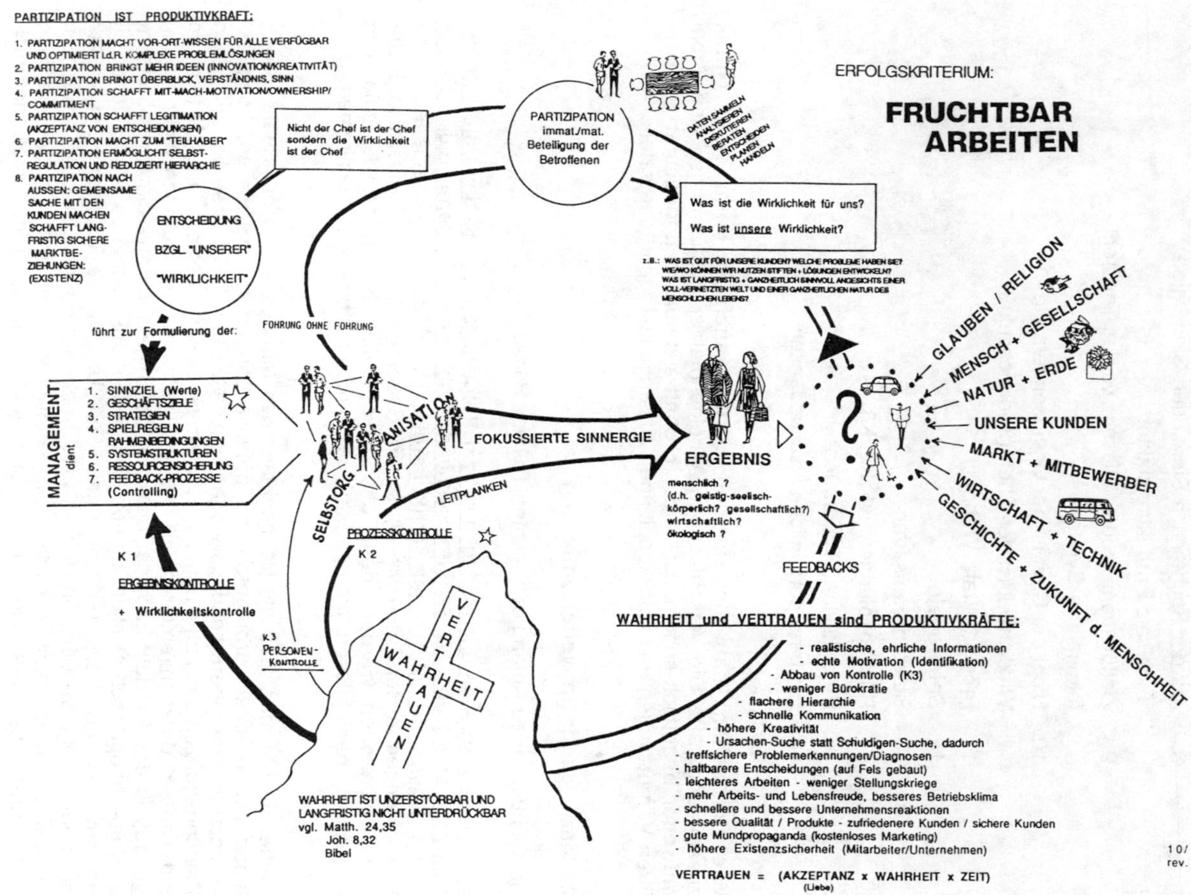

PARTIZIPATION IST PRODUKTIVKRAFT:
1. PARTIZIPATION MACHT VOR-ORT-WISSEN FÜR ALLE VERFÜGBAR UND OPTIMIERT i.d.R. KOMPLEXE PROBLEMLÖSUNGEN
2. PARTIZIPATION BRINGT MEHR IDEEN (INNOVATION/KREATIVITÄT)
3. PARTIZIPATION BRINGT ÜBERBLICK, VERSTÄNDNIS, SINN
4. PARTIZIPATION SCHAFFT MIT-MACH-MOTIVATION/OWNERSHIP/ COMMITMENT
5. PARTIZIPATION SCHAFFT LEGITIMATION (AKZEPTANZ VON ENTSCHEIDUNGEN)
6. PARTIZIPATION MACHT ZUM "TEILHABER"
7. PARTIZIPATION ERMÖGLICHT SELBST-REGULATION UND REDUZIERT HIERARCHIE
8. PARTIZIPATION NACH AUSSEN: GEMEINSAME SACHE MIT DEN KUNDEN MACHEN SCHAFFT LANGFRISTIG SICHERE MARKTBEZIEHUNGEN: (EXISTENZ)
Nicht der Chef ist der Chef sondern die Wirklichkeit ist der Chef
PARTIZIPATION immat./mat. Beteiligung der Betroffenen
DATEN SAMMELN
ANALYSIEREN
DISKUTIEREN
BERATEN
ENTSCHEIDEN
PLANEN
HANDELN
ERFOLGSKRITERIUM:
FRUCHTBAR ARBEITEN
ENTSCHEIDUNG BZGL. "UNSERER" "WIRKLICHKEIT"
Was ist die Wirklichkeit für uns?
Was ist unsere Wirklichkeit?
z.B.: WAS IST GUT FÜR UNSERE KUNDEN? WELCHE PROBLEME HABEN SIE? WIE/WO KÖNNEN WIR NUTZEN STIFTEN + LÖSUNGEN ENTWICKELN? WAS IST LANGFRISTIG + GANZHEITLICH SINNVOLL ANGESICHTS EINER VOLL-VERNETZTEN WELT UND EINER GANZHEITLICHEN NATUR DES MENSCHLICHEN LEBENS?
führt zur Formulierung der:
FÜHRUNG OHNE FÜHRUNG
MANAGEMENT
dient
1. SINNZIEL (Werte)
2. GESCHÄFTSZIELE
3. STRATEGIEN
4. SPIELREGELN/ RAHMENBEDINGUNGEN
5. SYSTEMSTRUKTUREN
6. RESSOURCENSICHERUNG
7. FEEDBACK-PROZESSE (Controlling)
SELBSTORGANISATION
FOKUSSIERTE SINNERGIE
LEITPLANKEN
ERGEBNIS
menschlich ? (d.h. geistig-seelisch-körperlich? gesellschaftlich?) wirtschaftlich? ökologisch ?
GLAUBEN / RELIGION
MENSCH + GESELLSCHAFT
NATUR + ERDE
UNSERE KUNDEN
MARKT + MITBEWERBER
WIRTSCHAFT + TECHNIK
GESCHICHTE + ZUKUNFT d. MENSCHHEIT
FEEDBACKS
K 1
ERGEBNISKONTROLLE
+ Wirklichkeitskontrolle
PROZESSKONTROLLE
K 2
K 3 PERSONEN-KONTROLLE
VERTRAUEN
WAHRHEIT
WAHRHEIT IST UNZERSTÖRBAR UND LANGFRISTIG NICHT UNTERDRÜCKBAR
vgl. Matth. 24,35
Joh. 8,32
Bibel
WAHRHEIT und VERTRAUEN sind PRODUKTIVKRÄFTE:
- realistische, ehrliche Informationen
- echte Motivation (Identifikation)
- Abbau von Kontrolle (K3)
- weniger Bürokratie
- flachere Hierarchie
- schnelle Kommunikation
- höhere Kreativität
- Ursachen-Suche statt Schuldigen-Suche, dadurch
- treffsichere Problemerkennungen/Diagnosen
- haltbarere Entscheidungen (auf Fels gebaut)
- leichteres Arbeiten - weniger Stellungskriege
- mehr Arbeits- und Lebensfreude, besseres Betriebsklima
- schnellere und bessere Unternehmensreaktionen
- bessere Qualität / Produkte - zufriedenere Kunden / sichere Kunden
- gute Mundpropaganda (kostenloses Marketing)
- höhere Existenzsicherheit (Mitarbeiter/Unternehmen)
VERTRAUEN = (AKZEPTANZ x WAHRHEIT x ZEIT)
(Liebe)
10/
rev.

Diese vernetzte Umweltkomplexität und Turbulenz führen nun zu ganz neuartigen Management- und Organisationsanforderungen und erzwingen neue Denk- und Vorgehensweisen. Einige davon möchte ich kurz skizzieren.

3. Auf der Suche nach Wirklichkeit

Was eine Unternehmung jeweils als ihre, für sie selbst maßgebliche Wirklichkeit ansehen will, ist also heutzutage nicht mehr so einfach zu sagen, denn so ungewöhnlich wie es vielleicht zunächst klingen mag - die Wirklichkeit als solche gibt es im Grunde gar nicht. Was ein Unternehmen als "wirklich" betrachtet, und was die Grundlage seiner Existenz - den sog. "Existenzgrund" bilden soll, ist immer eine (eigene) Konstruktion, eine subjektive Definition des Geistes derer, die an der Bestimmung dessen, was Wirklichkeit sein soll, mitgearbeitet haben.

Alle Existenzgrunddefinitionen, Zielsetzungen und Strategiebildungen beruhen auf solchen kollektiven Diskussions- und Konstruktionsprozessen. Und diese müssen "kollektiv" sein, da eine Ein-Mann-Leitung bei heutigen Komplexitätsbedingungen hoffnungslos überlastet und überfordert wäre. Die Probleme passen nicht mehr dazu - sie sind einfach zu kompliziert für ein Einzelgehirn geworden. Und dieser Umstand führt zu einer weiteren wichtigen Voraussetzung für fruchtbares Arbeiten heute, nämlich zur Produktivkraft "Partizipation".

4. Produktivkraft "Partizipation"

Das heißt auf Deutsch, die Betroffenen zu Beteiligten zu machen, sie um einen runden Tisch sitzen zu lassen, um zu diskutieren, zu forschen, zu probieren, zu planen und zu entscheiden und dabei so zu verfahren, daß durch den Prozeß der Beteiligung die Wirklichkeit in verbindlicher Form "konstruiert" wird und "Visionen", Ziele, Strategien, Strukturen und Projekte dann mit Engagement und Commitment getragen und gemeinsam in die Realität umgesetzt werden können.

Konkret gilt es zunächst Fragen zu beantworten, wie: Was ist gut für unsere Kunden? Welche Probleme haben sie ? Wie können wir bleibenden Nutzen stiften? Was ist langfristig sinnvoll - für uns, für die Kunden - in einer vernetzten Welt? Und wie können wir das verantwortlich und ressourcenschonend erreichen?

Dabei gilt es umfassend (=ganzheitlich) zu denken. Dazu ein Beispiel aus dem deutschen Maschinenbau. Der war ja zwischenzeitlich ziemlich heruntergewirtschaftet, bis man entdeckte, daß es nicht galt, Maschinen zu verkaufen, sondern Problemlösungspakete, in denen Maschinen dann durchaus noch eine Rolle spielen konnten. Die Maschinen waren kundengerecht zu "verpacken", z.B. indem Trainingsprogramme, Entsorgungssysteme, Lehrer und Know-how mitgeliefert wurden. Und indem die zukünftigen Maschinenbediener sauber geschult wurden unter Berücksichtigung ihrer spezifischen lokalen Arbeitsgewohnheiten, ihrer kulturellen und religiösen Auffassungen. Und erst durch die Lieferung solcher ganzheitlichen Problemlösungspakete ging es wieder aufwärts.

Sie sehen: Partizipation bezieht sich nicht nur auf die Prozesse "innen", sondern darüber hinaus auch auf die Prozesse nach außen mit den Kunden, deren Probleme, deren Know-how und deren gesellschafliche Verflechtungen.

Ich möchte inhaltlich noch deutlicher werden und versuchen, diesen Produktionsfaktor noch konkreter herauszuarbeiten. Dazu ein weiteres Beispiel: Partizipation ist, wenn Leute beim Backen des Kuchens mitmachen, und sie selbst dabei mitbestimmen, wie er produziert und wie er aussehen und schmecken soll. Und dann gibt es auch keine Probleme, wenn er hinterher gegessen werden soll.

Und wenn er einem hinterher doch nicht schmeckt? Dann sollte der Betreffende das sagen dürfen: Kritik an der Sache ist Motor des Fortschritts - und ein Fehler, aus dem die Mannschaft lernt, ist ein voller Erfolg! Besteht diese Kritik jedoch nur aus einer Meckerei um des Nörgelns willen (um z.B. aufzufallen und im Mittelpunkt "partizipativer" Beachtung zu stehen) - so wird die Einführung ernsthafter Partizipation solchen (narzißtischen) Zeitgenossen allerdings das Arbeitsleben deutlich erschweren. Denn, wenn man beim Backen des Kuchens munter mitmachte, Einfluß und Verantwortung übernahm, die Entscheidungen billigte - und es einem dann hinterher "irgendwie" nicht mehr richtig paßt - dann ist man selbst dran Schuld. Unter den "partizipativen" Augen der anderen Beteiligten spürt ein solcher Berufsnörgler dann, daß er lieber den Mund halten und vielleicht sein Arbeits- und Kommunikationsverhalten überprüfen bzw. verändern sollte. Da er wahrscheinlich nicht zugeben wird, selbst ein Teil des Problems zu sein, reiht er sich wieder ein - und führt lieber aus, was er ehedem selbst mitentschieden hat (oder sucht sich ein anderes Unternehmen mit autoritärem Führungsstil und ohne all' diesen "partizipativen Quatsch ..."). Wissenschaftlich nennt man obige Partizipationsmechanik "Einbindung und Selbstverpflichtung durch Partizipation".

Man kann diesen Selbst-Einbindungseffekt selbstverständlich auch manipulativ mißbrauchen. Er ist dann jedoch - Gottlob - nicht von langer Dauer und wird als scheinpartizipativer Trick schnell entlarvt. Der notwendige Vertrauensvorschuß in die Entwicklung von Partizipation (es geht ja nicht von heute auf morgen) ist damit allerdings ebenfalls zerstört. Dies sei als Warnung besonders herausgestellt.
Weiter unten werde ich deshalb noch näher auf das zarte Kooperationsverhältnis von Partizipation und Vertrauen eingehen.

Doch zurück zur Partizipation. Ein weiterer "Produktivvorteil" ist noch zu nennen: der Innovationsgewinn.

Wenn man die Leute am Backen des Kuchens beteiligt, nutzt man deren Vor-Ort-Wissen, ihre Informationen und ihre Ideen. Der Kuchen wird weniger langweilig und kulinarisch vermutlich interessanter. Und das honorieren in der Regel auch gerne die Konsumenten, sprich die späteren Kunden des Kuchens (die man vorher natürlich befragt haben sollte - siehe oben: Partizipation "nach außen"!).

Es ist klar, daß bei uns europäischen Einzelkämpfern Partizipation immer noch erst gelernt werden muß. Andernfalls verderben zu viele Köche nur den Brei. Die Nutzung der Produktivkraft "Partizipation" setzt daher einiges voraus. Und wodurch lernt man Partizipation? Nur durch Partizipation selber. Denn Partizipation lernt man genauso nur durch Partizipation, wie man Lernen nur durch Lernen lernt. Sechs (betriebspädagogische) Lernschritte zur Partizipation haben sich dabei in

der Unternehmenspraxis besonders bewährt, wobei keine Stufe übersprungen werden darf und das richtige "timing" (gr. Kairos) bzgl. der nächsten Stufe sorgfältig herausgespürt werden muß:
Es handelt sich um folgende Lernstufen:

1. Mitwissen (Informationszugänge öffnen! "Informationsdemokratie" schaffen)
2. Mitdenken (Informationen / Erfahrungen gemeinsam austauschen, diskutieren und verarbeiten: sich fundierte Meinungen bilden)
3. Mitplanen (bei dem Schmieden von Plänen mitreden, mitberaten, mitbedenken ...)
4. Mitentscheiden (das Risiko von Ent-Scheidungen miterleben - den Ernst der Lage spüren - schrittweise ins Mit-tragen der Verantwortung(slast) hineinwachsen, "mündig" werden ohne (!) vorzeitige Überforderungen = Partizipationskillereffekt)
5. Mitverantworten (Konsequenzen von Fehlentscheidungen am eigenen Leibe zu spüren bekommen, Ernte-Dank-Feste gemeinsam feieren! Letzte Reifungsstufe vor der "ganzen" Realität voller (Selbst)verantwortung)
6. Mitbesitzen (Erfolgs- und Kapitalbeteiligungen einführen (siehe AGP, Kassel, BRD), Ernten und Mißernten gemeinsam erleben - volle, mündige Risikopartnerschaft - Interdependenzen: authentische Partizipation)

Ist dieser lange und z.T. recht dornenvolle, gemeinsame Marsch durch die Partizipationsstufen nach und nach gelungen, so wird die ganze Mühsal mit einer Organisationskultur und Struktur belohnt, die sich durch eine flache Hierarchie, hoher Problemlösefähigkeit, schnellem Reaktionstempo und einer kreativen Mitarbeitermannschaft auszeichnet, die dann einen klaren Blick für's Ganze hat, und ohne großen Steuerungs- und Kontrollaufwand aus sich selber heraus das Richtige richtig zu tun gelernt hat (Selbstorganisation).
In einer komplizierten, komplexen und turbulenten Umwelt liegen die Vorteile einer solchen Unternehmenskultur natürlich auf der Hand.

Allerdings: Damit das Ganze überhaupt erst ins Rollen kommen kann, muß unbedingt eine weitere wichtige Bedingung erfüllt sein:

5. Ein de-mütiger Chef ... Oder: Dienende Autorität

Wieder ein ungewohnter Begriff.
De-mut heißt den <u>Mut</u> zu haben, die Wirklichkeit so zu nehmen, wie sie ist, ohne Hintertürchen, ohne Schminke. De-mut heißt den <u>Mut</u> zu haben, auch der Wahrheit über sich selber - wenn ich sie zu hören oder zu sehen kriege - ins Auge zu blicken, ihr mein Ohr zu öffnen, sie zuzulassen, sie <u>nicht</u> zu verdrängen. De-mut heißt schließlich - auf dieser Grundlage - die Fähigkeit zu haben (besser: "zu sein"), anderen dienen zu können und von anderen lernen zu können.

Warum ist das für "Partizipation" so wichtig?

Partizipation setzt voraus, den anderen gelten zu lassen, zu akzeptieren, ja, sogar zu schätzen. Wenn ich ihn runtermache, ausschließe und "demütige" (im falschen Sinne), dann hat er keine Lust teilzunehmen und mitzumachen. Dann wird er mein Feind oder geht in die innere Kündigung, macht Arbeit nach Vorschrift und sagt sich, daß der Chef doch gleich alles besser alleine machen sollte, wenn er schon alles besser weiß - mit der Folge, daß dann die Unternehmens- (oder Abteilungs-) leitungen in der Bewältigung ihrer heutigen komplexen und komplizierten Welt hoffnungslos überfordert sind, im Arbeitsalkoholismus ertrinken oder durch Herzinfarkt dahingestreckt werden ... und das Unternehmen langfristig im Konkurs landet. Wenn der Chef alles selber macht, können sich die anderen nicht entwickeln, nicht reifen und nicht partizipationsmündig werden - und dem Chef auch nichts abnehmen. Und somit gerät er in einen Teufels-Kreis, der ihm dann selber gefährlich wird ... .

Der Chef hingegen, der De-mut gelernt hat, ist fähig zuzulassen (kann das sogar genießen), daß andere auch etwas wissen und können, daß Fehler zum Arbeiten und Lernen dazugehören und daß eine durch Information, Lernen, Einbindung, Selbstverpflichtung und Mitentscheidung selbstmotivierte Mannschaft viel produktiver, flexibler und fröhlicher ist, als ein autoritär gelenkter Untertanenstaat. Ein solcher Chef hat wirkliche Autorität: Er braucht nicht zu schreien, um gehört zu werden. Oder möchten Sie, die Sie hier sitzen, so einen Ein-Mann-Chef haben und ständig entmündigt, ständig für dumm gehalten und ständig kontrolliert werden? Dazu ein anderes typisches Beispiel aus einer Fabrik, die mir hierbei gerade einfällt: Alle müssen dort nichts anderes als "nur" gehorchen und alle stellen sich dementsprechend dumm. Und sie scheinen in der Tat auch dumm zu sein, allerdings nur bis es vier Uhr schlägt. Dann plötzlich wacht die Intelligenz wieder auf, und das Leben kommt zurück. Sie fahren nach Hause und bauen an ihrem Eigenheim weiter. Und dort sind sie plötzlich hellwache, engagierte, mitdenkende Unternehmer. Sie wissen mit Banken zu verhandeln, bauen sich Finanzierungspläne auf, bestellen und kontrollieren Baumaterialien, entwerfen Innenarchitekturen und erweisen sich rundherum als findige Allroundmanager. Am nächsten Morgen, um sechs Uhr jedoch sind sie dann in gehorsamer Eintracht ganz plötzlich wieder dumm, untalentiert, faul, schläfrig und zu jeglicher Partizipation natürlich absolut unbrauchbar. So sagt der Chef. Bis die Uhr wieder vier schlägt.

Kennen Sie einen solchen Betrieb? Woran liegt das? Es gibt Unternehmer, die bauen ihr Unternehmen wie ein Theaterstück auf. Sie wollen die Hauptrolle spielen und suchen nun Leute, die die Aufgabe des Publikums übernehmen und Applaus geben. Der Rest sind Statisten. Der Regisseur ist der Narzißmus. Und wenn das Drama nicht richtig gelingt, wird der Hauptdarsteller autoritär und spielt ein neues Stück. Es heißt "Kasernenhof" oder "Die beleidigte Leberwurst".

(Manchmal taucht noch eine weitere Rolle im Betriebsdrama auf: der Berater. Es gibt zwei Sorten Berater: die Mitspieler und die Spielverderber. Die Spielverderber sind die guten Berater - sagen die (guten) Berater. Der obige Chef sieht das jedoch genau umgekehrt: Schließlich bezahlt er doch "seinen" Berater nicht dafür, daß dieser ihm die Suppe versalzt und den Spiegel vorhält ... . Gute Mitspieler sind ihre Honorare auch wert (Verdrängungsprämie).

Erlauben Sie mir noch eine weitere "böse" Zwischenbemerkung.

Partizipation - weil sie geübt werden muß - sollte eigentlich schon in der Schule gelernt werden.
Allerdings - so sagte mir neulich ein Kollege aus den USA - seien die herkömmlichen Schulen in der Regel "Trivialisierungsmaschinen": Man stecke vorne Schmetterlinge rein - und hinten kommen Raupen heraus. Partizipationswilligen Unternehmen bleibt daher nichts anderes übrig als Enttrivialisierungsprozesse zu installieren, wo die Raupen wieder Schmetterlinge werden können, kommunikations- und kooperationsfähig werden, in Teams arbeiten lernen und wieder reden, ausreden und zuhören üben können.

Vor allen Dingen: Zuhören !!! Wußten Sie schon, daß jede Kommunikation vier Seiten hat, und Sie dementsprechend vier Ohren brauchen, wenn Sie richtig zuhören und den anderen richtig verstehen wollen?

Damit bin ich schon bei der nächsten hochwichtigen Voraussetzung für Partizipation: die Kommunikation.
Dazu ein Beispiel, das ich von Schulz v. Thun übernommen habe[1]:

Stellen Sie sich vor, Sie sitzen im Auto und neben Ihnen sitzt Ihre Frau - oder umgekehrt, das ist ein besseres Beispiel - Ihre Frau fährt und Sie sitzen daneben. Sie haben es ein bißchen eilig. Sie nähern sich einer Kreuzung, die Ampel ist grün. Sie sagen zu Ihrer Frau:

6. "Du, die Ampel ist grün." (Schulz von Thun)

Wie wird ihre Frau diesen Satz verstehen? Erstens könnte sie ihn verstehen als reine Information. Die Ampel ist nicht rot, nicht gelb - sie ist grün. Vermutlich wird sie zustimmen.

Vermutlich sagen Sie diesen Satz aber nicht, um nur eine banale Information weiterzugeben. Sie haben u.U. einen Appell hineinverpackt. Ihre Aussage ist also eigentlich: Bitte, gib Gas, fahr schneller, die Ampel wird sonst rot - und wir kommen zu spät.

Ist Ihre Ehe in Ordnung - dann gibt Ihre Frau höchstwahrscheinlich etwas mehr Gas. Ist Ihr eheliches Betriebsklima allerdings gespannt, dann passiert etwas völlig anderes. Ihre Frau hat nämlich Ihrem einfachen und so unscheinbaren Satz eine Beziehungsbotschaft entnommen. Es war ihr, als ob Sie gesagt hätten: "Meine Güte, warum habe ich Dich bloß geheiratet? Nicht mal richtig Auto fahren kannst Du ..., wozu bist Du eigentlich zu gebrauchen? Lange mache ich das nicht mehr mit ...!" Und so ist es kein Wunder, wenn Ihres Weibes Reaktion auf den so kleinen, schlichten und "unschuldigen" Satz wie folgt aussieht: Statt Gas zu geben, tritt sie auf die Bremse. Dabei sagt sie zornentbrannt: "Wenn es Dir nicht paßt, dann fahr' doch selber ... oder geh' gleich zu Fuß!" Daraufhin Sie (erschrocken): "Aber Liebling(!?), was hast Du denn? Ich wollte Dich doch nur aufmerksam machen, daß die Ampel grün ist - es war rein informativ gemeint!" Anschließend Schweigen im

[1] Schulz von Thun, F. (1981), Miteinander reden: Störungen und Klärungen, Psychologie der zwischenmenschlichen Kommunikation, Reinbeck b. Hamburg 1981.

Auto und Eisblumen an den Fenstern. So oder ähnlich laufen nicht wenige "Ehegespräche" ab. Also aufgepaßt auf Beziehungsbotschaften!

Aber es gibt noch einen vierten Aspekt: Auf den haben sich besonders Psychologen, Berater etc. (also meine eigene Berufsgruppe) spezialisiert. Wir haben hier ein Extra-Ohr entwickelt: Es ist das Selbstoffenbarungsohr. Die Ehefrau - um auf obiges Beispiel zurückzukommen - könnte natürlich auch anders reagieren, was vermutlich wiederum den beifahrenden Ehemann auf die Palme brächte. Die Ehefrau könnte also ganz cool sagen: "Aber Schatz, was ist denn bloß mit Dir los, daß Du mir das sagen mußt? Stehst Du mal wieder so unter Druck? Ich glaube, Du bist überfordert. - Es ist gut, daß ich das Auto fahre, so kannst Du Dich wenigstens ein bißchen entspannen ...".

Die Ehefrau interpretiert also die Aussage ihres Mannes unter der Fragestellung, was er dabei über sich selbst und seine innere Verfassung aussagt bzw. verrät. Appell, Information und Beziehungsaspekt sind in diesem Fall von zweitranginger Bedeutung, die Selbstoffenbarung steht im Vordergrund des Gehörten bzw. des Gesagten (Unser Beifahrer hat eine weise Frau abbekommen. Oder?)

Um also eine Botschaft richtig zu entschlüsseln, sollten wir uns in Zukunft alle vier Ohren, also noch zwei zusätzliche dazu wachsen lassen. Ein fünftes Ohr gibt es nebenbei gesagt auch noch. Es heißt "Ohropax"!

Im Bild:

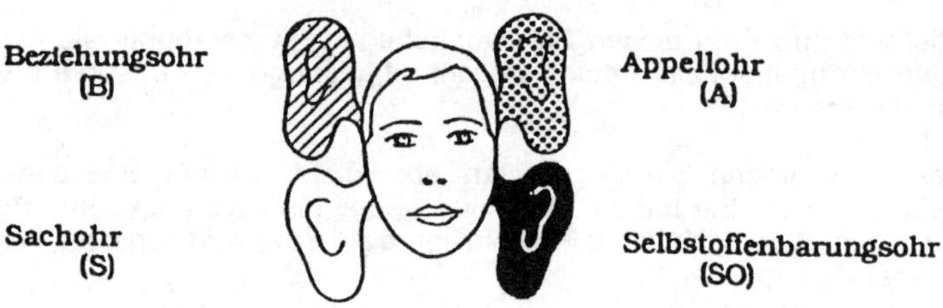

Psychologen z.B. haben - wie gesagt - häufig von Berufs wegen ein großen SO-Ohr. Sie hören nur, daß es den Patienten schlecht geht (sonst würden die ja auch nicht kommen). Und wenn dann der Patient sagt: "Sie sind aber ein blöder Psychologe", dann sagt der Psychologe: "Ah, das ist ja interessant, was Sie da von sich sagen. Diese Projektion wollen wir mal näher analysieren ...".

Manche Ingenieure - um ein weiteres Pauschalbeispiel zu bringen - haben häufig ein riesiges Sachohr. Da kann man 1.000 Beziehungsbotschaften senden und man bekommt als Antwort immer nur zurück: "Bitte, bleiben Sie doch sachlich!" Als ob das Leben nur "aus Sachen" besteht ... .

Ich hoffe, es wird deutlicher, warum Partizipation auch aus diesem Aspekt heraus so schwer für manche ist und so lange geübt werden muß:
Weil wir uns neue Ohren wachsen lassen müssen. Und weil wir gleichmäßig große Ohren haben sollten, um angemessen Wahrnehmungen und rechtzeitig

Projektionen, Übertragungen, Verschiebungen, Übertreibungen und Hilferufe heraushören zu können (Vielleicht brauchten wir auch noch ein "6. Ohr" für die nonverbale Körpersprache). Schon Jesus klagte diesbezüglich: "Ihr habt Ohren und hört nicht. Ihr habt Augen und seht nicht." Der "Kleine Prinz" hatte es jedoch kapiert. Daher sein weltberühmtes Resümee: "Man sieht nur mit den Herzen gut", was uns wieder auf die Basistugend aller Kommunikation, Kooperation und Partizipation zurückverweist: auf De-mut und Herzensbildung.

Aber Partizipationslernen - und mit ihm Kooperations- und Kommunikationslernen - ist nicht nur mühevoll. Es ist auch aufregend, spannend - und gewinnbringend für den ganzen Menschen und für's ganze Leben. Es lohnt sich auf jeden Fall!
Ich möchte Sie ausdrücklich dazu ermutigen!

Ich gehe jetzt auf unserer geistigen Landkarte einen Schritt weiter: Mitte links auf der Grafik.

7. Partizipation, ja! Aber bitte mit Ziel!

Partizipation darf nicht zu einem demokratischen Selbstzweck degenerieren, also Partizipation um der Partizipation willen, auch wenn Menschen von Natur aus auf Teilhabe und Gemeinschaft angelegt sind: Wir wollen mitmischen, mitgestalten, zusammensein, teilhaben. Ausgesperrt und isoliert fühlen wir uns schlecht. Partizipation ist insofern also ein genuin eingebautes, menschliches Bedürfnis. Doch gilt es beim "Gebrauch" von Partizipation die richtige Balance zwischen "Über-partizipation" einerseits ("Quasselbuden-Gefahr") und autoritärer "Unter-partizipation" andererseits zu finden. Und dies gilt auch hinsichtlich des dritten Extrems, nämlich einer kalten zweckrationalen Partizipation - einer Partizipation als seelenloses Mittel zum alleinigen Zwecke schnellen Geschäftemachens. Als diesermaßen reine Sozialtechnologie würde diese jedoch bald auffallen und dementsprechend wirkungslos werden. Der Schuß ging nach hinten los, und würde dann - wie oben schon erwähnt - authentischer Entfaltung partizipativer Potentiale weiterhin im Wege stehen.

Diesem Dilemma entkommt man m.E. nur, wenn man Partizipation im Bereich des "WIE" (Weg, Methoden, Verfahren etc.) auch auf den Bereich des "WAS" (Ziele, Inhalt, Zwecke, Gründe) ausdehnt.

Partizipation würde dann die Vereinbarung gemeinsam gewünschter, zukünftiger Zustände beinhalten, Klärung der Frage, wohin die Reise gehen soll, wie lange sie dauert und was sie kosten darf.

"WIE" und "WAS" wären hier vereint (authentische Partizipation): nämlich Partizipation aufgrund unseres Menschsein (Gemeinschaftsbedürfnis) und für unser Menschsein (gemeinsames Problemlösen, Reifen, Gestalten, Verantworten):

Deshalb ist Partizipation nur vernünftig, wenn sie mit Sinn und Ziel geschieht. Durcheinander, Quasselbudeneffekte und Verlust von Handlungsfähigkeit werden dadurch unterbunden.

Partizipation in diesem Sinne führt dann dazu, daß jedermann klar ist, wo das Tor steht, welches Spiel gespielt wird, welche Spielregeln gelten, was seine eigene Rolle dabei ist und welcher Leistungsbeitrag von ihm erwartet wird.

Fruchtbringende Ziele müssen darüber hinaus nicht nur gemeinsame und partizipativ erarbeitete Ziele sein, sondern sie haben auch sinn-machende Ziele zu sein.
Das bringt uns zum nächsten Punkt.

8. Auf der Suche nach Sinn ... oder: Sinnergie - Sinn als Produktionsfaktor

Es gibt Indikatoren - und zwar weltweit - die seit langem zeigen, daß wir offensichtlich in einer Sinnkrise stecken. Komischerweise entdecken wir das erst heute. Früher z.B. im Geschäftsleben von "Sinn" zu sprechen - so jedenfalls mein Erleben - war fast obszön. Heute ist es "in". In der Psychotherapie hat man dementsprechend auch die "noogene Neurose" entdeckt: Leute werden lustlos, depressiv und krank, weil sie in ihrem Leben, in ihrem Schicksal keinen Sinn mehr sehen. Und entdecken sie ihn wieder - dann sind sie plötzlich über Nacht wieder gesund.

Vielleicht kennen Sie das: Sie müssen irgend etwas machen - aber Sie empfinden das als völlig sinnlos. Sie strengen sich an - aber Sie arbeiten trotzdem nur mit halber Kraft. Die andere Hälfte brauchen Sie für den Aufbau einer Maske, um nicht aufzufallen - "gute Miene zum bösen Spiel" - und damit niemand Ihnen auf die Schliche kommt, daß Sie nicht ganz bei der Sache sind. Sie müssen Ihr Produkt mit halbem Herzen an den Mann oder die Frau bringen - nur damit Sie es los werden ... .

Es ist manchmal katastrophal, mit wieviel eingebauter Sinnlosigkeit Ziele gesetzt, Produkte "abgesetzt"(!) und Energien verschleudert werden. Die Konsequenz: Wenig Freude, wenig bleibender Nutzen, Motivationskollapse, Alkohol zum Betäuben und viele Entsorgungsprobleme danach ... .

<u>Damit kommen wir - nach der "Partizipation" - nun zum zweiten Produktionsfaktor: dem SINN.</u>

Wenn Sie eine Aufgabe als sinnvoll erleben, wenn Sie als ganzer Mensch dahinter stehen, dann merken Sie, wie es fast von alleine geht. Sie machen Ihre Arbeit "mit links". Sie brauchen sich nicht übermäßig anzustrengen - die Energie fließt von alleine. Es klappt einfach. Sie haben Ideen, Kreativität ist da. Sie erleben, daß SINN ein wichtiger Motivator ist: halt SINNERGIE in sich hat. <u>Sinnlosigkeit blockiert Energie, Sinn entfesselt Energie. Sinn ist Energie.</u>

Und noch etwas kommt dazu: Wir leben in einer Welt, wo wir keine Zeit mehr haben, uns Sinnlosigkeit leisten zu können. Zum Beispiel: der Zusammenbruch unserer Ökosphäre steht uns nicht bevor - er findet bereits statt. So Hoimar von Ditfurth. Es ist unbegreiflich, warum in der EG Spreydosen (Treibgas etc.) nur so zögerlich verboten werden, Katalysatoren und bleifreies Benzin so schleppend eingeführt wurden. Ich will hier keinen Endzeitvortrag halten. Auch wenn wir mitten drin sind. Aber alle diese (und andere) Dimensionen spielen in unseren Alltag rein, und wir dürfen sie nicht mehr verdrängen. Sonst wird unser Leben immer sinnloser. Das Wort SINNERGIE habe ich von R.Antonoff. Er sieht darin mehrere Dimensionen, von denen ich einige kurz erwähnen möchte:

- Das Produkt, für das ich arbeite, muß Sinn machen: Ist es ethisch verantwortbar? Stiftet es Nutzen in meinem Leben und in dem der anderen? Löst es Probleme oder verschärft es nur die alten? Wie werden meine Enkelkinder über dieses Produkt urteilen und über mich und meine Arbeit? Was werde ich meinem Gott antworten, wenn er mich diesbzgl. fragt?

- Die Produktionsweise, in der das Produkt hergestellt wird, muß Sinn machen: Das heißt: die Art und Weise, in der dieses Produkt erarbeitet, produziert, geplant, erwirtschaftet, vermarktet wird, muß als sinnvoll, d.h. als menschenwürdig und ökologisch verantwortlich erlebt werden können.

Dazu ein sinn-loses Beispiel: Sie haben eine Fabrik, in der Sie ein umweltfreundliches Produkt erzeugen, mit dem Sie das Baumsterben erheblich verlangsamen können. Allerdings haben Sie intern - bei der Produktion - eine Krankheitsrate von 10 %, und einige Mitarbeiter bekommen langfristig Lungenkrebs. Berufsrisiko? Sinnloser Sinn (Oder Opfer)?

- Sinn in Bezug auf die Konkurrenz: "... Wir wollen Sieger sein. Nicht jeder kann auf engeren Märkten überleben. Verdrängungswettbewerb gehört zum Geschäft. Die dritte Welt hat halt Pech ...". Und so weiter. Man kennt das ja. Bloß: Ist das wirklich sinnvoll, wo wir doch alle nur in ein und demselben Raumschiff leben, und es einfach keinen Sinn mehr macht, auf Kosten der anderen zu leben, zumal die anderen anfangen, sich zu wehren und langfristig das sogar mit Atombomben ...?

Wenn ein Management es aber schafft, miteinander Sinnziele zu entwickeln und diese auch vermitteln zu können, dann läuft - wie man so schön sagt - der Laden fast von alleine. Die Führung wird dann eine Führung die "eigentlich" gar nicht mehr führt. Man spricht heute von Führen ohne zu führen. D.h., die heutige Führungskraft ist umso besser, je weniger die Mitarbeiter sie merken. So konträr kann man das sagen.

Dazu abermals ein kurzes Anti-Beispiel: Ich erlebte es innerhalb eines Beratungsprojektes bei einem weltberühmten Automobilunternehmen. Sie hatten massive Motivations- und Ergebnisprobleme, und der Chef sagte: "Ja, wissen Sie, wir haben eigentlich alles versucht. Wir haben Meisterkurse gemacht, und wenn einer quer lag, dann haben wir ihm einen Hammer zwischen die Hörner geworfen, und dann lief er wieder ...". Das war dessen Motivationsmethode. Das ist natürlich nicht Management "ohne zu führen", das ist Management "by Hammerwurf". Dieser Manager hat alles getan, damit seine Mitarbeiter möglichst nicht erfolgreich sein konnten. Und dann hat er sich auch noch beschwert, daß die Effektivität des Betriebes 10 % unter dem lag, was von seinen Vorgesetzten verlangt wurde. Und er konnte es überhaupt nicht verstehen.

Alles in allem kann man also sehen, wie sehr Sinn, Motivation und Leistung zusammenhängen und wie sehr die "Sinnfrage" bereits zu einer Lebensfrage auch in der Wirtschaft geführt hat. Man kann sie nicht mehr verdrängen. Deswegen ist es notwendig, neben einem klaren "Existenzgrund" (s.o. Pkt. 3) auch einen motivierenden "Sinngrund" für fruchtbares Arbeiten zu haben.

9. Zielfunktionen, oder: Wissen, wo das Tor steht (fokussierte Synergie)

Sinnziele sind jedoch - alleine gesehen - zu pauschal und zu allgemein. Sinnvolle Sinnziele setzen zwar Energien frei, doch müssen diese, wie das Licht der Sonne, noch gebündelt werden. Erst dann erreichen die Energiestrahlen der Sonne eine Kraft, mit der man Feuer anzünden kann. Hochgestochen formuliert heißt das, daß die Energien zu Synergie verbunden werden müssen. Und zweitens, daß diese Synergien auch auszurichten und zu fokussieren sind (siehe Mitte des Bildes: Pfeilsymbol Richtung Ergebnis). Diese Energiebündelung und Fokussierung auf einen "Brennpunkt" wird vornehmlich durch ZIELE erreicht. Ziele sind sozusagen "soziale Brenngläser". Organisationen, Systeme, Führungstechniken, Werte, Spielregeln (= Kultur) sind weitere Hilfsmittel, die die durch Sinn freigesetzten Energien zu Synergien zu bündeln versuchen.

Lassen Sie mich das nochmals kurz am Beispiel "Fußball" illustrieren: Stellen Sie sich vor, irgendein unangenehmer Zeitgenosse würde während des Spiels andauernd das Tor verschieben. Mal steht es weiter links, dann wieder ganz rechts außen, plötzlich an der Seite. Außerdem wirft der Kamerad auch noch Nebelbomben ins Spielfeld. Unter solchen Bedingungen können Sie kaum Tore schießen, noch in der Liga aufsteigen. Wenn das Ziel nicht klar ist, weiß ich nicht, wohin ich meine Energien hinlenken soll: Der Fokus fehlt. Und mit Synergie ist auch nicht viel los: Die Spieler müssen sich immer wieder auf´s Neue orientieren. Selbst wenn allen Sportlern Fußballspielen Sinn macht und Sinnergie freisetzt: ohne Ziel und fokussierte Synergie keine Tore, kein Aufstieg und - last not least - dann bald auch keinen Sinn mehr im Fußballspielen selber.

10. Nicht der Chef ist der Chef, sondern die Wirklichkeit ist der Chef (Energieschluß)

Der Chef eines Unternehmens oder einer Abteilung kann jedoch kaum selbst die Quelle von Sinn, Sinnergie und sinnmachenden, motivierenden Zielvereinbarungen sein. Was uns Sinn gibt und uns in Bewegung setzt, ist ein Problem, eine Aufgabe, eine Hoffnung, ein Wunsch, ein inneres Bild, eine Sehnsucht. Und diese Dinge liegen im Leben selbst und nicht im Chef. Oder konkreter auf's Unternehmen bezogen: Sie liegen im Markt, bei den Kunden, im Produkt, in mir usw. .

Der Chef - wenn er ein "guter" Chef ist - spielt nur die Vermittlerrolle zwischen Zukunft und Gegenwart, zwischen Unternehmen, Markt, Strategie, Organisation und Mitarbeiter. Er ist Hebamme für seine Mit-arbeiter, ist Trainer und "Coach". Er hilft ihnen, den Sinn in ihrer Arbeit zu entdecken, er unterstützt sie - gleichsam als Gärtner - in ihrer eigenen Entwicklung und in der Fähigkeit "fruchtbar" zu werden.

Die Frucht des Chefs ist darin zu sehen, daß seine Mit-arbeiter fruchtbar werden. Der Chef ist dabei oftmals Katalysator: Er bringt zustande, daß andere etwas zustande bringen. Er ist Diener und nicht Herrscher, Ermöglicher und nicht Polizist. Er konfrontiert zwar mit der Realität, aber nicht mit Besserwisserei (Metamanagement, dienende Autorität).

Eines seiner Mittel ist "Energieschlüsse" herbeizuführen. Was heißt das? Ganz einfach: Er schließt Mitarbeiter und Markt - wie ein Elektriker - einfach kurz. Dann fließt die Energie von alleine (fast ohne ihn). Er drängelt sich nicht dazwischen und muß daher auch nicht alles ausbaden oder immer alles kunstvoll rechtfertigen.

Der Mitarbeiter weiß dann genau, wo das Tor steht, wo er den Ball hinspielen muß - nämlich zum Kunden - und nicht zum Chef ! Nicht der Chef ist der Chef, sondern der Kunde ist der Chef. Mit der Zeit fangen die Mitarbeiter dann an, kundenproblemorientiert und zukunftsorientiert zu arbeiten und hören auf, sich andauernd zu fragen, wie es denn der Chef gerne hätte ..., und was er gerade für ein Gesicht macht. Denn, wenn die Mitarbeiter fortwährend angehalten würden, immer nur das zu tun, was dem Chef paßt, kann es eines Tages - im Extremfall - passieren, daß der Chef zwar zufrieden, der Kunde jedoch längst abgesprungen ist.

Natürlich kann der Mitarbeiter, der einen solchen "energieschließenden" Chef hat, keine ruhige Kugel schieben. Er hat keinen Sündenbock mehr - er selbst muß geradestehen, wenn der Kunde anfängt wegzulaufen. Ein Chef, der sich so verhält, oder verhalten will, muß allerdings ins "Licht treten". Er kann nicht länger im Dunkeln munkeln (Epheserbrief 5,3-14).

Wer seine Mitarbeiter nach dem Prinzip "Partizipation", "Sinnergie" und "Energieschluß" führen will, darf ihnen nichts mehr vormachen. Er muß klar sagen, wie er die Sachen sieht, er muß transparent und glaubwürdig sein. Wenn er Unsinn redet, kann kein Sinn und keine Sinnergie entstehen. Wenn er lügt, stimmt die Information nicht und es werden falsche, verzerrte Ziele gesetzt. Mittelfristig vertraut man ihm nicht mehr. Es kann nur um eine gemeinsame Sache, nicht um eine einsame Sache gehen. Wird der Chef zwielichtig - bröckelt das Miteinander ab, verliert der Kitt des Vertrauens die Bindekraft, löst sich die Synergie auf.

Damit kommen wir zum 4. - und wichtigsten - Produktionsfaktor heutiger Unternehmensführung, der Produktivkraft "Wahrheit".

11. Produktivkraft "Wahrheit"

Die Wahrheit ist unzerstörbar (s. Symbol des "Felsens" links unten im Bild) -, sie arbeitet für sich selbst. Oder anders gesagt: Management by Energieschluß heißt ganz einfach: Wahrhaftig werden, die Wirklichkeit aufzeigen, die Wirklichkeit arbeiten lassen:

- alle Fakten (außer den unbedingt geheim zu haltenden) auf den Tisch (Gewinne, Verluste, Preise, Konkurrenz, Märkte etc.)
- alle Leute um den Tisch (soweit sie für's Problem relevant sind)
- gemeinsam palavern

- gemeinsam entscheiden, gemeinsam planen, gemeinsam handeln
- später gemeinsam das Manöver kritisieren und dann ggf. auch
- gemeinsam feiern (Erntedankfeste!)

Wer auf der Basis von Wahrheit arbeitet (nach besten Wissen und Gewissen) macht sich das Leben viel einfacher. Warum? Er spart all' jene Energien, die er sonst für Versteckspiele, Schönfärbereien, für Intrigen und Intrigenabwehren, für Lügen und Lügensicherungen usw. brauchte. Kurz gesagt: Die Energie, die er braucht, um seine Maske und Tricks aufrecht zu erhalten (manchmal bis zu 100 %), kann der mit der Wahrheit Kooperierende voll in die Arbeit stecken. Er wird dadurch einfach viel kreativer, produktiver und entspannter sein können. Seine Arbeit wird Frucht tragen. An dieser Stelle - erlauben Sie mir bitte - möchte ich Ihnen Appetit auf den Psalm 1 machen! In ihm steckt das Geheimrezept des "Erfolges", des wahren Erfolges, der Frucht bringt, wie ein großer Baum, und das auch trotz zeitweiliger Trockenperioden: Auch Jeremia 17,5-8 sollte man sorgfältig studieren und den Text langsam auf der Zunge zergehen lassen! (Wenn das stimmt, was Sie da lesen werden, können Sie nicht mehr der alte bleiben!)

Lassen Sie mich zum Thema Wahrheit (und Energieschluß) einen Fall aus der Praxis als Illustrationsbeispiel einfügen. Es handelte sich um ein Tischlereiunternehmen, mit 25 Mitarbeitern: der Markt stimmte, die Produkte stimmten, und die Technologie stimmte auch.

Aber: Die Werkstatt verbrauchte für die Herstellung der Produkte zu viele Arbeitsstunden. Die Kosten waren also zu hoch. Der Chef versuchte auf alle erdenklichen "normalen" Arten und Weisen die Werkstatt und die Mitarbeiter in den Griff zu kriegen: Stempeluhr, Selbstaufschreibungen, Stoppuhr, Werkstattaufpasser, Arbeitsvorbereiter, usw., usw. . Nichts half. Der fünfte Werkstattmeister lief ihm bereits weg. Das Managementprinzip, nach dem der Unternehmer verfahren war: Der Chef ist der Chef - verdammt noch mal! Und wem's nicht paßt, der kann ja ... usw. .

In einem Beratungsprozeß versuchte ich ihm dann das umgekehrte Prinzip klar zu machen: "Die Wirklichkeit ist der Chef - und nicht Sie!" Er war sehr verblüfft. Ich machte ihm klar, daß seine Mitarbeiter mündig werden müßten, daß der Chef nicht mehr die Mutterbrust sei, an der sie saugen könnten, sondern daß seine Mitarbeiter zu Subunternehmern werden müßten und im Rahmen wachsender Handlungsspielräume sich selbst um die Erhaltung ihres Arbeitsplatzes zu kümmern hätten. D.h.: Sie arbeiten für den Kunden und für sich selber - und nicht mehr für den Chef.

Als der Chef das kapierte, leuchtete sein Gesicht auf. Er sagte sinngemäß: "Das ist ja toll! Das ist ja ganz einfach!" (In Klammern: Beim zweiten Ausspruch irrte er - aber das wird später noch deutlich). Und er fuhr fort: "Dann brauche ich ja meinen Mitarbeitern nur zu sagen, was ich für Preise kriege, was ich für Kosten habe, was die Qualität und die Zeitziele sind, wer Kunde ist, und was als Gewinn übrig bleibt. Ich lege einfach alle Karten auf den Tisch - und alle müssen sich dann damit auseinandersetzen."

Und er fing genauso an. Er brachte einfach alles ans Licht - einschließlich seiner Unfähigkeiten, mit Menschen, besonders die unter ihm Stehenden, umzugehen.

Es gab bei dieser "Umkehr" natürlich auch eine Reihe von Schwierigkeiten. 25 Tischler mit durchschnittlich 20 Jahren Berufserfahrung türmten sich auf zu einem Berg von 500 Jahren traditioneller Arbeitsmentalität. Und dieser Berg war nun abzuarbeiten. Es tauchten Aggressionen auf. Die Arbeiter verstanden plötzlich ihre Welt nicht mehr. Der Chef schien offensichtlich nicht mehr zu lügen - jedenfalls nicht mehr so stark und so viel wie früher. Und nun mußten die Arbeiter auch noch für sich bzw. für den Kunden und nicht mehr - wie gewohnt - für den Chef arbeiten. Und früher hatte der Chef sie von der rauhen Wirklichkeit des Marktes abgeschirmt - und nun standen sie ihm (dem Markt, den Kunden und der Konkurrenz) plötzlich Auge in Auge gegenüber. Sie hatten sich auf den Chef eingeschossen - aber der stand nun auf einmal an der Seite - und stattdessen nun auf den Kunden weiterzufeuern würde lediglich bedeuten, den eigenen Existenzast abzusägen.

Dies führte zu anstrengenden Umstellungen, (die auch nur 10 - 20 % der Mitarbeiter schafften bzw. wollten). Dazu ein Beispiel: Ein Arbeiter - nunmehr Subunternehmer - hatte mit dem Chef verhandelt (der Chef spielte eine Art Vermittlerrolle) und einen Kundenauftrag übernommen: Seine Berechnungen ließen ihn - den Subunternehmer - 120 Arbeitsstunden kalkulieren. Der "Vermittlerchef" vertrat 100 Stunden. Nein, sagte ersterer, ich brauche für dieses Möbelstück 120 Stunden. Gut, sagte der Chef, in der Einführungsphase dieser neuen Arbeitsorganisation - probieren wir's halt aus. Also: 120 Stunden. Der Subunternehmer - alias Arbeiter - schaffte es allerdings in 80 Stunden. Nun kam er in große Schwierigkeiten. Wo sollte er die restlichen 40 Stunden lassen? Ans "Licht" kommen? Er hat sich dann doch lieber im Kohlenkeller verkrochen und gewartet, bis die 40 Stunden vorbei waren, und er wieder "recht" hatte.

Sie sehen, daß solche Umstellungen auf WAHRHEIT (nebst Eigenverantwortung, Energieschluß und Sinnergie) psychologisch nicht ganz einfach sind. Der Tischler hatte richtig gespürt, nämlich, daß er gezwungen wurde "erwachsen" (=interdependent) zu werden und für sich selbst sorgen zu müssen. Und das wollte er nicht. Die alte, eingespielte (regressive) Abhängigkeit war gemütlicher. Er hatte einen inneren Konflikt. Das alte Mensch-ärgere-dich-nicht Spiel lief nicht mehr. Er konnte den Chef nicht mehr zum Sündenbock oder Prügelknaben erklären, ihm unrichtige Kalkulationen, falsches Verkaufen, Habsucht usw. vorwerfen. Wen also sollte er denn jetzt noch anklagen? Sie merken, so kann das mit "Wahrheit, Energieschluß und Partizipation" im Alltag aussehen ... .
Aber es lohnt sich trotzdem. Und der Weg zurück macht angesichts unserer heutigen Welt immer weniger Sinn.

12. Spielregeln

Für jede Art des Zusammenlebens brauche ich Spielregeln. Beim Fußballspiel andere als beim Schach, in der Familie andere als im Unternehmen. Ich brauche Spielregeln, die zielbezogen sind und die gelten. Sie müssen so sein, daß sie Motivationen durch "Sinn-freigesetzte" Energien so kanalisieren und so steuern, daß sie gebündelt, also fokussiert werden in Richtung auf das Ziel. Die "richtigen" Spielregeln herauszufinden ist eine hohe Kunst. Es gibt keine Rezeptbücher dafür. Man kann sie auch nicht irgendwo abschreiben oder einkaufen. Sie sind Teil einer Kultur - und die kann man nicht einfach verpflanzen. Wer kann die Spielregeln entwickeln? Am besten die, die am Spiel beteiligt sind, die damit leben und danach spielen müssen.

Spielregeln in Organisationen drücken sich zunächst als organisierte Spielregeln aus, als Prozedere, Verfahrensvorschriften, Policies usw. . Auch die "Organisation" selbst kann als Spielregel gesehen werden, als eine "gefrorene" Spielregel, die Beziehungen, Inhalte und Prozesse regelt. Und dann gibt es die Fülle informeller, inoffizieller Spielregeln und ungeschriebener Gesetze. Diese regeln oft viel wirkungsvoller die Geschehnisse eines Unternehmens als die offiziellen und rational geplanten Regelungen.

Alle diese "Spielregeln" sind dabei immer wieder zu hinterfragen und zu überprüfen und ggf. auch auf neue Umweltbedingungen und Zielsetzungen abzustimmen, wenn man weiterhin in einer dynamischen Welt "am Ball bleiben will". Allerdings sollte man Spielregeln und Organisationen (= Ordnungen) nicht alle sechs Monate verändern: Sie haben - im Bild gesprochen - gerade Fußball gelernt, und plötzlich pfeift der Vereinsvorstand ab und sagt, daß ab morgen Basketball gespielt wird. Und wenn Sie sich gerade umgestellt und eingewöhnt haben, wird plötzlich auf Handball umgeschaltet. Außer Hektik, Streß und Konfusion würde dabei kaum etwas anderes herauskommen.

Ein Mindestmaß an Stabilität, Sicherheit, Orientierung und Kontinuität ist also erforderlich. Und Spielregeln und Organisationen haben genau eine solche Funktion. Darüber hinaus stellen sie auch so etwas wie eine Automatisierung dar: Sie entlasten - man muß nicht jedes Problem wie einen Einzelfall behandeln und das Rad immer wieder von neuem erfinden: Man weiß, wie man zu handeln hat. Allerdings dürfen diese Automatik und Stabilität auch nicht ins andere Extrem übertrieben werden, so daß Starrheit, Sturheit, Bürokratie und Sinnlosigkeit entstehen.

Bei der Abfassung von Spielregeln - welcher Art auch immer - muß man also ständig sozusagen auf dem Drahtseil tanzen und weder zur einen noch zur anderen Seite vom Pferd fallen. Oder anders ausgedrückt: Wandel, Veränderungen, Flexibilität und "Chaos" sind genauso nötig wie Stabilität, Organisation, Planung und Kontinuität.

Auf die ständige Balance (auf´s Fließgleichgewicht) kommt es also an. Deswegen habe ich auf dem Schaubild die Spielregeln auch als einen Rückkopplungskreislauf (feedback) dargestellt: nicht nur Umwelt, Markt, Konkurrenz, Zielsetzung, Produkt, Organisation, etc. müssen ständig aufeinander bezogen sein, sondern auch die Spielregeln selber müssen ständig in diesem Verbundsystem reflektiert, überprüft und neu "getuned" werden.

13. Selbstorganisation und Leitplanken

Sie können sich vorstellen, daß die genaue "Feinabstimmung" der Organisation "von oben" heutzutage überhaupt nicht mehr möglich ist. Die Welt ist viel zu zappelig und überraschungsreich. Ehe "die da oben" informiert sind, aufwachen und reagieren - und die langen Leitungen wieder bergab - ist alles schon zu spät ...

Im Bild: Wir müssen den übergroßen Dinosaurier "Hierarchie" irgendwie wieder kleiner kriegen und vielleicht aufteilen und umwandeln in ein Bienenvolk. Jede Biene koordiniert und organisiert ihre Arbeit und ihre Aus-flüge selbst. Sie ist teilautonom und reguliert sich von allein. Die Zentrale, die Königin, hat damit kaum etwas zu tun. Sie legt strategische Eier für die Zukunft.

Unsere heutigen Organisationen müssen vermutlich eher wie Bienenstöcke aussehen und weniger wie Dinosaurier. Wissen Sie (es ist natürlich ein Witz), warum die Dinosaurier ausgestorben sind? Wenn man ihnen hinten auf den Schwanz trat, brauchte die lange Reizleitung hin und zurück ungefähr 3 Minuten. Da konnten Sie als Jäger hinten in Ruhe den Schwanz abhacken, ehe der Dinosaurier vorne merkte, daß er hinten bereits amputiert war. Und ehe er wild wurde, waren Sie schon weggelaufen. So sind Organisationen ohne Selbstorganisation: Sie werden aussterben ... .

Vielleicht - so vermutet man, denn man kennt ja nur den Rohbau von Dinosauriern - hatten diese Biester in der Steißgegend noch ein Zwischenhirn, so daß sie vielleicht aufgrund dieser Dezentralisierungsmaßnahme doch ein bißchen schneller waren ... , was aber offensichtlich doch nicht ausreichte. Dasselbe Verfahren verwenden auch einige Hierarchien. Man nannte das früher "Führen im Mitarbeiterverhältnis" durch Delegation auf Vorbehalt. An die Wurzel der Problematik kommt man dadurch jedoch nicht: Die Dynamik und Komplexität (="Dynaxity") der Umwelt nimmt immer mehr zu und nur grundsätzliche Veränderungen helfen hier weiter. Die Steuerungsleistungen von Steißbeinzwischengehirnen genügen nicht mehr.

Lassen Sie mich die hierarchische Steuerungsproblematik mit noch einem weiteren amüsanten Beispiel aus der viel zitierten Fußballwelt verdeutlichen. Stellen Sie sich vor, der Trainer einer Fußballmannschaft müßte 11 Spieler von außen (oder oben) individuell steuern und koordinieren. Er sagt - per Funk - dann zu einem Spieler beispielsweise: "Egon, lauf schneller, 21 km/h Richtung 4° Ost, Bein links 8° abwärts - Kopf Richtung NNO - aber paß auf, Gegner kommt von rechts mit 25 km/h ... .
Stellen Sie sich vor, wie viele Variablen und Wechselwirkungen dieser arme Trainer gleichzeitig managen und steuern müßte. Hat er den einen gerade koordiniert, dann muß er plötzlich vielleicht schon wieder sagen: "Oh, halt! Zurück! Stop, war alles falsch. Situation ist schon wieder ganz anders ...".
Sie sehen, ohne das Prinzip "Selbstorganisation" kriegen Sie kein Fußballspiel in den Griff, und ein Unternehmen auch nicht mehr.

Und Sie brauchen noch etwas dazu. Neben den erwähnten fokusnotwendigen (Sinn-) ZIELEN und den SPIELREGELN (plus Organisation und Rollenverteilung) sind noch LEITPLANKEN von Bedeutung. Die Leitplanken sind Teil der organisierten Spielregeln. Beim Fußball sind es z.B. die Feldmarkierungen, die Spielfeld- und Zeitbegrenzungen. Leitplanken begrenzen den Handlungsspielraum ohne indes dabei im Innenfeld Vorschriften zu machen, wie der einzelne Spieler sich selbstregulativ und selbstorganisatorisch zu verhalten hat. Das ist das Besondere der Leitplanken (boundary management). Oder umgekehrt formuliert: Selbstorganisation wird erst überhaupt durch Leitplanken möglich und sinnvoll. Sie bedingen einander.

Leitplanken geben Orientierungshilfen, indem sie die Grenzen des Erlaubten aufweisen (und damit die Gefahren chaotischer Ausuferungen verhindern). Leitplanken und Selbstorganisation können jedoch ihre "Managementfunktion" nur dann richtig zum Tragen bringen oder machen nur dann richtig Sinn, wenn sie im Sinne des "größeren Ganzen" eingesetzt werden ("Sinngrund"). Nur in der Orientierung am Sinn des "Größeren Ganzen" wird ihre Hilfsmittelfunktion lebendig, sonst würden Leitplanken wahrscheinlich nur als lebensfeindliche Einengung oder Diktatur empfunden werden. Erst in dieser dialektischen und dynamischen Wechselbeziehung zwischen Freiheit und Grenzen, zwischen selbstorganisierbarem Handlungsspektrum und kanalisierenden Leitplanken, zwischen "Spiel" und Sinn bekommen Leitplanken ihre produktive und positive Kraft, nämlich Flexibilität, Kreativität und Leistung mit Lust und Laune freizusetzen. Leitplanken haben also gleichzeitig Orientierungsschutz und Befreiungsfunktion.

In diesem Zusammenhang fallen mir auch die 10 Gebote als Leitplanken für die Menschheit ein. Beim Lesen der Zehn Gebote fiel mir auf - etwas, was ich nie zuvor in der Schule oder in der Kirche gehört hatte - daß diese Leitplanken nicht Verbote sind, die alles immer nur untersagen und unter Strafe stellen, also: Du sollst nicht stehlen, du sollst nicht ehebrechen usw. - sondern in der Bibel steht ganz deutlich die positive Absicht, die mit diesen 10 Geboten verfolgt wird: Sie sind Spielregeln und Leitplanken für nur einen einzigen Zweck, nämlich - so wörtlich: "... damit ihr lebt und es euch gutgeht und eure Tage lange währen mögen" (5.Mose 5,33). Also Leitplanken zur Verhinderung von Lebensunfällen. Sie helfen dem Einzelnen, sich teilautonom selbst zu steuern, global zu denken und lokal situationsgerecht handeln zu können, mit dem Ziel, daß sein Leben gedeiht!

Die Orientierung im Sinne des "größeren Ganzen" setzt natürlich voraus, wie erinnerlich, daß alle Fußballspieler alle Informationen über alle wesentlichen Geschehnisse auf dem Fußballfeld jederzeit und immer zur Verfügung haben und überhaupt Fußballspielen als attraktiv und sinnvoll erachten.

Damit kommen wir wieder zu den obigen Begriffen "Partizipation", "Wahrheit","Sinn" und "Energieschluß" zurück. Selbstorganisation, Selbstmanagement, Selbstregulation mit dem Ziel von Flexibilität, Kreativität und Produktivität gehen nur dann, wenn alle Karten auf dem Tisch liegen, wenn jeder weiß, wo das Tor steht, wenn jeder die Spielregeln und Leitplanken kennt und bereit ist, fokussierte Synergie für gemeinsam definierten Sinn engagiert einzusetzen. Also, "Management by Selbstregulation" und nicht "Management durch Dinosaurier" ist die Devise und heute eine weitere wichtige Voraussetzung für fruchtbares Arbeiten und Managen.

Vielleicht versuche ich noch einmal kurz zusammenzufassen, was hier mein Anliegen oder mein Ziel ist.

Es liegt darin, Ihnen hier und da ein paar Gedanken, Ideen oder Bestätigungen zu liefern, wie eine Gruppe von Menschen miteinander in einem Unternehmen umgehen muß, damit die Arbeit fruchtbar ist, als fruchtbar und im umfassenden Sinne als sinnvoll empfunden werden kann. Und das muß sich natürlich auf dem Markt auch bewähren können. Das beste Wissen, das wir heute haben, habe ich zusammenzufassen versucht. D.h., permanente Diskussion dessen, was die Welt um uns herum eigentlich ist, wie sie aussieht. Nicht verdrängen, zur Kenntnis nehmen, offen und frei und ehrlich darüber diskutieren. Versuchen, dann zu gemeinsamen Sinnzielen, Geschäftszielen, Strategien, Spielregeln, Organisationsstrukturen zu kommen. Um nachher dann über Selbstorganisation im Rahmen von Spielregeln, Leitplanken und Zielen zu fokussierter Sinnergie zu gelangen und Ergebnisse zu erreichen, die sich dann bewähren auf dem Markt der Möglichkeiten ("Existenzgrund") und die geeignet sind, für Mensch und Welt nachhaltigen Nutzen zu stiften.

Doch noch zwei weitere Voraussetzung fruchtbaren Arbeitens sind - last, but NOT least - unbedingt zu nennen: Kontrolle im Sinne von Rückkopplungen (Controlling) - und Vertrauen.

14. Rückkopplungen: K1, K2, K3 (Feedbacks/Controlling)

Als Fußballspieler müssen Sie fortlaufend Rückmeldungen über die Bewegungen und Tatsachen auf dem Spielfeld (und seiner Umwelt) bekommen. Nur mit Hilfe dieser Rückkopplungen (durch Auge, Ohr, Nase, Bein, Bauch etc.) sind Sie in der Lage, Ihr Verhalten zu planen, zu steuern, zu korrigieren und neu anzupassen.
Und im Falle der ungleich größeren Komplexität von Unternehmen ist die Frage, wie und wo ich die zur Steuerung benötigten "richtigen" Informationen, Rückkopplungen und Rückmeldungen bekomme, noch eine viel delikatere und zentralere Problemstellung als beim Fußballspiel.

Erlauben Sie mir, zur Verdeutlichung dieser Problematik abermals ein "Anti-Beispiel" zu verwenden. Es soll zeigen, wie man dabei nicht vorgehen darf. Das Beispiel ist: "Autofahren". Haben Sie schon einmal versucht, mit beispielsweise 130 km/h auf der Straße zu fahren und Ihr Auto dadurch zu steuern, indem Sie permanent in den Rückspiegel starren, um festzustellen, ob Sie noch auf der Straße sind und in die richtige Richtung fahren? Was will ich damit sagen? Folgendes: Nicht wenige Firmen steuern sich immer noch zu sehr über Bilanzen und Jahresabschlüsse. Also über den Rückspiegel. Und das ist gefährlich. Man weiß dann lediglich nur, wann und wie das Kind in den Brunnen gefallen ist. Und meistens ist es dann zu spät. Und selbst wenn man auf der Straße bleibt ist noch nicht gesagt, daß man auf der richtigen Straße ist und auch am angestrebten Zielort überhaupt ankommt.

Mit diesem zugegebenermaßen recht absurden Beispiel möchte ich Ihr Bewußtsein jedoch dafür schärfen, wie wichtig es ist, die Feedbackinformationen so zu gewinnen und anzuwenden, daß man daraus Steuerungsimpulse für die Zukunft bekommt - um dadurch prophylaktisch sicherzustellen, daß das Kind eben nicht mehr in den Brunnen fällt. Beim Autofahren sind dementsprechend die Augen nach vorne gerichtet, auf das Fahrziel und die entsprechenden SOLL-Größen. Und im Lichte dieser Größen laufen dann die Rückkopplungen gleichsam voraus und tasten dabei rückmeldend fortwährend und in ganz kurzen Schritten den Weg, das Ziel und die Zwischenergebnisse ab. Auf diese Weise erhält der Fahrer seine "Steuerinformationen". (Deswegen ja auch Lenk- oder Steuerrad). Rückmeldungen aus der Vergangenheit sind natürlich auch wichtig: aus Fehlern lernt man - und ohne Fehler lernt man nichts. Dennoch reichen sie alleine nicht aus. Feedback muß vorwärtsbezogen sein.

Zusammengefaßt heißt das also:

a) Feedbackinformationen müssen jederzeit einholbar sein

b) Sie müssen sich auf die Zukunft beziehen und zur pro-aktiven Steuerung des Systems geeignet sein. (Feedforward und die Wahrnehmung schwacher Signale gehört natürlich auch dazu !)

Es ist dabei zweckdienlich, zwischen drei Arten von Rückkopplungen zu unterscheiden (s. Übersicht K1, K2, K3).

K1, sprich "Ergebnisrückkopplung", ist das, was ich bisher beschrieben habe: Sie müssen ständig wissen, wenn Sie nach vorne mit dem Auto fahren, ob Sie noch auf der Straße sind und dem Reiseziel näherkommen. Sie müssen ständig wissen, wo das Tor steht und ob Bälle schon reingekommen sind, um Ihr Verhalten abzustimmen. Sie müssen ständig kontrollieren, was die "Wirklichkeit" ist, ob Ihr "Existenzgrund" noch gesichert ist und welche Situationen sich daraus für Sie (neu) ergeben.

Nochmal: Die Wirklichkeit heute, die gesellschaftliche, politische, ökonomische, ökologische usw., usw. ist hochdynamisch mit Planungshorizonten nunmehr bis zu einem Jahr, teilweise jedenfalls. Also, Schlafen ist hier sehr gefährlich. Sie müssen aktiv und bewußt die Zukunft "vorwegnehmen", also Feedback- (und Feedforward-) systeme einbauen, die ihnen jederzeit melden, was der Stand der Dinge ist, wie Ihre Ergebnisse aussehen und wie die Wirklichkeit dementsprechend zu beeinflussen ist. Das hört sich plausibel an. Aber es gibt viele Unternehmen und Unternehmer, die das ganz gerne immer noch verdrängen. Sie leben zum Teil von der Substanz, oder sie leben auf subventionierten Märkten - deswegen fällt es nicht so auf. Oder sie leben noch in einer Nische, wo es noch gutgeht. Aber spätestens wenn so ein Unternehmen in eine Krise kommt, können Sie manchmal erleben, daß der Chef gar nicht weiß, wo er Verluste macht, wo die Gewinne herkommen und wo das Leck im Schiff ist. Und wenn Sie dann auf die Schnelle anfangen, ein Controllingsystem aufzubauen, das Ihnen die benötigten Daten melden soll, dann ist es meistens zu spät. Denn um ein gutes, wirklich funktionierendes, wahrheitsgetreues Feedbacksystem dieser Art aufzubauen, brauchen Sie mindestens ein halbes bis ein Jahr. Und das hat auch gar nicht primär etwas mit Computern zu tun, sondern mit Datenwahrhaftigkeit, Systemtransparenz und mit Menschen. Was wird ins System reingegeben, wie realistisch ist das? Also wieder die alte, oben vielzitierte Wahrheitsfrage, die es zu lösen gilt. Sie sehen, Rückkopplung, Datenwahrhaftigkeit und "fruchtbares Arbeiten" hängen eng und organisch zusammen.

Die Prozeßrückkopplung - K2 im Schaubild - ist eine weitere wichtige Controlling-Variable.

Dies wurde z.B. deutlich, als die Japaner immer mehr Märkte übernahmen und man hierzulande immer schmerzlicher spürte, daß etwas mit unserer Qualität nicht stimmte. Dann fing man an, die Qualitätsendkontrolle zu verschärfen. Aber damit erreichte man lediglich eine höhere Ausschußrate - nicht aber mehr Qualitätsprodukte. Qualitätsendkontrolle "ab und zu" brachte zu wenig und wurde sehr teuer. Die Preise konnten das außerdem nicht kompensieren. So kam man dann zu dem Schluß: Wir müssen die Prozesse, die Spielregeln und die Unternehmenskultur so gestalten, daß im Laufe des Herstellungsprozesses selbst schon Qualität entstehen kann (vgl. TQM).

Beispiel Küche: Sind der Herd, die Hausfrau, die Zutaten, das Rezept in Ordnung, dann kann daraus ein gutes Essen entstehen. Und man braucht nicht mehr unbedingt abzuwarten, was die Gäste sagen werden.

Man muß also den gesamten Prozeß beobachten: Es ist zu spät, auf den Tankanzeiger zu schauen, wenn das Auto aufgrund Benzinmangels bereits steht. Es hört sich banal an, aber es sind viele tausend Mann- und Gehirnstunden aufgewendet worden, warum Deutsche, Amerikaner etc. solche Qualitätsprobleme haben. Fazit heute: **Wenn man Qualität haben will, muß der Prozeß stimmen - und die Mitarbeiter müssen wie Qualität behandelt werden, wenn sie Qualität produzieren sollen.** (Warum soll ich nicht Mist produzieren, wenn man mit mir wie mit einer Kuh umgeht?!)

In diesem Zusammenhang können auch "Sinnfragen" in die Problematik der Prozeßkontrolle hineinspielen. Beispiel Waschmittelfabrik: Sie erzeugt Produkte, die z.T. deutlich umweltschädlich sind und macht allerdings gute Gewinne damit. Innendrin in der Fabrik werden die Arbeiter jedoch strengstens angehalten, alle möglichen Arten von Chemikalien sorgfältigst zu behandeln, damit bloß nichts in den Gully kommt. Es werden deshalb ein besonderer Auffangteich und eine Kläranlage gebaut. Und wenn einer mit den Chemikalien verantwortungslos umging, wurde er sehr schnell und sehr rüde zur Rechenschaft gezogen. Mit der Zeit reagieren die Arbeiter sauer: "Irgend jemand spinnt hier, murrten sie, wir verscheuern außen Produkte, die die Seen und Flüsse kaputtmachen und hier innendrin müssen wir uns benehmen, wie in einem sterilen Labor auf dem Mond ...".

Sie sehen: Es ist für jedes qualitätsbewußte Unternehmen nicht nur notwendig, solide Prozeßkontrollen zu installieren, sondern diese auch auf Sinnhaftigkeit und Sinnkonflikte hin zu durchleuchten. Auch hier ist fruchtbares Arbeiten ohne Sinnergie kaum möglich.

Ich komme nun zu K3 - "Menschenkontrolle".

Vielleicht ist Ihnen aufgefallen, daß weder Ergebniscontrolling (Wirklichkeitskontrolle) noch Prozeßcontrolling Menschenkontrolle beinhaltete. Denn m.E. ist diese dritte Art von Rückkopplung, nämlich, daß Personen kontrolliert werden, die schlechteste Art, d.h. die unfruchtbarste Art ein Unternehmen "unter Kontrolle" zu halten und zu steuern. Wenn die Spielregeln stimmen, die Qualifikation paßt, man weiß, wo das Tor ist, wenn man sich untereinander gut versteht, dann brauchen Sie keine Personen zu kontrollieren, dann genügt Prozeßkontrolle. Dann sagt der Chef vielleicht: Meine Güte, warum haben wir denn dieses Wochenende nur drei Tore geschossen? Woran liegt das denn? Lassen Sie uns mal unsere Video-Feedback-Bänder anschauen und herausfinden, was wir da besser machen können. Ja, da wird also keiner gedeckelt und bestraft, sondern man untersucht das gesamte System, wie es lebt und webt und versucht dann herauszufinden, wo man etwas verändern sollte - da etwas, da ein bißchen -, so daß nach und nach das Ergebnis besser wird. Das ist Prozeßkontrolle (Komplexität der Wechselwirkungen in vernetzten Systemen!) und Arbeiten "am System"!

Personenkontrolle (K3) - Sie kennen das ja - führt hingegen zu den üblichen Abwehrmechanismen: Aktennotizen, Rechtfertigungsarbeiten, Ausreden, Lippenbekenntnisse, Sündenbockjagd und Entlassungen, nur - leider - ist das Problem dann häufig trotzdem nicht gelöst, und nächste Woche schlägt man sich wieder mit demselben Kram herum. Häufig führen Personenkontrolle und "Polizistenblick" nur zu Verschlimmbesserungen. Man beseitigt Symptome (und Symptomträger) - selten jedoch richtige Ursachen. Deswegen habe ich in der Grafik - dem Schaubild - auch hierfür nur einen ganz dünnen Pfeil gemalt - und zwar in Richtung Selbstorganisation (K1 und K2).

Natürlich gibt es Fälle, wo Personenkontrolle wichtig ist und zwar da, wo deutliche Ausreißer passieren, Spielregeln verletzt und Leitplanken offensichtlich überschritten werden. Im ersten Schritt sollte man sich jedoch fragen, ob es nicht vielleicht doch Systemmängel sind, die solche "Abweichler" hervorrufen und ob diese im Grunde vielleicht nur einen heilsamen Hilferuf ausstoßen ... Danach vielleicht ein ursachenerforschendes Gespräch führen. Mit der Frage: "Du, wie kommt es, daß Du die Spielregeln verletzt, die wir doch gemeinsam festlegten, die wir sinnvoll finden und ausführlich diskutiert haben? Was ist los? Was steckt dahinter?"

Wenn Sie so sachlich-analytisch vorgehen - und erst in letzter Konsequenz hart durchgreifen, was manchmal dann durchaus notwendig und "gesund" ist - leiten Sie einen pädagogischen Prozeß ein. Und das hat positive Effekte auf das Betriebsklima und auf die Arbeitskultur: Die Kollegen erleben, daß bei Abweichungsfragen fair vorgegangen wird, daß Fehler primär als Lernchance gesehen und genutzt werden und daß es nicht in erster Linie um die Suche von Schuldigen geht, sondern um das Herausfinden von Verbesserungsmöglichkeiten für die Zukunft.

Eine solche dadurch entstehende "Lernkultur" reduziert Angstdruck, Lügen und Verschleierungsanstrengungen oder Verdrängungen von Problemen, Konflikten und Potentialen in den Keller oder in die Katakomben der Organisation. Dadurch wird eine Menge Unterdrückungs- und Tarnungsenergie gespart, damit Geld, Zeit und Nerven, und stattdessen in Produktivität und weitere Fruchtbarkeit investiert.

Soweit also einige Gedanken zur Rückkopplung.

Ich komme nun zum letzten Punkt meiner Ausführungen über Bedingungen "fruchtbaren Arbeitens und Managens", der

15. Produktivkraft "Vertrauen"

Was meint Vertrauen?

Ich vertraue einem Menschen, ich vertraue einem System (z.B. dem unüberschaubar komplexen System meines Körpers, oder einem Jumbo-Jet), ich vertraue (vielleicht?) Gott ... .

Was heißt das eigentlich: Vertrauen?

Wenn ich vertraue, dann traue ich mich etwas, nämlich mich einer Person (oder Situation oder einem System) anzu-vertrauen. Und dies paradoxerweise gerade dann, wenn ich weiß (oder obwohl ich weiß), daß der, die oder das, dem ich mich da anvertraue, von mir in keiner Weise kontrollierbar ist. Ich liefere mich aus.
Oder können Sie etwa einen Menschen wirklich kontrollieren oder die vielen unbewußten Prozesse in ihrem Körpter steuern oder gar Gott in den Griff kriegen?

Aber warum vertaue ich mich denn dann dem Unkontrollierbaren an?

Weil ich gar nicht anders kann.

Wieso?

Erstens: weil mir nichts anderes übrig bleibt. Ich krieg - wie gesagt - das Leben nicht in den Griff, und selbst wenn, dann würden mich die schier endlos zu bewerkstelligenden Informationsverarbeitungs- und Steuerungsprozesse angesichts einer unübersehbaren dynamischen und komplexen Welt tödlich überfordern -
und zweitens, weil meine Seele Geborgenheit, Entspannung, Unbekümmertsein braucht - also es nötig hat, daß ihr etwas oder jemand jene menschlich nie zu schaffende Komplexitätsverarbeitung abnimmt. Vertrauen hat damit komplexitätsreduzierende Lebensfunktionen!

Fazit: Unser Leben ist ohne Anver-trauung überhaupt gar nicht lebbar. Andernfalls würden Angst, Sorge, Panik und dementsprechend permanente Dauerschlaflosigkeit unsere Seelen auffressen, unsere Körper psychosomatisch ruinieren, unser Sein vernichten.
Wir brauchen also Ur-grund-Vertrauen: Dann kann ich meine Kontrollillusionen los-lassen und dann "weiß ich", daß ich nie tiefer fallen kann als in die Hände Gottes. Und das ist immens ent-lastend und wahrer Lebensdünger - und Gegengift gegen jede Zwangsneurotik.
Ohne Vertrauen geht's also nicht.

Doch weiter im Text: Zum Vertrauen gehört Zeit.

Wir brauchen Zeit, um Vertrauen zu lernen und aufzubauen: ich muß es er-leben, nicht belogen, nicht hintergangen oder ausgenützt zu werden - und das wiederholt, und auf Biegen und Brechen - und auch ohne, daß ich dabei bin - es muß sozusagen auch hinter meinem Rücken klappen.

Vertrauen braucht also auf Zeit getestete Stabilität, braucht Reliabilität, braucht Sicherheit bei Unsicherheit - braucht Treue: Vertragstreue, "Kreditwürdigkeit", "Treu' und Redlichkeit".

Indes noch ein weiteres braucht Vertrauen: Die Akzeptanz oder die "Fähigkeit zu lieben", bzw. geliebt zu werden.
Vertrauen, d.h. mich jemandem mit Leib und Seele anvertrauen kann ich nur, wenn ich wiederholt und getestet gespürt habe, daß der andere mich akzeptiert, es

gut mit mir meint, mich wertschätzt. Und mich eben nicht, mehr oder minder intelligent, offen, bewußt oder unbewußt als Ausbeutungsobjekt, als nützlichen Idioten, Wasserträger oder blöde Kuh vor seinen Karren spannen will.
Vertrauen kann ich also nur jemanden, der mich nicht manipulieren will, der echt und ehrlich zu mir ist, der mir und sich die Wahrheit sagt, und sagen läßt, egal ob's opportun oder unangenehm oder "strafbar" ist. (Wahrheit ist leider oft strafbar). Erst das wird mich überzeugen.

Und damit sind wir bei der dritten Dimension von Vertrauen: abermals der Wahrheit.

Ich kann niemanden vertrauen, der lügt. Ganz wesentlich zum Vertrauen gehört, daß das, was gesagt wird, mit den Tatsachen übereinstimmt, sich Wort und Tat einander decken. (Nebenbei: Wie schön Wahrheit auch sein kann zeigen uns Menschen aus dem ehemaligen Ostblock: Sie weinen vor Freude, daß sie nun nicht mehr lügen müssen!) Lüge ist wie Sand, Flugsand, Wahrheit dagegen wie Fels. Darauf läßt sich bauen.

Doch ich will mich kurz fassen:

Wir können diese ganze Thematik abschließend, auch wenn es nicht sehr geschmackvoll ist, in einer Formel zusammenfassen:

Vertrauen = Akzeptanz X Wahrheit X Zeit

Keiner der 3 Faktoren darf "Null" sein, sonst handelt es sich nicht um Vertrauen. Auch ein Folterknecht kann die Wahrheit sprechen und das dauerhaft - aber er liebt mich nicht.
Und jemand, der sagt er liebe mich, aber mich belügt und betrügt - wie kann ich dem vertrauen?
Oder ich bin verliebt, fühle mich akzeptiert und habe keinen Anlaß, dem anderen Unwahrhaftigkeit zu unterstellen - aber was wird der Test der Zeit, was Krisen und Versuchungen ans Tageslicht bringen?

Nun wird vielleicht mancher von Ihnen bei diesen meinen letzten Ausführungen innerlich an die Decke gegangen sein, ob all des sozialromantischen Kitsches und realitätsfremder Ethikduselei ... .

Meine Antwort:

Wer glaubt, Vertrauen, Wahrheit und Liebe seien zu aufwendig, zu mühsam und zu teuer, der versuche es doch einmal mit Mißtrauen, Lüge und Selbstsucht.
Wenn das billiger ist, organisatorisch, medizinisch, psychotherapeutisch, ökologisch und militärisch - gut, dann lasse ich mit mir reden. Aber ich bin sicher, daß - nach allen was wir mittlerweile über uns Menschen wissen - der zweite Weg immens kostspieliger ist: Er wird mit Leben bezahlt, mit innerem und äußerem und ewigem.

Doch nun wieder zum Thema zurück:
Was also hat "Vertrauen" als wirtschaftliche (und gesellschaftliche) Produktivkraft mit "fruchtbar Arbeiten" zu tun?

Wenn Sie mein Schaubild anschauen, so finden Sie rechts unten eine Auflistung zahlreicher Produktionsvorteile, die Sie als einzelne wie auch als Unternehmen genießen könen, wenn Sie Ihre Aktivitäten mit Mitarbeitern, Vorgesetzten, Kollegen, Kunden und Behörden auf Wahrheit und Vertrauen aufbauen.

Hervorstechendster "pay off" der Produktivkraft "Vertrauen" und "Wahrheit" ist das Einsparen einer Menge von Zeit, Energie und Geld: Menschen (in Organisationen), die einander vertrauen, brauchen sich nicht zu kontrollieren (K3), haben eine einfache, aufwandslose, papierarme und blitzschnelle Kommunikation, können sich Gehaltsausgaben für Kontrolleure, Inspektoren und "Polizisten" sparen und dieses Geld sinnvoller investieren ... .

Da sie sich vertrauen, ist die Qualität ihrer Informationen ausgezeichnet. Es wird nichts verzerrt, frisiert, verdreht oder verschönt. Auf der Basis solcher Art Informationen sind Problemlösungen und Entscheidungen einfach besser: Man weiß, wo man dran ist und worum es geht. Maskentanz und Verstellerei hören auf.

Sie wissen ja: Im umgekehrten Fall sieht die Verteilung von Arbeitskraft ganz anders aus: 100 % Arbeitszeit werden dann aufgeteilt in: 40 % Intrigen schmieden, 40 % Intrigenabwehr, 10 % Ausruhen und nur noch 10 % für die eigentliche Arbeit.

Mißtrauen ist sehr teuer: Man braucht mehr Hierarchiestufen, mehr "Schiedsrichter" und mehr Zeit zum Entscheiden, z.B. zum Entwirren so mancher Verschleierungsstrategien oder zum Enttarnen von Selbstschutzbehauptungen (die natürlich nur zum Wohle der Firma gemacht wurden ...). Man braucht mehr Vorschriften sowie Wartung und Kontrolle der Vorschriften. Keiner Statistik kann man recht trauen (es sei denn, man hat sie selbst gefälscht ...) und viel Zeit wird verwendet, um die Lügen mit Lügen zu vertuschen, um sich dabei nicht zu vertun und richtig "buchzuhalten". Frei nach der Devise: Halte niemanden für Deinen Freund bis er nicht ausdrücklich bewiesen hat, daß er doch nicht Dein Feind ist.

Anders bei Menschen, die sich vertrauen: Sie belügen einander nicht. Sie wissen, daß die Wahrheit - nach einigen Umstell- und Anfangsschwierigkeiten sowie Kämpfen mit dem "inneren SchweineHund " - wahre Kreativitäts- und Produktivitätsexplosionen mitsichbringen kann.

Mißtrauen dagegen schafft u.a. "Bürokratie": Aktenkundigkeiten, Dossiers, Kontrolleure, Instanzen, Rechtsstreitereien und immense Reaktionsträgheiten. Statt blitzschnell und gradheraus läuft die Kommunikation mit gebrochenem Rücken und mit der Rasanz einer pensionsreifen Schnecke.

Und auf komplex-turbulenten Märkten ist das mittlerweile tödlich. Fruchtbares Arbeiten ist dann nicht mehr drin.

Wir müssen jedoch - wie oft schon erwähnt - hochflexible Unternehmen haben, d.h. wir müssen eine schnelle und unfrisierte Kommunikation und einen breiten Kommunikationsfluß ermöglichen. Das aber geht nicht mehr über viele und große Hierarchien.

Dazu wieder ein Beispiel:

General Motors - das habe ich nicht nachgeprüft, sondern von einem, allerdings glaubwürdigen, Kollegen gehört - sollte früher 22 Hierarchieebenen gehabt haben und Toyota neun. General Motors hatte eine Fabrik im Westen Amerikas aufgebaut und mußte sie wieder schließen. Authentischer Fall. Weil zuviel Sabotage, Streiks, Fehlzeiten, Qualitätsprobleme auftraten, weil das Management nicht gemanagt hat im Sinne des Dienens sondern in Hardliner-Manier des "Herrschens und Kontrollierens durch Hammerwurf".
Ein japanischer Automobilkonzern hat dann eine Fabrik gleich nebenan aufgebaut und die Mitarbeiter eins zu eins abgeworben bzw. übernommen und bei sich eingestellt. Es wurde ein riesiger "Erfolg" (In "Anführungsstriche" deshalb, weil die Lösung unserer individuellen Transportbedürfnisse durch immer mehr Autos m.E. absolut keine "fruchtbare" Lösung ist).
Doch bzgl. dessen, was ich damit ausdrücken möchte eine gute Lehre: dieselben Leute, nun jedoch in einer anderen Fabrik und in einer anderen Kultur, mit einem anderen Management - und solch eine bemerkenswerte Veränderung.

Man sieht also, daß die "weichen" Faktoren wie Vertrauen, Wahrheit, Akzeptanz (als Vorform der Liebe) von zentraler Bedeutung sind - individuell wie unternehmensbezogen!

Auch die Kunden reagieren auf eine Atmosphäre von Wahrheit und Vertrauen positiv. Sie wissen, daß sie nicht reingelegt werden, daß das Produkt okay ist - selbst wenn der Preis etwas höher als bei der Konkurrenz liegen sollte. Das wird jedoch langfristig gern in Kauf genommen.
Auch das Marketing - durch gutes Image und positive Mundpropaganda - kann billiger werden. Und diese Einsparungen können den Kunden sowie den Mitarbeitern und dem Unternehmen zugute kommen - das wirkt sich aus wie guter Dünger aufs Feld und kann die nächste Ernte noch fruchtbringender werden lassen.

Alles in allem: In der Atmosphäre von Wahrheit, Akzeptanz und Vertrauen leben zu können, ist etwas Kostbares und Schönes.
Es macht Spaß, gibt Schwung und Elan, wenn man mit Kollegen, mit Vorgesetzten und Untergebenen unkompliziert so reden kann, wie man wirklich denkt, ohne Angst haben zu müssen, ohne sich rechtfertigen, verstellen oder manipulieren zu müssen. Ohne doppelten Boden und ohne Stützkorsett der sein zu können, der man ist, mit Stärken, Schwächen, Potentialen. Und dann dabei auf dem richtigen Platz zu sein. Da geht die Post ab. Arbeiten wird dann fruchtbar (statt furchtbar).
Man baut dabei auf Felsen, nicht auf dem Flugsand von Lüge, Selbstlüge und Manipulation. Deswegen habe ich - zur Erinnerung - einen Felsen in mein Bild gemalt.

16. Ein paar Nachgedanken ...

Im Nachdenken über meine Ausführungen zum Thema "Fruchtbar Arbeiten und Managen" werde ich regelmäßig von zwei Gedanken begleitet.

Zum einen habe ich oftmals erfahren, daß in obigen Ausführungen viel echte und praktische "Wahrheit" steckt. Und daß es sich dabei nicht um Sozialromantik oder Ideologie handelt, sondern um ganz nüchterne Anforderungen an Führungskräfte,

Mitarbeiter und Unternehmenskulturen, wenn sie unter heutigen Bedingungen (international) überhaupt noch wettbewerbsfähig bleiben (oder werden) wollen. Eine Entwicklung in Richtung "fruchtbar Arbeiten" (= soft facts) ist unumgehbar. Die vorgestellten Werte, Ziele und Verhaltensweisen können außerdem aufrichtig weiterempfohlen werden (vgl. Rieckmann 1991,1996).

Aber da gibt es immer wieder auch eine andere Stimme in mir. Sie erinnert mich daran, daß es auch noch jenen "inneren SchweineHund" in uns gibt, jene egoistische Grundnatur, die das Streben nach fruchtbarem und segensvollem Arbeiten entweder unterminiert, bekämpft, verunmöglicht oder - wenn das nichts hilft - geschickt in eine psychosoziale Manipulationsstrategie raffinierter (Selbst-) Ausbeutung umfunktioniert und vor seinen eigenen Karren spannt.

Es entsteht dann die Frage, ob jene beschriebene "alternative" Form und Qualität des Umgangs miteinander überhaupt durchgängig und nachhaltig aus uns heraus möglich ist. Bleibt also letztendlich doch alles nur ein frommer Traum?

Schon der Apostel Paulus, in seinem berühmten Brief an Christen in Rom, thematisierte (im 7. Kapitel) diese unsere Grundproblematik zwischen IST und SOLL, zwischen harter Realität und hoffender Vernunft.

Er schreibt, ca. um das Jahr 57 n. Chr. diesbzgl. folgendes:

> "Wir wissen zwar, daß das, was Gott will, gut ist, mämlich seine Gebote in Wahrheit und Liebe zum Nächsten zu halten. Und daß der Sinn der Gebote Gottes einzig und allein der ist, Leben zu ermöglichen, zu fördern, zu segnen und fruchtbar werden zu lassen.
> Ich aber bin ein irdischer Mensch und meinen bösen und selbstsüchtigen Drängen ausgeliefert. Und was ich jeweils tue, verstehe ich oft selbst nicht. Ich bin mir selbst oft ein Rätsel. Denn ich tue nicht das, was ich eigentlich will und was mir die Vernunft der göttlichen Gebote vorlegt, sondern gerade das, was ich eigentlich verabscheue, das tue ich.
> Aber gerade, wenn ich das tue, was ich nicht will, gebe ich doch in meinem Innersten zu, daß das Gesetz Gottes gut und vernünftig ist. So bin ich es eigentlich gar nicht, der da handelt, sondern eine dunkle Macht, ein anderer böser und unvernünftiger Wille, der da in mir nistet...
> Es scheint ein Gesetz in mir zu existieren, daß ich, der ich doch das Gute tun will, immer fast Böses zustande bringe[2].
> Ich stimme zwar innerlich dem Willen Gottes voll zu, aber dort, wo ich tatsächlich wirke, ist ein anderer Wille am Werk als in meinen Gedanken. Dieser Kampf gegen den Willen Gottes (dem ja mein Herz zustimmt), zwingt mich wie einen Gefangenen unter das Gesetz meines eigenen Handelns. So diene ich mit all meinem guten Willensabsichten dem vernünftigen Gesetz Gottes, mit meiner armen Menschlichkeit indes unterliege ich wie ein Gefangener einem dunklen Kommando, dem Kommando der Sünde, die sich dann mit eherner Härte immer wieder in meinem praktischen Verhalten auswirkt.
>
> Oh, ich elender, zerrissener Mensch!
> Wer wird mich aus diesem Elend herausholen und von diesem Todesleib befreien?"

---

2 Auch das sogenannte Gute im Menschen zeigt - bei genauerer Analyse - daß das Gute zugleich auch immer das ist, was mir selber nützen muß. Der Nächste wird dadurch in subtiler Weise letztlich zu meinem Objekt, an dem ich mein Gutes-tun erleben und genießen kann. Sehr fein gesponnen ist das Böse im Guten (vgl. "Helfersyndrom").

Ich denke, daß jeder von uns diese Innensituation kennt, diese unlösbare, unerlöste Unruhe: das Gute, Wahre, Schöne, das wir wollen, erreichen wir nicht - und das Selbstsüchtig-Triebhafte, das in uns nistet, können wir nicht wollen.

Vollmer arbeitet dies in seiner Römerbriefinterpretation besonders prägnant heraus:

> "Diese Wahrheit seines Unerlöstseins muß der Mensch hören, erkennen und für sich annehmen. Darum geht es Paulus. Und damit gibt er auch für alle Zeiten den Menschen diese Wahrheit weiter: "Du Mensch, du wirst und mußt scheitern, wenn du aus eigenen Kräften einen Ausweg aus diesem Dilemma und dieser Unerlöstheit finden willst. Wenn du meinst, du könntest Seinen heiligen Gotteswillen tun, wirst du daran zugrunde gehen. Man denke an die starre und zukunftsfeindliche Lebensweise des orthodoxen Judentums bis in unsere Zeit oder an den verzweifelten Versuch des Islam, Staaten nach dem Willen Allahs zu regieren, wobei es zu schrecklichem Morden kommt (Iran).
>
> Wenn der Mensch meint, mit Hilfe seiner Vernunft dem Wesen der Welt auf den Grund zu kommen, um dann der Geschichte und der Menschheit eine neue Prägung aufzuzwingen (der letzte große Versuch war und ist der Kommunismus!), so muß er auch damit scheitern; auch die grandiosesten und wissenschaftlich abgesicherten Versuche endeten in einem Meer von Blut und Tränen.
>
> Wenn der Mensch den Weg der inneren Versenkung, der Mystik und des radikalen Absterbens aller triebhaften Mächte anstrebt, dann wird er den Frieden Gottes nicht erreichen; er wird die Liebe, die allen Haß und alle Widersprüche überwindet, nicht finden; er wird scheitern!
>
> Sich mit Geschichte zu beschäftigen heißt ja nicht nur, Zahlen über einige Kriege und Politiker zu lernen, sondern auch zu sehen, wie die Menschheit tatsächlich gescheitert ist und scheitern mußte.
>
> Damit stehen wir zum Schluß dieses Kapitels vor der einfachen Frage an den Apostel: Paulus, warum sagst du uns das alles? Was willst du eigentlich? Willst du uns quälen? Willst du uns demaskieren und somit jeden Schwung fürs Leben nehmen? Willst du uns zeigen, wie verloren und verlogen wir sind, damit wir alle klein beigeben?
>
> *Paulus will die Stunde der Ernüchterung über unser Wesen und über unseren Zustand deshalb erreichen, damit wir das Ziel des Evangelismus zu sehen bekommen.* Oder besser: *Weil Paulus von dem Ziel des Evangelismus überwältigt ist, kann er uns diese Ernüchterung zumuten.* Und das Ziel und die Mitte des Evangelisums lauten: Unser Heil liegt in Jesus Christus. In ihm verbirgt sich das Ende des Fluches, der über uns allen liegt. Nur in ihm!"

Aus diesen beiden Texten läßt sich ableiten, daß "Fruchtbar Arbeiten" im oben genannten Sinne, echt, ehrlich und ohne manipulative Hintergedanken und aus uns heraus, nur ansatzweise und dies in permanent umkämpfter Form möglich sein wird.

Paulus sagt es eigentlich noch radikaler: Der Durchbruch zu wahrhaft gesegneten, fruchtbaren Leben und Arbeiten ist vom Menschen aus gesehen unmöglich: Die Weltmacht Sünde läßt ihn nicht frei. Christus und damit Gott selber muß einschreiten, und das - Gott-sei-dank - hat er auch getan. Ein Leben in Freiheit,

Liebe und Sinn ist möglich. So bezeugt es Paulus und nennt dies das "Evangelium", die "frohe Botschaft".

Und von diesem "Erlösungshintergrund" her kann dann in der Tat "fruchtbares Arbeiten" eine wohlbegründete und ganz neue, echte Realitätschance bekommen.

Allerdings ist die Steuerbarkeit dieser tiefen Innenzusammenhänge direkter menschlicher Verfügbarkeit entzogen.
Hier steht jeder in geheimnisvoller Freiheit allein in seiner Ent-scheidung und in der Fähigkeit, die Bereitschaft aufzubringen, sich verwandeln lassen zu wollen ...

Ich habe diese beiden Zitate in so ausführlicher Länge wiedergegeben, weil sie in besonderer Klarheit unsere Tiefenproblematik, diese "2 Seelen in unserer Brust", beschreiben und verdeutlichen:

Fruchtbar Arbeiten und Managen, in einer Atmosphäre des Vertrauens, gegründet auf Partizipation und Wahrheit, verbunden mit Führung im Sinne dienender Autorität, ergänzt durch Selbstorganisation in Verantwortung dem größeren Ganzen gegenüber und ausgerichtet auf sinnvolle Befriedigung menschlicher Bedürfnisse, alles dies kann durchaus als etwas Gutes und Erstrebenswertes im Sinne der 10 Gebote Gottes aufgefaßt werden. Aber - so eben die bohrende Frage: Können wir das überhaupt leben? Sind wir da nicht total überfordert, so wie wir gebaut sind, und wie uns das unsere Vergangenheit und Gegenwart täglich vor Augen führt?

Ich denke, wir können diese Arbeitsideale nur sehr begrenzt und nur sehr ansatzweise leben. Politik-, Wirtschafts- und Kulturgeschichte zeigen das empirische Gegenteil.

Paulus nennt jene hinter all diesen Prozessen stehende zwanghafte, todbringende Antriebs- und Steuerungsmacht "SÜNDE". Vergleichbar spirituellen Krebszellen oder AIDS-Viren vernichtet SÜNDE nach und nach geistig, dann seelisch, dann psychosomatisch und schließlich sichtbar physisch. Sünde - in ihrem Kern - ist autonomiebesessene Selbstherrlichkeit des göttischen Menschen, nämlich gegen Gott selbst Gott sein zu wollen und werden zu können: Das Paradies ist unsere Angelegenheit und es zu schaffen unser Problem. Und die Gesetze geben wir uns selbst. Gott geht das nichts an ... !

Allerdings: Mit dieser Kriegserklärung bekriegen wir uns im Grunde nur selbst. Denn durch den Sündenfall will jeder jetzt Gott sein - und der Nächste wird dadurch zum Konkurrenzgott und Gegengott.

Umkehr ist angesagt.

Freilich ist an dieser zentralen Scheidestelle auch das Bleiben (oder die Rückkehr) zum alten Sein unbenommen, jene trotzig-stolze Selbstverharrung auf das Recht eigener Selbstbehauptung und eigener Selbstverherrlichung. Die Freiheit ist hier unbeschränkt - mit ihr aber auch die Konsequenzen. Die Rennen nach Attrappen der Macht, des Ruhms, des Geldes und des Glanzes werden dabei umso tollwütiger und unmenschlicher.

Arbeiten und Managen degeneriert dann gezwungenermaßen zur sinnlosen Jagd im Hamsterrad und das Managen von "soft facts" zu eiskalt inszenierter Sozialtechnologie. Gott braucht keine Hölle zu bereiten. Das macht der Mensch dann selber. Denn die Hölle - so Sartre - ist nicht irgendwo, sondern sind wir, bin ich.

"Im Grauen des KZ - so Vollmer - haben nicht nur die SS oder einige Deutsche ihre Grausamkeit an den Juden ausgelassen, sondern hier wurde sichtbar, was in uns Menschen verborgen ist. Das kann jeden Augenblick bei jedem von uns und in jedem Volk aufbrechen. Die Abdichtungen zur Hölle sind nur ganz dünn. Wer hätte das nicht in seinem Leben erlebt?"

Wir müssen hier über uns ganz nüchtern sein und uns mit großer Ehrlichkeit und Barmherzigkeit neu sehen und beurteilen lernen. Sonst fallen wir auf die nächsten Welterlösungsideologien herein, wird mancher dem Anti-Christus sein Leben weihen ... Wer sich Gedanken macht über Vergangenheit und Zukunft der Menschheit, muß diese unbequemen Einsichten an sich ranlassen. Auf uns gestellt sind wir aussichtslos uns und unseren Illusionen, Verdrängungen und naiv-niedlichen Hoffnungen ausgeliefert (vgl. Fromm, Anatomie menschlicher Destruktivität, 1977, vgl. Matth. 24/2. Thessalonischerbrief 2).

Wir wollen es nicht wahrhaben, aber wir wissen im Grunde genau: Paulus hat recht.

Dennoch: Erlösung und Verwandlung ist möglich geworden.

Allerdings vollziehen sich diese Verwandlungen - und das muß ehrlich gesagt werden - nicht ohne desillusionierende Selbsterkenntnisse. Sie sind begleitet von der erschütternden Erfahrung, wie wir alle durchtränkt sind von Mechanismen der Projektion, der Übertragungen, Verschiebungen, Verdrängungen und Rationalisierungen - um in der Sprache Freuds zu reden - und wie wir uns dabei selber übersehen, belügen und verpassen und wie wir andere dabei unterdrücken, ausnutzen, abstempeln, manipulieren sowie zur Jagdbeute unserer Gier, unseres Stolzes, unseres Narzißmus und unserer Selbstverherrlichungen machen ... . Ohne Selbstbegegnung und ohne Christusbegegnung - so wie es der Apostel Paulus beschreibt - werden wir die alten bleiben.

Auch die schmerzhaften Selbstbegegnungen mit eigener Schuld, ja mit grundsätzlich abgründiger Schuldverfallenheit als Existenzmerkmal des menschlichen Seins überhaupt, dürfen wir unter keinen Umständen umgehen. Denn gerade hier, an dieser tiefsten Stelle unserer existentiellen Verwundungen, Irrungen und Gebundenheiten, kann der Durchbruch sich anbahnen, die Wende möglich werden. Gerade hier, wenn man an dieser Stelle ehrlich werden kann, vermag man zu erkennen, daß man Hilfe braucht. Und zwar Hilfe von außen und "von oben", wie einer, der in einer Schlammgrube steckt und sich selber nicht mehr retten kann.

Das erfuhr Paulus in der Tiefe seiner selbsterkennenden Selbstverzweiflung. Und er erlebte seine Rettung in dem Skandal, daß Gott Mensch wurde, so wie unser einer, sich foltern und umbringen ließ - und alles dies aus freiem Entschluß, aus der Glut der Liebe heraus, die uns in unseren finsteren Zwängen aufsucht, abholt und rausholen will. Ohne Vorwurf, ohne Anklage, ohne Gegenleistung. Nur rettende Hand. Und das ist dann das, was Paulus - und viele andere mit und nach ihm - als Gnade, als Vergebung, als Versöhnung, als "Neugeburt" erlebten und bezeichneten. Und dann weitersagten ... .

Ab diesem Punkt wird Charakterveränderung schrittweise wirklich möglich, und die Fähigkeit als dienende Autorität fruchtbares und gesegnetes Arbeiten zu fördern, gewinnt reale Chance.

Manche hoffen an dieser Stelle mit Selbst-erlösungen religiöser, esoterischer oder psychologischer Arten weiterzukommen. Das funktioniert jedoch nicht. Das kann man vielfältig nachweisen. Psychotherapeutische und pädagogische Maßnahmen (Trainings, Selbsterfahrungsseminare, Therapien) sind manchmal zwar gute Anfangsschritte, aber letztendlich erreichen sie nicht das Zentrum unserer eigentlichen Kernprobleme: die Angst und die Leere unserer Seelen, die Schuldverfallenheit unserer Existenz, der Hunger nach Liebe, Freiheit, Sinn und Leben. Hier - in dieser Tiefenschicht - liegt die eigentliche Quelle all unserer Probleme. Und die sind so groß, daß nur Gott sie lösen kann.
Psychologische Dressuren und therapeutische Seelenwaschungen polieren in dieser Hinsicht lediglich Oberflächen und machen obendrein unsere Kriegs- und Abwehrmechanismen nur noch raffinierter und resistenter.

Radikal formuliert: Ohne Umkehr unserer Herzen werden wir weiterhin parfümierte Raubtiere bleiben, die verhext das lieben, was sie umbringt. Oder?

Wir brauchen keine Illusionen mehr. Auch die jüngste Vergangenheit und die enttarnenden Zusammenbrüche marxistisch-humanistischer Idole und Ideale haben das abermals empirisch und weltweit überkraß vor Augen gestellt.

Was wir brauchen ist Wahrheit und Praxis.
Wahrheit und Praxis zum Anfassen - mit angewandter Liebe.

So wie es der Apostel Johannes am Anfang seines ersten Gemeinderundbriefes formulierte (1.Joh.1 ff).
Lesen Sie das mal - es lohnt sich.

Was aber bedeutet das alles nun schlußendlich für unser Thema "Fruchtbar Arbeiten und Managen"?

Ich bin angesichts dieser Fragestellungen zu folgender Doppelantwort gekommen:

1. Wir alle - mehr oder weniger jedenfalls - müssen arbeiten, unser Brot verdienen, unsere Arbeitsplätze usw. erhalten.
   Und dies geht unter heutigen Marktbedingungen zunehmend nur noch, wenn die "soft facts", also der Mensch, seine Bedürfnisse, Stärken, Potentiale etc., mehr in den Arbeitsprozeß einbezogen, aufgeschlossen und kreativ genutzt werden. Vertrauen, Partizipation, Führung im Sinne dienender Autorität, Teamarbeit usw. sind schlichthin notwendig, wenn wir wettbewerbsfähig und

erfolgreich sein wollen. Im Bereich der "hard facts" sind bald alle gleich gut - hier sind also kaum noch Vorsprungspotentiale vorhanden.
As simple as that!

2. Bezüglich der Nutzung von "soft facts" und menschlicher Begeisterungs-, Hingabe- und Leistungsfähigkeit dürfen jedoch andererseits folgende zwei Dinge nicht passieren:

   Erstens: Weckung irgendwelcher (illusionären) Erlösungshoffnungen, daß im Reich des Arbeitens, Managens und Wirtschaftens nun plötzlich das Paradies ausbräche und die Raubtiergesinnung des inneren SchweineHundes in selbstlose Nächstenliebe unversehends umschlage ...
   Es wird weiterhin hart gearbeitet werden müssen, Ent-Scheidungen werden zu fällen sein, Konflikte entstehen, es wird weiterhin Umorganisationen, Ängste, Manipulationen, Zwänge und Ungerechtigkeiten geben.

   Zweitens: Die Benutzung psychologischen, soziologischen und esoterisch-spirituellen (magischen) Wissens für die raffiniertere (geistige) Steuerung, Ausnutzung und Kontrolle von Menschen (Management by love oder Mind Management á la Gerken) muß verhindert werden.
   Liebe, Demut, Emphatie, Partizipation, Wahrhaftigkeit, Vertrauen, Freiheit, Selbstorganisation und fruchtbringende Arbeit - alle diese Konzepte, Motive, Verhaltensweisen und Qualitäten können auch kalt-strategisch zur Manipulation von Menschen eingesetzt werden. Der Manager wird dabei zum Zuhälter, der Mitarbeiter zur Hure.

Als Fazit läßt sich vielleicht folgendes sagen:

Was bleibt ist nüchterne Arbeit, ein zähes Ringen um den richtigen Weg und die Empfehlung einer Richtung, bei der erkannt wird, daß Produktivität und Kreativität von Menschen kommt und daß die Entfaltung und Förderung von Menschen gleichzeitig auch wirtschaftlich sinnvoll und ertragreich sein kann.
Und in der Tat: Wenn die zwei oben erwähnten Abwege der "Illusion" und "Manipulation" vermieden werden und stattdessen ein Weg der "reifen Mitte" errungen wird, dann kann Arbeiten und Managen Freude machen, Leben stärken und Frucht bringen für alle.

Ich danke für Ihre Aufmerksamkeit.

13. GEFÄHRLICHE REZEPTE

Überarbeitete Wiedergabe eines Interviews mit der Zeitschrift "Industrie" (Nr. 27/28) über die Gefahren rezeptologischer Anwendungen "moderner" Managementkonzepte. Das Interview führte Franz Heimel (Wien).

industrie: Viele Unternehmen befinden sich zur Zeit in einer Phase der Veränderung und des Umbruchs. Läßt sich ein genereller Trend ablesen?
Rieckmann: Ich sehe die Entwicklung von Unternehmen zwischen den beiden Achsen Komplexität und Dynamik. Ich unterscheide dabei zwischen drei Zonen.

In Zone I ist die Komplexität des Umfeldes sehr gering und die Entwicklung ist eher statisch. In dieser Zone herrscht häufig das Patriarchat. Das Unternehmen ist fixiert auf den Unternehmer, der mittels direkter Anweisungen führt. Die Beziehungen sind direkt und persönlich und noch nicht durch Regeln und Strukturen "entmenschlicht".

In Zone II haben sowohl Komplexität als auch Dynamik zugenommen. Die Hierarchie schafft Ordnung in dieser Situation und regelt Abläufe. Kommunikation erfolgt zunehmend indirekt in Schriftform, durch Planung und Strukturregelung. Dadurch wird die Organisation anonymer und apparathafter.

In Zone III sind die Entwicklungen turbulent und das Umfeld hochkomplex. In dieser Zone ist die Hierarchie nicht mehr flexibel und entscheidungsfähig genug, um den Anforderungen an Flexibilität, Geschwindigkeit und Komplexität zu entsprechen. In dieser Zone sind Delegation, Dezentralisation, Kooperation und Netzwerke erforderlich, die sich ihre Strukturen und Kulturen entsprechend den Anforderungen der Situation selbst geben und diese permanent anpassen. Direkte Kommunikation und echte Teamarbeit sind in dieser Phase unabdingbare Voraussetzungen. Ich habe in diesem Zusammenhang ein neues Kunstwort geprägt. Es beschreibt für mich die Situation am besten: Dynaxity. Dynaxity ist die Kombination von Dynamik und Komplexität. Die Fähigkeit, mit dieser Dynaxity umzugehen, nenne ich Dynaxibility. Wenn man sich Unternehmen näher ansieht, merkt man sehr oft, daß zwischen der Dynaxity und ihrer Dynaxibility ein Spalt klafft, eine Schere, die sich immer weiter öffnet. Nun zu Ihrer Frage. Ich glaube, daß sich viele Unternehmen zur Zeit im Übergang von der Zone II in die Zone III befinden und Wege suchen, mit der erhöhten Dynaxity umzugehen, wenn sie nicht vom Markt verschwinden wollen ...
industrie: Können neue Konzepte wie Lean Management oder Business Process Reengineering helfen, die Dynaxity-Anforderungen besser zu erfüllen?
Rieckmann: "Richtig" verstanden: teilweise ja. Aber das kommt offensichtlich eher selten vor. In der Regel werden diese Ansätze als Rezepte mißverstanden. Und dann gehören sie eindeutig in die Welt der Hierarchie und nicht in die der Netzwerke und die Kultur lernender, intelligenter Organisationen der Zone-III-Welt. Alle diese Rezept-Konzepte, wie immer sie auch heißen und wie modisch-bunt sie auch "verpackt" sein mögen, sind im Grunde genommen dann Versuche der Zone II-Hierarchiepyramiden, ihren Fortbestand trotz eindeutigem Zone III-Umfeld auf jeden Fall - koste es, was es wolle - noch zu retten und zu sichern. Die angesprochenen "Rezepte" - und etliche andere ähnlicher Art - sind m.E. im Grunde nur Anpassungsverbesserungen des Bestehenden und keinesfalls Veränderungen und Innovationen, die dem neuen Umfeld entsprechen. Der m.E. erforderliche mentale, kulturelle und strukturelle "Quantensprung" wird genau

durch diese Konzepte bzw. durch deren rezepthafte Anwendung geschickt aber unklug umgangen. Es geht - wenn ich es bildhaft umschreiben darf - nicht mehr um die permanente Weiterverbesserung der Wachskerze, sondern um die Erfindung der Glühlampe. Oder um den Umstieg von der Produktion von Rechenschiebern auf die von Taschenrechner. Und nebenbei gesagt: Die Glühlampe entstand auch nicht durch die dauernde Optimierung der Wachskerze, noch der Taschenrechner durch die ständige Verbesserung des Rechenschiebers. Sondern durch einen Sprung! Aber manche Führungskräfte (und auch Berater!) glauben eben immer noch bspw. durch KVP (kontinuierliche Verbesserungsprogramme) Dynaxity-Zone-III-Fitness zu erlangen. Die rezeptologische Anwendung oben genannter Konzepte wie Reengineering, Lean Management, Kundenorientierung, Time Based Management, KVP usw. stellen in diesem Sinne - um es noch einmal zu betonen - daher nichts anderes als sinnlose Rettungsversuche dar, nämlich im Bereich Management, Organisation, Führung und Kultur auf der Stufe von Rechenschiebern zäherweise stehen bleiben zu wollen. Zone-III-Fitneß indes ist - wie gesagt - ein Quantensprung in eine andere Welt, nicht eine daueroptimierte und ab und zu reengineerte alte Zone II Welt.

So nimmt es nicht Wunder, daß obige Konzepte in der Praxis im Grunde immer wieder nur als Rationalisierungs- und cost cutting Programme (miß-) verstanden werden.

Und permanentes cost-cutting - wohin soll das führen? Zu immer billigeren Rechenschiebern? Und wenn dann von außen abermals neuer Rationalisierungsdruck kommt und überall schon die Luft rausgelassen und abgespeckt wurde, was kann dann noch rausgeholt werden? Das Rationalisierungspotential ist ausgereizt.

industrie: Sie halten also nicht viel von den derzeit diskutierten Konzepten?

Rieckmann: Unter den eben genannten Gesichtspunkten nicht. Lean Management, Reengineering, Outsourcing, Insourcing und andere "world class concepts" (siehe nachfolgendes Cartoon) drohen nach den oben genannten Gesichtspunkten nur Rezepte zu sein, die den Paradigmensprung in die Zone-III-Fitness verhindern. Wir im Westen versuchen alles in Technologien zu transformieren. Im Rahmen eines Forschungsprojektes versuchten bspw. Mitarbeiter unseres Instituts japanische Literatur zu Lean Management zu bekommen. Die einzigen Bücher zu diesem Thema in japanischen Universitäten waren von amerikansichen Autoren. Kein Japaner hatte dazu ein Buch geschrieben. Die Japaner handeln, ohne sich lange Namen dafür zu überlegen. Denn die Aufgabe des Managements ist es, Probleme zu lösen, nicht Rezepte zu befolgen. Für bestimmte Probleme kann zum Beispiel Outsourcing und Reengineering eine durchaus gute Lösung sein, aber nur wenn es nicht zum generellen Konzept hochstilisiert wird. Ich werde z.B. jedenfalls nicht Outsourcing als Lösung wählen und dann das Problem dafür suchen. Die Frage, ob ich etwas zukaufe oder selbst herstelle, kann immer nur aufgrund der jeweiligen Problemdiagnose entschieden werden!

industrie: Sprechen wir noch einmal über Kosten. Kosteneinsparungen sind ja nichts Schlechtes. Und bei Reorganisationen spielen sie ja auch eine Rolle. Wie denken Sie grundsätzlich darüber?

Rieckmann: Die Fixierung auf reines Kostendenken führt zu einer Fixierung des Geistes. Selbstverständlich spielen bei Organisationsveränderungen Kosten eine wichtige Rolle. Kostengesichtspunkte dürfen aber nicht zum Nabel der Welt werden. Innovation, Markt, Entwicklung, Kunden, Gewinn etwa sind wesentlich wichtigere Größen, die dann die Grundlagen dafür liefern, welche Kosten sich ein Unternehmen leisten kann. In meiner Zeit bei Procter & Gamble hatte ich natürlich auch mit Kostenproblemen zu tun. Allerdings war es bei uns damals schon üblich in Zielkostenkategorien - also rückwärts vom Markt ausgehend - zu denken, was man heute Target Costing nennt. Wir mußten überlegen, wie wir mit den möglichen Kosten die marktnotwendigen Leistungen erbringen konnten und uns entsprechend (re-)organisieren. Diese Form des Kostenbewußtseins ist auch natürlich, da marktverbunden und spornt - was das Wichtigste ist - sogar die Kreativität an! Jeder Häuslbauer handelt nach diesem Prinzip! Dennoch sind Kosten eine abgeleitete Größe und keine Zielkategorie wie Umsatz oder Ertrag. In der Apparate-Anonymität der Hierarchie ist diese gesunde, natürliche Sichtweise abhanden gekommen, da Macht sowie mechanische Ordnungs-, Sicherheits- und Kontrollsysteme in den Vordergrund getreten sind. Unternehmerisches, innovatives Engagement wird bestraft. Und ich muß aufpassen, daß ich bei permanenten Rationalisierungsmaßnahmen nicht zuviel reduziere, denn sonst leide ich an Muskelschwund und Magersucht. Unternehmerisch denken dahingegen kann nur heißen, primär an die Muskelkraft des Unternehmens zu denken. Darüber hinaus muß ich in der Zone III unbedingt auch Vorräte an Zeit, Know-how und Qualifikation haben, um auf überraschend auftretende Probleme reagieren zu können. Ich habe Unternehmen kennengelernt, die haben so abgespeckt, daß sie nicht einmal mehr Zeit hatten nachzudenken und für Innovation schon gar nichts übrig blieb.

industrie: Was bedeutet für Sie Muskelsubstanz in diesem Zusammenhang?

Rieckmann: Muskelsubstanz sind die Fähigkeiten, die ein Unternehmen auf Vorrat lagert, auch wenn diese im Moment nicht genutzt oder gebraucht werden. Aber sie sind auf Abruf bereit. Die Konzentration auf Kopfzahlen und das Reduzieren von Köpfen hat in einigen Unternehmen dazu geführt, daß das operative Geschäft kaum mehr bewältigt werden kann. Wie kann aber so ein Unternehmen wichtige Entwicklungsarbeit leisten, Innovationen hervorbringen und die für das langfristige (Über-) Leben notwendigen Mittel für (kollektives) Reflektieren, Lernen und Verändern aufbringen? Alles dieses, einschließlich Markt- und Gewinnfähigkeit etc. nenne ich "Muskelkraft". Und Goldmedaillien bekomme ich durch Muskelkraft. Abspecken alleine bringt´s nicht.

industrie: Ich möchte nochmals auf Ihr Modell der drei Zonen zurückkommen. Sie diagnostizieren, daß sich viele Unternehmen im Übergang von Zone II zu Zone III befinden. Nun gibt es aber auch viele Unternehmen, die sich noch in Zone I befinden. Wie kommen die in die Zone III?

Rieckmann: Das ist eine interessante Frage. Auf den ersten Blick gibt es Ähnlichkeiten zwischen Unternehmen der Zone I und der Zone III. Es handelt sich um kleinere Einheiten mit wenig formaler Struktur, die sehr dynamisch und direkt arbeiten können. Ein wesentlicher Unterschied besteht in der Person des Unternehmers. In der Zone I ist er übergeordnet, er führt mittels Anweisungen und "denkt" für die Mitarbeiter. In Zone III erkennen die Mitarbeiter jedoch für sich selber, was wichtig ist und was getan werden muß. Natürlich gibt es ab einer gewissen Größe auch so etwas wie eine formale Hierarchie, aber sie erfüllt in diesem Fall eine primär strategische Ordnungs- und Koordinationsfunktion, ohne die damit verbundene, sich selbständig gemacht habende Machtausübung und Apparatekultur.

Früher war ich der Meinung, daß ein Unternehmen der Zone I erst die Zone II durchlaufen muß, um in die Zone III kommen zu können. Mittlerweile bin ich - aufgrund praktischer Beratungsfälle - überzeugt, daß es auch einen direkten Übergang gibt. Das erfordert jedoch sehr viel an systematischen und systemischen Managementfähigkeiten seitens der Führungskräfte. Systematisch deshalb, weil der Manager sehr geplant und konsequent neue Strukturen und Spielregeln schaffen und dementsprechend handeln muß; systemisch, weil es sich dabei um einen sensiblen und stark kommunikativ-vernetzten Prozeß handelt, der umsichtig gesteuert werden muß, um nicht ins Chaos oder in die Bürokratie abzurutschen. Wir haben ein spezielles 6-tägiges "Ranger-Seminar" und ein 1-jähriges Trainingsprogramm für "systemisches Management" (SYMA) entwickelt, das hilft, diese Fähigkeiten aufzubauen und Zone-III-Fitneß zu fördern.

industrie: Sehr oft hört man, daß Veränderungprozesse an den Mitarbeitern scheitern?

Rieckmann: Da kann ich nur voll zustimmen. Viele Manager glauben, daß sie zu Beginn eines Veränderungsprozesses die Mitarbeiter sofort zu Mitverantwortlichen machen können. Aber das ist falsch und gefährlich. Die Mitarbeiter sind i.d.R. weder fähig noch bereit, die Mitverantwortung zu übernehmen, sie sind noch nicht so weit. Mitverantwortung übernehmen ist eine der letzten Stufen im sogenannten betriebspädagogischen Prozeß. Die erste Stufe ist Mitwissen. Mitarbeiter müssen informiert werden über die Situation des Unternehmens, über Strategien und Überlegungen, die von der Firmenleitung angestellt werden. Der nächste Schritt ist das Mitdenken. Das heißt, die Mitarbeiter einzuladen, sich auf diese Überlegungen einzulassen. Die nächste Stufe ist das Mitreden, dann folgt das Mitentscheiden und erst dann die Mitverantwortung und Erfolgsmitbeteiligung. Erst ab dieser Reifestufe kann authentisch Verantwortung übernommen werden. Wenn man den Prozeß jedoch abwürgen will - was es ja auch gibt - dann gebe man nur vorschnell zu viel Verantwortung ...

industrie: Wenn nun ein Unternehmen erfolgreich den Übergang in die Zone III geschafft hat, sind damit alle Schwierigkeiten und Unzulänglichkeiten der Zone II Mentalität und die Nachteile der Hierarchie endgültig überwunden?

Rieckmann: Nein keinesfalls, es bleibt ein dauernder Lern- und Entwicklungsprozeß. Denn wir Menschen scheinen in uns eine Tendenz zu haben, die man umschreiben kann mit "zurück zu den Pyramiden". Kaum hatte Moses die Israeliten aus der ägyptischen Gefangenschaft geführt und das Essen wurde knapp, regten sich die ersten Zweifel, ob man nicht doch in Ägypten, bei den Pyramiden als Sklaven, hätte bleiben sollen. Schließlich bauten sie das Goldene Kalb, um sich diesem Wesen unterzuordnen. Und das ist heute nicht anders.

In der Zone III gibt es keine Stabilität, im Gegenteil: Unternehmen müssen sich in ihrer Struktur und Kultur permanent den verschiedenen Situationen neu anpassen. Eher so wie ein Segelbootverband sich dem Wind anzupassen hat. Zone III hat solche "Windqualität". Die Kunst bei der Steuerung solcher Prozesse liegt darin, ein Gleichgewicht im Veränderungsfluß herzustellen bzw. immer neue Gleichgewichtspunkte zu finden und trotzdem immer hart am Wind zu bleiben ... Wenn der Prozeß aus dem Gleichgewicht gerät, kommt es zu Unsicherheit und Ängsten. Darum entstehen Aggressionen, Blockaden und Widerstände sowie bei nicht wenigen wieder jene massive Sehnsucht nach der Zone II. Und damit natürlich Abbau von Zone-III-Fitness.

industrie: Welche Rolle spielte der Kunde in den Veränderungsprozessen von Unternehmen?

Rieckmann: Eigentlich sollte er die Hauptrolle spielen (customer focus). Denn die Veränderungsprozesse werden ja angestrengt, um die Wettbewerbsfähigkeit zu sichern und das geht nur, wenn man "paßgenaue Outputs" liefert, die die Kundenwünsche erfolgreich zu erfüllen in der Lage sind. Und dann kommt der Kunde auch wieder zurück (statt des Produktes!) und erteilt neue Aufträge. Die langfristige Existenzgrundsicherung kann ja nur in dieser Weise geschehen.

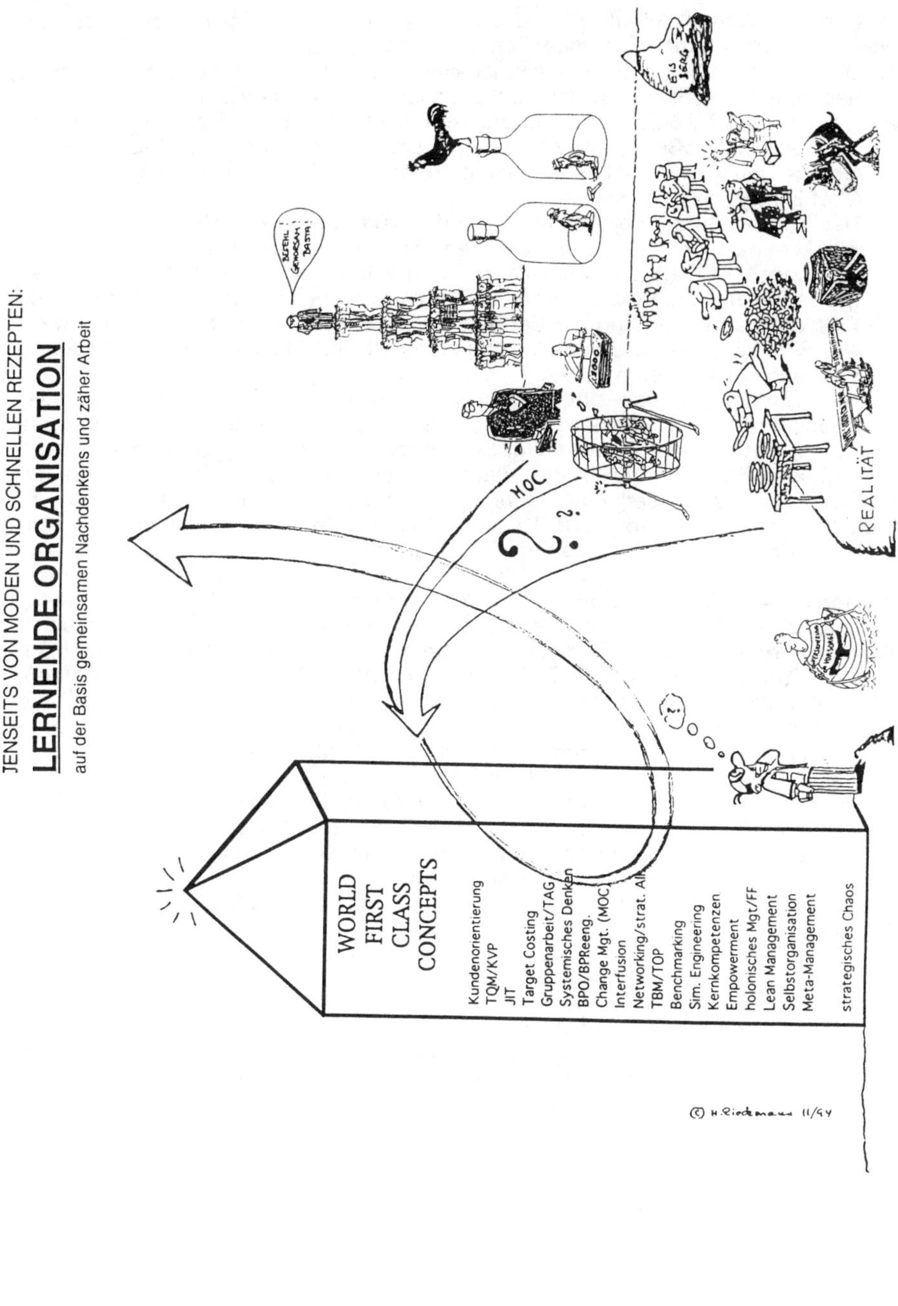
JENSEITS VON MODEN UND SCHNELLEN REZEPTEN:
LERNENDE ORGANISATION
auf der Basis gemeinsamen Nachdenkens und zäher Arbeit
WORLD FIRST CLASS CONCEPTS
Kundenorientierung
TQM/KVP
JIT
Target Costing
Gruppenarbeit/TAG
Systemisches Denken
BPO/BPReeng.
Change Mgt. (MOC)
Interfusion
Networking/strat. Al
TBM/TOP
Benchmarking
Sim. Engineering
Kernkompetenzen
Empowerment
holonisches Mgt/FF
Lean Management
Selbstorganisation
Meta-Management
strategisches Chaos
MOC
BEFEHL GEHORSAM BASTA!
EIS BERG
REALITÄT

In der Wirklichkeit sieht es jedoch oft anders aus. Es lassen sich vier unterschiedliche Arten der Kundenauffassung feststellen:

1. Der Kunde ist Feind. Er ist anspruchsvoll, hat Sonderwünsche, will alles sofort haben, mit makelloser Qualität und zu möglichst geringen Kosten.
2. Der Kunde ist König - und alle anderen sind Untertanen. Man unterwirft sich gezwungenermaßen aus Existenzangst seinen Wünschen - und lehnt ihn im Grunde deutlich ab. Nebenbei gesagt: Selbst wenn der Kunde König ist, ist der Chef immer noch der Kaiser.
3. Der Kunde ist Jagdobjekt. Die Verkäufer sind darauf aus, Beute zu machen. Alle Manipulationstricks, Jagdtechniken und Betörungsmittel sind dabei recht.
4. Der Kunde ist Partner. In dieser (reifsten) Form wird der Kunde als Nächster gesehen, der ein Problem oder ein Bedürfnis hat und der Anbieter ihm als Problemlöser helfen und zur Verfügung stehen kann. Dann entsteht eine win : win Situation, die für beide fruchtbringend ist und Manipulation, Ausbeutung, Enttäuschungen etc. minimiert.

Unternehmensführungen und -kulturen im Sinne des "Business (Process) Excellence" (BE) Konzeptes versuchen in diesem Sinne kundenorientiert ihre Prozesse, Strukturen, Führungsstile, Spielregeln etc. (meßbar) aufzubauen (siehe Schaubild BPE) und im Sinne einer "lernenden Organisation" ständig zu beobachten, anzupassen und weiterzuentwickeln. Nur so ist ein Überleben im industriellen Sechskampf (Zeit, Kosten, Qualität, Service, Innovation, Mensch) möglich und Zone-III-Fitness zu erreichen.

industrie: Wie kommt es aber, daß es Unternehmen gibt, die keine Zone-III-Fitness haben, dennoch in solchen Märkten agieren und trotzdem erfolgreich sind?
Rieckmann: Wenn der Kopf des Unternehmens den "richtigen Riecher" hat, kann sich das Unternehmen Ungereimtheiten leisten. Der Chef kann sich benehmen, wie er will, solange das Produkt "einschlägt". Wie ein Kapitän kann er dann alleine das Unternehmen steuern. Das geht gut, solange das Wasser tief genug ist. Geht das Wasser zurück (Konjunkturtief), wird der Wind stärker (steigende Konkurrenz) und kommen Riffe zum Vorschein, ist der Kapitän auf seine Mannschaft angewiesen. Alleine wird er nicht sehr lange erfolgreich die Riffe umschiffen können. Häufig ist dann jedoch die Mannschaft die Seefahrt auf stürmischem Meer nicht (mehr) gewohnt. Es kommt zu Fehlern, Meutereien, Kündigungen und Know-how Verlusten. Der Untergang ist (fast) vorprogrammiert.
industrie: Wie sollen sich Unternehmen in Veränderungssituationen verhalten?
Rieckmann: Es läßt sich vielleicht folgendes empfehlen:

1. Den Mitarbeitern die Geschäftssituationen vor Augen führen, verstehbar machen, Realität vermitteln.
2. Die Mitarbeiter ernst nehmen, den Sinn und die Konsequenzen von Veränderungsprozessen aufzeigen: nüchtern, realistisch, nachprüfbar.
3. Partizipation, Teamarbeit, Mitunternehmertum ermöglichen und einüben, zum Mitdenken erziehen; Führungskräfte müssen dabei zum Coach werden!
4. Und dann bewußt, zügig und konsequent handeln!! Auch wenn es weh tut!

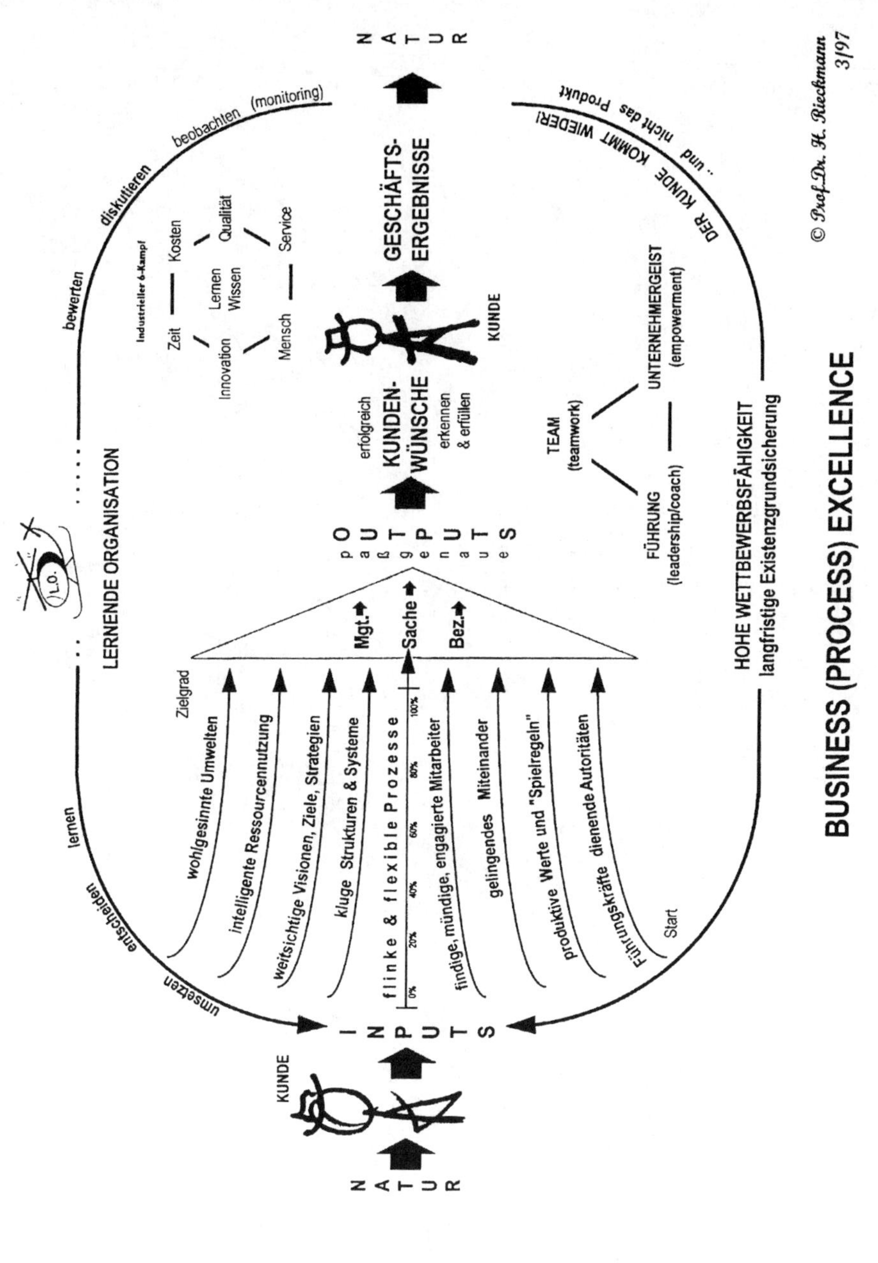
BUSINESS (PROCESS) EXCELLENCE
NATUR
KUNDE
INPUTS
umsetzen
entscheiden
lernen
LERNENDE ORGANISATION
L.O.
bewerten
diskutieren
beobachten (monitoring)
Zielgrad
wohlgesinnte Umwelten
intelligente Ressourcennutzung
weitsichtige Visionen, Ziele, Strategien
kluge Strukturen & Systeme
flinke & flexible Prozesse
0% 20% 40% 60% 80% 100%
findige, mündige, engagierte Mitarbeiter
gelingendes Miteinander
produktive Werte und "Spielregeln"
Führungskräfte dienende Autoritäten
Start
Mgt.
Sache
Bez.
OUTPUTS
paßgenaue
erfolgreich
KUNDEN-WÜNSCHE
erkennen & erfüllen
KUNDE
GESCHÄFTS-ERGEBNISSE
NATUR
Industrieller 6-Kampf
Zeit
Kosten
Qualität
Service
Mensch
Innovation
Lernen Wissen
TEAM (teamwork)
FÜHRUNG (leadership/coach)
UNTERNEHMERGEIST (empowerment)
DER KUNDE KOMMT WIEDER! .. und nicht das Produkt
HOHE WETTBEWERBSFÄHIGKEIT
langfristige Existenzgrundsicherung
© Prof. Dr. H. Rieckmann 3/97

14. UNFRISIERTE ANMERKUNGEN ZUM THEMA "LERNENDE ORGANISATION" (L.O.)

1. Der Begriff

Der Begriff "Lernende Organisation" (L.O.) ist derzeit noch unausgegoren, schillernd und diffus.
Banale Vorstellungen, Trivialitäten und Etikettenschwindeleien findet man genauso wie tiefsinnige, weltanschauliche Diskussionen mit konstruktivistisch - paradigmatischen Hintergründigkeiten. Die Bandbreite ist groß.

So gibt es Zeitgenossen, die sagen, daß alle Organisationen, ob sie es nun bewußt wüßten oder nicht, prinzipiell d.h. von Natur aus immer lernende Organisationen seien. Andernfalls wären sie schon längst untergegangen (L.O. Typ I). Andere halten Organisation für "lernende", wenn Ausbildungen, Umschulungen, Änderung von Vorschriften und Regelungen etc., bewußt geplant würden, z.B. beim Umsteigen von Schreibmaschine auf PC oder beim Übergang auf gleitende Arbeitszeit (L.O. Typ II). Wiederum andere glauben, daß Personalentwicklung, "KVP" (kontinuierliche Verbesserungsprozesse), Teameinsatz, Mitarbeiter und Kundenbefragungen (á la TQM) sowie das Vorhandensein von Strategie-, Redesign- und Organisationsentwicklungsprojekten den wahren und fortschrittlichen Kern "lernender Organisationen" ausmachten (L.O. Typ III).
Und eine vierte Gruppierung von Personen versteht unter L.O. (idealtypisch oder idealistisch?) ein "anspruchsvolles" soziales System, dessen Mitglieder[1] (und stakeholder) permanent sich selbst, ihre "basic assumptions", ihr System, ihre Verhaltensmuster, Auswirkungen und Funktionalitäten zum gemeinsamen Thema machen und in Frage stellen. Sie heben das (angstbesetzte) organisationsimplizite Reflexionsverbot auf, praktizieren Selbstdistanzierung und Selbstbetrachtung; sie versuchen ihren (zuweilen nicht ungefährlichen) selbst-erentiellen Reproduktions-mechanismen mit Hilfe nicht-betriebsblinder Externer auf die Schliche zu kommen... .
Sie verwandeln sich dabei Schritt für Schritt in selbst-transzendierende, hochkommunikative Kollektivgebilde mit fortwährend neu generierter, anforderungsgemäßer Wissensbasis und Problemlösekompetenz. Sie tun dies unter kurz- und langfristigen Gesichtspunkten, begleitet von laufenden, strategischen, strukturellen und kulturellen Veränderungs- und Entwicklungsprozessen.

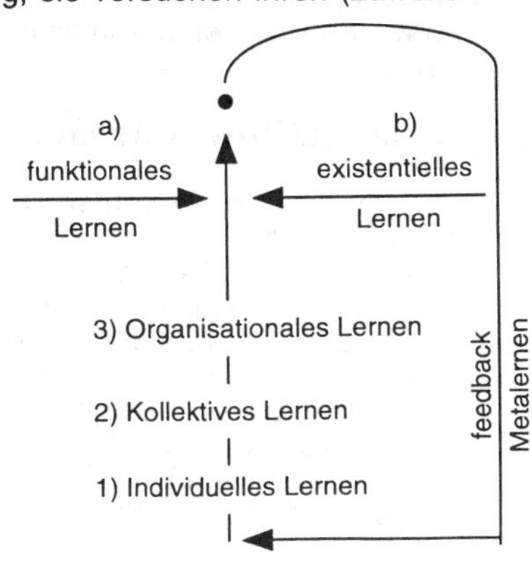

1 - neben ihren selbstverständlichen, funktionalen Aus-Fort- und -Weiterbildungsbemühungen auf Individual- und Kollektivebene

Operatives Erfahrungswissen sowie wert- und prozessbezogenes Metawissen wird dabei materiell, strukturell und kulturell gespeichert ("organizational memory") und öffentlich-kritisch zugänglich gehalten ("collective brain" / intelligent organization). Diese Qualitätsstufe ließe sich als L.O. Typ IV beschreiben.

Andere wiederum stellen - oftmals völlig unreflektiert - primär funktionales Fach-, Methoden und Verhaltenslernen in den Vordergrund ihrer (schlichten) Betrachtungen.
Und genau dieses führt dann zur Bildung einer abermals weiteren Meinungsgruppe, die dieses "computerhafte" Lernen attackiert und Kritisch-Kreatives fordert, nämlich "existentielles Lernen". Denn schließlich ginge es - so letztere - ja in erster Linie um die Sicherung von Leben und Zukunft als solche. "Funktionales" Lernen helfe da im Kern nur sehr wenig, rutsche außerdem sofort immer ab in zweckbezogene Verwertungsinteressen (Kapital, Macht, Systemerhaltung, etc.), sei also simples Reproduktions- und schnödes Anpassungslernen... . Und davon hätten wir schon genug. "Wahres" Lernen, ob kognitiv-theoretisch-philosophisch oder induktiv-experimentell, sei nur dann erst "echtes" Lernen, wenn bloße Erhaltungspraxis permanent kritisch transzendiert würde und strukturverändernde Innovation entstehe, wenn Zwecke, Ziele, Sinn und Weltentwürfe (paradigmatische "beliefs") ebenfalls zum Gegenstand individuellen, kollektiven und organisationalen Lernens gemacht und entsprechend enttabuisiert und legalisiert würden... .

Last but not least sei dabei auch das Lernen selbst meta-mäßig zu hinterfragen. Neben dem "normalen" schulischen, eher akkumulativen Sach- und Fachlernen ("Nürnberger Trichter", Lernen I), dem Metalernen "Lernen II" (Lernen lernen) und "Lernen III" (Lernen (lernen) Lehren / Didaktik) sei vor allem Lernen IV anzuführen, nämlich die Problematisierung von Lernen (und Lehren) in Bezug auf deren Inhalte, Form, Zweck, Sinn, "Wesen" und überhaupt ... (existentielles Lernen integriert Metalernen I-IV, betont jedoch hauptsächlich Lernen IV).
Erst dann sei eine wirkliche lernende Organisation des Typs IV wirklich erreicht.

2. Lernen IV bzw. Lernende Organisation Typ IV

Würde dahingegen Lernen IV und L.O. Typ IV nicht erreicht, drohe weiterhin "alles beim Alten zu bleiben".
Die Wahrscheinlichkeit spräche leider dafür. Denn es sei sehr wohl die Frage zu stellen, ob die Menschheit bis heute überhaupt "wirklich" etwas gelernt habe (z.B. aus ihrer Geschichte) und ob sie überhaupt lernwillig sei... . Nicht wenige Zeitgenossen vertreten dabei die Auffassung, menschlicher Lernfortschritt sei lediglich die geschichtliche Akkumulation von Wissen und technologischem Know-how (vom Faustkeil zur satellitengesteuerten cruise missile), also nur verbesserte, raffiniertere "Rüstungstechnologien" im weitesten Sinne ... (mit einigen nützlichen by-products für die Bevölkerung).

Der Mensch an sich (!) jedoch, sein Herz, sein Wesen, sein Sinnen und Trachten sei seit Adam und Eva, seit Kain und Abel und von Nebukadnezar bis Hitler im Grunde immer dasselbe geblieben, trotz aller pädagogischen Versuche und frommen Mäntelchen...

Der Mensch zwischen Himmel und Hölle gestellt, zwischen Tier und Engel, zwischen Satan und Christus sei durch "Lernen" im bisherigen herkömmlichen Sinne jedenfalls nicht zu retten. Weder durch Marxismus und Sozialismus, noch durch Kapitalismus, Diktatur, Demokratie und Aufklärung, noch durch Freud oder "NLP" hätte hier bislang etwas Zentrales und Stabiles bewirkt werden können. Der "gefallene" Mensch gefällt immer nur sich selbst, und er kann gar nicht anders, als seine Verwüstungen immer wieder in neue Verwüstungen hineinzuverlängern. "Innerer Schweinehund" (SH) und "Teufelskreis" nennt das der Volksmund, "verkauft unter das Gesetz der Sünde" nennt´s Paulus und Karma der Hindu. Unter dem Druck dieses offensichtlich weltweit (unausgesprochen) akzeptierten, innerseelischen "SchweineHund-Syndroms", einem Antreibungskomplex auf Gier nach Geld, Macht, Ansehen und Lüsten jeder Art, gelenkt von Existenz- und Todesängsten, innerer Leere und Sinnlosigkeit, gepaart mit göttisch-blasphemischer, schrankenlos narzißtischer Selbstverherrlichung, unter dem Antriebsdruck dieses SH-Komplexes also, ist menschliches Lernen - ob individuell oder im "Rudel" - offenbar weitestgehend und fortlaufend gezwungen, primär selbstsüchtig, selbsterhaltend, also verkrampftes, rüstungs- und sicherheitsorientiertes, also geschlossenes Lernen sein zu müssen. Kommunikation, Vertrauen, Offenheit und riskierende Reflexion ("herrschaftfreier", idealer Dialog) sind dadurch permanent gefährdete, kaum gelingende Qualitäten. Wenn Wissen = Macht, Status und Identität ist, dann führt Wissensab- und -weitergabe zu Machtverlust, zu Angst und Abschottung.

Das genau Umgekehrte müsste indes eintreten: Vertrauen, Offenheit und Selbstlosigkeit. Denn diese stellen die unverzichtbaren Grundlagen für freien Wissensaustausch, für Kommunikation, Kooperation, Kreativität und Synergie dar, ohne die lernende Organisationen genausowenig lebens- und lernfähig sind wie wir ohne Blut und Sauerstoff.

Von daher gesehen wird auch deutlich, daß man dem Einsatz von L.O.-Instrumenten und Programmen allein nicht trauen kann: KVP, Team- und Projektarbeit, Survey feedbacks, Vergesetztenbeurteilung, TQM, strategische Planungs-Workshops, PE / OE, etc. werden immer nur von Menschen gestaltet, die im oben genannten Sinne die alten sind und von Gesinnungen getragen, die ebenfalls die alten sind. (Computerprogrammierungen können nicht "virenfreier" sein als wir selbst, selbstgemachte genmanipulierte Androiden (vgl. faustische Homunculi) können nicht ethisch höher stehen als deren Konstrukteure). Von Menschen gehandhabt, werden auch die besten Konzepte, intelligentesten Instrumente und wohlmeinendsten Programme für "lernende Organisationen" zu kurz greifen, alibihaft angewendet oder "subversiv" vom SH-Komplex unterlaufen bzw. umfunktioniert werden.
Mit anderen Worten:
Instrumente können uns nicht ersetzen, Konzepte und Programme uns nicht von uns selbst entbinden.
Wir sind selber dran. Und zwar undelegierbar !

3. Die Zwickmühle

Damit geraten wir zwischen zwei Stühle und nähern uns einem Dilemma, aus dem wir uns m.E. nicht mehr so einfach managementtechnisch wieder herausmogeln können:
Obwohl L.O. Typ IV aufgrund oben skizzierter anthropologischer Schallmauer - dem SchweineHund-Defekt - kaum machbar erscheint, haben wir dennoch m.E. gar nicht mehr die Wahl, lernende Organisationen hoher Qualitätsstufen nicht wollen zu müssen. Komplexität, Dynamik und Risikopotentiale erlauben uns schlichtweg nichts anderes mehr .

Oder anders ausgedrückt:

Da unsere globalen Probleme groß und stark vernetzt sind, können wir sie nur kollektiv und organisiert "bewältigen". Das aber bedeutet, daß unsere Organisationen "funktionieren" müssen. In einer "high dynaxity" Welt mit hoher Dynamik (dynamics) und hoher Komplexität (complexity) heißt das aber, daß Organisationen selbst flexibel, anpassbar, schnell, problemlösungsstark, also lernfähig sein müssen. Sind sie das alles nicht (oder nur unzureichend), werden unsere Organisationen selbst zum Problem. Also müssen sie bzw. wir lernen, Denkmuster, Werte und Organisationsprobleme zu thematisieren und den Anforderungen entsprechend Anpassungen bzw. antizipatorisch-proaktive Entwicklungen vorzunehmen.
Von daher sind wir gezwungen, individuell und kollektiv, bewußt und organisiert, unsere Organisationen permanent zu beobachten, zu reflektieren, zu diagnostizieren, Schlüsse zu ziehen, Entscheidungen zu treffen und umzusetzen, Changemanagement, Personal-, Organisations- und Mangementententwicklung zu betreiben, es also diesbzgl. fortwährend besser (oder auch ganz anders) zu machen, also kurz gesagt: andauernd (und "optimal") sowohl funktional als auch existentiell zu lernen.

Die Konzepte, Strategien, Prozesse, Programme und Tools, (die bzgl. L.O. ja bereits reichlich vorhanden sind - siehe zahlreiche Publikationen, Firmenbeispiele, etc. - und die als Management- und Organisationsentwicklungswissen in den verschiedenen Unternehmen selbst gespeichert sind) erscheinen in diesem Lichte betrachtet dann wiederum als schätzenswert, zweckvoll, brauchbar, notwendig und wären unbedingt anzuwenden. Nur weil L.O. Typ IV nicht machbar erscheint, sollte L.O. Typ I, II und III nicht unterbewertet und vernachlässigt werden.
Ganz im Gegenteil: Know-how dieser Art sollte gefordert und gefördert werden. Daß dies zunehmend geschieht, zeigt die Praxis vieler kleiner, größerer und globaler Unternehmen.

Dennoch: L.O. I-III reicht nicht aus. Wir brauchen L.O. IV.

Trotz aller anthropologisch-geschichtlichen und empirisch plausibel belegbaren Unmöglichkeiten von L.O. Typ IV muß sie dennoch möglich werden.
Wir werden mit dieser Thematik nicht in Ruhe gelassen. Denn von zwei Seiten wird - trotz aller obiger Unmöglichkeitsbeweise - an den Toren und Mauern

unserer Organisationen und Organisationsvorstellungen der ersten drei L.O. Typen gekratzt, geschabt, geklopft... . Es sind zum Einen die "Tiefen des Menschen" von innen - und die Bedrohlichkeit der Weltprobleme von außen.

Von innnen, weil wir uns (- soweit wir nicht Drogen nehmen oder das Leben verneinen wollen -) einfach nicht damit abfinden wollen können, nur funktionierende Rädchen im Getriebe, Rolle im System, oder komplex programmierter Androide in einer Zivilisationsmaschine zu sein, (selbst wenn letztere den L.O.Typ III erreicht haben sollte) ... .

Wir sind Menschen, unterwegs mit Geist, Verantwortung, Gewissen, Hoffnung und Freiheit. Selbst wenn einige sich so nicht sehen, wenn sie sich verachten, sich (unsystemisch!) als Molekülhaufen, Evolutionsirrtum und Fehlkonstruktion halten - oder aber ins andere Extrem fallen, nämlich sich als Götter und kosmische Regenten betrachten, so zeigt der Alltag, daß dies nur Fluchtversuche sind, die nichts bringen ...
Psychoanalyse, Sterbeforschung, Biografien und Lebenserfahrungen zeigen, daß wir uns selbst unausweichlich als Aufgabe gestellt sind, daß zu unserem Wesen, unserer Tiefenerfahrung und am Todesrande die Fragen nach MEHR gehören, nach dem Warum und Wozu, nach dem Woher und Wohin, nach Liebe, Sinn, Leben und Freiheit und daß diese uns eingebaute Unruhe und die dahinter steckende Verantwortungsempfindung und Erlösungssehnsucht nicht zu unterdrücken sind und im Arbeits-Alltag konkret gelebt werden wollen... .

Und diese vitalen praktischen Existenzfragen lassen sich - gottlob - trotz "1984", "Schöner neuer Welt" oder Reinkarnations-, Nirwana und New Age Konstruktionen und Interventionen eben nicht dauerhaft unterdrücken, verjenseitigen, umprogrammieren oder wegrationalisieren. Denn diese sind Fragen unserer eigenen innewohnenden Seinsnatur, unseres Lebens und Sinnens überhaupt. Und genau diese Fragen verlangen nach L.O. Typ IV!

L.O. Typ I, II und III scheint jedoch genau dieses unprogrammierbare, existentielle und transzendierende Reflektieren, vagabundierende Forschen und Fragen, also Lernen IV nicht zu wollen, nicht zu zulassen, als nicht zur Sache gehörend, als geschäftsirrelevantes Privatvergnügen abzutun bzw. sogar zu unterdrücken und politisch zu bekämpfen.

Obwohl "Lernen" organisatorisch einerseits gewollt wird, man also A sagt, soll andererseits B nicht folgen. Es darf nur reflektiert und gelernt werden, was den "herrschenden Systembesitzern und Benutzern"[2] und deren Selbster haltungs -interessen dient. Lernen hat entweder interessenorientiert funktional gefesselt zu sein - oder zu unterbleiben.
Schizophren formuliert: Es kann alles reflektiert und gelernt werden, aber nur das, was erlaubt ist ... .

---

2 ... und das sind - mehr oder weniger - wir alle!
Und nicht irgendwelche "anderen" ... !
Denn dieses Dilemma zwischen "Funktion" und "Existenz" , zwischen Subjekt und Objekt steckt in uns allen. Und unsere Organisationsprobleme sind nach außen widergespiegelte Projektionen unserer eigenen Innendilemmata (vgl. Jesus nach Lukas-evangelium 17,33)

Das explizierte Lerngebot, der empirische Lernzwang entpuppt sich als ein implizites Lernverbot.

Und dieser Widerspruch oder dieses Dilemma pflanzt sich auch im "informellen System" fort: Der kreative, offene und fragende Geist des Menschen soll für Innovation nutzbar gemacht, informell "befreit" und kultiviert, gleichzeitig jedoch offiziell gezähmt und kanalisiert werden, also gleichsam formell informal den instrumentellen Verwertungsinteressen der L.O. Typen I bis III kontrolliert zur Verfügung gestellt werden.
Dieser Verfunktionalisierungstrick wird jedoch von manchen durchschaut und mit dessen eigenen Waffen bekämpft: Programme und Tools werden benutzt, um sich Vordergründig als aktiver, solidarischer Systemengagierter hervortun zu können und um dann gleichzeitig jene Programme und Instrumente durch alibihafte Scheinanwendungen wieder außer Kraft zu setzen. Auf diese Weise versanden gutgemeinte Prozesse, so bleibt trotz massiver Meetings, Schulungen und Instumenten alles beim alten. Ergo: Programme und Tools sind alles, aber nichts ohne den Menschen.

Lernen nach Vorschrift ist insofern genauso (in)effizient wie Arbeit nach Vorschrift. Im schlimmsten Fall sogar als Waffe benutzbar.

L.O. - "Verwalter" (Typ I bis III) spüren natürlich irgendwie dieses ihr Erfolgsdilemma. Sie wollen das Messer, aber fürchten die Klinge. Was tun? Das Risiko der Offenheit eingehen (lernen) ? In der Regel - so meine reichliche Erfahrung - lieber nicht. Stattdessen weitere (kostspielige) Massenproduktion neuer Konzepte, Ansätze, Programme, Methoden und Tools... .

L.O. Typ IV ist und bleibt also ein Ärgernis.

Es besteht - wenn ich es nochmals wiederholen darf - darin, daß ich das volle Lernpotential von Menschen nur bekomme, wenn ich (wir) auch bereit bin (sind), Inhalte, Sinn, Zweck und "Wesen" des Lernens (und Lehrens) selbst zum offenen, undeterminierten Problem zu machen; also Lernen IV im Sinne existentiellen Lernens zuzulassen :

> Ist das Lernen, das wir kennen und ausüben, eigentlich das Lernen, was wir inhaltlich und qualitativer wirklich brauchen?
> Und: Was brauchen wir wirklich?
> Und: Was ist denn "wirklich" ? [3]

Falls wir - wie viele denken - auf einer "sinkenden Titanic" leben, wofür denn dann noch all das viele instrumentelle, funktionalistische, angestrengte Lernen von Individuen, Gruppen, Organisationen ? Wofür dann noch die Stereoanlagen und Computer optimieren, die Klodeckel vergolden, die Speisen verfeinern, die Zeit beschleunigen?
Was nützt es, wenn wir unsere Großkonzerne und Großpyramiden "verschlanken", "filetieren" und in viele kleine bewegliche, teilautonome, interkontinentale Flottilienverbände aufgliedern und diese dann effektivieren und perfektionieren, wenn doch alle diese Schiffe sich auf einem globalen Strom befinden, dessen Strömungsgeschwindigkeit immer rasanter wird und

3 "wirklich" im Sinne langfristig - überdauernder, sich als end-gültig erweisende Realität, als Wahrheit" ?

der hinter der nächsten Flußbiegung in einen riesigen Katarakt hinabzustürzen droht ... ?!
Auch wenn man es ablehnt auf der Makroebene "Menschheit - Erde - Zukunft" in apokalyptischen Szenarien denken zu wollen, so holt manchen diese Frage dann doch spätestens auf der Mikroebene seines eigenen individuellen Schicksals bzw. angesichts seines eigenen Todes wieder ein ... . Die Frage nach dem Wohin und Wozu und nach dem Sein des menschlichen Leben läßt sich nicht unterdrücken und damit auch nicht die Frage nach der Qualität individuellen und organisationalen Lernens ... Oder?

Was also meint "Lernen" angesichts solcher individueller und kollektiver Grenz- und Kontextbedingungen? Angesichts zum Beispiel einer solchermaßen verstandenen Wirklichkeit ? Und was bedeutet das dann für die Gestaltung "lernender Organisationen"?

4. Des Pudels Kern: Die Lernende Organisation - ein theologisches Problem ?

In meinen Praxiserfahrungen und Nachdenkereien gelange ich seit geraumer Zeit immer wieder zu der Auffassung, daß Lernen IV (als Kern von L.O. Typ IV) in seinem Zentrum eigentlich ein theologisches Problem darstellt und psycho-sozial (z.B. mit Management - und OE Ansätzen) weder zu verstehen noch zu lösen ist. Dazu folgende Ausführungen:
Neutestamentliche Aussagen beleuchten diesen "Lernen IV" betreffenden existentiellen Zusammenhang des öfteren. So lädt Jesus alle ein, über "wirkliches" Lernen nachzudenken und in seine "Schule" zu kommen:

> "Kommt her zu mir alle, die ihr mühselig und
> beladen seid ! Ich will euch Ruhe geben.
> Nehmt mein Joch auf euch und lernt von mir!
> Denn ich bin sanftmütig und von Herzen demütig;
> so werdet ihr Ruhe finden für eure Seelen ...
> (Matth. 11, 28)

Ist diese hierin angesprochene Ruhelosigkeit und Getriebenheit unserer Seelen, die uns permanent "nervt" und anstachelt auch jene Kraft, die uns zu immer neuen und schnelleren Lernen nötigt (vgl. z.B. Wissensexplosion, Konkurrenzkampf, Produktlebenszyklen, Moden, etc.) und in seinem Lernerfolg - trotz aller technologischen Fortschritte - dennoch fragwürdig ist, bleibt und zunehmend fragwürdiger wird (Hamsterradeffekt)? Und was meint Jesus mit "kommt her und lernt von mir"?

Paulus (alias Saulus) lies sich von dieser spezifischen, alternativen, existentiellen "Lernaufforderung" Jesu ansprechen:

Als Inquisitor im Namen des Jerusalemer Hohenpriesters verfolgte er Anhänger Jesu bis zum Tode, begegnete dem Auferstandenen (Christus) vor Damaskus, wandelte seinen Namen und seine Identität von Saulus in Paulus, und fing an zu lernen, existentiell, ganzheitlich, empirisch. Kein Anpassungslernen, sondern Transformationslernen mit Paradigmasprung, in eine radikal andere Identität und in eine neue heilsame, gewaltverzichtende, dienende Lebensauffassung und - gestaltung.

Ist nicht das das Lernen, das wir wirklich brauchen, transzendierendes Lernen, ein Lernen, was unsere Mechanismen (d.h. Angst und Leere, Haß und Gier, Dummheit und Eitelkeit, etc., also jene in uns innewohnende SchweineHund-Natur mit seinen zwanghaften Teufelskreisen) durchbricht, und zwar so wie die Auferstehung den Tod ?
Und kann man ein solches Lernen organisieren? Sind "Kirche", "Religion", Sekten und esoterische Geheimbünde ein solcher Organisationsversuch und politische Ideologien (z.B. Faschismus, Kommunismus, Humanismus) deren säkularisierter Abklatsch ? Und was ist deren Erfolgsbilanz ? Und woran wiederum wollen wir diese messen ? An welchen Zielwerten und Kriterien? An den Früchten werdet ihr sie erkennen, sagte Jesus...

Jedenfalls: Das instrumentelle, anpasserische Lernen ("mehr desselben") auf der Basis der "SchweineHund - Mechanismen" ist ein deutlicher Holzweg. Holocaust und mögliche nihilistische Selbstvernichtung sind drohende Vorboten... . Alle säkularen Propheten warnen uns davor und fordern auf, doch endlich zu "lernen". Auch Paulus, vor knapp 2000 Jahren beschäftigte sich mit diesem Thema. Er setzt dabei SchweineHund-Syndrom, Lernen und Wahrheitsliebe in einen engen kausalen Zusammenhang und kommt zu pessimistischen Analyse-Resultaten (die wie eine moderne Fernsehreportage anmuten). In einem Brief an seinen Mitarbeiter Timotheus, Sohn einer jüdisch-christlichen Mutter und eines säkularen, griechischen Vaters (2.Tim, 3f.) schreibt er diesbzgl. folgendes:

> "Das sollst Du wissen: in den letzten Tagen dieser Welt werden schreckliche Zeiten kommen. Dann werden die Menschen nur sich selbst und ihr Geld lieben. Wichtigtuerei und maßlose Selbstüberschätzung werden sie ebenso kennzeichnen wie Verleumdung, Ungehorsam ihren Eltern gegenüber, Undankbarkeit und Ehrfurchtslosigkeit. Lieblos, kalt und unversöhnlich werden sie sein, ihre Mitmenschen hintergehen, hemmungslos leben, brutal und rücksichtslos. Sie hassen alles Gute und kennen keine Treue, sind unverschämte und aufgeblasene Sprücheklopfer, die nur ihr eigenes Vergnügen und ihre Bequemlichkeit im Kopf haben und von Gott absolut nichts wissen wollen ...
> Sie schleichen sich gerne in Häuser, verführen lose Menschen. Sünden beladen und von allen Arten von Begierden getrieben sind sie solche, die immer lernen wollen und doch niemals zur Erkenntnis der Wahrheit kommen können..."

"Lernen" und "Wahrheitsliebe bzw. -erkenntnis" wird hier eng und konditional auf einander bezogen. "Wahres Lernen" ist also auf Wahrheitserkenntnis ausgerichtetes und motiviertes Lernen - aus dessen Ergebnissen dann alles weitere instrumentelle Praxislernen folgt bzw. von daher gesteuert wird. Ohne existentielles Lernen IV ist Lernen I, II, III blindes und zukunftsleeres Lernen auf dem Niveau einer fleißigen Sumpfkuh oder dumpfen Brauereipferdes (Vgl. dazu 1 Joh. 2,27: "Die Welt vergeht und ihre Lust, wer aber den Willen Gottes (=Christi) tut, der bleibt in Ewigkeit").

Thomas von Kempen (15. Jh.) schreibt in seinem durch die Jahrhunderte weit verbreiteten Büchlein "Die Nachfolge Christi" über dieses "wahre lebenszentrierte Lernen" folgende interessante Zeilen:

"Gegen das eitle und weltliche Wissen"

1. Das wahre Wissen quilt aus Gottes Wort und Wesen.
2. Das wahre Wissen überstrahlt alles Menschenwissen.
3. Das wahre Wissen drängt zur Lebensbesserung.
4. Das wahre Wissen vermittelt Gott auf die verschiedenste Weise.

1. (Der Herr:) Mein Sohn, laß dich nicht verwirren durch schöne, scharfsinnige Worte der Menschen.
" Das Reich Gottes besteht nicht im Worte, sondern in der Kraft" (1Kor 4, 20). Auf meine Worte aber achte. Sie entzünden das Herz und erleuchten den Geist, führen zur Reue und bringen mancherlei Trost. Lies niemals ein Wort, um gelehrter und weiser erscheinen zu können. Sei bestrebt, deine Fehler abzulegen; das wird dir mehr Nutzen bringen als die Kenntnis vieler schwieriger Fragen. Hast du vieles gelesen und erkannt, kehre immer wieder zu dem einem Urgrund zurück; das ist notwenig.

2. Ich bin es, der "die Menschen das Wissen lehrt (Ps 94,10). Ich gebe den Kleinen ein Verstehen, das heller ist, als Menschenlehre es vermitteln kann, zu wem ich spreche, der wird schnell weise sein und viel zunehmen im Geiste. Wehe denen, die wer weiß was alles von den Menschen zu erfahren suchen und sich um die Frage, wie sie mir dienen können, kaum kümmern. Kommen wird die Zeit, da der Meister, Christus, der Herr der Engel, erscheint, um allen ihre Lexion abzuhören, d.h. um jedes Gewissen zu prüfen. Dann wird "Jerusalem mit Laternen durchsucht" (Zef 1, 12), das "dichteste Dunkel wird offenbar werden" (1 Kor 4, 5), und die Zungen werden keine Beweise mehr vorbringen.

3. Ich bin es, der den demütigen Geist in einem Augenblick so erhebt, daß er gründlicher in die ewige Wahrheit eindringt, als wenn einer zehn Jahre an den Schulen studiert hätte. Meine Lehre ist kein Schwall von Worten, kein Durcheinander von Meinungen, kein Suchen nach Anerkennung, keine Beweisfechterei. Ich bin es, der da lehrt, das Ewige zu suchen und zu kosten, die Ehren zu fliehen, Ärgernisse zu ertragen, alle Hoffnung auf mich zu setzen, außer mir nichts zu wünschen und mich über alles glühend zu lieben.-

4. Einer, der mich innig liebte, wurde dadurch des Göttlichen inne und sprach wunderbare Worte. Indem er alles verließ, hat er größere Fortschritte gemacht, als wenn er hohen Studien obgelegen hätte. Doch rede ich zu diesen nur über allgemeine, zu jenen über besondere Fragen. Dem einen erscheine ich in lieblichen Zeichen und Bildern, den anderen enthülle ich die Geheimnisse in einer Fülle von Licht. Die heiligen Bücher reden mit einer Sprache, aber sie unterrichtet nicht alle in gleicher Weise. Denn ich bin innerlich als Lehrer tätig, ich, die Wahrheit. Ich "erforsche das Herz" (Weish 1, 6), ich kenne die Gedanken, ich treibe zur Tat, ich teile einem jeden zu, wie ich es für recht finde"(S. 271 f.)".

Lernen IV also umfaßt diese radikalen, in die Tiefe des menschlichen (Bewußt)seins vordringenden Fragen nach dem Lernen, dem Lernenden und dem Leben überhaupt. [4]

Von daher auch die Skepsis, ob nicht all unser Lernen individuelle Profitmaximierung intendiere, Sicherung von Selbstreferentialität bzw. Selbstreproduktion von immer gleichen Untergangsmustern beinhalte... .
Lernen ist vielleicht im Wesentlichen nur Vermeidungslernen, Verdrängungslernen, gespeist von Haß auf jede Art von Selbsterkenntnis und dem Nicht-wahr-haben-wollen unser Endlichkeit, Nicht-Göttlichkeit und Erlösungsbedürftigkeit ? Lernen als Beschäftigungstherapie und

4 Damit ist keineswegs gesagt, daß instrumentell - funktionalistisches Lernen unnötig, minderwertig oder gar unnütz sei. Ganz im Gegenteil. Christus selbst fordert auf seine Talente einzusetzen, beruflich - soweit möglich - etwas zu leisten und anderen im Alltag von Nutzen zu sein. Trittbrettfahrer haben keine biblische Legitimation!

Wahrheitsflucht ? Hilfloser Versuch von Selbsterlösung und Suche nach dem verlorenen Paradies ... ?
Wie soll / kann denn unter solchen Tiefenbedingungen transzendierendes Lernen und ein gemeinsames sich in Organisationsstrukturen, -systemen und -kulturen niederschlagendes, individuelles und kollektives Wissen entwickeln und verteilen, wenn wir Wahrheit, Offenheit, Zuverlässigkeit, Treue, Pflicht, Disziplin, Kritik, Vertrauen, Gemeinschaft und Verantwortung nicht mehr haben und leben wollen oder leben können ? Wenn das Existenzial "Sünde" verhöhnt, verharmlost oder tabuisiert wird?
Sind Liebe (Nächsten- und Gottesliebe) sowie Wahrheit (subjektive Ehrlichkeit / Authentizität und absolute Wahrheit Christi) zentrale Voraussetzungen für Lernende Organisationen, wenn sie über triviales, systemimmanentes Reproduktions- und Anpassungslernen hinauskommen wollen, bzw. schärfer formuliert, hinauskommen müssen, wenn wir überleben wollen ?

L.O. setzt Vertrauen, Offenheit, Wahrhaftigkeit und Geborgenheit voraus, fordert eine kritisch-konstruktive Feedbackkultur mit relativ narzißmus-, selbstrechtfertigungs- und zwangsfreien Menschen, mit Demut, "Irrtumsfähigkeit", Sanftmut und Veränderungsbereitschaft ausgestattet, die in einer Atmosphäre von kreativ-zerstörerischer Freiheit dennoch verbindlich und verantwortlich für´s gemeinsame Wohl zukunftsfähiges Leben zu schaffen in der Lage sind ... .

Wer von uns schafft denn das ?

Wo wir noch nicht einmal halbwegs gerechte und wirksame "Sparpakete" hinkriegen... . Und wo wir unsere Fernsehkanäle vollstopfen mit frech grinsenden Sodom-und-Gomorrah Shows, also Werte propagieren, die unseren SchweineHund-Defekt verstärken, nicht aber Basiskultur und Tugenden für L.O. Typ IV fördern... .

Nun wird mancher sagen: Schön und gut, aber jetzt Schluß mit diesen sektierischen Höhenflügen. Back to basics! Schließlich müssen wir hier auf dieser Erde und mit den Menschen klarkommen, die nun mal so sind, wie sie sind... .

Back zu welchen basics? Und was heißt heutzutage eigentlich "klarkommen"?

Seien wir furchtlos, ehrlich und analytisch redlich:

L.O. im Hochsinne des Typs IV ist nur in einer vom SchweineHund-Syndrom erlösten Welt mit "neuen", sündenfreien Menschen möglich. Diese aber haben wir faktisch-empirisch jedoch erst nur in einzelnen, sehr umfochtenen Ausnahmefällen. Flächendeckend sieht unsere Geschichtsvergangenheit und Alltagsrealität in Business, Politik, Massenmedien und Familie ganz anders aus.

"Also, aus der Traum!", seufzen einige, "Gott sei Dank!"! sagen erleichtert andere (Welchem Gott sei Dank ?).

Was also bleibt ? Welches Fazit läßt sich ziehen? Ich denke folgende Punkte können skizzenhaft angeführt werden:

5. Fazit

1. Aufgeklärte Nüchternheit, Realität, Sinn für das Kleine und Machbare:
   L.O. ist nur bis Typ III erreichbar.
   Alles was darüberhinaus geht ist Eugenspiegelei, Irrlicht, Ideologie, legt uns rein, wird uns hoffnungslos überfordern, wird uns ent-täuschen ... und sinnlose Menschenopfer (wie alle Ideologien) fordern.
   Also die Finger weg davon !

2. **ABER:**
   L.O. Typ IV ist im Sinne eines kontrafaktischen Leitmodells paradoxerweise dennoch gleichzeitig notwendig und unverzichtbar:
   Typ IV kann als richtungsgebende Orientierungsvision dienen und kreativ-unruhige Kritikfähigkeit mobilisieren und wachhalten. Der Typ IV ähnelt dem Polarstern. Dieser wird ja auch nicht von Kapitänen und Matrosen angestrebt. Für Navigationszwecke indes ist er außerordentlich nützlich. Niemand würde den Polarstern abschaffen, nur weil er nicht erreichbar ist ...

3. Auch wenn es den wenigsten paßt und die meisten ärgert: Unser eigentliches Lernthema ist Christus. Auch in der Wirtschaftswelt. Denn diese bildet keine Insel von Freischärlern, sondern ist verflochtener integraler Bestandteil unseres gemeinsamen, jetzigen und zukünftigen Lebens auf dem Raumschiff Erde. Wir können uns, in welchem Subsystem auch immer, selbst nicht mehr aus dem Weg gehen, vor uns selbst weglaufen... .

4. Gleichzeitig geschieht die Transzendenz unserer Existenz jedoch Tag für Tag in der Immanenz unseres irdischen Lebens. Organisationen und die in ihnen tätigen Menschen haben sich - wenn sie ihr Brot weiter verdienen wollen und das Leben für lebenswert halten - den Anforderungen unserer Welt zu stellen. Weltflucht ist ausgeschlossen.
   Komplexität und Dynamik nehmen zu, Macht, Ohnmacht und Risiko ebenfalls - und dieses muß individuell und kollektiv-organisatorisch bewältigt werden. "Nichts tun" ist keine Alternative!
   Trotz apokalyptischer Menschendämmerung (also des empirischen Offenbar-werdens dessen, was der Mensch ist) und den Fesseln und Bremsen unseres SchweineHund-Defekts haben wir unsere "Apfelbäumchen" zu pflanzen (Luther) und lernende Organisationen zu entwickeln. Wir haben keine andere Wahl.

5. Die Verfunktionalisierungsverweigerung mancher Zeitgenossen und ihre Abneigung gegen reduzierende, bloß funktionalistische Lern-organisationen ist ein Zeichen, daß wir noch nicht tot sind.
   Aber "nicht tot" zu sein, ist noch nicht das Leben, das wir suchen und brauchen... .

6. Ich glaube, meine Frau hat Wahrheit ausgesprochen als sie neulich in diesem Kontext mich aufforderte, ruhig weiter Unternehmen in Richtung L.O. zu beraten und zu trainieren. Sie sagte paradoxerweise:

   " Die Unternehmen müssen sich bemühen, lernende Organisationen (im Sinne von Typ IV) zu werden, damit sie daran scheitern können. Erst im Scheitern werden sie vielleicht bereit, die tieferen Fragen zu zulassen und zu stellen... die Frage Gottes: "Adam, Eva wo bist Du ?"

7. Lernen IV / L.O IV ist als also als kritischer Unruhestifter aufrechtzuhalten. Das war auch der Zweck dieses Aufsatzes.

Zusammenfassung im Bild:

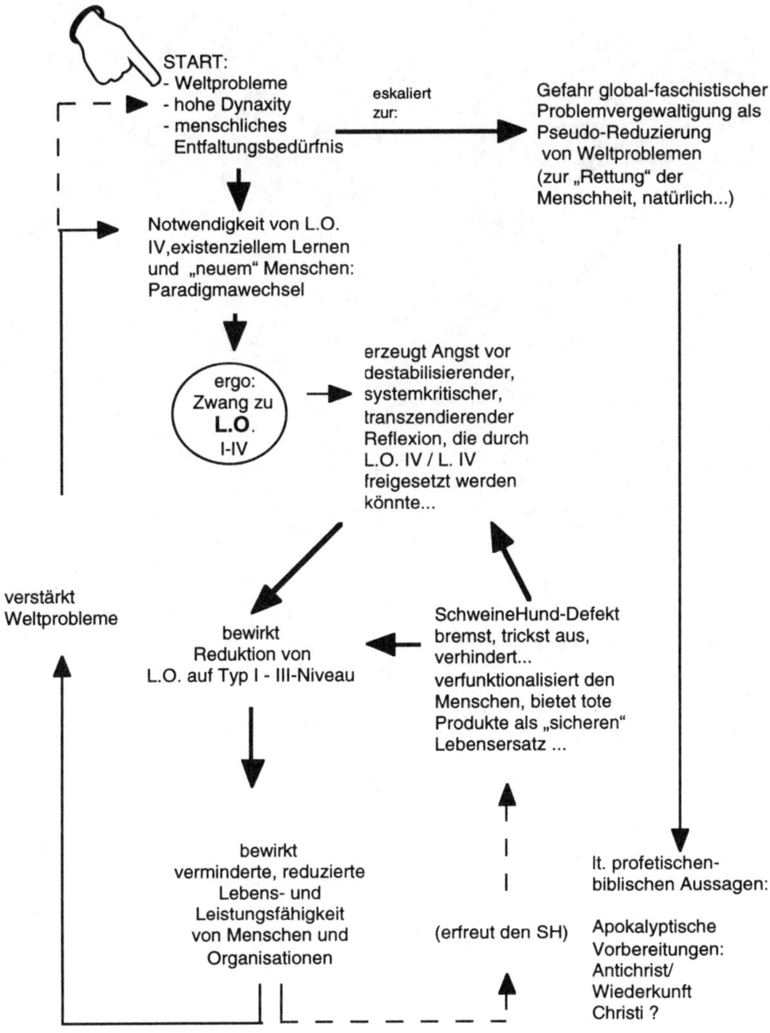

15. LITERATUR

ANTONOFF, R. (1987): Sinnergie. In: Frankfurter Allgemeine Zeitung (Blick durch die Wirtschaft) vom 2.4.1987

ARGYRIS, C. (1982): Reasoning, Learning and Action, San Francisco 1982

ARGYRIS, C. (1990): Overcoming Organizational Defenses, Boston 1990

ARGYRIS, C. (1993): Defensive Routinen, in: Fatzer, G. (1993), S. 179-226

ARGYRIS, C./SCHÖN, D. (1978): Organizational Learning: A Theory of Action Perspective, Reading (Mass.) 1978

ATTEMS, R. (1990), Chaos und Management, in: industrie 9/90, S. 16-18

BACKHAUS, K./BONUS, H., Hrsg., (1994): Die Beschleunigungsfalle oder der Triumph der Schildkröte, Stuttgart 1994

BAECKER, D. et.al. (Hrsg.), (1987): Theorie als Passion, Frankfurt/Main 1987

BALCK, H./KREIBICH, R., Hrsg. (1991): Evolutionäre Wege in die Zukunft. Wie lassen sich komplexe Systeme managen? Weinheim und Basel 1991

BAEYER, V.W./BAEYER-KATTE, V.W. (1971): Angst, Frankfurt 1971

BARTÖLKE, K. (1980): Organisationsentwicklung, in: Grochla, E. (Hrsg.) Handwörterbuch der Organisation, (2. Aufl.), Stuttgart 1980

BARTÖLKE, K./FRIECKE, W./RIECKMANN, H./WÄCHTER, H. (1979): OD in the Federal Republic of Germany and Austria as a Search for Changing Employer - Employee Relationsships., Arbeitspapier Nr. 38 des Fachbereichs Wirtschaftswissenschaft der Gesamthochschule Wuppertal 1979

BATESON, G. (1972): The Logical Categories of Learning and Communication, in: Bateson G. (Hrsg.): Steps to an Ecology of Mind, New York 1972

BECKER, H. (1982): Krisen als Herausforderung - Was nutzt "Organisationsentwicklung"?, in: Zeitschrift Organisation, 5-6/1982, S. 276-282

BECKER, H./LANGOSCH, I. (1984): Produktivität und Menschlichkeit. Organisationsentwicklung und ihre Anwendung in der Praxis, Stuttgart 1984

BEER, M. (1989): "Auf dem Weg zu einer Neudefinition der Organisationsentwicklung: eine Kritik des Forschungsansatzes und der Methode, in: Zeitschrift Organisationsentwicklung, (8) 3/1989, S. 11-13

BEER, M. (1989): "Die OE hat wenig Identität und Theorie und muß sich mehr den Aspekten der Wirtschaftlichkeit widmen." (ZOE-Interview, Fazit eines Gesprächs K. Trebesch mit M. Beer), in: Zeitschrift Organisationsentwicklung, (8) 3/1989, S. 14-17

BEER, S. (1981): Brain of the Firm - The Managerial Cybernetics of Organization (2. Aufl.), Chichester 1981

BENNIS, W. (1972): Organisationsentwicklung. Ihr Wesen, ihr Ursprung, ihre Aussichten, Baden-Baden 1972

BENNIS, W. G./BENNE, D.D./CHIN, R. (1969 (1976)): The Planning of Change (3rd ed.), New York 1969 (1976)

BENÖLKEN, H./GREIPEL, P. (1989): Strategische Organisationsentwicklung. Langfristige Unternehmenssicherung durch integrierte Strategie- und Organisationsentwicklung, in: Zeitschrift Organisation, 1/1989, S. 15-26

BERTALANFFY, L. v. (1973): General System Theory - Foundations, Development, Applications, Harmondsworth 1973

BETSCHEL, A. (1990): Verführerische Lehren der Endzeit; Hamburg (CMF) 1990

BIBEL,(1983): Hoffnung für alle. Das Neue Testament, Basel/Gießen 1983

BILLHEIMER, P.E. (1985): Durchbruch zur Herrlichkeit, Aßlar 1985

BINDER, K.(1989): Brauchen Manager eine neue Ethik?, in: Personalführung 1989/7, S. 680-685

BLAKE, R.R./MOUTON, J.S. (1967): Grid organization development, in: Personnel Administration, Jan/Feb/1967

BLAKE, R./MOUTON, J.S. (1968): Verhaltenspsychologie im Betrieb, Düsseldorf/Wien 1968

BLEICHER, K. (1991): Das Konzept Integriertes Management, Frankfurt/Main 1991

BOCHENSKI, J.M. (1951): Europäische Philosophie der Gegenwart, Bern/München 1951

BOOS, F. (1991): Zum Machen des Unmachbaren. Unternehmensberatung aus systemischer Sicht, in: Balck/Kreibich 1991, S. 101-127

BÖCKMANN, W. (1984): Wer Leistung fordert, muß Sinn bieten, Düsseldorf/Wien 1984

BRIEFS, U. (1980): "Organisationsentwicklung" im Spannungsfeld von Systembedingungen und "Humanisierungsanspruch" - Anmerkungen zur OE aus gewerkschaftlicher Sicht, in: Trebesch, K. (Hrsg.) Organisationsentwicklung in Europa, Bd. 1A, Bern 1980

BRIEFS, U. (1981): Zur Diskussion über Organisationsentwicklung. Alternativen aus gewerkschaftlicher Sicht, in: AGP-Mitteilungen 231/1981 S. 6f

BUCHHOLZ, S. (1996): Was morgen zählt ... , in: Landmesser, M.L./Sczepan, J. (Hrsg.), Was morgen zählt ... Zukunft in Wirtschaft und Gesellschaft erfolgreich gestalten, Neuhausen-Stuttgart 1996

BUNDESVERBAND JUNGER UNTERNEHMER (1978): Leitfaden Organisationsentwicklung, Wuppertal 1978

BURKE, W. (ed) (1978): The Cutting Edge: Current Theory and Practice in Organization Development, La Jolla, CA 1978

CHAMBERS, O. (1961): Mein Äußerstes für Sein Höchstes, Tägliche Betrachtungen, Bern 1961

CHAPMAN, C. (1984): Argumente für den Glauben, Handbuch, Witten 1984

CLARK, J.V./KRONE, C. (1972): Towards an overall View of Organizational Development in the early Seventies, in: *Thomas, J.M./Bennis, W.G.*, The Management of change and conflict, Harmondsworth 1972, S. 284 f.

COCH, L./FRENCH, J. (1948): Overcoming Resistance to Change, in: Human Relations (1) 1948, S.512-532

COHEN, M.D./SPROULL, L.S., (eds), (1996): Organizational Learning, Thousand Oaks - California 1996

CROCKETT, W.J. (1974): An unfinished Revolution, in: Industrial Training International (9) 10/1974

COMELLI, G. (1985): Training als Beitrag zur Organisationsentwicklung. Handbuch der Weiterbidlung für die Praxis in Wirtschaft und Verwaltung, München 1985

CUMBEY, C. (1986): Die sanfte Verführung . Aßlar 1986

DAM, van, W.C. (1986): Okkultismus und christlicher Glaube, Schorndorf 1986

DAVIS, L.E. (1977): Job Design: Overview and Future Direction, in: Journal of Contemporary Business, Nr. 6. Seattle 1977, S. 85-102

DAVIS, L.E./TAYLOR, T.C. (eds.) (1972): Design of Jobs, Harmondsworth 1972

DOPPLER, K. u.a. (1982): Ein Orientierungsrahmen für die Qualifizierung in OE, in: Organisationsentwicklung 4/82, S. 33-41

DOPPLER, K. (1989): Gruppendynamik und Organisationsentwicklung: Von der Bedeutung systemischen Denkens für die Professionalität von Trainern und Beratern, in: Zeitschrift Organisationsentwicklung, (8) 4/1989, S. 17-23

DOPPLER, K./LAUTERBURG, CH. (1994): Change Management. Den Unternehmneswandel gestalten, Frankfurt/Main 1994

DÖRNER, D. (1981): Über die Schwierigkeiten menschlichen Umgangs mit Komplexität, in: Psychologische Rundschau, (2) 3/Juli/1981

DÖRNER, D. (1989): Die Logik des Misslingens. Strategisches Denken in komplexen Situationen, Hamburg 1989

DÖRNER, D./KREUZIG, H./REITHER, F./STÄUDEL, T. (1983): Vom Umgang mit Unbestimmtheit und Komplexität, Stuttgart 1983

DRUCKER, P.F. (1996): Umbruch im Management - Was kommt nach dem Reengineering?, Düsseldorf 1996

DYLLICK, T. (1983): Management als Sinnvermittlung, iln: gdi impuls 3/1983; S. 3 ff

ECO, U. (1982): Der Name der Rose, München/Wien 1982

EINSTEIN, A. (1965): Mein Weltbild, Berlin 1965

ELDEN, M. (1985): Organization Development as Organizational Democratization?, in: Tannenbaum, R. u.a. Leadership and Organization, La Jolla 1985

EMERY, F.E. (1969): System Thinking. Harmondsworth 1969

EMERY, F.E./THORSRUD, E. (1969): Form and Content in Industrial Democracy, London 1969

EMERY, F.E./TRIST, E.L. (1969): Socio-Technical Systems, in: Emery, F.E. (Hrsg.) System Thinking, Harmondsworth 1969

EVANS, M.G. (1974): Failures in OD Programs - what went wrong?, in: Business Horizons, (17) 2/1974, S. 18-22

EXNER, A./KÖNIGSWIESER, R./TITSCHER, S. (1987): Unternehmensberatung - systemisch. Theoretische Annahmen und Interventionen im Vergleich zu anderen Ansätzen, in: DBW Heft 3, S. 265-284

FARAH, CH. (1990): Von der Zinne des Tempels, Hamburg 1990

FATZER, G. (1992): Prozeßberatung als Organisationsberatungsansatz der neunziger Jahre, in: Wimmer (1992), S. 115-127

FATZER, G., Hrsg. (1990): Organisationsentwicklung für die Zukunft, Köln 1993

*FATZER, G./ECK, C.D. Hrsg. (1990):*Supervision und Beratung, Köln 1990

FERGUSON, M. (1982): Die sanfte Verschwörung. Basel 1982

FISCHER, H.R., Hrsg. (1991): Autopoiesis. Eine Theorie im Brennpunkt der Kritik, Heidelberg 1991

FISCHER, H.R./RETZER, A./SCHWEITZER, J., Hrsg. (1992): Das Ende der großen Entwürfe, Frankfurt/Main 1992

FOSTER, M./LAWRENCE, W.G./RIECKMANN, H./SIEVERS, B. (1981): The Role of the Parties concerned in the Desing and Setting up of New Forms of Work Organization - A Comparison of Six Greenfield Site Projects - London/Wuppertal 1981
The Tavistock Institute of Human Relations, Doc. No. 2 T 388/The European Foundation für the Improvement of Living and Working conditions

FOURIER, ST. (1995): Human Quality Management, Wiesbaden 1995

FRANKL, V.E. (1967): Theorie und Therapie der Neurose - Einführung in die Logotherapie und Existenzanalyse, München-Basel 1967

FRANKL, V.E. (1973): Der Mensch auf der Suche nach Sinn, Freiburg 1973

FRANKL, V.E. (1977): Vom Leiden am sinnlosen Leben, Freiburg 1977

FRANKL, V.E. (1981): Die Sinnfrage in der Psychotherapie, München 1981

FRICKE, W. (1978): Autonomieorientierte Organisationsentwicklung als gemeinsamer Lernprozeß von Wissenschaftlern und Arbeitern, in: *Bartoelke u.a.* (Hrsg.): Arbeitsqualität in Organisationen, Wiesbaden 1978, S. 277 f

FRANKLIN, J.L. (1976): Characteristics of Successfull and Unsuccessfull Organization Development, in: Journal of Applied Behavioral Science, (12) 4/1976, S. 471-492

FRENCH, W.L./BELL, C.H. (1982 (1979)): Orgnisationsentwicklung. Sozialwissenschaftliche Strategien zur Organisationsveränderung, 2. Aufl., Stuttgart 1982 (1979)

FRIELING, R. (1987): Christentum und Islam. Der Geisteskampf um das Menschenbild; Frankfurt/Main 1987

FROMM, E. (1941): Escape from Freedom, New York 1941

FROMM, E. (1976): Haben oder Sein, Stuttgart 1976

FROMM, E. (1974): Anatomie der menschlichen Destruktivität, Stuttgart 1974

FUCHS, W. (1987): Vom "Manager des Erfolges" zum "Manager für Gott", in: Stimme (Mitteilungsblatt der "Geschäftsleute des Vollen Evangeliums") Nr. 874/87, S. 10-12

GAVIN, J.F./MC PHAIL, S.M. (1978): Intervention and Evaluation: A Proactive Team Approach to OD, in: Journal of Applied Behavioral Science, (14) 2/1978, S. 175-195

GASPARI, CH./MILLENDORFER, H. (1978): Konturen einer Wende, Strategien für die Zukunft, Graz 1978

GEHLEN, A. (1963): Urmensch und Spätkultur, 2. Auflage, Frankfurt 1963

GEHLEN, A. (1966): Der Mensch - Seine Natur und seine Stellung in der Welt, 8. Auflage, Frankfurt/Main 1966

GEISELHART, H. (1995): Wie Unternehmen sich selbst erneuern, Wiesbaden 1995

GEIßLER, H. (1994): Grundlagen des Organisationslernens, Weinheim 1994

GESELLSCHAFT FÜR ORGANISATIONSENTWICKLUNG (GOE) E.V. (1980): Leitbild und Grundsätze der Gesellschaft für Organisationsentwicklung ("Credo"), Langenfeld 1980

GERKEN, G. (1985): Der Einzug der Spiritualität in das Business. In: Management Wissen 2/85, S. 27 ff.

GERKEN, G. (1986): Der neue Manager, Freiburg i.B. 1986

GITT, W. , Hrsg. (1982): Am Anfang war die Information. Forschungsergebnisse aus Naturwissenschaften und Technik, München/Gräfelfing 1982

GITT, W. (1985): Logos oder Chaos. Aussagen und Einwände zur Evolutionslehre sowie eine tragfähige Alternative, Neuhausen-Stuttgart 1985

GITT, W. (1990): Schuf Gott durch Evolution?, Neuhausen-Stuttgart 1990

GLASL, F. (1983): Wie geht Organisationsentwicklung mit Macht in Organisationen um?, in: Zeitschrift Organisationsentwicklung, (2) 2/1983, S. 41-71

GLASL, F. (1990): Konfliktmanagement: Diagnose und Behandlung von Konflikten in Organisationen, (2. Aufl.), Ein Handbuch für Führungskräfte und Berater, Bern 1990

GLASL, F./HOUSSAYE, L.D.I. (1975): Organisationsentwicklung. Das Modell des Instituts für Organisationsentwicklung (NPI) und seine praktische Bewährung, Bern 1975

GLASERNAPP, H.v. (1957): "Die nichtchristlichen Religionen"; Fischer-Lexikon; Frankfurt/Main 1957

GOEBEL, H.J. (1987): Vogelschau. Management-Technik: Denken in Systemen, in: Capital 4/87, S. 295 f

GOMEZ, P./ PROBST, G. J. B. (1989): Fehler im Umgang mit der Komplexität, in: Hernsteiner 2/89, S. 16 - 20

GOTTLIEB-DUTTWEILER-INSTITUT (GDI): System-Management: Vernetzt denken - systemorientiert führen - strategisch handeln. Seminar des GDI, CH-8803 Rüschlikon.

GOTTLIEB-DUTTWEILER-INSTITUT (GDI): Organisationsentwicklung. Berufsbegleitender Lehrgang.

GOTTLIEB-DUTTWEILER-INSTITUT (GDI): Führung und Zukunft (Seminar).

GOTTSCHALL, D. (1985): New Age. Warten auf die Wende, in: Management Wissen 2/85, S. 11 f

GRAF, G. (1996): Das Phänomen Lean Management, Wiesbaden 1996

GREINER, L.E. (1972): Evolution and Revolution as Organizations Grow; in: Havard Business Review, July/August 1972, S. 37 f.

GRÜN, A. (1980): Lebensmitte als geistliche Aufgabe, Münsterschwarzach 1980

GUARDINI, R. (1980): "Der Herr. Über Leben und Person Jesu Christi", Paderborn 1980

HAGE, U. (1980): Auf dem Wege zur Organisationsentwicklung, in: Industrielle Organisation 1/80, S. 13 f

HAHNE, P. (1993): Leid,Stuttgart 1993

HAMMER, M./CHAMPY, J. (1994): Business Reeingineering. Die Radikalkur für das Unternehmen, Frankfurt/Main 1994

HANEGRAAFF, H. (1993): Christianity in Crisis; Harvest House Publishers, Eugene, Oregon, 1993

HANNA, D. P. (1988): Designing Organizations for High Performance, Reading, Mass. 1988

HARENDT, B. (1991): Solving Complex Problems in Industry. Ph.-D. Thesis, Aachen 1991

HEINER, W. (1971): "Warum unbedingt Jesus?", 3. Aufl., Wuppertal 1971

HEINTEL, P. (1985): Institutions- und Organisationsberatung, Typoskript, Klagenfurt 1985

HEINTEL, P. (1988): Menschenbild und Arbeitsorganisation, in: Meyer-Dohm, P./Tuchtfeldt, E./Wesner, E. (Hrsg.): Der Mensch im Unternehmen, Bern 1988, S. 141-168

HEINTEL, P. (1993): Personalentwicklung in der Spannung von Organisation, Funktion und Person. In: Laske, St./Gorbach, St. (Hrsg.), Spannungsfeld Personalentwicklung, Wien 1993

HEINTEL, P. (1994): Götterdämmerung. Der Abschied von herkömmlichen Machbarkeitsillusionen, Klagenfurt 1994, Typoskript

HEINTEL, P./GÖTZ, K. (1994): Den Wandel begleiten, in: Götz, K. u.a. (Hrsg.); Umbrüche - Aufbrüche. Menschen und Organisationen im Wandel, Würzburg 1994

HEINTEL, P./KRAINZ, E. (1987): Projektmanagement, Wiesbaden 1987

HEMMINGER, H. (1987): Die Rückkehr der Zauberer. New Age - Eine Kritik, Reinbek bei Hamburg 1987

HENNING, K./MARKS, S./STORK, W. (1987): Kybernetische Unternehmensorganisation am Beispiel eines mittelständischen Unternehmens. Jahrestagung der Gesellschaft für Wirtschafts- und Sozialkybernetik 1986. In: Betriebswirtschaftliche Systemforschung und ökonomische Kybernetik, Berlin 1987

HENNING, K./MARKS, S. (1989): Application of Cybernetics in Organizational Development. 2nd International Symposium on System Research , Informatics and Cybernetics. 11-16.8.1989, Baden-Baden

HENNING,K./MARKS, S. (1990): Systemisches Management. Ein organisationskybernetischer Ansatz zur Steuerung von Unternehmen in turbulenten Umwelten. In: Czap, H. (Hrsg): Unternehmensstrategien im sozio-ökonomischen Wandel, Berlin 1990, S. 197-198

HENNING,K./ISENHARDT,I. (1992): Organizational development in a large hospital. Beitrag zur : "6th International Conference on Systems Research Informatics and Cybernetics" , Baden-Baden, August 1992

HENNING, K. (1993): Spuren im Chaos, München 1993

HENNING, K./HARENDT, B., Hrsg. (1992): Methodik und Praxis der Komplexitätsbewältigung, Berlin 1992

HENNING, K. (1992): Zukunftsgestaltung in einer Welt wachsender Turbulenzen. In: Henning,K./Harendt, B., (Hrsg.), Methodik und Praxis der Komplexitätsbewältigung, Berlin 1992

HENNING,K./ISENHARDT,I. (1994): Kybernetische Organisationsentwicklung - Gestaltungsprinzipien für komplexe, sozio-technische Systeme. In: Interaktion - Modellierung, Kommunikation und Lenkung in komplexen Organisationen, Berlin 1994

HENNING,K./STRINA,G,/WOLLENWEBER, D. (1994): Die selbstähnliche Fabrik - eine Sichtweise zu technischen und menschlichen Fragen unserer Zeit. In: Scheel,J./Hacker,W./Henning,K. (Hrsg.) : Fabrikorganisation neu begreifen, Köln 1994, S. 11-23

HENNING, K./HENNING, R. (1995): Die Chaosfalle - in turbulenten Umwelten systemisch führen. Controller Magazin, Planung und Produktion,1995, Nr. 3/95, S. 18-22

HENNING, K./SCHEEL, J./HACKER, W. (1994): Fabrikorganisation neu begreifen - Mit ganzheitlichen Gestaltungsprozessen zu Wettbewerbsvorteilen, Aachen 1994

HENNING,K./SCHWIMWEG, R./WOLLENWEBER, D. (1994): Neue Organisationsstrukturen zur Verbesserung des Material- und Informationsflusses, in: Aachener Textile Conference, Aachen 1994, S. 85-106

HERNSTEIN (INTERNATIONALES MANAGEMENT-INSTITUT): Organizational Transformation, Internationale Top-Management Veranstaltung, Schloß Hernstein, Österreich, 26.-28.1.1987

HERZBERG, F./SNYDERMAN, B.B. (1959): The Motivation to Work. New York 1959

HEYSE, V./ METZLER, H., Hrsg., (1995): Die Veränderung managen, das Management verändern, Münster; NewYork 1995

HOFMANN, M., Hrsg. (1991): Theorie und Praxis der Unternehmensberatung. Bestandsaufnahme und Entwicklungsperspektiven, Heidelberg 1991

HOPPENWORTH, K. (1977): Der Buddhismus; Wannweil 1977

HUNG, I./McMAHON, T.A. (1987): Die Verführung der Christenheit, Bielefeld (CLV) 1987

HUSE, E.F. (1980/1985): Organization Development and Change, St. Paul, Minn. (3. Aufl. zusammen mit *CUMMINGS, T.G.* 1985)

HUXLEY, J. (1964): Essays of a Humanist, London 1964

ISENHARDT, I. (1994): Komplexitätsorientierte Gestaltungsprinzipien für Organisationen - dargestellt an Fallstudien in Reorganisationsprozessen in einem Großkrankenhaus, Aachen 1994

JENKINS, D. (1974): Job Power, London 1974

JUNG, C.G. (1976): Gesammelte Werke, Olten 1976

JUNKER, R./ SCHERER, S. (1986): Entstehung und Geschichte der Lebewesen. Daten und Deutungen für den schulischen Bereich, Gießen 1986

KAPPLER, E. (1972): Systementwicklung. Lernprozesse in betriebswirtschaftlichen Organisationen, Wiesbaden 1972

KAPPLER, E. (1980): Wem nützt Organisationsentwicklung? Acht kritische Thesen und ihre Begründung, in: Koch u.a. (1980), S. 214-226

KASPER, H. (1987): Organisationskultur. Über den Stand der Forschung, Wien 1987

KASPER, H. (1990): Die Handhabung des Neuen in organisierten Sozialsystemen, Berlin 1990

KATZENBACH,J.R./MCKINSEY RCL-TEAM (1996): Pioniere des Wandels, Wien 1996

KAUSEMANN, J. (1990): Hiob. Geheimnis des Leidens, Dillenburg 1990

KEMM, R./HIERSBRUNNER, D., Hrsg. (1990): Entwicklungspotentiale erkennen und nutzen, Bern 1990

KERN, P. (1994): Wirtschaft und Ethik, Frankfurt/Main 1994

KETS de VRIES, M. (1980): Organizational Paradoxes: Clinical Approaches to Management, London 1980

KIMER, P. (1991): Engel des Lichts im 20. Jahrundert, Hamburg (CMF) 1991

KIRSCH, W. (1992): Kommunikatives Handeln, Autopoiese, Rationalität. Sondierungen zu einer evolutionären Führungslehre, München 1992

KIRSCH, W./ESSER, W. M./GABELE, E. (1979): Das Management des geplanten Wandels von Organisationen; Poeschel; Stuttgart 1979

KIRSCH, W./TRUX, W. (1979): Strategische Frühaufklärung Portfolio-Analyse, in: Zeitschrift für Betriebswirtschaft-Ergänzungsheft 2, 1979, S. 47 ff

KLIMECKI, R.G./PROBST, G.J.B./EBERL, P. (1991): Systementwicklung als Managementproblem, in: Staehle/Sydow (1991), S. 103-162

KNYPHAUSEN, D. ZU (1988): Unternehmungen als evolutionsfähige Systeme. Überlegungen zu einem evolutionären Konzept für die Organisationstheorie, München 1988

KOCH, U./MEUERS, H./SCHUCK, M., Hrsg. (1980): Organisationsentwicklung in Theorie und Praxis, Frankfurt/Main 1988

KOMMESCHER, G./WITSCHI, U. (1992): Die Praxis der systemischen Beratung, in: ZOE, Heft 2/1992, S. 22-33

KÖNIGSWIESER, R.; LUTZ, Ch. (1990): Das systemisch evolutionäre Management, Wien 1990

KRATKY, K.W., Hrsg. (1991): Systemische Perspektiven. Zur Theorie und Praxis systemischen Denkens, Heidelberg 1991

KRAUS, H./KAILER, N./SANDNER, K., Hrsg. (1990): Management Development im Wandel, Wien 1990

KRIEG, W. (1985): Management- und Unternehmensentwicklung - Bausteine eines integrierten Ansatzes, in: *Probst/Siegwart (Hrsg.)* Integriertes Management, Bern 1985

KRIZ, J. (1989): Grundkonzepte der Psychotherapie: Eine Einführung, 2. Auflage, München 1989

KRONE, C. (1974): Open Systems Redesign, in: Adams, J. (Hrsg.): Theory and Method in Organization Development. Rosslyn Va. (NTL) 1974

KROPFBERGER, D. (1986): Erfogsmanagement statt Krisenmanagement. Strategisches Management in Mittelbetrieben, Linz 1986

KROPFBERGER, D. (1989): Erfolgreiche Unternehmensführung zur Jahrtausendwende, Typoskript, Universität Klagenfurt, 1989

KROPFBERGER, D. (1990): Controlling und Kultur der Unternehmung, Typoskritp, Universität Klagenfurt, 1990

KRUG, H.E. (1992): Diagnose und Design komplexer Organisationen. In: Henning,K./Harendt, B., (Hrsg.), Methodik und Praxis der Komplexitätsbewältigung, Berlin 1992

KUBICEK, H./LEUCK, H.G./WÄCHTER, H. (1979): Organisationsentwicklung: entwicklungsfähig und entweicklungsbedürftig, in: Gruppendynamik, (10) 5/1979, S. 297-318

KÜLLER, H. (1981): Organisationsentwicklung - ein neues Instrument unternehmerischer Rationalisierungspolitik, in: Agogik, 9/1981, S. 2-13

KÜLLER, H.-D. (1985): Organisationsentwicklung und Gewerkschaften, in: Organisationsentwicklung 4/85, S. 23 f

KÜNZLER, J. (1989): Medien und Gesellschaft. Die Medienkonzepte von Talcott Parsons, Jürgen Habermas und Niklas Luhmann, Stuttgart 1989

KÜPPER, W./ORTMANN, G., Hrsg. (1988): Mikropolitik, Rationalität, Macht und Spiele in Organisationen, Opladen 1988

KURNITZKY, H. (1974): Triebstruktur des Geldes. Beitrag zur Theorie der Weiblichkeit, Berlin 1974

LAFRANCE, I. (1983): Der Schrei des Gebetes; Münsterschwarzach 1983

LANDMESSER, M.L./SCZEPAN, J., Hrsg., (1996): Was morgen zählt ... Zukunft in Wirtschaft und Gesellschaft erfolgreich gestalten, Neuhausen-Stuttgart, 1996

LANZENBERGER, M. (o.J.): "Wer manipuliert wen?" - Die Rolle von Machtkonstellationen in der OE-Beratung, ihr Einfluß auf den "Vertrag" zwischen Unternehmen und Beratung. - Ein Fallbeispiel -, in: o.O., o.J.; S. 309-313

LASKE, S./SCHNEIDER, U./WOLFF, R. (1984): Organisationsentwicklung als Alltagsentwicklung, in: Hinterhuber, H./Laske, S. (Hrsg), Zukunftsorientierte Unternehmenspolitik, Freiburg 1984, S. 227-246

LASZLO, E. (1987): Evolution, Wien/Zürich 1987

LASZLO, E. (1994): Psi-Feld, in: Konturen, Wien 2/1995

LAUTERBURG, C. (1978): Vor dem Ende der Hierarchie, Modelle für eine bessere Arbeitswelt, Düsseldorf/Wien 1978

LAUTERBURG, CH. (1980): Organisationsentwicklung - Strategie der Evolution, in: Industrielle Organisation, (49) 1/1980, S. 1-4

LAUTERBURG, C. (1990a): Führung in den Neunzigerjahren, in: Zeitschrift Organisationsentwicklung, (8) 1/1990, S. 6-23

LAUTERBURG, C. (1990b): Was halte ich für wichtige Trends in diesem Bereich?, in: Edding, C./Doppler, K. Zeitschrift Organisationsentwicklung (8) 1/1990, S. 76-83

LAUTERBURG, C. (1990c): Glasnost und Perestroika - Ein Gespräch mit Nikolaj Portugalow, in: Zeitschrift Organisationsentwicklung, (8) 2/1990, S. 6-19

LAWLER, E. (1978): The new plant revolution. Organizational Dynamics, Nr. 6, S. 48-60

LAWRENCE, W.G. (1979a): Die Methode der offenen Systeme für das Gruppenbeziehungstraining des Institutes, in: o.V. Die Psychologie des 20. Jahrhunderts (Band VII), Zürich 1979, S. 659-666

LAWRENCE, W.G. (ed.) (1979b): Exploring Individual and Organizational Boundaries, Chicester 1979

LAY, R. (1985): Vom Sinn des Lebens, Herbig 1985

LEDERMANN, K. (1987): Zeitanalyse New Age, in: Ethos (Sonderausgabe) CH-Berneck 1987

LEHRNER, R. (1976): Funktionale Mitbestimmung bei "Herz Armaturen AG", in: Gruppendynamik, 1976, S. 108-119

LEWIN, K./LIPPIT, R./WHITE, R.K. (1939): Patterns of Aggressive Behavior in Experimentally Created "Social Climates", in: Journal of Social Psychology, 10/1939, S. 271-299

LIEVGOED, B.C.J (1974): Organisationen im Wandel. Die praktische Führung sozialer Systeme in der Zukunft, Verlag Haupt, Bern/Stuttgart; 1974

LIPPIT, R. (1974): Von der Trainingsgruppe zur Organisationsentwicklung. Interview, in: Gruppendynamik, 4/1974, S. 270-282

LÖW-BEER (1981): Industrie und Glück, Berlin 1981

LUHMANN, N. (1968): Zweckbegriff und Systemratioalität, Tübingen 1968

LUHMANN, N. (1970): Funktionale Methode und Systemtheorie, in: Luhmann, N. (Hrsg.) .Soziologische Aufklärung - Aufsätze zur Theorie sozialer Systeme, Köln 1970, S. 31-53

LUHMANN, N. (1984): Soziale Systeme. Grundriß einer allgemeinen Theorie (1. Aufl), Frankfurt//Main 1984

LUHMANN, N. (1986): Systeme verstehen Systeme, in: Luhmann, N./Schoor, E. H. (Hrsg.). Zwischen Intransparenz und Verstehen. Fragen an die Pädagogik, Frankfurt/Main 1986, S. 72-117

LUHMANN, N. (1988): Entwicklungen in der Systemtheorie, in: Merkur, (42) 4/1988, S. 292-300

LUHMANN, N. (1988): Organisation, in: Küpper/Ortmann 1988, S. 165-185

LUHMANN, N. (1989): Ein Briefwechsel zum Verständnis von OE, Soziale Systeme, in: Zeitschrift Organisationsentwicklung, (8) 3/1989, S. 18-19

LUHMANN, N. (1990): Was tut ein Manager in einem sich selbst organisierenden System?, in: gdi impuls, 1/1990, S. 11-25

LUHMANN, N. (1990): Kommunikationssperren in der Unternehmensberatung, in: Königswieser/Lutz (1990), S. 237-250

LUHMANN, N. (1992): Die operative Geschlossenheit psychischer und sozialer Systeme, in Fischer H.R. u.a., Das Ende der großen Entwürfe, Frankfurt/Main 1992

MALIK, F. (1984): Strategie des Managements komplexer Systeme, Bern/Stuttgart 1984

MALIK, F. (1993): Systemisches Management, Evolution, Selbstorganisation. Grundprobleme, Funktionsmechanismen und Lösungsansätze für komplexe Probleme, Bern/Stuttgart 1993

MANN, R. (1988): Das ganzheitliche Unternehmen. Die Umsetzung des Neuen Denkens in der Praxis zur Sicherung von Gewinn und Lebensfähigkeit (2. Aufl.), Bern 1988

MARKS, S. (1991): Gemeinsame Gestaltung von Technik und Organisation in soziotechnischen kybernetischen Systemen, Düsseldorf 1991

MARROW, A. (1967): Events Leading to the Establishment of the National Training Laboratories, in: Journal of Applied Behavioral Science, Jan./Febr./1967, S. 145-150

MARROW, A. (1969): The Practical Theorist, New York 1969

MASTENBROEK, W.F.G. (o.J.): Organisationsentwicklung und Umgang mit Konflikten, in: o.O., o.J., S. 323-336

McCONNEL, D.R. (1990): Ein anderes Evangelium? , Hamburg (CMF) 1990

McDOWELL, I. (1988): Bibel im Test, Neuhausen-Stuttgart 1988

McGREGOR, D. (1960/1970): The human side of enterprise, New York 1960; deutsch: Der Mensch im Unternehmen, 3. Auflage, Düsseldorf 1970

MENZIES, J. (1974): Die Angstabwehr - Funktion sozialer Systeme, Ein Fallbericht, in: Gruppendynamik 5/1974

MIRVIS, P./BERG, D. (Hrsg.) (1977): Failures in Organization Development and Change. Cases and essays of learning, New York 1977

MUNDO: Arbeitskreis zur Förderung des Lernens von Menschen und Organisationen e.V., D-42117 Wuppertal 1, Wotanstraße 10

MUTIUS,B.v. (1995): Die Kunst der Erneuerung: Was die Erfolgreichen anders machen: 12 Gebote des Gelingens, Frankfurt/Main 1995

MÜLLER, S./ADELT, P. (1990): Veränderte Anforderungen an Führungskräfte und Mitarbeiter?, in: *Wiendieck, G./Wiswede, G. (Hrsg.)* Führung im Wandel. Neue Perspektiven für Führungsforschung und Führungspraxis, Stuttgart 1990, S.231-256

NEUBERGER, O. (1989): Organisationspsychologie am Beispiel der Organisationsentwicklung, Universität Augsburg, Augsburger Beiträge zu Organisationspsychologie und Personalwesen Heft 8/1989, S. 13-37

NEUBERGER, O. (1990a): Der Mensch ist Mittelpunkt. Der Mensch ist Mittel. Punkt., in: Personal/Führung, 1/1990, S. 3-10

NEUBERGER, O. (1990b): Personalpraxis im Spannungsfeld von Objektivität, Intersubjektivität und Subjektivität, in: Zeitschrift für Personalforschung, 1/1990

NEUBERGER, O. (1990c): Systemisch Führen - Ein Widerspruch in sich ? Typoskript der Universität Augsburg, Augsburg 1990

NEUMANN, R. (1989): Zur Evaluation von Organisationsentwicklungsprojekten, Ansätze, Methoden, Problemfelder, (Diplomarbeit) Klagenfurt 1989

NEUMANN, R. (1989): Vernetztes Denken im Umgang mit komplexen Problemsituationen, in: Hernsteiner 2/89, S. 13 - 15

NEUMANN, R. (1990): Unternehmenskulturelle Überlegungen im Zusammenhang mit Organisations-, Personal- und Managmententwicklung, in: Hernsteiner 3/90, S. 16 - 19

NEUMANN, R. (1992): Eine zeitgemäße Organisationsgestaltung als Herausforderung für die Unternehmenspraxis, in: Hernsteiner, Heft 2, "Auf dem Weg zur flexiblen Organisation", S. 15-19

NEUMANN, R. (1994): Risiko Organisation - organisiertes Risiko. Beiträge zur integrativ-systemorientierten Verarbeitung selbsterzeugter Risikopotenitale in und von Organisationen, Frankfurt/Main 1994

NEVIS, E.C. (1988): Organisationsberatung. Ein gestalttherapeutischer Ansatz, Köln 1988

NOLL, P./ BACHMANN, H.R. (1987): Der kleine Machiavelli, Zürich 1987

NONAKA, I. / TAKEUCHI, H. 1995 Knowledge / Kueting Company. How Japanese Company Kuet Dynamik of Innovation, New York u. Oxford 1995

NORD,W.R. (1976): Economic and socio-cultural barriers to humanizing organizations, in : Meltzer, H. u.a. (Hrsg.), Humanizing organizational behavior, Springfield, Ill. 1976

OSTO GMBH: Gesellschaft für Offene Systementwicklung und Systemisches Management in der Praxis, D-52074 Aachen, Am Backes 15

OTTO, G. (Hrsg.) (1965): Glauben heute, Hamburg 1965

OUCHI, W.G. (1981): Theory Z. How American Business Can Meet the Japanese Challenge, Reading. 1981

PALAZZOLI, M.S.u.a. (1988): Hinter den Kulissen der Organisation, Stuttgart 1988

PARSONS, T. (1964): The Social System, New York 1964

PAUTZKE, G. (1989): Die Evolution der organisatorischen Wissensbasis. Bausteine zu einer Theorie, o.O., 1989

PAWLOWSKY, P. (1992): Betriebliche Qualifikationsstrategien und organisationales Lernen, in: Staehle/Conrad 1992, S. 177-237

PECCEI, A. (1979): Das menschliche Dilemma. Zukunft und Lernen, Wien/München 1979

PESTALOZZI, H.A. (1985): Die sanfte Verblödung. Gegen falsche New Age - Heilslehren und ihre Überbringer, Düsseldorf 1985

PERICH, R. (1992): Unternehmensdynamik. Zur Entwicklungsfähigkeit von Organisationen aus zeitlich-dynamischer Sicht, Bern/Stuttgart 1992

PETERS, T.J./WATERMAN, R.H.j. (1984): Auf der Suche nach Spitzenleistungen. Wie man von den bestgeführten US Unternehmen lernen kann., Landsberg/Lech 1984

PICARD, M. (1946): Hitler in uns selbst, Stuttgart 1946

PIEPER, R. (1988): Diskursive Organisationsentwicklung. Ansätze einer sozialen Kontrolle von Wandel, Berlin 1988

PLANSECUR (1996): Vermögensverwaltung Plansecur wächst weiter, in: Frankfurter Allgemeine, 10.September 1996, Nr. 211

PLANSECUR (1997): PresseForum: Eine Dokumentation ausgewählter Medienmitteilungen der Jahre 1995 und 1996, Kassel 1997

PLANSECUR (1997): Die Grundwerte der Plansecur- Unternehmensgruppe, in: 8/II/97 Kassel 1997

PLONER, F. (1987): Mitarbeiterführung auf japanisch am Beispiel Sony-Österreich , in: Gewinn, 1987/6

PONGÉ, F. (1981): Organisationsentwicklung in Wirtschaftsunternehmen - Kritik und mögliche Problemlösungen, Universität Wuppertal, Diplomarbeit 1981

POPPER, K.R. (1982): Logik der Forschung, Tübingen 1982

POPPER, K.R. (1984): Auf der Suche nach einer besseren Welt, München 1984

PRETTEREBNER, H. (1988): Der Fall Lucona, Wien 1988

PRESTON, J.C./DUTOIT, L. (1992): Macht und Politik bei Veränderungen in großen Systemen, in: ZOE, Heft 1, S. 38-52

PRINS, M. (1985): Tagungsbericht von 5. OD-Weltkongreß 1985, in: Organisationsentwicklung 3/85, S. 53 f

PROBST, G. J. B./ SIEGWART, H., Hrsg., (1985): Integriertes Management - Bausteine des systemorientierten Managements, Bern/Stuttgart 1985

PROBST, G. J. B. (1987): Selbstorganisation - Ordnungsprozesse in sozialen Systemen aus ganzheitlicher Sicht, Berlin 1987

PROBST, G. J. B. (1989): Und was macht ein ganzheitlicher Manager ?; in: Die Unternehmung 1/89, S. 2-13

PROBST, G. J. B./GOMEZ, P. H. . (1989): Vernetztes Denken. Unternehmen ganzheitlich führen, Wiesbaden 1989

PROBST, G.J.B./BÜCHEL, B.S.T. (1994): Organisationales Lernen. Wettbewerbsvorteil der Zukunft, Wiesbaden 1994

PSYCHOLOGIE HEUTE (1988): Scheinheit und Sinnsuche; Thema: Transzendenz, Weinheim/Basel 1988

RHUE, M. (1984): Die Welle - Bericht über einen Unterrichtsversuch, der zu weit ging, Ravensburg 1984

RICCIARDI, A. (1981): Das Tavistock-Modell des Human Relations Trainings, in: Kutter, P. (Hrsg.) Gruppendynamik der Gegenwart, Darmstadt 1981, S. 376-392

RICE, A.K. (1958): Productivity and Social Organization: The Ahmedabad Experiment, London 1958

RICE, A.K. (1963): The Enterprise and its Environment. A System Theory of Management Organization, London 1963

RICHTER, H.E. (1986): Der Gotteskomplex. Die Geburt und die Krise des Glaubens an die Allmacht des Menschen, Hamburg 1986

RIECKMANN, H. (1978): Jesus Christ als Change Agent, Typoskript, Wuppertal 1978

RIECKMANN, H. (1980a): 5 Jahre "Internal Change Agent". Vorläufiges Fazit eines Lebens zwischen "Erweckungsbewegung" und "Sozialtechnologie"., in: Trebesch, K. (Hrsg.) Organisationsentwicklung in Europa, Bd. 1B, Bern 1980, S. 351-389

RIECKMANN, H. (1980b): Organisationsentwicklung einer neuen Fabrik. Entstehungsgeschichte eines "offenen, sozio-technischen Systems", in: Industrielle Organisation, 49. Jg., Heft 1, 1980, S. 18-22

RIECKMANN, H. (1980c): Organisationsentwicklung und sozio-technische Systemgestaltung. In: Koch, U./Meuers, H./Schuck, M. (Hrsg.): Organisationsentwicklung in Theorie und Praxis, Bern/Frankfurt 1980

RIECKMANN, H. (1982a): Was ist "Organisationsentwicklung" (OE) und wo kann sie helfen?, in: Zeitschrift für Organisation, Heft 5-6, 1982, S. 269-275

RIECKMANN, H. (1982b): Offene System-Planung. Ein Element strategischer Unternehmens- und Organisationsentwicklung, in: Organisationsentwicklung 3/1982, S.1-15

RIECKMANN, H. (1982c): Auf der grünen Wiese... Organisationsentwicklung einer Werksneugründung. Soziotechnisches Design und Offene-System-Planung, Bern 1982

RIECKMANN, H. (1983a): OE-Interventionen. Ein Systematisierungsversuch in zwei Teilen, in: ZOE, Heft 2, S. 17-39 und Heft 4, S. 55-73

RIECKMANN, H. (1983b): Organisationsentwicklung - oder: Das Problem der Organisation von Lernen in Organisationen, die lernen wollen (sollen) ..., in: Agogik Nr. 4 (6. Jg.), 1983, S. 30-48

RIECKMANN, H. (1984): Wie ich bei Procter & Gamble "Führung" erlebte und was ich weiterempfehlen kann.. In: Pulling, K. K. eta al. (Hrsg.): Erfolgskonzepte der Führung. Fallstudien aus Deutschland, Japan und den USA, Hamburg 1984, S. 123-136

RIECKMANN, H. (1987a): Organisationsentwicklung, Nebukadnezar und die Folgen... (unter Mitarbeit von G. Winkler), in: Agogik, Heft 2/1987, S. 37 f.

RIECKMANN, H. (1987b): Organisationsentwicklung - oder: Das Problem der Organisation von Lernen in Organisationen, die lernen wollen (sollen) ..., in: Neue Ansätze der betrieblichen Weiterbildung in Österreich, Band I: Organisationslernen, Kailer N. (Hrsg.), Forschungsbericht 53, Institut für Bildungsforschung der Wirtschaft, Wien 1987

RIECKMANN, H. (1988a): 20 Thesen zur zukünftigen Managemententwicklung in der Wirtschaft. In: Neue Trends im Peronalwesen, Hrsg. Kastner, M/Gerstenberg, B., Landsberg 1988

RIECKMANN, H. (1988b): Tendenzen der Organisationsentwicklung, in: Meyer-Dohm, P. u.a., Der Mensch im Unternehmen. Bern 1988, S. 287-309

RIECKMANN, H. (1989a): Selbststeuernde Teams, in: congena texte 1/2 1989, S. 11-20

RIECKMANN, H. (1989b): Organisationsentwicklung als Element strategischer Personalpolitik und Personalentwicklung. 19 Thesen und 1 Anti-These, in: PersonalFührung, 7/1989, S. 686-693

RIECKMANN, H. (1990a): Fruchtbar arbeiten, in: *Kemm, R./Hirsbrunner, D.* (Hrsg.) Entwicklungspotentiale: Erkennen und Nutzen. Ein Lesebuch für die Praxis, Bern 1990 a, S. 125-155

RIECKMANN, H. (1990b): Sieben Thesen und ein Fazit. Eine Antwort auf acht Thesen von Neuberger, in: PersonalFührung 1/1990 c

RIECKMANN, H. (1991a): Organisationsentwicklung, Von der Euphorie zu den Grenzen, in: *Sattelberger, Th.* (Hrsg.) Lernende Organisation, Wiesbaden 1991

RIECKMANN, H. (1991b): Systemisches Management in der Praxis, in: Matheis, R. (Hrsg.), Praxis des Erfolgsmanagements 2000, Frankfurt 1991

RIECKMANN, H. (1992): Dynaxibility - oder wie systemisches Management in der Praxis funktionieren kann, in: *Henning, K./Harendt, B.* (Hrsg.) Methodik und Praxis der Komplexitätsbewältigung, Berlin 1992

RIECKMANN, H. (1994a): Warum es Sinn macht, über "Sinn" zu sprechen ..., Klagenfurt, Typoskript

RIECKMANN, H. (1994b): Die Schallmauer in der Personal- und Organisationsentwicklung. Der SchweineHund; in: Kraus, H.; u. a. (Hrsg.); Krise der Personalentwicklung - Personalentwicklung in der Krise; Wien 1994

RIECKMANN, H. (1994c): Der Organisationsalltag und seine Unterwelt: Der "SchweineHund" (SH), in: Geißler, H. u. a. (Hrsg.); Bildungsmanagement, Band 5, Frankfurt/Main 1994, S. 149 - 200

RIECKMANN, H. (1994d): Organisationsentwicklung und mittelständische Wirtschaft. Integration und Umorientierung von Organisations- und Personalveränderung in Richtung "Lernende Organisationen"... ; Typoskript, Klagenfurt 1994

RIECKMANN, H. (1994e): Management of Change (MOC) - Voraussetzungen für erfolgreiche Gestaltung und Steuerung von Veränderungs- und Entwicklungsprozessen von/in Organisationen, Workshopunterlagen/Arbeitsbuch, Typoskript, Klagenfurt 1994

RIECKMANN, H. (1996): Change Management, in: Landmesser, M.L./Scepan J. (Hrsg.): Was morgen zählt..., Neuhausen Stuttgart 1996. S. 166 - 178

RIECKMANN, H. (1996): DYNAXIBILITY - oder: Quantensprung im Management?, in: Landmesser, M.L./Sczepan, J. (Hrsg.), Was morgen zählt ... Zukunft in Wirtschaft und Gesellschaft erfolgreich gestalten, Neuhausen-Stuttgart 1996. S. 13 - 26

RIECKMANN, H. (1996): HIGH DYNAXITIY und virtuelle Untenehmen, in: Landmesser, M.L./Scepan J. (Hrsg.): Was morgen zählt ..., Neuhausen Stuttgart 1996, S. 59 - 63

RIECKMANN, H./NEUMANN, R. (1994): Organisationsentwicklung - Beratungseffizienz und Klientennutzen, in: Walger, G. (Hrsg.): Formen der Unternehmensberatung, Köln 1995

RIECKMANN, H./SCHILDMAYER (1987): Strategische Unternehmensplanung und organisatorische Konsequenzen. Oder: Ein Prozeß, wie er fast im Bilderbuch stehen könnte ..., in: Zeitschrift Organisationsentwicklung, (6) 1/87, S. 29-47

RIECKMANN, H./SIEVERS, B. (1978): Lernende Organisation - organisiertes Lernen. In sozialen Organisationen, in: Bartölke, K./Kappler, E./Laske, S./Nieder, P. (Hrsg.): Arbeitsqualität in Organisationen, Wiesbaden 1978

RIECKMANN, H./WEISSENGRUBER, P. (1990): Managing the Unmanageable? oder ... lassen sich komplexe Systeme überhaupt noch steueren? Offenes Systemmanagement mit dem OSTO-System-Ansatz, in: *Kraus, H./Kailer, N./Sandner, K.* (Hrsg.) Management Development im Wandel, Wien 1990 b, S. 27-96

RINGLSTETTER, M. (1988): Auf dem Weg zu einem evolutionären Management. Konvergierende Tendenzen in der deutschsprachigen Führungs- und Managementlehre, München 1988

ROSINA, H.J. (1989): Faszination und Indoktrination. Beobachtungen zu psychischen Manipulationspraktiken in totalitären Kulten, München 1989

SARTRE, J.P. (o.J.): Hinter verschlossenen Türen (Drama)

SARTRE, J.P. (1943): Sein und Nichts - Versuch einer phänomenologischen Ontologie, Paris 1943

SARTRE, J.P. (1945): Der Ekel, Reinbeck bei Hamburg 1945

SARTRE, J.P. (1946): L'existentialisme est un humanisme, Paris 1946

SATTELBERGER, T. (1991): Die lernende Organisation, Wiesbaden 1991

SCHÄFER, H. (1992): Ein systemorientierter Problemlöseansatz zur Leistungssteigerung des Kombinierten Verkehrs, Düsseldorf 1992

SCHATZ, R., Hrsg. (1995): Strategien für eine mitarbeitergerechte Organisationsentwicklung, Bonn 1995

SCHEIN, E.H. (1989): Organisationsentwicklung: Wissenschaft, Technologie oder Philosophie?, in: Zeitschrift Organisationsentwicklung, (8) 3/1989, S. 1-10

SCHERTLER, W. (1985): Unternehmensorganisation. Lehrbuch der Organisation und strategischen Unternehmensführung (2. Aufl.), München 1985

SCHEVEN, I. (1982): Daten zur Evolutionslehre im Biologieunterricht, Neuhausen - Stuttgart 1982

SCHIEPEK, G. H. . (1987): Systeme erkennen Systeme. Individuelle, soziale und methodische Bedingungen systemischer Diagnostik, München 1987

SCHISCHKOFF (1974): Philospohisches Wörterbuch, Stuttgart 1974

SCHLINK, B. (1991): Geistlich erfolgreich? Darmstadt 1991

SCHMID, B.A. (1987): Gegen die Macht der Gewohnheit: Systemische und wirklichkeits-konstruktive Ansätze in Therapie, Beratung und Training, in: Zeitschrift für Organisationsentwicklung Heft 4, S. 21-42

SCHMIDT, J. (1987): Von der Organisationsentwicklung zur Selbstorganisation: Prozeßbeschreibung und pragmatische Konsequenzen, in: Zeitschrift Organisationsentwicklung, (6) 4/1987, S. 43-61

SCHMIDT, J. (1990): Mit einem "Sprung" in die 90er Jahre? Bemerkungen zu einer Fortbildung der 2. Generation, in: Zeitschrift Organisationsentwicklung, (8) 1/1990, S. 64-74

SCHNEIDER, H. (1982): Der Urknall und die absoluten Datierungen, Neuhausen-Stuttgart

SCHREYÖGG, G. (o.J.): Organisationsentwicklung im Zielkonflikt: Umweltanpassung versus Selbstverwirklichung, in: o.O., o.J., S. 315-322

SCHULZ VON THUN, F. (1981): Miteinander reden: Störungen und Klärungen, Psychologie der zwischenmenschlichen Kommunkikation, Reinbeck b. Hamburg 1981

SCHULZ-WIMMER, H. (o.J.): Organisationsentwicklung, Grenzen und Möglichkeiten einer wissenschaftlichen Methode, in: HARVARDmanager, o.J., S. 32-41

SCHWAGER, R. (1978): Brauchen wir einen Sündenbock?, Innsbruck 1978

SCHWARZ, G. (o.J.): Organisationsentwicklung praktisch. Zur "Logik" von Organisationen. Zusammenhang zwischen Produkt und Unternehmensstruktur, in: o.O., o.J., S. 299-308

SECORD, P.F./BACKMAN, C.W. (1964): Social Psychology, Tokyo 1964

SENGE, P. (1992): The Fifth Discipline, Kent 1992

SENGE, P./STERMAN, I.D. (1992): System Thinking and Organizational Learning, in: Kochan, T.A. (Hrsg.); Transforming Organizations; New York 1992, S. 353 f

SENKEL, K. (1987): Tagungsbericht vom 6. OE-Weltkongreß in Jerusalem, in: Organisationsentwicklung 1/87, S. 63 f

SIEVERS, B. (1973): Autorität und Organisation. Ein Laboratorium des Tavistock-Institutes, in: Soziale Welt, 24/1973, S. 361-383

SIEVERS, B., Hrsg. (1977): Organisationsentwicklung als Problem, Stuttgart 1977

SIEVERS, B. (1978): Organisationsentwicklung als Aktionsforschung, in: Zeitschrift für Organisation, 4/78, S. 209-218

SIEVERS, B. (1982): Organisationsentwicklung als Lernprozeß personaler und sozialer Systeme. Oder: Wie läßt sich Organisationsentwicklung denken, in: Zeitschrift Organisationsentwicklung, (1) 1/1982, S. 2-16

SIEVERS, B. (1990): Motivation als Sinnsurrogat, in: Kraus, H. u. a. (Hrsg.), Management development im Wandel, Wien 1990, S. 105

SKAMBRAKS, U. (1987): Vorsicht Geistheilung! Was die Wunderheiler verschweigen, Aßlar 1987

SKIRL, ST./SCHWALB, U., Hrsg. (1994): Das Ende der Hierarchien: wie sich schnell-lebige Organisationen erfolgreich managen, Wiesbaden 1994

SLATER, R. (1996): "Business is simple": Die 31 Erfolgsgeheimnisse von Jack Welch, Landsberg/Lech 1996

SMITH, CH. (1994): Charisma und Charismanie, Darmstadt 1994

SPRENGER, R.K. (1995): Mythos Motivation: Wege aus einer Sackgasse, 8. Auflage, Frankfurt/Main 1995

STAEHLE, W. (1991): Organisatorischer Konservatismus in der Unternehmensberatung, in: Gruppendynamik, Heft 1, S. 10-32

STAEHLE, W.H./SYDOW, J., Hrsg. (1991): Managementforschung 1, Berlin/New York 1991

STAEHLE, W.H./CONRAD, P., Hrsg. (1992): Managementforschung 2, Berlin 1992

STAEHLE, W.H. (1995): Management. Eine verhaltenswissenschaftliche Perspektive. (7. neubearb. und erw. Aufl.), München 1995

STEINMANN, H./ LÖHR, A. (1989): Schafspelz für Wirtschaftswölfe, in: Forum 6/1989, S. 26-31

STEGMÜLLER, W. (1969): Hauptströmungen der Gegenwartsphilosophie, 4. Auflage, Stuttgart 1969

STÖRIG, H.J. (1961): Kleine Weltgeschichte der Philosophie, Stuttgart/Hamburg 1950/1961

STROMBACH, M.E. (1983): Die Praxis der Quality Circles, in: Erster deutscher Quality Circle Kongreß (Dokumentation); Düsseldorf 1983

TANNENBAUM, A.S. (1968): Control in Organizations, New York 1968

THORSRUD, E. (1968): Socio-technical Approach to Job Design and Organizational Development, in: Management International Review, 1968, S. 120-136

TITSCHER, S. (1991): Intervention: Zur Theorie und Techniken der Einmischung, in: Hofmann, 1991, S. 309-343

TOMINAGA , M. (1996): Die kundenfeindliche Gesellschaft: Erfolgsstrategien der Dienstleister, Düsseldorf 1996

TOURNIER, P. (1983): Im Angesicht des Leidens. Sinnerfahrungen in dunkler Stunde, Freiburg 1983

TREBESCH, K., (Hrsg. (1980a): Organisationsentwicklung in Europa. Band 1A: Konzeption; Band 1B: Fälle, Bern 1980

TREBESCH, K. (1980b): Ursprünge und Ansätze der Organisationsentwicklung, in: Industrielle Organisation, (49) Sondernummer 1/1980, S. 9-12

TREBESCH, K. (1982): 50 Definitionen der Organisationsentwicklung - und kein Ende, in: Zeitschrift Organisationsentwicklung. (1) 2/1982, S. 37-66

TREBESCH, K. (1983): Organisatoren und Organisationsentwicklung- Selbstverständnisse, Mißverständnisse und Perspektiven , in: Zeitschrift Organisation, 2/1983, S. 84-89

TREBESCH, K. (1984a): Organisationsentwicklung in der Krise?, in: Hinterhuber, H./Laske, S. (Hrsg.) Zukunftsorientierte Unternehmenspolitik, Freiburg 1984, S. 312-331

TREBESCH, K. (1984b): Kann und soll man die Effizienz von OE-Prozessen messen - was biete ich an?, in: Zeitschrift Organisationsentwicklung, (3) 2/1984, S. 57-61

TREBESCH, K. (1989): Ein Briefwechsel zum Verständnis von OE - Luhmann- Trebesch, in: Zeitschrift Organisationsentwicklung, (8) 3/1989, S. 18-19

TURQUET, P.M. (1977): Bedrohung der Identität in der großen Gruppen, in: Kreeger, L. (Hrsg.) Die Großgruppe, Stuttgart 1977, S. 2-16

TRIBUS, M. (1982): Deming´s Way. Unveröffentlichtes Manuskript Michigan Institute of Technology (M.I.T.), 1982

TRIST, E.L./BAMFORTH, K.W. (1951): Consequences of the Longwall Method of Coal Getting, in: Human Relations, IV/51, S. 3-38

TRIST, E.L. (1975): Sozio-technische Systeme, in: W.G. Bennis u.a. (Hrsg.): Änderung des Sozialverhaltens. Stuttgart, S. 201 f

TRIST, E. L. (1978): Collaboration in work settings: A personal perspective. in: Pasmore, W.A./Sherwood, J. J. (Hrsg.), Sociotechnical Systems, La Jolla 1978, S. 326-338

ULRICH, H. (1968/1970/1771): Die Unternehmung als produktives soziales System, Bern/Stuttgart 1968, 2. Auflage 1970

ULRICH, H. (1971): Der systemorientierte Ansatz in der Betriebswirtschaftslehre, in: Kortzfleisch, G.v. (Hrsg.), 1971, S. 1-30

ULRICH, H./PROBST, G. J. B. (1988): Anleitung zum ganzheitlichen Denken und Handeln. Ein Brevier für Führungskräfte, Bern 1988

VANSINA, L.S. (1976): Organisationsentwicklung - quo vadis?, in: Gruppendynamik, 7/1976, S. 82-108

VANSINA, L.S. (1989): Berufliche Beratungs-Praxis: Wege zur Entwicklung ausgeglichener Ausbildungsprogramme, in: Zeitschrift Organisatonsentwicklung, (8) 2/1989, S. 25-47

VESTER, F. (1980): Neuland des Denkens. Stuttgart 1980

VESTER, F. (1986): Wir müssen in Systemen denken..., in: Management Wissen, 7/1986

VILMAR, F. (Hrsg.) (1973): Menschenwürde im Betrieb, Reinbeck b.Hamburg 1973

VOLLMER, K. (1985): Nichts kann uns scheiden von der Liebe Gottes (Römerbrief), Wuppertal 1985

WALGER, G. (1995): Irritation in der systemischen Unternehmensberatung, in: Walger, G. (Hrsg.): Unternehmensberatung - Grundformen und Fallbeispiele, Köln 1995

WALGER, G. ; Hrsg. (1995): Formen der Unternehmensberatung, Köln 1995

WÄCHTER, H. (1978): Organisations-Laboratorium. Erfahrungsbericht über ein Seminar des Tavistock Institutes und Vorschlag eines Designs für ein Organisations-Laboratorium als praxisbezogene Studienform., Universität Trier, Arbeitspapier Nr. 9 (Fachbereich IV) 1978

WÄCHTER, H. (1983): Organisationsentwicklung. Notwendig, aber paradox, in: Zeitschrift Organisation, 2/1983, S. 61-66

WALTON, E. (1975): Using Social Psychology to Create a New Plant Culture, in: M. Deutsch/H. Hornstein (Hrsg.): Applying Social Psychology. Hllsdate, N.J. 1975

WALTON, R. (1977): Work Innovation at Topeka: After 6 years. in: Journal of Applied Behavioral Science 13, 1977, S. 422-433

WALTON, R.E./WARWICK, D.P. (1973): The Ethics of Organization Development, in: Journal of Applied Behavioral Science, (9) 6/1973, S. 681-698

WALZ, H./BERTELS, TH. (1995): Das intelligente Unternehmen, Landsberg/Lech 1995

WATZLAWIK, P. (1982): Wie wirklich ist die Wirklichkeit? Wahn - Täuschung - Verstehen, München 1982

WATZLAWIK, P./BEAVIN, J.H./JACKSON, D.D. (1985): Menschliche Kommunikation: Formen, Störungen, Paradoxien, 7. Auflage 1985, Bern, 1. Auflage 1969

WATZLAWIK, P. (1991): Die erfundene Wirklichkeit (Bausteine ideologischer "Wirklichkeiten", 7. Auflage, München 1991

WEBER, D. (1990): Prinzip Dynamik, in: Management Wissen 1/90, S. 29 - 31

WEICK, K. E. (1985): Der Prozeß des Organisierens, Frankfurt/Main 1985

WEISBORD, M. (1984): Der Kontrakt in der Organisationsentwicklung, in: Zeitschrift Organisationsentwicklung 3. Jg. Heft 4, S. 15-25

WEISBORD, M.L. (1986): Towards "Third Wave" Managing and Consulting, Typoskript, o.O. 1986

WEISBORD, M.R. (1974): The Gap between OD Practice and Theory - and Publication, in: Journal of Applied Behavioral Science, (10) 4/1974, S. 476-484

WEISBORD, M.R. (1981): Interview, a Dean of American OD intervieved by Leonard Goodstein, in: Group & Organization Studies, (6) 2, June/1981, S. 135-160

WEISBORD, M.R. (1981): Some Reflections on OD´s Identity Crisis, in: Group " Organization Studies, (6) 2, June/1981, S. 161-175

WEISBORD, M.R. (1989): Künftige Grundlagen für Management und Beratung, in: Zeitschritft Organisationsentwicklung, (8) 2/1989, S. 1-24

WEISSENGRUBER, P. (1986): Auf der Suche nach dem Sinn, in: Kulhavy E., (Hrsg.), Marketing 1966-1986, Linz 1986

WILDEMANN, H. (1995): Schnell lernende Unternehmen - Quantensprünge in der Wettbewerbsfähigkeit, Tagungsband, München 1995

WILDER SMITH, A.E. (1987): Die Naturwissenschaften kennen keine Evolution, Basel/Stuttgart 1987

WILLKE, H. (1987): Strategien der Intervention in autonome Systeme, in: Baecker et.al. (1987), S. 333-361

WILLKE, H. (1992): Beobachtung, Beratung und Steuerung von Organisationen in systemtheoretischer Sicht, in: Wimmer, R. Organisationsberatung, Wiesbaden 1992, S. 17-42

WIMMER, R. (1990): Zur Notwendigkeit einer Weiterentwicklung des OE-Ansatzes, Universität Klagenfurt, Habilitationsschrift 1990

WIMMER, R. (1991): Organisationsberatung - Eine Wachstumsbranche ohne professionelles Selbstverständnis. Überlegungen zur Weiterführung des OE-Ansatzes in Richtung systemische Organisationsberatung, in: Hofmann (1991), S. 45-136

WIMMER, R. (1992): Was kann Beratung leisten? Zum Interventionsrepertoire und Interventionsverständnis der systemischen Organisationsberatung, in: Wimmer, o.O., 1992, S. 59-112

WIMMER, R. , Hrsg., (1992): Organisationsberatung - Neue Wege und Konzepte, Wiesbaden 1992

WITTENZELLNER, CH. (1989): Expedition ins Innere der Systeme; in: Management Wissen 6/89, S. 99 - 111

WOHLGEMUT, A.C. (1982): Das Beratungskonzept der Organisationsentwicklung. Neue Formen der Unternehmensberatung auf Grundlage des sozo-technischen Systemansatzes. Bern/Stuttgart 1982

WOLFF, R. (1984): Unterentwicklung der Organisationsentwicklung, in: Die Unternehmung, (38) 2/1984, S. 133-145

ZAUNER, A. (1981): Schlagwort Organisationsentwicklung. Vom Ökonomismus zum Psychologismus in der betriebswirtschaftlichen Theoriebildung, in: Österreichische Zeitschrift für Soziologie, (6) 3/1981, S. 39-47

ZEITSCHRIFT ORGANISATIONSENTWICKLUNG (ZOE 4/1990): Schwerpunkt-Thema: Soziotechnische Systeme - Grundlage für neue Formen der Arbeitsorganisation.